D1717453

Beiträge zur deutschen Philologie

Herausgegeben von H. Ramge, L. E. Schmitt und C. Wiedemann

Neue Folge der Gießener Beiträge zur deutschen Philologie, begründet von
O. Behaghel, fortgesetzt von A. Götze, K. Viëtor und W. Mitzka

Band 59

Bernhard Martin

Gesammelte Schriften zur waldeckisch-hessischen und deutschen Mundartforschung

bearbeitet und herausgegeben

von

Ludwig Erich Schmitt

1984

WILHELM SCHMITZ VERLAG IN GIESSEN

Bernhard Martin

Gesammelte Schriften zur waldeckisch-hessischen und deutschen Mundartforschung

bearbeitet und herausgegeben

von

Ludwig Erich Schmitt

1984

WILHELM SCHMITZ VERLAG IN GIESSEN

ISBN 3-87711-124-6

INHALTSVERZEICHNIS

Bernhard Martin

zu

Mundarten, Volkskunde, Geschichte

seiner Heimat Waldeck-Frankenberg

Beiträge von Bernhard Martin
in "Mein Waldeck". Heimatkundliche Beilage zur "Waldeckischen Landeszeitung" (Korbach)
Jahrgänge 1-51, 1924 bis 1974:

Sprachkarten

1 Die Namen des Löwenzahns
(Leontodon taraxacum) im Kreise
Wetzlar an der Lahn

2 Die Bezeichnung für "Die Bettstelle"
in den deutschen Mundarten
(Aufnahme Martin im Auftrag der
Deutschen Mundartwörterbücher)

3 Die Bezeichnungen des Pferdes in den
deutschen Mundarten
(nach Karte 8 des Deutschen Sprachatlas)

4 Die Abstufungen zwischen hochdeutsch
'Ochse', 'wachsen', 'sechs' und 'Osse',
'wassen', 'sess' in Hessen

5 Die Bezeichnungen für "Rechen" im Kreise
Hofgeismar (Hessen)

6 Die Arbeitsgebiete der deutschen
Mundartwörterbücher

7 Der rheinische Fächer

8 Die Mischform önk
'euch' im Rhein-Ruhrgebiet

9 Die Mehrzahl der Gegenwartsform von
"haben" im Kreise Hofgeismar (Hessen)

10 Das Vorrücken von mitteldeutschen
(zugleich schriftdeutschen) Formen
um Berlin

11 Großstädte als Träger neuer (Sprach-)
Formen

12 Der Rhein als Durchbruchstrasse neuer
Formen

13 Sprachlich erschlossene Urheimat der
Gemeinde Závod (Tolnau) in Ungarn

14 Durchbruch der Form "geloffe" im Zeitraum von 1880 (oben) bis 1930 (unten)

15 Sprachbewegungen in Westdeutschland,
schematisch

8

Nachruf

auf

Bernhard Martin

geb. Rhoden, Waldeck 1. Aug. 1889
gest. Marburg/Lahn   4. März 1983
im 94. Lebensjahr,

wissenschaftlich tätig bis zum
Tode, letzte Arbeit 1978
"Das Waldecker Land".

In der Frühe des 4. März verschied der Honorarprofessor
Dr. Bernhard Martin, seit 1911 mit dem großen Forschungsunter-
nehmen des "Deutschen Sprachatlas" in Marburg verbunden durch
seinen Lieblingslehrer Ferdinand Wrede, den zweiten Direktor
des "Sprachatlas" (1911-1933), der gleichzeitig sein Doktorvater wurde. Bei ihm promovierte Martin am 7. Juli 1914, nach
vorhergehendem Staatsexamen in Deutsch, evangelischer Religi-
onslehre und Griechisch, mit einer "Dialektgeographie des Fürstentums Waldeck und des nördlichen Teils des Kreises Frankenberg".
Indirekt durch Kriegsdienst mit schwerer Verwundung als
Leutnant vor Ypern (in Flandern) am 7. November 1914 und Gym-
nasiallehrerzeit in Minden, Dortmund, Bonn bis 1922 - und direkt ab 1922 bis 1935 als Bibliothekar und stellvertretender
Direktor des "Sprachatlas", ab 1935 auf Vorschlag der Philo-
sophischen Fakultät der Philipps-Universität auch zum Honorarprofessor für Mundartforschung und Volkskunde ernannt, blieb
er bis in sein 94. Lebensjahr in geistiger Frische und wissenschaftlicher Regsamkeit tätig. Er gehörte dem Sprachatlas-
institut und der benachbarten Volks- und Heimatkunde also 72
Jahre an.
Drei Viertel des 20. Jahrhunderts ist ohne seine Mitarbeit
in Marburg in Forschung und Lehre nicht denkbar. Sie um-
schließen ein wechselvolles Leben, das drei deutsche Katastro-

phen, zwei Weltkriege und die Hitlerzeit, als tiefe Einschnitte im persönlichen und familiären Dasein wie im amtlichen
Dienst erfahren und durchstehen mußte. Offene Wunden, wie die
schwere Kriegsverletzung in Flandern, waren bis zuletzt zu
tragen. Trotzdem hat er in bejahender Haltung eine Lebensarbeit von dauerndem Wert geschaffen. Er begegnete allen Mitmenschen mit gleichbleibendem Frohsinn und überwand bei ihnen und
für sich selbst Leid, Not und Qual. So schrieb er bei seinem
letzten Besuch in unserem Haus ins Gästebuch (1979):

"Ach, diese schwere Unruhzeit / Macht uns das Herz oft
schwer. / Wir hoffen, daß es bald so weit, / Daß sie uns nicht
mehr stör.

Schon Seneca sagt doch einmal / Daß in der schwersten Not /
Mal enden muß die harte Qual./ Und daß ist sein Gebot:

Laß nie die große Chance aus, / Daß jede Not hat viele Seiten. / Dann gibt es Ruh in Deinem Haus. / Es blühen wieder
frohe Zeiten."

Geboren wurde Bernhard Martin am 1. August 1889 als ältes-
tes Kind einer Lehrerfamilie zu Rhoden in Waldeck, wo er acht
Jahre die Volksschule besuchte, um dann nach je drei Jahren an
den Gymnasien in Höxter und Dortmund die Reifeprüfung abzule-
gen. 1909/10 diente er ein Jahr als Einjährig-Freiwilliger.

1911 begann er mit seiner sprachwissenschaftlichen und
volkskundlichen Sammelarbeit in Waldeck. In seiner Marburger
Zeit nach 1922 erweiterte er seine Forschung auf die Kreise
Frankenberg, Biedenkopf, Marburg und ganz Hessen. Eine große
Zahl mundartlicher und volkskundlicher Veröffentlichungen entstanden, an höchst verstreuten Druckorten veröffentlicht, die
dringend der Publikation bedürfen. In diesem Zusammenhang lei-
tete er ab 1928 "den hessischen Volkskundeatlas" für Hessen-
Nassau, plante ein Hessisches Landesamt für Volkskunde. Als
Endziel stand ihm eine "Hessische Volkskunde" im Sinn, zu der
er nicht mehr gekommen ist.

An der Publikation von Wenkers Sprachatlas (1926-1956) war
er Hauptmitarbeiter Wredes und ab 1930 Mitherausgeber. Schon
früh, ab 1922, begann er Vorarbeiten für einen "Deutschen

Wortatlas" und eine äußerst notwendige Bibliographie zur deutschen Dialektforschung und Mundartdichtung.

Seine Lehrtätigkeit beglückte ihn wie seine Studenten. Sie
galt besonders Hessen. Sein Vortrag begeisterte und regte zur
weiteren Arbeit an. Er sprach mit natürlicher Frische und hatte einen klaren, auch dem Laien verständlichen, Stil. Dies alles ergab schon von den Zeiten des Wandervogels her Liebe zu
Volkslied und Volkstanz, die ihn lange und intensiv an Zusammenarbeit mit entsprechenden Gruppen und Publikationen festhalten ließ.

An wissenschaftlichen Gremien war er eifrig tätig in der
germanistisch-historischen Gesellschaft von Gießen und Marburg, der Hessischen Vereinigung für Volkskunde und ihren
Publikationen, dem Waldeckischen Geschichtsverein, der Historischen Kommission für Kurhessen und Waldeck (später "Historische Kommission für Hessen"), dem Niederdeutschen Sprachver-
ein (wo er viele Jahre offizieller Vertreter des Forschungsinstituts "Deutscher Sprachatlas" war), dem Verband der deutschen Vereine für Volkskunde (seit 1957 "Gesellschaft für deutsche Volkskunde"). Mit dem Hessischen Landesamt für historische Landeskunde, seinem Gründer und langjährigen Direktor
Prof. Dr. Edmund E. Stengel, den Mitarbeitern Honorarprofessor Dr. Uhlhorn (+) und Kustos Dr. Görich arbeitete er mehr
als 30 Jahre eng zusammen, noch bis in die 60er Jahre an der
Flurnamensammlung für Kurhessen und Waldeck. Der Berlinerin
Luise Berthold half er in freundschaftlichster Weise aus seiner intimen waldeckischen und hessischen Landeskenntnis bei
der Ausarbeitung und Sammlung des Hessen-Nassauischen Volkswörterbuchs, ebenso wie der Doktorand Wredes für den Dillkreis W. Kroh (Beiträge zur Nassauischen Dialektgeographie,
DDG IV. Marburg 1915). Zu dem Grundstock der Wortsammlungen,
die für das südliche Nassau (Taunusgebiet) und die Wetterau
der bedeutendste Dialektologe Hessens im 20. Jh., Friedrich
Stroh aus Naunstadt bei Usingen, beisteuerte, fügte B. Martin
vor allem über seine 10 Doktoranden (Wenzel, Hofmann, L. Martin, Friebertshäuser u.a.) wesentliche Beiträge über die Krei-

se Waldeck und Frankenberg hinaus. Bei der Betreuung der 22
Doktorarbeiten erfreute er sich mit seinen Schülern der sachlichen und finanziellen Hilfe der Kreise Waldeck, Frankenberg,
Biedenkopf, insbesondere von Herrn Oberamtsrat a.D. Karl Huth
in Biedenkopf und Marburg, ebenso wie Frau Oberstudienrätin
Dr. Else Blöcher aus Wallau - Biedenkopf. Der jetzige Leiter
des Hessen-Nassauischen Volkswörterbuchs Friebertshäuser konnte so über Frau Blöcher und seinen Doktorvater Martin in die
Wörterbucharbeit und eine wirkliche (d.h. bezahlte) Professur
hineinwachsen, was seinen Lehrern an Schule und Universität
nicht vergönnt war.

Mein Nachruf auf Bernhard Martin darf nicht unerwähnt lassen, die Treue und Anhänglichkeit des Verewigten an seinen
Lehrer Ferdinand Wrede. Als dieser ihm 1922 mit der Stelle
eines (Ober-)Bibliothekars im Etat der Preussischen Staatsbibliothek zu Berlin die Stellvertretung als Direktor des Deutschen Sprachatlasses anbot, verlangte er von Martin, dass er
sich nicht habilitieren dürfe, was eigentlich ein unzumutba-
res Ansinnen war. Als zweiter Nachfolger Wredes habe ich in
allen vergleichbaren Fällen in den 60er und 70er Jahren dahin
präzisiert, dass die Habilitation selbstverständlich möglich
sein müsse, - aber keine Rechte innerhalb des Sprachatlas-Instituts ergäbe. Der Betroffene müsse viel mehr alles tun, um
einen Ruf ausserhalb Marburgs und das Arbeitsvolumen des
Sprachatlasses zu erhalten.

Martin akzeptierte Wredes einschränkende Forderung trotz
späterer schwerer beruflicher Nachteile. Er regte zu Wredes
70. Geburtstag 1934 eine Festschrift "Von Wenker zu Wrede" an
und lieferte den gewichtigsten Beitrag dazu: "Georg Wenkers
Kampf um seinen Sprachatlas (1875-1889)". Es war peinlich,
dass Wredes bedeutendste Schüler im engeren und weiteren Sinn,
wie Theodor Frings, Adolf Bach und Walther Mitzka sich an
einer solchen Ehrung nicht beteiligten. Als ich zum 100. Geburtstag Wredes 1963 neben einer Feier mit seinen noch lebenden Schülern eine Sammlung seiner "Kleinen Schriften" ermög-
lichte, wollten nur Luise Berthold und Walther Mitzka mit

Bernhard Martin nominell als Herausgeber auf dem Titelblatt erscheinen - aber nur Martin war bereit, eine Würdigung Wredes zu schreiben.

Wie er seinem Lehrer Wrede treu blieb und zu seinem gegebenen Worte stand, wie er dem Sprachatlas-Institut, allen seinen Benutzern und den nationalen und internationalen Aufgaben immer der "getreue Eckhart" in guten und schlechten Zeiten war, - wobei die bösen weithin überwogen -, wie er seiner Heimat treu blieb nach den wissenschaftlichen und militärischen "Wanderjahren", sollten die Forschungsinstitute mundartlicher und volkskundlicher Art des ehemaligen Deutschen Reiches, des untergegangenen Landes Preussen und des grösseren Landes "Hessen" seit 1945 mit dem Kreis Waldeck-Frankenberg

Bernhard Martins Werk

bewahren und weitertragen und seiner stetig gedenken!

In Forschung und Lehre schuf er ein Lebenswerk von dauerndem Wert für seine waldeckischen Landsleute, ihre Sprache und Kultur, für Hessen und Deutschland, für die internationale Sprachwissenschaft - wofür nicht zuletzt zeugt Hermann Collitz, der 1. Vorsitzende der neugegründeten "Linguistic Society of America" und ihrer Zeitschrift "Language".

14

1. Ludwig Erich Schmitt:

Vorwort und Einleitung

Vorwort

Die sprachkartographische Arbeit an den deutschen Dialekten
insgesamt und besonders denen des geschlossenen deutschen
Sprachgebietes begann 1887/88 mit der Begründung des "Sprachatlas des Deutschen Reiches" (abgekürzt fortan: "Deutscher
Sprachatlas", DSA, als 2. Großprojekt germanistischer Forschung nach dem "Deutschen Wörterbuch der Brüder Grimm", wie
als daraus notwendig erwachsener Institution einer "Zentralstelle für den Sprachatlas des Deutschen Reiches und für
deutsche Mundartenforschung" durch den Bibliothekar Professor
Dr. Georg Wenker.

Sein Nachfolger und jahrzehntelanger Mitarbeiter Prof. Dr.
(habilitiert) Ferdinand Wrede, Oberbibliothekar an der Preussischen Staatsbibliothek, ab 1920 bis zu seiner Pensionie-
rung mit dem Titel eines persönlichen Ordinarius und besonders bezahltem Lehrauftrag für Mundartenforschung an der
Universität Marburg, hat als zweites Großprojekt die "Deutsche Dialektgeographie" ins Leben gerufen, in der er seit
1908 Arbeiten phonetisch geschulter jüngerer Forscher publizierte, die in direktem Verfahren orts- und kleinlandschaft-
liche Dialekte aufnahmen. Man könnte sie meist auch als
Kleinstraumatlanten bezeichnen. Sie ergänzten das Großraum-
unternehmen des SDR und DSA. Es fehlten damit nur Atlasunter-
nehmen mittleren Umfangs als "Regionalatlanten" - für die es
zwei Ansätze (Schwäbischer Atlas von Hermann Fischer und
Siebenbürgisch-sächsischer Sprachatlas) um 1900 gab. Dies
weitere notwendige Großprojekt gründete 1956 der dritte
Nachfolger Wenkers als Leiter des Sprachatlasinstituts, Prof.
Dr.Dr.habil. Ludwig Erich Schmitt.

Voraus ging aber die Ergänzung des Wenkerschen Laut- und
Formenatlasses nach der lexikalischen Seite. Als Leiter der

Dialektwörterbuchkonferenz stellte Ferdinand Wrede zusammen
mit Hermann Teuchert und Wilhelm Pessler auf der Konferenz
von 1921 den Antrag einen ersten Versuch mit einem Fragebogen
von 24 Wortfragen für Wortkartierung im Maßstab 1 : 5 Millionen zu machen. Damit wurde der neue Mitarbeiter am "Sprachatlas" Dr. Bernhard Martin beauftragt. Er arbeitete daran
bis 1934. Dann stoppte Walther Mitzka als Nachfolger Wredes
diese Vorarbeit und begann 1934 - 1937 - zunächst mit Martins
Hilfe, dann ohne ihn - eine Wortergänzung zum Wenker-Wrede-
schen Sprachatlas aus allen Schulorten des Deutschen Reiches von 1937 - 1945. Nach 1945 verselbständigte er dies
Unternehmen als "Deutscher Wortatlas", den er bis zu Band 4
führte. Der dritte Nachfolger Wenkers in der Leitung des
Sprachatlasinstituts - das auf seinen Antrag die erweiterte
Bezeichnung "Deutscher Sprachatlas. Forschungsinstitut für
deutsche Sprache" erhielt - Ludwig Erich Schmitt gab den
Deutschen Wortatlas von Band 5 - 22 heraus.

Sprachkarten der besprochenen Art können nicht ohne kurze
und ausführliche Kommentare benutzt werden. Für den Laut-
und Formenatlas Wenkers lieferte Wrede 1908 als Muster in
Band 1 der Deutschen Dialektgeographie einen ausführlichen
Kommentar mit "Die Diminutiva im Deutschen". Er fand bisher
vom Marburger Institut aus keine Fortsetzung. Besser ging
beim Wortatlas Mitzka vor, in dem er die Kartenherstellung
mit Wortforschungsarbeiten seiner Schüler verband, die zunächst in den "Giessener Beiträgen zur deutschen Philologie"
erschienen. L.E. Schmitt gründete dafür eine eigene Reihe
"Deutsche Wortforschung in europäischen Bezügen", für die
noch sehr viel Vorarbeiten auf Fertigstellung und Druck warten. Bernhard Martin schrieb in dieser Reihe eine exemplari-
sche Wort- und sachgeschichtliche Arbeit über "Die Kartoffel"
(Dt. Wortf. in europ. Bez. Band 19), zusammen mit Wredes
"Diminutiva" ein Musterbeispiel schon für jenen Probefragebogen von 1921, der noch immmer auf Ausarbeitung harrt. Einen
Neudr. der publizierten Karten s. Festschrift Martin 2.
Mit seiner Doktorarbeit über die Mundarten des Waldecker

Landes begann B. Martin eine lange Reihe von gelehrten bis
populären Aufsätzen und Abhandlungen der waldeckischen und
hessischen Mundarten, von denen viele vorbildlich für einen
wissenschaftlich fundierten aber algemein verständlichen Dar-
stellungsstil sind. Sie können hier in den "Gesammelten
Schriften" leider nicht vollständig geboten werden.

Von Herrn Martin angeregte und bis zum erfolgreichen Druck
geführte Dissertationen umfassen 22 Arbeiten volkskundlicher
und mundartlicher Themen.

Als getreuer Nachfolger Wredes erwies sich Bernhard Martin
auch als Bibliograph für deutsche Mundartforschung und Mundartdichtung, wo er Wredes Arbeit von 1921 - 1934 fortsetzte,
wovon die Jahrgänge 1921 - 1926 im Jahre 1929 als Beiheft
zum 'Teuthonista' im Druck erschienen. Auf Veranlassung
Mitzkas ist diese dringliche Hilfsarbeit 1934 liegen geblieben und erst von L.E. Schmitt im Jahre 1957 wieder aufgenommen, zugleich erweitert auf 'Dialektforschung und Sprachgeschichte des Deutschen'. Die sogenannten hessischen Univer-
sitätsreformen von 1966 und 1969/70 haben diese Arbeiten
gänzlich zum Erliegen gebracht, bzw. wurden sie unbefugt aus
dem Institut entfernt.
Die hier vorgelegten 'Gesammelten Schriften' von Bernhard
Martin plante ich schon zu seinem 80. Geburtstag. Es kam wegen der kulturrevolutionsartigen Verhältnisse an der Universität Marburg nicht dazu, weil vor allem das Sprachatlasinsti-
tut auf der untersten Ebene der Gruppenuniversität in das
auf drei Fachbereiche verteilte Schulfach Deutsch eingefügt
wurde. Dabei kam die 'Deutsche Volkskunde' - mit der die
'Volkssprache' als Dialekte, Soziolekte und Ergolekte (d.h.
Fachsprachen) am engsten zusammen arbeiten muß - in einen
Fachbereich "Gesellschaftswissenschaften" mit völlig politi-
sierter anarchistisch-kommunistischer Grundstruktur. Daraufhin habe ich den Vorstand der "Hessischen Vereinigung für
Volkskunde" zweimal - 1972/73 für den 85. und Winter 1977/78
einem bereits politisch extrem links orientierten Herausge-

bergremium der "Hessischen Blätter für Volkskunde" den Plan
vorgetragen: Hessische Vereinigung und Sprachatlas möchten
gemeinsam herausgeben: 1. die "Gesammelten Schriften" von
Bernhard Martin, 2. eine gemeinsame Festschrift, die beide
das Werk des 85- bzw. 90-jährigen Jubilars in seiner Zukunfts-
orientierung und systematisch einordnen. Der allgemeine politisch und soziale Verfall in und um die Universität Marburg
hat dann zu einer Festschrift des "Leitungskollektivs" des
Sprachatlas geführt, für die die Herren Friebertshäuser als
nunmehr Verantwortlicher für das Hessen-Nassauische Volkswörterbuch und R. Hildebrandt als Geschäftsführer des "Leitungskollektivs" und nachfolgenden "Direktoriums" als Herausgeber
zeichnen. Es wäre selbstverständliche Höflichkeit mit mir als
emeritiertem Institutsdirektor wegen dieser von mir vorge-
brachten - und den Herren bekannten - Plänen zu sprechen. Das
geschah nicht. Vielmehr ließen sie die Hessische Vereinigung
für Volkskunde, - der Bernhard Martin nun bald 60 Jahre als
führendes Mitglied und Herausgeber der international hochangesehenen Zeitschrift angehört - verfallen, offenbar in der
irrigen Meinung, sich desolaten Verhältnissen auf solche Weise
zu entziehen.

So gibt der Emeritus seinem älteren Kollegen, dem er seit
1928 in der Gisselberger Straße 19 immer näher und freund-
schaftlich näher getreten ist, diese 'Gesammelten Schriften'
Bernhard Martins heraus in den "Beiträgen zur deutschen Philologie" als ersten fruchtbaren Versuch das Werk Wenkers auszu-
weiten und auszuwerten. Wie Wredes 'Kleine Schriften' als Band
60 der DDG, sollen sie gesammelt die Arbeit an den Großpro-
jekten des Sprachatlas künftig weiter fördern, ebenso wie die
ureigenste Arbeit des Waldeckers und Hessen Bernhard Martin.

Zu danken habe ich bei dieser Arbeit Herrn Putschke, der
Frau Steuber beauftragte, für 102 Seiten die Druckvorlage zu
schreiben, nachdem er die Geschäftsführung des Sprachatlas-
instituts übernommen hatte. Alle andere schrieb auf mei-

18

ne Kosten Frau Elisabeth Linker, der ich sehr zu Dank verpflichtet bin. Am meisten habe ich meiner Frau zu danken bei
allen nötigen Arbeiten zur Herstellung des Druckmanuskripts.

Bei der Herstellung des Druckmanuskripts halfen Verlag und
Redaktion der Waldeckischen Landeszeitung, Wilhelm Bing Ver-
lag in Korbach. Eine Druckbeihilfe bewilligte Herr Landrat
Dr. Receius vom Kreis Waldeck-Frankenberg.
Dem Verlag und dem Kreise gilt der ganz besondere Dank auch
im Namen des verstorbenen Autors Bernhard Martin.

Bei der Ergänzung der Bibliographie und dem Beschaffen der
Druckvorlagen haben ausser der Waldeckischen Landeszeitung,
der Waldeckische Geschichtsverein durch die Herren Jedicke -
Arolsen und Paul - Wildungen dankenswerter Weise geholfen.
Ich hoffe die Publikation insbesondere der Mundartbeiträge
Bernhard Martins werden Ansporn und Vorbild für Erforschung
und Pflege der Sprache des Waldecker und Frankenberger Lan-
des sein.

Nicht berücksichtigt sind in diesem Band der 'Gesammelten
Schriften' Martins seine Anteile an den allgemein germani-
stischen Arbeiten innerhalb des Forschungsinstituts "Deutscher Sprachatlas":

      1. Seine Dissertation (1914-1925),
      2. Die Arbeiten zur "Deutschen Dialekt-
         geographie",
      3. Die "Bibliographie zur deutschen Mund-
         artforschung" und "Mundartdichtung",
      4. Karten und Kommentare zum "Deutschen
         Sprachatlas".

Sie würden einen eigenen Band erfordern.

                Ludwig Erich Schmitt

Einleitung

Außer Marburg war die Universität Leipzig Studienort von
Bernhard <u>Martin</u>. Dort nahm bis zur Politisierung der Universität die Philosophische Fakultät ihren Schülern bei der Pro-
motion schriftlich und mündlich eine Art "hypokratischen"
Eid ab, in dem sich der neu Promovierte verpflichtete, sich
der Ehre des Doktortitels allzeit würdig zu erweisen, insbesondere auch durch künftige wissenschaftliche Arbeit. Marburg, der Promotions- und fast lebenslange Arbeitsort von
Bernhard Martin, kannte diesen Akt nicht. Aber seine Forderungen hat er bis zu seinem 90. Lebensjahr 1979 erfüllt.

Als getreustem Mitarbeiter Ferdinand Wredes gebührt Bernhard
Martin auch in dem 2. großen Anlauf zur wissenschaftlichen
Übersicht der deutschen Dialekte, der "Deutschen Dialektgeographie, Untersuchungen zum Deutschen Sprachatlas" dieselbe
Ehrung wie dem Meister und Lehrer. Ferdinand Wredes "Kleine
Schriften", deren Sammlung und Drucklegung ich 1960 anregte
und besorgte (s. Deutsche Dialektgeographie Band 60. Marburg
1963) versah er mit einer Biographie und Würdigung von Wrede,
zugleich im Namen von Luise Berthold und Walther Mitzka. Der
Band beginnt konsequenterweise mit den ersten gedruckten Berichten über Georg Wenkers Sprachatlas des Deutschen Reiches
(ebd. S. 9 - 228), die Wrede auf Veranlassung Wenkers
schrieb. Dieser schriftlichen Fixierung der Atlaskarten von
1892 - 1902 fügen sich die "Kurzkommentare zum Deutschen
Sprachatlas" an (1926 - 1956), die wesentlich aus Martins
Feder stammen, die Vorworte und eine vorläufige Einleitung
von Ferdinand Wrede. Mit ihnen sollte der vorliegende Band
von Martins "Gesammelten Schriften" beginnen. Wie alle Atlas-
publikationen sind auch die Kurzkommentare Ergebnis einer weit-
gehenden Zusammenarbeit, bei der der Einzelanteil häufig schwer
zu bestimmen ist. In ihnen finden wir also auch Wenkers und

Maurmanns entsagungsvolle Zeichenarbeit von Jahrzehnten,
Konstantin Nörrenbergs, Friedrich Kaufmanns, Kurt Wagners
und vieler anderer Mitarbeit. Aber die Ernte eines entsagungs-
vollen 7ojährigen Arbeitslebens bedarf ausdrücklichem Dank.
Ihn wollen unsere gesammelten Schriften dem Neunzigjährigen
bekunden.

Als Bernhard Martin in die Dienste des Deutschen Sprachatlas
eintrat, begann er Arbeiten zur deutschen Wortgeographie mit
Zustimmung Wredes auf Grund älterer Anregungen von Hermann
Teuchert (als Assistent von Johannes Franck beim frisch be-
gonnenen "Rheinischen Wörterbuch", von Wilhelm Pessler im
Rahmen seiner niedersächsischen Hausforschung, von Eberhard
Freiherr von Künssberg mit seiner Rechtswortgeographie im An-
schluß an die Bearbeitung des Deutschen Rechtswörterbuchs und
des allgemeinen und vergleichenden Sprachwissenschaftlers
Paul Kretschmer (1866 - 1956) "Wortgeographie der hochdeut-
schen Umgangssprache" (1910 - 1916/18, 2. Aufl. Göttingen
1969). Kretschmer war 1896 einem Ruf auf einen Lehrstuhl für
Indogermanistik nach Marburg gefolgt, den er schon 1899 mit
Wien vertauschte. Er war in seinen Marburger Jahren häufiger
Gast im "Sprachatlas" bei Wenker und Wrede gewesen. Leider
erwähnt er das in seinem Vorwort zu seiner "Wortgeographie"
von 1917 überhaupt nicht, obwohl die Anregungen durch die
Marburger Institution für den Entwurf bei so intensiver
Nachbarschaft sicher sehr wichtig, wenn nicht entscheidend
waren. Auch Theodor Frings zeichnete schon in seinen ersten
Bonner Jahren als Nachfolger von Johannes Franck Wortkarten
im Rahmen der rheinischen Forschungen mit seiner Mitarbeiterin Edda Tille, die später mit dem Literarhistoriker Hanka-
mer verheiratet war.

Eine entscheidende Stufe in der Entwicklung der deutschen
Wortgeographie war der Fragebogen zur deutschen Wortgeographie, den Martin 1922 versandte, nachdem bereits 1921 die
nach Jena einberufene Konferenz aller Wörterbuchleiter der
deutschen Mundartwörterbücher einen gemeinsamen wortgeogra-

phischen Fragebogen mit 24 Fragen beschlossen hatte. Die
Enquéte brachte es auf 1345 Antworten, von denen Martin in
den Jahren 1924 - 1934 13 Wortkarten im Maßstab 1 : 5 Millionen mit kurzem Begleittext in der Zeitschrift Teuthonista
1 - 6 und 8 - 10 publizierte.
Mit der Übernahme des Sprachatlas-Instituts durch Walther
Mitzka 1934 wurde diese Arbeit leider eingestellt, obwohl
ihre Fertigstellung und der Druck für einen kleinen deutschen
Sprachatlas (Maßstab 1 : 5 Millionen), vor allem in Verbindung mit dem seit 1928 in Gang gebrachten "Deutschen Volkskundeatlas" - thematisch ein Sach- und Wortatlas. Auf Vorschlag Mitzkas wurde ein neuer Fragebogen mit 200 Fragen
(s. Inhaltsverz. Nr. 8.) ausgearbeitet und mit Begleitschreiben von Mitzka und Martin an 50 000 Schulorte versandt.
Mitzka übernahm das Werk allein und übergab es mit Band 4 an
seinen Nachfolger als Institutsdirektor Ludwig Erich Schmitt,
der die Bände 5 - 20 herausgab. Mit der allzu großen Zahl an
Belegorten wiederholte Mitzka die Schwierigkeiten der Bearbeitung wie beim Laut- und Formenatlas von Wenker und Wrede.
Dabei ist das geringste Hindernis die "offene" Form des Umfangs. Entscheidend ist viel mehr die Schwierigkeit der Auswertung und Weiterverarbeitung des riesigen Materials und
der dabei nötige finanzielle Aufwand. Er kann leicht zu einer
mißlichen Politisierung führen, wenn die notwendig staatlichen Geldgeber nicht von bedeutenden Kulturpolitikern und
Ministerialbeamten geleitet werden, wie es bei Geheimrat
Althoff mit Wenkers Atlas, bei Schmidt-Ott mit dem Deutschen
Volkskundeatlas der Fall war. Ohne solche Förderer lassen
sich derart riesige Aufgaben nicht bewältigen. Das zeigte
sich mehrfach beim Deutschen Wortatlas.

Die Fragmente der wortgeographischen Arbeit von Martin sollten in diesen "Gesammelten Schriften" nach den Kurzkommenta-
ren zum Laut- und Formenatlas abgedruckt werden. Die Herausgeber der Festschrift zum 90. Geburtstag von Martin - Friebertshäuser und Hildebrandt - haben sie 1980 dort aufgenommen (s. DDG. 100, S. 28 - 66).

Ludwig Erich Schmitt

Ansprache

zum 85. Geburtstag

von

B E R N H A R D   M A R T I N

am

1. August 1974

Meine sehr verehrten Damen und Herren!

Im Namen der einladenden Herren Professoren Friebertshäuser, Heilfurth und Schmitt und ihrer Forschungseinrichtungen, die heute über drei Fachbereiche der Universität zerstreut sind, heiße ich Sie herzlich willkommen! Wir danken Ihnen sehr für die Anteilnahme am persönlichen Ergehen unseres Jubilars und der Marburger und Gießener, hessischen und deutschen wissenschaftlichen Einrichtungen, mit denen er seit seinen Marburger und Leipziger Studententagen in unermüdlicher Mitarbeit und leitender Fürsorge durch sechzig Jahre verbunden ist.

Erlauben Sie mir bei der großen Teilnehmerzahl auf namentliche Begrüßung zu verzichten, auch bei unserem Herrn Universitätspräsidenten und den vielen auswärtigen Freunden und Kollegen, die teilweise von weither angereist sind. Stellvertretend und symbolisch für alle Marburger begrüße ich Fräulein Hammer, die über viele Jahrzehnte dem Hause und der Familie von Professor Martin und danach ebenso lange und treu dem Institut des "Deutschen Sprachatlas" diente. Sie sitzt zur Rechten des Jubilars. Für die vielen auswärtigen wissenschaftlichen und den Belangen der hessischen Heimat und ihrer Erforschung dienenden Vereinigungen darf ich Frau Dr. Blöcher und Herrn Amtsrat Huth von Biedenkopf als nächste Anrainer des Waldeckers und lang gesessenen Marburgers Bernhard Martin begrüßen. Er hat in seinen besonderen wissenschaftlichen Bemühungen um das hessische Hinterland schon den neuen Großkreis Biedenkopf - Marburg vorausgeahnt, für den Herr Huth zugleich die amtlichen Grüße und Wünsche überbringt. Es hatte sich auch der Landrat des Landkreises Waldeck-Frankenberg angesagt, um Herrn Martin für seine wissenschaftliche Arbeit in seiner engsten Heimat durch zwei Menschenalter zu danken. Leider ist er plötzlich erkrankt und bettlägerig.

Die heutige Feierstunde vereint uns zum 85. Geburtstag von

Herrn Professor Dr. Bernhard Martin,
geboren am 1. August 1889 in Rhoden/Waldeck.

Wir dürfen Sie, lieber Herr Martin, heute in voller geistiger
Frische und wissenschaftlicher Regsamkeit unter uns haben als
den getreuen Eckart des Sprachatlas und den "Onkel Martin"
für viele Ihrer Schüler und jüngeren Kollegen. Wir alle wünschen Ihnen von Herzen, daß Sie auch kommende Beschwerden dieses Lebens mit jenem gleichmütigen Frohsinn tragen mögen, den
wir alle an Ihnen kennen und lieben, der vielen Ihrer Freunde
in schweren Stunden half sie "senfter" zu machen, um mit dem
mittelhochdeutschen Dichter der Mâze zu sprechen. Ihrem Na-
menspatron, dem Heiligen Martin, haben Sie mit nie versagen-
der Hilfsbereitschaft im persönlichen und staatlichen Bereich
nachgeeifert. In einem wechselvollen Leben, das drei deutsche
Katastrophen, zwei Weltkriege und die Hitlerzeit als tiefe
Einschnitte im persönlichen und familiären Dasein wie im amtlichen Dienst erfahren und durchstehen mußte, haben Sie mit
dieser bejahenden Haltung eine Lebensarbeit von dauerndem
Wert geschaffen, die auch die gegenwärtigen Schwierigkeiten
des "Deutschen Sprachatlas" und der hessischen sprachlichen
und soziokulturellen Landesforschung überstehen wird. Ihre
praktischen Auswirkungen auf das Land Hessen und die Sprach-
welt des Deutschen wird fortwirken.

Ihren Arbeitsbereich, den Sie selbst wiederholt mit "deutsche
Mundartforschung und Volkskunde, insbesondere hessische" um-
grenzt haben, betraten Sie schon mit Ihrer Dissertation von
1914: "Studien zur Dialektgeographie des Fürstentums Waldeck
und des nördlichen Teils des Kreises Frankenberg". Ihren
Druck begannen Sie nach schwerer Verwundung als Kriegsteilneh-
mer. Durch die widrigen Zeitverhältnisse mehrfach unterbro-
chen, wurde er erst 1924 abgeschlossen. So berichtet es kurz
und karg Ferdinand Wrede als "Doktorvater" und Herausgeber
der "Deutschen Dialektgeographie". Als Band 15 dieser Reihe

erschien sie 1925 in Marburg. Fast 15 Jahre waren seit der
Materialaufnahme und Feldforschung vergangen. Ihr Ertrag wa-
ren völlig neue Erkenntnisse gegenüber dem Versuch des bedeu-
tenden amerikanischen Germanisten Hermann Collitz (1855 -
1935). Dieser war geborener Niederdeutscher aus Bleckede an
der Elbe bei Lüneburg, der in Göttingen Bezzenberger, Frick,
Benfey und Sauppe, in Berlin Johannes Schmidt, Müllenhoff,
Scherer, Zimmer und Jagić als Lehrer hatte, sich 1885 in
Halle habilitierte, 1883 - 1915 mit anderen die "griechischen
Dialektinschriften" herausgab und ab 1885 in den Vereinigten
Staaten als Professor tätig war, zuerst in Bryn Mawr, wo u.a.
der spätere Präsident der USA Thomas Woodrow Wilson sein Kollege als Historiker war, ab 1907 als Indogermanist und Germanist an der Johns Hopkins University, wo er 1912 seine Sammlung "Hesperia. Schriften zur germanischen Philologie" begründete und mit seinem ausgezeichneten Werk "Das schwache Präte-
ritum und seine Vorgeschichte" eröffnete. Er publizierte aus
dem Germanischen aller altgermanischen Dialekte auch Niederdeutsch, Holländisch, Flämisch, Friesisch, vergleichbar darin
nur mit Leonard Bloomfield. 1925 wurde er zum ersten Präsidenten der neu begründeten Linguistic Society of America gewählt,
gleichzeitig zum Präsidenten der Modern Language Association
of America (s. Ernst Prokosch: Hermann Collitz - In Memoriam.
in: The Journal of English and Germanic Philology 35. 1936,
S. 454 - 457; wieder abgedruckt bei Thomas A. Sebeok (Hrsg.):
Portraits of Linguists. A Biographical Source Book for the
History of Western Linguistics 1746 - 1963, Bd. 2 From Edward
Sievers to Benjamin Lee Whorf. Bloomington, London o. J.
(1966), S. 74 ff.). Als Herausgeber des Waldeckischen Wörterbuchs von Karl Bauer (Norden, Leipzig 1902),gab er in 105
Seiten Einleitung eine Einleitung, die sehr gelehrt, aber zu
wenig auf empirischer Feldforschung beruhte. Sie konnten als
"erfahrener" Empiriker dem mit vergleichsweise sekundären
Quellen und vergleichend-historischer Methode arbeitenden
international berühmten Professor überlegen entgegentreten,
weil Sie die bessere unmittelbare Kenntnis der gesprochenen

Sprache hatten und aus ihr die besseren Argumente gewannen.

Mit Ihrer Arbeit traten Sie also nicht nur als räumlich be-
schränkter Dialektologe an, sondern in einen Kreis interna-
tionaler Forscher wie Hermann Collitz und Leonard Bloomfield,
die in der gleichen Zeit, in der Ihre Dissertation nach schweren Geburtswehen das Licht der Welt erblickte, mit ihrer Linguistic Society of America zu neuen Ufern aufbrachen, als
Ferdinand Wrede mit seiner jugendlichen Dissertantenschar
schon auf Wenkers Atlas-Kahn ins Ungewisse steuerte. So gewinnt Ihre Dissertation 1914 - 1925 in der Auseinandersetzung
mit Collitz paradigmatische Bedeutung für die wissenschaftliche Position der deutschen Dialektologie, um Wenker und
Wrede im unterbrochenen Konzert der internationalen Sprachforschung. Ohne das verlorene Jahrzehnt um den ersten Weltkrieg wären Sie so gut wie sicher zum wissenschaftlichen Dialog mit Collitz gekommen, von dem Prokosch rühmte, daß er
keinen Feind habe. Es ist mehr als Anekdote und Aperçu, wenn
ich hier daran erinnere, daß der Verfasser von Collitzens
"Nekrolog" Prokosch selber im ersten Weltkrieg germanistischer Professor an der Hauptuniversität von Texas in Austin
war, wo nach dem Eintritt der Vereinigten Staates in den ersten Weltkrieg, das Deutsch als Schulsprache in den vielen
deutschen Siedlungen von Zentraltexas - nicht zuletzt von
Hessen von Sieg, Lahn und Dill bis zum Main begründet - ver-
boten wurde. Professor Prokosch wurde beim Kuratorium der
Universität denunziert, er nenne in seinem Unterricht die
Englische Sprache einen deutschen Dialekt. Daraufhin vorgela-
den, fragte ihn der Präsident des Kuratoriums: "Professor,
did you say, that English is a German Dialect"? Seine Antwort
war: "No Sir! I said 'English is a Low-German Dialect'"! Und
dann wurde er "gefeuert". Aber er hatte es besser als Sie, lieber Herr Martin, er wurde umgehend Professor an Yale, mit
Harvard, Columbia und Princeton bekanntlich eine der vier
berühmtesten Privat-Universitäten der Ostküste Amerikas. Unser Professor Prokosch, emigriert als österreichisch-ungari-

scher Offizier , der nie wieder nach dem heimatlichen Böhmen
zurückkehrte, hatte übrigens eine Tochter, die Hans <u>Curath</u>,
den Begründer des ersten amerikanischen Sprachatlas (der Ostküste) geheiratet hat.
Als ich ihn 1962 in Ann Arbor besuchen wollte, war er mit
seiner Frau als "Volkskundler" oder Ethnologe - wie Sie wollen - unterwegs bei den Indianer-Resten in den Apalachen.

Ihre Doktorarbeit war die 25. Dissertation, die von 1904 -
1914, in zehn Jahren also, von Ferdinand <u>Wrede</u> angeregt und
geleitet, am Sprachatlas-Institut entstand. Bis auf zwei waren es "Reihenuntersuchungen" wie bei den Naturwissenschaft-
lern, um in einem zweiten, direkten methodischen Ansatz der
gesprochenen deutschen Sprache in ihren dialektalen und sozio-
lektalen Differenzierungen beizukommen. Es ist grober Unfug,
wenn bis in die Gegenwart zwischen den führenden Dialektat-
lasunternehmen der Germanisten und Romanisten ein grundlegen-
der Gegensatz konstruiert wird: indirekter Fragebogen mit
Laienumschriften gegen direkte phonetische Transkription des
linguistisch geschulten Explorators. Wenkers Unternehmen war
ein erster kühner Versuch einer ersten Übersicht - übrigens
1876 und noch in den "Abteilungen" der achtziger Jahre auf der
Stufe des "Regionalatlas". Es war sozusagen nur die schmerz-
liche Folge der notwendigen staatlichen Finanzierung, das
heißt aber nach 1871 <u>politische</u> Anpassung an den Zuschnitt
des Bismarckschen Reiches, die den "Nationalatlas" erzwang.

Wredes Unternehmen der wissenschaftlichen Reihe "Deutsche
Dialektgeographie" geht genau um die Jahrhundertwende die
direkte Aufnahme eines komplexen Objektes mit differenzierten
Methoden einer "Kombinatorik" an, die mit "Ortsgrammatik" als
Ausgang beginnt und die Untersuchung auswertet im Rahmen einer
von <u>einem</u> Explorator und Erforscher zu bewältigenden Spre-
chergruppe in ihrem Siedlungsraum - ihrer Umwelt - , wobei
die kartographische Technik zwanglos alle anderen beteiligten
Faktoren und Wissenschaftsbezirke beizieht.

Nur zwei der 25 Dissertationen fallen aus diesem Rahmen: Gertrud Geffcken, "Wortschatz des Heliand und seine Heimatfrage" von 1911 und E. Bock, "Die Präpositionen bei Fischart" von 1914. Aber sie stellen nur methodische Anwendungen dialektologischer und kartographischer Ergebnisse auf geschriebene Denkmäler, Heimatbestimmung usw. dar, die die Fäden zur älteren "Philologie" und historischen Methode nicht abreißen lassen.

Unter den jugendlich enthusiastischen Forschern der Deutschen Dialektgeographie waren Sie bis zum Ausbruch des 1. Weltkrieges der Benjamin. Der Bruch durch den gerade die männliche Jugend vernichtenden Weltkrieg wird deutlich. Mehr als sonst üblich treten Frauen in die Lücke. Wiewohl es zu den Ehrentiteln Ihres Lehrers Wrede gehörte, auch der studierenden Frau zu ihrem Recht zu verhelfen - zu versuchen. Während er noch für sich und den Sprachatlas um die volle Anerkennung und Gleichberechtigung durch die Universität Marburg kämpfte, habilitierte er gleichzeitig die erste Frau in Marburg, Luise Berthold, die Sie auch von hier herzlich grüßen läßt und zugleich ihre Abwesenheit mit einer notwendigen Kur entschuldigt.

Aus dieser ersten Mannschaft Wredes vor dem 1. Weltkrieg sind nur drei zum Professortitel gekommen: Theodor Frings, dem ich selber, wie Sie Wrede, durch 23 Jahre als Student, Mitforscher und Freund eng - vielleicht allzu eng - verbunden war, der wehruntauglich war, Walter Mitzka und Sie selber - wie Mitzka im Kriege um entscheidende Jahre wissenschaftlicher Reifung gebracht - wie er gezeichnet durch schwere Verwundung für alles fernere Leben. Man weiß nicht, was aus den Gefallenen (Wix, Kempert, Hanenberg, Neuse, Corell) wissenschaftlich geworden wäre. Für das Sprachatlasunternehmen im Ganzen waren es schwere Verluste, nicht zuletzt auch für die hessische Landesforschung.

Ich lasse es dabei bewenden, hier auf die schweren Verluste an Menschen und wissenschaftlicher Potenz hinzuweisen, die

durch die beiden Weltkriege unsere Forschungsarbeit am Sprachatlas hinderte, die langen Atem hingebender Forschungsarbeit
verlangt, nicht ohne ausreichende systematische Materialsamm-
lung und -aufbereitung sein kann - ohne in ihnen unterzuge-
hen, die schließlich über aller Entsagung den beglückenden
Einfall und den Überschwang der weiten Sicht nicht entbehren
kann.

Seit Sie, Bernhard Martin, im Jahre 1922 auf Einladung und
Mahnen von Ferdinand Wrede Ihre vergleichsweise gesicherte
Position als Studienrat in Bonn mit der Stelle eines Bibliothekars und späteren Oberbibliothekars im Etat der Preußischen Staatsbibliothek vertauschten und in den "Sprachatlas"
eintraten als Stellvertreter Wredes, haben Sie alle Schwierigkeiten des Unternehmens entscheidend mitgetragen, alle Leiden
und Freuden der nächsten 50 Jahre. Wir alle schulden Ihnen
Dank dafür!

Neben dem Grundkartenwerk des Sprachatlas des Deutschen
Reiches, seiner Auswertung auf alle geschlossenen deutschen
Sprachgebiete vor 1937 haben Sie mit Wrede und Mitzka die
Publikation von 1926 - 1956 betrieben. Niemand hat mehr als
Sie den Charakter des zyklopischen Unternehmens von Wenker
als Torso und den unvermeidlichen hermetischen Charakter dieses Torsos beklagt. Aber Sie haben bis zum heutigen Tag sich
immer vorbehaltlos zum Unternehmen und seinen Aufgaben bekannt, was gerade in den Schwierigkeiten der 1. und 2. hessischen Universitätsreform nicht von allen Sprachatlasmitarbei-
tern gesagt werden kann.

Sie haben vor allem immer selbstlos die Belange des Ganzen
vor Ihre persönlichen Wünsche gestellt, von egoistischer
Selbstsucht jedwelcher Art gar nicht zu reden! In Ihrer
selbstlosen Beharrlichkeit als Mensch und Wissenschaftler
sollen Sie uns Vorbild bleiben!

Zum zweiten Grundlagenwerk unseres Hauses, dem "Deutschen
Wortatlas" haben Sie in den zwanziger Jahren mit "Vorstudien"
auf der Basis von 3.000 Fragebogen einen Anfang gemacht, der
Sie neben Kretschmer, Pessler und Mitzka zur Quadriga der
Wortatlasbegründer im deutschen Sprachgebiet macht. Mit den
Anfängen des Wortatlas wird Ihr Name immer verbunden bleiben.
Und wenn ich einen Wunsch äußern dürfte, wäre es die selb-
ständige Publikation der Ansätze im Teuthonista und die aus-
stehende Auswertung aller Fragebogen.

Über Ihre Tätigkeit als Volkskundler haben Berufenere, haben
Freund Heilfurth und das "Institut für mitteleuropäische
Volksforschung" zusammen mit der hessischen Vereinigung für
Volkskunde und ihrem internationalen Organ den "Hessischen
Blättern für Volkskunde" berichtet, nicht zuletzt in Ihrer
Festschrift. Hier kam es auf den Dialektologen und Sprachfor-
scher an.

Aber es bleibt Ihr Verdienst zu rühmen für das Kurhessische
Landesamt für Volkskunde, das Sie seit den zwanziger Jahren
mühsam Stück für Stück aufbauten und das 1934 eine institu-
tionelle Form erhielt im Rahmen des Landeswohlfahrtsverbandes,
Rest von Selbstverwaltungsgedanken des Freiherrn vom und zum
Stein, die leider nur in Westfalen und erst jüngst im Rheinland neu belebt wurde. Hessen hat diese fruchtbaren Formen
staatlichen Wirkens leider bis auf Reste vernachlässigt. Wir
wünschen uns als Hessen in Hessen die Wiederbelebung Ihres
Kurhessischen Landesamtes als "Hessisches Landesamt für
sprachliche und soziokulturelle Forschung". Wir sind sicher,
daß alle in diesem Saale mit Ihnen in diesem Wunsche überein-
stimmen.

Den zweiten Wunsch, den wir zu Ihrem 85. Geburtstag besonders
nachdrücklich aussprechen ist die Weiterführung des Sprachatlasinstituts in Ihrem und Wredes Sinne als "Zentrale für den
deutschen Sprachatlas und für deutsche Dialektforschung." Den
Forschern darin aber wünschen wir den selbstlosen Geist und

die vorbehaltlose und strenge Wissenschaftsauffassung des
Waldeckers, des Hessen, des Deutschen und

des Menschen Bernhard Martin!

Bernhard Martins Veröffentlichungen

Zusammengestellt von Anneliese Born (Marburg)

1914

Studien zur Dialektgeographie des Fürstentums Waldeck und des nördlichen Teiles des Kreises Frankenberg. (Mit Ortsgrammatik von Rhoden.) Diss. Marburg 1914.

1923

Wortgeographische Studien in Hessen-Nassau. In: ZfdMa 18. 1923, S. 254-257. Mit 1 Kt.

1924

Deutsche Wortgeographie I. Der Begriff "Hefe" im deutschen Sprachgebiet. Mit einer Grundkarte und einer Pause. In: Teuth. 1. 1924/25, S. 65-70.

Deutsche Wortgeographie II. Der Begriff "Rechen" im deutschen Sprachgebiet. Mit einer Pause. In: Teuth. 1. 1924/25, S.186 f.

Deutsche Wortgeographie III. Das Eichhörnchen (Lat. Sciurus vulgaris). Mit einer Pause. In: Teuth. 1. 1924/25, S. 227 f.

sige und sege. In: KVfnSpr. Heft 39. 1924, S. 10.

Die Rhoder Schusterzunft. In: Mein Waldeck. Heimatkundliche Beilage zur waldeckischen Landeszeitung 1924, Nr. 2,3,4.

Volkskundliches aus Waldeck um 1880. In: Mein Waldeck 1924, Nr. 6.

Zur Geschichte der Hexenprozesse in Waldeck. In: Mein Waldeck 1924, Nr. 12.

Bon riike use Platt is. In: Mein Waldeck 1924, Nr. 14.

Aus dem Gebiet der waldeckischen Mundarten I. De iglerne Pikfe. II. Bär und Watz. In: Mein Waldeck 1924, Nr. 15.

Die Rhoder Schäffereyordnung von 1715. In: Mein Waldeck 1924, Nr. 17/18.

1925

Dialektgeographie des Fürstentums Waldeck und des nördlichen Teils des Kreises Frankenberg. (= DDG, hrsg. v. F. Wrede, Heft XV. Marburg 1925. 295 S. u. 1 Karte [Diss.].).

Deutsche Wortgeographie IV. Die Kartoffel (Lat. Solanum tuberosum). Mit einer Pause. In: Teuth. 2. 1925/26, S. 64-67.

Deutsche Wortgeographie V. Die Jauche. Mit einer Karte und Pause. In: Teuth. 2. 1925/26, S. 134-136.

Von den Mundarten in der Südostecke des Sauerlandes. In:
Trutznachtigall 7. 1925, S. 184-189.

Auf der Jagd im Kreise Biedenkopf. In: Mein Hinterland, hrsg.
von G. Zitzer. Frankfurt 1925, S. 120-124. Mit Kt.

Aus dem Gebiete der waldeckischen Mundarten III. Der Begriff
"fahren" IV. Der Spatz V. Warten VI. Die Heidelbeere VII.
Das Zeitwort "haben". In: Mein Waldeck 1925, Nr. 2,10,13,18.

Der Stadt Rhoder Haupt - Rezeß von 1650. In: Mein Waldeck
1925, Nr. 8.

Rez.: Kück, Eduard: Die Zelle der deutschen Mundart. Unter-
elbische Studien zur Entstehung und Entwicklung der Mundart.
Mit einer Skizze mehrerer Zellen. Hamburg 1924. In: Teuth. 2.
1925, S. 306-308.

1926

Deutsche Wortgeographie VI. Die Grieben. Mit einer Karte
und Pause. In: Teuth. 3. 1926, S. 63 f.

Deutsche Wortgeographie VII. Die Heidelbeere (Lat. Vaccinium
myrtillus). Mit einer Pause. In: Teuth. 3. 1926, S. 310-314.

Humor und Spott in der Mundart. In: Mein Waldeck 1926, Nr.10.

Grammophonaufnahmen waldeckischer Mundarten in Marburg. In:
Mein Waldeck 1926, Nr. 20.

Das Arolser "Zwiddeken". In: Mein Waldeck 1926, Nr. 22-24.

Wie die alten Waldecker ihre Kinder nannten. In: Mein Waldeck
1926, Nr. 22.

Vornamen in erweiterter Bedeutung in den waldeckischen Mundarten. In: Mein Waldeck 1926, Nr. 24.

1927

Deutsche Wortgeographie VIII. Der Bindfaden. Mit einer Pause.
In: Teuth. 4. 1927, S. 282-284.

Dialektgeographie und Geschichte in Hessen-Nassau. Vortrag
vom 23. 3. 1927 im Verein für hessische Geschichte und Landeskunde. In: Mitteilungen an die Mitglieder des Ver. f.
hess. Gesch. u. Landeskunde 1927/28, S. 60-64.

Das Fremdwort in den niederdeutsch-waldeckischen Mundarten.
In: Mein Waldeck 1927, Nr. 2-5.

Neue Beiträge aus dem Gebiete der waldeckischen Mundarten I.
Die Brombeere II. Der Senf. In: Mein Waldeck 1927, Nr. 11.

Die Orts- und Flurnamen in Waldeck und den Nachbargebieten.
In: Mein Waldeck 1927, Nr. 19, 22; 1928, Nr. 3, 4.

1928

Molkenstehler, Molkenzaubersche und Verwandtes im Gebiet des
Hessen-Nassauischen Wörterbuches. In: HessBllfVk 27. 1928,
S. 195-198.

Rez.: Jungandreas. Wolfgang: Beiträge zur Erforschung der
Besiedlung Schlesiens und zur Entwicklungsgeschichte der
schlesischen Mundart. In: ZGeschSchles. 62. 1928, S. 389-391.

1929

Bibliographie zur deutschen Mundartenforschung und -dichtung
in den Jahren 1921-1926. (Mit Nachträgen zu früheren Jahren.)
Teuth. Beiheft 2. 1929, 206 S.

Deutsche Wortgeographie IX. Die Johannisbeere (Lat. Ribes
rubrum). Mit einer Grundkarte und Pause. In: Teuth. 5. 1929,
S. 212-214.

Deutsche Wortgeographie X. Die Bettstelle. Mit einer Pause.
In: Teuth. 6. 1929, S. 55-57.

Die Mundart unserer Heimat. In: "Waldeckische Landeskunde",
hrsg. von V. Schultze. 2. Aufl. 1929, S. 202-223.

Von den Mundarten des Roten Landes. In: Mein Waldeck 1929,
S. 21. f.

Vom Werden und Sterben der Wörter in der Mundart. In: Mein
Waldeck 1929, S. 81 f., 85 f.

Der deutsche Sprachatlas. In: Der Oberschlesier 11. 1929,
S. 53-56.

1930

Die Mundarten im Kreise Hofgeismar. In: "Heimatkalender für
den Kreis Hofgeismar" 1930, S. 52-60. Mit 5 Ktn.

Waldeckische Walnüsse. In: Mein Waldeck 1930, S. 81 f.

Die hessische Dialektforschung und der Rhein-Mainische Atlas.
In: Hessenland 41. 1931, S. 43-46.

Deutsche Wortgeographie XI. Die Fußbank. Mit einer Karte. In:
Teuth. 8. 1931, S. 108-110.

Die Namen der Heidelbeere in Oberhessen, in Waldeck und im
Hinterland. In: "Heimatkalender der Kreise Biedenkopf, Fran-
kenberg, Kirchhain und Marburg". Marburg 1931, S. 33-36.
Mit 1 Kt.

Glundern - Glandern. In: Mein Waldeck 1931, Nr. 9.

1932 - 1956

(Mitherausgeber) Deutscher Sprachatlas. Auf Grund des von
Georg Wenker 1876 begründeten Sprachatlas des Deutschen
Reiches in vereinfachter Form (1926) begonnen von Ferdinand
Wrede, fortgesetzt ab Lieferung 5 von F. Wrede und B. Martin,
Lieferung 7-23, hrsg. von Walther Mitzka und Bernhard Martin.

1932

Familiennamen in Waldeck. In: Mein Waldeck 1932, S. 5-93.

Page, Pagenwimmel, Pagenstecher und Konsorten. In: Niederdeutsche Studien. Festschrift zum 60. Geburtstag für Prof.
Conrad Borchling. Neumünster o. J. 1932), S. 171-190.

Rez.: Helm, Rudolf: Hessische Trachten. Verbreitungsgebiete,
Entwicklung und gegenwärtiger Bestand. Schwälmer Tracht. Hin-
terländer Tracht. Marburger Tracht. Tracht der katholischen
Dörfer. Schönsteiner Tracht. Heidelberg 1932. In: Hess.BllfVK
30/31. 1931-32, S. 286 f.

1933

Georg Wenkers Kampf um seinen Sprachatlas (1875-1889). In:
Von Wenker zu Wrede. Marburg 1933, S. 1-37. DDG 21, F. Wrede
zum 70. Geburtstag.

Deutsche Wortgeographie XII. Der Handbesen. Mit einer Karte.
In: Teuth. 9. 1933, S. 47-50.

Vom waldeckischen Volkslied. In: Mein Waldeck 1933, Nr. 81.

Rez.: Will, Wilhelm: Saarländische Sprachgeschichte. Saar-
brücken 1932. In: HessBllfVk 32. 1933, S. 172 f.

Rez.: Bach, Adolf: Karte der rheinischen Mundarten, gez.
von W. Will, hrsg. v. Inst. f. geschichtl. Landeskunde der
Rheinlande an der Univ. Bonn. In: Teuth. 9. 1933, S. 57 f.

1934

Deutsche Wortgeographie XIII. Blaken. Mit einer Karte. In:
Teuth. 10. 1944, S. 103-106.

Flur und Flurnamen. Mit 3 Karten. In: Heimat und Arbeit.
Monatshefte f. pädagogische Politik 2. 1934, S. 109-123.

Flurnamenforschung und -sammlung in Waldeck. In: Geschichtsbl.
f. Waldeck und Pyrmont 33. 1933, S. 1-14.

Rez.: Helm, Rudolf: Hessische Trachten. Verbreitungsgebiete,
Entwicklung und gegenwärtiger Bestand. Die Trachten der
Kreise Frankenberg und Hersfeld. Kassel 1934. In: HessBllfVk
33. 1934, S. 153.

1937

Streifzüge durch Waldecks Mundarten. Waldeckisches Volkstum 3.
Korbach 1937, 51 S. mit 4 Karten.

Klagges und Klowes im Waldecker Land. In: Mein Waldeck 1937,
S. 37 f.

Rez.: Westfälische Forschungen. Mitt. d. Provinzialinst. f.
Westf. Landes- und Volkskunde, hrsg. v. Ernst Rieger. Bd. 1.
1937, Heft 1. In: HessBllfVk 36. 1937, S. 179-181.

1938

Das Hessen-Nassauische Volkswörterbuch. In: "Hessenland" 49.
1938, S. 115-118.

Das Erntegatter am Bauernwagen in Oberhessen und Waldeck. Ein Beitrag zur Erforschung des Arbeitsbrauchtums. Mit drei Abb. In: Gießener Beiträge zur deutschen Philologie 60. 1938, S. 151-165.

Das kurhessische Landesamt für Volkskunde und die hessische Volkskundeforschung. In: HessBllfVk 37. 1938, S. 1-4.

Das Bauernhaus in der alten Grafschaft Pyrmont. "Kleine Studien zur Pyrmonter Geschichte". 2. Heft. Pyrmont 1938.

Rez.: Westfälische Forschungen. Bd. 1, Heft 2 u. 3. Münster 1938. In: HessBllfVk 37. 1938, S. 204 f.

Rez.: Schmeding, Heinrich: Die Mundart des Kirchspiels Lavelsloh und der angrenzenden Ortschaften. Münster 1938. In: HessBllfVk 37. 1938, S. 215.

Rez.: Wiesenthal, Georg: Die alten Namen der Gemarkung Glauberg. Hess. Flurnamenbuch 12. Gießen 1936. In: ZMaf 14.1938, S. 124.

Rez.: Germanische Philologie. Festschrift für Otto Behaghel, hrsg. v. A. Götze, W. Horn, F. Maurer. Heidelberg 1934. In: ZMaf 14. 1938, S. 110-112.

Rez.: Niekerken, Walter: Das Feld und seine Bestellung im Niederdeutschen. Hamburg 1935. In: ZMaf 14. 1938, S. 118-120.

Rez.: Deutsche Mundarten. Niederdeutsch aus Kleinwusterwitz, Kr. Jerichow (Mark.) Bearb. von Max Bathe. Leipzig 1937. In: ZMaf 14. 1938, S. 184.

1939 - 1960

(Herausgeber) Hessische Blätter für Volkskunde, begründet von Adolf Strack, hrsg. von Band XXXVII (1939) bis Band XLVIII (1957) von Hugo Hepding und Bernhard Martin, und ab Band 49/50 (1958) von Bernhard Martin und Gerhard Heilfurth.

1939

Die deutsche Volkssprache. München 1939. 115 S. mit 19 Karten.

Die deutschen Mundarten. Mit 13 Abbildungen. Leipzig (Quelle u. Meyer) 1939, VIII u. 159 S.

Georg Wenker (1852-1911). In: Lebensbilder aus Kurhessen und Waldeck 1830-1930, hrsg. von Ingeborg Schnack, Bd. 1. Marburg 1939, S. 299-302.

Rez.: Preßler, Wilhelm: Volkstumsgeographie als Allgemeingut, eine Aufgabe des sächsischen Volkstumsmuseums. In: HessBllfVk 38. 1939, S. 140.
Rez.: Westfälische Forschungen. Bd. 2, Heft 1 u. 2. In: HessBllfVk 38. 1939, S. 143 f.

Rez.: Becker, Horst: Sächsische Mundartenkunde. Entstehung. Geschichte und Lautstand der Mundarten Sachsens und Nordböhmens. In: HessBllfVk 38. 1939, S. 155.

Rez.: Büld, Heinrich: Volk und Sprache im nördlichen Westfalen. Westfälische Ortschaften im Spiegel ihrer Sprache.
Münster 1939. In: HessBllfVk 38. 1939, S. 162 f.

1940

Waldmännchenstag, Schlägelstag und Waldfeier (2. Januar) in
Hessen. Mit einer Karte. In: HessBllfVk 39. 1940, S. 107-119.

Die Rhoder Schreinerzunft. In: Mein Waldeck. 1940.

Rez.: Henzen, Walter: Schriftsprache und Mundarten. Ein Über-
blick über ihr Verhältnis und ihre Zwischenstufen im Deutschen.
Zürich und Leipzig 1938. In: ZMaf 16. 1940, S. 95-97.

Rez.: Schulte-Kemminghausen, Karl: Mundart und Hochsprache in
Norddeutschland. Neumünster 1949. In: ZMaf 16. 1940, S. 97 f.

Rez.: Mackel, Emil: Die Mundart zwischen Hildesheimer Wald und
Ith. Hildesheim und Leipzig 1938. In: ZMaf 16. 1940, S. 98.

Rez.: Weinelt, Herbert: Untersuchungen zur landwirtschaftli-
chen Wortgeographie in den Sudetenländern (Arb. z. sprachl.
Volksforschung in den Sudentenländern. 2. Heft). Brünn, Prag,
Leipzig und Wien 1938. In: ZMaf 16. 1940, S. 98 f.

Rez.: Götze, Alfred: Die Flurnamen der Gemarkung Kleeberg.
(Hessisches Flurnamenbuch, Heft 13.) Gießen 1938. In: ZMaf 166.
1940, S. 104.

Rez.: Bach, Adolf: Deutsche Eigennamen in volkskundlicher Beleuchtung (Handbuch der Deutschen Volkskunde, Bd. 3, S. 321-374).
In: ZMaf 16. 1940, S. 104 f.

Rez.: Volkskundliche Beiträge. Richard Wossidlo am 26. Januar
1939 zum Dank dargebracht von Freunden und Verehrern und dem
Verlag. Neumünster 1939. In: ZMaf 16. 1940, S. 105-107.

Rez.: Wirtz, Johannes. Handweber und Handweberei in der Kre-
felder Mundart. Krefeld 1938. In: ZMaf 16. 1940, S. 107.

Rez.: Kaiser, Karl: Beiträge zur Volkskunde Pommerns. Zehn
Jahre Volkskundliches Archiv für Pommern. Greifswald. Bamberg
1939. In: ZMaf 16. 1940, S. 107 f.

Rez.: Westfälische Forschungen. Bd. 1 u. 2. In: ZMaf 16.
1940, S. 108-110.

Rez.: Karl Wagenfeld. Eine Festgabe zur Vollendung seines
70. Lebensjahres, hrsg. von Fr. Castelle. Münster 1939. In:
ZMaf 16. 1940, S. 207.

Rez.: Bischoff, Karl: Die Volkssprache in Stadt und Land
Magdeburg (Magdeburger Kultur- und Wirtschaftsleben, Nr.16).
Magdeburg 1938. In: ZMaf 16. 1940, S. 219 f.

1941

Rez.: Mitzka, Walther: Deutsche Fischervolkskunde. Neumünster
1940. In: HessBllfVk 39. 1941, S. 199 f.

Rez.: Ziegler, Mathes: Aberglaube. Eine volkskundliche Wort-
und Begriffsbestimmung. Berlin o.J. In: HessBllfVk 39. 1941,
S. 207.

Rez.: Spieß, Karl von: Deutsche Volkskunst. Berlin 1940. In: HessBllfVk 39. 1941, S. 216.

1942

Deutsche Mundarten. 1. Waldeckisch-westf. Mundarten (Sudeck u. Willingen) 2. Waldeckisch-westf. Grenzmundarten (Freienhagen u. Harbshausen) 3. Niederhessische Grenzmundarten (Bad Wildungen u. Battenberg) (Arbeiten a. d. Inst. f. Lautforschung a. d. Univ. Berlin, hrsg. von D. Westermann Nr. 10). Leipzig 1942, 70 S.

Nachruf für Dietrich Classen. In: HessBllfVk 40. 1942, S. 61.

Rez.: Mackel, Emil: Deutsche Mundarten. Weserostfälisch. 1. Grubenhagen - Göttingen 2. Ostkalenbergisch (Arb. a. d. Inst. f. Lautforsch. a. d. Univ. Berlin, Nr. 8). Leipzig u. Berlin 1939. In: ZMaf 18. 1942, S. 191.

Rez.: Prexl, Maria: Wortgeographie des mittleren Böhmerwaldes (Arb. z. sprachl. Volksforsch. in den Sudetenländern 7). Brünn und Leipzig 1940. In: ZMaf 18. 1942, S. 195 f.

Rez.: Frederking, Christian: Plattdeutsches Dorfwörterbuch des Dorfes Hahlen bei Minden in Westfalen. Wortschatz, Spruchweisheit, Volkskunde. Bielefeld und Leipzig o. J. In: ZMaf 18. 1942, S. 199.

Rez.: Germanisches Volkserbe im alemannischen Wintersweiler (Deutsches Ahnenerbe, Reihe B, Bd. 2). Berlin-Dahlem 1940. In: ZMaf 18. 1942, S. 205 f.

Rez.: Buiskool, H. T.: Op naobervesiet. Een bundel schetsen en vertellingen over gebruiken en gewoonten in het oude Drenthe. Assen 1940. In: ZMaf 18. 1942, S. 206.

Rez.: Meyer-Seedorf, W.: Sterbende Mundart. Ein Weck- und Mahnruf. Hildesheim 1941. In: ZMaf 18. 1942, S. 206.

Brauch und Sinnbild. Eugen Fehrle zum 60. Geburtstag, hrsg. von F. Herrmann und W. Treutlein. Karlsruhe 1940. In: ZMaf 18. 1942, S. 208-210.

Rez.: Scharlau, Kurt: Siedlung und Landschaft im Knüllgebiet. Ein Beitrag zu den kulturgeographischen Problemen Hessens (Forsch. z. deutschen Landes- und Volkskunde, Bd. 37, 1941. Leipzig 1941. In: HessBllfVk 40. 1942, S. 114-115.

Rez.: Weinelt, Herbert: Forschungen zur Volkstumsgeographie des südschlesischen Stammgebietes. Reichenberg und Leipzig 1940. In: HessBllfVk 40. 1942, S. 115-116.

Rez.: Kolesch, Hermann: Deutsches Bauerntum im Elsaß. Erbe und Verpflichtung. Tübingen 1941. In: HessBllfVk 40. 1942, S. 116 f.

Rez.: Christmann, Ernst: Der deutsche Charakter Lothringens. Berlin 1942. In: HessBllfVk 40. 1942, S. 117.

Rez.: Weigel, Karl Theodor: Ritzzeichnungen in Dreschtennen
des Schwarzwaldes. Heidelberg 1942. In: HessBllfVk 40. 1942,
S. 115 f.

1950

Neuere Wörter in ihrer dialektgeographischen Verbreitung. In:
Korr. Bl. d. Ver. f. nd. Sprachforschung. 57. Jg. 1950, S.36 f.

Der Vorname Johannes in erweiterter Bedeutung in den hessischen Mundarten. In: HessBllfVk 41. 1950, S. 118-133.

1951

Flurnamen als Relikte für die Mundartgeographie. In: Erbe der
Vergangenheit. Festgabe für Karl Helm zum 80. Geburtstag,
19. Mai 1951. Tübingen 1951, S. 245-256.

Glossar zu den Wiedertäuferakten 1527-1626. (Urkundliche
Quellen zur hessischen Reformationsgeschichte, Bd. IV, hrsg.
von G. Franz). Marburg 1951, S. 564-574.

Rez.: Rheinisches Jahrbuch für Volkskunde, hrsg. v. K. Meisen.
1. Jg. 1950. Bonn. In: HessBllfVk 42. 1951, S. 121 f.

Rez.: Hartwig, H.: Widukind in Geschichte und Sage. Bielefeld
1951. In: HessBllfVk 42. 1951, S. 125 f.

Rez.: Koren, Hanns: Pflug und Arl. Ein Beitrag zur Volkskunde
der Ackergeräte. Salzburg 1950. In: HessBllfVk 42. 1951,
S. 142 f.

Rez.: Schier, Bruno: Wege und Formen des ältesten Pelzhandels
in Europa. Frankfurt/Main 1951. In: HessBllfVk 42. 1951, S.144.

1952 - 1960

Mitarbeit an: Deutsches Städtebuch. Handbuch städtischer Geschichte, hrsg. von Erich Keyser. Stuttgart 1952 ff. Bearbeiter des Abschnittes 7, Sprache (Umgangssprache, Amtssprache).

1952

Die Namen der Verlobung in Waldeck. In: Geschichtsblätter für
Waldeck 44. 1952, S. 105-108.

Die Sprache der Städte. In: Niedersächsisches Städtebuch,
hrsg. von Erich Keyser. Stuttgart 1952.

Rez.: Mehlem, Richard: Um Wesen und Würde der plattdeutschen
Sprache. Hildesheim 1941. In: ZMaf 20. 1952, S. 48.

Rez.: Mitzka, Walther: Deutscher Wortatlas. Bd. 1. Gießen
1952. In: HessBllfVk 43. 1952, S. 105 f.

Rez.: Åsdahl Holmberg, Märta: Studien zu den niederdeutschen
Handwerkerbezeichnungen des Mittelalters. Lund und Kopenhagen
1950. In: HessBllfVk 43. 1952, S. 106 f.

Rez.: Drissen, Alfred: Das Sprachgut des Markscheiders,
2. Aufl., Recklinghausen 1939. In: ZMaf 20. 1952, S. 246.

Rez.: Rumpf, Karl: Deutsche Volkskunst: Hessen. Marburg 1951. In: Hess. Jb. f. Landesgeschichte 2. 1952, S. 234-236.

Rez.: Ernst, Fritz: Westfalenart. Aus dem Leben und Wesen eines deutschen Stammes. Münster 1950. In: Hess. Jb. f. Landesgeschichte 2. 1952, S. 236 f.

Rez.: Rheinisches Jahrbuch für Volkskunde, hrsg. von K. Meisen. Bd. 2. 1951. Bonn. In: HessBllfVk 43. 1952, S. 99 f.

1953

Die Flurnamen der Gemarkung der Stadt Freienhagen. In: Geschichtsblätter für Waldeck 45. 1953, S. 45-85.

Rez.: Rheinisches Jahrbuch für Volkskunde, hrsg. von K. Meisen. Jg. 3. 1952. Bonn. In: HessBllfVk 44. 1953, S. 177 f.

Rez.: Mitzka, Walther: Deutscher Wortatlas. Bd. II. Gießen 1953. In: HessBllfVk 44. 1953, S. 178.

Rez.: Jorns, Werner: Neue Bodenurkunden aus Starkenburg. Kassel 1953. In: HessBllfVk 44. 1953, S. 182.

Rez.: Wissenbach, Else: Vom Dorf zur Stadt. Kassel 1953. In: HessBllfVk 44. 1953, S. 182 f.

Rez.: v. d. Au, Hans: Odenwälder Tracht. Darmstadt 1952. In: HessBllfVk 44. 1953, S. 189 f.

Rez.: Schmidt, Leopold: Gestaltheiligkeit im bäuerlichen Arbeitsmythos. Wien 1952. In: HessBllfVk 44. 1953, S. 191-193.

1954

Die Sprache der Städte. In: Westfälisches Städtebuch, hrsg. von Erich Keyser. Stuttgart 1954.

Die hochdeutsche Mundartdichtung. In: Deutsche Philologie im Aufriß. Bd. II. 1954, Sp. 259-312.

Rez.: Peters, Ilka: Gaßlbrauch und Gaßlspruch in Österreich. Salzburg 1953. In: ZMaf 22. 1954, S. 247.

Rez.: Schmoeckel, H. - Blesken, A.: Wörterbuch der Soester Börde; ein Beitrag zur westfälischen Mundartenforschung. Soest 1953. In: ZMaf 22. 1954, S. 247 f.

1955

Volkstum in Brauchtum und Mundart. In: "Der Vogelsberg. Das Lebensbild eines deutschen Mittelgebirges." Essen 1955, S. 75-82.

Rez.: Fehrle, Eugen: Feste und Volksbräuche im Jahreslauf europäischer Völker. Kassel 1955. In: Hess. Jb. f. Landesgeschichte. Zs. d. Vereins f. hess. Gesch. und Landeskunde 65/66. 1954/55, S. 264 f.

Rez.: Rheinisches Jahrbuch für Volkskunde, hrsg. von K. Meisen. Jg. 5. 1954. Bonn. In: HessBllvVk 46. 1955, S. 150-152.

Rez.: Fischer, Georg: Volksforschung und Volksbildung. Kulmbach 1954. In: HessBllfVk 46. 1955, S. 157-159.

Rez.: Sareyko, Hans-Ulrich: Das Weltbild eines ostpreußischen Volkserzählers. Marburg 1954. In: HessBllfVk 46. 1955, S.174 f.

1956

Das ehemalige Fürstentum Waldeck. In: Nordhessen. Monographien deutscher Wirtschaftsgebiete. 1956. Bd. 6, S. 38-42.

Vom Waldeckischen Volkstum. In: Ferienland Waldeck. 2. Aufl. Korbach 1956, S. 28-31.

Die Sprache der Städte. In. Rheinisches Städtebuch, hrsg. von Erich Keyser. Stuttgart 1956.

Rez.: Schmidt, Leopold: Masken in Mitteleuropa. Wien 1955. In: HessBllfVk 47. 1956, S. 173 f.

1957

Die Sprache der Städte. In: Hessisches Städtebuch, hrsg. von Erich Keyser. Marburg 1957.

Rez.: Praesent, Wilhelm: Märchenhaus des deutschen Volkes. Kassel 1957. In: HessBllfVk 48. 1957, S. 112 f.

Rez.: Kleiber, Wolfgang: Die Flurnamen von Kippenheim und Kippenheimweiler. Freiburg i. Br. 1957. In: HessBllfVk 48. 1957, S. 133 f.

Rez.: Weitnauer, Alfred: Vom Feigenblatt zur Schwabentracht. Kempten 1955. In: HessBllfVk 48. 1957, S. 137 f.

Rez.: Kresz, Maria: Ungarische Bauerntrachten (1820-1867). Berlin 1957. In: HessBllfVk 48. 1957, S. 138-141.

Rez.: Heidelbach, Paul: Kassel, hrsg. von K. Kaltwasser. Kassel und Basel 1957. In: HessBllfVk 48. 1957, S. 146 f.

Rez.: Ehemann, Kurt: Das Bauernhaus in der Wetterau und im SW-Vogelsberg. Forschungen zur deutschen Landeskunde 61. Remagen 1953. In: Zs. f. Agrargeschichte und Agrarsoziologie 5. 1957, S. 225 f.

1958

Zur Speicherfrage im niederdeutsch-mitteldeutschen Grenzraum Waldecks. In: HessBllfVk 49/50. 1958, S. 120-134.

Rez.: Osten, Gerhard: Die Kartoffel in den Wirtschaftsgebieten der Erde. (Hefte für den Kartoffelanbau, Nr. 8.) Hildesheim 1957. In: Zs. f. Agrargeschichte und Agrarsoziologie 6. 1958, S. 225 f.

Rez.: Deutsche Trachten. Aufnahmen von Erich Retzlaff, Text von Margarete Baur-Reinhold. Königstein 1958. In: Zs. f. Agrargeschichte und Agrarsoziologie 6. 1958, S. 231.

1959

Die Lage der Volkskunde in Hessen - ihre Aufgaben und Probleme. In: Heimatkunde in der Begegnung zwischen Wissenschaft und Volksschule. Folge 10, S. 50-61, 1959.

Die deutschen Mundarten. 2. neubearb. Aufl. Marburg 1959.
187 S., 21 Ktn.

Die Sprache der Städte. In: Badisches Städtebuch, hrsg. von
Erich Keyser. Stuttgart 1959.

Die Einführung der Kartoffel in Waldeck. In: Geschichtsblätter
für Waldeck 51. 1959, S. 1-11.

Rez.: Atlas der deutschen Volkskunde. Neue Folge, hrsg. von
M. Zender. 1. Lieferung. Marburg 1959. In: HessBllfVk 49/50.
1959, S. 19-21.

Rez.: Agrarethnographie: Vorträge der Berliner Tagung vom
29. 9. bis 1. 10. 1955 (Berlin 1955). In: HessBllfVk 49/50.
1959, S. 36 f.

Rez.: Spanner, Adolf: Romanusbüchlein. Historisch-philologi-
scher Kommentar zu einem deutschen Zaubertuch. Berlin 1958.
In: HessBllfVk 49/50. 1959, S. 38 f.

Rez.: Huber, Josef: Das Brauchtum der Totenbretter. München
1956. In: HessBllfVk 49/50. 1959, S. 65 f.

Rez.: Meyer, Hans B.: Das Danziger Volksleben. Würzburg 1956.
In: HessBllfVk 49/50, S. 69.

Rez.: Kolbreider, Franz: Katalog zum Museum bäuerlicher Ar-
beitsgeräte in Schloß Bruck. Lienz. Wien 1957. In: HessBllfVk
49/50. 1959, S. 86.

Rez.: Brachert, Thomas: Der schwäbische Eisenkunstguß. Marburg 1958. In: HessBllfVk 49/50. 1959, S. 86 f.

Rez.: Haiding, Karl: Wald und Holz. Trautenfels o. J. In:
HessBllfVk 49/50. 1959, S. 87.

Rez.: Winter, Heinrich: Das Bauernhaus und das Kleinbürger-
haus im Lauterbacher Raum. Lauterbach 1959. In: HessBllfVk
49/50. 1959, S. 92 f.

Rez.: Zaborsky-Wallstätten, Oskar von: Die Tracht im Bayrischen und im Böhmerwald. München 1958. In: HessBllfVk 49/50.
1959, S. 94.

Rez.: Lücking, Wolf: Trachtenleben in Deutschland III. Hessen.
Berlin 1959. In: HessBllfVk 49/50, S. 94-96.

Rez.: Stannat, Werner: Das Leben der hieligen Elisabeth in
drei mittelniederdeutschen Handschriften aus Wolfenbüttel
und Hannover. Neumünster 1959. In: HessBllfVk 49/50, S. 102.

Rez.: Lücking, Wolf - Hain, Mathilde: Trachtenleben in Deutschland. Band III Hessen, hrsg. von W. Lücking. Berlin 1959. In:
Hess. Jb. f. Landesgeschichte 9. 1959, S. 286 f.

1960

Die hochdeutsche Mundartdichtung. In: Deutsche Philologie im
Aufriß II.2., überarbeitete Aufl. Berlin 1960, Sp. 2351-2404.

Rez.: Der Raum Westfalen. Bd. IV. 1. Wesenszüge seiner Kulturgeographie. Münster 1958. In: Muttersprache 70. 1960, S. 316 f.

Rez.: Burstaller, Ernst: Brauchtumsgebäche und Weihnachtsspeisen. Ein volkskundlicher Beitrag zu einer österreichischen Kulturgeographie. Linz 1957. In: Zs. f. Agrargeschichte und Agrargeographie 8. 1960, S. 84 f.

Rez.: Kranzmayer, Eberhard: Historische Lautgeographie des gesamtbairischen Dialektraumes. Wien 1956. In: Berichte zur deutschen Landeskunde 1959/60, S. 107 f.

Rez.: Sonnenschein, Fritz Helmut: Sonderformen bäuerlicher Speicherbauten des Mittelalters im märkischen Sauerland (Hagener Beitr. z. Gesch. u. Landeskunde. H. 1). Hagen 1959. In: Zs. f. Agrargeschichte und Agrarsoziologie 8. 1960, S.210 f.

Die Titel und Veröffentlichungen von 1960 ff., insbesondere

die Beiträge aus "Mein Waldeck" s. im Inhaltsverzeichnis

S. 1 ff.. Zu danken haben wir beim Zusammenstellen dieses

Teils der Bibliographie den Herren Jedicke - Arolsen und

Paul - Wildungen.

Von Bernhard Martin betreute Dissertationen und Arbeiten zur Mundartforschung:

1 Walter Wenzel, Wortatlas des Kreises Wetzlar. (Deutsche Dialektgeographie. Bd. 28. 1930).

2 Karl Hofmann, Mundartgliederung Niederhessens südlich von Kassel. (Ebda. Bd. 39. 1941).

3 Lothar Martin, Die Mundartlandschaft der mittleren Fulda. (Ebda. Bd. 44. 1957).

4 Edelgard Weber, Beiträge zur Dialektgeographie des südlichen Werra-Fuldaraumes. (Mitteldeutsche Forschungen. Bd. 15. 1959).

5 Karl Alles, Mundart und Landesgeschichte der Wetterau. Ungedruckt. 1953.

6 Hans Friebertshäuser, Sprache und Geschichte des hessischen Hinterlandes. (DDG. Bd. 45. 1957).

7 Edeltraut Schnellbacher, Mundart und Landschaft des östlichen Taunus. 1956. Jahrbuch 1963 des Marburger Universitätsbundes).

8 Erika Bauer, Dialektgeographie des südlichen Odenwaldes und Ried. (DDG. Bd. 43. 1957).

9 Gisela Dietz, Mitteldeutsch und Oberdeutsch zwischen Spessart und Rhein. Ungedruckt. 1954.

10 Karl Heinz Hasselbach, Die Mundarten des zentralen Vogelsberges. 1971.

Volkskundliche Dissertationen und Arbeiten, die von Bernhard Martin angeregt und betreut wurden:

11 Horst Lehrke, Das niedersächsische Bauernhaus in Waldeck. 1. Aufl. 1940. 2. Aufl. 1967. Verlag Elwert, Marburg.

12 Sigrid Ebert, Die Marburger Frauentracht. (Buchreihe der Hess. Vgg. f. Volkskunde Bd. L. 1939. 2. Aufl. im Verlag Elwert 1967).

13 Heinrich Stelljes, Hessische Hausinschriften in den Kreisen Marburg und Biedenkopf. 1942. 95 S. Ungedruckt.

14 Dietrich Classen, Das oberhessische Hoftor. (Hess. Bll. f. Volkskde. Bd. 40. 1942.

15 Charlotte Oberfeld, Volksmärchen aus Hessen. (Beiträge zur Volkskde. Hessens Bd. 1. Verlag Elwert Marburg, 1962).

16 Herlinde Knorr-Roeder, Das Volkslied im Leben eines hessischen Dorfes. Diss. Marburg 1943. Ungedruckt.

17 Anneliese Beimborn-Born, Wandlungen der dörflichen Gemeinschaft im Hess. Hinterland. 1959. (Marburger Geogr. Schriften 12).

18 Dorothee Henssen, Die Frauentracht des alten Amtes Biedenkopf. (Beitr. z. Volkskde. Hessens. Bd. 2. 1963).

19 Ursula Ewig, Anneliese Born, Die Frauentracht des Breiden-
bacher Grundes. (Ebda. Bd. 3. 1964).

20 Hans Friebertshäuser, Die Frauentracht des alten Amtes
Blankenstein. (Ebda. Bd. 5. 1966).

21 Hans Deibel, Die Volkstracht des Schlitzerlandes. (Ebda.
Bd. 6. 1967).

22 Walli Schmidt, Lebensbedingungen, Funktion und Wandel des
Volksliedes in Gershausen. (Kreis Hersfeld.) Ungedruckt.
1960.

5. Festschriften für Bernhard Martin

1. zum 70. Geburtstag (1959) (= Hessische Blätter für
Volkskunde Bd. 51/52) Wilh. Schmitz Verlag in Giessen 1960. 379 Seiten.

2. Sprache und Brauchtum.
Bernhard Martin zum 90. Geburtstag, hrsg. von
R. Hildebrandt und H. Friebertshäuser (= Deutsche
Dialektgeographie 100). N.G. Elwert Verlag. Marburg
1980.

46

Mundart von Sudeck

Kreis des Eisenbergs

Waldeck

Die Aufnahme.

Der Sprecher ist Lehrer; seine Sippe sitzt seit Generationen auf einem stattlichen Hofe in Sudeck. Er verbringt noch heute seine Ferien meist im Elternhause; er braucht das, wie er mir sagte, zu seiner inneren Erfrischung. Die Verbindung zu Sippe und Heimatscholle ist ihm besonders wertvoll; selbstverständlich spricht er im Heimatdorf mit den Sippengenossen und Freunden Mundart. Er steht heute im besten Mannesalter.

Seine Aussprache ist sehr klar, melodisch und rhythmisch ganz echt, durch keine Zahnlücke oder ähnliches behindert und gestört. Die hier erzählte Schnurre hat er selbst für die Beilage „Mein Waldeck" der „Waldeckischen Landeszeitung" 1924 Nr. 17 aufgeschrieben. Bei der Aufnahme hatte er diesen Druck zur Hand, las ihn aber ganz frei und ungestört in Empfindung und Ausdruck ab.

Die Aufnahme fand im Phonetischen Kabinett der Universität Marburg statt im Juni 1926. Der Sprecher war von mir vorgeschlagen, da ich schon länger mit ihm in Berührung stand und Auskünfte über die Sudecker Mundart von ihm erhalten hatte. Irgendwelche Unruhe oder Beeinflussung durch die fremde Umgebung war nicht zu beobachten.

Die Umschrift folgt den „Richtlinien" von 1935.

Die Mundart im Raum.

Die hier behandelte Mundart von Sudeck gehört nach Ferdinand Wredes Einteilungskarte der deutschen Mundarten (vgl. DSA Karte 56 und Text S. 252 unter B II a 1 β $\alpha\alpha$ 2,2) zu den westniederdeutschen Mundarten, weil sie eine Endung -et für die drei Personen der Mehrzahl der Gegenwartsform des Zeitworts hat; in unserem Stück kommt zufällig kein Beispiel vor; s. DDG XV § 366.

Dadurch daß die Mundart Teil hat an der sogenannten „Brechung", die als besonderes westfälisches Merkmal angesehen wird, ist sie dem westfälischen Bereich zuzuteilen, der sich im

Osten der alten waldeckischen Grenze gegen den ostfälischen ab-
setzt. Vgl. in unserem Stück die Beispiele: *duɔʀp* 'Dorf', *ˈɣœvəʀ*
'über', *ˈɔːvəntˌiɛtən* 'Abendessen', *vuɔt* 'was', *iɛʀ* 'ihr', *ˌoutəʀˈdiɛm*
'außerdem', *diɛn* 'den', *fəʀˈgiɛtən* 'vergessen', *ˈɣvəlˌniɛmək* 'übelnehmisch', *kuɔʀt* 'kurz', *ʃχuɔt* 'schoß', *iɛm* 'ihm', *əbruɔt* 'gebraten',
iɛʀə 'ihre', *ˈʃtuɔvə* 'Stube', *luɔf* 'Lob', *ˈtʀiɛtə* 'trat', *ˈmɪdəˌviɛkən*
'Mittwoch', *ˈtviɛlvə* '12', *ˈdiɛʀtiç* '30'.

Ein breiter Südstreifen von Westfalen, Waldeck und Nordhessen hat, wie die Einzelarbeiten und die Karten des Deutschen
Sprachatlas immer wieder zeigen, den ausgesprochenen Charakter
eines Übergangsgebiets, in dem die beiden Großmundarten Niederdeutsch und Mitteldeutsch den Kampf um die Herrschaft aus-
tragen. Dabei ist das Niederdeutsche heute nicht mehr Angreifer,
sondern Verteidiger; das Mitteldeutsche, das in wesentlichen Zügen
von der starken Macht der Schriftsprache unterstützt wird, ist
besonders auf dem Gebiete der Selbstlaute Bringer neuer Formen.

Die Hauptverteidigungsstelle des Niederdeutschen ist die
ik/ich-Linie, deren Verlauf das beigegebene Kärtchen angibt. An
ihr stehen bis heute unerschüttert fest eine große Anzahl von
Spracherscheinungen, insbesondere fast alle Fälle der Lautverschiebung. Hier — etwa von Hilchenbach bis zum Harz ist diese Feststellung gültig — ist kein Fächer wie im Rheinland zu beobachten;
hier verlaufen auch unzählige andere Erscheinungen aus Satzbau,
Wortgeographie usw. So ist dieses Bollwerk des Niederdeutschen
hier so eindrucksvoll aufgebaut und erhalten, daß man sicher mit
seinem hohen Alter rechnen kann. Ein Vergleich mit den geschichtlichen Ereignissen, die in diesen Gebieten sich abgespielt
haben, mit den daraus entstandenen Grenzziehungen hat denn
auch ergeben, daß diese Hauptgrenze nicht aus der Landes- oder
Kirchengeschichte zu erklären ist; es müssen weiter zurückliegende
größere Bewegungen vorausgesetzt werden, die diese Grenze
schufen.

Neuere Forschungen haben nun ergeben, daß die Bildung der
ik/ich-Linie in Waldeck und Nordhessen sehr wahrscheinlich in die
Zeit der Sachsenkaiser zu setzen ist. Als diese die Mark der Karolinger zerschlugen und in diesem wichtigen Straßenknotenpunkt-
gebiet sächsische Edle und Bauern ansetzten, die mit den sitzen-
gebliebenen Bauern verschmolzen, da muß allmählich sich die
Sprachgrenze so Ort für Ort gefestigt haben, wie wir sie heute
noch vor uns haben. Spätere Siedlungen ordneten sich ein. Diese

Grenze geht also nicht auf die alte Stammeszeit zurück; denn in dieser haben unablässige Grenzkämpfe, die bald die Sachsen, bald die Franken (Chatten) im Vorteil sahen, gar keine feste Landnahme zugelassen. Möglich erscheint nur, daß in dieser ältesten Zeit Ansätze zu der späteren Entwicklung sich ergeben haben, weil in der karolingischen Grenzmark auch Chatten oder westliche Franken angesiedelt sein werden, die nicht alle wieder ausgetrieben wurden.

Aber das Bollwerk der *ik/ich*-Linie war nicht so völlig geschlossen, daß es nicht mitteldeutsche Angriffswellen hätte durchlassen müssen. Diese sind an Zahl größer und stärker an Kraft als die Vorstöße von niederdeutscher Seite nach Süden, die sich auch beobachten lassen (s. DDG XV § 397 und Verf. in: Waldeckische Landeskunde, hg. von V. Schultze, 2. Aufl. 1929, S. 202ff.).

Sie bleiben bald hier bald da liegen, verebben an irgendeinem geringen Widerstand.

Auf der Einteilungskarte Wredes ist die Linie für die besondere Behandlung des Wem- und Wenfalles des persönlichen Fürworts *mir, mich, dir, dich* für die Kennzeichnung dieser Sonderart des genannten Südstreifens (von Attendorn bis Arolsen) benutzt worden.

Wie im anschließenden Mitteldeutschen unterscheidet man hier den Wemfall und den Wenfall, sagt also *$m\bar{\imath}$* und *mik, *$d\bar{\imath}$* und *dik*, während das übrige Westfälische beide Fälle in die Wemfallform zusammenfallen läßt (vgl. die Karten 56 und 5. 25 des DSA). Man kann darüber streiten, ob diese Tatsache so aufzufassen ist, daß hier die alte Trennung erhalten blieb, weil das benachbarte Mitteldeutsche sie auch hatte, oder ob in ein einstiges Gebiet mit Einheitsfall die mitteldeutsche Erscheinung vorgedrungen ist. In beiden Fällen ist ein mitteldeutscher Einfluß klar erkennbar.

Zur weiteren Unterteilung dieses breiten Südstreifens hat Wrede noch die eigenartige Tatsache herangezogen, daß ein schmaler Saum in Waldeck und Nordhessen zwar den westniederdeutschen Grundsatz der einen Form für alle drei Personen der Mehrzahl der Gegenwartsform des Zeitworts (s. o.) anwendet, daß er aber die Form dem mitteldeutschen Raum entnimmt. Er sagt nämlich (wir) *maken*, (ihr) *maken*, (sie) *maken*, gegenüber nördlichem (wir) *maket*, (ihr) *maket*, (sie) *maket* (s. Karte 7a des DSA, die auf 6 aufzulegen ist).

Auf Grund meiner Arbeit über Waldeck (DDG XV) und der
Karten des Deutschen Sprachatlas, für die Kreise Wolfhagen und
Hofgeismar auf Grund der Arbeit von H. Soost (ungedruckt) habe
ich nun den Versuch einer weiteren kennzeichnenden Untergliede-
rung des Gebietes, in dem die Mundarten von Sudeck, Willingen,
Freienhagen und Harbshausen liegen, gemacht, den die beigegebene
Karte wiedergibt. Das Gebiet um Medebach, Winterberg habe
ich 1923 durchforscht.

Sehr klar gibt sich die Linie *us/uns* als mitteldeutsche Welle
zu erkennen; sie schließt mit den *uns*-Formen fast das ganze
Waldeck an den Süden an, in Nordhessen nimmt sie den Anschluß
an die *ik/ich*-Linie im großen und ganzen wieder auf (s. Karte).

Eine vierte Welle bietet sich in der Grenze für die Vorsilbe
ge- dar. Wie das Beispiel ə'*paχtət* 'gepachtet' in Sudeck zeigt, haben
wir in Waldeck eine Sonderform festzustellen ə- (vgl. DDG XV
§ 370 und unser Kärtchen), die auch weite Gebiete des Ostfälischen kennen (vgl. Karte 28 des DSA und die Bemerkungen
von E. Mackel, Deutsche Mundarten Nr. 9, S. 8). Es handelt sich
aber nicht um eine aus dem Ostfälischen kommende Bildung,
sondern um eine Mischform, die aus dem Gegensatz Schwund
der Vorsilbe und Erhaltung der Vorsilbe entstanden ist; diese
Mischform hat an beiden Typen Anteil; ähnliche Mischungen
lassen sich gerade in unserem Grenzgebiet oft beobachten (so wird
z. B. aus *sān* + *seggen* 'sagen' in unserem Lande 'zɛ:yən u. a. m.).

Ein weiteres Beispiel ist die Grenze für anlautendes altes *sk*;
es wird in unserem Gebiet zu /χ, neben dem auch /k zu hören ist
(vgl. '/χytələ, /χuɔt). Der Süden hat /, das über die *ik/ich*-Linie
vorgedrungen ist (s. Karte). Das übrige Westfälische kennt *sχ*
und *sk*, allerdings sind die Grenzen Ort für Ort noch in einigen
Teilgebieten zu ermitteln.

Es könnten noch mehr Beispiele gebracht werden; der Übergangscharakter dieses Gebietes Attendorn-Arolsen dürfte aber
genügend klar geworden sein. Weiteres bietet DDG XV § 397.

Bemerkenswert ist auch das Verhalten unserer Mundarten
zur Verzwielautung der alten Längen ī und ū etwa in 'Wein' und
'Haus'. Ein nördliches Gebiet hat *wiin, hous*, südlich schließt
sich ein solches mit Einlaut *wi:n, hu:s* an; im Mitteldeutschen
herrscht *wein, hous*. Das Gebiet mit Länge ist als Restgebiet zu
betrachten, das nördliche *ii-, ou*-Gebiet hat Zwielaut wie das

Mitteldeutsche, hat aber in dem zweigipfligen *ıı* noch Anteil an
der Länge; es steht zwischen *i:* und *ɛi*. Vgl. DDG XV §§ 293. 300.
Ähnliche Bilder ergeben sich bei der Betrachtung des germ. *ō*
(ahd. *uo*) und des germ. *ai* (ahd. *ei*) etwa in 'Fuß' und 'heiß'.
H. Collitz hat sie in der Einleitung des von ihm herausgegebenen
Bauerschen Waldeckischen Wörterbuchs (Norden 1902) S. *10 zur
Aufteilung der waldeckischen Untermundarten verwendet und
Sudeck zur nordwestlichen oder Adorfer Mundart gestellt.

Unsere Karte gibt die Orte Waldecks an, die in diesen Fällen
mit Sudeck zusammengehen. Dasselbe gilt für wgm. *ē²* (etwa in
'Brief') und wgm. *eo* (etwa in 'Dieb'); vgl. DDG XV §§ 291. 309;
zugrunde gelegt sind auf unserer Karte die Selbstlaute von 'heiß'.

Wenn man alle Spracherscheinungen auf einer Karte vereinigt, indem man die Häufigkeit auszählt, mit der sie gegeneinander vorkommen, so ergeben sich wichtige Aufschlüsse. Für
unsern Ort ergibt sich daraus, daß er besonders eng mit Benkhausen, Rhenegge, Heringhausen, Stormbruch und Giebringhausen übereingeht, während nach Süden und Westen die Nachbarorte sich stärker absetzen (s. DDG XV, Karte).

Hervorzuheben sind noch die für das Waldeckische bezeich-
nenden geschlossenen Kürzen bei wgm. *i, u* und den Umlauten
von wgm. *a* und *e* in offener Silbe (vgl. DDG XV §§ 25. 30. 37.
49. 249. 260. 269. 281). Unser Stück bietet die Beispiele *ˈmidə*
'mit', *zik* 'sich', *ˈfuɣəl* 'Vogel', *ˈgudən* 'guten' (mit auffälligem *u*),
ˈbitskən 'bißchen', *gəˈvynlək* 'gewöhnlich', *ˈnimət* 'nimmt', *ˈʃxytələ*
'Schüssel', *ˈdidət* 'tat es', *ʃlim* 'schlimm', *ˈvidəʀ* 'wieder', *ˈyvəl-
ˌniɛmsk* 'übelnehmisch', *ʃmit* 'schmiß', *ˈbutəʀa* 'Butter', *ˈfyɣələ*
'Vögel', *ʃxit* 'Schiß', *ˈziwənə* '7', *ˈniɣənə* '9'.

Wortgeographisch ergibt sich ein mit der obigen Darstellung
übereinstimmendes Bild. Man vergleiche die Karte, die ich in der
Waldeckischen Landeskunde a. a. O. S. 209 gegeben habe.

Formen, die nur für Sudeck gelten, sind in unserem Stück
nicht zu beobachten.

Sudeck selbst liegt etwas über 400 m hoch im nördlichen Teil
des Uplandes, des östlichen Sauerlandes. Es ist ein reines Bauerndorf mit 11 Höfen über 20 ha; in ihm wird nur Mundart gesprochen.
Ein arbeitsames Bauerntum, das seinen Besitz durch Anerben-
recht seit alter Zeit vor Zersplitterung geschützt hat, ringt hier
dem Schieferboden trotz langer und schneereicher Winter gute
Ernten ab und zieht auf süßen Weiden prächtiges Vieh groß.

LA 467

Phonetischer Abhörtext.

də ˈʃn æ p e v n d ə ˈʀ ɪ ŋ ə l ˌd o u v ə.

ʃʏʀ ˈlaŋəʀ tɪɪt¹) kaːm, viː: ˌɔlˈjœːʀlək, də hɛʀ kʀaisˈʀɛntˌmɛistəʀ²) ɪnt ˈʊplant, ˈʏmə də ˈʃtøyːʀən tə əʀˈhɛːvənə³). ɪn ˈɛnəm ˈduɔʀpə ˈhadə hɛi də jaχt əˈpaχtət, ʊn nou bəˈnʏtədə hɛi də gəˈlɛːyənˌhɛit — ət woːʀ zou ˈʏmə ˈaustəʀn ˈʀʏmə — ən paːʀ ˈʃnæpən tə ˈʃχɛitənə³). ʊn ˈʀɪçtɪç⁴), am ˈɔːvəndə ˈkʏmət hɛi təˈʀʏyə ɪnt duɔʀp ʊn

Angenäherte Umschrift.

De Schnäppe un de Ringeldouwe.

Für langer Tiit kaam, wie olljärlek, de Herr Kreisrentmäister int Upland, ümme de Stöüren te erhäwene. In ennem Duorpe hadde häi de Jacht epachtet, un nou benüttede häi de Gelägenhäit — et woor sou ümme Austern rümme — en paar Schnäppen te schchäitene. Un richtig, am Åwende kümmet häi terügge int Duorp un

Übersetzung.

Die Schnepfe und die Ringeltaube.

Vor langer Zeit kam, wie alljährlich, der Herr Rentmeister⁵) ins Upland⁶), um die Steuern zu erheben. In einem Dorfe hatte er die Jagd gepachtet, und nun benutzte er die Gelegenheit — es war so um Ostern herum — ein paar Schnepfen zu schießen. Und richtig, am Abend kommt er zurück ins Dorf und bringt

---

¹) Man könnte auch *teit* schreiben.
²) Man beachte, daß die Form für 'Meister' der Mundart angepaßt ist.
³) Die Endung des Gerundiums ist erhalten; vgl. DSA-Karte 54.
⁴) Bei der Endungssilbe *-iç* kann man auch *-əχ* hören, meist bei älteren Leuten.
⁵) Der Herr wohnte in Arolsen und sprach nur hochdeutsch.
⁶) Das Upland ist der westlichste Teil Waldecks, der mit seinen hohen Bergen an das östliche Sauerland Anschluß hat.

ˈbʀɛŋət twɛi ʃtʏk ˈmidə. ˈyœvəʀ naχt mɔt hɛi ˈdɔːˌbliivən, ʊn dɔː let
hɛi zik fʏʀt ˈɔːvəntˌiɛtən ənən ˈfuɣəl fɔn dəʀ ˈgudən ˈvɛiʀtsˌfrʊɣə.
təˈʀæçtə ˈmaːkən.

dat ˈiɛtən wɛːʀt ən ˈbitskən¹) ˈʃpeːdəʀ²) ɔʀ gəˈvynlək; dɛn ət
zal bəˈzɔndəʀs gut ˈwɛːʀən. ˈɛntlək ˈkʏmət də ˈfuɣəl ˈʊpən dɪsk.
də ˈʀɛntˌmɛistəʀ ˈnimət də ˈʃχytələ ɪn də hant ʊn ˈkʏkət dən ˈɪnhalt
gəˈnau an ʊn ˈzeːɣət: „ˈaːvəʀ ˈliːbə frau, vas ˈhaːbən ziː dɛn gəˈmaχt?
ˈzɔlçə ˈføːɣəl ˈwɛːʀdən dɔχ nɪçt ˈausgəˌnɔmən! dɪ ˈwɛːʀdən nʊːʀ gə-
ˈʀʊpft ʊn dan mɪt ˈmaːɣən ʊn ˈdɛʀmən ʊnt zoː ˈvaitəʀ gəˈbʀaːtən!"
ˈʊnzə ˈgudə ˈfrʊɣə ʃtʊnt dɔː, ɔʀ van zə am ˈʀɛntˌmɛistəʀə ˈzɪɪnəm

*brenget twäi Stück midde. Üöwwer Nacht mott häi dâ bliiwen un
dâ lett häi sick fürrt Âwentiäten ennen Vuggel von der gudden Wäirts-
frugge terächte maken.*

*Dat Jäten wärt en bitzken schpäder orr gewünlek; denn et sall
besonders gutt wären. Endlek kümmet de Vuggel uppen Disk. De
Rentmäister nimmt de Schchüttele in de Hand un kücket den Inhalt
genau an un säget: „Aber, liebe Frau, was haben Sie denn gemacht?
Solche Vögel werden doch nicht ausgenommen! Die werden nur gerupft und dann mit Magen un Därmen und so weiter gebraten!"*
Unse gudde Frugge schtund dâ, orr wann se am Rentmäistere

zwei Stück mit. Über Nacht muß er da bleiben, und da läßt er
sich für das Abendessen einen Vogel von der guten Wirtsfrau
zurecht machen.

Das Essen wird ein bißchen später als gewöhnlich; denn es
soll besonders gut werden. Endlich kommt der Vogel auf den
Tisch. Der Rentmeister nimmt die Schüssel in die Hand und guckt
den Inhalt genau an und sagt: „Aber, liebe Frau, was haben Sie
denn gemacht? Solche Vögel werden doch nicht ausgenommen!
Die werden nur gerupft, und dann mit Magen und Därmen und
so weiter gebraten!"
Unsere gute Frau stand da, als wenn sie am Rentmeister

¹) Die ältere Form lautete *bitəkən*; das -*ts*- ist in Anlehnung an das
hochdeutsche *bißchen* entstanden.
²) Das ältere Wort ist *laːtə*.

 fəʀˈʃtandə ˈtvɪɪvəldə. dɔχ dɛi ˈkʊχtə¹) gants fəʀˈnʀnftəχ out dən
ˈauɣən, van auk nɪt ˈgʀaːdə ˈfʀʏntlək.

dɔ: ˈdidət²) iɛʀ lait, dat zə zɔun ˈgrautən ˈfailəʀ əmaχt ˈhadə
ʊn dat zɔu vuɔt ˈgʀaːdə dəm ˈʀɛntˌmɛistəʀə ˌpaˈsɛiʀən ˈmɔstə, dat
vɔːʀ iɛʀ ʃlim; bəˈzɔndəʀs viːl dat hɛi ˈʀɛidə zɔu ˈlaŋə ˈjɔːʀə nɔː iɛʀ
kaːm ʊn ˈoutəʀˌdiɛm auk də ˈaŋəˌzɛinstə gast vɔːʀ. ˈavəʀ vat zɔl
zə ˈmaːkən — tə ˈɛndəʀnə vɔːʀ nɪks.

ˈyœvəʀt jɔːʀ ˈʏmə dəˈzelvə tɪɪt kaːm də ˈʀɛntˌmɛistəʀ ˈvidəʀ ɪnt
duɔʀp ʊn ˈkɛːʀdə ˈvidəʀ bɪɪ ˈʊnzəʀ ˈgudən ˈveiəʀtsˌfʀʊɣə ɪn. diɛn
ˈʃnæpənˌfuɣəl ʃɔm ˈfyːʀjən ˈjɔːʀə ˈhadə hɛi fəʀˈgiɛtən, ʊn van hɛi

siinem Verstande twiiwelde. Doch däi kuchte ganz vernünfteg out
den Augen, wann auk nit grade früntlek.

Dä diddet iär leid, dat se soun grauten Feiler emacht hadde,
un dat sou wuot grade dem Rentmäistere passäiren moste, dat wor
iär schlimm; besonders wiel dat häi räide sou lange Jåhre nå iär
kaam un outerdiäm auk de angesäinste Gast wor. Auwer wat soll
se maken — te änderne wor nicks.

Üöwert Jåhr ümme deselwe Tiit kaam de Rentmäister widder
int Duorp un kärde widder bii unser gudden Wäiertsfrugge in. Diän
schnäppenvuggel vom vürjen Jåhre hadde hai vergiäten, un wann

seinem Verstande zweifelte. Doch der guckte ganz vernünftig
aus den Augen, wenn auch nicht grade freundlich.

Da tat es ihr leid, daß sie so einen großen Fehler gemacht
hatte, und daß so was grade dem Rentmeister passieren mußte,
das war ihr schlimm; besonders weil er schon so lange Jahre zu
ihr kam und außerdem auch der angesehnste Gast war. Aber
was sollte sie machen — zu ändern war nichts.

Übers Jahr um dieselbe Zeit kam der Rentmeister wieder ins
Dorf und kehrte wieder bei unsrer guten Wirtsfrau ein. Den
Schnepfenvogel vom vorigen Jahre hatte er vergessen, und wenn

¹) Die ältere Form kʊkədə kann man auch noch hören.
²) didət = didə ət; didə ist Möglichkeitsform.

*naχ ˈdʀan ə̩daχt ˈhɛʀə¹), auk dan vøːʀ hɛi ˈvidəʀə̩kumən; zɔu
ˈyvəl̩niɛməsk voːʀ hɛi nɪt.*

*kuɔʀt ʊn gut, hɛi voːʀ dɔː ʊn gɪŋk auk ˈvidəʀ ʊp de jaχt ʊn
ʃχuɔt ˈdʀtmɔːl ʃtat nəʀ ˈʃnæpə nə ˈdɪkə ˈfætə ˈʀɪŋel̩douvə. ʃʀʀt
ˈɔvənt̩iɛtən zɔl zə iɛm əˈbʀuɔt²) ˈvɛːʀən.*

*gɛts ˈdaχtə də ˈfʀʊɣə: „nou kan ək ˈmɪɪnən ˈfailəʀ fɔn ˈfyːʀjən
ˈjɔːʀə ˈvidəʀ ̩gutˈmaːkən!" zə lɛit dən ˈfɪndstən³) ʃpæk out, diɛn
zə ɪm ˈhouzə ˈhadə, ʊn vɪɪl dat zət ̩gutˈmaːkən vɔl, ʃmit zə auk naχ
ən ˈdɪkən klʊk ˈbutəʀə ɪn də ˈpanə.*

---

*häi nach dranne dacht herre, auk dann wör häi widderekummen;
zou üwwelniämsk wor häi nit.*

*Kuort und gutt, häi wor dä un ging auk widder up de Jacht un
schchuot düttmäl schtat ner Schnäppe ne dicke fätte Ringeldouwe.
Fürrt Ävendiäten soll se iäm ebruott wären.*

*Getz dachte de Frugge: „Nou kann ek miinen Feiler von fürjen
Jähre widder gutt maken!" Se läit den findsten Späck out, diän se
im House hadde, un wiil dat set gutt maken woll, schmitt se auk nach
en dicken Kluck Buttere in de Panne.*

---

er noch daran gedacht hätte, auch dann wäre er wieder gekommen,
so übelnehmsch war er nicht.

Kurz und gut, er war da und ging auch wieder auf die Jagd
und schoß diesmal statt einer Schnepfe eine dicke, fette Ringeltaube. Fürs Abendessen sollte sie ihm gebraten werden.

Jetzt dachte die Frau: „Nun kann ich meinen Fehler von
vorigem Jahre wieder gut machen!" Sie ließ den feinsten Speck
aus, den sie im Hause hatte, und weil sies gut machen wollte,
schmiß sie auch noch einen dicken Kluck (Klacks) Butter in die
Pfanne.

---

¹) Aus *hɛdə* über *hɛdə* entstanden.

²) Schwache Formen, wo im Hochdeutschen starke stehen, finden
sich häufig in Waldeck; vgl. weiter unten *tʀiɛtə* 'trat'. Auch dadurch
wird der Übergangscharakter der Landschaft betont.

³) Das -*d*- ist auffällig. Das alte Wort für 'schön, fein' ist *wakəʀ*.
Im 1. Steigerungsfalle finden sich häufiger eingeschobene -*d*-; *klɛndəʀ*
'kleiner', *ʃvœdəʀ* 'schwerer' u. a.

aχ, ʊn nou voːʀ də ˈdouvə zou bʀoun ʊn ˈknʊspəˌʀiç, dat zə ˈiɛʀə ˈfʀɔidə ˈdʀanə ˈhadə.

ˈmidən ˈʃtɔltsən¹) gəˈfɔilə ˈbʀaχtə zə nou dat ˈiɛtən ɪn də ˈgudə ˈʃtuɔvə ʊn ˈfʀœyədə zək ʃχɔn²) ɪm ˈfyːʀout ʊp dat luɔf ʃɔm ˈʀɛntˌmɛistəʀə. dɛi ˈnimət ˈavəʀ de ˈʃχytələ ˈvidəʀ ɪn de hant, ˈkʀkət zou ˈɛijənˌdyːmlək, ʊn ˈʀøykət mit zou nəʀ ˈkʀouzən ˈnaːzə ˈdʀanə ˈʀʏmə ʊn ˈzɛːyət ˈɛntlək: ,,ja, ˈaːwəʀ frau, zi ˈhaːben ja: di ˈtaubə gaːʀ nɪçt ˈausgəˌnɔmən! ˈglaubən ziː dɛn, ɪç ˈwɔltə ˈainə ˈzɔlçə ˈʃvainəˌʀai ˈɛsən?!"

dat kaːm iɛʀ ˈavəʀ dɔχ tau, ʃtaʀk! zə ˈtʀɛɛtə³) midəm ˈʃoutə

Ach, un nou wor de Douwe sou broun un knusperig, dat̠ se iäre Freude dranne hadde.

Midden stolzen Gefoile brachte se nou dat Jäten in de gudde Stuowe un fröggede sek schchon im vürrout up dat Luoff vom Rentmäistere. Däi nimmet awwer de Schchüttele widder in de Hand, kücket sou äijendümlek, un röüket mit sou ner krousen Nase dranne rümme un säget endlek: ,,Ja, awer Frau, Sie haben ja die Taube gar nicht ausgenommen! Glauben Sie denn, ich wollte eine solche Schweinerei essen?!"

Dat kam iär awwer doch tau schturk! Se triäte mit dem Foute

Ach, und nun war die Taube so braun und knusperig, daß sie ihre Freude daran hatte.

Mit einem stolzen Gefühl brachte sie nun das Essen in die gute Stube und freute sich schon im voraus auf das Lob vom Rentmeister. Der nimmt aber die Schüssel wieder in die Hand, guckt so eigentümlich, und riecht mit so einer krausen Nase daran herum und sagt endlich: ,,Ja, aber Frau, Sie haben ja die Taube gar nicht ausgenommen! Glauben Sie denn, ich wollte eine solche Schweinerei essen?!"

Das kam ihr aber doch zu stark! Sie trat mit dem Fuße auf

¹) *ʃtɔlts* ist aus dem Schriftdeutschen eingedrungen.
²) *ʃχɔn* ist schriftdeutsch; das alte Wort ist *ʀɛidə* s. o.
³) Siehe Anm. 2 S. 13.

ʋp ʋn ˈbœlkədə nə an: ,,juχ zalt də ˈdøyvəl ʀæçt[1]) ˈmaːkən; ˈɛmɔːl
ˈʋɪljə də ˈfyɣələ mit ʃχit ʋn ˈɛmɔːl ɔːnə ʃχit!'', ʃlʋχ de dɔiʀə tou
ʋn voːʀ rout!

2. ˈzʋndaːχ, ˈmʋndaːχ[2]), ˈdɪnstaːχ, ˈmɪdə ̩ vɪɛkən, ˈdʋnəʀs ̩ daːχ,
ˈfʀɪɪdaːχ, ˈzʋn ̩ ɔːvənt.

3. ˈɛinə, tvɛi, dʀɛi, ˈfɛiʀə, ˈfɪɪwə, ˈzæsə, ˈziwənə, ˈaχtə, ˈniɣənə,
ˈtɛinə, ˈɛlvənə, ˈtviɛlvə, ˈdʀy ̩ tɛinə, ˈfɛiʀ ̩ tɛinə, ˈfɪɪf ̩ tɛinə, ˈzæs ̩ tɛinə,
ˈzivən ̩ tɛinə, ˈaχ ̩ tɛinə, ˈniɣən ̩ tɛinə, ˈtvɪntiç[3]), ˈdiɛʀtiç[3]), ˈfɛʀtsiç[3]),
ˈfʋftsiç, ˈzæχtsiç, ˈziwəntsiç, ˈaχtsiç, ˈniɣəntsiç, ˈhʋndəʀt, ˈdouzənt.

---

up un bölkede ne an: ,,Juch sallt de Döüwel rächt maken! ämmäl
willje de Vüggele mit Schchitt un ämmäl äne Schchitt!'' Schloug de
Doire tou un wor rout!
2. Sunndag, Munndag, Dinnstag, Middewiäken, Dunnersdag,
Friidag, Sunnäwend.
3. äine, twäi, dräi, väire, fiiwe, sässe, siwwene, achte, niggene,
täine, elwene, twiälwe, drüttäine, väiʼtäine, fiiftäine, sässtäine,
siwwentäine, achtäine, niggentäine, twintig, diärtig, verzig, fufzig,
sächzig, siwwenzig, achtzig, niggenzig, hundert, dousend.

---

und schrie ihn an: ,,Euch solls der Teufel recht machen; einmal
wollt Ihr die Vögel mit Schiß (Dreck) und einmal ohne Schiß!''
Schlug die Tür zu und war heraus!
2. Sonntag, Montag, Dienstag, Mittwoch, Donnerstag, Freitag, Sonnabend.
3. Eins, zwei, drei, vier, fünf, sechs, sieben, acht, neun, zehn,
elf, zwölf, dreizehn, vierzehn, fünfzehn, sechszehn, siebenzehn,
achtzehn, neunzehn, zwanzig, dreißig, vierzig, fünfzig, sechzig,
siebzig, achtzig, neunzig, hundert, tausend. .

---

[1]) Man kann auch ʀæχt hören.
[2]) Das -ʋ- ist an das in zʋndaːχ angeglichen; häufiger ist in anderen
Zusammenhängen mɔːndaːχ.
[3]) Man beachte, daß 20. 30 mit der Endung -tiç gebildet sind,
40. 50. 60. 70. 80. 90 mit tsiç.

Mundart von Willingen

Kreis des Eisenbergs

Waldeck

Die Aufnahme.

Der Sprecher ist heute 38 Jahre alt. Sein Geschlecht hat seit mehreren Generationen in Willingen gelebt und gearbeitet. Nach Besuch der Volksschule lernte er die Landwirtschaft und blieb bis 1929 im heimischen Bereich. 1925—1929 war er Handelsmann, betrieb also auch diesen unten geschilderten Beruf. 1929 verzog er nach Lippstadt; noch heute hängt er sehr an der Heimat und pflegt die Verbindung mit ihr.

Die Aufnahme fand in Marburg statt. Der Sprecher trat sehr sicher und ohne Hemmung vor das Sprachrohr, wie man auch aus der Platte hören kann.

Die Umschrift folgt den ,,Richtlinien'' von 1935.

Die Mundart im Raume.

Die Ausführungen zur Mundart von Sudeck gelten im wesentlichen auch für Willingen, soweit sie die Stellung der Mundart im Raume Attendorn-Arolsen angehen.

Aber gegenüber dem Osten und Süden Waldecks und dem anschließenden Teil des Kreises Brilon ergeben sich doch eine Reihe einschneidender Unterschiede.

Mit Usseln, Rattlar und Schwalefeld, den östlichsten Uplandorten, zusammen geht Willingen in folgenden Fällen.

Die Brechungszwielaute *iε*, *uɔ*, *yœ* des übrigen Waldeck klingen in diesen Orten *iæ*, *ua*, *yæ* (vgl. in unserm Stück: *fiæʀiç* 'fertig', *biætən* 'besser', *ˡɳəˌhualt* 'eingeholt', *vual* 'wohl', *ziæχtə* 'sagte', *fiæʀnə* 'für ihn', *hiæt* 'hat', *duaχ* 'doch', *diæn* 'den' [abgeschwächt auch *diεn*], *muaʀjən* 'Morgen').

'von' heißt hier *fan*, gegen *fɔn* sonst (vgl. DDG XV § 256).

Dazu treten eine Reihe von Fällen, die in unserm Stück nicht oder selten begegnen: Bei wgm. *ō*, etwa in 'tun', 'rufen', haben unsere Orte wie der waldeckische Mittelstreifen (s. DDG XV § 296) *-au-* gegen *ɔu* in Sudeck usw. und *ō* in andern Orten (Beispiele: *taumə* 'zum', *tə daunə* 'zu tun'). Der Umlaut ist in Usseln *ɔi*, in Schwalefeld und Rattlar *æy*, in Willingen *ai*.

Bei 'Grummet' haben alle umliegenden Orte Verkürzung zu ə, nur unsre Orte bewahren das ältere -au-.

Inlautendes -ld-, das im übrigen Waldeck zu l angeglichen wird, bleibt hier erhalten (aldə, kaldə 'alte', 'kalte' usw.).

Anlautendes sk ist hier nicht /χ, sondern sk.

Willingen hat aber auch eine ganze Reihe von Sonderentwicklungen aufzuweisen, die es von allen seinen Nachbarorten abheben. In unserm Stück werden folgende angeschlagen.

Die Hauptgruppen ergeben sich bei den Selbstlauten.

Die Dehnung des alten ē in Beispielen wie 'lesen', 'treten', 'beten' lautet im nd. Waldeck sonst ɛ:, Willingen hat æ:. Dasselbe gilt vor rn, rd, rt, etwa in 'gern', 'Erde', 'werden'; auch bei -ir: bærə 'Birne'.

Überhaupt finden sich in Willingen mehr offene Laute, wo das übrige Waldeck geschlossene oder Zwielaute hat, z. B.: zɛ:n 'sehn' zu ze:n, zɛin (s. DDG XV § 262).

Wgm. ā ist in Willingen als o: gegen sonstiges ɔ: vorhanden (vgl. jo:ʀə 'Jahre', do: 'da', ɛmo:l 'einmal', lo:tən 'lassen').

Wgm. ē², das sonst durchaus mit wgm. eo übereingeht, hat in Willingen e: (vgl. le:t 'ließ'), bei eo aber æ: (also dæ:f 'Dieb').

Altes ī ist in Willingen ʋi (vgl. kʀʋiɣəʀfæstə 'Kriegerfeste'; fʋif 'fünf'; fʀʋidəʀ 'Frieder'; mʋi 'mir'; bʋi 'bei'; zʋin 'sein'; tʋit 'Zeit'; vʋit 'weit'; vʋi 'wir').

Altes ū ist in Willingen iu, Umlaut ø: Beispiele: iut 'aus', biu 'wie', niu 'nun', diuəʀdə 'dauerte'; das Fremdwort ˌmiˈniutən 'Minuten' hat sich eingeordnet.

Der Umlaut ø: ist mit altem iu zusammengefallen, also mø:zə 'Mäuse', lø:də 'Leute'.

Bei altem ai kennt Willingen nicht die Unterschiede, die sonst im nd. Waldeck begegnen, sondern hat überall æy; nur bei 'rein' spricht es ai, bei 'Meister' mɛstəʀ.

Der Umlaut von altem au geht in Willingen mit dem nördlichen Waldeck, das ai hat, während Schwalefeld, Rattlar, Usseln æy sprechen.

Bei den Mitlauten ist nichts Besonderes zu bemerken.

Diese auffälligen Laute, besonders die vielen überoffenen, geben der Mundart, wie die Waldecker sagen, einen etwas groben Charakter. Sucht man nach Gründen für diese Sonderstellung, so mag man sie darin sehen, daß in früheren Zeiten, ehe die Sommerfrische und der jetzt an den Hängen der Willingen umgebenden hohen Berge geübte Wintersport das soziale Gefüge des Uplands völlig änderte, diese Orte und besonders Willingen zu den ärmsten des Uplandes und des Waldeckerlandes überhaupt gehörten. Willingen selbst liegt über 500 m hoch, die es einschließenden Berge sind über 700 m hoch (Iberg 720 m, Ohrenberg 702, Ettelsberg 837 m). Das Korn wird oft im Herbst nicht reif; das Gebiet gehört zudem zum regenreichsten Waldecks (Durchschnitt des Jahresniederschlags 90 cm), der Schnee fällt früh und liegt lange.

Die Schwierigkeit, ja oft Ergebnislosigkeit der landwirtschaftlichen Arbeit zwang die Leute, auf Nebenverdienst auszugehen. Die meisten Männer gingen im Sommer handeln, und zwar nicht in die nächste Nachbarschaft, sondern jeder hatte ein größeres Gebiet weit draußen, das er jedes Jahr vom gleichen Mittelpunkte aus mit seinen Waren versah. Da sie zuverlässig waren, waren sie überall gern gesehen und wurden ihre Waren in einem bestimmten Zeitraum los. Sie reisten vom Eupener Gebiet bis Ostpreußen, von Bayern bis Schleswig-Holstein. In älterer Zeit handelten sie meist mit Leinen oder Stahlwaren (Sensen, Messern usw.). Durch die oben angedeutete neue Entwicklung geht das Handeln zurück. Die Willinger sind aufgeschlossene, geweckte Menschen; das zeigt sich auch daran, daß sie die Umstellung zur neuen Zeit des Sportes glänzend bewältigt haben.

Mancher Sprachzug mag von außen so hereingedrungen sein; es ist aber nicht möglich, bei der Fülle der Möglichkeiten dazu irgendwelche einleuchtende Beobachtungen zu machen.

LA 483

Phonetischer Abhörtext.

ət vas[1]) tə ˈjoːʁə dən daːχ ˈnoˑmə ˈkʁuiγɛʁˌfæste, doː ˈhadə uns
də ˈfuitəʁ[2]), alzoˑ ˈfuitəʁs jəˈhanəs, ˈdə ˈhadə uns bəˈʃtalt mit fuif
man ˈtaumə ˈmæjən, dat vas ˈhaːzən ˈvilæm[2]), ˈvilkənjans ˈfʁuidəʁ[2]),
də ˈʁuməl. un ik un dan hæy ˈzɛlvəʁ, alzoˑ fuif man.

na, ət vas gut. — ˈhaːzən ˈvilæm, ən ˈʃtaʁkən ˈkæːʁəl, dɛi giŋk
dəˈʁɛkt ˈfɔʁnə up, ˈʁœkə iut, ˈvestən ˈiutjəˌʃmitən un dan ˈavəʁ laus
gəˈmæjət, doː vas nə ˈgantsə ˈɛkə ʃɔn ˈfiæʁiç. doː ˈzæːyət də ˈʁuməl
fœʁ mik — də ˈmæjədə fœʁ mui hæːʁ, ik ˈmæjədət ˈlɛstə — də
ˈʁuməl ˈzæːyət: „biu zal dʏt ˈɛŋən? də man ʁɪt iut"!

Angenäherte Umschrift.

*Et was te Johre den Daag nome Kruigerfäste, do hadde uns de
Fuiter, also Fuiters Jehannes, de hadde uns beschtalt mit fuif Mann
taume Mäjjen; dat was Hasen Willäm, Wilkenjans Fruider, de
Rummel un ick un dann häü selwer, also fuif Mann.*

*Na, et was gutt. — Hasen Willäm, en schtarker Kärel, däi ging
derekt vorne up, Röcke iut, Westen iutjeschmitten un dann auwer
laus gemäjjet; do was ne ganze Ecke schonn fiärig. Do säget de
Rummel vörr mick — de mäjjede vörr mui häär, ick mäjjedet leste —
de Rummel säget: „Biu sall dütt engen? Dé Mann ritt iut!"*

Übersetzung.

Es war voriges Jahr den Tag nach dem Kriegerfeste, da hatte
uns der Vieter, also Vieters Johannes, der hatte uns bestellt mit
fünf Mann zum Mähen, das war Hasen Wilhelm, Wilkenjohanns
Frieder, der Rummel und ich und dann er selber, also fünf Mann.

Na es war gut. — Hasen Wilhelm, ein starker Kerl, der ging
direkt vorne auf, Röcke aus, Westen ausgeschmissen, und dann aber
los gemäht, da war ne ganze Ecke schon fertig. Da sagt der Rummel
vor mich (zu mir) — der mähte vor mir her, ich mähte zuletzt —
der Rummel sagt: „Wie soll dies enden? Der Mann reißt aus!"

---

[1]) Das übrige Waldeck sagt *vaːʁ, voːʁ, voːʁ*.
[2]) Hausnamen.

ʋp ˈɛmoːl bʋi dəʀ ˈtvæydən ˈʃvaːdə leːt dat ʃɔn noː; bʋi dəʀ
ˈdʀɪdən ˈfɛŋətə an tə ˈvɛtənə ʋn ˈfɛŋət an ˈvɛtə₁ʃtæynə tə ˈlainənə ʋn
kɛn ʃtæyn ˈʃnæydəmə. ət vas gut; tə ˈlɛstə ˈhadə ˈzonə ˈgantsən
ˈhaupən ˈvɛtə₁ʃtæynə ɪn dəʀ ˈvɪzə ˈliyən.

ˈfʋitəʀs jəˈhanəs də ˈmæjədə an ˈtvæydəʀ ˈʃtɛlə, də ˈhɔyədə nə
ʃɔn ˈiutəʀ ˈʃvaːdə ʀiut; na, niu ˈgɪŋkət ʃɔn ˈvidəʀ ˈɛtvas ˈbiætəʀ
ˈfœʀnə, væyl¹) vʋi ˈvasən jə dʀʀ ˈhaːzən ˈvɪlæmə təˈʀʏjə ˈkuːmən.
væyl dat ˈgantsə mɔt bʋi diɛm ˈmæjən ɛn hæç zʋin; niu ˈgɪŋkət
ˈvidəʀ ˈbiætəʀ.

---

*Uᴘ ämmol bui der twäüden Schwade leet dat schonn noh; bui
der dridden fängete an te wettene un fenget an Wettestäüne te leinene
un kenn Stäün schnäüdeme. et was gutt, te leste hadde sone ganzen
Haupen Wettestäüne in der Wisse liggen.*

*Fuiters Jehannes de mäjjede an twäüder Schtelle, de hoggede ne
schonn iuter Schwade riut; na, niu ginget schon widder etwas biätter
förrne, weil wui wassen je dürr Hasen Willäme terüjje kumen.
Wäül dat Ganze mott bui diäm Mäjjen enn Höch suin; niu ginget
widder biätter.*

Auf einmal bei der zweiten Schwade²) ließ das schon nach; bei
der dritten fängt er an zu wetzen und fängt an, Wetzsteine zu
entlehnen und kein Stein schnitt ihm. Es war gut; zuletzt hatte
er so einen ganzen Haufen Wetzsteine in der Wiese liegen.

Vieters Johannes der mähte an zweiter Stelle, der haute ihn
schon aus der Schwade heraus³); na, nun ging es schon wieder
etwas besser für ihn, weil (denn) wir waren ja durch Hasen
Wilhelm zurück gekommen. Weil (denn) das Ganze muß bei dem
Mähen ein Hau sein; nun ging es wieder besser.

---

¹) *væyl* aus der Schriftsprache entnommen; man sieht an der
Wortstellung, daß es dem Satz nur äußerlich vorgeklebt ist.

²) = Reihe gemähten Grases.

³) Die Mäher mähen hintereinander her; sie müssen den gleichen
Schritt einhalten; wer nicht mitkommt, scheidet aus. Das gilt als wenig
rühmlich.

ət ˈdiuərdə ˈævər nıt ˈlaŋə, do: ˈhɔyədə ˈfʋitəʀs jəˈhanəs ˈınənə
ʃtæyn, ʋn do: ˈmɔstə dai auk ˈiutˌ∫χæydən. do: ˈfeŋkə an tə ˈhaːʀənə.

niu vas ʋp ˈɛmoːl ˈvılkənjans ˈfʀʋidəʀ ˈfœʀnə ʋp ʋn ˈhaːzən
ˈvılæm dai ˈvazət ˈlɛstə, alzo hæy vas ˈhıŋəʀ mʋi.

niu vas hə ˈævəʀ mit dəʀ tʋit gants vʋit təˈʀʀjə ˌnayəˈkuːmən,
ɔzə datə vʋi nə ∫ɔn ˈvidəʀ ˈhadən moːl ˈıŋəˌhualt[1]).

ˈvılkənjans ˈfʀʋidəʀ hə pɛk jə vual bʀæyt gəˈnauχ fiæʀ[2]),
ˈævəʀ dat ˈnʀtsədə[3]) ˈaləs nıks, hæy ˈmɔstə auk ˈiutˌ∫χæydən.

do: vas də ˈʀʋmel ˈfɔʀnə ʋpə. niu is jə də ˈʀʋməl ∫ɔn ən man —
hæy kan fiˈlaiçt alt zʋin ˈtvæyʋnˌzæχtsəχ ˈjoːʀə — hæy ˈizən zɛːʀ

Et diuerde äuwer nit lange, do hoggede Fuiters Jehannes innen
Stäün, un do moste dai auk iutschkäüden. Do fenke an te harene.

Niu was up ämmol Wilkenjans Fruider vörne up un Hasen
Willäm däü wasset leste, also häü was hinger mui.

Niu was he äuwer mit der Tuit ganz wuit terüjje naggekumen,
ose dat wui ne schon widder hadden mol ingehualt. Wilkenjans
Fruider he peck je wual bräüt genaug fiär, äuwer dat nützede alles
nicks, häü moste auk iutschkäüden.

Do was de Rummel vorne uppe. Niu is je de Rummel schon
en Mann — häü kann villeicht alt suin tweiunsächtseg Johre — häü

Es dauerte aber nicht lange, da haute Vieters Johannes in
einen Stein, und da mußte er auch ausscheiden. Da fing er an
zu haren[4]).

Nun war auf einmal Wilkenjohanns Frieder vorne auf, und
Hasen Wilhelm der war zuletzt, also er war hinter mir. Nun war
er aber mit der Zeit ganz weit noch zurückgekommen, als daß
(weil) wir ihn schon wieder mal eingeholt hatten.

Wilkenjohanns Frieder er packte ja wohl breit genug vor, aber
das nützte alles nichts, er mußte auch ausscheiden.

Da war der Rummel vorne auf. Nun ist ja der Rummel schon
ein Mann — er kann vielleicht alt sein 62 Jahre — er ist ein sehr

---

[1]) Beachte die eigenartige Wortstellung in diesem echten Satz!

[2]) = griff weit genug mit seiner Sense aus.

[3]) Lehnwort; das alte Wort ist *batten*.

[4]) haren 'die Sense schärfen'; 'haren', 'dengeln' und 'klopfen' sind
in unserm Gebiet gebräuchlich.

ˈgudəʀ ˈmæjəʀ; ˈaːvəʀ ik ˈziæχtə naˈhæːʀ ˈfiæʀnə: „zɔ ʋʋi ˈbæydə
moːl ɪn də ˈvɛdə ˈmæjən?" hæy ˈziæχtə: „ət is gut, ik ʋɪl mək fan
diu ˈdʋmən ˈʃnøːzələ dɔχ nɪt ˈiutˌhɔyən ˈloːtən!"
dai gəˈʃɪχtə vas gut. ʋʋi ˈzatən ɪn.

niu ˈmæjədən vʋi ˈbæydən ˈævəʀ ən ˈgantsəs ˈʃtʏkə ɪn diæʀ
ˈvizə ʀɪn, dat və mit dən ˈandəʀən nɪks tə ˈdaunə ˈhadən; do: ˈhadən
və nə ˈgantsə ˈɛkə fœʀ ʋns aˈlæynə.

ik leːt dən ˈʀʋməl ˈfœʀnə ʋp, væyi ˈvæmə ˈhɪŋənə ˈmæjət,
hiæt mə ˈʏməʀ ən fil ˈlɪçtˌfɛːʀiɣəʀ¹) ˈmæjən.

mən ˈʀʋməl də vas nə ˈgantsə ˈɛkə ˈfiæʀiç ʋn te ˈlɛŋəstə²)
ˈhualtəkənə duaχ ɪn. ʋʋi ˈhɔyədən naˈtyːʀlək ˈjeːdəʀ ˈɛnən ʋn dən-

*issen sehr gudder Mäjjer; awer ick siächte nahäär fiärne: „Sowui
beide mol in de Wedde mäjjen?" Häü siächte: „Et is gutt, ick will
mek van diu dummen Schnösele doch nit iuthoggen loten!"*
*Dei Geschichte was gut. wui satten in. Niu mäjjeden wui
bäüden äuwer en ganzes Schtücke in diär Wisse rin, dat we mit den
anderen nicks te daune hadden; do hadden we ne ganze Ecke vörr
uns alläüne.*
*Ick leet den Rummel vörne up, weil wämme hingene mäjjet,
hiät me ümmer en vill lichtfäriger Mäjjen.*
*Men Rummel de was ne ganze Ecke fiärig un te längeste hualte-
kene duach in. Wui hoggeden natürlek jeder ennen un den selwen*

guter Mäher; aber ich sagte nachher vor ihn (zu ihm): „Sollen wir
mal in die Wette mähen?" Er sagte: „Es ist gut, ich will mich
von dir dummem Schnösel doch nicht aushauen lassen!"
Die Geschichte war gut. Wir setzten ein.
Nun mähten wir beiden ein ganzes Stück zu der Wiese hinein,
damit wir mit den andern nichts zu tun hatten; da hatten wir
eine ganze Ecke für uns allein.
Ich ließ den Rummel vorne auf, weil, wenn man hinten mäht,
hat man immer ein viel leichteres Mähen.
Mein Rummel der war eine ganze Ecke³) fertig, und zuletzt
holte ich ihn doch ein. Wir hauten natürlich jeder einen und

¹) Beachte die Anwendung des Wortes im Sinne von 'leicht'.
²) *tə lɛŋəstə* 'schließlich'; vgl. *tə lɛstə* 'zuletzt'.
³) Ein ganzes Stück; in Waldeck beliebter Ausdruck.

ˈzɛlvən hœç. ik pɛk ˈjeːdəsˌmoːl ˈfɔn jeːdəm hœç nə ˈklæynɪçˌkæyt
ˈvidəʀ ˈfiæʀaːn. zoˑ ˈdiuəʀdə dat nə tæin ˌmɪnˈiutən, doːˑ ˈhadək
diæn ˈʀuməl ˈɪŋəˌhualt.

doː hɛlt hæy mui diæn ham doˈhinə; doː ˈhɔyədə ik mit dəʀ
ˈzæytse¹) ɪn ˈzinən ham ʀɪn.

doː ʀas də ˈgantsə ˈzɪpʃχaft dæy vas diɛn ˈmuaʀjən fəʀˈhuntsət.
ˈævəʀ dʏt ˈgantsə ˈhadə ˈhaːzən ˈvɪlæːm ˙ɪn ʃχult.

*Höch. Ick peck jedesmol von jedem Höch ne Klätünigkeit widder
viäraan. So diuerde dat ne täin Miniuten, do haddek diän Rummel
ingehualt.*

*Do hält häü mui diän Hamm dohinne; do hoggede ick mit der
Säüze in sinnen Hamm rin.*

Do was de ganze Sippschkaft däü was diän Muorjen verhunzet.
Äwwer dütt Ganze hadde Hasen Willäm in Schuld.

denselben Hau. Ich packte jedesmal von jedem Hau eine Kleinig-
keit weiter voran. So dauerte das eine zehn Minuten, da hatte
ich den Rummel eingeholt.

Da hielt er mir den Hamm²) dahin; da haute ich mit der
Sense in seinen Hamm hinein.

Das war die ganze Sippschaft³), die war den Morgen verhunzt.
Aber dies Ganze hatte Hasen Wilhelm in Schuld (verschuldet).

¹) Auch hier hat Willingen eine eigene Form; vgl. die Angaben
für das übrige Waldeck DDG XV §§ 263, 350.
²) Vgl. Vilmar, Idiotikon von Klurhessen, S. 147 *Hamme* fem. das
Querholz am Sensenwurf („Hafergestel" in Niederhessen). Hier ist das
Wort männlichen Geschlechts. Der Rummel hielt den Hamm aus
Wut hin.
³) = Kameradschaft. Hasen Wilhelm hatte nach Meinung des
Sprechers Schuld, weil er so unsinnig stramm angefangen hatte. Er
merkt nicht, daß er eigentlich an dem unsinnigen Wettbewerb, der die
Gemeinschaft stört, Schuld ist.

Mundart von Freienhagen

Kreis der Eder

Waldeck

Die Aufnahme.

Der Sprecher war zur Zeit der Aufnahme 25 Jahre alt; er ist Landwirt und Schreiner. Sein Großvater führte eine Orgelbauerei im Hause und hatte in der Jugendzeit auf den Sprecher großen Einfluß. Der Sprecher besuchte die Volksschule in Freienhagen; da sein Vater im Kriege starb, mußte er Pläne zu weiterer Ausbildung, für die er durchaus die Gaben hatte, aufgeben. Er ist ein guter Erzähler, sammelt bei alten Nachbarn besonders gern lustige Geschichten; die beiden Schnurren 3, 4 hat er völlig frei erzählt. Die beiden ersten, in Waldeck gut bekannten Geschichten hat er in der Fassung der alten Waldeckischen Dialektzeitschrift „De Papollere" (1859) einige Male durchgelesen und dann hier mit eigenen Ausdrücken und Einfällen erzählt.

Bei der Aufnahme in Marburg war er völlig unbefangen und frei. 1938 habe ich die Platte mit dem Sprecher abgehört und die Lautgebung durchgeprüft.

Die Umschrift folgt den „Richtlinien von 1935".

Die Mundart im Raume und ihre Sonderart.

Die Mundart von Freienhagen nimmt insofern eine eigenartige Stellung unter den waldeckischen und hessischen Grenzorten ein, als das Bollwerk der *ik-/ich*-Linie hier besonders gut bestückt und bewehrt ist: 138 Sprachzüge wurden bei einem Fragebuch von etwa 1000 Formen auf der Grenzstrecke Freienhagen gegen das südliche mitteldeutsche Netze gezählt, bei weitem die höchste Zahl bei den von mir 1912/13 abgefragten Orten. Das beweist, daß das alte Städtchen Freienhagen stärker als die übrigen nd. Orte des Grenzsaums die alten Zusammenhänge mit dem nd. Sprachboden bewahrt hat. Es hatte etwas mehr Selbstbewußtsein als die Dörfer.

Wie wir für das ganze nd. Waldeck schon nachgewiesen haben und die Karte erhärtet, sind trotz dieser Gegenwehr Einflüsse von Süden durchgedrungen; ein Zeichen dafür, wie stark sie waren.

Auch Freienhagen ist durch kräftige Linienbündel gegen alle seine Nachbarorte abgesetzt; trotzdem sind so zahlreiche Gemeinsamkeiten vorhanden, daß der nd. Gesamtcharakter voll erhalten bleibt. Es hat sogar eine Reihe von altertümlichen Zügen bewahrt, die sonst aufgegeben sind. Dahin rechne ich die verschiedenen Formen der Dehnung z. B. beim alten *o* in offener Silbe. Während z. B. Sudeck (s. S. 3 ff.) durchweg *uɔ* (Umlaut *yœ*) hat (*uɔwən* 'Ofen', *kuɔkən* 'kochen', *zuɔlə* 'Sohle', *kuɔlə* 'Kohle', *əfluɔyən* 'geflogen' usw.), hat Freienhagen verschiedene Entwicklungen bewahrt, die ich als Reste aus einer älteren Zeit auffasse, in der die Dehnung sich noch nicht durchgesetzt hatte, also Unsicherheit herrschte. Freienhagen sagt: *ɔ:vən* 'Ofen', *zɔ:lə* 'Sohle', *knɔ:kən* 'Knochen', *ɔ:vən* 'oben', *gəbrɔ:kən* 'gebrochen', *gəʃtɔ:lən* 'gestohlen', aber *ko:kən* 'kochen', *ko:lə* 'Kohle' und schließlich *ʃtrɔtə* 'Kehle, Gurgel', *bedʀɔyən* 'betrogen' *gəflɔtən* 'geflossen', *gəzɔyən* 'gesogen', *gəʃχɔtən* 'geschossen', *gəflɔyən* 'geflogen', *gəlɔyən* 'gelogen', *œvəʀ* 'über' usw.

Sieht man nur auf die sogenannte westfälische Brechung, so ist unser Ort nicht mehr als westfälisch anzusprechen; denn er hat an ihr keinen Anteil.

Bei der Endung der Mehrzahl der Gegenwartsform hat Freienhagen wie Harbshausen -en, also eine Form; diese Form stammt aber aus dem anschließenden md. Süden. Der Grundsatz der einen Form verbindet sie aber wieder stark mit dem Nd.

Ein Sonderzug für unseren Ort ist das *æy* (z. B. in *fæytən* 'Füßen' und in allen Beispielen des Umlautes zu wgm. *ō* wie des wgm. *au*: vgl. DDG XV, §§ 298. 306). Merkwürdigerweise hat auch Willingen, ganz im Westen, diesen auffälligen Laut (vgl. S. 17).

Wortgeographisch geht Freienhagen eindeutig mit dem Nd.; vgl. DDG XV §§ 375—396 und Nachträge S. 289—293.

LA 301

Phonetischer Abhörtext.

1. *də ʀɪt ʊp dəʀ ʹvɪldən zu:*

dɔ: voːʀ ək auk mɔ·l ʊp də jaχt bə'ʃtaːlt, də 'vɪldən 'zuɣə uːt 'ɛʀən 'nɛstəʀn tə 'klapəʀn¹). ɪk 'maχtə mək ʊp də 'bainə ʊn gɪŋk 'ɪnen 'ʀaiˌhaːɣən²). fɔn 'ɔʀɔltsən³) 'kaːmən də 'jɛːɣəʀs ʊn 'bʀaχtən 'gʀautə 'hʊndə 'mɪdə ʊn fɔn dɔː uːt 'maχtən mə 'ɪnen bɛʀç⁴). ʊp 'aimo: 'heːtət „gɛts 'kɔmədən 'gʀautəʀ 'bɛːʀə⁵)!“ 'ʊŋəʀ ʊns 'dʀiːvəʀn voːʀ auk ən 'kɛːʀəl uːt 'byːlə⁶), də heːt 'hanəs. də 'hadə zau 'ʃχaiwə 'bainə, 'datmə mɪt dəʀ 'ʃχuːvəˌkɔːʀə 'dʀʊŋəʀ dəʀç 'faːʀən 'kɔntə; də

Angenäherte Umschrift.

1. De ˙Ritt up der wilden Su.

Dâ wor ek auk mâl up de Jacht bestaalt, de wilden Sugge ut erren Nestern te klappern. Ick machte mek up de Beine un ging innen Reihhagen. Von Aroltsen kamen de Jägers un brachten graute Hunde midde, un von dâ uut machten me innen Berg. Up eimâ hetet: „Getz kommeden grauter Bäre!“ Unger uns Driewern wor auk en Kärel ut Bühle, de heet Hannes. De hadde sau schcheiwe Beine, datme mit der Schchkuwekâre drunger dörch fahren konnte;

Übersetzung.

1. Der Ritt auf der wilden Sau.

Da war ich auch mal auf die Jagd bestellt, die wilden Säue aus ihren Nestern zu klappern. Ich machte mich auf die Beine und ging in den Rehhagen. Von Arolsen kamen die Jäger und brachten große Hunde mit und von da aus machten wir in den Berg. Auf einmal hieß es: „Jetzt kommt ein großer Bär!“ Unter uns Treibern war auch ein Kerl aus Bühle, der hieß Hannes. Der hatte so schiefe Beine, daß man mit der Schiebkarre drunter durch

---

¹) Es war eine *klapəʀjaχt*, bei der die Treiber mit hölzernen Klappern das Wild aus den Verstecken treiben sollen.
²) Flurname 'Rehhagen'.
³) Arolsen, die Hauptstadt des ehemaligen Fürstentums Waldeck.
⁴) = Wald.   ⁵) = Eber; s. DDG XV S. 290.
⁶) Bühle, der Nachbarort.

vɔl zək gʀaut ze:n ¹lo:tən *un* ¹vɛŋkədə *mɪt* ¹hɛŋən *un* ¹fæytən¹). *ɪk*
¹daχtə, *də* ¹bɛ:ʀə *zal* ¹di:nə ¹gʀɔ:vən ¹glɪdəʀ *nɪt tə* ¹ʃχandən ¹ma:kən,
ɪk ¹maχtə *mɪk u:t dən* ¹ɛstən *un kʀɔp* ¹hɪŋəʀn *busk.* do: ¹daχtə *ɪk,*
vɛn ɪk də ¹bɛ:ʀə *vø:ʀ, dən* ¹ʃχaivən *vœl ək ʃɔn* ¹kʀi:yən. *un vat*
¹mainstə, *də* ¹bɛ:ʀə ¹daχtə *zau vi: ɪək²), mɪt* ¹ainəm ¹zatsə *vo:ʀ hai*
bi:n ¹ʃχaiwən *un* ¹kʀɔpən³) ¹tvɪʃkən *dən* ¹bainən *døʀç un na:m ən*
¹mɪdə. *də* ¹kɛ:ʀəl *fɪŋk ən gə*¹kʀi:skə *an, als vɛn hə ɪn* ¹mɛsəʀ ¹ʃtiçtə⁴).

¹ainəʀ *fɔn dən* ¹je:yəʀn *ʀe:p* ¹hɪŋəʀn *dʀɪn:* „¹hanəs, *vo:* ¹wɪtən
hɪn?" do· *ʀe:p hai:* „*dɛt*⁵) *vait nu:ʀ də bɛ:ʀ!"*

de woll seck graut sehn loten un wenkede mit Hängen un Fäüten.
Ick dachte, de Bäre sall diene gråwen Glidder nit te schchanden
maken, ick machte mick ut denn Ästen un kropp hingern Busk. Då
dachte ick, wenn ick de Bäre wör, ,den Schcheiwen wöll ek schonn
kriegen. Un wat meinste, de Bäre dachte sau wie iĕck; mit einem
Satze wor hei bien Schcheiwen un kroppen twischken den Beinen
dörch un nahm en midde. De Kärel fing en Gekrieske an, als wenn
he in Messer stichte.

Einer von den Jägern reep hingern drin: „Hannes, wo witteu
hin?" Do reep hei: „Det weit nur de Bär!"

---

fahren konnte; der wollte sich groß sehen lassen und winkte mit
Händen und Füßen. Ich dachte, der Bär soll deine groben Glieder
nicht zu Schanden machen, ich machte mich aus den Ästen und
kroch hintern Busch. Da dachte ich, wenn ich der Bär wär, den
Schiefen wollte ich schon kriegen. Und was meinst du, der Bär
dachte so wie ich; mit einem Satze war er beim Schiefen und kroch
ihm zwischen den Beinen durch und nahm ihn mit. Der Kerl
fing ein Gekreische an, als wenn er im Messer steckte.
    Einer von den Jägern rief hinterm drein: „Hannes, wo willst
du denn hin?" Da rief er: „Das weiß nur der Bär!"

¹) Dieser *æy*-Laut ist für Freienhagen besonders kennzeichnend.
²) *ɪək* betonte Form.
³) Der Wemfall ist zu *ən* < *ɛən* (betonte Form) abgeschwächt, das
ursprünglich vorhandene -m zu -n geworden; vgl. weiter unten ¹hɪŋəʀn.
⁴) Aus *ʃtɪkədə entstanden, das in einigen Orten Waldecks noch
zu hören ist.
⁵) Nebenform zu *dat;* hier emphatisch gebraucht.

2. auk ən fər 'gli:k.

als 'ʊnzə ſtat 'fʀɪɣənˌha:ɣən naχ 'zɛlwəʀ gə'ʀɪçtə 'hadə, 'kœmət
'aimɔ: 'ɛklɪpən¹) 'a:lə 'lu:dəˌwɪç ʊn fəʀ'kla:ɣət 'zi:nən 'nɔ:vəʀ dən
'a:lən 'ſχɛtən¹). hai 'zɛ:ɣət: „'mi:nə 'dɔkə 'ɪzən pa:ʀ mɔ:l 'ɪnən
'ſχɛtən 'zi:nən hɔf gə'gɔn ʊn 'hɛdən gants klain 'bɪətskən²) gə'vø:lt.
dɛt ɪs 'ɛvəʀn 'ſχɛtən 'zi:nə ſχʊlt, 'bʀʏmə 'ma:kət de: də 'lʏkə nɪt tau!
fy:ʀ ain pa:ʀ 'da:ɣən do· 'pasət hai ʊp ʊn als də 'dɔkə 'vɪdəʀ 'ɪnən
hɔf 'kœmət, ſlɛt hai zə 'ʊpən 'ʀʏsəl, dɛtsə nu: fəʀ'fɪkəlt³); nu: zal hai
mi: dən 'ſχa:dən bə'ta:lən!‟
    nu: gut; də 'ſχɛtə 'kœmət 'ʊpən təʀ'mi:n. ʊp dəʀ 'ʀɔ:tˌſtɔ:və vo:ʀ

2. Auk en Vergliek.

*Als unse Stadt Friggenhagen nach selwer Gerichte hadde, kömmet
eimå Ecklippen alle Ludewich un verklaget sienen Nåwer den
allen Schchetten. Hei säget: „Miene Docke issen paar Mål innen
Schchetten sienen Hoff gegonn un hedden ganz klein biëtsken gewöhlt.
Det is ewwern Schchetten siene Schchuld, brümme maket de de Lücke
nit tau! Für ein paar Dagen do passet hei up, un als de Docke
widder innen Hoff kömmet, schlett hei se uppen Rüssel, detse mie
verfickelt; nu sall hei mie den Schchaden betalen!‟*

Nu gutt; de Schchette kömmet uppen Termin. Up der Råt-

2. Auch ein Vergleich.

Als unsre Stadt Freienhagen noch selber Gericht hatte,
kommt einmal Ecklippen alter Ludwig und verklagt seinen Nachbar den alten Schetten. Er sagt: „Meine Docke ist ein paar Mal
in dem Schetten seinen Garten gegangen und hat ein ganz klein
bißchen gewühlt. Das ist aber dem Schetten seine Schuld, warum
macht der die Lücke nicht zu! Vor ein paar Tagen da paßt er auf,
und als die Docke wieder in den Garten kommt, schlägt er sie
auf den Rüssel, daß sie nun verferkelt; nun soll er mir den Schaden
bezahlen!‟
    Nun gut; der Schette kommt auf den Termin. Auf der Rat-

---

¹) Erfundene Namen.
²) Das -ɪə- ist ein Nachhall der „Brechung‟; man beachte auch
das „ganz klein bißchen‟.
³) 'verferkeln', 'verwerfen'; die kleinen Ferkel bringen allerhand
Geld ein.

ˈfʀæyəʀ zoːn ɔːʀt gəˈgɪtəʀ, dɔː ˈmɔstən də ˈlyːdə fʏʀ ʃtɔːn ˈbliːvən. ˈʃχetə ˈʃtɛltə zək auk dərˈfyːʀ, ˈleːyət də ˈhɛŋə ʊp də ˈleːnə ʊn ˈʃnapət nɔː ˈɔːdəm; hai voːʀ ˈdʏmpəsk[1]).

də ˈamtman ˈfʀɔːyət ɛn, ɛf hai naχ vat ˈgɪyən də ˈklaːyə ˈhɛdə : „œə, œə, œə“, ˈhaustədə də ˈdʏmpəskə ˈʃχetə ʊn fəʀˌdəfɛnˈdeːʀt zek zau gʊt hai kan.

als ˈɛvəʀ ˈaləs nɪks ˈhɪlpən vɪl, dɔː ˈzɛːyət hai : „hɛʀ ˈamtman, nɪks fʏʀ ˈʊngʊt, ˈɛvəʀ zai zən mɔː də ˈdɔkə zɪn, ʊn ˈʃtɪkən ˈɛʀən ˈʀʏsəl dyːʀ dʏt gəˈgɪtəʀ, ʊn ɪk ʃlɔː zai ʊˈpən ˈʀʏsəl, fəʀˈfɪkəln zain dan ?“

3. ˈʊnzə ˈʃχeːpəʀ, də ˈaːlə ˈboːlant[2]), voːʀ auk ˈainəs ˈzʊnˌdaːyəs ˈmɔʀjəns ɪn də ˈkɛʀkə gəˈgɔn[3]); ʊn də ˌpaˈʃtauʀə ˈhadə nu: auk ˈgʀaːdə

schtowe wor fräüer son Årt Gegitter, då mosten de Lüde fürr schtån bliewen. Schchette schtellte sek auk derfür, läget de Hänge up de Lehne un schnappet nå Ådem; hei wor dümpesk.

De Amtmann fråget en, eff hei nach wat giggen de Klage hädde: „öe, öe, öe“, haustede de dümpeske Schchette un verdeffendeert sek sau gutt hei kann.

Als ewwer alles nicks hilpen will, do säget hei: „Herr Amtmann, nicks fürr ungutt, ewwer sei sönne mål de Docke sinn un schticken erren Rüssel dür dütt Gegitter, un ick schlå sei uppen Rüssel, verfickeln sein dann ?“

3. Unse Schchäper, de alle Boland, wor auk eines Sundages

---

stube war früher so eine Art Gegitter, da mußten die Leute vor stehen bleiben. Schette stellte sich auch davor, legt die Hände auf die Lehne und schnappt nach Atem; er war dümpfisch.

Der Amtmann fragt ihn, ob er noch etwas gegen die Klage hätte: „Öe, Öe, Öe“, hustete der dümpfische Schette und verteidigt sich so gut er kann.

Als aber alles nichts helfen will, da sagt er: „Herr Amtmann, nichts für ungut, aber Sie sollen einmal die Docke sein und stecken ihren Rüssel durch dieses Gegitter, und ich schlage Sie auf den Rüssel, verferkeln Sie denn dann ?“

3. Unser Schäfer, der alte Boland, war auch eines Sonntags Morgens in die Kirche gegangen, und der Pastor hatte nun auch

---

[1]) Asthmatisch.   [2]) Erfundener Name.
[3]) Zu der verkürzten Form vgl. DDG XV § 288 Anm. 2; die Grenzen bei 'schlagen' gelten auch für 'gehn'.

dat ˈgliːknɪs ʃam ˈgʊdən ˈheːʀən. dɔ: ˈzɛːɣət hai nu: auk: „ain
ˈgʊdəʀ ˈheːʀə ˈbliːvət bi: ˈziːnən ˈʃɔːpən ʊn ʃəʀˈlɛt ziːnə ˈʃɔːpə nɪt!“
dʏt voːʀ ˈɛwəʀ dən ˈaːlən ˈboːlant dɔχ tə dʊm. hai ʃtait ʊp,
ˈpiːpət ˈziːnən ˈhʊndə ʊn ˈzɛːɣət: „kʊm, lʊks, hai ˈʃtɪçəlt!“

4. *də kats ʃɔn* ˈvɪld|ʊŋən ˈkœmət ˈainəs ˈdaːɣəs nɔ: ˈbaʀwəs ,
ˈʊpən hɔf — də ˈfʀʊɣə ʃtait ˈgʀaːdə ɪn dəʀ ˈhuːs¡døːʀə, ʊn də ˈklainə
ˈhɛʀman ˈhɛŋədəʀ am ˈʀɔkə — ʊn ˈfʀɔːɣət: „hɛnjə nɪks tə handəln ?“
də ˈfʀʊɣə ˈzɛːɣət: „də ˈhɛːʀə ɪs nɪt təʀˈhaimə!“
„vat“, zɛːɣət dɔ: də ˈklainə ˈhɛʀman ʊn ʃtɛlt zɛk fʏʀ də ˈmɔtəʀ,
„vɛn miːn ˈfatəʀ nɪt təʀˈhaimə ɪs, zɪn iək də ˈhɛːʀə!“

*morjens in de Kerke gegonn, un de Pastaure hadde nu auk grade
dat Gliekniss vam gudden Heren. Dà säget hei nu auk: „Ein gudder
Here bliewet bie sienen Schchâpen un verlett siene Schchâpe nit!“
Dütt wor ewwer den alen Boland doch te dumm. Hei steit up,
piepet sienen Hunde un säget: „Kumm, Luchs, hei stichelt!“*

4. *De Katz von Wildungen kömmet eines Dages nà Barwes
uppen Hoff — de Frugge steit grade in der Huusdöre, un de kleine
Hermann hengeder am Rock — un fràget: „Hennje nicks te handeln ?“
De Frugge säget: „De Häre is nit terheime!“ „Wat“, säget dà de
kleine Hermann un schtellt sek fürr de Motter, „wenn mien Vatter
nit terheime is, sinn iëk de Häre!“*

---

grade das Gleichnis vom guten Hirten. Da sagt er nun auch:
„Ein guter Hirte bleibt bei seinen Schafen und verläßt seine
Schafe nicht!“

Dies war aber dem alten Boland doch zu dumm. Er steht auf,
pfeift seinem Hunde und sagt: „Komm, Luchs, er stichelt!“

4. Der Katz von Wildungen kommt eines Tages nach Barwes
auf den Hof — die Frau steht grade in der Haustür und der kleine
Hermann hängt ihr am Rock — und fragt: „Habt ihr nichts zu
handeln?“ Die Frau sagt: „Der Herr ist nicht zu Hause!“ „Was“,
sagt da der kleine Hermann und stellt sich vor die Mutter, „wenn
mein Vater nicht zu Hause ist, bin ich der Herr!“

Mundart von Harbshausen

Kreis Frankenberg

Die Aufnahme.

Der Sprecher war Junglehrer; er fand aber wegen der Un-
gunst der damaligen Zeit keine Anstellung und arbeitete zu Hause
im Hofe des Vaters in Harbshausen mit. Als ich mit ihm in Verbindung kam, zeigte er gleich ein lebhaftes Interesse für die heimische Sprach- und Volkskundeforschung. Eine große Zahl seiner
Antworten auf Fragen aller Art sind in meinen Sammlungen verarbeitet. Leider hat ihn einige Jahre später ein Motorradunfall
dahingerafft. Seinen Eltern ist diese Platte eine einzigartige Erinnerung an ihren Sohn.

Die Aufnahme fand am 12. Februar 1926 im Phonetischen
Kabinett der Universität statt. Der Sprecher sprach frei und
völlig unbefangen. Die Texte hat er selbst gestaltet.

Die Umschrift folgt den ,,Richtlinien" von 1935.

Die Mundart im Raume.

Aufs Ganze gesehen gilt auch für diese Mundart das, was
über Sudeck, Willingen und Freienhagen (s. S. 31 ff) gesagt ist.
Nur ist Harbshausen wie Freienhagen Grenzort unmittelbar an
oder in dem Grenzbollwerk der *ik/ich*-Linie. Von Freienhagen
unterscheidet es sich durch seine Geschichte. Jenes war ein kleines
Städtchen, mit Wall, Türmen und Graben bewehrt, regiert von
einem weisen Rat, Sitz in wichtiger Zeit eines Hessen und Waldeck
gemeinsamen Freigerichts, dieses ein Dörflein oberhalb des Eder-
tals, das in den Stürmen des dreißigjährigen Krieges besonders
litt, so daß die Bewohner davonliefen. Von 1639—1650 war es
ohne Einwohner; in den Jahren 1650—1652 siedelten sich wieder
5 Leute an. Die Überlieferung, die in Freienhagen ungebrochen
blieb, riß hier also ganz ab; es mußte eine neue Gemeinschaft
aufgebaut werden, auch sprachlich. Deshalb ist diese Mundart
ein Sonderfall, der nicht allein sprachgeographisch zu begreifen
ist, sondern der von der Neusiedlung von 1652 aus beurteilt werden
muß. Leider sind die Quellen für eine Familien- und Siedlungsgeschichte noch nicht bereitgestellt, so daß nur Vermutungen ge-
äußert werden können.

Der rein sprachliche Befund läßt darauf schließen, daß die
ersten Siedler Niederdeutsche aus den Nachbarorten waren; denn
es ist wohl kaum anzunehmen, daß sich sonst die Mundart so
niederdeutsch in ihrer Grundlage, besonders im Gefüge der Mitlaute, gehalten hätte. Die kirchliche Verbindung mit Kirchlotheim wird das Ihre zur Festigung der neuen Gemeinschaft in
ihrem nd. Gesamtcharakter getan haben.

Der Bezirk mit *-en*, der Freienhagen mit Harbshausen verbindet, ist, wie oben ausgeführt ist (vgl. S. 31 ff.), viel stärker vom
Süden her beeinflußt. Wie die Kombinationskarte (DDG XV)
zeigt, ist in diesem Streifen beinahe jeder Ort vom andern durch
stärkere Sprachgrenzen geschieden; jeder Ort findet sich sozusagen auf eigene Art mit dem vom Süden kommenden Neugut ab.
Gerade im alten Kirchspiel Kirchlotheim, zu dem Buchenberg,
Herzhausen, Schmidtlotheim, Altenlotheim und Harbshausen gehören, sind in seltener Weise die einzelnen Orte sprachlich gegeneinander abgesetzt; jeder Ort ist ein Bollwerk für sich. Einige
Zahlen mögen das erhärten. Harbshausen ist von Herzhausen
durch 33 Sprachzüge geschieden, von Kirchlotheim durch 14, von
Bringhausen durch 88 (Stück der *ik/ich*-Linie), von Asel durch 49,
von Marienhagen durch 44; Kirchlotheim von Schmidtlotheim
durch 54, von Bringhausen durch 88, von Herzhausen durch 32,
von Buchenberg durch 26; Schmidtlotheim von Altenlotheim
durch 49, von Bringhausen durch 53, von Buchenberg durch 60,
von Ederbringhausen durch 36; Herzhausen von Buchenberg
durch 37, von Fürstenberg durch 22, von Immighausen durch 39,
von Marienhagen durch 13 Sprachzüge; Buchenberg von Ederbringhausen durch 73, von Ober-Orke durch 71, von Niederorke
durch 70, von Fürstenberg durch 48; Altenlotheim von Bringhausen durch 57, von Gellershausen durch 75, von Frebershausen
durch 70, von Frankenau durch 53, von Louisendorf (Franzosen-
kolonie) durch 76 verschiedene Sprachzüge. Es lohnt sich schon,
sich dieses Mosaikbild einmal aufzuzeichnen und durch verschiedene
Dicke der die einzelnen Orte voneinander trennenden Linien anschaulich zu machen, dann geht einem die eigenartige Stellung dieses
kleinen Kirchspiels auf, die von grundsätzlicher Bedeutung ist.

Harbshausen geht, was die Selbstlaute angeht, häufiger mit
dem Md. oder mit der Schriftsprache (vgl. *fʀyːɜʀ, ʀuːhiç, liːsən,
hiːsən*). Ganz eigenartige Mischformen finden sich hier, von
denen unser Stück einige bietet: ˈhɔltsˌkɞʋlən 'Holzkeulen'.

tsuːgəbʊŋən 'zugebunden'; außerdem *haits* für 'heiß' (s. DDG
XV § 328; Karte Wald. Landeskunde s. o.), *tsaikən* 'Zeichen',
nīməs 'niemand' (während die Nachbarorte *kainəʀ* sagen) u. a.
Auch wortgeographisch zeigt sich das Doppelgesicht der Mda.
von Harbshausen deutlich; es hat z. B. *zɪçəl* 'Sichel' gegen das
nördliche *haipə*, aber *haidə* 'Werg' gegen das südliche *vɛʀk*, *ʃvøpə*
'Peitsche' gegen das südliche *gaiʃɔl*, *dɛːlə* 'Hausflur' gegen das
südliche *hɔusɛːʀən*. Bei diesem Wort ist vielleicht der Schluß erlaubt, daß Harbshausen einmal die nd. Hausform gehabt hat, da
'Hausehren' im allgemeinen nur beim mitteldeutschen Haus vorkommt. Vgl. DDG XV §§ 377. 378. 381; ferner 386 'Rain',
387 'Hühnchen', 391 'dunkel', 393 'schimpfen', S. 290 'Eber',
'niemand', 'fertig', S. 291 'Schwanz', 'das verschnittene männliche Schwein', 'mürbe', S. 292 'heiser'.

LA 585

Phonetischer Abhörtext.

1. *ja,* ˈjʊnə, də ˈalə deik[1]), *de do:* ˈrŋən[2]) *ɪm* ˈdɔʀpə *ɪs, de ɪs ʃɔn*
gants alt, de· zal bi dəʀ ˈzʏntˌfluːt ənt ˈʃtɔn[3]) *zɪn. ʊn* ˈfʀʏːəʀ *do: voːʀ*
ən ˈlɪŋkˌvɔʀm ˈdʀɪnə, *dən* ˈkɛnən *jə* ˈhødə[4]) *gāʀ nɪt me: . . .[5]) dət*
voːʀ ən gants ge ˈfɛːʀˌlɪçəs ˈʊŋəˌhɔiəʀ.

ʊn als nu: ˈainəs ˈdaːɣəs dəʀ *deik* ˈbalə *fʊl dʀɛk ʊn ʃlam voːʀ,*
do: ˈvɔlən *ən di·* ˈalən ˈløydə[6]) *auk moːl* ˈrainəˌmaːkən. *zə* ˈvʊstən

---

Angenäherte Umschrift.

1. *Ja, Junge, de alle Diik, de do üngen im Dorpe is, de is schon*
ganz alt, de sall bi de Sündflut entstonn sinn. Un früher do wor en
Lingworm drinne, den kennen je hüdde gar nit me . . ., det wor en
ganz gefährliches Ungeheuer.

Un als nu eines Dages der Diik balle vull Dreck un Schlamm
wor, do wollen en di allen Löüde auk mol reinemaken. Se wußten

---

Übersetzung.

1. Ja, Junge, der alte Teich, der da unten im Dorfe ist, der
ist schon ganz alt, der soll bei der Sündflut entstanden sein. Und
früher da war ein Lindwurm drinne, den kennt ihr heute gar nicht
mehr . . .; das war ein ganz gefährliches Ungeheuer.

Und als nun eines Tages der Teich bald voll Dreck und
Schlamm war, da wollten ihn die alten Leute auch mal reinmachen.

---

[1]) Merkwürdigerweise stimmt Harbshausen mit der Behandlung
des alten *ī* und *ū* mit dem nördlichen Waldeck (s. Sudeck S. 10 ff.) überein.

[2]) Das ʀ- ist auffällig; diese „Färbung" ist nach den Karten des
Sprachatlas weiter südlich anzutreffen; vgl. DSA Karte 39

[3]) Die Kürzung des *ā* in 'stehen' ist nur dem waldeckischen Mittelstreifen eigen; vgl. die Linie für 'schlagen', die auch für 'stehen' gilt,
DDG XV § 288, Anm. 2.

[4]) Das nördliche Waldeck hat *dʀndaːχ*; vgl. DDG XV § 389. Beachte auch das *d*.

[5]) Hier folgt ein unverständliches Wort.

[6]) Auch hier geht Harbshausen mit dem *øy* mit dem nördlichen
Waldeck (vgl. DDG XV § 213).

ˈavəʀ nɪt, vi: zə dat am ˈbɛstən ˈmɛçtən[1]); dɛn zə ˈhadən alə ˈbaŋə
fɔʀ dən ˈbi:stə.

na, zə ˈvɔlən ˈavəʀ dan dɔχ mo:l pəʀˈvi:ʀən, ɛf zə dɛt nɪt ˈbanən[2])
ˈkɔntən ʊn ˈna:mən ˈgʀaipən ʊn ˈhɔltsˌkøilən ʊn ˈmaχtən zək an de
ˈaʀvait dən deik ʀain tə ˈma:kən.

als zə nu: ˈbalə zo· veit ˈvo:ʀən, dɛt zə dɛt di:ʀ ˈzo:ən, do: la:χt
gants ˈʀu:hɪç, zə ˈdaχtən, ət vøːʀ am ˈʃlo:pən, na, ət vo:ʀ auk zau.
zə ˈhɔltən nə ˈʃtaʀkə ˈdɪkə ˈkɛːdə ʊn ˈbʊŋən dat bi:st a:n. ʊn do:
ˈli:sən zət ɪm ˈdeikə ˈdʀɪnə.

ʊn døʀç dʏt ɛʀˈaiçnɪs, vat auk də ˌhɛʀtsˈhøyzəʀ ʊn də ˌkɛʀkə-

---

awwer nit, wie se dat am besten mächten; denn se hadden alle Bange
vor den Bieste.

Na, se wollen awwer dann doch mol perwieren, äff se det nit
bannen konnten un nahmen Greipen un Holzköilen un machten sek
an de Arweit, den Diik rein te maken.

Als se nu balle so weit woren, det se det Dier sohen, do laagt
ganz ruhig; se dachten, et wör am schlopen, na, et wor auk sau. Se
hollten ne schtarke, dicke Käde un bungen dat Biest aan. Un do
ließen set im Diike drinne.

Un dörch düt Ereignis, wat auk de Herzhöüser un Kerkeloitmer

Sie wußten aber nicht, wie sie das am besten machten; denn sie
hatten alle Angst vor dem Bieste.

Na, sie wollten aber dann doch mal probieren, ob sie das
nicht bannen konnten und nahmen Greifen und Holzkeulen und
machten sich an die Arbeit, den Teich rein zu machen.

Als sie nun bald so weit waren, daß sie das Tier sahen, da lag
es ganz ruhig; sie dachten, es wäre am schlafen, na, es war auch
so. Sie holten eine starke, dicke Kette und banden das Biest an.
Und dann ließen sie es im Teich drin.

Und durch dies Ereignis, was auch die Herzhäuser und Kirch-

---

[1]) *mɛçtən* ist Möglichkeitsform.
[2]) *banən* wird in der Bedeutung 'zwingen' gebraucht, hat nicht etwa
einen zauberhaften Nebensinn.

ˈlɔitməʀ¹) gəˈvaːʀ ˈvɔʀdən, doː ˈnantən zə də ˈhɛʀps͜høyzəʀ ˈlɪnt-
ˌvɔɛʀməʀ²), ˈlɪŋkˌvœʀmə, vɛil zən ˈlɪŋkˌvɔʀm ˈaːŋəˌbʊŋən ˈhadən ʊn
gəˈfaŋən. ʊn zoˑ hɛt zək dat auk bɪs ˈhødə ˌøvəʀˈdʀɛːŋ. nuː
fəʀˈʃtaist də auk vɛn də doˈno: ˈfʀɔxtəs, bəˈʀʏmə də, ˌhɛʀpsˈhøyzəʀ
lɪŋkvoɛʀmə hiːsən.

2. ja, ˈmɛːkən, ˈfʀyːəʀ voːʀt dɔx als nax ˈʃœnəʀ ˈɪnən ˈʃpɪn-
ˈʃtoːvən viː ˈhødə. doː ˈmaxtən mə dɔx fɪl ˈʃpɛsə. də ˈjʊŋən ˈbɔʀʃən
də ˈgɪŋən als ˈmɪdə. ˈhødə, doː ˈzɪtən jə ˈɪməʀ gants aˈlainə, də
ˈʃøːnən ˈʃpɪnˌʀɛːdəʀ diˑ ˈkɛnən jə gaːʀ nɪt mɛːʀ. van dan dəʀ
ˈfiːʀənˌtsvantsiçstə ˈfebəʀˌvaːʀ ˈʀanˌkaːm, dat voːʀ diˑ maˈtiːasˌnaxt,
doː voːʀt ˈɪməʀ bəˈzɔndəʀs ˌɪntʀɛˈsant føʀ ʏns.

gewahr worden, do nannten se de Herpshöuser Lindwörmer, Lingwörme, wäil sen Lingworm angebungen hadden un gefangen. Un
so hätt sek dat auk bis hüdde öwwerdrägen. Nu verschteist de auk
vie, wenn de dono frochtes, berümme de Herpshöüser Lingwörme
hießen.
2. Ja, Mäken, früher wort doch als nach schönner innen
Schpinnstowen wie hüdde. Do machten me doch vill Schpässe, de
jungen Borschen de gingen alle midde. Hüdde do sitten je immer
ganz alleine, de schönen Spinnräder, di kennen je garnit mehr. Wann
dann der vierenzwanzigste Feberwar rankam, dat wor die Matthiasnacht, do wort immer besonders intressant vörr üns.

---

lotheimer gewahr wurden, da nannten sie die Harbshäuser Lindwürmer, weil sie einen Lindwurm angebunden hatten und gefangen. Und so hat sich das auch bis heute übertragen. Nun
verstehst du auch, wenn du danach fragtest, warum die Harbshäuser Lindwürmer heißen.
2. Ja, Mädchen, früher war es doch immer noch schöner in den
Spinnstuben wie heute. Da machten wir doch viel Späße; die
jungen Burschen die gingen meist mit. Heute da sitzt ihr immer
ganz alleine; die schönen Spinnräder die kennt ihr gar nicht mehr.
Wenn dann der vierundzwanzigste Februar herankam, das war
die Matthiasnacht, da wars immer besonders interessant für uns.

---

¹) Nachbarorte.   ²) Versprechen.

dan ˈhɔltən mə ən ˈgɛntən ˈoutən ˈʃtalə. də ˈkʀɛçtə də ˈauɣən
ˈtsuːɡəˌbʊŋən ʊn mi· ˈʃtaltən ʏns ɪn dəʀ ˈʃtoːvə ˈalə ˈɪnən kʀais. ʊn
dan ˈʃtaltən mə dən ˈgɛntən doːʀɪn. ʊn føʀ dəm ˈmɛːkən vuː dʀ ˈgɛntə
dan ˈnʊkədə, dat ˈvɔʀðə dan ɪn dənˈzɛlvən ˈjoːʀə naχ bʀout.

oːðəʀ ˈaŋəʀə di ˈnaːmən ən ˈbɛsmən ʊn ˈʀɛnən mɪt dɛm ˈbɛsmən
ʏmt hous ʀʏm ʊn dan ˈʃtaltən zə zək ˈhɪŋəˌʀʏks ˈanən ˈʃoːpəʃtal
ʊn ˈklɔptən ˈmɪdən ˈbɛsmən føʀ də døːʀ.

van nuː ən ˈaːlət ʃoːp ˈplɛʀtə, dan ˈzɛçtənzə, zə ˈkʀɛçtən ən aːlən
man, ˈplɛʀtə ˈavəʀ zaun jʊŋəs ˈlɛmkən, dan ˈzɛçtən zə, zə ˈkʀɛçtən ən
ˈjʊŋən man.

ˈoːðəʀ ˈvɛðəʀ ˈaŋəʀə, də ˈʀɛnən auk ˈʊpən ˈbɛsmən ˈʏmət hous

*Dann hollten me en Gänten outen Schtalle. De krechte de Augen
zugebungen, un mi schtallten üns in der Schtowe alle innen Kreis. Un
dann stallten me den Gänten dorin. Un vörr dem Mäken, wu der Gänte
dann nuckede, dat worde dann in dem selwen Johre nach Brout.*
  *Oder angere di nahmen en rennen un dem Besmen
ümt Hous rüm un dan schtallten se sek hingerrücks annen Schoope-
schtall un kloppten midden Besmen vörr de Döör.*
  *Wann nu en alet Schoop plärrte, dann sächtense, se krechten
en alen Mann, plärrte awwer saun junges Lämmken, dann sächtense,
se krechten en jungen Mann.*
  Oder wedder angere de rennen auk uppeŋ Besmen ümmet Hous

Dann holten wir einen Gänserich aus dem Stalle. Der kriegte
die Augen zugebunden, und wir stellten uns in der Stube alle in
einen Kreis. Und dann stellten wir den Gänserich darein. Und
vor dem Mädchen, wo der Gänserich dann nickte, das wurde dann
in demselben Jahre noch Braut.
  Oder andere die nahmen einen Besen und rennen mit dem
Besen ums Haus herum, und dann stellten sie sich hinterrücks
an einen Schafstall und klopften mit dem Besen vor die Tür.
  Wenn nun ein altes Schaf plärrte, dann sagten sie, sie kriegten
einen alten Mann, plärrte aber so ein junges Lämmchen, dann
sagten sie, sie kriegten einen jungen Mann.
  Oder wieder andere die rennen auch auf dem Besen ums

ʀʏm ʋn ˈgɪŋən an də ˈhœnəʀˌhɔʀt ʋn ˈklɔptən do:, ʋn dan ˈmaχtən
zə zaun ˈfɛʀskən ʋn ˈzeçtən:
    ˈgakəʀt dʀ ha:n
    dan ˈkʀɪjɪç ən man
    ˈgakəʀt də hɛn
    dan ˈkʀɪjɪç kɛn[1]).
  3. də ˈhɛʀtsˌhøyzəʀ ˈklɪpənˌʃtʀɛtsəʀ[2]), də ˈkɛʀkəˌlɔitməʀ ˈe:dəʀ-
ˌgɛnzə, də ˈbu:χənˌbɛʀjəʀ ˈʀœ:yəlɪŋə[3]), də ˈfœstənˌbɛʀjəʀ ˈɪjəl[4]), də
alø:tməʀ gəˈmainsmɛnəʀ[5]).

*rümm, de gingen an de Hönnerhort un kloppten do un dann machten
se saun Versken un sächten:*
    Gackert der Hahn
    Dann krijich en Mann
    Gackert de Henn
    Dann krijich kenn.
  3. *De Herzhöüser Klippenstretzer, de Kerkeloitmer Edergänse,
de Buchenberjer Röggelinge, de Föstenberjer Ijjel, de Allöötmer
Gemeinsmänner.*

Haus herum, die gingen an die Hühnerhort und klopften da und
dann machten sie so ein Verschen und sagten:
    Gackert der Hahn
    Dann krieg ich einen Mann.
    Gackert die Henne
    Dann krieg ich keinen.
  3. Die Herzhäuser: Klippenstretzer; die Kirchlotheimer:
Edergänse; die Buchenberger: Rölinge; die Fürstenberger: Igel;
die Altlotheimer: Gemeinsmänner.

[1]) Das Verschen hat hochdeutschen Charakter.
[2]) = 'die auf den Klippen herumkriechen'. Es handelt sich bei
diesen Angaben unter 3. um Ortsspottnamen, wie ja Geschichte 1 von
dem Harbshäuser Spottnamen und seiner Entstehung handelt.
[3]) S. Vilmar Idiotikon S. 330 *Roeling* 'Wasserfrosch'; auch Spottname für die Waberner (bei Fritzlar); Weigand-Hirt 2, 597 unter
'*röcheln*'. Es ist der grüne Wasserfrosch, der im Frühjahr abends singt;
s. Crecelius, Oberhess. Wb. 698.
[4]) Dazu gibt es eine lange Geschichte, die ich hier nicht wiedergeben kann.
[5]) In der Rechtssprache sind die Gemeinsmänner die Genossen der
Markgenossenschaft; vielleicht hängt der Name mit einem alten Streit
um die Mark zusammen.

Mundart von Bad Wildungen

Kreis der Eder (Waldeck)

Die Aufnahme.

Der Sprecher ist in der Lindenmühle bei Bad Wildungen groß geworden; die Mundart hat er in seiner Jugend immer gesprochen. Nach Besuch der Realschule der Heimatstadt wurde er Lehrer. Einige Jahre wirkte er als solcher. Als er diese Platte sprach, studierte er in Marburg besonders Geschichte. Die Frucht war eine wertvolle Arbeit über die territoriale Entwicklung des Kreises Ziegenhain, die ihm den Doktortitel einbrachte. Heute ist er Lehrer in Bad Wildungen und hat seine enge Verbundenheit mit der Heimat durch sehr wertvolle Sammlungen und Untersuchungen zur waldeckischen Frühgeschichte bewiesen.

Den Text dieser Platte hat er frei gestaltet und besprochen; er gibt Jugenderinnerungen wieder.

Die Umschrift folgt den „Richtlinien" von 1935.

Die Mundart im Raume und ihre Sonderart.

Die Mundart von Bad Wildungen oder, wie es vor 1906 hieß, Nieder-Wildungen, ist mitteldeutsch und zwar westmitteldeutsch. Nach Ferdinand Wredes Einteilungskarte (II, a, 1, β, $\beta\beta$ Text S. 250f.) gehört es zu den hessischen *fest*-Mdaa., weiter zu der Untergruppe der Fulda-Mda., die Einlaute hat gegen die sonstigen hessischen Zwielaute (*Is* 'Eis' : *Eis*; s. unsre Karte). Innerhalb dieser Gruppe läßt sich noch ein Nordteil mit Erhaltung der Endung in Beispielen wie *glaube* abtrennen von einem Südteil mit *glaub*.

Wildungen liegt in einem Randstreifen, der Übergangsformen zum Niederdeutschen zeigt.

Mit einem größeren nördlichen Gebiet (s. Karte) hat es *hais* 'heiß'; unmittelbar südlich hebt sich ein Gebiet mit *he:s* scharf ab. Diese Grenzlinie *ai/e:* kommt bei vielen anderen Beispielen wieder: *auɣə* 'Auge': *ɵ:ɣə* (s. DDG XV § 304 wgm. *au*) *ru:fən*: *ry:fən* 'rufen' (wgm. ō ebd. § 296); der Gegensatz zum Süden erscheint an dieser Linie ziemlich groß auch im Volksempfinden.

Auf der anderen Seite ist Wildungen in der Mundart etwas feiner, weniger grob, wie die Leute sagen. Das zeigt sich in folgenden Fällen: Beim Umlaut des kurzen *a* in offener Silbe (etwa in 'Blätter') hat fast der ganze Ederkreis *æ:*, einen sehr auffälligen, breiten Laut, Wildungen hat mit dem Städtchen Züschen *ε:*; das Gleiche gilt für 'Mehl' : *mæ:l* : *mε:l*, 'Zähne' *tsæ:nə* : *tsε:nə*, für 'Gerste': *gæ:rftə* : *gε:rftə*; ebenso bei der alten Kürze *ĕ* in 'Wetter': *wætər* : *wetər*, *æsən* : *εsən* 'essen', *pæfər* : *pεfər* 'Pfeffer'. Bei 'Leute' hat unser Ort *lairə*, die Umgebung *lεirə*. Und so noch in mancher Einzelheit. Darin zeigt sich die Stadt Wildungen.

Eine ganz hervorstechende Eigentümlichkeit verbindet Bad Wildungen mit einigen weiter abliegenden Orten des Ederkreises und über Brücken hinweg mit Orten der Schwalm. Das ist das Vorkommen des Kehlkopfverschlusses im Wortinnern. Er findet sich vor mundartlich *p, t* (etwa in 'Zeit', 'Leib', 'kneifen', 'Kraut', 'kraufen', 'Raupe', 'Schnute') als reiner Kehlkopfverschluß, der daneben auch zum Verschlußlaut entwickelt gesprochen wird. Unser Sprecher hat die letztere Stufe; vgl. *krukt, tsikt.*

Der Verschlußlaut findet sich auch vor mundartlich *s* (etwa in 'dreißig', 'Eis', 'weiß', 'beißen', 'reißen'; 'Maus', 'Haus', 'aus', 'außer', 'hinaus' u. a.); vgl. *ḍruksən* 'draußen', *ukşblek* 'Ausblick', *noks* 'hinaus', *opriksən* 'abreißen', *uksər* 'außer'.

Vor mundartlich *l* hört man einen eigenartigen Gleitlaut, den wir mit *γ* wiedergeben; vgl. *muγl* 'Maul'.

Vor *m, n* z. B. in 'neun', 'Wein', 'mein', 'dein', 'räumen' entsteht *ŋ*; vgl. *niŋnə* '9', *bruŋnə* 'braune'. Vgl. DDG XV § 322. 322a.

Unsere Mundart entrundet; die Grenze verläuft weiter nördlich. Sie senkt auch alle offenen *i* der nd. waldeckischen Mdaa. zu *e*, alle *u* zu *o*.

Der Selbstlautanstoß (Hiatus) wird wie in ganz Waldeck durch *j* ausgefüllt; vgl. *frɛjət* 'freut' (DDG XV § 359).

Bei den Mitlauten ist zu bemerken, daß altes *d, þ* zwischen Selbstlauten zu *r* wird, während die Umgebung *ḍ* hat; vgl. *lairə* 'Leute', *wairər* 'weiter', *ferər* 'Vetter', *gra:rə* 'grade', *je:rən* 'jeden', *gelairət* 'geläutet', *þairən* 'beiden'; bei *rd* in 'Erde' fällt das *d* aus. Wgm. *nd, nþ* ist im allgemeinen zu *ŋ* entwickelt, nach *a, ε, e, o* zu *ŋ* oder *n*; vgl. *heŋən* 'hinten', *feŋət* 'findet', *ḍerçənaŋər* 'durcheinander', *ftoŋk* 'stand', *oŋən* 'unten', *aŋərə* 'andere', *oŋərha:lən* 'unterhalten'; aber *lanə* 'Lande', *ftonə* 'Stunde'.

Die Unterscheidung der Fortis und Lenis bei *d, t, g, k, b, p* ist sehr schwierig; nach meinen früheren Beobachtungen ist sie individuell. Unser Sprecher scheint öfter Fortis zu sprechen, was vielleicht auf seinen Beruf zurückzuführen ist. Die Fortis steht in den meisten Fällen der Schriftsprache näher.

Die Mundart geht in dem immer größer werdenden Badeort stark zurück, hält sich aber zäh in der Mittelschicht der Handwerker und Bauern, weil sie an diesem Vätererbe hängt und grade in den auffälligsten Formen den Beweis des Alten sieht. Das neue Aufblühen des Bades beginnt mit dem Jahre 1856; von da an wird also auch erst eine Beeinflussung der angestammten Mundart vom Badeleben her anzunehmen sein. Besonders die letzten Jahrzehnte brachten Zuzug von Pensionsinhabern, Beamten usw. aus anderen Gegenden.

LA 123

Phonetischer Abhörtext.

1. Drei Wenkersätze.

38. ꬷə ˈlairə sen ˈherə ˈalə ˈd̥ruksən ˈofən ˈfɛlə on ˈmeːn.

39. g̥eː nuːr, d̥ər ˈb̥ruŋnə hont d̥it d̥ə neks.

40. eç b̥en ˈmetən ˈlairən d̥o. ˈheŋən ˈewər d̥ə ˈwiːsə ens kɔrn g̥əˈfɔːrən.

2. ˈtswefən ˈheməl on ˈɛːrə.

ˈtswefən ˈheməl on ˈɛːrə woːr d̥ə ˈtermər͵woːnoŋə ˈofən ˈkerçtornə d̥ər ˈaːlən ftɔːt; əm ˈgantsən ˈlanə ˈfeŋət mə ˈcrəsˈgleçən net. ən ˈb̥esçən

Angenäherte Umschrift.

1. Drei Wenkersätze.

38. De Leire senn herre alle drucksen offen Felle on mehn.

39. Geh nur, der brungne Hond ditt de necks.

40. Ech ben metten Leiren do hengen ewwer de Wiese ens Korn gefåhren.

2. Zweschen Hemmel on Äre.

. Zweschen Hemmel on Äre wor de Termerwohnonge offen Kerchtorne der alen Schtådt; em ganzen Lanne fenget me erres glechen net.

Übersetzung.

1. Drei Wenkersätze.

38. Die Leute sind heute alle draußen auf dem Felde und mähen.

39. Geh nur, der braune Hund tut dir nichts.

40. Ich bin mit den Leuten da hinten über die Wiese ins Korn gefahren.

2. Zwischen Himmel und Erde.

Zwischen Himmel und Erde war die Türmerwohnung auf dem Kirchturme der alten Stadt; im ganzen Lande findet man ihres-

ho:χ ge:ts ˈfrailiç rof, ǝs wo:r! on wɛ:r nǝ ˈd̦rɛthalp ˈtsintnǝr gǝˈweçtǝ
ˈʃlɛpǝt, ˈb̦laiwǝt ˈli:wǝr ˈoŋǝn. we:ms ˈawǝr d̦ǝr ˈmi:ǝ net tsǝ ˈfe:lǝ es,
ˈerʃtǝˌmo:l d̦ǝ ˈweŋǝlˌtrɛpǝ rof, d̦ǝ ˈheltsǝrn ˈtrɛpǝn b̦i: d̦ǝn ˈklɔkǝn rof,
d̦ǝr ˈfrɛjǝt seç; d̦ɛn hɛ: hɔt ǝn ˈuksb̦lek, wi: mǝ seç ˈkainǝn ˈʃenǝrn
ˈd̦ɛŋkǝn kan.

dǝ ˈtermǝrˌwo:noŋǝ ˈalǝrd̦eŋks es net hepʃ, d̦o· ˈliyǝt ˈalǝs ˈd̦erçǝ-
ˌnaŋǝr wi: krukt on ˈri:wǝn, d̦i: tswai ˈhɛrnǝr ʃte:n ˌtri:pse:liç en d̦ǝr
ˈɛkǝ. dǝ ˈʃtowǝ d̦o: ˈo:wǝn ˈtsweʃǝn ˈhemǝl on ˈɛ:rǝ es ˈherǝ net me:
b̦ǝˈwont. d̦ǝr ˈlɛtstǝ, d̦ǝr ˈo:wǝn ˈwontǝ, wo:r d̦ǝr a:lǝ ˈfɛrǝr ˈd̦anjǝl,
d̦ǝr wo:r ˈhɛrtǝ b̦i: ˈd̦ɔ:γǝ on ˈhɛrtǝ bi: naχt.

b̦i: ˈd̦ɔ:γǝ ˈpastǝ hɛ: ofs ˈb̦ɔrʃtǝnˌfe: on ˈfi:rtǝs gǝˈwesǝnˌhaft tsǝm

En beßchen hoch gehts freilich roff, es wohr! on wer ne drethalb
Zintner Gewechte schleppet, bleiwet liewer ongen. Wems awwer der
Miehe net ze fele es, erschtemool de Wengeltreppe roff, de helzern
Treppen bie den Klocken roff, der frejjet sech; denn hä hot en Ucks-
bleck, wie me sech keinen schennern denken kann.

De Termerwohnonge allerdengs es net hebsch, do ligget alles
derchenanger wie Krukt on Riewen, die zwei Herner schtehn trieb-
selig en der Ecke. De Schtowwe do owen zweschen Hemmel on Äre
es herre net meh bewonnt. Der letzte, der owen wonte, wor der ale
Verrer Danjel, der wor Herte bie Dåge on Herte bie Nacht.

Bie Dåge paßte hä offs Borschtenfeh on fiehrt es gewessenhaft

---

gleichen nicht. Ein bißchen hoch gehts freilich herauf, s'ist wahr!
Und wer eine drittehalb Zentner Gewicht schleppt, bleibt lieber
unten. Wems aber der Mühe nicht zu viel ist, erstemal die Wendel-
treppe herauf, die hölzernen Treppen bei den Glocken herauf, der
freut sich; denn er hat einen Ausblick, wie man sich keinen schö-
nern denken kann.

Die Türmerwohnung allerdings ist nicht hübsch, da liegt alles
durcheinander wie Kraut und Rüben, die zwei Hörner stehn trüb-
selig in der Ecke. Die Stube da oben zwischen Himmel und Erde
ist heute nicht mehr bewohnt. Der letzte, der oben wohnte, war
der alte Vetter Daniel, der war Hirte bei Tage und Hirte bei Nacht.

Bei Tage paßte er aufs Borstenvieh und führte es gewissen-

ˈdoːrə noks; ḅi: naχt ḍo: ˈhaḍə hɛ: ḍə waχt ‖ewər ḍə gantsə ʃtɔːt, ḍo:
ˈpastə hɛ: of wiːn ḅlɛs on woːr ḍər ˈewərʃtə ən ḍər ˈgantsən ˈḅɛrjərˌʃaft.
ən ‖saˈlɔn woːr ˈsenə ˈʃtowə net, ˈwoːrən ˈklainər ˈfiːrˌɛkijər
ˈkastən met tswai ˈfɛnstərçən. ən ˈklainər ˈoːwən ˈmostə em ˈwentər
ɛn də ˈʃtowə ən ˈḅesçən ˈwormə ˈmaχən. ḍan ʃtoŋk ḍo: nɔχ ən ḍeʃ,
ən ʃtuːl on au nə ˈḅaŋkə, ˈwairər neks.

ən ˈḅetə ˈharə ḍər ˈfɛrər ˈḍanjəl hi: ˈoːwən net, on wɛn hɛˑ moːl
nə ˈʃtonə ˈɔpˌreksən wol, ḍan ˈmaχt hɛ: ˈḅaŋkˌarwait.

ˈgraːrə ˈewər ḍər ˈḍɛːrə, wo: mər of dən ˈeməgaŋk ḍəs ˈtɔrnəs geːt,
hoŋk nə ˈklainə ˈklɔkə, s ˈfiːrˌklɛkçən, jɛts heŋk əs ˈwairər ˈoŋən;
das ˈkontə mə met ḍər hant əˈreːçən, on ˈfɛrər ˈḍanjəl ˈmostəs ˈjeːrən

---

*zem Dore nocks; bie Nacht do hadde hä de Wacht ewwer de ganze
Schtädt, do paßte hä off wien Bless on wor der ewwerschte en der
ganzen Berjerschaft.*

   *En Salon wor senne Schtowwe net, wor en kleiner viereckijer
Kasten met zwei Fensterchen. En kleiner Owen moste em Wenter
enn de Schtowwe en beßchen worme machen. Dann stong do noch
en Desch, en Schtuhl on au ne Banke, weirer necks.*

   *En Bette hadde der Verrer Danjel hie owen net, on wenn hä
mool ne Schtonne opreksen woll, dann machte hä Bankarweit.*

   *Grare ewwer der Däre, wo mer off den Emmegang des Tornes
geht, hong e kleine Klocke, s Fierkleckchen, jetz heng es weirer ongen;
das konnte me met der Hand erreechen, on Verrer Danjel mostes*

---

haft zum Tore hinaus; bei Nacht da hatte er die Wacht über die
ganze Stadt, da paßte er auf wie ein Bleß und war der oberste
in der ganzen Bürgerschaft.

   Ein Salon war seine Stube nicht, war ein kleiner viereckiger
Kasten mit zwei Fensterchen. Ein kleiner Ofen mußte im Winter
ihm die Stube ein bißchen warm machen. Dann stand da noch
ein Tisch, ein Stuhl und auch eine Bank. weiter nichts.

   Ein Bett hatte der Vetter Daniel hier oben nicht, und wenn
er mal eine Stunde abreißen wollte, dann machte er Bankarbeit.

   Grade über der Tür, wo man auf den Umgang des Turmes
geht, hing eine kleine Glocke, das Feuerglöckchen, jetzt hängt es
weiter unten; das konnte man mit der Hand erreichen, und Vetter

ˈoːwənt ˈɔːnʃlaːn, əm ˈwentər ˈemə ˈniŋnə, em ˈsomər ˈemə ˈtsɛːnə,
on wɛns wo: ˈbrantə, au ˈʉksər d̦ər tsikt, d̦an ˈhoːrtə məs ˈawər
net ˈɡɛːrnə.

ˈaimoːl̦ ˈhatə ˈfɛrər ˈd̦anjəl em ˈwentər ˈemə ˈaχtə ɡəˈlairət. ˈaləs
luːf fər d̦ə ˈkerçə on ˈofən ˈmɔːrkțˌplatsə tsəˈsamən on ˈfrɔχtə, woːs
ˈbrentə. ˈfɛrər ˈd̦anjəl ˈhatə seç ən d̦ər tsikt ɡəˈert, on hɛː nɔːʉn sen
ˈʃproːχroːr fərs muyl on ˈɡɔːkətə¹) fɔn ˈoːwən rɔp: „eç ˈhɔmeç ɡəˈert,
ˈenər ˈʃtonə lairəts reçtəç!‟

ˈfeːlə ʃpas ˈmaχtə d̦ən ˈjoŋən, d̦i: d̦ən ˈaːlən b̦əˈsoχtən on ɛn holts
on ˈwasər ˈrofʃlɛpəd̦ən²), ˈsenə b̦ˈairən ˈhɛrnər. d̦as ˈainə woːr ən

*jeren Owend ânschlaan, em Wenter emme ningne, em Sommer emme
zähne, on wenns wo brannte, au uckser der Zickt, dann hoorte mes
auwer net gärne.*
*Eimool hatte Verrer Danjel im Wenter emme achte geleiret.
Alles luuf verr de Kerche on offen Morktplatze zesammen on frochte,
wo's brenne. Verrer Danjel hatte sech en der Zickt geerrt, on hä
nähm senn Schproochrohr vers Muggl on gâkete von owen ropp:
„Ech hommech geärrt, enner Schtonne leirets rechtig!‟*
*Vele Schpaß machte den Jongen, die den Alen besochten on
enn Holz on Wasser roffschleppeden, senne beiren Herner. Das eine*

Daniel mußte es jeden Abend anschlagen, em Winter um neun,
im Sommer um zehn, und wenns wo brannte, auch außer der
Zeit, dann hörte mans aber nicht gerne.
    Einmal hatte Vetter Daniel im Winter um acht geläutet.
Alles lief vor der Kirche und auf dem Marktplatz zusammen und
fragte, wos brennte. Vetter Daniel hatte sich in der Zeit geirrt,
und er nahm sein Sprachrohr vors Maul und gakte von oben herab:
„Ich habe mich geirrt, in einer Stund läutet es richtig!‟
    Viel Spaß machte den Jungen, die den Alten besuchten und
ihm Holz und Wasser heraufschleppten, seine beiden Hörner. Das
eine war ein großes Sprachrohr, und das andere war ein kleineres

¹) = gaken 'laut rufen'.
²) Auch dies erste -ə- in ʃlɛpəd̦ən verbindet den Ederkreis mit dem
Nd.; in Rhoden heißt die Form ʃlipəd̦ən; vgl. oben baŋkə, wormə.

ˈgroːsəs ˈʃprɔːχroːr, on ḏas ˈaŋərə woːr ən ˈklainərəs hɔrn. ˈmetən
ˈɛrʃtən ˈkontə hɛː seç gants gut met ḏən ˈlairən ˈofən ˈkerçhoːwə
ˈoŋərˌhaːlən, wɛns ˈḏruksən ˈerjəntˌwoː ˈḫrantə on hɛː ḫəˈʃait gaːp,
woːs woːr. ˈmetən ˈklainən ˈhɔrnə ˈawər ˈruːftə hɛː ˈjeːrə ˈʃtonə ḏər
naχt op ʃom ˈemaˌgaŋə ḏəs ˈtɔrnəs, nɔː ˈɔstən, nɔː ˈsiːḏən on nɔː
ˈnɔrdən, nɔː ˈwɛstən net, ˈdoːmoːls ʃtoŋk ˈnɛːmliç ḏə ˈḫornˌkuːrə¹) no
net on ˈḏɛshalp ˈkontə hɛː seç ḏəs ˈḫloːsən nɔː ḏeːr ˈreçtoŋə ərˈʃpɔːrən.

wor en großes Schproochrohr, on das angere wor en kleineres Horn.
Merren ärschten konnte hä sech ganz gutt met den Leiren offen
Kerchhowe ongerhalen, wenns drucksen erjendwo brannte on hä Be-
scheid gab, wos wor. Meten kleinen Horne auwer rufte hä jere
Schtonne der Nacht op vom Emmegange des Tornes, nå Osten, nå
Sieden on nå Norden, nå Westen net, domols schtong nämlich de
Bornkure no net, on deshalb konnte hä sech des Blosen nå d e r
Rechtonge erschpåren.

Horn. Mit dem ersten konnte er sich gut mit den Leuten auf dem
Kirchhofe unterhalten, wenns draußen irgendwo brannte und er
Bescheid gab, wos war. Mit dem kleinen Horne aber rief er jede
Stunde der Nacht ab vom Umgang des Turmes, nach Osten, nach
Süden und nach Norden, nach Westen nicht, damals stand näm-
lich die Brunnenkur noch nicht, und deshalb konnte er sich das
Blasen nach d e r Richtung ersparen.

¹) = 'Brunnenkur'; es sind die Gebäude der Kurverwaltung gemeint.

Mundart von Battenberg

Kreis Frankenberg

Die Aufnahme.

Die Sprecherin war 1926 noch Schulkind. In der Auswahl des Stoffes zeigt sich der Schuleinfluß; die ersten beiden Geschichten sind Sagen, die ihr die Schule nahegebracht hat. Sie hat sie aber durchaus mundartecht dargeboten. Bei der dritten Geschichte zeigen sich bezeichnende Züge echter Volkserzählung; so die dreimalige Wiederholung des „ich blieb stehen".

Bis auf Kleinigkeiten ist die Mundart gut zum Ausdruck gebracht.

Die Umschrift folgt den „Richtlinien" von 1935.

Die Mundart im Raume und ihre Sonderart.

Battenberg liegt im Gebiet der *Eis*-Mundarten (s. Karte), die Wrede Lahn-Kinzig-Mda. nennt. Im Gegensatz zum Mittelhessischen, das bei 'Bruder' ein kennzeichnendes ɔu spricht, hat ein Rahmengebiet, das zwischen der *brourər*- und der *ais/i:ə*-Linie liegt, *bru:rər*, also Einlaut gegen Zwielaut.

Es ist schon eine Wetterecke, in der Battenberg liegt. Die *ik/ich*-Linie ist gar nicht weit entfernt, auch die westfälischen Brechungsgebiete liegen in schnell erreichbarer Nähe. Battenberg hat allerdings an einigen hervorstechenden Eigentümlichkeiten der nächsten Umgebung keinen Anteil; so nicht an der „Färbung" von *ü* zu *ǖ*, die sich bei 'Kuchen' findet (*Küchen* : *Kuchen*; die Beispiele sind dem Sprachatlas entnommen; vgl. in unseren Texten *bəsuχə* (mit Kürzung); die Nachbarorte haben *bəsrçə*), ferner von *au* : *ɤ̄* etwa in 'Auge'; ein breiter Streifen von Berleburg über Rotenburg a. F. nach Neukirchen in der Schwalm hat *öge*, Battenberg *oge*. Battenberg sagt *geláfe* gegen *gelöfe* der näheren Umgebung. Bei 'heute' hat Battenberg *haurə* wie die ganze südliche und westliche Nachbarschaft gegen ein nördliches *herre* (s. oben Wildungen *herə*); nördlich der *ik/ich*-Linie schließt ein Gebiet mit *dúndag* 'diesen Tag' an.

Battenberg sagt *hoch*, nördlich gilt *höch*, westlich und südwestlich verhärtet sich das *-ch* zu *-k (hōk, hūk)*.

Ob Battenberg immer sich so städtisch von seiner Umgebung abgehoben hat, läßt sich kaum ermitteln, ist aber wahrscheinlich; das obige *haurə* 'heute' könnte ein Rest alter Gemeinsamkeit sein. Battenberg ist ein kleines Städtchen, rund 385 m über NN gelegen; der genannte Burgberg ist 461,5 m hoch. Das Meßtischblatt zeigt deutlich den alten Stadtbereich; heute hat sich der Ort an den Straßen nach Battenfeld und Laisa ausgedehnt. Es war eine typische Gründung des beginnenden 13. Jahrhunderts; 1232 wird der Ort zuerst genannt; kirchlich gehörte er zum alten Mutterkirchenbezirk des Nachbardorfes Battenfeld, das auch Sitz des Dekans war.

Die etwas über 1000 Bewohner nähren sich im wesentlichen von der Landwirtschaft. Sprachlich gesehen ist der Ort durchaus einem Bauerndorf gleichzusetzen. Die Mundart ist durchaus ungestört, weil keine Industrie die Verbindung mit dem Boden zerrissen hat.

Die sprachliche Sonderstellung, die Battenberg gegenüber den Orten hat, die in dem alten Amt Battenberg zusammengeschlossen waren (Allendorf, Battenfeld, Berghofen, Dodenau, Holzhausen, Laisa, Münchhausen, Reddighausen, Rennertehausen und Wollmar; so 1577), mag aus dieser beherrschenden Lage und Stellung erklärt werden. Eine wissenschaftliche Bearbeitung der Mundart gibt es nicht. Die „Wortgeographie der Kreise Frankenberg, Kirchhain, Marburg" von Walter Leineveber (DDG X) berücksichtigt die nächsten Nachbarorte Laisa, Battenfeld, Berghofen, Allendorf, Rennertehausen. Auch sie zeigt, daß das alte Amt Battenberg eine Sonderstellung einnimmt, die Übergänge zum Norden zeigt.

LA 315

Phonetischer Abhörtext.

1. *ˈmʊḍər, sol ɪç ḍər mo:l ə g̥əˈʃɪçḍə ərˈḍse:lə, ḍi: mər ɪn ˈʃu:lə g̥əˈlɛ:rt hon? jɔ:![1]) ˈalso: he:r mo:l! ḍu: we:st ḍoχ, ḍas mi:r ˈḅaḍə-ˈḅɛrjər ˈso:nə ˈg̥ro:sə ˈʃtɔ:ḍˌwa:lḍ hon. ˈwe:sḍu: ɔ:χ[2]) ˌwu:ˈhɛ:r ḍas ˈkɔmə ɪs? ḍo: hɔḍ ˈfri:ər ən ˈrɪḍər ʊf dər ḅorç g̥əˈlɛ:ḅḍ, wu: jɛḍs ḍər ˈparər ʊn ḍər ˈlɛ:rər ˈwo:nə. ʊn ḍər ˈrɪḍər ɪs ˌḍsu:ˈlɛḍs, ˈwi:rə a:lḍ wɔr, ɛrç g̊ra:ŋ̊g wɔrn, ʊn haḍ ˈso:nə ˈe:g̊ˌlɪçə ˈg̊ra:ŋg̊he:ḍ, ḍər hɔḍ ˈfɛrçḍərˌlɪç g̊eˈrɔχə, ḍas mərʃ nɪḍ me: ˈausˌha:lə kọnḍ. əs ˈwoltən*

Angenäherte Umschrift.

1. *Mudder, soll ich der mool e Geschichde erzehle, die mer in*[3]) *Schule gelährt hon? Jå! Also heer mool! Du weest doch, daß mier Baddeberjer sone große Schtådtwaalḍ hon. Weest du åch, wuhär das komme is? Do hod frieer en Ridder uff der Borg geläbd, wu jetz der Parrer un der Lährer wohne. Un der Ridder is zuletz wiere aald worr, erg graang worrn, un had sone eekliche Graangheed, der hod ferchterlich geroche, das mersch nid meh aushale kond. Es*

Übersetzung.

1. Mutter, soll ich dir mal eine Geschichte erzählen, die wir in der Schule gelernt haben? Ja! Also hör mal! Du weißt doch, daß wir Battenberger so einen großen Stadtwald haben. Weißt Du auch, woher das gekommen ist? Da hat früher ein Ritter auf der Burg gelebt, wo jetzt der Pfarrer und der Lehrer wohnen. Und der Ritter ist zuletzt, wie er alt war, arg krank geworden, und hatte so eine eklige Krankheit, der hat fürchterlich gerochen,

[1]) Die Sprecherin antwortet sich selbst; ebenso am Anfang der zweiten Geschichte.

[2]) *ɔ:χ* ist die betonte Form, die unbetonte *oχ* kommt gleich darauf vor.

[3]) Das *der* ist wohl nur in der Aufregung vergessen worden. Die Geschichte steht in anderer Form, in dem von G. Zitzer herausgegebenen Bändchen „Mein Hinterland", Frankfurt 1925 S. 46f., auch unsere zweite.

oχ niːmanḏ ˌmeː: ṭəˈsuχə; sai frɛ: un oχ sai kɪn hon səç ḏə ˈnɔːsə
ˈḏsuːgəˌhaːlə un sai ˈfɔrtgəˌlɔːfə, wɛn se ɪn sai ˈnɛːə ˈkaːmə. ḏo: ˈwɔrə
ḏər ˈrɪḏər ˈḅeːsə un sɛːḏ: ,,ˈwartət nuːr, ɪːr ˈundaŋgˌbaːrən, ɪç wɪl oɪç
ain ˈanˌḏɛŋgən ˈhɪntərˌlasən, ˈdaːran sɔlt iːr ˈlaŋə ḏsuː ˈriːçən
ˈhaˑḅən!¹)"

un wɪs ˈmeːnstə, ˈmuḏər, ər liːs sɪç ən ˌawəˈkɔːḏ ˈkɔmə un ɪn
sai ˌtɛstaˈmɛnt fərˈmɔːχtə ˈḏɛːnə ˈḅaḏəˌḅɛrjər ḏən ˈgandsə ˈʃtɔːḏˌwaːlḏ.
jɔ:, ˈsiːstə, ˈmuḏər, ˈḏɛsˌhalḅ hon miːr ˈḅaḏeˌḅɛrjər ˈsoːnə ˈgroːsə
ˈʃtɔːḏˌwaːlḏ, un ḏəs holḏs ɪs ḏoχ nɪḏ ˈḅɪlɪç!
2. ˈmuḏər, sol ɪç ḏər ˈnoχˌmoːl eː gəˈʃɪçḏə ərˈḏseːlə? jɔ:ˌ ḏu:

wollten och niemand meh besuchche; sai Frä un och sai Kinn
hon sech de Nåse zugehale un sai fortgelåfe, wenn se in sai Nähe
kame. Do worre der Ridder bese un sääd: ,,Wartet nur, ihr Undank-
baren, ich will euch ein Andenken hinterlassen, daran sollt ihr lange
zu riechen haben!"
    Un was meenste, Mudder, er ließ sich en Auwekåd komme un
in sai Testament vermåchte dåne Baddeberjer den ganze Schtådt-
waald. · Jå, siehste, Mudder, deshalb hon mier Baddeberjer sone
große Schtåddtwaald, un des Holz is doch nid billig!
    2. Mudder, soll ich der nochmool ee Geschichde erzehle? Jå!

---

daß man es nicht mehr aushalten konnte. Es wollte ihn auch
niemand mehr besuchen; seine Frau und auch seine Kinder haben
sich die Nase zugehalten und sind fortgelaufen, wenn sie in seine
Nähe kamen. Da wurde der Ritter böse und sagte: ,,Wartet nur,
ihr Undankbaren, ich will euch ein Andenken hinterlassen, daran
solit ihr lange zu riechen haben!"
    Und was meinst du, Mutter, er ließ sich einen Advokaten
kommen und in seinem Testament vermachte er den Battenbergern den ganzen Stadtwald. Ja, siehst du, Mutter, deshalb
haben wir Battenberger so einen großen Stadtwald, und das Holz
ist doch nicht billig!
    2. Mutter, soll ich dir noch einmal eine Geschichte erzählen?

¹) Den hochdeutschen Satz spricht die Sprecherin stark schulmäßig, jedoch mit der Lautgebung der Mda.

weːsḑ dox, dər ˈḅorçḅɛrk, wu: ḑə ˈkɛlərˌḅorç ḑruf sɩḑsḑ, dər ɡəˈhɔrtə
ˈfriːər ˈḑɛːnə ˈḅaḑəˌḅɛrjər. ʋn ḑɔ: wɔːr ən ˈrɩḑər, ḑər ˈwolḑə sɩç ɡeːrn
ʋf ḑən ḅɛrk ə ḅorç ˈḅauə.

  ə ɡɩŋɡ ḑsu: ḑən ˈlɛirə ʋn sɛːḑ: ˌ,ˈwɩlḑər ḑən ḅɛrk nɩḑ fərˈkɔːfə,
ˈwiːˌfiːl ˈwɩlḑər ḑəˈfiːr hon?'' ḑə ˈlɛirə ˈsɛːtən: ˌ,neː, mər fərˈkɔːfə
ḑən ḅɛrk nɩḑ!'' ḑo: ḑɔχt ḑər ˈrɩḑər: ˌ,wɔs ɛːr . . .¹), ɩç ˈɡriːjə oχ
ḑoχ rɩm!''

  ʋn nə ḑsaiḑ laŋɡ ḑərˈno: ˈhoḑə ḑən ˈḅɛrjəˌmɛːstər ʋn ḑi ˈɛlḑəstə
fɔn ˈḅaḑəˌḅɛrk ˈɩŋəˌlɔːrə ḑsəm ˈfriːˌʃtɩkə. ḑəs ˈliːsə sə sɩç ˈawər nɩḑ
ˈḑswɛːmoːl ˈʃpreçə²), ˈsonḑərn ˈɡɩŋə ɡlɛiç hɩn. s ɡaːp broːrfleːʃ³),

*Du weest doch, der Borgberk, wu de Kellerborch druff sitzt, der ge-
horrte frieher däne Baddeberjer. Un dä wâr en Ridder, der wollde sich
geern uff den Berk e Borch baue.*

  *E ging zu den Läire un säät: ,,Wilder den Berk nid verkâfe,
wieviel wilder defier hon?'' De Läire sääten: ,,Nee, mer verkâfe
den Berk nid!'' Do docht der Ridder: ,,Wos ähr . . . ich grieje och
doch rim!''*

  · *Un ne Zeit lang dernoh hodde den Berjemääster un die Äldeste
von Baddeberk ingelâre zem Friehsticke. Des ließe se sich awwer*

Ja! Du weißt doch, der Burgberg, wo die Kellerburg drauf sitzt,
der gehörte früher den Battenbergern. Und da war ein Ritter,
der wollte sich gern auf den Berg eine Burg bauen.

  Er ging zu deh Leuten und sagte: ,,Wollt ihr den Berg nicht
verkaufen, wieviel wollt ihr dafür haben?'' Die Leute sagten:
,,Nein, wir verkaufen den Berg nicht!'' Da dachte der Ritter:
,,Was, ihr . . ., ich kriege euch doch herum!''

  Und eine Zeit lang danach hat er den Bürgermeister und die
Ältesten von Battenberg eingeladen zum Frühstück. Das ließen
sie sich aber nicht zweimal sagen, sondern gingen gleich hin. Es

¹) Hier folgt ein unverständliches Wort.
²) = sagen; 'sprechen' ist für einen größeren Bezirk kennzeichnend. Man vgl. DSA-Karte 55; dort liegt ein anderer Satzzusammenhang
vor, deshalb sagt man dort ʃwadsən.
³) = gebratenes Fleisch (nicht gekochtes, wie alltäglich).

ˈwɛɪsən ʊn ˈroːrən waɪn ʊn oχ ˈjʊŋə ˈhɪŋgəlçər, hɛrd̦ə, wos b̦əˈgeːr/tə!
d̦oː ˈhonsə sɪç ˈawər ˈd̦rɪwərˈheːr gəˈmɔːχt!

ʊn als sə nuː soː fiːl gəˈd̦roŋgə ˈharə ʊn nɪd̦ miː kloːr b̦ai
fərˈ/tand̦ə worn, d̦oː sɛd̦ d̦ər ˈrɪd̦ər: „ɪs gəˈnʊχ, ɪs gəˈnʊχ! ɪç wɪl
oχ d̦ən ˈhɛrnˌɛgər d̦ərˈfiːr ˈgewə, ʊn ɛːr gɛpt mər d̦ən b̦ɛrk!" ʊn sə
ˈsɛtən: „jɔː! ˈd̦sweːmoːl fər ˈeːmoːl!" ʊn soː word̦ d̦ər ˈhanəl ˈfɛrtiç
gəˈmɔːχt. als sə ˈawər am ˈɔ.wənd̦ noː ˈheːmə noː ˈɛrə ˈwaiwər ˈkaːmə,
d̦oˑ worn sə ˈord̦əntlɪç[1]) mɪd̦ d̦ən ˈb̦ɛːsə fərˈd̦re/ə.

3. ˈmʊd̦ər, ˈeːmoːl woːr ɪç mɪd̦ ˈmainər ˈfroind̦ɪn ˌ/paˈd̦siːrən
ʊn ˈworən ɪn b̦ɛrk ˈhɔːwə. als mər am ˈɔːwənd̦ ˈwɪrər noˑ ˈheːmə

nid zweemool schpreche, sondern ginge gläich hin. s gab Broor-
fleesch, wäißen un roren Wein un och junge Hingelcher, Herz, wos
begehrste! Do honse sich awwer driwwerheer gemächt!

Un als se nu so viel gedronge harre un nid mieh kloor bei Ver-
schtande worrn, do sääd der Ridder: „Is genuch, is genuch! Ich
will och den Herrnäcker derfier gewwe un ähr gebbt mer den Berk!"
Un se sääten: „Jä! zweemool fer eemool!" Un so word der Hannel
fertich gemächt. Als se awwer am Äwend no heme no ärre Weiwer
kame, do worrn se ordentlich mid den Bäse verdresche.

3. Mudder, emool wor ich mid meiner Freundin schpazieren

gab Bratenfleisch, weißen und roten Wein und auch junge Hühnchen, Herz, was begehrst du! Da haben sie sich aber drüber her
gemacht!

Und als sie nun so viel getrunken hatten und nicht mehr klar
bei Verstande waren, da sagt der Ritter: „Ist genug, ist genug!
Ich will euch den Herrenacker dafür geben, und ihr gebt mir den
Berg!" Und sie sagten: „Ja! Zweimal für einmal!" Und so
wurde der Handel fertig gemacht. Als sie aber am Abend nach
Hause zu ihren Frauen kamen, da wurden sie ordentlich mit den
Besen verdroschen.

3. Mutter, einmal war ich mit meiner Freundin spazieren

---

[1]) Lehnwort.

woḷə ʋn ˈʋfən wɛːk ˈkɔːmə, doˑ kaːm ʋf ˈeːmoːl ganᵭs ʃnɛl ə ˈautoː.
ıç ᵬlıp ʃteː ʋn hoᵭ gɔːr keˑ aŋst.

   mai ˈfroinᵭın ˈawər ər^ıᵭseːlᵭə miːr, das ʃon ˈfeːlə ˈkınə ˈmırə-
gəˌnomə ˈwerə ˈworn. ıç ᵬlıp ˈruːhıç ˈʃteːə.

   ʋf ˈeːmol kaːm ᵭəs ˈautoː ganᵭs naː ᵬai ʋns ˈhɛrˌan¹).

   ʋn ıç ᵬlıp ˈʃteːə, ʋn si hoᵭ sıç fər ˈʃtɛkəlt. ıç ˈwʋstə nıᵭ, wəs ıç
ˈmaχən sol ʋn hat ˈsolçə²), ˈsoːnə aŋst; mai hɛrᵭs ᵭəs klɔptə mər
ganᵭs ʃnɛl.

   ʋf ˈəːmoːl kaːm ən man ʋn ˈsɛːtə: „ai, ˈkınə, wuˑ ˈwılər ᵭɛn

---

un worren in Berk hâwe. *Als mer am Âwend wirrer no heme wolle
un uffen Wääk kâme, do kam uff emool ganz schnell ẹ Auto. Ich
blibb schteh und hod gâr ke Angst.*

   *Mei Freundin auwer erzehlde mir, das schon vele Kinne mirre-
genomme werre worn. Ich blibb ruhig schtehe.*

   Uff emol kam des Auto ganz nah bei uns heran.

   *Un ich blibb schtehe un si hod sich verschteckelt. Ich wußte
nid, wos ich machen soll un hatt solche sone Angst; mai Herz des
kloppte mer ganz schnell.*

   Uff emool kam en Mann un säte: „Ai, Kinne, wu willer denn

---

und waren im Berg oben. Als wir am Abend wieder nach Hause
wollten und auf den Weg kamen, da kam auf einmal ganz schnell
ein Auto. Ich blieb stehn und hatte gar keine Angst.

   Meine Freundin aber erzählte mir, daß schon viele Kinder
mitgenommen worden wären. Ich blieb ruhig stehn.

   Auf einmal kam das Auto ganz nahe bei uns heran.

   Und ich blieb stehen, und sie hat sich versteckt. Ich wußte
nicht, was ich machen sollte und hatte sone Angst; mein Herz
das klopfte mir ganz schnell.

   Auf einmal kam ein Mann und sagte: „Ei, Kinder, wo wollt

---

   ¹) Das *hɛrˈan* scheint aus der Schulsprache zu stammen; es könnte
fehlen.

   ²) Auch dieser Ausdruck ist hochdeutsch geformt, wie man an
dem Versprechen merkt.

102

nɔχ so ʃpeːd hɪn?" ıç ˈsɛːtə: „mər wɔrn əm b̭ɛːrḱ ˈhɔːwe!" ʊf ˈeːmoːl fuːr ḓəs ˈauto: ˈwɪrər ˈwɛirər, ʊn ıç woːr froː, ḓas ıç nıḓ ˌmırə̥gə̊ˈnomə woːr ˈwɔrn!

noch so schpeed hin?" Ich säte: „Mer worn em Berk hăwe!" Uff emool fuhr des Auto wirrer wäirer, un ich wor froh, daß ich nid mirregenomme wor worn!

ihr denn noch so spät hin?" Ich sagte: „Wir waren im Berg oben!" Auf einmal fuhr das Auto wieder weiter, und ich war froh, daß ich nicht mitgenommen worden war.

Erklärung der weniger bekannten Lautzeichen.

$æ$ = vorderes gehobenes a in engl. *hat*

$ı$ = offenes *i* in norddeutsch *mit*

$ɛ$ = ,, e ,, ,, *Bett*

$ɔ$ = ,, o ,, ,, *voll*

$ʋ$ = ,, u ,, ,, *Hund*

$œ$ = ,, $ö$,, ,, *Hölle*

Y = ,, $ü$,, ,, *Müller*

$ø$ = geschlossenes $ö$ in deutsch *höchst*

y = ,, $ü$,, ,, *kühn*

$ə$ = unbetontes e ,, ,, *habe*

$ɐ˙$ = w in deutsch *wollen*

z = stimmhaftes s

s = stimmloses s

γ = Reibelaut g

d = stimmhafter Zahnlaut

χ = *ch* in *ach*

ς = *ch* in *ich*

η = *n* in *singen*

˙ hinter Selbstlaut ($a˙$) bedeutet halblang

: hinter Selbstlaut (a:) bedeutet vollang

Hauptdruck wird durch ˈ oben, Nebendruck durch ˌ unten ausgedrückt.

Abkürzungen.

DSA = Deutscher Sprachatlas. Hg. von F. Wrede, W. Mitzka. B. Martin. Marburg, Elwert 1927ff.

DDG XV = Deutsche Dialektgeographie. Hg. von F. Wrede (und W. Mitzka). Marburg, Elwert seit 1908. Darin Band XV: Bernhard Martin, Studien zur Dialektgeographie des Fürstentums Waldeck und des nördlichen Teils des Kreises Frankenberg. Marburg 1925.

wgm. = westgermanisch.

ahd. = althochdeutsch.

nd. = niederdeutsch.

Die Einordnung der behandelten Mundarten

Die Mundart unſerer Heimat

Mundart und Heimat gehören eng zuſammen. Man darf ſie nicht voneinander trennen, ohne ihr Leben zu gefährden. Iſt doch die Mundart die Ausdrucksform des Heimatlichen von Kindesbeinen an. Die Mutter macht das Kind vertraut mit dem engſten Heimatkreis, zeigt ihm die nächſten Menſchen, gibt allen Dingen in Wohnſtube, Küche, Kammer, Scheune, Stall, in Feld und Wald Sinn und Namen in i h r er Sprache, in der Mundart. In der ganzen ſeligen, unbekümmerten Kinderzeit lebt und denkt das Kind in dieſer Mutterſprache, der Mundart. Wenn man Fünf- oder Sechsjährige beim Spiele belauſcht, wird man ſeine helle Freude haben an der Gewandtheit, an der Ausdrucksfähigkeit, an der Lebendigkeit, mit der ſie ſich unterhalten. Erſt in der Schule tritt die Hochſprache an die jungen Menſchen heran. Für die meiſten bedeutet das die Erlernung einer Fremdſprache. Erſt allmählich werden durch den klugen Lehrer, der die Mundart für die Führung zur Hochſprache zu nutzen weiß, die Zuſammenhänge beider, der Mundart und der Schriftſprache, klar, dem Kinde bewußt. Trotzdem bleibt dem Kinde die Mundart das vertrautere Werkzeug ſeines Denkens und Lebens. Durch die Schule aber wird es in glücklicher Weiſe zweiſprachig. Die anſchauliche Lebendigkeit der Mundart verbindet ſich mit der Klarheit und Würde der Hochſprache. Nach der Schulzeit treten die meiſten ländlichen Menſchen wieder in den engeren Kreis der Familie, der Sippengenoſſen, der Freunde zurück; in dieſem iſt wieder die Mundart die Verkehrsſprache. Und je älter einer wird, umſo ſtärker wirkt der kräftige Strom der Ueberlieferung aus Urvätertagen auf ihn ein, ſichert der Mundart wieder ihr altes Recht.

Allerdings sind heute mächtige Feinde gegen die Mundart aufgestan=
den. Die gewaltige Entwicklung des Verkehrswesens, die Ueberwindung
aller Entfernungen durch Radio bringt die Großstadt dem Lande und
seiner Kultur so nahe, daß breite Ströme der Zersetzung eindringen können.
Vor allem bringt der Großstädter dem ländlichen Verwandten oder Be=
kannten bei, was die Stadt alles bietet, wie wenig dagegen das Land auf=
zuweisen hat, wie eintönig dort das Leben ist usw. Und wenn der Land=
mann in die Stadt kommt, merkt er, wie ungewandt er ist im Trubel des
Verkehrs, in der Unterhaltung mit den „gebildeten" Städtern. Sein Hoch=
deutsch ist schwerfällig, schulmäßig starr; wie glatt kann sich in der Stadt
jeder Ladenjüngling ausdrücken! Spricht er Mundart, so spürt er das
geheime Lächeln, die innere Ueberheblichkeit des Städters fast körperlich.
So kann in ihm eine Mißstimmung gegen die trauten Laute der Heimat
entstehen, die Mundart wird ihm immer als das Unterlegene, Minder=
wertige vor Augen gerückt, ja es wird ihm gesagt, er oder seine Kinder
hätten wirtschaftlich Schaden vom Gebrauch der Mundart, weil sie nicht so
gewandt wären im Gebrauch der Hochsprache. Aus all diesen Gründen
entschließen sich manche Eltern, die Mundart ganz aus ihrem Hause zu
verbannen, mit ihren Kindern nur hochdeutsch zu sprechen. Damit geben sie
die innigste Beziehung zur Heimat auf. Sie passen nun mit ihren Kindern
allerdings notdürftig in jede Großstadt hinein, können sich halbwegs zu
den „Gebildeten" zählen, haben aber den besten Schmuck der Heimat acht=
los beiseite geworfen und Halbgold dafür eingetauscht. Wer diese Zusam=
menhänge klar übersieht, wer vor allem unserem Waldeck seine Eigenart zu
erhalten wünscht, in dem Augenblick, wo unser Land politisch in dem
großen Nachbarstaat aufgehen soll, der muß mitkämpfen für die Erhaltung
der Mundart, für die Beseitigung der oben angedeuteten Vorurteile, muß
sich einsetzen gegen die Ueberhebung der großstädtischen Kultur und ihrer
Sprache für die schollenechte Mundart.

Und das kann nur wirksam geschehen durch Vertiefung in die Schätze
der Mundart. Die Wissenschaft hat die Pflicht, die Wege zu weisen in
Aufbau, Gliederung und Geschichte der Mundart. Das soll in großen
Umrissen in den folgenden Ausführungen versucht werden. Ein Gesamt=
bild der waldeckischen Sprachlandschaft soll gezeichnet werden, wie es mir
aus sechzehnjähriger Arbeit an der heimischen Mundart erwachsen ist. In
den Jahren 1912—14 habe ich alle Orte Waldecks und die der alten Herr=
schaft Itter (um Böhl und Frankenau) besucht und dort alle wesentlichen
Erscheinungen in Laut= und Wortformen aufgenommen. Im Sommer

1923 habe ich 22 Orte des südlichen Kreises Brilon (insbesondere die alte, ehedem waldeckische Grafschaft Düdinghausen) dazugewonnen. Die Orte, welche heute im Edersee liegen oder deren Entwicklung doch durch ihn gestört worden ist, sind in ihrem alten Zusammenhang von mir aufgenommen und dargestellt (s. Berich). Die kleinen Städte unseres Landes sprechen bis auf Arolsen (gegründet 1712) und Corbach noch Mundart. Mengeringhausen hat eine eigentümliche, sich von der Landschaft abhebende Sprache. Helsen und Wetterburg zeigen starke Einflüsse der Arolser Hochsprache. In Bad Wildungen ist die alte Mundart mit ihren auffälligen *Hux-*, *Mux-*, *Gugl-*Formen arg bedroht.

Eine bezeichnende Auswahl aus der oben angedeuteten Summe von Einzelarbeit soll hier vorgelegt und erläutert werden. Erste Voraussetzung ist dabei, daß die Karten immer m i t dem Text gelesen werden; ohne sie ist das Verständnis der folgenden knappen Ausführungen unmöglich.

Aus der Karte 1 lösen wir zunächst die Linien heraus, die von Konsonanten (Mitlauten) sprechen. Die Hauptscheide für die Mitlaute ist die Linie 6. Selbst im Volke ist sie bekannt als die „Sachsen — Frankengrenze," als die „Sprachgrenze" überhaupt. Sie ist die Linie, welche die am meisten ins Ohr fallenden Unterschiede zwischen dem Niederdeutschen und Mitteldeutschen (wie man den südlich anschließenden Teil des Hochdeutschen nennt) voneinander trennt: niederdeutsches *ik* von mitteldeutschem *ich* (auf die Selbstlaute (Vokale) kommt es nicht an!). Sie gilt also vorwiegend für die Fälle der sogenannten hochdeutschen Lautverschiebung (Beispiele: nd. *maken* steht hd. *machen*, nd. *laupen* hd. *laufen*, nd. *Water* hd. *Wasser* gegenüber).

Aber unsere Linie 6 gilt nicht für alle Einzelbeispiele der Verschiebung, wie die Theorie erwarten ließe, sondern es zeigen sich in einer Reihe von Fällen bezeichnende Ausnahmen. So werden bei ‚Löffel', ‚Kessel', ‚besser', ‚Nessel' u. a. Buchenberg, Harbshausen, Kirchlotheim (in einzelnen Fällen auch Herzhausen) zum Süden gezogen, gebrauchen also Formen mit und ohne Verschiebung in verschiedenen Wörtern nebeneinander. Umgekehrt haben z. B. bei ‚das' Sachsenberg, Neukirchen, Liesen die Form des Nordens *dat*.

Ähnlich steht es bei der Gruppe ‚Ochse', ‚wachsen', ‚Fuchs', ‚sechs', Wörter, die ein altes *hs* haben. Während *Osse*, *wassen* im ganzen Gebiet gesprochen wird, sagen alle Orte unserer Linie 6 einschließlich Harbshausen und Kirchlotheim *Fuks, seks*, alle nördlichen haben die dem *Osse* entsprechenden Formen *Foss, sess*.

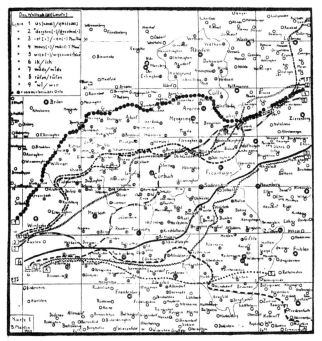

Karte 1.

Eine weitere bezeichnende Gruppe bietet wieder ein anderes Bild. Im Niederdeutschen ist vor einem folgenden *s* oder *f* in den Wörtern ‚Gans‘, ‚uns‘, ‚fünf‘ das *n* ausgefallen (unter Dehnung des Vokals), sodaß also *Goos, *uus, *fief entstanden. Die Karten der heutigen Formen ergeben, statt der zu erwartenden einheitlichen, ganz verschiedene Bilder.

‚Gans‘ und ‚fünf‘ stimmen noch einigermaßen zueinander. *Gaus, fief* (es kommt wieder nur auf die Konsonanten an) gilt nörblich unserer Linie 6; *Gans* wird in Harbshausen, Kirchlotheim und Buchenberg, *fünf* in den drei Orten und in Herzhausen gesagt wie im Süden. ‚Uns‘

dagegen weicht ganz erheblich ab. Die Form *uns* mit *n* ist weit über
Linie 6 vorgerückt bis zu unserer Raupenlinie 1, nur der Rhoder Kopf
hat *us* (das *u* ist geschlossen, kurz zu sprechen, es ist aus Länge hervor=
gegangen).

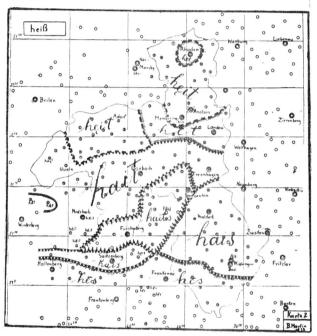

Karte 2.

In der Mitte ,etwa! zwischen Linie 1 und 6 verläuft eine andere
Konsonantengrenze: sie trennt *diäsken* ,dreschen' usw. von *dresken, dreschen*. Die *diäsken*-Formen können nur aus einer älteren Form er=
klärt werden, welche das *r* vor das *sk* stellte, also hinter dem *d* weg=
nahm. Es handelt sich also um den Gegensatz *dersken: *dresken.
Wie wir sehen, hat sich diese Linie bei uns über Linie 6 erhoben, strebt

ihr aber bei Hesborn wieder zu, um nach der Sprachatlaskarte ,dreschen'
wieder ein gut Stück mit ihr zu verlaufen.

In das Gebiet südlich der *ich*-Linie führt uns die Linie 9. Sie
trennt Formen der persönlichen Fürwörter ,wir', ,mir', ,dir', welche wie
im Hochdeutschen ein -*r* am Ende haben (in Hübbingen, Armsfeld lauten sie z. B. *määr, määr, däär)* von solchen, bei denen das -*r* fehlt
(in Freienhagen z. B. *mie, mie, die).* In den anliegenden Nachbarorten (z. B. in Albertshausen) werden die Sprecher mit -*r* deshalb *de
Märlänger* (Märländer) genannt, ein Beispiel dafür, daß auch der gemeine Mann ein scharfes Ohr hat für mundartliche Unterschiede.

Eine Besonderheit unseres Gebietes soll die Karte 2 (heiß) vermitteln. Die Orte um Fürstenberg und Wöhl sprechen für „heiß" *haits.*
Diese Form bietet der Erklärung Schwierigkeiten; sie ist den grammati-
schen Regeln nach ein Unding. Wenn man sie aber aus ihrer geographischen Lage zu begreifen sucht, so sieht man, daß sie eine Mischform ist
aus dem nördlichen *hait* und dem südlichen *hais.* Heute gehen die
haits-Formen langsam zurück.

Wenn wir nun zu den Linien für die Vokale (Selbstlaute)
übergehen, die auf Karte 1 mit eingetragen sind, so muß zunächst gesagt werden, daß die *ich*-Linie auch für Grenzen der Selbstlaute große
Bedeutung hat, wenn auch nicht so wie für die Mitlaute. Sie trennt
z. B. nördliches *Breef* von südlichem *Brief, Briep;* ferner (in den Fällen,
die durch die Lautverschiebung bedingt sind) z. B. *Water* von *Wasser,
äten* von *essen, graut* von *groß* usw.

Für die Vokale liegen vielmehr starke Linienzüge, die meist um ein
paar Orte von einander abweichen, im Gebiete der Linien 4 und 5.

Linie 4 ist eine Grenze für die Gruppe des alten langen *u.* Als
Beispiel ist ,Maus' genommen. Nördlich wird Doppellaut gesprochen
Mous (o geschlossen), südlich einfaches langes *u Muus.*

Linie 5, die nur wenig von 4 abweicht, gilt für die Gruppe des
alten kurzen *i* in offener Silbe; Beispiel ,Wiese'. Im Norden sagt
man *Wise* (i geschlossen, kurz; *ſ* Zeichen für stimmhaftes s, auf der
Karte ist es mit *z* bezeichnet), im Süden hört man entweder Doppellaut *Wiëſe, Weëſe* oder kurzes, geschlossenes *e Weſe* und *Wese* (s
stimmlos).

Die Linien 7 und 8 führen uns wieder in den Südrand unsres Gebietes.
Südlich von 8 spricht man ein ganz eigenartiges *üü* (auf der Karte durch
y bezeichnet) z. B. in *rüüfen* ,rufen', in Fällen, wo kein Umlaut zu

erwarten ist. Es ist eine Art „Färbung," deren Ausläufer da in unser Gebiet hineinragen. Nördlich kennt man nur *runfen, raupen, roupen, roopen.* Man vergleiche auch etwa in den Proben von Albertshausen *Dhü* ,tu' und *drüße* ,draußen' mit den Bericher Formen *Du* und *drusse.*

Karte 2 vermittelt uns auch ein Einzelbild der Entwicklung des alten *ai* in ,heiß'. Dr. Collitz hat in der Einleitung zu dem Waldeckischen Wörterbuch von Karl Bauer auf dieser Karte die Unterscheidung der waldeckischen Untermundarten aufgebaut. Die *hēt*-Orte nennt er die Rhoder Mundart, die *häit*-Orte Adorfer Mundart, die *hait*-Orte Corbacher Mundart. Mindestens die Rhoder Mundart ist unglücklich benannt; man sieht, daß Rhoden mit *hēt* ganz vereinzelt in einem *häit*-Gebiet liegt. Das *(h)ǟ(t)* in Grönebach und Küstelberg ist weit offen zu sprechen.

Wenn wir nun zusammenfassend die beiden Karten 1 und 2 betrachten, so unterstreichen wir zunächst noch einmal die Feststellung, daß wir zwei Linienzüge gefunden haben, die als stärkere Barrieren in dem Kampfe der beiden Großmundarten Niederdeutsch—Mitteldeutsch, für den ja unser Waldeck ein Stück Walstatt ist, zu gelten haben: Linie 6 und Linie 4/5.

Da die Linie 6 *(ich)* dem Linienstrang 4/5 an Stärke überlegen ist, kann man sie als das Hauptbollwerk des Niederdeutschen ansehen und sie zum Ausgang der Betrachtung wählen. Wenn man von ihr aus nach Norden sieht, so stellen sich die übrigen Linien als Wellen dar, die mehr oder weniger über die *ich*-Linie vorgebrochen sind, und die das Mitteldeutsche in das Niederdeutsche hinein vorgetrieben hat. Der Linienstrang 4/5 ist dann der erste starke Deich, der diese Wellen abzufangen sucht. Weiter nördlich sind tatsächlich auch mitteldeutsche Wellen weniger zahlreich festzustellen. Innerhalb des Gebietes, das durch die Linien 4/5 und 6 begrenzt wird, überschlagen und überschneiden sich so viel Einzelgrenzen, daß man nicht mehr von einem mitteldeutschen oder niederdeutschen Gebiet reden kann, sondern nur von einem Uebergangsgebiet zwischen beiden Mundarten, das wesentliche Züge beider in sich vereinigt, also keinem recht zugehört. Zieht man den Sprachatlas Wenkers zu Rate, um das eben gefundene Bild in den großen Zusammenhang einzuordnen und zu überprüfen, so findet man es immer wieder bestätigt. Man kann ferner beobachten, daß die Einflüsse in der Mehrzahl von Süden nach Norden sich auswirken, daß also das Mitteldeutsche der Angreifer, das Niederdeutsche der Verteidiger ist. Und das ist nicht verwunderlich, wenn man bedenkt, daß das Mitteldeutsche über starke Hilfstruppen verfügt, da es im Bunde steht mit der Schriftsprache, welche ihrerseits burch Schule, Kirche, Zeitung, Rabio ujw. ben beiben Gegnern überlegen ist.

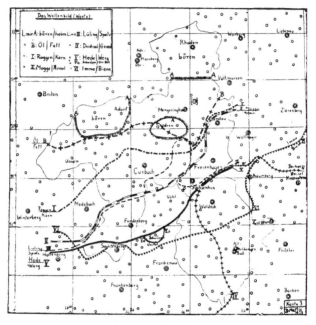

Karte 3.

Bisher haben wir unsere Betrachtungen nur auf ber L a u t g e o = g r a p h i e (wie sich bie Laute entwickelt und geographisch verbreitet haben) aufgebaut. Eine Untersuchung ber W o r t g e o g r a p h i e (wie weit ver= schiebene Worte für basselbe Ding, bieselbe Tätigkeit ujw. Geltung haben) ergibt eine Bestätigung bes lautgeographischen Wellenbildes. Das soll Karte 3 zur Anschauung bringen. Wir sehen basselbe Auf und Ab, finden bieselben Barrieren wieder. Ueber ber Linie V (gleich Linie 6 ber Karte 1), welche „Hebe' von „Werg' trennt, bauen sich bie Linien III, II, I, B, A nach Norden auf; bie Linien IV, Va, VI sind umgekehrt nieberbeutsche Wel=

len nach Süden hin. Man sieht auch deutlich, wie sich die Linien bei Landau und Hallenberg wieder zusammenfinden und bündeln. Zu den einzelnen Linien seien noch folgende Erläuterungen angefügt. Die verschiedenen mundartlichen ·Formen sind bei diesen wortgeographischen Beispielen zu= gunsten einer verhochdeutschten Form aufgegeben, da es hier ja nur auf das Wort, nicht auf seine Form ankommt. Das *bören* der Linie A gehört zu unserm hochdeutschen ‚gebären'. Bei Linie I wurde der Satz gefragt: „Wir wollen Roggen abmachen." Linie Va, die bis auf Schmidtlot= heim mit Linie V verläuft, trennt *Schwüppe* und *Geißel* für hochdeutsch ‚Peitsche'. Zu ‚Deichsel' / ‚Geisel' vgl. meinen Aufsatz in der Zeit= schrift für deutsche Mundarten 1923, 254 ff.

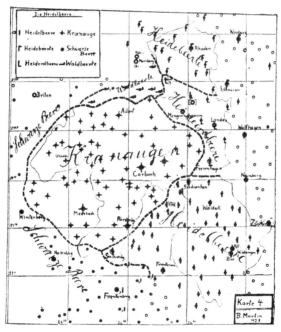

Karte 4.

Als Einzelbeispiel eines wortgeographischen Bildes ist Karte 4 ‚Hei=
delbeere' beigegeben. Sie bietet gleichzeitig im *Kranaugen*-Gebiet eine
waldeckische Besonderheit. Nur in der Altmark lassen sich noch *Kranaugen*-Formen für ‚Heidelbeere' belegen. Das *-le* in *Heidelbeerle,
Waldbeerle* drückt die Verkleinerung aus.

Wir haben versucht, ein Bild der waldeckischen Sprachlandschaft zu
zeichnen, wie sie sich dem heutigen Forscher darstellt. Es erhebt sich nun
die Frage: Kann man etwas aussagen über das geschichtliche Werden dieser
Landschaft? In andern deutschen Mundartgebieten, vor allem im Rhein=
land, hat die deutsche Dialektgeographie, die ihren Mittelpunkt am Sprach=
atlas in Marburg hat, neue Wege beschritten, um einer Geschichte der
Mundart näher zu kommen. Durch Vergleich der Sprachkarten mit den
geschichtlichen Karten hat man immer wieder festgestellt, daß die Landes=
geschichte, die Entwicklung der Landesgrenzen usw. eines Gebietes auch
entscheidend ist für die Kultur und Sprache. Daneben hat man neuerdings
auch Kräfte und Großbewegungen gefunden, die von Mittelpunkten außer=
halb und innerhalb eines Landes ausgehend über die einzelnen Länder
hinwegfluten.

Für die Gruppierung der Untermundarten, für die Kleinbewegung
also innerhalb unserer Sprachlandschaft, ist die Territorialgeschichte Wal=
decks bestimmend gewesen, wie sich an dem Beispiele des alten Amts Eil=
hausen klar zeigen läßt.

Aber für die Linien 6 und 4/5 ergibt doch der Vergleich mit den
geschichtlichen Linien keine befriedigende und ausreichende Erklärung. Hier
müssen Großbewegungen gesucht werden, deren Mittelpunkte erst noch ge=
funden werden müssen. Leider gibt es noch keinen geschichtlichen Atlas
Waldecks und der umliegenden Länder. Aber die Arbeiten daran sind
überall rüstig aufgenommen und schon weit gefördert. Vielleicht gelingt es
Licht in diese dunklen Fragen zu bringen, wenn die Atlaswerke Westfalens
und Hessen=Nassaus fertiggestellt sind. Es fehlen auch noch Untersuchungen
über die waldeckische Urkundensprache und solche, welche die Reste mund=
artlichen Wort= und Formengutes aus den großen Urkunden= und Akten=
beständen aus dem Waldeckischen Staatsarchiv herausholen.

So können wir in die älteren Zeiten nur mit Vermutungen vordrin=
gen. Ganz vorsichtig, schrittweise zurücktastend, kann versucht werden, zu
einiger Sicherheit zu gelangen. Und da läßt sich folgendes sagen: Das
Waldeckerland ist in langsamer Zusammenballung aus Teilen des von den
Ottonen zerschlagenen Hessengaus entstanden. Vom 15. Jahrhundert ab

hat es ungefähr den heutigen Gebietsumfang. Immer ist es ein Puffer-
staat gewesen an wichtiger Stelle, die kein Großer dem andern gönnte.
Immer ist es deshalb Einflüssen von allen Seiten, von Köln, Paderborn,
Hessen ausgeliefert gewesen. Durch die Reformation kam eine engere Bindung an Hessen zustande; sie zeigt sich in dem Ueberwiegen der sprachlichen
Wellen von Süden her. So ist es auch historisch begreiflich, daß unsere
waldeckische Sprachlandschaft kein abgeklärtes Bild zeigt, weil sie nie zur
Ruhe kam. Ob die Stammesgrenze zwischen Sachsen und Franken durch
unser Gebiet gelaufen ist, wie der Volksmund weiß und auch die Wissenschaft teilweise annimmt, läßt sich bisher nicht sicher beweisen. Vielleicht
bringen jüngste Marburger Untersuchungen neues Licht. Möglich ist es,
jedenfalls darf sie aber nicht mit unserer ich-Linie einfach gleichgesetzt werden, wie das Menke in seinem historischen Atlas (Karte 34) tut. Diese
kann jung sein; sie kann früher, und darauf deuten schon eine Reihe von
Zeichen, südlicher verlaufen sein. Möglich ist auch, daß die Markensetzung
Karls des Großen in den Sachsenkriegen unser Gebiet mit verschieden-
sprachigen Siedlern besetzt hat. Ob das in dem Wellenbilde heute noch
nachwirkt, kann mit Sicherheit nicht gesagt werden. Die waldeckischen
Urkunden des 14.—16. Jahrhunderts bieten (nach Collitz) ein Gemisch von
niederdeutschen und mitteldeutschen Sprachformen. Das fügt sich gut zu
dem oben gezeichneten Bilde der waldeckischen Sprachlandschaft und würde
den Schluß nahelegen, daß das Wellenbild bis in das 14. Jahrhundert sich
zurückversetzen ließe. Aber dazu bedarf es noch weiterer gründlicher Untersuchung. Mögen sich Waldecker finden, die an dem großen Werke der
Erhellung der heimischen Kultur und Sprache mitarbeiten; sie helfen dadurch die Mundart, den immerquellenden Born für die Hochsprache, aus
der Geringschätzung lösen, der sie in weitesten Kreisen der Gebildeten und
leider auch der Mundartsprecher selbst verfallen ist.

In einer Zeit, wo das territoriale Bild unserer Heimat verloren geht,
gilt es mehr als je die waldeckische Eigenart, die ihre tiefsten Wurzeln in
der Mundart hat, zu hüten und vor den „Segnungen" der Großstadtkultur
zu retten. Dazu helfe uns allen die tiefe Liebe zu unserer Heimat Waldeck.

Sprachproben

Vorbemerkung: Zur Schreibung. Alle betonten Selbstlaute in
offener Silbe sind lang zu sprechen; z. B. ma-ken, la-gen. Alle Selbstlaute in geschlossener Silbe sind also kurz; wenn Länge in geschlossener

Silbe vorhanden ift, wird sie durch Verdoppelung ausgedrückt, z. B. woor, lo͡aͦch.

a͡ = Zwischenlaut zwischen aa und oo; a͡ dasselbe zwischen ää und öö.

ie = langes i; iⁱ Doppellaut; ĩ = geschlossenes kurzes i.

uu = langes u; uᵘ Doppellaut; ũ = geschlossenes kurzes i.

üü = langes ü; üᵘ Doppellaut; ü̃ = geschlossenes kurzes ü.

ou = offenes o und u; a͡ä = breites offenes ä.

Bei den mitteldeutschen Proben ist die Schreibung der Originale nur wenig geändert.

Die Proben aus dem Wenkerschen Sprachatlas sind unverändert nach den Originalen abgedruckt.

Zwei Sätze (3 und 38) aus den Formularen des Wenkerschen Sprachatlas von 1879/80.

1. Aus W e t h e n (Lehrer Vesper, geb. in Münden): 3. Dou Kuollen innen Uowen datt dei Milt balle ant' tuockene fänget. 38. Däi Loü seid dünn Dach olle tärbutene uppen Fälle un mägget.

2. Aus W i l l i n g e n (Lehrer Behle, geb. i. W.): 3. D' Kuallen in den Uawen dat dai Milk balde an t' tuatten fenget. 38. Dai Lüde sitt dün Dag alle te biuten up mä Fälde un mägget.

3. Aus I m m i g h a u f e n (Lehrer Hopff, geb. in J.): 3. Do Koallen in den Oawen, dat de Melk balle an to toaken fenget. 38. De Lüde sin höbbe alle druten up däm Felde un mäggen.

4. Aus N e u k i r ch e n (Lehrer Ferd. Hopff, geb. in Immighaufen): 3. Thu Kahlen in den Awen, dät die Melch bale anfänget zu tochen. 38. Die Löute sinn höbbe alle drosse uff däm Fälle un mähen.

5. Aus B e r i ch (Lehrer Voigt, geb. in Bringhaufen): 3. Du Kohlen in denn Owen, daß die Melch bahle ahn zu kochen fenget. 38. Die Löibe senn höbbe alle druffe o(u)ff denn Felle un mehn.

6. Aus H e m f u r t h (Lehrer Carl Voigt, geb. in Lütersheim): 3. Thu Kohlen in den Oben, daß de Melch baale an zu tochen finget. 38. De Läibe sinn hibbe alle druxen uffen Fälle un mehen.

7. Aus Albertshausen (Lehrer Haje, geb. in Rhoden): 3. Dhü
Kohlen in den Owen, daß die Melch bale finget ohn zu kochen. 38. Die
Liede finn hirre alle drüße uff dem Fälle un mehn.

A. Aus niederdeutschem Gebiete

1. De Armvull Holt.

De Motter is in der Küche am Isenkofenbacken. „Lina, lang me
mal en Armvull Holt!" Dat Mäken is am schriwen un anfert: „Motter,
if mott ees nau schriwen, süs wär'f nü re!" „Karrel, dänn lang dun ema
en Armvull Holt!" „Aiä," bölket de lewe Junge, „if do't ni!" Da kümmet de Willäm rin: „Willääm, lang dun mi duoch ma en Armvull Holt,
süs gäit me't Föuer ut." Willäm gäit auk rut. Offe he grade de
Trappe rup gan will, hart he diän Vatter nowwene krüchen. „Vatter,
bring duoch ma en Armvull Holt midde raff, de Motter häbbet esiägt!"
Un surt isse. Na ner ganzen Wile kümmet de Vatter raffer. „Vatter,
hiäste mi kinnen Armvull Holt midde bracht?" De drägget sick baise
rümme un bölket: „Du, Mömme, do't selwer!"

Aus Rhoden (B. Martin).

2. Von'n „Holland".

Olle acht odder viärten Dage kümmet im Hiärweste schon lang Tit
en Mann mit'm Schimmel un'n Wagen un verkääpet Hääringe un Zipeln.
Wi süget für den Mann „Holland", weil häi Hollänger Hääringe hät
un gümmer „Holland" bölket. Schriwen deute sick „Hagelücken" un kümmet von Kläinenberg, do hinger Warberig her. De Kläinenberger Streiche
süt je wol bekannt. Häi kümmet von Ammesen her, un wanne noch up'm
Euwere is, kakete schon: „Holland! Frischke Hääringe! Viärten Schtück
eine Mark!" Häi bruket ni in de Hüisere te kummen, denn die Löü harden
räi von wäiden. Nu kummet de Blagen herbi un alle roupet: „Holland,
Holland! Hääringe!" Gehunder laupet se na häime un säget der
Motter: „De Holland is da!" Sai krigget Gäld un'n Napp un holt
Hääringe; un sine Hääringe süt frischk un schmecket sou wacker. An dräi

cbber väir Ecken hälte schtille im Duorpe un bölket gümmer. Icke für mi'n Dääl möchten mi'n Mu"l ni läinen. Dann söört häi wibber nå Schmillingsen un gümmer wibber, bis bate Hääringe olle si't. Dann gaidet nå häime. Aus Herbsen (H. Höhle).

3. Bu" Baßmecke to si'nen Namen ekummen iß.

Fürr villen, villen Jaren kamen de eesten Löübe in de Baßmecker Giggenb. Et gesesen hi', un se seengen an Hö"sere te buggen; de lagen ärwwer so bu"send Meter nå Westen, de Plats hett bis op dün Dag de Timmerbusk. De Hö"sere woren nau nit ganß serrig, då kaam en wöste Unwiäbber un naam be gantsen Balken mibbe in de Grunb. Un et bu"erbe nit lange, då stunben de Hö"sere wibber half serrig bå. Un wibber kaam en ganß gesarlek Gewitter, un't Water naam olleß mibbe. Bu" et bünnerbe und blitsebe, reep up eema ne Stimme: „Fast an de Bicke, saft an de Bicke!" De Lö"be habben en Moot verlaren up biänn Platse nau wibber te buggen. Se namen sik dat Wort te Hiärten un buggeben nu" dat Duorp ne Ecke runber in de Grunb, bå et nau stäit. Un't biän Wore „saft an de Bicke" iß mit ber Ti't „Baß= mecke" woren. Aus Baßbeck (R. Wetekam).

4a. De Hase.

Füür langen Jaren wor hingerm Hüwwele ne graute Wisse, do taam gümmer en Hase un suog gümmer äin und däiselwe Kou u"t, do trichten Härnekeß gar sinne Milk son. Un do kümmet büsse Koujunge hinne un söüt dat un schlett biän Hasen baut. Do hiätt olleß en Enge. De Hase sal en Menske wiäst si'n.

b. De Haintselmännekeß.

Bi' Knappschtouß (Brocke schtri'wet se sik) sit froier Haintselmän= nekeß ewiäst. Do hat se Järweten up de Trappe schkut; do sit se u"beblifft. Aus Rhenegge (Bernhard Martin).

5a. Baſtlöſereim.

Sape, ſape, Summenkruⁿt

Dat Water läipet ter Tunne ruⁿt.

Då kaam de alle Heſſe

Mit ſi'ner ſtumpen Bleſſe

Un ſchnitt biäm Kätteken et Aierken af.

Dät Kätteken läipet tem Biärge rup

Un ſettet ſik in ſi'n Stäuleken

Un maket en klain runz Päuleken.

b.

Sälteken, Schmälteken, Bütterken, Braibeken,

hack in, ſchmack in,

Kriwwel, kriwwel, krawwel.

Aus Sudeck (W. Weidemann, Mein Walbeck 1924 Nr. 12).

6a. Baſtlöſereim.

Huppe, huppe, Wi'be,

Sape, ſape, Si'be,

Wolle mål ne Huppe maken,

Woleſe nit geråden

Schmi't ſe up den Huppenbaum.

Bå ſe wibber runder kaam,

Feel ſe in'n Graben,

Fraten ſe de Raben,

Kaam de alle Heſſe

Mit der ſtumpen Bleſſe,

Schloog ſe olle für'n Kopp.

Gie ga gach)

Mi'n Hals is ſtump af.

b. Kinderreim.

Sälteken, Schmälteken, Bütterken, Bröbeken,

Fickelnföteken ſchmecket ſo ſöteken.

Aus Twiſte (W. Weidemann, Mein Walbeck 1924 Nr. 12).

7a. Späutewerk.

Hans-Lippens Bedder un Figgen am Steinwege sin in Wulfhagen gewest un do is von Netze en Mäken bi se kummen un het mibbe gonn wöllen. Wo se sone Ecke gegonn sin, da hettet gesecht: „Kucket mal, wat ik up mi hangen hawwe, it kann nit mä furt." De beiden packen't an un schleipen't mibbe, bis dat se annen Krüüzweg kummen sürn Hää= webe, dann hettet wibber gegonn.

b.

Moors August sin Vatter woor Sattler, de kaam ümmer hiehär. Aimo kümmete in der Nacht düür't Gafterfelder Holt. Up aimo wird'et helle un et stait ne witte Dame sürme un hebben Bund Schlüttel un will en de Schlüttel genn. Hai säget: „Henner will nit!" Da däüt de Dame en Krisk un säget: „Nu mobbek nach hundert Jare wandern!"

Aus Freienhagen (Bernhard Martin).

8a. Kinderreim.

Maikäfer, sleg!
Dinn Vatter es im Krieg,
Dinn Motter es in Pommerland,
Pommerland es afgebrannt.
Maikäfer, sleg.

b. De fief Höönerker.

Eck woor mool in dem Dorpe
Do goof et einen Storm,
Do zanketen seck fief Höönerker
üm einen Rechenworm.
Un als ken Worm määr woor te seen,
Do segten olle Piep!
Do hotten de fief Höönerker
Enander webber leef.

Aus Rhadern (H. Nord).

9a. Heidelbeerlied.

Kroonoggen dicke, Kroonoggen saat,
Morgen goo ik in de Fürstenberger Staat.

b. Der Schäper.

De Schäper mit dem Haken
De kann sou harte quaken.
De Schäper mit dem langen Rock
De ligget im Stall un kann nit upp.

c. Rätsel.

Et is en Schrineken,
Dat hett Karlineken,
Dat kann me upp maken
enwer nit to.   [Ei]

d. Christian und Heinerich.

Christian habbe enen Hahn, de repp:
„Minn Heer is im Gemeinderat!"
Heinerich habbe auk enen Hahn, de reep:
„Minn Heer is in Ziggenhain!"
                    Aus Fürstenberg (Gottschalk).

B. Aus mitteldeutschem Gebiete

10. Plattditsch Französisch.

Bäär sofzech Joren läwede hie in Dorfe der ale Schmidt. Hä
huß met Väärnamen Adam. Das woor och en gefälleger Mänsche.
Hä woor Soggehärte, Nachtwächter, Dodengräwer, Bälgedräber in der
Kerche un so wedder. Von de Owed emme zähne bes de Nacht emme
drei mußde hä jedesmool aan bestemmeden Blätzen in Dorfe de Schdon-
nen abrufen un dann härnte hä met sin Blächhorne. Dann sung hä
|das Bärschchen: „Heert, ihr Härrn, un loßt eich sagen, de Glocke hot

122

zähne geschlagen; bewahrt das Feier un das Licht, daß unsen Dorfe
kein Schaden geschicht, un lowet Gott den Härrn!" Wänn das de
Schpetzbuwen horten, dann lusen se hordech wecken. Dr Ådam woor
au Soldabe geweißt in Orholzen bi dn 83zegern. Do hot hä au dn
Krieg sewezech un einensewezech gein de Franzosen medde gemacht. Hä
woor awwer in än Gefächde von sinner Kompenie abkommen un onger
de Bayern geroden. Met dänn hot hä dann au dn Inzoc in Paris
medde gemacht un kunnte manches verzählen. Au französisch hatte hä
gelärnt un woor do net wenech schtolz droff. Ech woor wedder ämol
in de großen Feriggen derheime un do besichte mech min Klaffenfrind
Welläm, där gein mäh off dr Schulbanke saß. Hä woor aan der
Schwalme drheime un wull nu au ds Waldeckesche mo kännen lärnen.
Mä waren eines Dages dobie un gruben den Gaarten fär der Hußbäre
um. Min Batter schtunk derbie, gock inz zu un fräggede sech, daß mä
alles so scheene zerächte machten. Do kaamb dr Ådam de Dorfeschtroße
rapp. Hä wull de Sogge ruß härnen. Bo min Frind das Blosen
herrte, meinte hä, was das ze bedäuden hätte. Min Batter erklärten
de Sache un schbroch vär ään: „Dr Schwinnehärde es en gebelderter
Mann, der kann sogar Französisch!" Das wull min Frind net
glauwen, do schbroch min Batter, hä sill en doch emool off französisch
aanschbrächen. Bo dr Ådam bie inz kemmet, schbrecht min Frind vär
en: „Bonjour, monsieur!" Dr Ådam gicket een ganz verwongert aan,
schbrecht dann awwer: „Marrschi mosiörsch!" Min Frind wedder:
„Parlez-vous français, mon-ami?" Ådam aantwortet: „Kwui, mosiörsch!" Do schbroch min Frind bär en: „Sie müssen nicht immer
jagen mosiörsch, es heißt monsieur!" Do schbroch dr Ådam: „Jo,
hochditsch Französisch hon ech net gelärnt. Ech kann nur plattditsch
Französisch!"
                    Aus Wellen (Jugenberinnerungen von Friedrich Frese).

11. Ale Fringdschaft.

Ech droff e mol 'n aarmen Schnäider, der 'n richchen Verwandten
hadde, jo där Verwandte war sogar 'n richdeger Kommerzegenrad. Do

globbede ech mol off d'n Busch, ob hä ned ab un zu mol so'n abgeleiden
Dousendmarkjching grächde. Aewwer ming Schnäider wenkede ab: „Ech
piffe off alle Verwandtschaft! Hobb me was, sin se neidsch off das, was
me hobb; hobb me nex, well Kenner med einen verwandt sin! Weld-
främmede Läide sin me liwwer.“

's sall do was Wohres drenne leggen. 's kemmed droff aan, wie 'ne
richdege Fringdschaft off de Beine kemmed. Fringdschaft derch Wing äs
Sching! Fringdschaft, die derch Not entschdeed, nedd so lichde ungeraeet!
(untergeht). Von so einer, die derch Not entschdung un ewwer hunnerd
Johre beschdung, well ech och verzellen.

's war in d'r Franzosenzikt. Do kam franzesesche Garde au mol no
Kleinern. 's muß äwwer woll schonn in bär Zikt geweist sin, bo bär große
Schdärn Nobolejons schonn ziemlech ne Schnobbe (Sternschnuppe) war.
Korz un gudd, 's gab Inquardieronge. D'r General naamb in d'n Schlosse,
das domols noch schdung, Quardier. Un sinne Solbaden kamen schonn
onger. D'n Schlosse geinewwer, bi Beddcherch (Böttchers), lagener nadierlech au. Aewwer se bedrugen sech alle ganz manierlech. Ennes gudden
Dages war Abbell. Alles luff off d'n Schloßplah. Ein Solbade äwwer
druksde (zögerte) 'n bessen, bes die angeren fort waren. Dann saide hä:
„Vedder Beddcher, hälfet mä doch, sest benn ech verloren!“ Där ale Mann
grächde ordlech 'n Schrecken, bo uks d'r Gardeonneform sozesain (so zu
sagen) waldeckische Worde kamen. „Jonge, wär besd du dann?“ „Ech
schräiwe mech Bräidejam un benn uks Geismer bi Fretzler. Mech honn se
medbegeschlebbed. Ech benn so grank wie'n Hund, un wänn dä mech ned
hiebehaled, wär weiß, was ongerwägens uks mä werd!“

„Jonge, Jonge, gesehrlech eddes! 's gehd imme Kobb un Kragen!
Aewwer ech well dech redden! Komm här!“ Domedde puck än d'r Ahle an
d'n Aermel, zok 'n de Drabbe noff off de Flaßkammer. Eins, zwei
war d'r ganze Flaß bi Säide, hingen an d'r Wand lag d'r Feind,
d'r Flaß worr wedder droffgebanzd, das alles war 'ne Arweid von
nollkommaner.

Aewwer inser Solbade fählde bi d'n Abbell. Das full off. Zwei
Mann sullen än sichchen. Nadierlech mußde hä bi Beddcherch schdecken.
Kein Mann un keine Muks wußde was. Sä gawen sech ans Sichchen. In
Käller gungs los, un bale waren sä off d'r Flaßkammer. Sä schdochchen
medd dänn langen Bajenedden in den Flaß wie de Wellen (Wilden); äber
's rusbelde un rierde sech nex. Nu gawen sä sech an d'n Flaß un fuhr-
wärkeden dänn ewwer Säide. Dä! Noch 'n paar Gebonne — un dann

mußde d'r Defferdeer zon Vörſchingne kommen. „Täterätä!" — bluſen de
Drompeder, un de Drommelen rombelden: „Komm! — Komm! — Komm,
komm, komm!" -- Wudſchdeg! zwei Sätze de Drabbe rabb — wäck waren
die zwei Franzoſen — zon Dämbel nur.

Was habbe där ganze Schbebakel ze bedäiden? De Koſacken waren
do, un de Franzoſen mußden redberieren.

„Nu rufs ufs b'n Flaſſe, un wäck medb d'r Onneform!" medb debben
Worden ewwernahm b'r ale Bebbcher das Kommando. Inſe „jonge Nach=
ber" ufs Geismer kam ins Bebbe, un de Onneform worr verſchbächd.

No en paar Dagen äs hä ſchwer grank geworrn. Hä ſchwäwede
verzähn Dage zeſcher Dod und Läwen. Do worrſch beſſer. Nadierlech
habben ſinne Aelleren derch 'n Bobben Beſcheid grächd. D'r ale Vabber
hollde eines gudden Dages ſinnen Jongen ab. Ewege Fringbſchaft worr
geſchloſſen. Jedes Johr 'n paarmol fuhren de Geismerſchen no Kleineren
un immegekehrd. So vererwede ſech de Fringbſchaft von b'n Alen off de
Jongen. Beide Säiden hullen ſo große Schbecker offenanger, daß jeder
glauwen mußde, 's weeren Zwillingsbrieder. Kenn Wonger, daß ennes
Dages — no langen, langen Johren — mol 'n Enkelchen ſinnen Groß=
vabber frochde: „Großvabber, wie ſin mä dann medb Bräidejams ver=
wandt?" „Jonge, wie ſin nur gudde Fringne. Un des kam ſo. Sieße,
wie ech ſo'n Binfel war wie du, do habb mä's min Großvabber verzallb
wie ech dä 's jetz verzälle, un dänn war'ſch baffierd . . ." Un nu ver=
zallde hä die Geſchichde, die mä deß lesde Enkelchen, d'r Bärkeimer Bebb=
cher, — d'r liewe Gott hott 'n ſeleg! — verzallde un die ech hie webbergäwe.

Aus Kleinern (Karl Rabe).

12. **Ne Ungerhalunge in der Linge zu Affoldern am
zwetten November neinzehnhunnertachtund=
zwanzig.**

In der Linge zu Affoleren droffen ſech in der Dämmeronge de Hand=
werker Fretz, de Schrinner, un Danniel, de Schuſter, imme ſech enn zu
genehmigen. Nadierlich waren ſe glich an Dema. „Me honn hie ſchonn
mänch vergnügliches Sticke erläwet," ſeit Fretz. Danniel nukkede: „Das
well ech de geſeit honn, Fretz, was me friher ſchonn veerhaten, das kimmet
jetz wahr un wahrhaftig zur Uſführunge." „Was ſall denn das ſinn?"
meinte Fretz. „Jo, hoſte dann noch keine Ahnunge vom Nuggeſten, was ſe
hie jetz machen wunn?" antwortete Danniel. „Nee, was denn?" frogete
Fretz illig. Danniel ſeit wichtig: „Se wunn doch de Aedber uff den Peters=

topp pumpen, hoft du noch nifs dovonne gehort?" „Noch nifs nitt!" rep
Fretz, un fung dann an zu erzällen. „Ach, an denn Plane honn me veer
fufzig Johren auch schont rimme gedrechselt. Weißte noch, wie me Klenn
(wir kleinen Leute, die weniger Begüterten) fers Blosbälgeträden ufftom=
men mußten? De Buren lewwerten an den Kifter 22 Metze Orgelkorn,
me Klenn ernannten den Blosbälgeträder un forgeben jedes Johr fer finn
Fixum, sechs bis nein Mark." „Jo, das war noch ne gudde ale Zitt,"
sproch Danniel. „Proßt! Laß uns erft mal druff anstoßen!" Und dann
fung Fretz widder an: „Jo, un dann bestallte de Blosbälgeträder uffen
Nuggejohrsowed des ganze Konsortium in sinne Wohnunge, domit me de
ale Rechnunge glaat macheden un fers nugge Johr wedder en Blosbälge=
träder bestimmeden. Weißte noch, Danniel, wie vergnüget es do in den
kleinen Stebbchen hergung, wie Hampen Fretz, de nu schonn lange hinger
den Dannen uffen Kerchhowwe ligget, zum Borgemeister gewählt war un
in Amtsbracht mit Cylinder, Brell un Mappe den nuggen Blosbälge=
träder in sinn nugges Amt rinnsatze? Was honn me do fer Späße un
Witze gemacht un Lieder gesungen! Au mänch Fläschchen Lutterbächer
honn me dobi verdilget, was von nuggen Borgemeister, Blosbälgeträder
oder anderen Frinne gestiftet war." „Jo, das gab dann au de hellen
Köppe am Schluße der Sitzunge," meente Danniel. „Jo," fuhr Fretz fort,
„un dann machten me mit den Borgemeister an der Spitze en Zogg derchs
Dorf bis hieher un fieerten bi Häringen usw. de Nuggejohrnacht weider.
Jo, des Liesbeth, minne Frugge, hott hedde noch gefeit, der Zogg derchs
Dorf wär immer des scheenste geweßt, me hätten immer so scheene gesun=
gen: „An einem Frühlingsmorgen."

„Awwer de Hauptsache hätten me doch noch bale vergeßen. Jo, un
dann wurde der Plan fers frische Johr gemacht, hedde seit mer, der Beer=
anschlag wird uffgestallt. Wie hißen doch glich de Punkte, de jedesmal
uff's Tapet kamen?" „Ich weides," seit Danniel,
  „1. De Aedder full üwwer den Michelskopp no Buhlen geleid werren.
  2. oder üwwer den Affolderschen Berk no Kleinern.
  3. Sollte das ganze Dal üwwer den Dorfe in Wiße umgewandelt
     werren,
  4. der Damm zun großen Wehre sollte mit Owestbäumen besatzt
     werren."

„Jo, host rächt! Danniel," rep Fretz. Un nu fung Danniel widder
ahn: „Weißte, Fretz, das driffet nu alle bale in. Als se de Dalsperre
buggeden, hot mäncher Schlaukopp gefeit: des Waßer fißert doch noch

derch den Berk no Buhlen. Ech honn je noch nits nitt davonne gemerket, ämwer es kann doch noch wohr werren. Un daß se be Aebber uff be Berge pumpen wunn, is be Wahrheit. Jo, un daß des ganze Uewwerfäld verjumpchte un naffe Wiffen gitt, honn au schon vele, die was verftenn, gefeit. De Owestbäume honn me schonn lange unger den Wehre, un es fregget mich, daß ich es erläwe, daß se bi den velen Nuggerungen, die 's den velen Nuggerungen, die 's hie gitt, doch erhalen bläiwen. Siehfte wohl, Fret, me honn doch friher schonn alles veerhergefehen." „Hoft rächt, Danniel. Na, dann wumme usdrinken un widder an de Arwet genn."   Aus Affoldern (Wilhelm Köhler).

13. Wie sich der åle Friedr dn Füß verbrannt hat.

Aemmool hat sich dr åle Friedr dn Füß verbrannt. Do frochbn 'n de Leide: „Kärle, was hofte dann gemacht?" „Na," såte, „dou woul ich be Sibbe nabrammeln, dou koom se rausgerammelt un rammelde meer zen Schüün nin!"

Wie dr Därre dn Dicn ene midbn Härrnpoule genäält hat.

Dr Därre un dr Dicke warren Brieder. Se wounden zefammen in Gemeenshaufe. Dr Därre war Schäfer un dr Dicke war ärfcht Keler un härno Sauhärde. Ammool hat dr Därre dn Dicken dn Klee gehütt. Dr Dicke war in Wale und koulbe. Do houn 's 'n be angeren Keler gefät: „Du, ding Brüdr Grisbian hiebet dr dn Klee!" Dou lüff dr Dicke aus'n Kasberschdalle on de Schnabshort. Wie'n dr Därre jaak, do rüfbe he: „Bleib mr jou dou ingen!" un droub'n midbn Härrnpoule. Dr Dicke lüff doch donouf un se pücn sich. Dou drochde dr Dicke dn Därren zwifchr zwee Härrn ouf de Äre. Dr Därre gaagbe: Brüdr, wann ich jetz oufkoum, dann verreckfbe!" Un he rabbelde sich ouf un fträch dn Dicn eene midbn Härrnpoule. Bums — dou laach'e! Dou glöwede dr Därre, hä häbbn doob geschloon un bädede s Vadrunfr. Ouf eemool schlüjje de Öjen ouf un ab günge! Dou rüfbe dr Därre hingern hä: „Hofte eene?" Dr Dicke warrn awwr doch hällifch befe un fäd: „Wann ijjes erlåb, un ich ftärb, dann fall ming Brüdr Grisbian nit mit mr zürr Liche!" Awwr hä äß doch meddegegenn.
          Aus Armsfeld (H. Ellerfiek).

Die Mundarten des Kreises Frankenberg

Im August des Jahres 1923, als die Inflation auf ihren Höhepunkt zustrebte, machte ich den Versuch, meine Sammlungen zur
Mundart im nördlichen Teil des Kreises Frankenberg und im Gebiet um Medebach und Winterberg zu ergänzen, um einige Fragen,
die in meiner Doktorschrift ungelöst geblieben waren, vielleicht beantworten zu können. Am Abend des ersten Tages, ich
hatte in Hommershausen und Wangershausen willige Sprecher gefunden, kam ich müde nach Rengershausen und hoffte, dort ein
Nachtquartier zu bekommen. Als ich in der einzigen Wirtschaft
deshalb vorsprach, gab die Magd zunächst keine Zusage, auch
die vom Felde heimkehrende Herrschaft kümmerte sich wenig um
mich. Erst, als ich zugesehen hatte, wie gut ihnen das Essen
schmeckte, ließen sie sich herbei, nach meinem Begehren zu
fragen. Ich lenkte das Gespräch auf das mundartliche Gebiet
und mußte mit zunehmender Freude feststellen, daß ihr Interesse größer wurde, daß sie zusehends wärmer wurden und mir
schließlich meine langen Wortlisten mit Stolz füllen halfen.
Auch zu essen bekam ich und schließlich auch ein Bett mit dik-
ken Federbetten. Es war rührend gewesen zu sehen, wie mein
Interesse für ihre Haus- und Dorfsprache ihnen wohlgetan hatte.
Sie gaben auch zu, daß sie sich immer Städtern gegenüber schäm-
ten, Mundart zu sprechen, daß sie das nach meinen Ausführungen
nun nicht mehr tun würden, da sie ja nun wüßten, daß ihre
Mundart kostbar und wertvoll sei.

Beobachtungen von heute ergeben eine ähnliche Lage der Mundart.
Viele in der Vätersprache aufgewachsene Mütter und Väter sprechen mit ihren Kindern nur noch hochdeutsch, weil sie glauben,
ihnen damit besser voran zu helfen. Sie ahnen nicht, daß sie
mit diesem Vorgehen eine jahrhundertelange Verbundenheit mit
den bäuerlichen Vorfahren abreißen, viele Gemütswerte, die in
der Mundart beschlossen sind, zerstören und die Kinder innerlich
arm machen. Seit vielen Jahren beschäftige ich mich mit den
Mundarten, besonders in unserem Hessenlande, und es ist mir
eine Herzenssache, ihnen die Achtung zu verschaffen, die ihnen
gebührt. Damit soll der Hochsprache kein Stein aus der Krone
geraubt werden; sie ist heute denn je das unersetzliche
Bindeglied aller deutschen Menschen, die jetzt durch Grenzen
aller Art voneinander geschieden sind. Aber Hochsprache und
Mundart gehören nach ihrer Entwicklung und Geschichte so eng
zusammen, daß man sich an beiden versündigt, wenn man eine von
ihnen verkümmern läßt.

Der Kreis Frankenberg gehört, was die Mundarten Hessens angeht,
zu den interessantesten Gebieten. Das möchte ich im folgenden
an Hand von zwei Karten erläutern und beweisen und damit allen
Kalenderlesern die Sache der Mundart ans Herz legen. (Karten 1 u. 2
s. auf der folgenden Seite.) Den größten Teil des Kreises habe
ich persönlich 1912/13 und 1923 abgewandert, den Süden hat eine

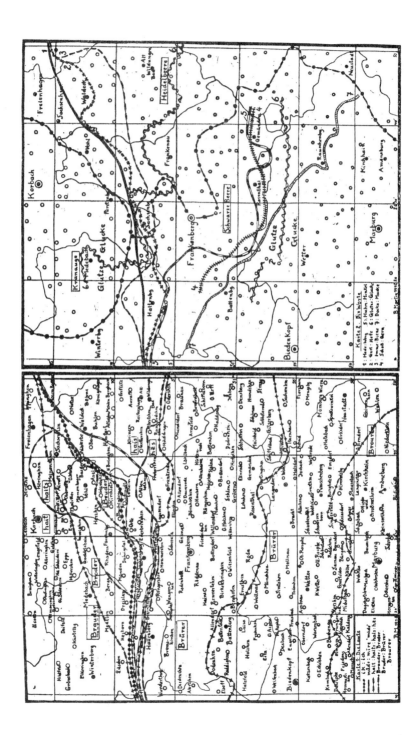

Arbeit von Dr. Bromm und eine ergänzende wortgeographische
von Dr. Leinweber behandelt. Die große Übersicht vermittelt
der Deutsche Sprachatlas in Marburg und das Hessen-Nassauische
Volkswörterbuch, dessen reiche Ausbeute Frau Professor Berthold
darbietet. So ist von der Wissenschaft alles vorbereitet, daß
man an eine Überschau der Mundarten des Kreises und seiner Nach-
bargebiete herangehen kann. Die Karten sind für das volle Verständnis immer heranzuziehen.

Vom Deutschen Sprachatlas hat die Mundartforschung gelernt,
daß man die Mundarten nicht in der Vereinzelung betrachten
darf, so interessant das sein kann, sondern im Gesamtgewebe
der deutschen Mundarten überhaupt. Tatsächlich ergaben die
Sprachkarten, die in mühseliger Kleinarbeit in Marburg aus
Tausenden von Fragebogen herausgearbeitet wurden, überraschen-
de Ergebnisse. Man beobachtete plötzlich Unterschiede, wo man
nach den Lautgesetzen der Mundarten keine erwarten konnte;
man sah auf einmal, daß die geschichtlichen Schicksale einer
Landschaft auf die Sprache einwirkten, daß Leben und Bewegung
in den Gebieten herrschte, wo man vorher nur starre Flächen
gesehen hatte. Die Sprachkarte wurde so zu einem Mittel, den
kulturellen Ablauf in einer Landschaft zu beurteilen, das mit
anderen Mitteln zusammen sehr wertvolle Einsichten ergab. Deshalb lege ich auch hier zwei Karten vor, die dem Leser von dem
sprachlichen und kulturellen Leben im Kreise Frankenberg etwas
vermitteln sollen.

Karte 1 bietet eine bezeichnende Auswahl aus der Fülle des
Stoffes für die L a u t e der Mundart.

Es ist bei allen Leuten im Kreise längst bekannt, daß im Westfälischen, im anschließenden Waldeckischen (außer Neukirchen
und Sachsenberg) und im Nordteil der alten Herrschaft Itter
für hochdeutsch *ich* *ik* gesagt wird (nur auf das *ch: k* kommt
es mir an!) Der Volksmund spricht von der Grenze zwischen
Sachsen und Franken, die Wissenschaft von der zwischen Niederdeutsch und Mitteldeutsch. Tatsächlich ist auf der nördlichen
Seite dieser Linie sprachlich eine völlig andere Welt; sie ist
ein uralter Wall, der durch die heutige Landschaft quer hin-
durchzieht. Er gilt für unzählige Gegensätze sprachlicher und
volkskundlicher Art. Da er mit der geschichtlichen Entwicklung
des Kreises und der anliegenden Gebiete nicht zu erklären ist,
muß hier ein älterer Zusammenhang vorliegen, der durchaus in
der alten Sachsen-Chattengrenze gesucht werden kann (allerdings
nicht auf den Ort genau so, wie sie heute verläuft). Denn wenn
wir nun näher hinsehen, beobachten wir, daß sich über und unter dieser Grenze Linien hinziehen, die meist bei Hallenberg
im Westen und bei Naumburg im Osten wieder zusammenlaufen.
Man erkennt also, daß gerade im Raume zwischen Frankenberg
und Korbach einmal schwankende sprachliche Verhältnisse geherrscht haben, die sich erst später in den heutigen Grenzen
festgelegt haben. So gilt unsere *ik/ich*-Linie nicht für alle
Beispiele der sogenannten Lautverschiebung (niederdt. ma*k*en:
hochdt. ma*ch*en, nd. lau*p*en: hd. lau*f*en, nd. Wa*t*er: hd. Wa*ss*er),
sondern es finden sich eine Reihe von Ausnahmen. So gehen bei
'Löffel', 'Kessel', 'besser', 'Nessel' u. a. Buchenberg,

Harbshausen, Kirchlotheim (in einzelnen Fällen auch Herzhausen)
mit dem Süden, umgekehrt haben bei 'das' Sachsenberg, Neukirchen und Liesen die nördliche Form *dat*.

Ähnlich steht es mit Gruppen von Worten, die altes *hs* haben
wie 'Ochse', 'wachsen', 'Fuchs', 'sechs'. Hier trennt die *ich*-
Linie nur Fu*ks*, se*ks* von nördlichem Fo*ß*, se*ß* (Harbshausen und
Kirchlotheim haben die südlichen Formen). Die Form O*sse*, wa*ssen*
wird im ganzen Gebiet unserer Karte gesprochen. Hier sehen wir
die Sprachbewegung besonders deutlich. Besonders bezeichnend
ist das Beispiel 'heiß', hier hat der Nordteil der Herrschaft
Itter mit einigen waldeckischen Orten die einzigartige Form
hai*ts*, die, wie man auf der Karte ablesen kann, aus der Mischung von hai*t* mit hei*s* entstanden sein muß. Man kann die
Mundartsprecher dieser Orte gerade an dieser Form erkennen.

Für die S e l b s t l a u t e (Vokale) habe ich nur drei
bezeichnende Fälle ausgewählt, die die Staffelung des Gebietes
von Süden nach Norden gut wiedergeben. Nur ein schmaler Streifen südlich der *ich*-Linie geht bei 'müde' mit dem Norden in
der Form *müde*; der Süden kennt nur *mide*, *mire*, nimmt die Lip-
penrundung beim Sprechen das ü zurück; man spricht deshalb von
'entrundeten' Lauten (ähnlich *Müse* : *Mise* 'Mäuse' usw.).

Bei 'heiß' (jetzt nur auf den Selbstlaut hin betrachtet!) hat
ein größeres nördliches Gebiet den Doppellaut *ai*, der sich
scharf von dem Einlaut *e* (*hes*) des Südens abhebt. Dieses *e*
geht um Marburg, Kirchhain, Neustadt in *ä* über (*häs*).

Reicher ist die Entwicklung bei 'Bruder'. *Brauder*, *Bröder*,
Bruder, *Brürer*, *Brurer*, *Brourer* folgen von Norden nach Süden
aufeinander; der Doppellaut ist nur hoch im Norden verbreitet.
Besonders auffällig ist das - *ü* - um Frankenberg, Rosenthal,
Gemünden. Es kommt in Fällen vor, die keine Umlautbedingung
(wie etwa in *Bach* : *Bäche*) haben; wir wissen diese eigentümliche 'Färbung' noch nicht zu erklären. Jedenfalls kann man
auch bei diesen Sprechern sofort erkennen, woher sie stammen.

Sehr scharf ist die südlichste Grenze *Brurer* : *Brourer*, auf
der sich viele andere Erscheinungen vereinen. Die *Brurer* :
Brürer-Linie verläuft ungefähr mit der Kreisgrenze Frankenberg : Marburg.

Wenn wir die Gesamtkarte übersehen, so können wir sagen, daß
das Gebiet um die *ich*-Linie durch die sprachlichen Kämpfe,
die sich um dies Bollwerk der Großmundarten Niederdeutsch,
Mitteldeutsch abgespielt haben, bestimmt ist, Kämpfe, die
fast jeden einzelnen Ort einmal hierhin, einmal dorthin gerissen haben. Der Raum um Frankenberg, Rosenthal gehört, wie
die Sprachatlaskarten zeigen, in einen eigenartigen Quer-
streifen, der das Wittgensteinsche mit dem Schwalmgebiet verbindet.
Karte 2 gibt einige Bilder von Worten, d. h. von verschiedenen
Ausdrücken für dieselbe Sache. Wir sprechen dabei von W o r t -
g e o g r a p h i e im Gegensatz zur L a u t g e o g r a -

p h i e . Beide haben ein eigenes Leben. Wir beobachten im ganzen das gleiche wie bei den Lauten. Um die *ich*-Linie, die von *Hede* : *Werg* wiedergegeben wird, schwingen die Linien bald näher, bald weiter aus. [Dahin gehören ferner etwa noch *diesen Tag* gegen *heute* 'heute', *Lüling* gegen *Spatze* 'Sperling', *Mauwe* (*Mogge*) gegen *Ärmel* 'Ärmel', *Pädde* gegen *Utsche* (*Itsche*) 'Kröte', *Hüpfer* (*Höpper*) gegen *Frosch* 'Frosch', *Harke* gegen *Rechen* 'Rechen', *Adel* gegen *Sutte*(*r*) 'Jauche', *Pfropfen* gegen *Stopfen* 'Flaschenkork', *Kringel* gegen *Kitzel* 'Kopftragkissen' u. a.].

Ein Linienbündel finden wir im Zuge der Kreisgrenze Frankenberg - Marburg. Die mundartlichen Formen sind übrigens verhochdeutscht wiedergegeben.

Wieder bemerkenswert ist der Mittelstreifen um Frankenberg, der gegen das nördliche und südliche Gebiet (mit *Glucke*) *Glutze* (*Glütze*) spricht. Auffällt auch bei 'Heidelbeere' die Form *Kranauge* im Waldeckischen, die soviel wie 'Kranichauge' bedeutet und nur noch in der Mark Brandenburg vorkommt. Die rote Preißelbeere heißt übrigens im Kranaugen-Gebiete *Heidelbeere*.

So könnte ich noch manchen Laut, manches Wort erläutern. Immer wieder würde das reiche Leben innerhalb der Mundarten aufleuchten. Es würde auch im Rahmen dieses Beitrags zu weit führen, wenn ich den Versuch machte, die Sprachentwicklung im Kreise Frankenberg und in den Nachbargebieten in den Strom der landesgeschichtlichen und kulturgeschichtlichen Vorgänge zu stellen und zu erklären. Einiges ist oben gesagt: Wer darüber Weiteres sucht, sei auf die oben angeführten Werke hingewiesen, die alle im Verlag Elwert, Marburg, erschienen sind.

Wenn es gelungen ist, die Vielgestaltigkeit des sprachlichen Werdens, den Reichtum der Mundarten aufzuzeigen, ist der Zweck des Aufsatzes erfüllt. Die Mundart steht in einzigartiger Weise den schöpferischen Quellen des Sprachgeschehens nahe, ganz anders, als die durch Vorschriften geregelte, aber auch dadurch eingeengte Hochsprache. Deshalb ist sie für die Erforschung jeder Sprache so wertvoll.

Die unendlich mühevolle Kleinarbeit, die gerade den Mundarten in allen deutschen Landen gewidmet ist, dient deshalb nicht etwa der Bewahrung von Kuriositäten oder landschaftlicher Eigenart, sondern dem größeren Ziel, Sprachwerden, Sprachleben überall und überhaupt zu erfassen und in seinen Gesetzmäßigkeiten zu erkennen, wo Menschen sprechen.

Von der Rhoder Schusterzunft im 17. und 18. Jahrhundert.

Ueber das innere Leben der waldeckischen Zünfte in früheren
Jahrhunderten wissen wir leider bisher sehr wenig. Nur dürftig sind die Nachrichten bei Curtze (Gesch. u. Beschr. S. 293
f., 423 ff. und 436), und auch sonst findet man nur Zunftbriefe und ihre Bestätigung erwähnt. Abgedruckt ist bisher,
soweit ich sehe, noch keiner der alten Zunftbriefe, obwohl
sie doch nach vielen Richtungen hin Interessantes erwarten
lassen. Die ältesten scheinen in Corbach vorhanden zu sein
(vgl. Leiß, Geschichtsbl. 18, 57, 63, 68; 14, 156 ff.). Bei
Sammlungen und Forschungen zur Geschichte der waldeckischen
Mundart, die mich schon seit 1912 beschäftigen, stieß ich in
Rhoden, meinem Geburtsort, bei Herrn Schuhmachermeister
G ö t t e auf die Lade der alten Zunft, in deren Innern ich
die "Articul" und ein Zunftprotokollbuch fand. Die "Articul"
synd aus dem Jahre 1679, das Protokollbuch beginnt anno 1658.
Die "Articul" seien im folgenden wörtlich veröffentlicht, Anmerkungen und Ergänzungen sind dem Protokollbuch entnommen.
Zum Vergleich in der nächsten Nähe Rhoden bieten sich die Angaben Falkenheiners über die Hofgeismarer Schusterzunft
(Gesch. hessischer Städte und Stifter II, 411 ff.) und die
Nachrichten Hüsers über die Warburger Bäckergilde (Zs. f.
rhein. und westf. Volkskde. 1907, 241 ff.).
    Vorangestellt sei aber die wörtliche Abschrift "Dero
löblichen Schuester Gilden Articul, Sitten und gute Gebräuche" vom Jahre 1679. Daß diese Articul älter sind oder besser,
auf ältere zurückgehen, erhellt daraus, daß das Protokollbuch
von 1658 dieselben Bestimmungen, die in den Articuln getroffen werden, voraussetzt. Allerdings scheint um das Jahr 1680
herum eine allgemeine Neuordnung und Befestigung des Zunft-
wesens vorgenommen zu sein; denn von der Zunft der Schreiner
und Tischler liegt das Zunftbuch von 1682, in dem ausdrücklich von einem A n f a n g die Rede ist, in Abschrift
vor, und auch in Warburg erfolgte 1691 eine Revision der Articuli (Hüser, S. 242). Es wäre ja auch gut denkbar, daß das

Zunftwesen in den Stürmen des 30jährigen Krieges eingeschla-
fen oder zerstört wäre, und daß erst um 1680 eine Befestigung,
ein Strafferziehen der Zunftzügel möglich wurde. Die Articul
lauten in wörtlicher Abschrift:

(S. 1). Dero löblichen Schuester Gilden Articul, Sitten
und gute Gebräuche.

(S. 2). Hinführo keiner hier mer arbeiten sol, er soll
erstlich sein bürgerlichen eit ablegen. (andere Hand ! M)

Beym Aufdingen eines Lehrgungen ist zum vorlesen den
Artikel 9 u. 10 zu suchen auch Artikel 13, 14-15. (dritte
Hand ! M.)

(S. 3). (1. Hand !) Dero löblichen Schuester Zunfft Meistere haben nachfolgende Articul und löbliche Sitten wornach
sich männiglich zu achten, aufgesetzet, als:

Erstlich,

Wenn sich Einer unter die löbliche Schustergilde begeben
wil, soll derselbe mit Warheit unberüchtiget, und ein Erbar
Biedermann seyn, und seine Ehre Wohl bewahret haben, und auch
sonsten ehrlich gebohren seyn. Und Wofern Er keine Mitgilde
oder Gerechtigkeit an der Zunfft hat, soll Er dem Handwerek
Vier, der Gn. Herrschafft Zween und der Stadt Rhoden Zween
Reichsthaler erlegen und bezahlen.

2. Eines Meisters Sohn aber soll das gantze Handwerk
frey haben, ohne daß Er die Zunfft oder Brüderschafft mit
acht Pfund Holländische Kese und Vier Schillinge zu Kringeln
Beschenken soll.

3. Wer sich in diese löbliche Brüderschafft begeben, und
Meister werden wil, der soll in Jegenwart deren Zunfft Meister und zweyer Beysitzer ein Stück Leder bereiten, schmieren
und den gebührlichen Schnitt thun: ein Paar ausgeschnittene
Schuhe mit Ecken, ein Paar hoher Schuhe mit scheiben Plöeßen,[1] und ein Paar Knie Stibbel machen können, oder altem
Gebrauch nach zween Reichsthaler und 24 gl. dafür erlegen.

([1] = mit schiefen Blößen; Blöße = glattes Stück
Leder).

4. So auch einer oder ander Begehrete, daß die Zunfft zusammen möchte gefordert werden, soll selbiger Zuerst 18 gl. an die Zunfftmeistere gebührlicher maßen abstatten.

5. Wenn auch ein Meister aus der Frembde sich allhier in unsere Zunfft zugeben willens, soll selbiger seinen Lehrbrieff und Zeugniß seines Wohlverhaltens erstlich bey denen Zunfft=Meistern eingeben.

6. Im gleichen, So auch eines Bürgers Sohn aus der Stadt Rhoden, oder Jemand aus denen Aembtern Rhoden und Eylhausen, sich in die Frembde begeben würde, das Schuester Handwerk zu lernen, und hernach, nach ausgestandener Lehre und Wanderschafft, bey denen Zunfft=Meistern angeben würde, Meister zu werden, soll selbiger ebenmäßig seinen Lehrbrieff zuvor auffweisen.

7. Wenn ein Junger Meister von hier sich wieder in die Frembde begeben und für einen Gesellen arbeiten würde, hernach aber allhier wieder Vor einen Meister arbeiten wollte, wie zuvor, soll ihm solches durchaus nicht zugelaßen noch gestattet werden, sondern ein solcher soll sich auff das neue wieder einkauffen.

8. So Einer Meister wird, und die löbliche Bruderschafft mit antritt, soll derselbe den Willkommen und Leichtuch mit einem Ortsthaler beschenken.

9. Wenn ein Meister einen Lehrjungen auffsetzen wil, soll der Meister solches zuvor denen beyden Zunfftmeistern andeuten, bey Vermeidung eines Reichsthalers Straff.

10. Alßdann soll der Lehr Jung vor die Lade angenommen werden, nemlich 3 Jahr, und die anwesenden Meistere mit einem Truncke beschencken, nemlich 18 gl. (Verbotgeld und 2 rl. 24 gl. aufdinge Gelt. (andere Hand !).

11. Wann dann nun ein solcher Lehr Junge seine drey Jahr ehrlich ausgestanden, und darauff begehret loßgesprochen zu werden, soll Er abermahl sich bey denen Zunfftmeistern sich einfinden, und ümb der loßsprechung gebührliche Ansuchung

thun, welche ihm alsdenn ümb die Gebühr, als drey Ortsthaler, seiner Bitte gewähren wollen, und zu einem ehrlichen Gesellen machen.

12. So sichs zutragen würde, daß ein Zunfftbruder stürbe, und etwa einen Lehr Jungen hinterliesse, so seine Lehre nicht ausgestanden, sollen die Zunfftmeister dahin verpflichtet seyn, einen solchen Lehr Jungen hinwiederümb mit einem guten Lehrmeister zu versehen.

13. Wenn auch ein Meister einen Lehr Jungen hat, soll er denselben fleißig zur Gottesfurcht und zum Handwerck und guten Christlichen Dingen halten, damit nicht Meister und Junge Schimpff und Schande deswegen haben müssen, Bey Vermeidung zwey Reichsthaler Straffe.

14. Wenn ein Meister einen Jungen in der Lehre hat, und denselben nach Möglichkeit unterweiset, soll auch dem Meister das Lehrgeld nicht Vorenthalten werden.

15. Wenn sichs auch zutragen würde, daß ein Lehr Junge ohne erhebliche Ursache aus der Lehre verlauffen möchte, soll dennoch dem Lehrmeister das völlige Lehrgeld erstattet werden.

16. So ein Zunfftbruder das Handwerk nicht brauchte oder, so eine Wittibe wäre, und Söhne hette; oder auch wenn pupillen[2] wären, so Lust zum Handwerck trügen, sollen sie sich dem 10. und 11ten Articul gemäß verhalten.

([2] pupillen = Waisen).

17. So auch Wittiben wären, so ümb ihrer Kinder willen das Handwerk erhalten wolten, wie auch ingleichen die pupillen, sollen sie Jährlich, wenn das Convivium gehalten wird, 2 gl. erlegen.

18. Wenn sich auch etwa ein Junger Meister an eines Meisters Tochter oder an eine Wittibe verheyrathen würde, soll derselbe allein die Halbscheid entrichten, nemlich: Der gn. Herrschaft 1 Thaler, der Stadt 1 Thaler und dem Handwerck 2 Thaler. Und denn ferner dem dritten Articul sich

gemäß verhalten.

19. Wann eines Bürgers Sohn, oder einer Vom Lande allhier das Handwerck gelernet, und demselbigen in der Frembde
etliche Jahre nachgezogen wäre, sich aber hernach bey seinem
Lehrmeister einfünde, und den Lehrbrieff begehrte, soll Er
zuvor denen Zunfft=Meistern 18 gl. vor das Gilden Verbott[3]
lieffern, und alsdann vor der Lade erscheinen und seinen
Lehrbrieff von seinem Lehrmeister entfangen, und ferner vor
das Siegel des Handwercks, zu mehrer Bekräfftigung seines
Lehrbrieffes, einen Reichsthaler erlegen.

([3] Verbott = Vorladung)

(Fortsetzung.)

20. Es soll auch ein Jeder, so aus der Lehre loßgesprochen wird, zum wenigsten auff zwey Jahr in die Frembde sich
begeben und auff das Handwerck reisen, damit Er desto besser
in Erfahrung und Wissenschafft komme: In Betrachtung es einem
ehrlichen Menschen wohl anstehet, wenn Er andern ehrlichen
Leuten, so sich auch in der Frembde etwas übgesehen, kan
Bescheidt geben. Kömmt aber Ein solcher ohn Verlauffung zweyer Jahr wieder zuhauß, soll sein Reisen vor ungültig gehalten, und darzu zu gebührlicher Straff gezogen werden, als
nemlich - (andere Schrift, zwei Bll. eingeschoben!) Weilen
wir in unserm Zunfftbrief ein Meisterstück welches nicht nach
der jetzigen Dracht kan gebrauchet werden, als ist von der
gantzen löblichen Zunft 1752 den 25ten Februar beliebet worden, das ins Künftige keiner solte Zum meister angenommen
werden, er habe den nach der jetzigen Dracht in Jegenwardt
der beiden Zunfftmeistere nebst zween beysitzern ein par
Stiebeln, ein par mans und ein par weiberschu, und ein par
pantuffeln zugeschnitlen und ins Zunftmeisterhauße verferti-
get in Jegenwart etlicher meister, als den soll er sich dem
20ten Articul gemeß verhalten haben ehe er zum meister angenommen sol werden. Es ist auch beliebet wen einer meister wird
zum wenisten zwey Jahr meister sol sein gewesen ehe er Einen
Lehr Jungen annehmen sol das Handwerck zu lernen, auch sol

ein meister so einen Lehr Jungen lesset looß sprechen auch
unter Zwey Jahr keinen wieder annehmen. NB. Das nun dieses
nebst andern articuln der löblichen Schumacherzunft soll gehalten werden haben es sembtliche meister ein Jeder auf einem
besondern Schein unterschrieben.   Joh. Henrich Christop
Gräbe Jeremias Albracht Zunftmeistere. (folgt leeres Blatt).

21. Und wenn denn einer oder ander in der Frembde etwas
gelernet und erfahren hette, und alsdann willens sich bey
uns nieder zu lassen, soll Er deswegen keinen alten Meister
neben sich verachten, sondern einen Jeden in seinem Stande
und würde lassen, bey Straffe - 18 gl.

22. Wenn zwey oder mehr zugleich Meister werden, soll
einer denen Zunfftbrüdern der Gebühr nach die Auffwartung
thun, die andern aber ein Jeder der Zunfft einen Rthlr. erlegen.

23. Wann die Zunfftmeistere die Zunfft oder Brüderschafft
durch den Jüngsten Meister citiren lassen, sollen sie sämbt-
lich auff den bemelten[4) Glockenschlag in des Zunfftmeisters
Hause erscheinen, bey Vermeidung 5 gl. Straff.
                    ([4) bemelten = bemeldcten =
                              erwähnten.)

24. Es soll auch ein Jedwed Zunfftbruder seinen vorgesetzten Zunfftmeister ihre gebührende Ehre geben, und denselben nicht mit Dutzen begegnen oder Du heißen, bey Vermeidung 5 gl. Straff.

25. Es soll bey offener Lade ein jeder Zunfftbruder mit
entblößetem Häupt sitzen, solang, biß die Lade wieder verschlossen, bey Vermeidung Straffe 5 gl.

26. So ein Zunfftbruder würde straffällig seyn, sollen
die zweene Zunfftmeistere neben zweyen Beysitzern darüber
Audientz halten, der Verbrecher aber die Audientz Stube so
lange meiden, biß er gefordert und der gebühr nach abge-
strafft wird.

27. Es soll auch der Straffällige nicht eher seinen ge-

bührlichen Sitz begleiten (? M.), biß er die Straff bedungen
hat, bey Straff 5 gl.

28. Es soll auch ein Jedweder Zunfftbruder seinen gebührlichen Stand oder Stuel in achtnehmen, wie er in die
Zunfft kommen, wie auch in gleichen in der Leichbegängniß
in solcher Ordnung folgen, bey Straff 5 gl.

29. Wenn auch ein Zunfftbruder, er sey in der Stadt oder
auf dem Lande, Jemanden in Arbeit verhafftet[5], und das Leder geschmieret, soll demselben kein ander in die Arbeit fallen, so lange biß das geschmierte Leder verarbeitet, bey
Straffe 18 gl.   ([5] verhafftet = zur Arbeit sich ver-
                              pflichtet hat.)
30. Weiln vorzeiten gebräuchlich gewesen, so man einem im
Hause gearbeitet, von jeglichem Paar Schuhe 8 gl. zu Lohn,
Jetzo das Handwerk ziemlich hochkommt, alß soll hinführo kein
Zunfftbruder ohn von jeglichem Paar Schuhe 14 gl. sich solcher Arbeit bedienen, bey Vermeidung Straff 18 gl.

31. Wenn auch Ein oder der ander Zunfftbruder im Leder-
kauff begriffen, es sei rauh, oder gar Leder. soll ihm kein
ander in den Kauff fallen, bey Vermeidung Straff 18 gl.

32. Es soll auch keiner außer der Gilde einigerley Leder,
als Kuhhäute, Kälberfelle, Ochsen und Pferde Ledder kauffen,
bey Verlust des Leders, es sey denn auf freyem Marckt.

33. Und wenn ein Gildenbruder solch Leder kauffen wil,
soll Er solches nicht thun auff den Thieren, sondern wenn
das abgezogen ist, bey Straff 18 gl.

34. Wenn auch Ein Zunfftbruder etwa eine Haut verkauffen
wolte, sie sey gelöhet oder ungelöhet, soll Er dieselbe zuerst der Bruderschafft anbieten und verkauffen, so fern Er
mit derselben einig werden kan, wo aber nicht, mag Er sein
Bestes damit prüfen, bey Vermeidung von Straff 18 gl.

35. Wenn ein Meister von einem Zunfftbruder oder von einem
andern gescholten oder beschimpfft würde, soll ihm solang das
Handwerk verbotten seyn, biß Er sich verthädiget[6] und seinen
ehrlichen Nahmen rettet.   ([6] verthädiget = verteidigt,
                                        gereinigt.)

36. Wann Leichbegängnisse in unser löblichen Bruderschafft
wie auch gleichfalls in der löblichen Schneiderzunfft Vorfal-
len, wie wir uns denn hierin miteinander Vereiniget und Versprochen, sollen die sämbtlichen Zunfftbrüder auf Citirung
mit ihren Mänteln und reinlichen Kleidern in des Zunfftmeisters Hause erscheinen, und neben ihren weibern, wenn sie
keine erhebliche Ursache haben, die Leiche mit begleiten
helffen, bey Vermeidung Straff 5 gl. (spätere Hand): Wer
aber von der leiche umwendet der soll die Halbschiedt Erlegen.

37. Auch, so in unser eigenen Zunfft sichs begeben möchte, daß Leichen vorfielen, so da solten getragen werden:
oder andere, so da sollen geführet werden, sollen die Jüngsten Zunfftmeister zum tragen, wie auch zum auf und absetzen
auf den Wagen Verpflichtet seyn.   (freie Seite !)

Wie sich ein Jedweder Zunfftbruder beneben den Seinigen
bey dem Convivio verhalten soll.

1. Wann ein Vorrhat in der Lade zum Besten ist, laß.
ein Convivium gehalten wird, sollen die Weiber mit erscheinen, im gleichen auch die wittfrauen, und den Vorrhat helffen
verzehren, bey willkühriger Straffe.

2. Wann eine Jungfrau zum ersten mahl zu unserm Handwercks Convivio geladen wird, soll sie das Handwerck beschencken mit einem Maaß Wein, mit einem Schincken, dwantzig
Eyern, und ein Pfd. Butter. Wofern sie sich aber zar wider
legen würde, soll sie solches toppelt erlegen. Auch soll die
Stube oder Gemach von den Kindern befreyet bleiben.

3. Wann in der Lade ein Vorrhat vorhanden ist, sollen die
Zunfftbrüder in ihren reinlichen Kleidern erscheinen, und
solches in Zucht, Friede und Einigkeit vorzehren, und die
Stube oder Gemach nicht mit Toback beschimpffen, auch soll
kein Trunck ohne Urlaub über die Schwelle gereichet werden,
bey Straff 5 gl.

4. So sich auch Einer oder ander bey gemeltem Convivio
mit dem Trunck überladen würde, und mehr zu sich nehme als
Er ertragen oder bey sich lassen kan, und dahero die Ehrliche

Bruderschafft, oder des Zunfftmeisters Behausung Beschimpffe-
te, soll selbiger in Straffe erkläret seyn - 18 gl.

5. Wann einer oder der ander würde das Bier vergiessen,
oder ein Gefäße ümbstossen, daß das Gefässe zerbrochen würde,
soll Er dasselbe also bald bezahlen, und vor das Vergissen
gestraffet werden - 2 gl.

6. Es soll auch ein Jeder Zunfftbruder in seinem reinlichen Kleide, welches Er den ersten Tag angehabt, solange
biß der Vorrath verzehret, erscheinen, bey Vermeidung Straff
5 gl.

7. Wann die Zunfftbrüder ihr Convivium halten, soll des
Abends nach Glock zehen kein Bier mehr gezapffet werden, bey
Straff 9 gl.

8. Wenn auch innerhalb des Convivii des andern Tages
Predigt oder Betstunde gehalten wird, soll ein jeder Zunfftbruder darinnen erscheinen, bey Straff 5 gl.

9. Dieweil sich auch offt zugetragen, daß mancher sich
wieder bey dem Bier des morgens sehr früh, wenn der Himmel
grauet, wieder eingefunden, und dahero fast nicht einmahl
nüchtern worden, daraus ein unordentlich und säubisch Leben
folget; alß soll solches Christlicher Zucht und Erbarkeit
halben hinfort gäntzlich abgeschafft seyn; auch   v o r
Glocke 9 Uhren kein Trunck gezapfft werden, bey Straff 9 gl.

10. Daß nun alles Vorsatzte uns sämbtlichen Zunfftbrüdern nicht allein, sondern auch von unsern Nachkommen soll
beobachtet und fest und steiff gehalten, im geringsten nicht
vergeringert, sondern allzeit verbessert werden, ist unser
aller Wille.

11. Damit sich aber niemand zu entschuldigen hat, Er
hette dieses nicht gewust, sollen diese Articul, so offt ein
Junger Meister antritt, und so offt wir unser Gilden Zehrung
halten, verlesen werden, damit sich ein jeder Zunfftbruder
darnach gebührlich zu achten und zu verhalten weiß, zu mehrer
Haltung haben wir sämbtliche Zunfftbrüder dieses alles eigenhändig unterschrieben. So geschehen Rhoden, den 29sten Maji
Im Jahre Christi 1679.

(Schluß.)

Auch ist von sämtlicher Zunft beliebet, daß hinführo keiner
soll zum Meister angenommen werden er halte sich denn dem
Rechterzunft Orgenahl Privilegio gemäß und halte sich ferner
dem 2 ten Articul gemäß oder über denselben sich suche mit
Zunft sich zu vereinigen. Auch ist noch beliebet daß hinführo
kein Fremder zum Meister angenommen werden, er verfertige
dann zuvor sein Meisterstück in zunft Meisters Hause und
lasse sich von depotierten besuchen oder es seye dann, daß
er sich darüber mit löblicher Zunft abfindet, eines Meisters
Sohn soll aber daß Recht haben selbiges zu verfertigen nach
seiner besten Gelegenheit. (andere Hand.)

Rhoden, 26ten Junii 1800 Anthon Fried Bigge als Zunft
Meister Wilhelm Kleinhorst als mit Zunft Meister Henrich
AckerMann als Schefner Johann Friderich Dinger als Scheffe-
ner.

Dann folgen nach einer leeren Seite die Unterschriften
der Zunftmeister, an erster Stelle Johan Weber und 26 andere
Namen.

Im ganzen haben bis zum Jahre 1858 183 Meister unter-
schrieben. Oft findet sich, daß ein Meister für einen des
Schreibens unkundigen Bruder unterschreibt oder die drei
Kreuze bescheinigt.

1858 findet sich folgende Eintragung: Geschehen am
27. Mai 1858 wurde von uns Herr Meister sämtlicher Zunft
unserer Vorfahren Entschlüsse wieder in Kraft getreten welches ein jeder Meister eigenhändig unterschrieben

        Zunft Meister Fr. Götte
        Mitzunftmeister Carl Kleinhorst
        als Schefner H. Christian Götte
        als Schefner Wilhelm Gercke
        als Jungmeister Carl Götte.

Es folgen dann die Namen der damaligen 21 Meister.
Dazu seien folgende Erläuterungen und Bemerkungen gefügt:

Aus Art. 6 ergibt sich, daß die Zunft in Rhoden für die Stadt

Rhoden und die Aemter Rhoden und Eilhausen galt; das wird
durch gelegentliche Angaben des Protokollbuchs bestätigt.
(z. B. 1672. Henrich Ohl von der Kolgrund). Zu Art. 3: bis
1752 scheint die Anfertigung der "ausgeschnittenen Schuhe
mit Ecken, der Paar hohen Schuhe mit scheiben Plöeßen und des
Paares Knie Stibbeln" als Meisterstück üblich gewesen zu
sein, obwohl wohl schon früher das eine oder andere "unmo-
dern" war. Zu Art. 11: ein Ortsthaler galt (nach Collitz-
Bauer, wald. Wörterb. S. 163) einen viertel Reichsthaler oder
6 gute Groschen. Zu Art. 3 der Convivium-Ordnung: Das Tabak-
rauchen wird in Warburg auf gemeinsame Kosten vorgenommen
(Hüser S. 253); die Rhoder Schreinerzunft besitzt noch ein
messingenes Kohlenwägelchen, das auf dem Tisch herumgefahren
werden konnte und den Meistern glühende Kohlen bot. Zu Art. 8.
Hier scheint noch ein letzter Rest des ursprünglich engen
Zusammenhanges mit den geistlichen Bruderschaften durchzu-
schimmern, der 1691 in Warburg noch stärker betont ist. Dahin
weist auch die im Protokollbuch für die Zunftmeister gegebene
Bezeichnung "Ambdechen, Dechen" gleich decanus, Dekan, die
auch in Hofgeismar, Warburg, Corbach usw. gilt. Bedeutungs-
voll ist, daß diese Bezeichnung in Rhoden nur bis 1682 gebraucht wird und dann durch "Zunftmeister" ersetzt wird. Auf
protestantischem Gebiete mochte man wohl einmal an diesem Ausdruck Anstoß nehmen.

Aus dem Protokollbuch sei noch folgendes zusammengestellt:

Anno 1658 hatte die Zunft 15 Amtsmeister. Von diesen
waren zwei die Dechen, Ambtdechen; diese wurden in der Regel
auf drei Jahre gewählt. Das Hauptfest, das Convivium, scheint
am 25. Juni, am St. Johannistage, alljährlich die Zunftbrüder
mit ihren Frauen vereinigt zu haben. Später tauchen auch oft
andere Tage auf. Bei diesen Zusammenkünften wurde das einge-
nommene Geld verzehrt. Die Haupteinnahmen sind die Lehr-
lings-, Gesellen- und Jungmeistergebühren. Für einen Lehrjungen mußte der Vater einen Ohm Bier oder (1659) 2 Reichsth.
6 Schillinge bezahlen. Zu diesen Einnahmen traten die Straf-

gelder, die oft eine erkleckliche Höhe hatten. So wird 1659
Henrich Beitiken mit drei Schilligen bestraft, weil er "Hartman Ladagen gescholten vor Einen droch und lügener" und "Jor-
gen Fiegen ist in straffe Ehrkennet das Ehr mit dem Schinder
gedruncken und gezechet hadt zwei dage 3 Sch. (Die Schinder
galten als unehrlich). 1669 wird Lieppus Herboldt bestraft,
"weilen ehr sich gegen das Handwerck gesetzet hat mit un-
nützen worten Einen halben Reichsth." 1668 wird Hartman Ladagen
dagen zu einem Schreckenberg (= 6 Sch.) verurteilt, weil er
häßlich geflucht hat. Die Zunftbrüder scheinen sich oft in
die Haare geraten zu sein, häufig werden Strafen genannt wegen "streitbarer Worte" u. ä.

All diese Gelder wurden in den Zunftzusammenkünften verzehrt. Was da draufging, erzählen folgende Zahlen:

1659 wurde am St. Johannistage verzehrt: An Bier 3
Reichsthlr. 18 Schill. An Kost und Gewürtz 3 Reichsthlr.
12 Schill. 9 Pfg., zusammen für 7 Reichsthlr. 12 Schillinge
9 Pfg. Wenn man nun hinzu nimmt, daß man, wie aus einer
Aufstellung für 1660 hervorgeht, für einen Hering 4 Pfg.,
für ein Pfund Käse 19 Pfg., ein Brot 14 Pfg., für Eier und
eine Bratwurst 4 Pfg. bezahlte, so ergeben sich erstaunliche
Mengen des Verzehrten.

1663 kostet die Ohm Bier 2 Reichsthlr. 6 Schillinge,
eine Ohm ist gleich 16 2/3 Eimer = 100 Maaß = 400 Schoppen.
Als holländischer Käse war auch in Rhoden der Texkäse (Käse
von der Insel Texel b. Amsterdam; vgl. Hüser, 244) beliebt.
Bei diesen Zehrungen (auch Gilden-Z.) ließen sich die Meister auch aufspielen. So wird 1663 unter den Ausgaben notiert: "den Spielmanne geben 19 Schill. 6 Pfg." Die Sehnsucht nach einer Zehrung schien manchmal groß zu sein. 1670
findet sich wörtlich folgende Eintragung: "Die Ambtmeister
clagen uber den Ambdechen liepus Ramuß weilen Philiepus Guten
ein Ambtes gebodt begerett Ramus geantworte Ehr mochte woll
viertzen dage arbeiden under desen hette Ehr selber bier das
das geldt konte vordruncken werden." Der Ambtdechen Ramus
hat scheinbar mit seiner Aeußerung die Forderung einer Zeh-

rung ablehnen wollen. Der Zunft standen vor zwei Ambtdechen oder (seit 1681) Zunftmeister; 1695 werden auch einmal zwei Beisitzer genannt; 1756 unterschreibt außer den beiden Zunftmeistern auch Johannes Bigge als Schaffener. Von einer besonderen Gesellenvereinigung steht nichts in dem Protokollbuch. Die Lehrjungen (seit 1757 Lehrbursen genannt) mußten meist 3 Jahre lernen; nur bei Meistersöhnen und in Ausnahmefällen wurden zwei Jahre Lehrzeit festgesetzt (so 1685 des fösterß berent Teweß Sohn; 1726 des Corporalß sein Sohn Johan Henrich Christoffel Greben und 1733 des Herrn schirsanten Fresen sein Sohn.) Einmal 1736 kommt es vor, daß ein Jungmeister nicht angenommen wird, "umb der Wander Jahre und des bürger werdens willen", weil er also seine beiden Wanderjahre nicht durchgehalten und den Bürgereid noch nicht geleistet hatte. 1680 und 1683 zahlt eine Witwe "von wegen der Zunft zu erhalten" (vgl. Articul 16) je 4 Groschen. Wer nicht Meister war, durfte kein Leder selbständig einkaufen. So wird Otte Henrich Weber "Anno 1682, den 13ten Junii in Straffe erkant weillen ehr sig deß ledderkauff bedienet und noch nicht meister worden, solge straffe hatt ehr verakkerdieret undt dem Hantwerke ein silbern schilt an den wielkom versprogen undt folgeß mit ein hant klab bekrefftiget." 1687 wird der Weißgerbermeister Johann Arend Engelhart zünftig. Bis 1701 werden Angaben gemacht über die Ausgaben und Einnahmen der Zunft. Von da ab werden meist nur noch die Protokolle eingeschrieben über die Aufdingung und das Lossprechen der Lehrjungen und die Aufnahme neuer Meister. Nur selten finden sich dann noch Ausführungen andern Inhalts. 1718 und 1723 wird die Zunft auch Bruderschaft genannt. 1726 beschließt die Bruderschaft "auf die künftigen Fastelabendt eine Verenderung zu machen". Die Zucht scheint von 1724 an nachzulassen. Es werden auffällig viel Meister gestraft, weil sie nicht zu Beerdigungen oder anderen Zunfthandlungen erscheinen. 1743 nimmt Meister Friedrich Schultz einen Lehrjungen Jürg Henrich Vester an, den Herr von S p i e g e l lernen läßt; unterschrieben ist auf dem Neudorf. Die beschwerlichen Zeiten um 1760 wer-

fen ihre Schatten auch in das Protokollbuch. 1762 muß Meister
Jacob Götte bestraft werden, weil er "in diesen beschwerlichen Zeiten" dem Lehrburschen nicht die gesetzten 3 Jahre hat
aushalten können. Er darf sein Lebtag keinen Lehrjungen mehr
annehmen und muß die Verpflichtung persönlich unterschreiben.
1764 muß ein Lehrjunge 3 1/2 Jahre lernen; davon soll der
Junge 2 Jahre bei den Eltern essen, 1 1/2 Jahre beim Meister.
Ein anderer Meister verzichtet auf das Lehrgeld, wenn die
Eltern den Lehrjungen daheim essen lassen. In demselben Jahre
läßt Meister Pettenhausen seinen Lehrjungen lossprechen unter
der Bedingung, daß er nicht eher Kundschaft haben solle, bis
er sein Lehrgeld bezahlt hätte. 1765 wird Joh. Georg Beiteke
von Wrexen Meister, der in   H o l l a n d   gelernt und ein
Jahr gearbeitet hatte. 1766 hat Meister Joh. Friedrich Bigge
seine Wanderjahre wegen herrschaftlicher Land Militz nicht
halten können. Da er das mit Zeugnissen belegen kann, wird
er trotzdem Meister.

Unter dem 18. 3. 1767 findet sich folgende merkwürdige
Eintragung: "Heute unten gesetzten Dato hat Meister Joh. Georg
Beiteck von Wrexsen seinen Lehrburschen nahmens Johannes
Francke auch auß Wrexen weil er sich untern soldatesche sich
begeben und den 15ten dieses nach   H o l l a n d   muß in
dienste zugehen auß so bewanten umstenden und das es nicht
zu Endern gewesen hat ihn die löbliche schumacher Zunft vor
offener Laden loßgesprochen und zu einem Ehrlichen gesellen
gemacht."

Die letzte Eintragung in diesem alten Protokollbuch ist
vom 18. Januar 1774. Die Zunft hat bestanden bis in die achtziger Jahre des 19. Jahrhunderts.

Von dem Willkomm ist nichts mehr vorhanden; auch das
Bahrtuch und das Siegel sind nicht mehr da. Eine Lade aus
dem Anfang des 18. Jahrhunderts birgt noch die alten Bücher,
eine Masse späterer Rechnungen, leere Gesellenbriefe usw. Das
alles kündet noch von den stolzen Zeiten, da die Zünfte eine
große Rolle spielten in den Städten. Heute erzählen davon
auch noch die schweren Grabdenkmäler auf dem alten Friedhof

neben der Apotheke, auf denen die stolzen Zunftzeichen ein-
gehauen sind. Im Volke selbst lebt nur noch die Erinnerung
an die Gildenzehrung fort, bei der flatternde bunte Bänder
an des Zunftmeisters Hause das Fest den Bürgern anzeigte.

Volkskundliches aus Waldeck um 1880

Vor etwa 40 Jahren hat Prof. Georg WENKER in Marburg mit Unterstützung der deutschen, besonders der preußischen Regie-
rungen das Riesenwerk des *Sprachatlas des Deutschen Reiches*
begründet. Er sandte einen Fragebogen aus, der in 40 knappen
Sätzchen das Wichtigste für die Erforschung der deutschen
Mundart in lautlicher Hinsicht zusammenfaßte. Diesen Bogen
sollten die deutschen Lehrer entweder selbst ausfüllen oder
durch Eingeborene in der Mundart des Ortes beantworten lassen.
So entstand eine Sammlung von 46 000 Formularen; fast alle
Schulorte des Deutschen Reichs waren vertreten. Auf dieser
gewaltigen, tragkräftigen Grundlage wird nun seit 40 Jahren
der Sprachatlas des Deutschen Reiches aufgebaut. Auch in den
Orten des Waldeckerlandes ist dieser Bogen beantwortet worden
(nur wenige fehlen, und zwar die, die seit 1880 eine eigene
Schule bekommen haben). Manche der alten Kollegen meines Vaters werden sich vielleicht noch der Sache erinnern. Auf der
Rückseite dieses Fragebogens nun hat WENKER damals auch einige
volkskundliche Fragen angebracht, zu denen allerdings nicht
alle Beantworter etwas zu sagen wußten.

Da nun die Angaben zu diesen Fragen immerhin für die *Kenntnis
der waldeckischen Volkskunde um 1880* einen großen Wert haben,
dürfte es nicht uninteressant sein, in diesen der Heimatkunde
im weitesten Sinne dienenden Blättern das Wichtigste aus diesen Nachrichten zusammenzustellen. Verfasser möchte auch gerne
damit diesem Teile der waldeckischen Heimatkunde neues Interesse zuführen; er würde sich freuen, wenn die Landsleute, die
diese Zeilen lesen, hieraus die Anregung nähmen, ihm kurz (auf
Postkarte, aber auch in längeren Berichten) darüber Nachricht
zukommen zu lassen, ob der eine oder andere der angeführten
Gebräuche noch im Schwange ist. Jede, auch die kleinste Angabe, ist hochwillkommen. Aus den Tausenden von Einzelstein-
chen ließe sich dann vielleicht einmal ein großes Mosaikbild
gewinnen, das Kunde gäbe von waldeckischem Volkstum, waldeckischem Brauch, waldeckischer Lebensformung. Die Angaben müßten,
mit genauer Adresse des Ausstellers versehen, an Dr. Bernhard
MARTIN, Marburg (Lahn), Gisselberger Straße 19, eingesandt
werden.

Die erste Frage des WENKERschen Bogens erkundigte sich nach
der *Tracht*, und zwar fragte sie zuerst nach der *Männertracht*.
Die Antworten ergeben meist, daß die Männer damals vorzugs-
weise den leinenen blauen Kittel trugen, den die Frauen
selbst gewebt und genäht hatten, dazu kamen lange leinene
Hosen, auch blau, aber auch weiß (so von *N.-Schleidern* ausdrücklich bezeugt). Sonntags wurden wohl auch Tuchhosen und
-röcke getragen (*Lengefeld*, Tewes). Für *Hundsforf* (Lehrer
Kliffmüller) wird gesagt, daß der Kittel mäßig lang sei und

auf den Achseln mit weißem Zwirne aufgenähte Blümchen trage.
Für *Eppe* (Pfarrer JAEGER) wird die Farbe des Kittels mit hell-
blau angegeben. Der Gewährsmann für *Dehringhausen* (ENGELHARD)
sagt: "Ein Unterschied zwischen den Bewohnern des Twister
Kreises und denen des Eisenberger Kreises besteht darin, daß
man im Twisterkreise *hellblaue* Kittel, im Eisenberger Kreise
mehr tiefblaue (schwarzblaue) trägt; dagegen im nachbarlichen
Hessen im Kreise Wolfhagen trägt man weiße leinene kurze Hosen
und Gamaschen." Ob diese Beobachtung auch wohl heute noch gemacht werden kann, ob sich alte Leute dessen noch erinnern?
Für *Lelbach* (MÜNCH) wird bezeugt, daß "alle Männer noch lange
Gamaschen und kurze Hosen" tragen; in *Welleringhausen* (BICK-
HARD) haben nur noch zwei Greise Tracht, welche, ist leider
nicht angegeben. Für *Schmillinghausen* (H. EMDE) wird neben
dem Kittel die kurze leinene Jacke angeführt, die mir auch von
Rhoden her bekannt ist. In *Nieder-Schleidern* (CLEMENT) trägt
man lederne Schuhe, im Winter mit Gamaschen - auch wohl Holz-
schuhe. Dort wird auch ein Halstuch und die zweireihige bis
oben zugeknöpfte Weste getragen.

Was die *Frauentracht* betrifft, so wird die genauste Schilderung für *Nieder-Schleidern* gegeben. Dort heißt es wörtlich:
"Arbeitskleider der Frauen: Ein, einem Unterrock ähnliches,
öfters selbst gewebtes Kleid, halb Wolle und halb Flachs,
mit einem Leibchen ohne Ärmel. - Taille stark gekräuselt
reicht bis an die Knöchel. Im Sommer Hemdsärmel, sonst Jacke.
Eine schwarze, unter dem Kinne gebundene Mütze." In *Schmillinghausen* und *Hörle* tragen die Frauen meist Kleider (Röcke) aus
selbstgefertigter Beiderwand, gestrickte wollene Tücher und
eine gedruckte leinene Schürze. Als Kopfbedeckung findet man
noch viel eine spitze Haube. In *Hundsdorf* tritt Bandbesatz
an den Röcken hinzu und Kattunjacken. Der Kopf ist dort bloß,
das Haar wird zum breiten Zopf geflochten, der nach hinten
übereinander geschlagen und festgesteckt wird. Die verheirateten Frauen in *Wellen* (FRESE) tragen im Winter aus buntem
Kattunstoff, mit Sammtkragen versehene Radmäntel. Das gilt
auch in *Hüddingen* (GIFFEL), aber "hauptsächlich auf Reisen."
In *Lengefeld* sind die breiten Zöpfe der Mädchen und Frauen
nicht mehr Mode. *Rhenegge* kennt schon 1880 keine Tracht mehr,
sie hat sich "durch den Modeschwindel", wie der Lehrer Fr.
FREESE bitter bemerkt, im Laufe der Zeit verloren. Der Name
der Frauenmütze ist für *Hemfurth* (VOIGT) noch angegeben:
Nebelkappe , mit dem Zusatz "Kopftracht bei älteren Frauen".
(In *Rhoden* ist der Ausdruck Niwwelkappe auch heute noch bekannt. Wo noch?).

Eine weitere Frage will etwas vom *Hausbau* wissen. Auch hier
finden sich einige interessante Angaben. Im Gebiet des fränkischen Hausbaus werden nähere Ausführungen über *Wellen* gemacht:
"Die Wirtschaftsräume sind von den Wohnräumen meist getrennt
und nicht mit diesen, wie man es in den beiden anderen Kreisen des Fürstentums findet, unter einem Dache. Vor den Haus-
türen sind meist Treppen, und auch in die Wohnstube gelangt
man vom Hausflur erst auf einer kleinen Treppe. Dort wird
auch das "Hausheben" noch durch einen Gottesdienst in der

Kirche eingeleitet, dann kommt das Aufrichten des Hauses, wobei Kranzjungfrauen mitwirken, Tanz usw. In *Dehringhausen* ist
die Bauart der Häuser "theils bei alten Häusern sächsische,
bei neuen fränkische Einrichtung". Auf den Häusern in *Neukirchen* (HOPFF) erblickt man noch auf dem Ende der Hausfirsten
die sog. "Pferdeköpfe". In *Rhadern* TÖNGES) sieht man noch
Häuser westfälischer Bauart.

An Sitten und Gebräuchen finde ich folgendes:

1) *Neujahr*. In der Neujahrsnacht geht in *Hundsdorf* der Hirte
im Dorfe herum, jedem das Neujahr wünschend mit Wort und
Hörnerklang. (In *Rhoden* am Neujahrsmorgen).

2) *Fastnacht* (Fastelabend) wird in *Schmillinghausen* und *Hörle*
volle acht Tage von Jung und Alt, teilweise mit viel Lärm
gefeiert.

3) Dort besuchen auch von *Weihnachten* bis Ende Winter Mädchen
und Burschen jeden Abend die Spinnstube; es bilden sich dann
an 5 - 6 Spinngesellschaften; es wird als eine Ehre angesehen,
irgend einer derartigen Vereinigung anzugehören. Auch die
Frauen und Männer richten für sich solche "Spinnstuben" ein.

4) *Ostern*. In *Rhadern* ziehen die Kinder am Abend des ersten
Ostertages auf den "Osterköppel", zünden einen vorher zusam-
mengetragenen Haufen Holz an und kehren mit brennenden Holz-
und Strohfackeln zurück.

5) *Pfingsten*. Maibäume gibt es zu Pfingsten in *Wellen*, *Rhadern*
und *Hundsdorf*. In Wellen findet dann auch das *Eierlesen* statt
(vgl. CURTZE,Beschreibung S. 408), "ein Fest, das von zwei
Burschen als Hauptbetheiligten, auf einer Wiesenfläche vor
vielen Zuschauern aufgeführt wird und mit Tanz endigt." Dort
ziehen auch die Burschen und Mädchen an schönen Sonntagsaben-
den im Frühling lustwandelnd aus dem Dorf hinaus und singen
Volkslieder. Ed. FRESE schreibt dabei: "diese Sitte findet sich
nicht im nördlichen Teil des Fürstentums."

6) *Andere Feste*. In *Nieder-Schleidern* finden in der Regel
große Kindtaufen, Verlobungen, Hochzeiten und Beerdigungen
statt. Die Verlobung erfolgt durch feierlichen Handschlag.
Von dort wird auch die große Gastfreundschaft unter Verwandten und Bekannten gerühmt. Die Burschen finden sich in
Wellen, von wo dieser feierliche Handschlag auch bezeugt wird,
dazu ein und knallen mit Peitschen im Takt, singen auch wohl
ein Lied, worauf sie der Bräutigam beschenkt.

In *Hundsdorf* finden jeden Herbst zwei dreitägige Kirmessen
statt.

Verheiratete Personen erhalten dort, wenn sie gestorben sind,
auf ihren Sarg keinen Kranz, überhaupt keinen Schmuck, oft
auch kein Sargtuch; dem Gefolge aller Männer folgen alle
Frauen und Jungfrauen hinter dem Sarge her. Hat jemand Trauer,
so wichst derselbe keine Schuh und Stiefel, sondern schmiert
sie allenfalls.
[In *Medelon* (Uhlenküken) bekunden die Frauen ihre Trauer beim

Leichenzuge durch weiße Tücher; bemerkenswert sind noch dort die sog. *Loren* (breite Kragen) getragen von alten Frauen].

Zum heiligen Abendmahle setzen die verheirateten Frauen in *Hundsdorf* weiße Hauben auf, auf diese setzen sie netzartige schwarze Hauben, so daß man erstere schön durchschimmern sieht.

Wie haben die Waldecker vor dem die Moral zersetzenden Kriege ihren Dorfgenossen vertrauen können! In *Schwalefeld* wurde, wenn die Bewohner eines Hauses ins Feld gehen, die Haustür nicht verschlossen, sondern ein Besen oder Stock quer vor die Haustür gestellt als Zeichen, daß die Einwohner nicht zu Hause waren.

Obs das noch heute irgendwo in Waldeck gibt? In *Rhoden* ist mirs von meiner Jugend her auch bekannt. So weit diese bescheidene Lese aus den Formularen des Sprachatlas. Wie manches wird sich inzwischen geändert haben. Mit einer gewissen Wehmut blickt man in diese schlichten Zeiten zurück, wo man noch am Althergebrachten hing. Die moderne, mordende Stadtkultur zerreißt und zerstört die meisten dieser altehrwürdigen Ueberlieferungen, Sitten und Gebräuche. Vieles ist ja schon gesammelt und zusammengestellt von CURTZE, Beschreibung S. 404 ff. und Höhle in der Wald. Landeskunde S. 218 ff. Aber sehr vieles harrt noch der Aufzeichnung, hat sich vielleicht schon verloren. Um so mehr ist es not zu sammeln, was noch zu sammeln ist, zu retten, was noch zu retten ist vom hessischen Gut unserer Väter und Urväter. Jedes Bausteinchen ist wichtig. Wer hilft mit?

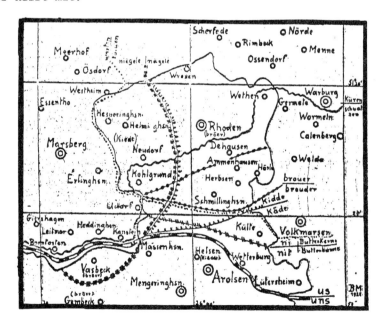

Zur Geschichte der Hexenprozesse in Waldeck.

In den dankenswerten Zusammenstellungen, die L. Curtze in der
Geschichte und Beschreibung des Fürstentums Waldeck S. 536 ff.
zur Geschichte der Hexenprozesse in Waldeck gibt, führt er
auch S. 539 und 540 eine Verordnung des Grafen Georg Friedrich und der Gräfin Anna Katharina an, die dem "unchrist-
lichen schändlichen schmähen, schelten und Lästern - daß
auch bey geringen entstehenden mißverständen sofort einer den
andern zu unleidlicher Beschimpfunge für Zauberer, Zauberinnen, Wehrwolffe, Trommenschläger, Pfeiffer und dergleichen
schelte und öffentlich ausrufe -" Einhalt tun sollte.
Diese Verordnung ist nicht vom Jahre 1676, wie Curtze
zweimal angibt, sondern schon von 1658, wie aus zwei mir
vorliegenden Rhoder Kopien hervorgeht. 1676 ist die Verordnung lediglich erneut ins Gedächtnis gerufen worden, wie aus
einem unter dem 12. April 1676 aus Corbach an Bürgermeister
und Rath zu Rohden gesandten Original-Schreiben, in dem die
Verordnung von 1658 kopiert ist, klar ersichtlich ist.
Die Verordnung von 1658 - bei Curtze nur Bruchstücke -
sei hier vollständig abgedruckt, da sie für die Bestrebungen,
die Hexenprozesse auf die als notwendig erkannten Fälle zu
beschränken, immerhin wertvolle Angaben liefert. Nimmt man
die in den Beiträgen z. Gesch. d. Fürstenth. Waldeck u. Pyrmont II, 267 ff. aus dem Wahlschen INDEX RERUM MEMORABILIUM
veröffentlichten Nachrichten hinzu, so sieht man, wie nötig
die Verordnung war. Die unheilvollen Hexenprozesse entvölker-
ten mit Feuer und Schwert neben den grausigen Krankheiten,
der Pest und den Blattern, die Städte und Dörfer. Und es mögen wohl mehr staatserhaltende Beweggründe gewesen sein, die
die Fürsten eingreifen ließen. Denn an den Hexenprozessen
selbst wurde festgehalten; sie wurden weiter gräßlich durch-
geführt, wie die Angaben Wahls und die Nachrichten Curtzes
zeigen. Und neben dieser besonnenen Verordnung von 1658 führt
Curtze andere an, die dartun, daß etwa von einer beginnenden
Befreiung vom Hexenwahn bei Fürst und Räten oder gar beim

Volk noch keine Rede sein kann (vgl. insbes. Curtze a.a.O.
S. 539 Schreiben von 1656 an die Stadt Corbach). Es scheint,
als ob die Verordnung zunächst dem Denunziantenunwesen wenig
Abbruch getan habe. Denn, wie schon gesagt, wurde sie 1676
erneut eingeschärft. In den 50er Jahren des 17. Jahrhunderts
sollen gerade in Waldeck besonders viele Menschen dem Hexenwahn zum Opfer gefallen sein (vgl. Curtze S. 548 Nr. 10). Das
würde dann die Verordnung von 1658 verständlich machen. Nach
1676 scheint von den Behörden gegen die Denunzianten schärfer
durchgegriffen worden zu sein und dem Unwesen tatsächlich in
etwa gesteuert worden zu sein. Denn Curtze gibt (S. 548 Nr.
10) an, daß sich Hexenprozesse in Waldeck bis 1678 urkundlich nachweisen lassen.

Interessant ist, daß in beiden Urkunden von 1658 und 1676
wieder die Pfarrer als Verkünder der Verordnung benutzt werden; 1676 sollen sie es sogar "auff drey nechst nacheinander
folgenden Sontagen von der Cantzeln verkündigen", damit niemand Unwissenheit vorschützen möge.

In dem Begleitschreiben an den Bürgermeister und Rath zu
Rohden wird in einem Postskriptum ein schriftlicher Bericht
verlangt "wo vndt welchergestalt die Vhrgichten (Bekenntnis
der Sünder vor Gericht) vndt denunciationes biß dahero in Ver-
wahrunge gehalten werden, ümb deswegen nach Befindung Verordnung zu stellen, damit hierunter kein Mißbrauch vorgehen möge."

Nun die Verordnung von 1658:

Wir Georg Friedrich, Johan Undt Anna Catharina, Graffen
Undt Gräffin zu Waldeck, Pyrmont vndt RESPECTIUE Culenburgk,
Herrn vndt Graw zu Tonna ec. für unß vndt in Vormundtschafft
nahmen, Herrn Christian, Ludwigen, Herrn Josiaßen vndt Herrn
Henrich Wolrathen auch Graffen zu Waldeck Pyrmont vndt
RESPECTIVE Culenburgk Herrn zu Tonna ec. Thun Kundt vndt
fügen allen vndt Jeden Vnser Graffschafft Waldeck eingeseßenen
Underthanen vndt angehörigen hiemit offentlich zu wißen, dem-
nach vns nicht ohne sonderbahres hohes mißfallen Underthänig
vorbracht worden, auch auß den Stadt= Ambts= Landt= Rügege-

richtprotocollen mit mehren ersehen haben, Welcher gestalt
eine zeitthero Vndt sonderlig. Vnder denen daselbst des ab-
scheulichen Lasters der Zauberey halben angestelten Undt noch
wehrenden proceßen, daß Vnchristliche schändliche schmähen
schälten vndt Lästern dermaßen eingerissen vndt vberhandt genommen, daß auch Bey geringen entstehenden mißverständen so
fort einer den andern zue Vndleidtlicher Beschimpfunge für
Zauberer, Zauberinnen, Wehr Wolffe, Trommenschläger, Pfeiffer
vndt dergleichen schelten vndt offentlich außruffen sollen,
wodurch das offters auch Ehrliche, Redliche vndt Unschuldige
Leuthe, freventlicher vndt Muthwilliger weiße abschewlich
Beschmitzet (= besudelt) vndt wieder die Christliche Liebe
vndt Heilsahmer gebott Gottes ahn Ihren Ehren vndt sonst her-
gebrachten guten Leumuth dermaßen gekränckhet vndt verletzet
werden, daß Sie fast keine Mittel zu beständiger Rettung ihrer
Ehren zu ergreiffen wißen, auch solche Schmähungen wegen Man-
gelnder Geldmittel vngeahndet vndt vngeclagt auff sich vndt
den Ihrigen die Tage ihres Lebens ersitzen lassen vndt behalten müssen. Dannenhero Bey dem gemeinen Man vndt den inquisi-
tors des Hexenlasters in keine geringe Verdacht Bißhero gesetzet worden sindt, welchem Gottlosen Höchst ärgerlichen Wesen dan nicht ferner also zu zusehen, Besondern zu verhütung
vieler daraus erwachsenen höchst schaidt=vndtgefährlichen
INCONVENIENTIEN in Zeiten gebührlich zubegegnen vndt vorzu-
bawen, daß dahero vndt in weiterer erwegung Wihr Bewogen
worden, hiermit vndt Krafft dieses offentlichen PATENTS
Disertwegen ernstliche Verordnung zu thun.

Setzen demnach, ordtnen vndt wöllen hirmit hohen obrig-
keitlichen Ambts wegen, daß hinführo Bey Vnaußbleiblicher
ernstlicher Exemplarischer straffe niemand in gedachter
Vnser Graffschafft Waldeck, der sey auch wer er wölle, man
oder Weibspersohnen den andern ahn seinen Ehren Schmähen,
Lästern, schänden, vnndt Injurijren, Insonderheit aber mit
Beschuldigung der Zauberey vndt Wodurch ein sothanes Laster
Bedeutet wirdt, Belegen, Besondern Bey angeregter straffe,
sich alles schältens, Lästerns, schmähens, Inquirijrens,
diffamirens, vndt allerhandt Bösen Nachredens, Insonderheit

der Zauberer halber gäntzlich allerdings vndt zumahl heimb-
lich oder offentlich sich eußern (= entäußern) vndt enthalten sollen, dafern aber einiger Verdacht oder redliche antzei-
ge der Zauberey auff Jemand hafftete, soll der Jenig der
Wißenschafft davon hatt, Jedoch CITRA ANIMUM ET INTENTIONEM
INJURIANDI, solches Wie Rechtens, Unsern Landt Cantzley Räthen
ingeheimb offenbahren, damit gebührlich darüber REQUIRIRT wie
Rechtens verfahren werden möge.

Undt da einer oder ander dieser Unser ernstlichen Verordnung zu wieder vndt Verachtung Jemanden der Zauberey Beschul-
digen Undt derhalben rechtlich Beclaget oder sonsten kundt
gemacht würde, ein solches aber dem DIFFAMIRTEN vndt Beschul-
digten theill IN CONTINENTI ohne einige verstatteter Weit-
läuffigkeit zurecht nicht genugsamb erwiesen vndt deßhalber
vberführet werden könnte, daß PRO RATIONE CIRCUMSTANTIUM
ET PERSONARUM derselbe alß ein offentlicher Ehrenschänder
ohne einig Rücksehen entweder des Landes Ewig verwiesen oder
nach Befindung mit Staupenschlägen hinaußgejagt werden solle.
Befehlen und gebiethen hierauff vnsern Landt=Cantzley Räthen,
auch Beampten, Greben vndt Richtern, Burgermeistern vndt Räthen in Städten vndt flecken auch allen andern denen dißfalß
einige Bottmäßigkeit zustehet, gnädig vndt ernstlich, vber
dieser vnser Verordnung vndt verbott Jederzeitt steiff vndt
fest zuhalten, Vndt die Ubertrettere Vorerwehnter maßen Vn-
nachläßig zustraffen, gestalt Wihr allerdings vndt eigentlich
dieser vnser verordnung Beständig nachgelebt Wißen wöllen.
Wornach sich ein Jeder zurichten, auch vor schaden vndt Vn-
gelegenheit Ihrer selbst zum Besten fleißig vndt vorsichtig
zu hüten wißen wird, vndt damit sich keiner der Vnwißenheit halber
zu entschuldigen haben möge, sollen die Pfarherrn Jedes Orths
hiemit Befehliget sein, diesen vnsern Befehl offentlichen
in der Hauptkirchen alß auch deren Filialen von der Cantzell
ze verlesen, Vrkundlich haben Wir dieses mit eigener Hand
vnderschrieben, vndt mit vnsern gräfflichen Waldeckischen
Insiegeln Betrücken laßen.

(L. S.)   Georg Fritz   (L. S.) Anna Carharina
Graff zu Waldeck   ec.   Gräffin zu Waldeck Wittibe

PUBLICATUM HELSENI Ao. 1658

DNCA 7. POST TRINIT.

(Daß schmehen Vnd schenden sonderlich wegen des Zauberey
Lasterß Verbotten. Ao. 658 publicieret.)

Die Rhoder "Schäfferey ordnung" von 1715.

Durch die gütige Vermittlung des Herrn Bürgermeisters Haase
in Rhoden ist mir das alte Protokollbuch der Schäferei-Ge-
nossenschaft zugänglich geworden. Den eigentlichen Protokollen und Rechnungen ist vorgebunden die "Schäfferey ordnung
wie sie am 22. Aug. 1622 von denen sämtlichen schaffherren
damahlen beschlossen, jetzo wegen einiger Mißverständnisse
wieder revidiret auch einige nöthige Articul erläutert und
von denen sämbtlichen interessenten zu steter und vester
haltung unterschrieben worden, so geschehen Rhoden den 20ten
Martii 1715."
    Auf dem Buchdeckel steht innen die Bemerkung: "Zweites
Buch Abschrift aus dem Ersten Buche von 18ten August 1622."
Man darf also wohl schließen, daß die Articuli in ihrem wesentlichen Inhalt auf ältere zurückgehen, und daß sich die
Revision von 1715 nur auf Neufassung und Erläuterung stritti-
ger Punkte erstreckte. Von dem alten Buche habe ich bisher
noch keine Spur entdecken können. Die moderne Verkoppelung
hat, soviel ich höre, mit den alten Rechten der Pfirchgenos-
senschaft ein Ende gemacht. Die neue Zeit schreitet ja leicht
über altehrwürdig Ueberkommenes hinweg. Mit der Schäferei und
ihren alten Bräuchen ist damit ein im Volksleben tief einge-
wurzeltes Stück mittelalterlicher Wirtschaftsgliederung geschwunden. Wie oft hat mir in meiner Jugend der alte Nachbar
neckend versprochen, "Du, sti stille, gäist auk midde, wänn
Schaopwasken iß sast auk de Säipe drägen!" Wie bin ich interessiert mitgelaufen, wenn der Zug der Schafherrn mit Musik
durch die Straßen zog zum Teich, wo dann die Schafe gewaschen
wurden. Das ist jahrhundertelang so gewesen, wie das alte
Protokollbuch ausweist. Die Schäfereigenossenschaft war gewissermaßen die Zunft der Ackerleute, die im Leben der Stadt
eine große Rolle spielte. Auch das läßt sich aus der Mit-
gliederliste erkennen. So sei die alte Ordnung nun hier abgedruckt. Erklärende Bemerkungen füge ich in Klammern bei.

Nach der obigen Ueberschrift fährt die Handschrift fort:
S. 3 (S. 2 leer) Demnach die gesamte Schaffherren dato aus
gewißen und nothigen motiven ihre DELIBERATIONES (Beratungen)
gehalten, so sind diese Articul /: laut alten Buchs :/
wieder beliebet, und mit genehmhaltung der gantzen Schäfferey,
wegen Vermeidung künfftiger Unordnung mit allerselbsteigen-
händlicher unterschrifft confirmiret und gut geheißen worden,
so geschehen Rhoden den 20. Martij 1715.

Art. 1. Wer ab - oder anstehen will, derselbe soll solches auf den negstfolgenden Sontag nach Michaelis thun, und
soll sechzehen Morgen Landes überall Erb-Eigentümblich in
(Nutz?) und Gebrauch haben.

2. Wer anstehen will, soll auf gemelten Tag Sechzehen
Schaffe haben, welche ihm eigen zugehören, und keinesweges
von andern die Schaffe in den Pirch borgen. Unter diesen
sechzehen Schaffen sollen Sechs melcke Schaffe sein beneben
zwey Hürden und soll solche gleich denen Vorstehern der
Schäfferey vorzeigen und wei (sen?). Die Sechs melcke Schaffe
auf Meytag n (. . . ?). Derselbe soll nicht befugt sein die
Schaffe zu melcken.

Wer nur 3 welcke Schaffe hat, demselben (ist?) allemahl
einmahl zu melcken vorb(oten?).

Wenn ein Generalsterben unter die Schaffe kombt, so kan
dieser Articul MODERIRET (abgeändert) werden, wie solches
anno 1635 und 16(8)4 geschehen, da der halt selbige Jahre
auf 10 Stück moderiret worden, weilen viele Schafe an den
blattern gestorben, nach vollendetem Jahre aber muß ein jeder seinen völligen Halt wieder in den Pirch verschaffen,
oder der Schäfferey beraubt sein. Es soll auch hinführo Keine
Hürde unter zehen Schue oder fünff Ellen in der Länge angenommen werden bey Straffe 4 gr. (Groschen) und wann die
Hürden sollen ausgefahren werden, soll solches drei Tage
vorhero bestellet werden. Wer alsdann nach verflossener Zeit
seine Hürden vor dem Thore denen Vorstehern nicht zeigt, derselbe soll vor jede Hürde 4 gr. Straffe erlegen und sogleich
darauf EXEQUIRET (von ihm eingezogen) werden, und sollen die

Vorstehere fest auf diesen Articul halten, oder vor jede mangelnde Hürde die Straffe selber erlegen, und der Schäfferey
berechnen, so soll jedesmahl mit der Straffe fortgefahren
werden, so offte die Hürden gewiesen werden. Sollte Jemand
der Execution sich widersetzen, so soll selbiger die (Hür?)
den 7 Nacht (. . . ausgelöscht!) selbigem, oder folgenden
(Tag?) an Ihn kommen möchten Verlustig und der Schäfferey
verfallen seyn.

3. Ein jeder Schaffherr soll auch hirmit verpflichtet
sein innerhalb sechs Jahren nicht wieder abzustehen, oder
wo Er vor der Zeit abstehet, der Schäfferey mit Sechs Thlr.
verfallen sein, es wäre dann, daß der Ehegatten einer mit
Todte abginge, und der bleibende Theil die Schäfferey nicht
erhalten könnte, soll diese(m) die Halbscheid moderiret
(nachgelassen) werden.

4. Soll derjenige so an der Schäfferey nach dem alten
Gebrauch und Hehrkommen wann er abstehet, nicht macht haben,
innerhalb 6 Jahren wieder anzustehen.

5. Wer mit anstehen will, soll eines vor(aus?) Sechs
Reichsthaler geben, wie solches schon anno 1666 verglichen
worden, hingegen soll Er auch sogleich den Pirch, wann es
auch den folgenden Tag wäre, (wann?) es ihm die Riege und
das Glück bringen würde, zu genießen haben.

6. Wenn einen Ursach (fehlt ein Stück!) der Schäfferey
abgesetzet wird, so (soll er?) innerhalb dreyen Jahren nicht
Macht haben wieder anzustehen, und so Er wieder anstehen will,
soll Er dieselbe aufs neue mit Sechs Thlr . gewinnen.

7. Wann die Riege einem die Hürden bringet, so soll der
Jenige auff einmahl sein Gebühr gäntzlich auslagern, wo
nicht soll ihm nach der Hand seine übrige, und restirende
nächte gäntzlich abgeschnitten seyn, es seye dann daß Er
wegen des Vielen gesömmerten, nicht bey seine länder kommen
könne, kann dieses sogleich denen Vorstehern angezeiget, und
dem befind nach moderiret werden, und soll sich Keiner so
der Schäfferey zugethan unter was Vorwandt es auch immer
seyn möchte, unterstehen, eine nacht weiter zu lägern, alß
ihm gebühret, ohne CONSENS (Einwilligung) der Vorsteher der

Schäfferey ob schon die Schäffer darum wüsten, bey Straffe
vor jede nacht eines Ohm Biers, wie es vor alters schon abgestraffet worden. (S. 7 scheinbar später neu abgeschrieben!)
Wann auch die Vorsteher nach ihrem eigenen Gestä(ndnis?) der
Schäferey unnöthige Kosten gemacht oder sonsten etwas an Hüt-
ten und Eimer angewendet, soll ihnen hinführo nicht gestattet
werden, sich selber mit dem Pirch zumahlen wenn er am besten
bezahlt zu machen, sondern dieses soll gäntzlich abgeschaf-
fet seyn und solle etwas zu bauen (= instandsetzen) nöthig
seyn, sollen sie solches der Schäferey vortragen und von
einem jeden sein Contingend einfordern, solte ein oder der
sich dagegen APPONIREN (widersetzen) oder mit der Zahlung
saumhaftig seyn, selbigen sogleich exequiren lassen es wäre
dann, daß die gesamte Schäferey einige Nachte Pfirch zu verkaufen bewilligte.

8. Ein jeder so mit an der Schäferey, soll vor St. Galli
(16. Oktober) sieben nachte Pfirchen nach St. Galli vor dem
Winter acht Nachte nach Martini Episcopi (11. November) neun
Nachte, und wann die Lämmer herausgesetzet seyn, drey Nachte
vor zwey ihme geläget und gestattet werden, und wann die
Galli Nacht fällt, solte es gleich die letzte Nacht auf Galli
Tag seyn, soll ihn doch die folgende nehmlich 8te Nacht zu
lägern gestattet werden, selbigen Verstand hat es auch mit
Martini Nacht.

9. Wer in den Höfen vor oder nach dem Winter lägern will
soll derjenige so mit an der Schäferey ist, von einer Nacht
erlegen ein halb kopstück, welcher aber nicht mit an der
Schäferey, soll von einer Nacht erlegen ein Kopstück welches dann die Vorsteher in Rechnung bringen sollen.

10. Bey dem Schafwaschen soll nicht mehr alß 1 Rthr.
9 mgr. CUNSUMIRET (verzehrt) werden, würden die Vorsteher
ein mehreres darreichen, soll ihnen nichts daran gutgethan
werden.

11. Die Vorsteher sollen zur Nachricht bey ihrer Rechnung verzeichnen, in welchem Jahre ein oder ander ab oder
ansteht.

12. Wer seinen vollkommenen Halt nicht hat, selbigen soll
/: wie vor Alters geschehen :/ vor 3 mangelnde Schaafe eine
Nacht Pfirch abgezogen werden und zwar an beyden Ställen (Ende der neu abgeschriebenen Seite!)

13. Die Hürden und der Halt der (Schafherren?) sollen
Jährlich 3 mahl auf erfordern der Vorsteher gezeiget werden,
welcher alsdann nicht erscheinet, oder durch einen andern
bevollmächtigten seine Hürden zeigen läst, selbiger soll umb
6 gr. gestraffet werden.

14. Diese Ordnung soll alle Jahr Sontags nach Michaelis
(29. September) denen sämtlichen Schafherrn von denen Vorstehern vorgelesen werden, damit die neu anstehende wegen
dieser Verordnung keine entschuldigung haben.

(Schluß.)

15. Auch soll diese Verordnung jeder Zeit bey denen Vorstehern der Schäfferey in Verwahrung bleiben, daß wo etwa
sich ein mangel eräügnen (die alte Form zu "ereignen") solte,
hieraus nachricht zu haben daß man nach diesen Articuln die
Sache richten und schlichten könne.

16. Auff Mariae Verkündigung sollen jährlich neue Vorstehere Verordnet und angest(ellt?) werden, und sollen die
alten Vorstehere selbiges Tages ihre Rechnung vom vorigen
Jahre ablegen, im säumungsfalle (und?) in Ermangelung der
Rechnung sollen die Vorstehere jeder in einen thaler Straffe
verfallen sein, auch keine doppelte Kosten derowegen der
Schäfferey machen, und ihre Ausgaben sofort mit quitungen
belegen (von hier an andere Hand) Weilen an diesem Festdage
die Rechnung nicht wohl abgeleget werden könne, so ist beliebet worden den folgenden Werkdag darzu zu nehmen.

17. In unterhaltung eines Stadt Bähren (heute baiere =
Eber) gemeiner Stadt zum Besten sollen drey Nachte von jedem
Stalle, zwischen Johanni (24. Juni) und Jacobi (25. Juli)
gelagert werden, und soll diese Zeit von denen Vorstehern
in acht genommen werden, damit keine unordnung daraus ent-
stehet.

18. Die 4 Nachte so die Vorstehere vor ihre mühe haben item (ebenso) die 2 nachte so der Stadt Diener vor das bestellen bekombt sollen Sie nicht ehender genießen, biß man völlig zur Gersten ausgelegt hat.

19. Denen Schäffern wird einem Jeden 2 Nachtläger von dem Melcken Stalle gegeben, an Statt der 4 Maas Tran, so sie vor diesen zu Schmierunge der Schaffe bekommen, und können Sie selbige Nutzen wann der völlige May Pirch vorbey.

20. Wer sich in ein Hauß verheyrathet, worbei dieses Privilegium der Schäfferey stehet, soll ein Erkäntnüs von einem halben Thaler denen Vorstehern zu entrichten schuldig seyn, und soll dieses mit berechnet werden (andere Hand). Ein Haus Sohn aber, welcher nach der Eltern Todte die Schäfferey fortsetzen will, soll zur Erkändnüs 9 Pfg. geben.

21. Den beyden Haubt Schäffern soll von jedem interessenten 2 Schaffe und 2 Lämmer des Winters gefutert werden. Auch soll jeder interessent ihnen zu Kost Korn geben 8 spindt Roggen und 2 spind Gersten; wann aber die Zahl über 40 sich erstrecket fält das übrige Korn der Schäfferey anheimb, hingegen sollen die beyden Haubt-Schäffer dem Melken Schäffer Sieben Thlr. Geldlohn geben.

22. Auch soll dem Melcken Schäffer anstatt von Kost von einem jeden 2 spint Roggen und 1 spint gersten, auch 20 Schaffe des weiteren gefüttert werden. Dagegen soll Er auch (ver?)bunden sein, die Melcken Schaafe (. . .) lings so anders es sich thun läst zum (. . .)sten hinaus zum wasser zu bringen, daß sie daran keinen Mangel leyden. Noch soll er zu genießen haben, von dreyen Tagen die Milch nemblich auf Petri u. Pauli auf (. . . ?) u. auff Bartholomaei tag; wird Er aber auff diese Tage nicht melken soll Er der Milch (verlustig?) seyn.

(Neues Blatt:)

A r t i c u l   s o   d i e   S c h ä f f e r   a n - g e h e n .

1. Die Schäffer sollen im Frühlinge frühzeitig in den Pirch treiben, vnd von einem jeden Schafhern die Schaffe em-

pfangen und den Herbst so viel wiederlieffern, alß Er empfangen oder ein wahrzeichen bringen.

2. Die Schäffer sollen einem Jeden interessenten die Hürden schlagen ohne einig wiedersprechen.

3. Die Schäffer sollen achtung auf die Hürden haben, und wenn etwas daran zubrochen solches demjenigen, welchem sie gehören ansagen, daß Er sie wieder mache, geschieht solches in 3 oder 4 Tagen nicht, sollen Sie es den Vorstehern der Schäfferey anzeigen, damit diejenigen gebührend davor abgestraffet werden, und zwar (. . . ?)vor jede Hürde übm 4 gl.

4. So viele Schaffe denen Schäffern von denen sämbtlichen Schaffherren des winters gefuttert werden, sollen Sie auch des Sommers im Pirch behalten, daß ihre melcken Schaffe mit gemolcken werden und nicht an fremde örter in die weide bringen, in ermangelung derselben vor jedes Schaff 3 g zur Straffe erlegen.

5. Die Schäffers sollen verbunden sein, daß Sie achtung auf das Pirchen haben, auch auf das melcken, damit kein Unterschleiff geschehe, und 14 Tage vor Michael mit dem melcken aufhören, es treffe dan wers wolle, und solches den Vorstehern anzeigen, denselben auch die SchaffEymers alsobald wieder überliffern, bey straffe eines halben thalers.

6. Die Schäffers sollen den Herbst so lange hüten, alß sie hüten können.

7. Die Schäffers sollen des Frühlinges, Sommers oder Herbstes wegen ungestümmen wetters nicht eine nacht, ohne daß Sie es stündlich denen Vorsteheren anzeigen, aus den Hürden bleiben, bey Straffe eines Thalers umbdaß nichts unterschlagen werde.

8. Den Winter sollen die Schäffer alle wochen die Ställe fleißig visitieren, und auf die Schaffe achtung haben, daß Sie wohl geschmieret werden, und nicht in Grund verderben.

9. Des winters sollen die Schäffer die Schaffe gleich anfangs alle Tage börnen (zum Born bringen), und wenn kein tieffer Schnee vorhanden, sollen Sie die Schaffe an die Heyde treiben.

10. Diese Articul sollen allemahl denen Schäffers vorgelesen werden, wenn Sie gemiethet und angenommen werden, damit Sie keine Entschuldigung haben und so Sie gegen einen oder andern Articul handeln solten, sollen Sie gebührend davor abgestraffet werden.

Damit nun künfftig alle unordnungen der Schäfferey verhütet werden, alß ist von denen sämbtlichen Schafherrn beliebet worden, daß wofern die Vorstehere der Schäfferey nicht besser, wie bißhero geschehen, ob diesen hierin vereinbahrten Articuln steif und fest halten, daß die Säumigen und wiederspenstigen gebührent abgestraffet werden. Sie die Vorstehere solche Straffe zu erlegen selber schuldig seyn sollen. Zu wahrer uhrkunt, und fester Haltung dessen haben sich die sämbtlichen Schaffherren unterschrieben, so geschehen Rhoden den 29 ten Mai 1715.

1) Henrich Christian Uffeln, 2) Joh. Ludewig Suden, 3) V. Jeremias Albert nachgelasene Witbe, 4) B. Henricus Wüsten, 5) B. Botterwecken, 6) vor daß Haus auf der Neustadt, 7) Jeremias Schreiber, 8) Johann Philipp Weber, 9) Johan Adam Bracht, 10) Johann Friedrich Hase, 11) Joh. Conrad Richter Junior, 12) Henricus Klauß, 13) Jürgen Klauß, 14) Christo Klauß, 15) Conrad Diederich Gerken, 16) Johann Philipp Herbold, 17) Jost (? ?) 18) Adam Oelberg, 19) Tonies Ochsen, 20) Toniges Clauß, 21) Hermann Frielen, 22) Johann Henrich Wilken, 23) Johann Henrich Frilen, 24) Johann Jürgen Grineisen Nahmens der Mutter, 25) Johann Otto Grieneisen, 26) Johan Henrich Heßen, 27) Joh. Otto Grineisen for d. and. Hauß, 28) Im nahmen meiner schwiger Nolten Christop Haaße, 29) Johann Henrich Ladagen, 30) Johann Henrich Krantz pro suncken, 31) Joh. Hen. Krantz pro potthoff, 32) Henricus Nolten, 33) Philippus Stuten, 34) Henricus Herboldt in namen Müler, 35) Johannes Wüesten, 36) Henrich Klusener, 37) Johann Jost Plücker, 38) Philip Vin (? ?), 39) 1719 Am. (Adam ?) . . . ?, 40) 1724 Johannes Lamodi ao 1735 Joh. Fridrich Schreiber.

Auf instandt derer zetigen Schäfferey Vorsteher, um vorgesetzten puncten gerichtlich zu confirmiren, sind selbige

nach vorhergegangener reifflicher Erwegung mit angehangtem
unserem gemeinen Stadt=Insiegel wohlwisentlich bekräfftiget
worden, so geschehen Rhoden, den 30ten Dec. 1715.
(Siegel) Bürgerm. u. Raht daselbst
Henrich Christian Uffeln p. t.
Consul.

Soweit die Schäfereiordnung. Aus den Protokollen und
Rechnungen seien noch folgende für die Geschichte der Stadt
und der Schäferei wichtige Tatsachen hinzugefügt.

1717, Michaelis, teilt sich die Schäferei in drei Teile.
Bei der Abstimmung darüber war das Stimmverhältnis für und
gegen 27 : 17. Die 17 Gegner wollten keine Teilung in drei
gleiche Teile; so blieben sie mit dem Schäfer Johan Jost
Plücker allein; die übrigen 24 teilten sich in zwei Gruppen
zu je 12 Berechtigten.

1750 wird dem Pastor Crantz der Eintritt in die Genossen-
schaft verwehrt, weil er nicht eigene Schafe hat und keine
16 Morgen Land, und weil er sich nicht mit den Schafherrn
abgefunden hat.

1761 Ist Johann Henrich Lamotte Vorsteher gewesen, wegen
der Kriegs Troublen aber, wodurch die Schaaf=Herrn um das
Vieh gekommen, ist die Schäferey in diesem Jahre liegen geblieben. Zu Michaelis Tag aber 1762 wieder in vorigen Gang
gebracht worden.

1798 (27.3.) wird der Beschluß gefaßt, Aufseher bei der
Wäsche und beim Bier zu bestellen. Diese heißen von 1839 -
1866 Schmecker oder Bierschmecker nachher Aufseher. Die
letzten Aufseher waren Johannes Gercke und Witwe Adam Lamotte 1874.

1849 gibt es einen "Herrn Polizeyinspektor Götte."
Wieweit es sich hier um eine vorübergehende Größe handelt,
kann ich nicht feststellen.

1740 wird tobag accisse und bier accisse erwähnt. 1831
wird ein neues Schafbuch angeschafft bei Buchbinder Ockel
für 30 gr.

1835 wird für einen "Erlaubniß Schein zum Tansen 6 gr.
3 Pfg." unter den Ausgaben angegeben.

Es wäre interessant zu erfahren, ob in andern Städten
oder Dörfern ähnliche Genossenschaften bestanden haben und
ob davon noch Nachrichten erhalten sind.

DE LEGENER
In Rhoder Mundart erzählt.

Ja(o)[+)] de alle Krissa(o)nvedder out Dehsen, dat wor en gants
besunderen Kärel: He haddet in seck. He wor nau van der gants
allen Mode, gloffte nau an den Döüwel mitt Iselskopp un
Goulstert un Hä(ö)rnern un Ziggenba(o)rt. Up eent hedde he
nicks kummen la(o)ten: dat wor de hundertjä(ö)rege Kalänger,
de in diäm Waldeggesken Kalänger out Mängerkousen stätt. Dütt
Ja(o)hr is me äwwer ne Flege int Auge kummen. So kalt ose
dütt (Ja(o)hr iset äwwer auk sidder twintech Ja(o)hren ni
ewiäst. Jümmer dachte use Krissa(o)nvedder, et keme ma(o)l
en warmer Wint van A(o)roltzen raff, äwwer jümmer wänn he
siine Nase tem Fenster routheel, tauch he se flucker widder
terügge: ter boutene wort am Enge nau keller eworen.
Krissa(o)nvedder kraich teläste siinen bästen Traust vam
Nagel: diän Hundertjä(ö)hregen. Un in diäm Boke stunt schwart
up witt te läsene: In der Woche vom 9. - 15. März 1924 mildes, warmes Wetter! "Da(o) hä(ö)rt zick duoch olles up," rep
da(o) use Krissa(o)nvedder, "son Legener, ik glaiwe, de will
mek outzen. Töf, dii will ik dat wiisen!" Mit iwe Schridden
wor de alle Kärel terboutene, hing diän Hundertjä(ö)regen
an diän Fleschkhaken für der Düre un bölkede ganz raut für
Hitte: " Mildes, warmes Wetter -   d o u   L e g e n e r   -
p e r w e r t !" B.M.

[+)]Anm. a(o) liegt zwischen aa und oo, ä(ö) zwischen ää
und öö.

Vam Plattküddern.
In ollem Aerenst in Rha(ö)skem Platt vertallt.

Re ose ick nau en Blage wor, hawwek mick mit diäm Plattküddern
awwepla(o)get. Wat hat meck usse Na(o)bers oudelachet, wänn
ick so kwackelde, wännt ni rächt gera(o)n woll - dat Oußen
namm kinn Enge. Aewwer et wor jümmer son besunder Geföhl für
dat Platt in miinem Hiârten. Ick konnte dat Küddern ni siin
la(o)ten.

Jümmer wänn ick in de Feergen na(o) Heme kamm, sii ick mit
miinen allen Sckoolfründen widder dür de Stadt un iärre
Fällere strippet. Wat siit we da(o) rümmeklabastert, wänn
we Räuwer un Schandarm spilden; wat hawwe jouchet, wänn we
Foß im Loch spilden un de harte Gummi- oder Töügball uontlek
up de Bückse van diäm Fosse knallde. Ema(o) hadde mii miin
bäste Frünnt, usse Na(o)bersjunge, im Striit ne Splitte Holt
für de Blesse schmitten - ick hadde ne mit der Schwüppe im
Spaß jümmer ümme de Bene fitzelt! - Ick krichte miin Dail,
ick blodde - äwwer siine Motter versuollde iän mit em Fiädder-
fittek un stoppede ne innen Keller. Ick föhlet dündag nau,
bou mii dat in miinem Schmiärte gudde da(o)n hiät. So hawwe
ick van miinen lewen Fründen wall dat Plattküddern elärt, un
ick mott iännen wall "Danke" sägen - männege ligget terboutene
in frümmeder Aere. -

Wänn ick nou en "Doktor" sii, dänn hawwek dat bloß miinem
lewen Rha(ö)sken Platt te dankene. Miin Book, dat mii diän
Dotterhoot innebrocht hiätt, hawwek üöwwer dat Rha(ö)ske Platt
un dat vam ganzen Waldeggesken Lande schriwwen. Da(o) moste
ick est dat Rha(ö)ske Platt rächt studeeren. Da(o) siik in
ollen Ecken rümmekruoppen un hawwe mii olle Dingere wiisen
la(o)ten, de Miste so gut osse diän Höhnerwiimen, diän Kohstall
osse dat Butterfaß. Bii diän Schosters un Schniiders un Stell-
makers un Schmidden sii ick ewiäst un hawwe olles, wat de hat
un driiwet wacker upeschriwwen. Un wann de lewen allen Unkels
auk männegma(o) dachten un siägten "Wat will de dumme Junge
mit oll diäm Töüg?" un mick outlacheden, so hat se me duoch
wacker un trugge hulpen. Besunders äwwer Liiskens Unkel un
Tante un de Jungens hat mii jümmer ehulpen, se sallt auk besunders bedanket siin.

Ossek nou dat Rha(ö)ske Platt in ollen Ecken un Winkels
kla(o)r hadde, da(o) siik rümme räiset im ganzen Waldeggerlande un hawwe so gigger dousent Woore awefruocht, auk in
der allen "Herrschaft Itter" ümme Vöhl un Frankenbiärg.

Bii ollen düssen Räisen - te Fote un upem Velißepe - is
mii dat ene besunders uppefallen: miine lewen Waldeggesken

Bouren siit - bis up ganz wännege - garni stolt up iäre lewe,
alle platte Spra(o)ke. Se küddert wall, wänn se ungernen siit;
wänn äwwer en Hauchdöütsken derbii is, meent se, se mösten
iärre "Bildunge" bewiisen un auk hauch spriäken. En paarma(o)
isset mii passert, dat mick de Löü outlacheden, wänn ick
platt anfing mit iännen te küddern, en paarma(o) hat se mick
oudeschannt un ema(o) wör ick balle verwamset woren.

Dat Olles is me ossen Sten up et hiärte fallen! Dat könnte
anders siin. In ollen Längern, ba(o) platt eküddert wert, is
dat anderster! In Bremen, Hamburg, Kiel un oll diän Düörpern
un Städten, de drümme rümme ligget, da(o) küddert se platt
ollerwegen un olltehaupe: De Senater so gut osse de Arwäider,
de Matrose so gut osse de Kapetän! Da(o) wert in männegen
Kiärken sogar platt epriädiget - so hauch hallt se da(o) dat
Platt. Un ne ganze Riige plattdöütske Theaters giddet da(o)
un Zäitungen. De Löü schriiwet seck platte Brewe un so
widder. Un douvill platte Böker giddet da(o), wackere Geschichten, trourege un lustege, gut te läsene.

D(o)oan ha(ö)rt un wet me bii us im Waldeggesken wänneg oder
nicks! Un duoch sii wii Waldegger auk Plattdöütske, wänn auk
bloß bis Friggenhagen un Sassenbiärg. De an der Eder wert ge
wall uicks dergigger hawwen, wänn ick diän andern ma(o) int
Gewitten küddere. Da(o) kamme jümmer ha(ö)ren, Platt kann me
bloß für lustege Geschichten un diärwe Saken gebrouken, dat
kamme gar ni richteg schriiwen, da(o) kamme üöwerhaupt bloß
drüöwwer lachen! *Dat is niwa(o)hr!* Me kann in Platt olle
siine gudden un lewen, trouregen un stillen Gedanken so gut
osse houchdöütsk outdrücken - ick mene sogar nau biätter!
Miine lewen Landslöü, Boueren un wat ge driiwet: gii dodet
duoch jeden Dag selber!

Wänn juch ma(o) de lewe Hiärguot ant Hiärte griipet un juch
den Daut int Hous schicket, küddere ge därn hauch, ümme
juggem Schmiärte Lust te makene? Un wänn ge mit enem Striit
hat, bölke ge dänn hauchdöütsk? Un wänn ge juggen Mäken
sägen willt, dat get lef hat, säge ge dänn: "Ich habe Dich
lieb, mein Herzchen!" Ick glaiwe, dänn lachet juch dat Mäken
out! Un dat mit Rächt! Aeff ge nou lachet oder griint, gii
denket duoch platt derbii, jugge Hiärte is plattdöütsk: Drümme la(o)tet äwwer auk düt Platt, düsse lewe alle Spra(o)ke,
de vill äller is osse dat Hauchdöütske, ni schengen un innen
Schitt trän. La(o)tet et juch van mii un andern, de dat
wittet, sägen: dat Hauchdöütsk is ne Kunstspra(o)ke, sehr
naideg, da(o)mit seck de Löü out Bayern un Ostpröüßen, out
Holland un Oesterreich versta(o)n konnt - un jeder mott dat
dündag können! Awwer dat Plattdöütske, üöwwerhaupt dat, wat
me "Mundarten" nennt, dat is de Sprink, out diäm de künstleke
Waterläitunge (dat Hauchdöütske) espäiset wert! Is de Motter
un dat Hauge de Dochter! Dat is juch fröher re sägt van
Philipp WILLE in diän Ja(o)hren 1859-61 in diär wackeren
Zäitunge "De Papollere". Un de lewe Philipp REUBER hiät dat
furdesatt in diän bäiden Bökern "Papolleren un Kramenzen
(1891) un in diär "grauten Klocke" (1893). Un düsse gudden

Böker siit duoch so wänneg ekofft woren, dat Philipp REUBER
kint mai emacht hiätt. Nä, miine lewen Waldegger, so draf dat
ni bliiwen: gii mottet jugge Plattküddern widder lef hawwen un
auk ma(o) wat derfür üöwwerhawwen; gii airt juch selwer der-
midde. Dat kann ick juch ollen sägen, we sick mit diär platten
Spra(o)ke ärenst afgitt, de kriiget se jümmer lewer un hiät
balle rout dat da(o) Gold te grawene is fürt Hiärte. De Waldegger hat jümmer wat üöwwer ehatt für dat, wat de Ellern un
Fürellern für gut un wacker ästemert hat. De hat auk iärre
Platt jümmer haugehallen! *Hauchdöütsk ba(o)t naideg is!*
Aewwer juge Kingere hailt an tem Plattküddern un wiset
iännen, wat dat für en Klenot is! Bou männeg ma(o) hawwek
dat ha(ö)ren mötten, dat de Kingere ni mai platt küdderden.
Wännt Mode wert, dat me tem Kertoufelenupnimmen en "Cutawy"
(kurt Kött!!) antöüt, dänn konnge auk dat Plattküddern up-
giwwen. *Solange äwwer haldet hauch un la(o) tet ni verdiärwen
un stiärwen!*

Ick küddere so gut osseck kann, et stit vellichte auk Fällers
drinne - de hallt me te gut!

Dat Andere kümmet van Hiärten.

BOU RIIKE USE PLATT IS.

In diär "Priädege", de ik lästens miinen lewen Landslöün
ehallen hawwe, berümme dat se so wänneg up iäre lewe alle
Motter- un Kingerspraoke halt un se am lewesten ganz outem
House jachten osse'n allen stiiwen Hund, dao hawwe'k auk
daovan eküddert, dat usse Platt so riike is an Wooren, vill
riiker osse dat Hauchdöütske. Dat kann sick jeder ene selwer
an diän Fingern aftellen, wänn'e sick maol üöwwerläget, für
bouvill Dingere he im Platten en Woort finget, bao he im
Hauchdöütsken vergäbens sööken mott. Un bouvill Woore giddet,
de bloß in enem Duorpe oder in ganz wännegen gilt, un de re
diän Naobers upfallt. Un dat is gar kinn Wunder so. De platte
Spraoke is ge auk kinn "Kunstprodukt", osse dat Hauge: se is
out der Aere wossen osse usse Waldeggesken Eken. Ik kenne ne
Bicke, klaor un klen. De flütt out nem Spring herfür, out
diäm ick re männechmaol drunken hawwe, wännek dustereg wor.
De klene Bicke löppet üöwwer Sten un Weg, dür Wissen un Längere.

Männechmaol söüt me se gar ni mai, so deep un dicht henget
dat gröne Geranke, dat lange Graß, de dicken fätten Kroppelien
("Bärenklau") drüöwwer hünne. Aewwer me häört se jümmer, mao
häller, mao sachter üöwwer de Stene hüppen. Me wärt so stille
derbei, bii düssem Gemurmele, ne gudde Rugge ümmefänget enen
osse in Motters Armen. Un balle staot Wiinen (Weiden), balle
Pappelen, balle bloß Büske up bäiden Halwen van diär Bicke un
halt se mit iärren Wurteln faste, dat se ni versiipert (ver-
sickert) in diär Aere. Un so tründelt se dür raue, giälle oder
broune Aere; et is grade, osse wöllen de bunten Farben se
upputzen osse ne Brout. Un iär Bedde maket se sick selwer,
usse Bicke; wännt auk ni jümmer ganz glatt estricken is, un
de Decke maol schäif ligget, wacker söüdet jümmer out: usse
Bicke is äben ne "Künstlerin". Louter nigge Billere könnteme
hii nau anriggen. De Bicke flütt nou inen Kenaol. De is en
"Kunstprodukt". Maistens löppete strack osse mit der Latte
tuoggen dür dat Land. Un osse mit der Jälle miätten staot auk
de Baime an bäiden Halwen outenen. Olle siit se gliik alt,

dänn se siit olle ter selwen Tiit eplantet! Lange Jaore hat
de Buggemäisters daadranne arwäit, vill Kunst is dranne wannt.
"Schleusen" un andere graute Buggewiärke twinget de Bicken
un grötteren Waters so te laupene osse de Menschke dat hawwen
will. Schippe fört stolt druppe raff un rupp. Un usse Bicke
mott auk de Schippe drägen hälpen; me söüt se bloß ni mai,
nicks mai von iärrem wackern Bedde, van diän Blomen un allen
Baimen, van diär giällen un rauen un brounen Aere. - Un
duoch! - Aone usse Bicke könnte de grautmächtege Kenaol ni
bestaon. De Bicken un Waters mottet iän ernähren osse de
Motter iärre Kind.

So isset auk mit diäm Platt- und Hauchdöütsken. De Bicke
is usse Platt, de stracke Kenaol usse Hauchdöütsk. Bäide
mottet siin, bäide konnt äwwer auk ni ent aone dat andere
liwwen. De Bicke is äwwer de ellere un riikere, se könnte
nau am esten alaine bestaon. Un so sall sick usse Platt ni
schiämmen für diäm Haugen. Dat broukedet auk ni. Et hiätt
uontlek wat im Strumpe ungerm Koppküssen: et könnte getrost
friggen. Wii hatt in Marburg ne Riige van Wooren dür dat
ganze "deutsche Sprachgebiet" awwefruocht. Wii wußten van
düssen Wooren, dat   f ü r   d a t   s e l f t e g e
D i n g e n   ganz andere Beteknungen in diän enzelnen
Giggenden ebrouket wärt. Sässe van düssen Wooren hawwe nou
re out den Buoggens, de terüggekammen, oudetuoggen un up
Kaorten uppetekent. Dao kamme nou genau sehn, bou für de
enzelnen Saken in ollen döütsk küddernden Längern, "von der
Maas bis an die Memel, von der Etsch bis an den Belt" esiächt
wärt. Dür usse Waldeggerland laupet ne ganze Masse sülker
Grenzen. So säget se in der Stadt Waldegge nau "Gest" (für
"Hefe in den Kuchenteig"), in Buhlen, Künnegeshagen un widder
raff säget se äwwer "Häwe"; in Rhaon heddet "Loöling" ("Sperling") in Wildungen "Spatze". In diäm enen Dele van Waldegge
kennt me bloß "schängen" ("schänden"), in diäm andern bloß
"schellen" ("schelten"), auk wall maol "schimpen". In Friggenhagen stiäket enen de "Immen", in Odershousen de "Bennen";
in Aoderup gäit me in "Himmelmoggen", in Sassenbiärg in
"Hemetärmeln". En Külter Junge kaipet uppen Aoroltzer Vehmar-

kede ne wackere "Schwüppe", en Netzer äwwer ne "Gaischel".
Un so könnt ek juch nou vill vertellen. Dat Hauchdöütske
kennt jümmer bloß e n e n   Outdruck. De "Hefe", de me in
diän Kokendeg döüt, de hiät in diän döütsken "Mundarten"
fiiftäin üngerskedlege Namen. Wat wii in Rhaon ne "Harke" hetet, hiädder täine. Un nou est de Kertoufele! De trett mit
fuffzeg Namen up; nau duller isset mit der "Jauche": de hiät
fiif un sibbenzeg Betekenungen, un et mag er wall nau mai
giwwen. Für "de Heidelbeere" kennt me re in ussem klenen
Waldeggerlande un Uemmegiggend fiif Namen, sibbenzeg siidet
in ganz Döütskland. Dao hiät maol ene de Betekenungen für de
enzelnen Handwiärker üngersocht: dao hiätte für diän "Töpfer"
(wii säget in Rhaon ("Pötteker") twinteg, für diän "Böttcher"
(in Rhaon "Büddeker") säßtäine, diän "Tischler" (in Rhaon
"Schriiner") twiälwe un für diän "Klempner" sibbenzeg biinen
 ekriggt. Un dao siit de Outznamen ("Spottnamen") nou oude-
laoten!

    Ick glaiwe, nou isset genog: gii wärt me nou wall tostim-
men, miine lewen Landslöü, dat de "Mundarten" vill riiker
siit osse de hauchdöütske Kunstspraoke, dat se vill mai alle
Silberdalers im Strumpe hiätt. Männege van diän Dalers un
Goldstücken siit sogar so alt, dat se ni mai gilt, äwwer
wacker siit se drümme duoch. Vellichte kann ick juch en ander
Maol en paar alle Goldstücke mit iärren Inskifften usw. klaor
maken. Est mogge mi in de Hand verspriäken, datge ni mai up
jugge lewe Motterspraoke raffsehn willt, datge se widder uppen
Airenplass settet un se jümmer leef hawwen willt.

    Dänn wiise ick juch auk maol, boufil Gold in usser platten
Bicke ligget, dat bloß drup louert, eborrt te wärene.

AUS DEM GEBIET DER WALDECKISCHEN MUNDARTEN.

I. De ig'lerne Pikfe.

Wer kennt sie nicht die ig'lerne Pikfe? In der wildesten
Wildnis kann man daran einen Wellunger erkennen! In Nr. 5 des
Jahrgangs 1860 der alten, lieben waldeckischen Dialektzeit-
schrift "De Papollere", die der mutige Ph.
Wille aus Külte seinerzeit herausgab, liest man auf Seite 20
unter der Ueberschrift "Ollerhand Niggemaire" folgenden
Scherz: "Sou oder sou. En Bremer kümmet te Kassel in't Wierthshus un säget: ik wüll aine puipe hawwen.
Wierth: Wos will är hon? Wästfole: Enne Piepe sall't sien.
Wildunger: Hä will 'ne ig'lerne Pikfe hon. En anderer
Gast: 'ne Pfeife will er hon. Wierth: Ah, 'ne Piffe will er
hon!"
Da begegnete mir zum ersten Male die "ig'lerne Pikfe"
= irdene Pfeife. Als ich nun auf meiner Reise, die der Erforschung der waldeckischen Mundarten galt, nach Wildungen kam,
da habe ich scharf aufgepaßt, welchen Laut die Wildunger da
wohl sprächen. Und ich fand etwas ganz eigenartiges, was die
lieben Wildunger da fabrizieren: Sie sprechen in dem ig'lernen einen Laut, den sie sonst nicht haben: einen stimmhaften
Reibelaut, d. h. einen Laut, bei dem der Luftstrom sich reibt
und die Stimmbänder mitklingen (man pflegt in der Wissenschaft mit dem griechischen Zeichen gamma zu bezeichnen), haben wir da vor uns. (Uebrigens finde ich diese Charakteristik
des Lautes bestätigt durch Dr. Ernst Löwe in der Waldeck.
Landeskunde S. 198). Nur in einer Reihe von Beispielen, die
dem "ig'lern" ähnlich sind, nämlich vor einem l, finden wir
dieses g noch: so ist es mir in Kigler (Keiler), Wigle (Wei-
le), Mugl (Maul), Sugle (Säule), Gugl (Gaul) u. a. begegnet.
Die Frage, wie das g oder gamma in diesen Worten vor l dahin-
kommt, ist noch nicht ausreichend beantwortet. Sie kann auch
nur in einem größeren Rahmen der Lösung näher gebracht werden.
Hier möchte ich nur die Frage stellen und beantworten:
"Was ist das für ein Wort, dies ig'lern" = irden. Die Ant-

wort läßt uns einen Blick tun in alte, längst erloschene Kul-
turzusammenhänge. "Ig'lern" ist gleich illern, das man in
Wildungens Umgebung und im Hessischen für "irden" gebraucht.
Und illern ist verkürzt aus ilern; dieses stammt aus einem
alten iulern (sprich ülern). Mit neuhochdeutschem Doppellaut
heißt es eulern "irden". (Vgl. Vilmar, Kurhessisches Idiotikon S. 96). Das Hauptwort dazu ist Euler "Töpfer", das als
Name noch heute in Waldeck vorkommt. Dies Wort und seine
Sippe kann nur da erwachsen sein, wo Einfluß der römischen
Töpferei vorliegt. Die Römer haben die Drehscheibe in der
Töpferei in Deutschland eingeführt. Es geht zurück auf ein
mittellateinisches Wort olla (Topf). Die heutigen Mundarten
kennen den "Euler" (nach den Angaben Rickers in einer Frei-
burger Doktorschrift von 1912) nur noch in Hessen, in Nassau,
in der Eifel und in Luxemburg. Die urkundlichen Belege Rik-
kers, sowie die des Hessen-Nassauischen Wörterbuchs, Marburg
lassen keinen Zweifel, daß der Name "Euler" und seine Sippe
einmal in einem weit größeren Gebiet üblich gewesen ist.
Hinweise geben da alte verklungene Ortsnamen, Flurnamen,
Familiennamen und Gassennamen. So gibt es heute noch in Marburg eine Aulgasse; in Frankfurt a.M. gab es im 15. Jahrhundert eine Ullnergasse. Flurnamen wie Aulenhof, Familiennamen
wie Aulenbäcker sind somit bezeugt. Interessant ist nun
auch, daß bei uns in Waldeck (wie in Hessen) das Eigen-
schaftswort "illern, iglern" noch lebendig ist, während das
Hauptwort "Euler" untergegangen ist und durch andere ersetzt
ist wie "Dippenmächer", Hafner u.ä. Urkundliche wie heutige
mundartliche Belege gehen jedenfalls nicht über das Gebiet
hinaus, von dem wir wissen, daß es römisch-gallischem Kultur-
einfluß ausgesetzt war.

Im Hessischen ist auch weit verbreitet ein Wort "Iller"
für Knippel, Knicker, irdene Kugel, mit der die Kinder spielen. Auch dies Wort gehört zu "Euler" und "eulern". Ob es
wohl auch im Waldeckischen vorkommt? Mitteilungen dazu wären
sehr willkommen. Dies Wort ist weiter verbreitet als die anderen. Die größere Ausbreitung des "Iller" gegenüber dem anderen könnte darauf beruhen, daß die Iller Handelsware waren

und noch heute sind.

"Euler" und seine Sippe sind im Hochdeutschen nicht zu finden, in dessen Wortschatz sind die Worte nicht aufgenommen worden. So mußte denn die Mundart den alten Kulturzusammenhang wahren und in den Worten illern, iglern und Iller usw. festhalten. Und so erzählt uns die Wildunger "ig'lerne Pikfe" letzten Endes von dem Zusammenhang mit der römischen Töpferkunst.

II. B ä r   u n d   W a t z .

Ein wortgeographisches Bild möchte ich hier schnell skizzieren. Unter Wortgeographie versteht man im Gegensatz zur Lautgeographie die Darstellung der Ausbreitung verschiedener Wörter für dieselbe Sache; wenn man also, wie ich neulich schon einmal ausführte im nördlichen Waldeck für "den auftreibenden Zusatz zum Kuchenteig" sagt "Gest", im südlichen Häwe usw.

Ein solcher wortgeographischer Unterschied liegt nun gerade im Waldeckerlande zutage bei dem Zuchteber. Zieht man eine Linie auf der Karte (oder einem Pausblatt), die Mandern, Wega, A l t - W i l d u n g e n, Reitzenhagen, Kleinern, N i e d e r - W e r b e. Ober-Werbe, A l r a f t, M e i - n e r i n g h a u s e n, H ö r i n g h a u s e n, Ober-Waroldern, Berndorf, Lelbach, R h e n a, B ö m i g h a u - s e n, Alleringhausen, H i l l e r s h a u s e n, B e r - g e, Deislar, Hesborn südlich liegen läßt, so haben alle nördlich gelegenen Orte des Waldeckerlandes für Eber ein Wort "B ä r" (in den Formen baiere, bäre, bere, bär, ber; die gesperrt gedruckten Orte haben beide Typen); über Alraft, Berge vgl. weiter unten. Die südlich obiger Linie liegenden Orte gebrauchen das Wort "Watz, Watze". Im Watz-Gebiet haben noch "Bär": Albertshausen, Frebershausen, Hüddingen, Hundsdorf, Reinhardshausen, Immighausen und Neukirchen neben Watz. Dortitter, Thalitter, Marienhagen (im Watz-Gebiet) kennen nur "Bär". Medebach und Medelon sagen suggebäre, Grönebach swuinbäre.

Besonderes Interesse rufen nun die Formen hervor, die sich in Alraft, Sachsenhausen, Düdinghausen und Berge finden. Hier sagt man "Watzebäre". Diese Formen lassen uns einen Blick tun in die Sprachbewegung. Die Orte, die diese Form kennen, liegen alle an der Grenze zwischen "Bär" und "Watz". Geographisch gesehen ist die Form "Watzebäre" klar zu erkennen als Mischform zwischen beiden Typen. Sie ist eine Bildung wie Lindwurm (= Drache und Drache), Windhund (Wint = Windspiel), Worte, bei denen beide Wortbestandteile einen selbständigen, gleichen Sinn hatten, von denen der eine dann abblaßte und schließlich nicht mehr verstanden wurde. So ist auch in "Watzebäre" der Begriff "Eber" zweimal ausgedrückt. Um die Entstehung der Form zu verstehen ist also vorauszusetzen, daß in den betreffenden Orten eins von den beiden Wortbestandteilen verblaßt ist, sodaß man sich nichts mehr dabei denken kann.

Aus den "Bär"-Formen im Watz-Gebiet läßt sich noch etwas anderes ablesen.

Es scheint so, als ob das Wort "Watz" in dem Kampf um den Geltungsbereich das kräftigere ist. Der Bogen über der Linie Berge - Neubringhausen scheint ein Angriffsbogen zu sein. Es könnte natürlich auch Verteidigungsnest gegenüber einem umfassenden Angriff des "Bär" sein. Aus der Beobachtung anderer Wortkämpfe bin ich geneigt, an eine Ausdehnung des "Watz" nach Norden zu glauben. Dann hätten wir in den "Watzebäre"-Formen Vorposten gegen den Feind und in den "Bär"-Formen im "Watz"-Gebiet hartnäckige Maschinengewehrnester oder liegen gebliebene Verwundete zu sehen, die früher oder später dem Feinde in die Hände fallen. Die Orte, die "Watz" neben "Bär" haben, wären dann heißumstrittene Punkte der vorderen Kampflinie. Eine spätere Untersuchung, vielleicht nach einer, zwei oder mehreren Generationen, könnte wahrscheinlich einwandfrei feststellen, ob die obige Ansicht richtig ist.

In Rhoden sagt man, wenn einer recht rund und wohlgenährt ist, scherzhaft spottend: "Dou dicke Watz!" Ohne an den Eber zu denken. Man kann auch hierin einen Vorposten des "Watz"-

Eber sehen; denn jedenfalls stammt die Worthülle aus dem Watz-Gebiet. Auch hier, auf dem Gebiete der Sprache, wie überall im Leben sieht man Bewegung, Unruhe, Kampf, keine Starrheit, die sich leicht in Paragraphen fassen ließe. Die Sprache wechselt Kleid und Hülle wie eine launische Frau, sie ist ein Lebendiges mit stets anderem Gesicht. Immer wieder muß der Betrachter seinen Standpunkt ändern, um alle Seiten der Sprache richtig zu erfassen und zu würdigen.

Was nun die Herkunft der beiden Kämpfer angeht, so ist das Wort "Bär" zwar schon in älterer Zeit belegt: Althochdeutsch bêr (Eber), Altniederdeutsch bêrswin (Eber), der weitere Stammbaum liegt aber im Dunkeln. Auch bei "Watz" ist die Sache nicht viel anders. Am einleuchtendsten scheint die Erklärung zu sein, die das Wort zu der altenWurzel hwat (scharf machen) stellt, von der auch unser hochd. Wort "wetzen" abgeleitet wird. Auch den weitverbreiteten Hundenamen "Wasser" führt man darauf zurück (= der Scharfe, der Beißer). Dann hätte auch unser Wort den Sinn "der Scharfe, Schneidige, der Kämpfer" und das würde zu dem Wort "Kempe",das in Nordhessen (um Carlshafen) für Eber gebraucht wird, ganz gut passen. Eine Sicherheit läßt sich natürlich nicht gewinnen.

Uebrigens begegnete mir das Wort "Bähre" auf waldeckischem Boden schon in der Schäfferey-Ordnung von Rhoden, die 1715 neu abgeschrieben wurde, wahrscheinlich aus einer Ordnung des Jahres 1622. Es wäre von großem Interesse, wenn waldeckische Geschichtsforscher bei Urkunden- und Aktenstudien auch auf diese Worte und andere achten wollten und ihr Vorkommen mit genauer Druckangabe aufschreiben und mir zugänglich machten. Die Geschichte so manches lieben Wortes ließe sich dann genauer darstellen, als das in obigen nur andeutenden Linien möglich war.

DE LECHTERKIÄRKE.

Hä(ö)rt gii de Klocken
Vam Taorne brummen?
Se willt juch tocken:
Sii sallt nou kummen!

De Kiärke en Lüchten –
En Flimmern un Flammen –
De Augen sick füchten
Van ollen, de kammen. –

Een Engel hiät sidder
Twe Baime re langet;
O seht duoch, wat widder
Vill Appele dran hanget!

De Engel lett still nou
De Menschken gewähren:
Up Aeren et will nou
Auk Fräen wal wären.

M.

DER STADT RHODISCHE HAUPT-RECEß VOM 18. DEZEMBER 1650.

Die bisher vorliegenden Nachrichten über die inneren Ver-
hältnisse der Stadt Rhoden im Mittelalter und zu Beginn der
Neuzeit (vgl. Wald. gem. Zs. II, 25; Curtze Beschreibung
S. 532) sind sehr dürftig. Auch die Angaben bei Bauer-Collitz,
Waldeck. Wörterbuch S. 173 f. geben gerade für Rhoden fast
nichts her.

So dürfte es von Interesse sein, aus dem mir in einer
guten Abschrift vorliegenden Stadt Rhodischen Haupt-Receß
vom 18. Dezember 1650 das Wichtigste über die Privilegien
der Stadt Rhoden zusammenzustellen. Die Abschrift stammt aus
dem Jahre 1830 (18.10.) und ist von dem damaligen Stadtschreiber C. Fieseler angefertigt.

Aus der Einleitung geht hervor, warum im Jahre 1650 der
Receß (= Vertrag) erneuert werden mußte. Bürgermeister und
Rat der Stadt Rhoden hatten in einer Eingabe an den Grafen
Georg Friedrich geltend gemacht, daß ihnen "bey diesen verderblichen Kriegsleuften, in der den 18ten Junij des 1632.
Jahres vorgegangener Plünderung von den Kayserl. Völkern,
Ihr Rathhauß, beneben der ganzen Stadt spolijrt (geplündert)
sei, und darbey fast alle Ihre Briefe, Verträge, Verordnungen und Receß über die Ihnen von Unsern gottseligen Vorfahren ertheilten Begnadigung, Freyheiten, Gerechtigkeit und
privilegien, zurißen, verlohren, und abhanden kommen seien."
Sie baten, Ihnen die "uhralten, wohlhergebrachten Privilegien und Gerechtigkeiten" zu belassen und noch zu vermehren.
Sie führen dann die Privilegien an, die sie in ruhigem Besitz hätten:

1) hätten sie jedes Jahr auf TRIUM REGUM (Heilige Drei
Könige) nach löblich hergebrachter Weise und Gewohnheit
einen Bürgermeister und Rath erwählen und kiesen können,

2) stände ihnen zu, das Stadtgericht zu halten und den
Richter zu bestellen "wie von Alters hergebracht",

3) in Bestellung des Schuldieners habe die Stadt das
JUS PRAESENTANDI (Vorschlagsrecht),

4) auch dürfe sie drey Jahrmärkte abhalten, einen auf

Philippi Jacobi, einen auf Dienstag nach Bartholomaeij, "das
(!) dritte Viehemarkt nach Gallij",

5) hätten sie das Recht, "Fleisch, Bier, Brodt, Wein,
Brantwein und allerhand Höcker-Wahre zu taxiren wie auch Aufsicht uff Ehlen, Maaß und Gewichte",

6) bitten sie, der Stadt die Wage, wie sie bishero gehabt, allein zu lassen,

7) ebenso das Recht, Bier zu brauen, und so einheimisch,
als ausländisch Bier zu verschenken, wie solches hergebracht
zu lassen,

8) Trinkwein und Brantwein zu verschenken. Die Stadt muß
aber den Grafen und ihren Erben und Nachkommen von jeder Ohm
Wein drei Kopfstücke (eine Münze etwa = 75 Pfg.) geben, von
der Ohm Brantwein sechs Kopfstücke.

9. "Die Stadt habe von den Gütern, so außerhalb Landts
durch Erbschaft verfallen, hiernächst verruckt oder verkauft
werden, den Zehenden Pfennig" (Erbschaftssteuer!).

10. Die Bürger mußten von allerhand Wahren, als Frucht,
Viehe, Bier und dergleichen, wenn sie es aus der Stadt aus-
führten, von jedem Reichsthaler Zween Pfennig Acciß an die
Stadt geben.

11) Ebenso von jedem Sack Wolle, der in der Stadt gesackt und ausgeführt werde, 18 Groschen Accise.

12) Ebenso dürfe die Stadt von allen durchgehenden, mit
Gütern beladenen Wagen 2 Groschen Wegegeld erheben. Der
Zoll aber gehöre nach wie vor der Herrschaft.

13) Von allen ausländischen Wahren, die in der Stadt
abgesetzt würden, stände der Stadt von jedem 100 Pfd. zwei
Pfenning zu.

14) Dürfe die Stadt jedem Bürger das nötige Brennholz
anweisen, dagegen müßten sie altem Herkommen nach von jedem
Fuder 18 Pfenning Forstzinse und vier Pfenning Stammgeld
geben,

15) bitten sie, die Stadt bey Trift und Hude, wie sie
von Alters hero berechtiget, außer was jetzo von neuem verglichen, zu lassen.

16) "Die Zünfte bey Ihren Zunftbriefe zu schützen, und

der Stadt den vierten Theil von den Gefällen, nach Inhalt der Zunftbriefe zu lassen."

17) "Und was zwischen der Stadt Schlinge und Schläge in Civil Sachen vor Strafe fellet, Ihnen zum halben Theil zu lassen."

18) "Die Bewilligung uff den Mühlenberg vor der Stadt Rhoden, eine freye Windmühle zu bauen, uffs neu zu confirmiren.

Graf Georg Friedrich bestätigt im Einverständnis mit seinem Bruder, dem Grafen Wolradt, nicht nur diese Rechte und Freiheiten, sondern er vermehrt und verbessert dieselben noch "aus eigener Bewegniß und sonderbahren Gnade."

Burgermeister, Rath und Gemeine zu Rhoden werden ermahnt, den Landherrn und Obrigkeit allen schuldigen Gehorsam und respectt willig und gerne zu leisten und sich nicht widerspenstig zu erzeigen.

Die freie Rathswahl wird bestätigt, die Stadt wird aber aufgefordert, nur tüchtige, ehrbare und bescheidene Personen, "so erbares Handels und Wandels sein, ohne Ansehen, Gunst und Freundschaft, bey ihren geschworenen Eyden zu Burgermeister und Rath, nach löblich hergebrachter Gewohnheit, Abends vor Trium Regum" zu erwählen, "so Unser, und gemeiner Stadt Bestes und Gerechtigkeit, treulich in Acht nehmen."

Zum Gericht verordnet der Graf, daß die Bürger, Einwohner und Fremden in Civilsachen in erster Instanz Bürgermeister und Rath anrufen sollten, sie können sich aber des BENEFICII APPELLARIONIS (Berufungsrechtes) an die Landcanzley bedienen. Das Stadt- und Bußgericht, "darauf geringe Civil Sachen, von Feldschaden, Schlägerey und Injurien (wörtliche Beleidigungen) verhöret und zur Strafe gezogen" seien, "zugleich von Unsern Beamten, Burgermeister und Rath, neben einem geschworenen Richter und Schöffen, jährlich einmal besessen," habe infolge dieser Zusammensetzung zu langsam gearbeitet. Deshalb wolle der Graf die Befugnisse der Stadt soweit erstrecken, "daß nun hinfüro Burgermeister und Rath, solche Exceß (Vergehen) von Schlägereyen und Injurien, so innerhalb der Stadt Schlingen und Schlägen verübt, auch die Feldschaden, so in der Stadt

Feldmark, den Bürgern und Inwohnern geschehen, vor sich allein ziehen, verhören, und nach der Sachen Beschaffenheit mit
INCARCERATION (Gefängnis) oder Geldbußen, ohn einiges Zuthun
oder Einreden unserer Beampten, abstrafen, auch die Geld-
strafe, so Uns bishero zum halben Theil zugestanden, förter
zu desto beßer Erhaltung Unserer Stadt Rhoden Mauren, Thür-
men und andern gemeiner Stadt Gebeuden und Nothdurft zu gebrauchen, vor sich allein behalten sollen.

Einige Ausnahmen werden allerdings vorbehalten. Die
gräfl. Beamten und Diener, die vom Grafen mit Freiheit in
der Stadt Begnadigten, adelige Personen und "Fremden Herren
Diener, sollen von der Stadt, wenn sie in Civilsachen zu
"besprechen" seien, nicht abgeurteilt werden. Sie, wie auch
die Bürger, die in der Burgfreiheit freveln und sonst der
Herrschaft Schaden zufügen, werden dem gräflichen Gericht
auch mit den Gebühren vorbehalten. Ebenso werden Ausnahmen
von der peinlichen Gerichtsbarkeit, insbesondere Sachen von
Hurerey, Ehebruch, Blutschande, Aufruhr, wie auch Geistliche
Kirchen-, Geleits- und andere der hohen Landesobrigkeit ange-
hörige Sachen nicht zugelassen.

"Vor Unß reserviret" wird auch die Abstrafung "wegen
entwendeten Mahl- und Fahrsteine und Abackerung von andern
Ländern, was nicht unversehens, sondern mit List und Untreue
geschicht, und also zur Peinlichkeit und Landesobrigkeit ge-
höret."

Ferner werden die Bürger verpflichtet, bei einer Verhaftung freiwillig aufs Schloß zu folgen und einen Uebeltäter,
der sich gegen die Verhaftung tätlich wehren sollte, auf Anrufen der "Diener, Vögte und Scheuermeyer" mit abführen zu
helfen; die gräfl. Beamten sollen aber zuerst anfassen.

Der jeweilige Amtmann von Rhoden soll den Bürgern, damit sie sich nicht über zu eng gespannte Termine zu beklagen
haben, die Zahltage etwa 14 Tage vor Weihnachten oder auch
zwischen Lichtmeß und Fastnacht bekannt geben, die Bürger
sollen dann auch Ihre Gebühren gehorsam bezahlen. Zahlt einer
nicht, so soll ihm ein "SPECIFICATION" (Aufstellung) seiner

Schulden übergeben werden. Erfolgt die Zahlung nicht innerhalb 14 Tagen, so soll der Amtmann zur Pfändung schreiten,
ohn Ersucht des Raths."

Das JUS PRAESENTANDI des untersten Schuldieners (= Lehrer) bleibt der Stadt. Ueber die zweite Stelle verfügt die
FUNDATION (Gründungsurkunde) vom 3. Dezember 1650. (Aus einer
Notiz von Zacharias Wahl in der ältesten Kirchenrechnung von
Rhoden geht hervor, daß der zweite Schulmeister anno 1651 angenommen wurde. Der Graf Georg Friedrich hatte zu dessen Besoldung folgendes bestimmt: Die fünf Huben Kirchenlandes wurden des zwanzigsten Bundes in Gnaden erlassen und ganz zehntfrei übergeben. Anstatt dessen soll jede Hube jährlich sechs
Mütte PARTIM (von jeder Fruchtart) Roggen und Hafer an den
Kirchenkasten entrichten, während jede bisher jährlich zwei
Mütte gegeben hatte. Diese Abgabe ist am 22. Januar 1651 zum
ersten Mal so eingenommen worden.)

Die Abhörung der Rhodischen Cassenrechnung kann auf dem
Schloß, in der Cantzley oder auf dem Rathaus vorgenommen werden.

Zu den drei Jahrmärkten wird noch einer hinzugefügt und
zwar auf Dienstag nach Oculi.

Auch wird die Stadt "zu beßer Nahrung" alle Sonnabend
mit einem Wochenmarkt begnadigt.

Die Taxe und Aufsicht über Bier, Wein, Brantwein, Brodt,
Fleisch und allerhand Höckerware, sowie über Maaß, Gewicht,
Ellen, Haspel u. a. soll der Stadt bleiben. Der Graf behält
sich jedoch die Oberinspektion vor. Die daraus fallenden
Strafen werden wieder ganz der Stadt überlassen, bis eine
neue Polizeiordnung, die in Aussicht gestellt wird, die Sache
neu regelt.

Das Recht der Wage, des Bierbrauens, des Ausschanks in-
und ausländischen Bieres, Weines und Brantweins, die Verge-
bung von Wein- und Brantweinzapfen (Schankkonzession), der
zehnde Pfennig, die Accise, das Wollgeld, das Wägegeld, die
Anweisung des nötigen Brennholzes an die Bürger, all das
wird der Stadt bestätigt.

Aus dem Abschnitt über die Trift und Hute geht hervor, daß die
Rhoder von ihrer Koppelhude etwas zum neueingerichteten Thier-
garten (am Stuckesferst) abgetreten haben. Dafür wird ihnen
jährlich einer der drei Berge, der Braunewald, die Habichs
Heide oder die Höringsgrund offen gelassen; dort können sie
hüten. Auch wollen die Grafen sonst den Rhodern bei der Hude
entgegenkommen, soweit es die Forstwirtschaft zuläßt.

Die Schaftrift und Hute wird dahin geregelt, daß "Wir
hinführo die Hute in dem Felde oder dem Warburg- und Marßber-
gischen Wege mit Unsern Schafen allein hüten und Uns der
Koppelhute in dem Felde unter benentem Warburg- und Marßber-
gischen Wege nach der Stadt hinunter gentzlich begeben."
Ebenso sollen die Rhoder in dem den Grafen vorbehaltenen Gebieten nicht hüten. Wenn aber ein Bürger über die oben genannte allgemeine Grenze hinaus Länder hat, die er ganz pfirchen (mit dem Pfirch düngen) wollte, so soll er den Amtmann
um Erlaubnis fragen. Dieser soll es unweigerlich gestatten,
da auch "Unser Zehende des Ortes dadurch gebessert und ver-
mehret wird".

Auch hat die Stadt dem Grafen das Rekelemerbruch abgetreten, dafür haben sie die Hute zu Brobeck abgegeben. Dem
"Oleg Müller zu Brobeck" wird ausdrücklich diese Hute verbo-
ten.

Das Recht der Grafen die Rhodischen und Billinghäuser
Schweine durch eigene Hirten oder aber auch durch die Rhoder
Schweinhirten hüten zu lassen, bleibt bestehen. Keiner der
beiden Hirten soll aber vorhüten. Wenn sie im Felde zusammenstoßen, sollen sie gegeneinander herhüten.

Die Zunftbriefe bleiben "ungekrenkt".

Die Stadt Schlingen und Schläge sollen an "Orth und Ende,
da sie jetzt stehen, ohnverruckt bleiben."

Die freie Mühle auf dem Mühlenberge wird bestätigt. Die
Stadt hat "in Vorjahren" den Grafen den Hagen am Schloßberge
zu untertänigem Gefallen überlassen. Dafür haben sie ein
Stück Holz (Wald) am Stock "so mit nechstem abgesteint werden

soll," mit aller Nutzbarkeit übergeben und abgetreten. (Aus
einer Notiz des Stadtschreibers Fieseler vom 18.10.1830 geht
hervor, daß die oben genannte Absteinigung erst am 18.10.1830,
"also ohngefehr 180 Jahr nach dem Zusichern, unter Aufsicht
des Herrn Justizraths Brumhard, des Herrn Oberförsters Gombsen
in Schmillinghausen und des Herrn Försters Reinhard, wie auch
des hiesigen Stadtraths und einiger Stadt Senioren" stattgefunden hat.)

Der Receß ist von den beiden Grafen Georg Friedrich und
Wolradt unterzeichnet und gesiegelt am 18. Dezember 1650 in
Arolsen.

Dieser Receß wurde am 16. Februar 1776 von dem Fürsten
Friedrich erneut bestätigt. Dabei wurde hinzugefügt, "daß
der anzustellende Commissarius bey der Raths-Wahl sowohl als
bey Abname der staettischen Rechnungen sowie überhaupt bey
allem, was auf die Verwaltung der Justiz und Handhabung der
Polizey eine Beziehung hat, concurrieren (mit herangezogen
werden müsse) dabey die Direction führe, und dagegen die
Hälfte derer davon fallenden Sporteln zu genießen habe."

Wie lange die einzelnen Privilegien und Rechte der
Stadt Rhoden ungeschmälert erhalten geblieben sind, welche
heute noch gelten, bedarf noch weiterer Untersuchung.

HINRICHTUNGEN AUF DEM QUAST BEI RHODEN.

Zu den kärglichen Nachrichten, die Curtze (Beschreibung S. 549) über die Arten der Strafen im peinlichen Prozeß und die Stätten des Vollzuges gibt, seien folgende Notizen über die beiden Galgen am Quaste hinzugefügt, die mir in einem älteren Kopialbuche aufgestoßen sind.

Nach diesen Nachrichten hat auf dem Quaste ein Galgen gestanden am Weiher Wege nach der Laubach zu, er ist aber mit der Zeit in Verfall geraten, sodaß am Anfang des Siebenjährigen Krieges nur noch einige Stücke Holz sichtbar gewesen sind, die dann verbrannt wurden. An diesem Galgen soll anno 1678 am Tage der sieben Brüder (10. Juli) einer aufgehangen worden sein, und zwar soll es ein Ausländer gewesen sein, der sechs Pferde gestohlen hatte.

Der zweite Galgen ist dann anno 1798 neu erbaut worden und zwar linker Hand am Weiher Wege auf dem Quaste. An ihm wurde am 10. Juli 1798 am Siebenbrüdertage ein Mann vom Biggen Hammer, namens Philipp Runte, Diebstahls halber aufgehangen. "Herr Rath Alberti war Blut Richter und daß Urtel ist auf hiesigem Kirchhofe unterm damaligen Cristanien (= Kastanien) Baume vorgelesen."

An derselben Stelle wurde ebenfalls am Siebenbrüdertage anno 1783 eine Frau geköpft, die aus Wrexen gebürtig, in Rhoden verheiratet war. Ihr Mann war "von den hollander Soldaten unter die Preußen gerathen," d.h. er hatte sehr lange von der Heimat fern bleiben müssen. Ein Rhoder Mann hatte die verlassene Frau getröstet, der gottlose Bund war aber nicht ohne Folgen geblieben. In ihrer Verzweiflung über den Fehltritt brachte die Frau die ankommenden Zwillinge gleich nach der Geburt um. Das wurde ruchbar; es wurde ihr der Prozeß gemacht und die Todesstrafe durch Köpfen gegen sie ausgesprochen. Von dem Schicksal des Verführers wird leider nichts bemerkt.

Diebstahl und Kindesmord sind also in diesen drei Fällen

durch den Tod geahndet worden. Feststehend scheint als Tag des Vollzugs der 10. Juli, der Siebenbrüdertag gewesen zu sein. Das Urteil wurde offenbar bei der Beerdigung des Hinge-richteten auf dem Kirchhofe öffentlich verlesen.

Ob die Hinrichtung von 1798 die letzte auf dem Quaste gewesen ist, habe ich nicht in Erfahrung bringen können.

188

AUS DEM GEBIETE DER WALDECKISCHEN MUNDARTEN. [1]

III.   Der Begriff   " f a h r e n " .

Wenn etwa der Rhoder sagt: " K u m m e t ,   w i t
w i l l t   n a o   h e e m e   f ö h r e n , " so ist er
sich wohl kaum darüber klar, daß er mit "föhren" etwas anderes ausspricht als das hochdeutsche Wort "fahren"; er will
jedenfalls damit sagen: Kommt, wir wollen nach Hause fahren.
Tatsächlich ist ihm aber das hochdeutsche "fahren" und "führen" in dasselbe Wort "führen" zusammengefallen, oder mit andern Worten: "föhren" ist das hochdeutsche "führen". Bewiesen
sind diese Behauptung einmal dadurch, daß "föhren" Umlaut
zeigt. Das neuhochdeutsche "führen" geht nämlich zurück auf
ein altes "fôrjan" (o lang!), das zu "füeren, führen" wurde.
Dieses Tätigkeitswort wird schwach gebeugt (flektiert); es
heißt "geführt". Das Kennzeichen ist das -t. Das müssen wir
also auch in Rhoden wiederfinden: tatsächlich sagt der Rhoder:
h e i s   f u r d e   f o r t   (o kurz!) Das neuhochdeutsche
Wort "fahren" wird dagegen stark gebildet, wir sagen "gefahren". Meine Leser werden es mir nun wohl glauben, daß das
Rhoder "föhren, efort" dem neuhochdeutschen "führen, geführt"
entspricht. Und wie es die Rhoder haben, so finden wir es im
ganzen nördlichen Waldeck. Erst eine Linie, die Landau, Bühle,

---

[1] Vgl. "Mein Waldeck" Nr. 15. Eine Bitte möchte ich hier nachtragen,
die ich schon in Nr. 15 aussprechen wollte. Alle die Leser, die diese
Plaudereien völlig, anschaulich verstehen wollen, bitte ich, sich auf
irgend eine Karte von Waldeck (am bequemsten ist der Maßstab 1:300 000)
jedesmal ein Pausblatt auflegen zu wollen und sich die angegebenen Linien
aufzuzeichnen. Auch die Angaben über einzelne Orte können mit besonderen
Zeichen auf die Pause eingetragen werden (Kreuze, Striche, Kreise usw.).
Wer kein Pauspapier zur Hand hat, nehme irgend ein durchsichtiges Papier.
Die kleine Mühe wird sich lohnen. Wer sich übrigens jetzt genauer über
die mundartlichen Verhältnisse Waldecks unterrichten will, sei hingewiesen
darauf, daß meine Doktorschrift "Studien zur Dialektgeographie des Fürstentums Waldeck und des nördlichen Teils des Kreises Frankenberg" (mit
einem Wörterbuch von Rhoden) soeben bei Elwert in Marburg ganz im Druck
erschienen ist. Eine Karte im Maßstabe 1:200 000 ist beigegeben.

Freienhagen, Höringhausen, Meineringhausen, Dorfitter, Immighausen, Goddelsheim südlich läßt, scheidet das Gebiet, in dem
"führen" und "fahren" in föhren, foieren = "führen" zusammengefallen ist, von dem Gebiete, das wie der Hochdeutsche sagt,
"fahren, gefahren".

Bemerkenswert ist noch, daß sich wiederum (wie bei Eber:
Watzebär) Mischformen finden: Rhenegge, Flechtdorf, Helmscheid, Goldhausen, Nordenbeck, Nieder-,Ober-Ense sagen "fahren", haben aber das schwach gebildete Mittelwort gefort
(o lang!) Die Nennform ist also von "fahren" genommen, das
Mittelwort von "führen", worauf das -t weist. Diese Mischformen können als Vortruppen von dem südlich geltenden "fahren"
beurteilt werden, können aber auch Reste davon sein, daß
einstmals "fahren" weiter nach Norden gereicht hat; ich bin
geneigt das erste anzunehmen. Wir haben also in unserm Lande
wieder einen neuen wortgeographischen Gegensatz gefunden.

IV.   D e r   S p a t z .

Auch dieser "nüdliche" Vogel, den die Bauern alle so
schätzen, weil er so schön singen kann und weil er den reifen
Weizen und Hafer so gut stehen sehen kann, hat in Waldeck
zwei verschiedene Benennungen. Das hochdeutsche "Sperling"
ist bei uns nicht bekannt. Der Ederkreis (außer Freienhagen,
Sachsenhausen und Alraft), der Eisenbergerkreis südlich einschließlich Immighausen und Goddelsheim, die alte Herrschaft
Itter, ferner Höringhausen, Ober-Waroldern und Meineringhausen nennen das Tierchen " S c h p a t z e " . Der Twister-
kreis und der übrige Eisenbergerkreis sagen " L ö ü l i n g "
oder " L ü h l i n g " .

Die Wortforscher stellen unser Wort "Schpatze" zu einem
uns aus ältester Zeit überlieferten Wort SPARO = Sperling.
Zu diesem Wort ist das hochdeutsche "Sperling" die Verkleinerungsform. "Spatze" wäre dann eine Koseform zu sparo. Auch
den "Sperber" rechnet man nebenbei zu dieser Sippe als "Aar,
der von Sperlingen lebt." Das Grundwort hätte die Bedeutung

"zappeln". So würde unser "Schpatze" soviel bedeuten wie
"lieber Zappeler". Und das würde ja ganz hübsch zu dem kleinen tschilpenden Schlingel passen, dem man ja auch im Grunde
nicht böse sein kann. Denn wer hätte den Spitzbuben schon mal
längere Zeit stille sitzen gesehen? !

"Löüling, Lühling" bieten uns nicht die ältesten Formen
dieses Namens, der nur im Niederdeutschen vorzukommen scheint.
Die älteste uns erhaltene Form steht in den sogenannten Essener Glossen, das sind Uebersetzungen lateinischer Wörter, die
uns eine Essener Handschrift aus dem 10. Jahrhundert erhalten
hat. Sie wird "hliuning" geschrieben. Wenn wir unsere Formen
damit vergleichen, so sehen wir, daß das anlautende ch (so
ist das h zu sprechen) geschwunden ist, daß iu = ü ist und
daß das n zwischen den Selbstlauten zu l geworden ist (man
nennt das Angleichung (Assimilation) an das vorausgehende l.)

Woher nun unser Wort stammt, was es ursprünglich bedeutet haben mag, darüber weiß man nichts Sicheres zu sagen.

Das Kartenbild legt es nahe anzunehmen, daß "Lühling"
einmal weiter südlich gegolten hat. Aufklärung könnten da
urkundliche Formen, Flurnamen, Haus- und Familiennamen aus
den Orten geben. Wenn einer der Leser solche fände, so wäre
ich für eine kurze Mitteilung sehr dankbar. Auch wenn ich einmal etwas schief oder unrichtig beobachtet und aufgenommen
haben sollte, bitte ich dringend, im Interesse der Sache, mich
zu berichtigen.

V.   w a r t e n

Wie ich schon einmal schrieb, hatte Prof. Georg Wenker
1879/80 in alle deutschen Schulorte einen Fragebogen ausgesandt, der in 40 kleinen Sätzen die wichtigsten Unterschiede
der Lautlehre der deutschen Mundarten zu erfassen suchte. Nun
ist es aber in einer Reihe von Fällen vorgekommen, daß das
von Wenker erfragte Wort in der Mundart eines oder mehrerer
Orte oder gar in größeren Gebieten gar nicht bekannt war oder
nicht in der Bedeutung gebraucht wurde, die Wenker gern haben

wollte. Ganz ungewollt bekam also Wenker auf einigen seiner
Karten, die in erster Linie als Darstellungen der   L a u t -
bilder gedacht waren, auch   W o r t bilder, die davon kündeten, daß verschiedene Ausdrücke für dieselbe Sache (Ding, Tätigkeit, Eigenschaft usw.) üblich waren.

Ein paar dieser Karten geben nun gerade für das Waldeckische recht interessante wortgeographische Bilder her. So
heißt der Satz 27 Wenkers:

Könnt ihr nicht noch ein Augenblickchen auf uns warten?
dann gehn wir mit euch.

Für das Wort "warten" ergeben sich drei verschiedene Bezeichnungen. Ich zeichne kurz das geographische Bild: In den
früheren Aemtern Eilhausen (Hesperinghsn., Helmighsn., Neudorf, Kohlgrund) und Rhoden (Wrexen, Wethen, Dehausen, Ammen-
hsn., Hörle, Herbsen, Schmillinghsn.) sagt man   t ö ö w e n ,
t ö ü w e n   wie im Kreise Warburg, der nördlich und östlich
ausschließt; auch Volkmarsen hat   t ö ü w e n . Ehringen,
Viesebeck und Niederelsungen schreiben   b e i d e n ,
b e u d e n . Alle andern Orte Waldecks, der Kreise Brilon,
Hofgeismar, Wolfhagen, Frankenberg kennen nur den Typus
w a r t e n . Dieser Typus wird im Kreise Brilon (außer Ober-
schledorn, Medebach, Medelon, Berge, Dreislar, Herborn, Liesen, Hallenberg), sowie im Uplande (bis·einschl. Wellering-
hsn., Alleringhsn., Eimelrod, Deisfeld, Giebringhsn., Rhenegg-
ge, Adorf) w a c h t e n   geschrieben.

Im Süden, besonders im Ederkreise wird das a der Stammsilbe meist gelängt, wie es vor folgendem rt Regel ist, also
w a a r t e n , w a (o) r t e n . Sonst wird überall   " w a r -
t e n " (w a r d e n) geschrieben.

Sehen wir uns die drei verschiedenen Wörter etwas an.
T ö w e n ,   t ö ü w e n   ist uns im Mittelniederdeutschen
(13. - 16. Jahrh.) als   t o v e n   überliefert. Da es Umlaut
hat, müßte die Form des Altniederdeutschen   t o o b i a n
sein. B e i d e n   schreibt Ehringen, b e u d e n   die beiden anderen Orte. Dies Wort kommt im Gotischen vor als
b i l dan (langes i) im Althochdeutschen als   b i t a n

(langes i). Es müßte im Neuhochdeutschen heißen b a i t e n
so wie aus is (langes i) E i s   wird, aus   H u s   (langes
u) H a u s   usw.). Im Waldeckischen, auch in Viesebeck,
Ehringen, müßte ein altes langes i zu ii (beide i sind aus-
zusprechen), oder im Süden des niederdeutschen Gebietes zu ih
werden. Collitz verzeichnet es aber in seinem Wörterbuch als
b a i d e n   (lies ä !), und auch mir ist es so als
b ä i d e n   in Mühlhausen begegnet (neben   w a r t e n).
Wenn das Wort nun auf das althochdeutsche   b i t a n   (langes i) zurückzuführen ist, dann muß es in den oben angeführten Orten als Fremdwort aus dem Süden aufgefaßt werden, wo es
regelrecht zu   b ä i t e n   oder   b a i t e n   geworden
wäre. Zu dieser Auffassung könnte die Schreibung beuden in
Viesebeck und Niederelsungen stimmen; sie scheint mir von
t ö ü w e n   beeinflußt zu sein, was auf die Schwäche des
Wortes   b ä i d e n   schließen ließe. Vilmar führt unser
Wort unter   b ê d e n   still warten an (Kurhess. Idiotikon
S. 29) und vermutet, daß es auch einmal, wie jetzt noch selten in Oberhessen, in Niederhessen, namentlich dem östlichen,
gegolten haben muß. Von dort könnte es nach Viesebeck usw.
und nach dem südlichen Waldeck gekommen sein.

W a r t e n   gehört zu der Wortsippe   W a r t ,   W ä r -
t e r ,   W a r t e ,   w a r n e n   und hat im Altniederdeutschen mit der Form wardôn die Bedeutung "auf der Hut sein,
sorgen für." Als Grundbedeutung für die ganze Sippe ergibt
sich "auf jemanden oder nach jemandem schauen". Unser germanisches Wort ist von den Franzosen übrigens entlehnt worden
in dem Wort   g a r d e r   "hüten" (auch von den Italienern
g u a r d a r e !), das seinerseits beim Schachspiel als
französisches Fremdwort wieder gebraucht wird, wenn man
sagt: "gardez", um die Königin zu warnen.

Das Gebiet von   t ö w e n ,   t ö ü w e n   scheint übrigens einmal weiter nach dem Süden gereicht zu haben, denn in
Eimelrod wurde mir 1913 angegeben, daß das Wort   t ö ü w e n
bei alten Leuten noch bekannt sei. Es wäre interessant zu
erfahren, ob sich sonst im   w a r t e n -Gebiete noch Formen

t ö w e n , t ö ü w e n und b ä i d e n finden, und ob
die Grenzen von 1880, die ich oben angegeben habe, noch heute
gelten oder ob etwa eins der Wörter vorgedrungen oder zurück-
gewichen ist.

VI. D i e H e i d e l b e e r e .

Es naht jetzt wieder die Zeit, wo die Heidelbeeren reif werden, wo Alt und Jung in die früchtespendenden Wälder eilt, um
sich die schwarzen Beeren zu sammeln. Sind diese doch als uraltes Arzneimittel, als wertvolles Obst, als Grundstoff zur
Weinbereitung sehr beliebt und begehrt. Da dürfte es vielleicht erwünscht sein, auch die Bezeichnungen der schwarzen
Frucht in den waldeckischen Mundarten kennen zu lernen und
einer Prüfung zu unterziehen. Auch volkskundlich bietet die
Heidelbeere viel Interessantes: Volksverse beim Sammeln, die
Angaben der Volksmedizin; dieses wollen wir aber ausschalten.
Vielleicht ein ander Mal darüber.
    Das wortgeographische Bild, das die Heidelbeere in Wal-
deck bietet, ist sehr reichhaltig; vier Grundformen (vielleicht fünf!) begegnen und berühren sich auf unserm Gebiete.
    In dem größten Teil des Kreises des Eisenberges herrscht
die Form K r a (o) n a u g e (auch K r o h n a u g e ,
K r a (o) n u g g e , K r o h n o g g e). Dazu kommen die
Orte Vasbeck, Gembeck, Twiste, Elleringhsn., Dehringhsn.,
Niederwaroldern, Höringhsn., Oberwaroldern (letztere drei in
der veränderten Form K n a (o) r o g g e n) und aus der
alten Herrschaft Itter Dorfitter, Thalitter, Obernburg, Marienhagen. Die Mundart hat diese Bezeichnung von einem Vergleich mit den Augen der Krähe (altsächsisch krâja) genommen,
die Heidelbeeren sind gleich K r ä h e n a u g e n .
"Krähe" gehört zum Zeitwort "krähen", die Krähe ist also die
Kräherin, die Krächzerin. Man könnte entgegenhalten, daß die
Krähe heute in dem oben bezeichneten Gebiete "Rabe" genannt
wird. Aber das ist nicht stichhaltig; da ist eben die alte,
sicher dagewesene Bezeichnung einer jüngeren gewichen.

Man hat auch an die Erklärung Kranichbeeren gedacht; das
ist aber für das Waldeckische nach den Gesetzen der Mundart
unmöglich. Die Bezeichnung Krähenaugen für Heidelbeeren (und
Preißelbeeren) kommt übrigens auch in der Altmark vor. Die
Orte Neukirchen, Liesen, Hesborn, Hallenberg, Schreufa, Vier-
münden und weiter südlich benennen die Heidelbeere nach ihrer
Farbe " s c h w a r z e   B e e r e n ". Erlinghausen,
Canstein, Heddinghsn. nehmen den Namen vom Standort, sie sagen " W o l l b e r t e n " = W a l d b e e r e n . Das
ganze übrige Gebiet hat Bezeichnungen, in denen das Wort
" H e i d e   = unbebautes, wildbewachsenes Land" enthalten
ist.
Der Ederkreis, der übrige Teil der Herrschaft Itter und Sachsenhausen haben Formen, die dem hochdeutschen " H e i d e l -
b e e r e " entsprechen (H a i d e l b ä r e , H ä -
r e l b ä r e ,   H e r r e l b ä r e ,   H e d e l b ä r e
usw.). Die Mehrzahl der Orte um Landau, Mengeringhsn., Rhoden hat H ä i w e l t e . Neudorf sagt H ä i e r w e l t e;
Dehringhsn. H e l p e r e ; Helsen, Wetterburg, Lütersheim
und Elleringhsn. sagen H ä r p e l e ; Massenhsn., Braunsen
H e r p e l e , Landau H ä i p e l e , Bühle und Volkhardinghsn. haben die Schriftform H e i d e l b e e r e .
Beachtung verdienen die Formen auf - t e z.B. in Rhoden
H ä i w e l t e . Man hat sie als " H e i d e w e r t e "
zu erklären gesucht und den zweiten Bestandteil auf das alte
" w u r t " = Blume, Wurz zurückgeführt (so ich selbst in
meinem Buche § 388 a). Heute möchte ich vielmehr eine ältere
Form " H e i d e l b e e r t e " zu Grunde legen. Das -t
hat sehr wahrscheinlich verkleinernde Bedeutung, sodaß das
ganze Wort zu der Bedeutung " H e i d e b e e r c h e n "
käme. Den genauen sprachlichen Nachweis kann ich natürlich
hier nicht führen. Die Neudorfer Form bedeutet natürlich
" H e i d e e r d b e e r c h e n ; bei ihr ist eine Mischung
mit der Erdbeere eingetreten. Für die ganze Gruppe ergibt
sich also die Grundbedeutung "Beere (oder Beerchen), die auf
wildbewachsenem Lande wächst."

Im Krähenaugen-Gebiet gebraucht man übrigens den Namen H e i d e l b e e r e für die rote Preißelbeere.

So, und nun wünsche ich allen Landsleuten, die die Heidelbeeren lieb haben, eine reiche Ernte, alle Töpfe voll, auch die Stahlenpötte!

VII.   Das Zeitwort " h a b e n " .

In meinem Buche über die Geographie der Mundarten in unserm Heimatlande habe ich an einer großen Zahl von Beispielen den Nachweis zu führen gesucht, daß unser Waldeckerland sprachlich gesehen ein Mischgebiet ist. Das soll besagen, daß sich in unserm Gebiete, durch welches ja die bekannte Sprachscheide zwischen dem Niederdeutschen und dem Mittel- deutschen läuft, keine scharfen Grenzen der Mundarten fin- den, sondern daß die verschiedenen Spracherscheinungen ver- schiedene Wege gehen. Bald hat das Mitteldeutsche im Kampfe um den Boden gesiegt, bald das Niederdeutsche. Ueberblickt man eine größere Reihe von Kampfbildern, so ergibt sich klar, daß der mitteldeutsche Einschlag in unserem Lande sich am stärksten geltend macht bis in die Höhe von Rhena - Landau etwa; nach Norden zu verliert er an Kraft. Ueber- haupt ist das Mitteldeutsche (wie es also im Ederkreise ge- sprochen wird) im ganzen die stärkere Macht. Einflüsse des Niederdeutschen im Mitteldeutschen finden sich weit weniger häufig. Eins der schönsten Beispiele, um diese Lage zu über- blicken, sind die sechs Gegenwartsformen des Zeitworts ha- ben (ich habe, du hast, er hat; wir haben, ihr habt, sie ha- ben).

In der älteren Sprache sind es zwei Formen des Zeit- worts "haben", die um die Herrschaft ringen. Die liegt etwa vor im altniederdeutschen h e b b i a n , die andere in der althochdeutschen Form h a b e n (e lang zu sprechen !) Wie wir sehen hat die altniederdeutsche Form doppelte **b** und ein i dahinter, ferner in der betonten Silbe **e**, während die althochdeutsche Form in der Tonsilbe **a** hat. Die regelrechte

Fortsetzung der alten niederdeutschen Form liegt vor in dem
heutigen nordniederdeutschen h e b b e n , die der althochdeutschen h a b e e n in unserm hochdeutschen h a b e n .
Aber auch die Formen, welche im mitteldeutschen Teil unseres
Landes, dem Ederkreise, gelten, sind echte Abkömmlinge vom
althochdeutschen h a b e e n . Man sagt dort h o n n (auch
h u n n) in der Nennform und in den oben angeführten Gegenwartsformen: e c h h o n n , d o u h o s t , h ä
h o t t , m ä r h o n n , d ä r h o t t , s ä
h o n n . Dieses h o n n muß über h a a n , h a n n
aus h a b e e n stammen. Das h a n n finden wir noch in
dem Streifen zwischen Corbach - Fürstenberg - Freienhagen.
In unserm Waldeckerlande nun läßt sich zeigen, daß die auf
das alte h a a n (aus h a b e e n) zurückweisenden Formen ältere, auf das heute vorwiegend im Niederdeutschen herrschende h e b b e n (aus h e b b i a n) zurückgehende
Formen verdrängt haben. Zunächst zeichne ich das geographische Bild der einzelnen Gegenwartsformen und bitte jeden Leser, sich auf einer Karte des Waldeckerlandes die Linien auf
ein Pausblatt mitzuzeichnen.

Die erste Person (ich habe) lautet h a w w e bis zur
i k , i c h - Linie (I) (südlich Freienhagen, Sachsenhausen, Ober-Werbe, Basdorf, Asel, Harbshsn., Herzhsn., Buchenberg, Dalwigksthal, Münden). Im Süden sagt man h o n n
(h u n n).

Die zweite Person (du hast) findet sich als (du)
h i ä s t , h e s t war ebenfalls bis zu obiger Linie, nur
Buchenberg hat wie der Süden h o s t . Man beachte hier das
iä, e.

Die dritte Person (er hat) grenzt sich genau so ab wie
die zweite in den Formen h i ä t t , h e t t : h o t t .

Die erste, zweite und dritte Person der Mehrzahl (wir
haben, ihr habt, sie haben) lautet h a t t bis zu einer
Linie (II), die man zieht südlich von Lütersheim, Braunsen,
Nieder-Waroldern (Volkhardinghsn. zum Süden !), Ober-Waroldern, Berndorf, Helmscheid, Flechtdorf, Rhena, Alleringhsn.,

Nieder-Schleidern. Südlich von dieser Linie sagt man für alle
drei Personen h a n n bis zur i k , i c h - Linie (Buchenberg hat aber h o n n !). Was südlich von dieser Linie
liegt, sagt h o n n (h u n n), h o s t , h o n n . So
das geographische Bild. Was läßt sich nun aus ihm schließen
über den Kampf der beiden Großmundarten Niederdeutsch - Mitteldeutsch in den Formen hebben: haben?

Gehen wir wieder der Reihe nach die Personen durch. Bei
der ersten Person ist das h o n n des Südens nicht auffällig; es läßt sich, wie wir gesehen haben, aus h a a n ,
h a n n begreifen. Auffällig ist aber das a in h a w w e .
Es müßte, wenn es von h e b b e n käme, e sein, sonst o.
Wir erkennen die Mischform: aus h e b b e und h a n n
wird h a w w e . Das h a w w e ist eine geographische
Grenzform, die Teil hat an beiden Großmundarten: das
h .. wwe stammt aus h e b b e, das a aus h a a n ,
h a n n . Das h a w w e ist also weder niederdeutsch noch
mitteldeutsch, sondern eine Kreuzung beider.

Daß es bei uns bis zur i k , i c h - Linie auch einmal h e b b e (h e w w e) geheißen hat, zeigen uns die
zweite und dritte Person mit ihrem - iä, e - bis zu obiger
Linie. Nur Buchenberg ist aus dem Rahmen gefallen und hat
sich ganz dem Mitteldeutschen in unserm Falle in die Arme
geworfen. Die erste Person (h a w w e) ist ihre eigenen
Wege gegangen, hat sich von der zweiten und dritten mit
ihrem a: iä, e gelöst.

Im Raume zwischen den obigen Linien I und II sagt man
heute (m i) h a n n , (j i) h a n n , (s a i) h a n n
(so in Freienhagen etwa). Man hat also für die drei Personen
nur die e i n e Form h a n n , gerade so wie das Gebiet
nördlich Linie II h a t t mit t t wie das Niederdeutsche,
für alle drei Personen gebraucht. Erst südlich der Linie I
(einschließlich Buchenberg) kennt man wie im Neuhochdeutschen,
zwei Formen für drei Personen, h o n n für die erste und
dritte und h o t t für die zweite. Das Gebiet zwischen
Linie I und II hat also die kurze Form h a n n vom Süden

genommen (es müßte h a t t haben), den Grundsatz nur
e i n e Form für alle drei Personen anzuwenden, hat es aber
festgehalten. Und daraus geht wiederum hervor, daß die Linie
I wahrscheinlich einmal auch für die niederdeutsche, nördliche h a t t - Form gegolten hat. Wann der Uebergang von
der einen zur andern Form stattgefunden hat, läßt sich aus
dem heutigen Sprachbilde nicht ablesen. Dazu bedarf es einer
gründlichen Durchsicht der Urkunden und Akten unseres Waldeckschen Staatsarchivs, die dadurch leider erschwert ist,
daß noch Riesenbestände ungeordnet sind. Einige Hinweise aus
Urkunden, daß die Ausdeutung des obigen Bildes das Richtige
trifft, sind schon in meiner Hand. Für jeden weiteren Beleg
wäre ich jedem Urkundenleser dankbar.

Zusammenfassend haben wir gesehen, daß die Gegenwartsformen des Zeitwortes "haben" in älteren Zeiten einmal ein
anderes Bild geboten haben müssen. Das Mitteldeutsche (im
Bunde mit dem Hochdeutschen) hat die alten niederdeutschen
Formen zurückgedrängt, indem es sich zunächst der Tonsilbe
bemächtigte, das e hinauswarf und sein a dafür einschob
(vgl. h a w w e , h a t t , h a n n (Mehrzahl). Im
Gebiete zwischen Linie I und II jagte es auch den Niederdeutschen Wortkörper (h . . . wwet usw.) davon und setzte sich
mit der neuen Form h a n n fest. Es konnte es aber nicht
verhindern, daß h i ä s t , h e s t , h i ä t t ,
h e t t als feindliche Nester in der eroberten Stellung
sitzen blieben. Ob es ihm gelingt, das Gebiet von diesen
zähen alten Verteidigern zu säubern, muß die Zeit lehren.
Die stärkere Partei ist jedenfalls die südliche Kampfgruppe.

So läßt sich manches aus einer sorgfältigen Betrachtung
der heutigen Mundarten entnehmen und herauslesen, was uns
das Leben der Sprache belauschen läßt.

WIE DIE ALTEN WALDECKER IHRE KINDER NANNTEN.

Jüngst ist da einer, so erzählt er in einer Berliner Zeitung, in die Berliner Standesämter gegangen, hat in den Geburtsregistern geblättert und sich dabei die Taufnamen angesehen, welche die lieben Eltern allemal ihren Sprößlingen mit auf die Lebensreise geben. Da hat er sehr interessante Beobachtungen machen können. Im Berliner Westen, den Vierteln der Reichen, hat er eine merkwürdige Vorliebe für ausländische Rufnamen gefunden; ein beschämendes Zeugnis für die international gerichtete Linie dieser (nicht aller) Leute. Es reizt geradezu zum Lachen, wenn da den guten, biederen deutschen Hausnamen Müller, Schmidt oder Schulze fremdländische Vornamen wie Ivonne, Inez, Monika, Rachela, Dolores, Dolorosa, Sonja, Marion, Florence, Mary (sprich Mähri !), Marcel, Jaques u.a. vorgesetzt werden. Aber auch im hohen Norden Berlins, den Arbeitervierteln, hat er solche Ausländer wie Monika, Claire, Joe, Frank, Percy (sprich Perßi) entdeckt. Kino und Detectivroman scheinen hier, vielleicht auch in Berlin W, die Namengebung zu beherrschen.

Hoffentlich dringt diese Mode nicht auch aufs Land. Es klänge zu närrisch, wenn auf einmal eine waldeckische Mutter ihre Tochter folgendermaßen anriefe: "Dolores, gäiste van der Miste!"

Außerordentlich beliebt sind heute in Berlin männliche und weibliche Doppelnamen wie Hansgeorg, Ottokarl, Hansdieter, Rudolfpeter, Christellore, Giselaeva usw. Einfach Marie zu heißen ist nicht mehr fein, man sagt Beatemaria, Rosemarie, Annemarie.

Eine Durchmusterung waldeckischer Kirchenbücher und Standesamtsregister von heute würde jedenfalls interessante Vergleiche zu Tage fördern.

Mir kam der Gedanke, einmal in ältere waldeckische Bücher und Urkunden mit Namenformen hineinzusehen und unseren Vorfahren nachzuspüren, wie sie ihre Kinder benannten und zu prüfen, ob bei ihnen auch die Mode eine so große Rolle spielte wie heute.

Durch Jahrhunderte gehendes Material zu dieser Skizze fand ich einmal in dem alten Protokollbuch der Schusterinnung der Aemter Rhoden und Eilhausen und in dem Schäffereibuch von 1715 von Rhoden. Das erste hat die erste Eintragung von 1659, die letzte von 1770, das zweite die erste 1715, die letzte 1874.

Eine Fülle von Namen treten uns da entgegen in den Jahren von 1659 - 1874, und einige interessante Beobachtungen fallen schon dabei ab. In dem Zunftbuch der Schumacher tragen sich anno 1659 folgende Meister eigenhändig ein: Harttman Reineckerc, Curtt von Hell, Lippus Hageman, Johan Weber, Henrich beitteken, Curtt beitteken, Hartman Ladagen, Jacob Klaugen (nach einer näheren Angabe aus der Kolgrund), Henrich Ohlen, Johan Kihmen, Lippus Ramus, Johannes Hilken, Johan Cratto, Henrich Reinckerc, Gorgen Figgen, Arndt Weber, Caspar Ackerman. Unter den 17 Vornamen kommt Johann(es) viermal, Henrich dreimal, Hartmann zweimal, Curtt (= Kosenamen zu Konrad) zweimal, die andern einmal vor. Lippus ist Abkürzung zu dem Namen Philippus; heute gibt es in Rhoden noch einen Hausnamen Lippens, der auch so zu erklären ist. Gorgen ist gleich Jürgen, Arndt ist die Kurzform zu Arnold. Zwei Quellen erkennt man deutlich, aus denen diese Vornamen geflossen sind, aus der Bibel und der kirchlichen Ueberlieferung und aus dem Erbe der germanischen Vorfahren. Johannes, Philippus, Gorgen, Caspar sind christliche Namen, die andern stammen aus germanischem Erbgut. Bemerkenswert ist, daß der Name Johannes auch in andern Gegenden Deutschlands von alter Zeit an (er dringt im 13. Jahrhundert ein) besonders häufig ist. Gorgen (das zu Georg gehört) und Jacob treten zuerst im 14. Jahrhundert in der deutschen Namengebung auf.

An biblischen Namen finde ich bis zum Jahre 1700 noch in derselben Quelle: 1671 mahtiaß Hilken, 1659 Zacharias Wosten, 1660 tonigeß Schmincken (= Antonius), 1660 jost gobeken (Jost vom heiligen Jodokus), 1660 Sacharias Bedäcker, 1673 Philippus Herboltt, 1674 Johan Jost Ladagen, Tias Hielleken

(Tias = Matthias); an germanischen Namen: 1659 Detmar Hundertmark (= Dietmar, der Volksberühmte), Fritz GrienEisen (= Fritz, Kurzname zu Friederich), 1663 Curt Clusener, Cunradt Koken, 1668 Diderich Greben, 1672 Hartman Beitiken, 1674 Dederich Ulenbruch, burchardt braune, cunrat Richter, 1682 otte henrich Weber, 1686 Cort merten.

Wir sehen, daß im allgemeinen nur e i n Vorname in diesen 40 Jahren üblich ist.

Man kann nun in den beiden obengenannten Quellen gut beobachten, wie etwa um das Jahr 1700 herum zwei Vornamen häufiger werden, um gegen 1715 schon die Herrschaft an sich gerissen zu haben. Anno 1715 unterschreiben 33 Schafherrn die neue Schäfferey-Ordnung.

Von diesen haben nur 15 e i n e n Vornamen und zwar 5 Henricus, 2 Jeremias, 2 Tonies, 1 Jürgen, 1 Christian, 1 Adam, 1 Hermann, 1 Christop, 1 Philippus; alle andern haben zwei Namen und zwar Johann Henrich 5, Johan Philipp 2, Johann Ludewig, Johann Adam 2, Johann Friedrich 2, Johann Conrad, Johann Jürgen, Johann Otto, Johann Jost, Conrad Friedrich, Henrich Christian, Conrad Diedrich je 1. Besonders fällt auf die Bevorzugung des Namen Johann bei den Doppelnamen und des Namen Heinrich (Henricus, Henrich) bei den Einzel- und Doppelnamen. Die Namen Johann und ein anderer Namen bleiben auch weiterhin sehr beliebt. Aus dem Zunftbuch füge ich hinzu: 1687 Johan Arend Engelhart (Weißgerbermeister), 1701 Johan Friedrich Richter, 1711 Johan Hermann Ladagen, Johann Jürgen Falandt, Johann Henrich Hilleken, (Vater und Sohn), 1714 Johan Henrich Ladagen, 1728 Johan Henrich Böttger, Johann Philipp Schäfer, Philipp Henrich Ladagen, 1750 Johann Christopf Steinmeister (aus Breuna), 1743 Adam philip Schultze.

Von der Mitte des 18. Jahrhunderts an nehmen in den beiden Quellen die Einnamen wieder langsam zu. Die Liste der Ausseher und Bierschmecker beim Schafwaschen, die von 1799 - 1874 reicht, weist nur noch wenige Doppelnamen auf. Unter den Einzelnamen ist besonders häufig der Name Christian, Johann erscheint zurückgedrängt.

Es scheint so, als ob sich die Sitte, zwei Vornamen zu geben, überlebt hatte. Welche Gründe da vorliegen, ist kaum zu sagen. Ob es auch Mode wurde, nur e i n e n Namen den Kindern zu geben?

Im Obigen sind nur männliche Vornamen berücksichtigt, einfach deshalb, weil in den beiden Quellen nur ganz selten Frauennamen vorkommen.

Es müßte auch lohnend sein, etwa Kirchenbücher aus der gleichen Zeit durchzustöbern, um auch die Frauennamen in den Vergleichsrahmen spannen zu können. Vielleicht fühlt sich einmal ein Leser dieser groben Skizze veranlaßt, die Lücke auszufüllen.

Humor und Spott in der Mundart

Man hat sich in der sogenannten "gebildeten" Welt daran ge-
wöhnt, auf die Mundart des einfachen Mannes herabzusehen. Zur
Erheiterung läßt man sich Schwänke und Scherze, am liebsten
derber Art, gefallen, wenn sie in der Mundart vorgetragen werden. Niemandem fällt es aber ein, das Plattdeutsche etwa als
eine dem Hochdeutschen gleichberechtigte Sprache anzusehen.
Und wer würde gar stolz darauf sein, daß er aus einem Hause
stammt, wo Vater und Großvater, Mutter und Großmutter nur platt
sprachen, wo Hohes und Frohes, Ernstes und Schweres, Derbes
und Hartes in den Lauten der allererbten Muttersprache ausgedrückt wurde. Die heutige junge Welt ist stolz darauf, daß
sie hochdeutsch sprechen kann, und wenn sies auch stümpert
und oft eine komische Mischung von Hoch und Platt dabei herauskommt. Man schämt sich des ererbten Sprachkleides und hängt
sich lieber einen, wenn auch löchrigen, fremdartigen Mantel
um.

Auch wenn man Hochdeutsch kann und selbstverständlich spricht,
wo es nötig ist, kann man seine Mundart pflegen und achten.
Es ist sogar sehr lohnend und anregend, über sie nachzudenken
und ihre Schönheiten aufzuspüren. So sollen die folgenden Beobachtungen das Vorurteil entkräften, daß die Mundart nur zu
groben, platten Dingen benutzt werden könne, daß Edles und
Feines nicht in ihr auszudrücken sei, daß ihr insbesondere der
Humor, der feinere Witz ganz abgehe. Die Beispiele nehme ich
der Einfachheit halber aus der Rhoder Mundart. Viele werden
aber auch für andere Orte zutreffen. Vielleicht ist der eine
oder andere auch imstande, selbst noch aus seiner Kenntnis Beispiele hinzuzufügen.

Kleine Kinder nennt man in Rhoden *Kittkläggers*. Sie müssen
noch vor den Fenstern auf der Bank hocken oder gehalten werden.
Dabei kratzen dann ihre kleinen, scharfen Nägel unermüdlich
den Kitt von den Fensterscheiben. Die kleinen Jungen haben,
wie die kleinen Mädchen, in den ersten zwei Jahren noch Röcke
an. Beide heißen, solange sie ihr kleines Geschäft noch im
Hocken verrichten, *Houkepissers*. Wie humorvoll sind die beiden
Ausdrücke, sie zeugen von scharfer Beobachtung. Aber ich höre
schon einen Kritiker sagen: "Wie kann man nur so ein Wort wie
das zweite humorvoll nennen, das ist doch wahrhaftig derb und
unanständig!" Gemach, Herr Naserümpfer. Mit Bedacht habe ich
gerade dieses Wort an den Anfang gestellt, weil es folgende
Vorbemerkung nötig macht. Es ist nicht zu bestreiten, daß der
einfache Mann in seinen Auffassungen von fein und grob sich
stark unterscheidet vom "feinen" Städter. So bezeichnet der
einfache Mann natürliche Dinge auch natürlich, spricht ruhig

vom "Hintern" usw., ohne sich was Böses oder Lasterhaftes dabei zu denken. Der durch die "Kultur" verdorbene Städter und "Gebildete" wittert überall Unanständiges und Rohes, wo nur ruhige Natürlichkeit ist.

So hat auch der Hockepisser für den Verständigen, der um Volk und Volksart weiß, nichts Anstößiges. Und wer einmal von einer Mutter mit aller Zärtlichkeit "*miin Schittläppeken*" hat aussprechen hören als süßes Kosewort für das Nesthäkchen, der wird darüber nicht überlegen und spöttisch lachen: es ist ein etwas unbeholfener, aber doch rührender Ausdruck höchster Mutterfreude.

Auch wenn die Kinder größer werden, haben sie noch manche Unarten an sich. Das eine ist ein *Läcketan* "Leckzahn", das immer und überall nascht, das andere ein *Lacheboart* ("Lachebart"), das zuviel lacht. Wieder ein anderes trottet wie ein Hammel und ist auch etwas begriffsstutzig wie das edle Tier, es muß sich oft ein ungehaltenes *Hamelholt* "Hammelholz" gefallen lassen. Es soll auch Kinder geben, die Freude am Dreck oder *Schitt* haben; sie werden mit der klaren Bezeichnung *Schittfickeln* (Schißferkel) belegt. Der altkluge, vorlaute Junge ist *fürschnäppsk* (vorschnäppig), er wird auch wohl *Klokschiiter* (Klugschisser) genannt oder *Dickschnoute, Dickmoul*. Der Gegensatz zu ihm ist der *Bloasenkopp* (Blasenkopf), von dem man, natürlich naturwissenschaftlich unzutreffend, behauptet, er habe nur "*Baunenstrau im Herenkasten*" (Bohnenstroh im Hirnkasten). Ihm nahe steht der gutmütige Allestuer, der *Schuwwel*. Er ist ein klein wenig beschränkt und läßt sich deshalb zu Narrenaufträgen wunderhübsch gebrauchen. So geht er willig zum Apotheker, um dort die *goldene dakschaiere* (Dachschere) zu holen, mit der man das Moos vom Dach abschneidet. Er ist sehr erstaunt und schließlich betrübt, wenn ihn der Herr Apotheker, ungehalten über die Störung, anschnaubt. Vielleicht gar nimmt er sich vor, nicht noch einmal dem frechen Kameraden, der ihn angeführt hat, auf den Leim zu gehen. Aber wenn ihn dann der Metzger, der das runde, pralle Schwein ins Jenseits befördert hat, mit dem ernstesten Gesicht der Welt an das äußerste Ende der Stadt schickt, damit er dort die *Sültenpriässe*, den *Darmhaspel* und *dat Wustemoat* hole, so rennt er wichtig und spornstreichs davon. In dem Hause, in das er gesandt ist, finden sich die verlangten Geräte nicht vor. Gerade gestern hat sie der Karl am anderen Ende des Städtchens geholt. Dorthin trabt der Schuwwel. Ihm wird schon ganz warm. Der Karl, ein Witzbold, kriegt einen Sack hervor, packt ihm das Verlangte hinein und schickt das Opfer heim. Der Schuwwel stellt stolz seine Last vor den Metzger hin. Höchlich verwundert ist er, als alle in ein lautes Gelächter ausbrechen: der Sack enthielt ein paar schwere Pflastersteine.

Der Metzger hat einen richtigen *Kahläß* (Kahlarsch), eine Glatze, wie sie im Buche steht, die glänzt wie mit der Speckschwarte eingerieben. Auf seinem *Moosland* (Gemüseland = Vorhemd) ist ein großer Tropfen Blut trocken geworden. Er ist zornig. Er hat gerade einen Prozeß verloren gegen den verdammten *Puckenjouden* (Juden, der mit dem Sack herumläuft).

Der elende *Rächtverdrägger* (Winkeladvokat) hat ihn nach seiner
Ansicht hereingeritten. Viel Geld hat er aber schon geschluckt,
auf Vorschuß natürlich. *"Dat wär ick wall ni widder kriegen;
vellichte up Oulenpinkesten, wänn de Böltzers lammei!"* Als alle
lachen, schnaubt er den Jungen an, der neben ihm steht: *"Lach
ni so schitterech, paß up, de Pastor settet deck up diän
Stachelissel!"*

Mit dem Stachelesel ist die Flachshechel gemeint, die sich
durch die gesammelte Kraft sehr spitzer, eiserner Stacheln aus-
zeichnet. Schon die Vorstellung, daß man auf dies Instrument
einen draufsetzen kann, reizt zum Lachen. Und daß es nun gar
der sanftmütige Herr Pastor tun soll, ist unglaublich. *"Jao,
et siit schlächte Tieden,"* sagt der Hausvater, *"wämme bloß
so'n Heckewänneken hedde, dänn wör olles gut!"* *"Sii dou stille",*
sagt der Metzger, *"dou hiäst duoch wännegestens wat upet Veh-
market gewunnen!"* *"Jao, dre Sageböcke,"* lacht der Hausvater.
Auf das Los zum Viehmarkt nämlich, das *nichts* gewinnt, wird
ein blaues Kreuz gemacht, der *Sägebock*. Die Mutter hat einen
verschwiegenen *Heckepännech* (Brütepfennig) im Geldbeutel; aber
auch er hat noch keine Junge ausgebrütet. Der Metzger trinkt
zwischendurch einen Halben; der kleine Hannes will auch einen
haben. Er bekommt aber nur *Gausewiin*.

Er muß bald ins Bett. *"Süß kümmet de Beddeschnäpper un langet
dick",* sagt die Mutter. Die andern drehen die Fleischhackma-
schine oder hacken mit den Hackemessern *dat Häckerlakütt*, daß
es nur so *mülmet*. Staub (Mülm) wird aber dabei gar nicht auf-
gewirbelt, und das ist gut so, sonst wäre die schöne Wurst
nicht zu verdauen. Da kommt die älteste Tochter herein, sie ist
landagen (landtagen) gewesen; sie weiß viel zu erzählen.
"De Schnoute gäider osse ne Pippermülle," sagt der boshafte
Metzger. Der Ausdruck *landagen* kommt von Landtag. Ein großer
Respekt vor der Tätigkeit dort spricht nicht aus der Übertragung des Wortes auf die Tätigkeit der Klatschbasen und Kaffee-
kränzchenweiber. Und als alles fertig ist, kann man auch daran
denken, sich einmal ein schönes Stück *Kinkelspäck* mit Salz
und Pfeffer und trocken Brot einzuverleiben. Draußen brotzeln
auch schon die frischen Bratwürste und verbreiten liebliche
Düfte; auch das Sauerkraut dazu ist gar. Die Blut- und Leber-
wurst kocht auch schon in *grauten Fickelenpotte*. Und bald sitzt
die ganze Hausgenossenschaft um den langen Tisch, und ein
"gebüldeter" Städter würde in Ohnmacht fallen, wenn er sähe,
welche gesunde Mengen von all den schweinernen Herrlichkeiten
durch die Tafelrunde vertilgt werden. Kommen auch noch "gute
Freunde und getreue Nachbarn" eingeladen oder unaufgefordert,
hinzu, so kann wohl ein Viertel oder gar mehr der kapitalen
Sau draufgehen. Man hats ja; ist dieses Schwein alle, wird
das nächste so weit sein. Dann hebt das Spiel von neuem an
zur Freude von Mann und Weib und Kind. Das Schwein, als der,
den es am meisten angeht, wird leider überhaupt nicht um seine
Meinung gefragt!

So zeigt ein kleiner Einblick in ein Kapitel des ländlichen
Lebens, wie scharf der Witz und Spott auf dem Lande zupackt;
er reizt nicht so sehr zu wieherndem Lachen, mehr zu behag-

lichem, etwas schwerblütigem Schmunzeln. Die schwere Tages-
arbeit, welche der Bauer, der Mann auf dem Lande überhaupt,
leisten muß, läßt seine Gedanken und Wünsche gar nicht ab-
irren und abgleiten in die schwüle Sinnlichkeit, die rohe
Plattheit großstädtischen Tingeltangel- und Kinowitzes. Etwas
derb, aber gesund bis ins Mark zeigt sich so der Humor auf dem
Lande. Viele Beispiele ließen sich noch anführen. Es möge dem
willigen Leser überlassen bleiben, weiter darüber nachzudenken und Beispiele hinzuzufügen.

ANSCHAULICHKEIT IN DER MUNDART.

Wenn man mit Ausländern zusammenkommt, die nach Deutschland
gekommen sind, um die deutsche Sprache zu lernen, so hört
man vielfach die bewegliche Klage, daß die deutsche Sprache
eine der am schwersten erlernbaren Sprachen sei und eigentlich nur noch vom Russischen in dieser Hinsicht überboten
würde. Dem Englischen rühmen sie die schnellste Erlernbar-
keit nach, dann komme das Französische. Auf der Suche nach
Gründen für diese Behauptungen stößt man sofort auf einen
ganz gewichtigen: Die ausländischen Schüler schelten besonders auf den riesigen deutschen Wortschatz. Statistiken haben
wirklich ergeben, daß der Wortschaft, den man zum gewandten
Ausdruck im Englischen braucht,klein ist, kleiner als der
französische, sehr klein im Verhältnis zum Deutschen. Man
führt das darauf zurück, daß der geschäftüchtige Engländer,
um seine Geschäfte zu erleichtern, mit einem möglichst einfachen, zahlenmäßig kleinen Wortschatz auszukommen suche.
Bei den Franzosen begünstigt die Bedeutung von Paris - der
geistige, politische und wirtschaftspolitische Mittelpunkt -
das alle anderen Städte seit Jahrhunderten an die Wand gedrückt hat, die Vorherrschaft des Pariser Hochfranzösisch.
Die Pariser Akademie strebt nach einer von allem Mundartlichen befreiten Hochsprache. Ferner zeigt sich in allen Kul-
tursprachen mehr und mehr eine Entwicklung zum Abstrakten,
bloß Gedachten, die das Anschauliche, von dem jede Sprache
ausgegangen ist, in den Hintergrund drängt und verkümmern
läßt. Man lese nur einmal eine große Tageszeitung in dieser
Richtung durch: man wird staunen über die vielen Wörter mit
-ung, -nis, -ismus, -keit, über die Häufung von Dingwörtern
und als Dingwörter gebrauchten Nennformen.

Der einfache Landmann versteht daher vielfach diese modernen Zeitungsartikel nicht, sie rauschen an ihm vorbei wie
eine prächtig aufgeputzte Reiterschar. Der einfache Grund
für dies Nicht- oder Mißverstehen liegt in der Tatsache, daß
die Mundart im Gegensatz zur Schriftsprache die abstrakten

Wörter (wie eine Begabung, Klugheit u.a.) fast gar nicht
kennt oder nur in wenigen aus der Schriftsprache entlehnten
Wortgruppen. Der einfache Mundartsprecher liebt die klare
Anschauung; wo wir im Hochdeutschen ein Wort auf -ung oder
andere Abstrakta anwenden würden, nimmt er einen Satz zu
Hilfe, wendet ein Eigenschaftswort an usw. Es ist ein Grund-
gesetz naiven Denkens, daß es alle Beobachtung, alles Geschehen in Anschauung umsetzt und so darstellt.

So ist die "Beerdigung" in den waldeckischen Mundarten
bezeichnet durch L i i c h e ; der Körper des Toten gibt
die Bezeichnung für den ganzen Vorgang von der Aufbahrung
bis zur Einbettung in die kühle Erde. Das schriftdeutsche
"Die Blume hat einen schönen Geruch" würde der Bauer wiedergeben durch d a t r ö ü k e l w a c k e r . Für das
Wort "Spuk" kennt man wohl das platte S p ö ö k , oder
meist sagt man d a t S p ö ö k e d i n g oder d a t
S p ö ö k e w i ä r k ; der Spuk wird gegenständlich vorge-
stellt. Das Wort "Schwindel" ist platt als S c h w i i -
m e l bekannt, man hört es aber selten, meist sagen die
Leute: m i i i s s o s c h w i i m e l e g = mir ist
so schwindelig zu Mute. "Undank" kennt man meist nur in dem
bekannten Sprichwort " U n d a n k i s d e r W e l t
L a u n ." Sonst drückt man es meist mit einem Zeitwort aus,
etwa: h e h i ä d d e t m e n i d a n k e t oder ähnlich. Ein Wort wie das im Kriege häufig angewandte "Getreide-
umlage" für das zwangsweise abzuliefernde Getreide gibt es
als U e m m e l a o g e , man lernte es, weil es einem oft
in die Ohren kam, es ist aber doch ein weniger angewandtes
Wort. Man drückt auch hier den Begriff durch einen Satz oder
sonst wie aus. Auch in den vielen ernsten und witzigen Vergleichen, die der einfache Mann braucht, zeigt sich dieses
Veranschaulichungsbestreben. Oft wird durch einen solchen
auf dem Vergleichswege entstandenen Ausdruck die Sache für
immer blitzartig einprägsam gekennzeichnet.

Ein paar weitere Beispiele aus der Mundart mögen das
zeigen: Eine Obertasse ist in der Mundart e n K ö p p e -

k e n = ein Köpfchen. Der Vergleich mit dem Kopf hat die Bezeichnung geschaffen. Die Wagendeichsel für e i n Zugtier
heißt d e S c h k a i e r e = die Schere, die aufgeklapp-
te Schere ist das Vorbild des Ausdrucks. Eine Bohnenstange,
die durch Erdanwuchs usw. ein ungewöhnlich dickes Ende hat,
nennt man K o u l e n k o p p ; die Kaulquappe heißt gerade
so, auch sie hat den großen Kopf und das kleine dünne
Schwänzchen. Es besteht wohl kein Zweifel, daß die obige Bezeichnung für die Bohnenstange von dem Tierchen genommen ist,
und daß sie sehr einleuchtend das Ding benennt. Ganz kleine
Birnensorten heißen K ü t t e l b ä r e n . Etwas drastisch,
aber wieder klar stammt dieser Name von den Kütteln, wie sie
Ziegen und andere Tiere fabrizieren, her. Der Lämmerschwanz
ist für die Bezeichnung der Haselblüten als L ä m m e k e n
Vorbild gewesen. Wenn man auf dem Viehmarkt auf sein Los
nichts gewonnen hat, so malt einem das Komitee einen S a -
g e b o c k darauf und das ist der Sägebock, dessen schräg-
stehenden Standbalken das Komiteezeichen gleicht.

Sehr anschaulich ist auch der Ausdruck e t g ü t t
M o l l e n , wenn es draußen stark regnet: es gießt Mulden,
als wenn die Regenengelein da oben mit großen Backmulden
das göttliche Naß herabgössen. Einer der sich viel und aufgeregt bewegt, muß sich gefallen lassen, daß man ihn einen
W i p p s t ä r t nennt. So heißt aber auch die Bachstelze,
das Ackermännchen. Wer sie einmal längere Zeit am Wasser beobachtet hat, wird an dem Vergleich nichts auszusetzen haben.
Unter den vielen Ausdrücken für "Hiebe, Schläge" ist
S c h r ö g g e l z o p p e = Brühsuppe besonders eindeutig;
der Betroffene wird es bestätigen können, daß das Bild durchaus zutrifft. Witzig, aber wieder sehr anschaulich ist der
Ausdruck d a t S i l l e n g e s c h k i r r e für die
modernen Folterwerkzeuge der Frauen, das Korsett; das Pferde-
geschirr hat herhalten müssen, um die Kulturerrungenschaft
zu benennen.

Wer schnell und viel redet, von dem sagt man treffend:
d e S c h n o u t e g ä i d e m e o s s e n e

P i p p e r m ü l l e . Die Pfeffermühle wird, weil sie
klein ist, schnell gedreht - und sie mahlt klein.

So könnten die Beispiele noch gehäuft werden, aber sie
müssen genügen, um zu beweisen, daß die Mundart nicht ab-
strakt denkt, daß sie alles gegenständlich nimmt und auch
Begriffliches in Anschauung umsetzt. Dadurch wird mancher
Umweg nötig, mancher einfache Gedanke muß umständlich ausgedrückt werden. Aber der Wortschatz wächst dadurch. Und nun
kommen wir auf den Anfang unserer Betrachtung zurück: Darauf
beruht die Größe des deutschen Wortschatzes, daß bei uns im
Gegensatz zum Englischen und Französischen die Mundarten noch
einen größeren Einfluß auf die Schriftsprache haben und gehabt haben. Dadurch ist unsere Schriftsprache bisher noch vor
der Verarmung, vor der Verflüchtigung ins Abstrakte bewahrt
geblieben. Dadurch wird zwar den Ausländern die Erlernung
der deutschen Sprache erschwert, aber die mögen nur arbeiten, es ist gut, daß es ihnen nicht so leicht ist. Wir wollen
uns dieses Reichtums der Muttersprache freuen und dafür sorgen, daß die Quelle des reichen Wortschatzes, die deutsche
Mundart, nicht verstopft werde durch Gleichgiltigkeit oder
Unverstand. Wir bewahren damit auch ein Bindemittel zwischen
Stadt und Land, zwischen Gebildeten und weniger Gebildeten;
die Anschaulichkeit und leichte Verständlichkeit der Rede.
Hätten wir nicht in dem Zustrom von anschaulichen Wörtern
aus der Mundart ein Gegengewicht gegen die abstrakte Dar-
stellungsweise - man denke nur an die vielen Abkürzungen, die
sich heute breitmachen, (Gesolei, Wumba = Waffen und Mini-
tionsbeschaffungs-Amt u.a.) - so würden sich bald im lieben
deutschen Vaterlande zwei Schichten gegenüberstehen, die
sich so wenig verständen wie die Völker beim Turmbau zu
Babel.

GRAMMOPHONAUFNAHMEN WALDECKISCHER MUNDARTEN IN MARBURG (LAHN)

Wat se ni alle maket! So wird vielleicht mancher Leser
erstaunt ausrufen. Es ist aber so: waldeckische Mundarten
sind jetzt für 10 000 Jahre festgehalten auf den Kupferplat-
ten der Lautabteilung an der Preußischen Staatsbibliothek
Berlin. Auf eine kleine Ewigkeit also - solange halten diese
Platten dem zerstörenden Zahn der Zeit Stand. Zur Erklärung
muß ich etwas weiter ausholen.

Die Mundartforschung hat in den letzten Jahrzehnten
große Fortschritte gemacht. Der größte war wohl der, daß man
die Wissenschaft von der Stimme, der Stimmbildung, den Stimm-
werkzeugen usw. (Phonetik) ausbaute und so verfeinerte, daß
es heute möglich ist, jeden Laut genau nach einem bestimmten
Schriftbilde wiederzugeben. Das will heißen: während früher
jeder für die Mundart Interessierte die Laute und Formen seiner Mundart so hinschrieb, wie er es für richtig hielt, mit
den Mitteln des schriftdeutschen Alphabets, verlangt man heute, daß der Mundartforscher seine Formen lautgetreu wiedergibt, sodaß sie jeder Fremde genau so wieder bilden kann. Da
die Buchstaben und Laute der Schriftsprache nicht alle Laute
enthalten, welche in den Mundarten bekannt sind, so muß ein
künstliches Darstellungssystem geschaffen werden, das den
obigen Forderungen genügt. In meinem Buche über die waldeckischen Mundarten ist ein solches System angewandt. Es ist zunächst nicht leicht, damit fertig zu werden; wer sich aber
die Mühe gibt, sich an die eindeutigen Zeichen zu gewöhnen,
wird bald die Vorteile dankbar empfinden.

Ein Beispiel möge das kurz erläutern.

Das Waldeckische kennt, wie fast alle Mundarten, einen
Laut für altes langes a, der mit a, wie wir ihn etwa schriftdeutsch in "sagen" sprechen, nicht richtig bezeichnet ist,
er liegt vielmehr zwischen a und o. Die unbefangenen Auf-
zeichner waldeckischer Mundart schreiben dafür ao, oa, a o
usw. Alle diese Schreibungen sind, wenn sie nicht ausdrücklich erklärt werden, mißverständlich, die Wissenschaft verlangt e i n eindeutiges Zeichen dafür. So gibt es eine

ganze Reihe von Lauten, die im Schriftdeutschen nicht vorkommen, welche nur durch die lautgetreue Schreibung jedem Forscher wie Laien so dargestellt werden können, daß Mißverständnisse ausgeschlossen sind. Diese Wissenschaft der Phonetik ist also nötig. Der Forscher kann nun erst alle möglichen lautgetreu aufgeschriebenen Mundarten vergleichen, ihre Entwicklung und Geschichte zuverlässig untersuchen.

Eins aber kann das bloße Schriftbild einer Form nicht hervorrufen: den Ton, den Rhythmus, die Stimmbewegung, die der Mundartsprecher im Gespräch anwendet. Das melodische Element in jeder Sprache ist durch ein totes Schriftbild nicht zu erfassen. Und doch spielt das eine große Rolle. Wenn man Landleute in einem Ort A fragt: "Wie sprechen die im Nachbarort B?" so antworten sie meist: "Ach, die sprechen ganz anders, viel breiter (oder derber oder singender usw.)."

Kommt man in den betreffenden Ort, so stellt man fest, daß die isolierte Aussprache der Einzelworte in B tatsächlich dieselbe ist wie in dem Orte A, daß aber im Satzzusammenhang, im Gespräch ein ganz anderer melodischer, rhythmischer Eindruck in B. hervorgerufen wird als in A. Um nun auch diese wichtigen Dinge festhalten und untersuchen zu können, bedient man sich neuerdings des Grammophons. Die Lautabteilung der Preußischen Staatsbibliothek in Berlin, deren Leiter Prof. Doegen ist, hat die Aufnahmetechnik für solche Mundartaufnahmen so verfeinert, daß fast alle Nebengeräusche usw. fortgefallen sind und der Hörer einwandfrei das Melodische, Rhythmische von der besprochenen Platte abhören kann.

So werden mit diesen hochwertigen Apparaten in Marburg seit einigen Jahren Mundartproben festgehalten, die allmählich von all den Mundarten des deutschen Sprachgebietes eine vollständige Anschauung vermitteln sollen.

Da das Waldeckerland glücklicherweise nicht so weit von Marburg entfernt ist, und da es für die Forschung besonders interessant ist, sind auch seine Mundarten mit aufgenommen worden.

Der Verfasser dieser Zeilen hat erst an Ort und Stelle

die Sprecher ausgesucht. Denn es müssen natürlich Leute sein,
die gesunde Zähne usw. haben, die ortsbürtig sind (möglichst
auch die Eltern!), die die Mundart völlig beherrschen und den
Verstand besitzen, der zu solchen Sachen unerläßlich ist. Sie
sind dann nach Marburg gekommen und haben im Phonetischen
Kabinett der Universität frisch in den Apparat gesprochen
und ihre Aufgabe gut gelöst. Es sei ihnen auch an dieser
Stelle noch einmal für ihre Bereitwilligkeit gedankt.

So sind 16 Platten hergestellt worden und zwar zwei für
F r e i e n h a g e n , zwei für R h o d e n , vier für
W i l d u n g e n (eine Dame und ein Herr waren die Sprecher), vier für W i l l i n g e n , zwei für S c h w a -
l e f e l d , zwei für B e r n d o r f . Jeder Sprecher
muß in der Regel zwei Platten besprechen. Auf die eine werden die vierzig Sätzchen gesprochen, die dem Sprachatlas des
Deutschen Reiches in Marburg zugrunde liegen. Diese Platte
dient nur wissenschaftlichen Zwecken. Auf die zweite konnte
der Sprecher bringen, was er wollte. Hier tauchen ernste und
heitere Geschichtchen, Anekdoten, Sagen, Märchen, Gedichte,
Volkskundliches in bunter Fülle auf. (Wer sich übrigens für
die Platten interessiert, wende sich an den Verfasser; wenn
5 und mehr Bestellungen auf eine Platte zustandekommen, können sie in Berlin hergestellt werden.)

So ist auch bei diesem wissenschaftlichen Unternehmen
Waldeck mit berücksichtigt worden. Vielleicht läßt es sich
bei irgend einer Gelegenheit einmal ermöglichen, die Platten
vorzuführen. Bei den nächsten Aufnahmen wird versucht werden,
aus Sachsenberg und aus den Walddörfern noch einen Sprecher
zu gewinnen, damit alle wichtigeren Untermundarten Waldecks
gleichmäßig vertreten sind.

DAS AROLSER "ZWIDDEKEN".

Vor einiger Zeit konnte man in der Waldeckischen Landeszeitung die Nachricht lesen, daß die Arolser Stadtväter den Namen des alten Gäßchens " Z w i d d e k e " in den vornehmen
" G a r t e n s t r a ß e " unbenannt hätten. Das ist offenbar geschehen, weil man mit dem Namen nichts mehr anzufangen
wußte. Mir aber ging ein Stich durchs Herz; denn die schöne
alte Bezeichnung hat für mich einen vollen, guten Sinn, während mir die neue reichlich klar und einfach, um nicht zu sagen nichtssagend zu sein scheint. Was steckt denn hinter diesem "Zwiddeken"?

Es ist nichts anderes als das "Twiddeken", das mir bei
meinen Aufnahmen waldeckischer Mundarten in den Jahren 1912/
13 und später in Massenhausen, Gembeck, Mühlhausen, Lütersheim, Bühle und Helmscheid begegnete. Die "höfischen" Arolser
haben das Tw- zu Zw- gemacht, also einfach vorne am Wort hochdeutsche Laute an die Stelle der niederdeutschen, die die
Arolser Ansiedler mitgebracht hatten, gesetzt.

Und dieses " T w i d d e k e n " ist eine Verkleinerungsform (wie Stühlchen zu Stuhl) zu dem in Schmillinghausen,
Ammenhausen, Hörle, Külte bekannten " T w ä i t e " , das in
Rhoden " T w e t e " heißt. Ueberall wird mit dieser Bezeichnung ein schmaler Weg, ein Pfad zwischen zwei Hecken
oder Häusern benannt. So sagte auch die Arolser Notiz, daß
an der Stelle der heutigen Gartenstraße ursprünglich ein solcher Pfad gelaufen wäre. Diese alte Bezeichnung scheint nach
den bisherigen Forschungen nur niederdeutsch zu sein, hochdeutsch müßte sie "Zwiete" lauten. In Hamburg gibt es noch
heute eine breite, schöne Straße, die den Namen " Mattentwie-
te" trägt; sie ist im Jahre 1299 als Salinghen-Twiete
(= Flechtergasse) urkundlich bezeugt; auch sie ist ursprünglich eine schmale Gasse gewesen. Unser Wort gehört zu dem
Zahlwort "zwei", von dem auch sonst noch eine Anzahl Sippengenossen in den waldeckischen Mundarten anzutreffen sind; davon ein andermal. So bekommt das Arolser "Zwiddeken" einen gu-

ten Sinn, und wenn man auf den Zusammenhang mit den Vätern
und dem, was sie gewollt haben, Wert legt, zieht man die ältere Bezeichnung der neuern vor. Es ist für die Geschichte der
Entwicklung eines Ortes wichtig, daß die alten Straßennamen
erhalten bleiben. Sie sind oft die einzigen Zeugen älterer
Kultur, es läßt sich für den sich darin Vertiefenden viel aus
ihnen heraus lesen. Darüber auch vielleicht einmal später mehr
im größeren Zusammenhang.

Da wir nun einmal daran sind, so seien auch noch einige
Spielformen unseres Wortes in andern Orten kurz besprochen:
In Vasbeck, Wetterburg, Herbsen sagt man für diesen schmalen
Pfad zwischen zwei Häusern oder Hecken " W ä i t e k e n ",
in Braunsen und Elleringhausen " W i d d e k e n " (in
Braunsen und Wetterburg nur in alten Flurbezeichnungen!).
Hier ist aus dem alten tw- ein einfaches w- im Wortanfang ge-
worden, ein auch sonst zu beobachtender lautlicher Vorgang.

In Hesperinghausen, Neudorf und Willingen taucht eine
andere Spielform auf " K w ä i t e k e n " (in Willingen
" K w e e d e k e "!). Diese Kw-, die also auch aus dem Tw-
(in Twäite, Twete) hervorgegangen sein müssen, haben wir auch
sonst statt Tw- im Waldeckischen: z.B. K w a l m = Qualm;
das ältere Deutsch kennt nur die Form Twalm, ebenso
" k w ä n g e l e n " = quängeln, weinerlich sein, das zu dem
alten Stamm twingen = hochdeutsch zwingen gehört.

Unser Wort ist nun genügend geklärt. Es gehört leider zu
den Worten, die zum Absterben verurteilt sind. Das geht daraus
hervor, daß es in vielen Orten nur noch bei alten Leuten bekannt ist, daß ferner in den meisten Orten schon ein Nebenbuh-
ler aufgetaucht ist und sich wie ein Kuckuk im Grasmückennest
breit macht. Das ist meist das Wort " G a s s e " . Im Süden
freilich einer ungefähren Linie Freienhagen - Corbach sagt man
meist P f a d (paat, patt, pässken usw.), Daß das Wort "Gasse" Eindringling und nicht ererbtes Gut ist, zeigt sich daran,
daß es in fremdem Wortkleid einhergeht. Die gut niederdeutsche
Form müßte "Gatte" sein (oder Gale), es finden sich aber nur
" G a s s e , G ä ß k e n " oder gar eine Form mit tz:

" G a t z e ".

Auch " W i n k e l " und " P f a d " ringen noch
mit um die Herrschaft. In einigen Orten (Sudeck, Braunsen,
Sachsenhausen) hörte ich für den schmalen Weg zwischen zwei
Häusern den Ausdruck " T w ä n g e r " (Sudeck T w ä n -
g e). Es gehört zu derselben Wortfamilie wie "Zwang, zwängen,
zwingen, Zwinger, Zwinge". Die Bedeutung weist also auf das
Eingeengte, Eingezwängte des Pfades hin.

Ergänzungen und Nachträge zu obigen Ausführungen wären
mir sehr erwünscht. Insbesondere wüßte ich gern, ob sich
"Twiddeken, Twäiteken, Twete, Twäite, Widdeken, Wäiteken,
Kwäiteken, Kwedeken" usw. noch in anderen Orten finden als
den oben genannten (vielleicht in Adorf, Wirmighausen, Berndorf, Alleringhausen, Stormbruch, Usseln, Rattlar, Schweinsbühl usw.?). Für jede Angabe wäre ich sehr dankbar, Portoko-
sten würde ich sehr gerne, wenn gewünscht, ersetzen.

ZUM "AROLSER ZWIDDEKEN".

Mit großer Freude kann ich berichten, daß die Plauderei
in Nr. 22 von "Mein Waldeck" vier Landsleute veranlaßt hat,
mir Mitteilungen über das Vorkommen von Twele, Twiddeken,
Zwiddeken in ihren Wohnorten zu machen. Am ausführlichsten
äußert sich Herr Geheimrat Dr. Ohlendorf über die Mengeringhäuser Verhältnisse. Nach ihm ist " T w i d d e k e " in
Mengeringhausen in mehreren Fällen noch heute in Gebrauch,
wenn auch einige "feine" Leute " Z w i d d e c k e n " sagen (wie sie auch " Z w i s t e " sagen). Wichtig ist auch
die Bemerkung, daß vor 41 Jahren, als Herr Dr. Ohlendorf sich
in Mengeringhausen niederließ, die älteren eingesessenen Bürger unter sich noch plattdeutsch sprachen; "jetzt sprechen
hier nur mehr die vom Dorfe Zugewanderten und Eingebürgerten
noch plattdeutsch und einige wenige der ältesten Leute ver-
stehens noch. Mir tuts leid, nicht weils meine Muttersprache
ist, sondern weil so viele bildhafte Worte und Sprüche, Redensarten mit dem Plattdeutschen verloren gehen und vor allem

sein schalkhafter wenn auch manchmal derber Humor." Diese
Bemerkungen möchte ich mir ganz zu eigen machen.

Diese Angaben über Twiddeke werden durch zwei weitere
Zeugen für Mengeringhausen voll bestätigt. Herr Pfarrer v. d.
Emde, dessen Karte ich leider verlegt habe, macht dabei ebenso wie Herr Architekt Opfermann die Bemerkung, ob man nicht
Twiddeke als " Z w i e l = H e c k e " auffassen könne.
Dazu sei gesagt, daß das vom sprachlichen Standpunkt ganz
unmöglich ist. Twiddeke kann von Twete, Twäite usw. nicht
getrennt werden. Wenn die Leute tatsächlich Twidhecke (so
gedehnt) aussprechen, so sahen wir da die sogenannte Volksetymologie am Werke, das Bestreben des einfachen Mannes, sich
unverstandene Worte (meist sind es wie auch in unserm Falle
sehr alte, aber absterbende) durch Anlehnung an ihm sinnvolle
Worte wieder lebendig zu machen. Herr Opfermann führt insbesondere die " A a s - T w i d d e c k e " an, die vom alten
Twister Wege (z. T. jetzt Landstraße) in der Nähe der Post
ab am ehemaligen Wallgraben führte.

Der vierte im Bunde ist Herr Bürgermeister Wilke aus
Rhenegge. Noch gibt es in Rhenegge eine Straße welche
" T w ä i t e " genannt wird, der anliegende Ortsteil heißt
" i n   d e r   T w ä i t e " . Diese Dorfstraße war früher
ein enger Weg und hart an dem Wege war ein Brunnen " T w ä i -
t e n b u o r n " genannt. Vor ungefähr 25 Jahren ist dieser
Weg verbreitert und ausgebaut worden, der Brunnen einige Meter seitlich verlegt; beide haben aber ihre alten Namen behalten.

Im Namen der Leser von "Mein Waldeck" danke ich den
Herren auch an dieser Stelle für ihre wertvollen Mitteilungen. VIVANT SEQUENTES!

VORNAMEN IN ERWEITERTER BEDEUTUNG IN DEN WALDECKISCHEN MUND-
ARTEN.

Seit alter Zeit ist in unsrer deutschen Sprache der Trieb
lebendig, Eigennamen auf Tiere, Pflanzen, leblose Gegenstände
zu übertragen und über den einzelnen hinaus Gattungen von
Menschen durch verblaßte Namen zu bezeichnen. Bekannt ist ja
allerorts der deutsche M i c h e l , womit schlechtweg der
Deutsche gemeint ist; ausgegangen ist aber dieser Name von
dem Heiligennamen Michael, der bei den Deutschen seit ihrer
Bekehrung besondere Verehrung genoß. Aus der Tiersage kennt
jeder den R e i n e k e , womit der Fuchs bezeichnet wird;
dieser Name stammt ab von Reginhard, Reinhart mit der niederdeutschen Verkleinerungssilbe -eken. So ließe sich noch manches anführen.

In seinem Buche "Hinz und Kunz Deutsche Vornamen in erweiterter Bedeutung gesammelt von Othmar Meisinger, Dortmund,
Ruhfus, 1924" hat M e i s i n g e r aus allen deutschen
Gauen deutsche Vornamen in erweiterter Bedeutung zusammengestellt. Das Waldeckische ist von ihm leider nicht berücksichtigt worden. Diese Lücke möchte ich hier schließen. An der
Hand von Bauer-Collitz und auf Grund eigener Sammlungen werde
ich alles darbieten, was in diesen Fragenkreis gehört, soweit
ich seiner habhaft werden konnte. Schade ist nur, daß man bei
Bauer-Collitz nicht ersehen kann, w o der betreffende Vorname so gebraucht wird. Vielleicht helfen hier die Leser nach.
Für jede Erweiterung des Gebotenen wäre ich sehr dankbar.
Zunächst bringe ich die Formen, die ich bei Bauer-Collitz gefunden habe, in alphabetischer Anordnung, die Umschrift habe ich vereinfacht. B i w w e r l i i s k e n
(sächl.) heißt (wo?) das Zittergras (BRIZA MINOR 13), das
heißt "Zitterlieschen, Beberlieschen", darin steckt 1. unser
Wort "beben" wald. "biwwen" und 2. der Vorname "Lieschen",
der wieder eine Verkleinerungs- und Koseform ist zu "Elisabeth". B ö l k e m i c h e l (15) ist ein Schreihals = bölken "schreien" und Michael. B o l l e r j a (o) n ist
einer, der sehr laut auftritt, ein Polterer. Darin findet

sich 1. b o l l e r e n = poltern, Krach machen. 2. Der
Vorname Johann in der Form J a n . Hier ist auch noch eine
andere Erklärung möglich. Das - j a (o) n könnte auch aus
der lateinischen Bildungssilbe - I A N U S abgeleitet werden, wie etwa im hochdeutschen G r o b i a n aus G R O -
B I A N U S . Im Waldeckischen scheint aber mindestens eine
volkstümliche Anlehnung an Johann stattzufinden; denn man
sagt nicht Gruowweja(o)n sonder G r u o w w e r j a (o) n
(so in Rhoden). Man muß auch den weiblichen Vornamen
J a (o) n e = Johanne heranziehen, der zu der Ableitung
aus Johann passen würde. Zu dieser Gruppe gehört dann noch
D u m m e r j a (o) n , S c h l a d d e r j a (o) n =
Schwätzer (zu schladdern = schwätzen), S c h l e n d e r -
j a (o) n "Schlendrian".

Auch der Kurzname "Hans" (zu "Johann") hat eine Gruppe
von erweiterten Namen gebildet. So F a s e l h a n n e s =
törichter Schwätzer, F l a d d e r h a n n e s = flatter-
hafter Mensch, H a n s = Name für Ochsen, Pferde, überhaupt Zugtiere, H a n s n a r r e = närrischer Mensch,
H a n s w u o s t = Hanswurst, H a n j o c h e n =
Tölpel (eigentlich = Hans Joachim), K a r m h a n n e s =
einer, der ohne Grund klagt (von dem Zeitwort karmen = klagen), das Gegenstück dazu ist P r a (o) h l h a n n e s =
Prahlhans, S c h i n g e r h a n n e s = Schimpfwort für
einen, der gegen das Vieh unbarmherzig ist (von schinden =
quälen, unbarmherzig sein). Das Glühwürmchen hat seinen Namen G e h a n n e s w ü ö r m e k e n vom Gehannesdage
(25.6.), an dem es fliegt.

Ein Brummbär, Brummkopf heißt nach Collitz I i s e -
g r i m ; das gehört natürlich zu dem Namen des Wolfes aus
dem Tierepos, der seinerseits von dem Namen Isengrim stammt
(= Eisen und grimm in hochdeutsch grimmig!).

Die Stangenbohne wird allgemein F i i t z e b a u n e
genannt = Veitsbohne. Der heilige Veit wurde in Waldeck durch
Corvey verehrt. Möglich ist hier allerdings auch die Erklärung aus dem Lateinischen VICIA = Bohne.

Ein schläfriges Mädchen, eine Schlafmütze heißt F l a u -
t r e i n e = Flohtrine, Flohkatharina.

Ein träges Frauenzimmer wird G r e t e gescholten;
das ist die Kurzform zu Margarete.

D o u   b i s t   d e   w a (o) r e   J a (o) k o p p
"Du bist der wahre Jakob" sagt man, wenn man einen bezeichnen
will, der nicht der rechte Mann für eine Sache ist.

Eine Schwätzerin wird auch K a k e l t r i i n e genannt = Kakelkatharina (kakeln = gackern vom Huhn). Ein
Dummkopf bekommt das Wort K a l f m o s e s = Kalbmoses an
den Kopf geworfen (auch in Rhoden!). Nun war ja Moses wohl
nicht dumm, aber irgend einer seiner Nachkommen, der mit Käl-
bern handelte, muß den Anlaß zu diesem Namen gegeben haben,
oder das Kalf - soll nur die Dummheit des Kalbes wiedergeben.

In früheren Zeiten hieß eine Goldmünze zu 18,75 M.
K a r s t i n e = Karoline, so noch 1765 und 1827 (Collitz
S. 152), wahrscheinlich nach irgend einer Fürstin mit dem
Namen Karoline so genannt, deren Bild auf die Münze geprägt
war. K a s p e r e n heißt nach Collitz 1. hapern, stocken,
fehlschlagen. 2. im entscheidenden Augenblick zurücktreten,
seine Schuldigkeit nicht tun. Darin steckt der Name Kaspar;
dieser stammt aus dem Persischen Kansbar = Schatzmeister.
Ursprünglich war Kaspar einer der heiligen drei Könige. Etwa
seit dem 15. Jahrhundert wird der Kaspar durch die Dreikö-
nigsspiele eine drollige Person, die noch heute im Kasperle-
theater vorhanden ist. Das Zeitwort begegnet in der obigen
Bedeutung im Rotwelschen, der Gaunersprache, von dort wird
es also wohl stammen.

Et is ken ander ra(o)t osse K u n r a (o) t "es ist
kein anderer Rat als Konrad" = willst du nicht, so mußt du
doch. Hier scheint der Name Konrad nur des Wortspiels halber
gebraucht zu werden.

Der Name P e t e r hat auch eine Gruppe von Zusammensetzungen gebildet. Ein Q u i ä s t e p e t e r ist einer
der viel und unnötig quiästet = klagt, ein N ä (ö) l p e -
t e r schwätzt (nä(ö)lt) immer langweilig, ein N ü ö r -

g e l p e t e r bemängelt alles, ein S c h n ü t t e p e - t e r hat immer viel mit Schnütte (Nasenschleim) zu tun, und der S t r u w w e l p e t e r dürfte allgemein auch so ver- ständlich sein.

Der Faulenzer wird mit L a d d e r j a (o) p e k ge- troffen. Ladder - wird mit userm lodderig, Luder usw. zusam- menhängen, - ja(o)pek = Jakob. Ein Tölpel ist der S t o f - f e l ; dieser Name stammt von dem aus der Legende bekannten heiligen Christophorus, dessen Riesengestalt mit Dummheit ausgestaltet wurde.

Ein Bruder Liederlich wird mit S c h w i i m e l - f r i t z e bezeichnet, weil er immer schwimmelt = leicht- sinnig herumläuft; Fritz ist Kurzform zu Friederich. An der Eder heißt ein ungetauftes Kind H e i d e w ö l f c h e n oder H e i d ö l f c h e n . Das Letztere könnte auch auf H e i d e a d ö l f c h e n zurückgeführt werden. Im 15. - 16. Jahrhundert wurden in Corbach Münzen geprägt zu 1 1/2 und 3 Pfg. Diese hatten den Namen " K i l i a n e r " von St. Kilian, dem Schutzpatron Corbachs (Collitz S. 153).

Aus Rhoden kann ich noch folgende Namen hinzufügen: Ein Tölpel heißt dort D ä m e l s a c k , darin steckt der Vor- name D a m i a n ; ein hastiger Mensch wird H a s p e l - m i c h e l genannt = Haspelmichael (haspelen = hastig ar- beiten); ein schmutziger, unreifer Mensch muß sich gefallen lassen, daß man ihn S c h n u t t l ä i p nennt (Läip ist = Levi, eine jüdische Familie namens Levi heißt im Volksmunde Läips!). Einer, der viel Wind macht, heißt F u o r t e - o t t e = F u r z o t t o . Auch bei dem H e s s e - b r a n t = Hetzebrand mag ein Name auf -brand (Hilde- brand u.ä.) mit im Spiele gewesen sein. Eine Übertragung von Vornamen liegt auch vor bei Kuhnamen; am häufigsten be- gegnen: Liese, Nette (= Annette oder Jeanette), Lotte (= Charlotte). Auch Pferdenamen wie Fanny (aus Stephanie) ge- hören hierher. In Wethen heißt der wilde Sauerampfer wegen seiner roten Blütenrispe: r a u e H i n n e r k = roter Heinrich.

Eine Reihe noch unklarer Fälle lasse ich aus und will

nur zum Schluß noch einmal die Bitte aussprechen, bei der
Sammlung dieser Namen zu helfen. Vieles ist sicher noch verborgen in dem reichen Füllhorn der Mundart.

Das Fremdwort in den niederdeutschen waldeckischen Mundarten

I

Wenn wir ein Buch oder eine Zeitung lesen, so stoßen wir hie und da auf Steine im Wege, die uns ärgerlich zum Einhalten zwingen, die uns Sätze, Gedanken nicht verstehen lassen, weil wir im Augenblick kein Werkzeug zur Hand haben, um den Anstoß zu beseitigen. Das sind die Wortklötze der Fremdwörter, die leider von vielen Schriftstellern, Gelehrten, Zeitungsberichterstattern immer wieder zum Aufputz ihrer Gedanken verwandt werden. Man hat berechnet, daß unsere Schriftsprache 70 000 solcher Fremdlinge beherbergt. Es gibt Schriftsteller, die selbst für Hochgebildete unverständlich sind, weil sie so viele Fremdwörter gebrauchen, die sich aber auf diese Tatsache gar noch etwas einbilden. Und das Gleiche können wir im täglichen Leben beobachten. Wieviel Menschen meinen, sie müßten, um sich "gebildet" und gewählt auszudrücken, fremde Wörter in ihre Rede einflicken. Was oft dabei herauskommt, erzählen uns die Witzblätter, für die diese menschliche Schwäche eine willkommene Fundgrube ist. Gewiß der Verkehr der Völker untereinander bedingt einen gewissen Austausch auch von Sprachgut, und dagegen wird niemand etwas einzuwenden haben, wenn es sich nur in gewissen Grenzen hält. Aber die unnötige Aufnahme fremden Gutes muß verhindert werden, und da wir Deutschen ja sehr aufgeschlossen für alles Fremde sind, müssen wir uns in strenger Selbstzucht in Rede und Schrift immer wieder fragen und beobachten, ob wir gut deutsch reden und schreiben. Unsere deutsche Muttersprache ist geschmeidig genug, man kann in ihr alle seine Gedanken gut und schön, glänzend und geistreich ausdrücken. Den fremden Tand kann man ohne Schaden ausmerzen. Und jeder sollte mithelfen in dem Kampf gegen das Vorurteil, daß die "deutsch Sprak, ein plump Sprak" sei. Sie kann ebensogut als Ausdrucksmittel für alles gebraucht werden wie die französische Sprache, ja noch besser. Ist doch ihr Wortvorrat viel größer als der der französischen und englischen Sprache, weil, wie das an anderer Stelle schon einmal ausgeführt wurde, der lebendige Zusammenhang mit der unerschöpflichen Quelle der Volksmundarten viel inniger geblieben ist. Und diese Quelle ist nicht so stark getrübt wie die Schriftsprache durch fremden Schlamm. Man hat geschätzt, daß die Mundarten insgesamt etwa 7000 Fremdworte kennen, immerhin erst den 10. Teil gegenüber dem Hochdeutschen. In der Einzelmundart ist dieser fremde Wortschatz natürlich viel geringer, er schwankt zwischen 350 und 600 Worten. Im folgenden soll versucht werden, die Quellen aufzudecken, die Wege aufzuspüren, auf denen die Fremdlinge in die Mundart eindringen. Das ist kein leichtes Unterfangen;

es kann deshalb nur eine Auswahl hier gebracht werden, da wir sonst zuviel Raum in Anspruch nehmen müßten.

Unter Fremdwort versteht man in der Regel im engeren Sinne ein Wort, das aus einer fremden Sprache, meist einer ausländischen, stammt. Wir möchten im folgenden auch die hochdeutsche Schriftsprache für das Niederdeutsche als "Fremdsprache" in Anspruch nehmen, da sie, wie jeder leicht einsieht, für ein Kind, das aus der Mundart kommt, erst erlernt werden muß wie eine Fremdsprache.

In der heutigen Zeit, wo Schule, Kirche, Zeitung, Radio usw. in ganz anderer Weise den ländlichen Menschen in ihren Bann ziehen und damit der Schriftsprache immer wieder neue Wege und Brücken bauen, ist es nicht verwunderlich, wenn sich die Mundarten kaum dieses vielseitigen Angriffs erwehren können. Sie wehren sich aber doch und gerade die Art, wie sich die Mundart dem Fremdwort gegenüber verhält, läßt uns bedeutsame Einblicke tun in den Kampf, der da tobt. Im allgemeinen ist das Gefüge der Mundart fest, es kann schon eine Kanonade vertragen, aber es gibt doch Gebiete, wo die Mundart gezwungen wird, sich anzupassen, Fremdes aufzunehmen, es mundgerecht zu machen, weil für das fremde Wort keine eigene Bezeichnung da ist. Aber diese Fremdlinge werden in das feste Gefüge der Mundart hineingezwungen, nur selten bleiben sie ungerupft, ungeschoren. In den meisten Fällen sind die Fremdworte für den Tiefersehenden noch irgendwie als solche zu erkennen.

Wenn sich z. B. heute in den meisten niederdeutschen Orten Waldecks das Wort *Schwanz* neben dem echt mundartlichen *Stärt* findet, so ist an dem "z" zu erkennen, daß es Eindringling, nicht bodenständig ist.

Es gilt meist schon als das "feinere" Wort (so ist es ja immer, was fremd ist, ist feiner! siehe Mode usw.). *Stärt* wird als "gewöhnlicher" empfunden, uns so nistet sich der fremde Kuckuck in dem Bewußtsein der Landleute ein und wirft allmählich das andere Wort aus dem Nest, weil er "feiner" ist. Das ist ein Weg, der häufig zu beobachten ist.

An demselben Zeichen "z, tz", das dem Niederdeutschen fremd ist, geben sich folgende Worte als Fremdworte aus der Hochsprache zu erkennen: *fürwitzeg* = vorwitzig; *Schnitze* = Apfelschnitze; Schnitte; *ganz* = ganz; *zuntz* = jetzund; *Zigge* = Ziege; *Ziipele* = Zwiebel; *Ziddel* = Zettel; *Kratzbüste* = Kratzbürste (das echte Wort für "Kratzen" ist *kläggen!*); *Zinsen* = Zinsen; *Zämmel* = Lappen; *Zwickmülle* = Zwickmühle beim Mühlespiel; *zäwwelen* = sich zanken; *Anzäige* = Anzeige; *danzen* = tanzen; *Eggerpilz* = Eierpilz; *Fiinputz* = Feinputz; *Rouhputz* = Rauhputz (beim Hausbau); *putzen* = putzen; *Putzemäß* = Rasiermesser; *vertzeg, fuffzeg, sächzeg, siebenzeg, achzeg, niggenzeg* = 40, 50, 60, 70, 80, 90 (das niederdeutsche t steckt noch in *diärteg, twinteg* = 30, 20); *hitzeg* = hitzig (vgl. *de Hitte* = die Hitze!); *Kanzele* = Kanzel (Kirche); *Kröutzhacke* = Kreutzhacke; *nutzen* = nützen (hie und da hört man noch mal das alte *nütte!*); *Pelz* = Pelz; *purzeln* = purzeln; *Ritz* = Ritz; *Rotzlippel* = Rotzlöffel (Schimpfwort); *sprützen* = spritzen;

Sprützenhous = Spritzenhaus u. a. m.

Hier könnte mir nun einer einwenden: "Ja, die Beispiele, die
du da vorbringst, sind ja keine *echte* Mundart, kein wirklicher
echter Mundartsprecher wird sie gebrauchen!" Darauf möchte ich
sagen, daß die Beispiele nicht etwa von mir am grünen Tisch
gemacht worden sind, sondern daß ich sie alle an Ort und Stelle
(in Rhoden) erlauscht und aufgezeichnet habe. Es ist auch gar
nicht verwunderlich, daß unsre waldeckischen Mundarten besonders
reich an solchen der Schriftsprache nahestehenden Formen sind.
Wie in meinem Buche lang und breit nachgewiesen wird, liegt
unser Waldeckerland um die Grenze der beiden Großmundarten
Niederdeutsch und Hochdeutsch (Mitteldeutsch) herum. Vom Süden,
der nur Formen mit "z" kennt, werden obige Formen gestützt,
dazu kommen die Einflüsse der Schriftsprache durch Schule,
Zeitung usw. Für die Gesamtbeurteilung der Lage einer Mundart
im Kampf um ihr Dasein sind aber Formen wie die obigen sehr
wichtig und wertvoll, sie sind nämlich nichts anderes als Vorposten der vordringenden hochdeutschen Mundart, sie sitzen wie
Würmer im niederdeutschen Apfel und lassen einen Wortapfel
nach dem anderen vom niederdeutschen Apfelbaum zur Erde fallen,
dem Untergange preisgegeben. Fremdlinge ganz besonderer Art
sind solche Worte, wo niederdeutsche und hochdeutsche Wortformen zusammengeschweißt sind, z. B. *Niggenmörder* = Neuntöter
(Vogel), *Tackenwalze* = Zackenwalze (an der modernen Futterschneidemaschine), *Eggerpilz* = Eierpilz, *Rouhputz* = Rauhputz,
Rotzlippel = Rotzlöffel u. a. Bei ihnen ist immer ein Bestandteil echt mundartlich so geformt, wie die Gesetze der Mundart
es erfordern, der andere ist hochdeutsch; oben müßte z. B. das
mörder echt *muörder* heißen, - *walze* echt walle usw. Auch diese
Formen sind für den Sprachforscher besonders interessant und
aufschlußreich. Es ist kein Zufall, daß der Niggenmörder eine
seltenere Vogelart ist (die Kenntnis der Vogelarten ist im
allgemeinen eine sehr beschränkte beim Durchschnitt der Land-
bewohner!), daß die Tackenwalze eine Walze an der *modernen*
Futtermaschine ist (die Teile der alten Schneila = Schneidelade
sind alle echt mundartlich benannt!), daß der Eggerpilz eine
Pilzart ist, die dem Bauern im allgemeinen erst durch Notzeit
Essenswert und Verkaufswert geworden ist, daß der Rouhputz wie
der Fiinputz zum Maurerhandwerk gehören, das durch die Wander-
schaft usw. starken Einflüssen von außen ausgesetzt ist, daß
der Rotzlippel zu dem Schimpfwörterbuch gehört, das überall
bekannt ist. Das Erfreuliche daran ist, den Widerstand zu beobachten, den die bodenständige Mundart dem Fremden entgegen-
setzt: das Fremde wird, soweit es möglich ist, der Mundart angepaßt. Es gibt sogar Fälle, wo diese Angleichung bis zur völligen Aneignung geht. So heißt in Rhoden die Spitzmaus regelrecht
Schpittmous, "spitz" lautet aber *schpiß* statt *schpitt*, ebenso
sagt man *Schliß* = Schlitz statt *Schlitt*, *hessen* = hetzen statt
hetten (wie *setten* = setzen). Hier hat die Mundart den fremden
ß-, z-Laut ganz beseitigt und das bekannte "s" dafür eingeführt.

Wie man an dem z, ß die Fremdlinge aus den Hochdeutschen erkennen kann, wie die obigen Beispiele dartun, so kann man es
bei ch für niederdeutsches k und bei f, pf für niederdt. p.

Es genügt wohl die Beispiele anzuführen. Hierher gehören: *fräch* = frech (statt fräck!), *Joch* = Joch (statt Jock; im Niederländischen heißt es *juk*!), *Leiche* = Leiche, Beerdigung (statt Like, wie es im Altniederdeutschen heißt), *Drache* = Drache (statt Drake), *Kachele* = Kachel, Ofenkachel (statt Kakele, wie es im älteren Niederdeutsch heißt; *Proffen* = Kork (statt proppen), *Stiffkind*, *Stiffatter*, *Stiffmotter*, *Stiffbroer*, -schwäster (statt Stiep-). Auffällig ist, daß die Gruppe mit z, ß viel größer ist, als die beiden andern.

Auch unsre waldeckischen Bezeichnungen für Vater und Mutter sind halbe Fremdlinge, so seltsam das klingt. Man sagt meist *Vatter*, *Motter*. Das echt mundartliche *Va-er*, *Vader*, *Mo-er*, *Moder* hört man nur noch bei alten Leuten und auch nicht mehr in allen Orten oder in Zusammensetzungen wie Großvater usw. Da hat das Hochdeutsche den harten t-Laut eingeschmuggelt.

Besonders interessant ist in diesem Zusammenhang folgendes: Im niederdeutschen Waldeck sagt man fast allgemein für die Gans *Gaus* und für das dazu gehörende kleine Tierchen *Gösselen*; das heißt, man hat das n des hochdeutschen Gans ausfallen lassen (wie *us* statt *uns*). In Neerdar, Eimelrod, Hemmighausen, Deisfeld, Usseln, Willingen, Schwalefeld, Rattlar nun sagt man *Gänßelen* und in Stormbruch, Giebringhausen, Sudeck, Benkhausen, Rhenegge *Gönselen*, in Bömighausen *Gänselen*. Hier sind also die n wieder eingesetzt. Das ß in der ersten Gruppe, dazu das ä statt ö, lassen die fremde Beeinflussung klar erkennen. Nachdem die Formen mit n, welche von der Schriftsprache gestützt werden, sich schon in so vielen Orten festgesetzt haben, ist die Möglichkeit gegeben, daß sie weiter um sich greifen oder wieder von den Gösselen-Formen herausgeworfen werden. Wir sehen hier, und das wird auch den Lesern interessant sein, geradewegs in den Kampf der beiden Großmundarten hinein, von dem ich oben sprach. Es ist nicht immer leicht, die einzelnen Kampfabschnitte klar zu übersehen, manchmal ist das Fernglas nicht scharf genug, manchmal ist der Beobachtungspunkt falsch oder nicht hoch genug gewählt, manchmal spielt sich der Kampf auch unterirdisch ab. Deshalb muß ich auch hier darauf verzichten, weitere Beispiele anzuführen. Die Schilderung und Auseinanderwickelung der einzelnen Gefechtsabschnitte würde zuviel Raum erfordern. In einem weiteren Aufsatz gedenke ich dann über die Fremdworte aus nichtdeutschen Sprachen zu handeln.

II

Wenn wir nun dazu übergehen, die Fremdwörter zusammenzustellen, die aus nichtdeutschen Sprachen in die Mundart aufgenommen wurden, so wollen wir die voranstellen, welche aus den klassischen Sprachen (Griechisch, Latein) stammen. Die Mehrzahl der Wörter dieser Gruppe kommen aus der Kirchensprache. Das lateinische pastor (Hirt) ist in unsern Mundarten zu hören als *Pastor, Pestauer, Pestouer, Pastaure, Pastouer* usw. In die alte Herrschaft Itter ist schon *Parr* oder *Parrer* eingedrungen. [Im Ederkreis kann man auch das dem Untergang verfallende *Pärrner* hören.] *Kanter* hieß früher (auch jetzt wohl noch) in Rhoden der zweite Lehrer, er mußte allen Gottesdiensten unten in der Kirche in einem besonderen Stande beiwohnen sowie den Pastor bei den Beerdigungen begleiten. Den Namen hat er vom lateinischen cantor = Sänger, Vorsänger. In den Zeiten der Orgel hat dieser Name keinen rechten Sinn mehr, als diese aber noch nicht da war, da wird der Kanter den Gemeindegesang mit seinen Kindern haben führen müssen.

Ein Fremdling aus dem Lateinischen ist auch das Wort *Kapelle* Es bedeutet ursprünglich "Mäntelchen". Die erste Kapelle war ein Raum, in dem der heilige Mantel und andere Reliquien des heiligen Martin von einem capellanus (= unserm heutigen *Kapla(o)n*!) behütet wurden. Man kann dieses und die meisten anderen Fremdworte am besten erkennen an der undeutschen Betonung. Die germanische Betonung liegt nämlich in der Regel auf der ersten oder Stammsilbe. Von Kapelle besitzen wir in Waldeck auch eine eingedeutschte Form. Das Gut *Kappel* hat den Namen mit deutscher Betonung auf der ersten Silbe; dieser Name ist aber auch von capella gekommen. Auch *de Kanßele* = Kanzel hat deutsche Betonung; es stammt von dem lat. cancellus = Gitter und bezeichnet ursprünglich den Raum, in dem der Geistliche abgesondert von der Gemeinde saß. In Rhoden und sonst sagt man für eine Perlenkette (Korallenkette) *dat Noster* Das ist eine letzte Erinnerung an katholische (*katolske*) Zeiten, als man noch das Pater noster (Vaterunser) lateinisch betete. Und da war das *Noster* einfach der Rosenkranz.

Zur Kirchensprache gehören auch *Kapiddel* = Kapitel eigentlich = Häuptlein, Köpfchen (lat. caput = Kopf), dann auch Köpfchen eines Buchabschnitts, bes. der Heiligen Schrift, und *präddegen* = predigen, das dem lat. praedicare = verkündigen entstammt.
Katolsk = katholisch und *Katechismen* = Katechismus kamen aus dem Griechischen (über das Lateinische). Ferner gehören hierher aus dem weltlichen Kreise: *Jällement* = Element (he is in siinem Jällemente) = lat. elementum; *Kompost* = Abfallhaufen aus lat. compositum = das Zusammengesetzte; *Natoure* (Natur) (*he hiät ne gudde Natoure* = er hat eine gesunde, feste Natur); *Spektakel* = Lärm (eine verderbte Form lautet *Spitakel*) aus lat. spectaculum = Schaustück, Schaustellung; *dat Register* = das Register, die Aufzählung aus lat. res gestae = die ausge-

führten Dinge; *stantepe* = stehenden Fußes aus dem lat. stante
pede. Nicht so leicht als Fremdling zu erkennen ist *Aketucht*,
das aus dem lat. aquaeductus = Wasserleitung gekommen ist. Es
bedeutet in unserer Mundart "Abzugskanal, Graben"; es ist
schwer zu erkennen, weil es volksmäßig in der zweiten Silbe
an *tucht* = Zucht (zu "ziehen") angelehnt ist. Aus der Rechtssprache kommt *de Afka(o)te* = der Advokat (lat. advocatus =
Beistand, Herbeigerufener). Auch *akera(o)t* = genau, ordentlich
(lat. accuratus) gehört hierhin. *Aweteeke* = Apotheke, *Aweteeker*
sind dem Griechischen entnommen. Einige zweifelhafte Fälle
lasse ich aus.

Die Mehrzahl der Fremdlinge, die unsre Mundarten kennen, stammen aus dem Französischen. Sie sind aus der Sprache der Gebildeten in die Mundart hinabgesunken und legen beschämend Zeugnis dafür ab, wie weit Modetorheiten der gebildeten Schichten
wirken und Nachahmung finden, nicht nur auf dem Gebiete der
Mode.
Da sind zunächst die große Zahl der Zeitwörter auf -*ieren*, als
Fremdlinge an dem Ton auf dem -*ie*- immer zu erkennen. In der
Mundart ist das -*ie*- als *ee* vorhanden; Beispiel: *ageteeren* agi-
tieren, *akerdeeren* in Akkordarbeit vergeben (frz. accorder),
annemeeren animieren, anregen, *appeleeren* appellieren, sich an
die höhere Gerichtsstelle wenden (frz. appeler rufen), *atte-*
keeren attakieren, angreifen (frz. attaquer aus der Soldaten-
sprache), *blameeren* blamieren, beschämen (frz. blamer tadeln),
drangsaleeren, drangsalieren (ein gutes deutsches Grundwort mit dem fremden
Kukuk!), *vergaloppeeren* vergaloppieren, *verkonsemeeren* "verzehren", *visenteeren* visitieren, untersuchen (frz. visiter
besuchen; es ist also ein n hinzugefügt!), *flatteeren* schmeicheln, um den Bart gehen, *hanteeren*, hantieren (s. drangsalieren!), *inveteeren* invitieren, einladen, *kampeeren* kampieren,
auf dem Felde übernachten, *koppeleeren* kopulieren, zur Ehe
zusammengeben, *kreppeeren* krepieren, sterben, *kujeneeren* kujo-
nieren, quälen, *kumvermeeren* konfirmieren, *kuntreleeren* kon-
trollieren, beaufsichtigen, *kureeren* kurieren, heilen,
quitteeren quittieren, *lamenteeren* lamentieren, *pareeren* parieren, gehorchen, *passeeren* passieren, geschehen, *presseeren*
pressieren, eilig sein, *perweeren* probieren, versuchen (s.
drangsalieren), *regeeren* regieren, *renteeren* rentieren, sich
lohnen, *riskeeren* riskieren, wagen, *rungeneeren* ruinieren,
zerstören (auch siehe visenteeren!), *schkeneeren* genieren,
sich scheuen, *simeleeren* simulieren, nachdenken, *schnabeleeren*
schnabulieren, gut essen u. a.

Dem aufmerksamen Leser wird es nicht entgangen sein, daß eine
ganze Reihe gut deutscher Worte es sich hat gefallen lassen
müssen,mit der fremden Endung -ieren ausgestattet zu werden,
gerade als ob unsre deutsche Sprache nicht genug Bildungs-
silben hätte. Einige der Wörter haben sogar im Deutschen eine
ganz andere Bedeutung angenommen als in der fremden Sprache,
aus der sie kommen, so blamieren (zu franz. blâme Tadel, ein
frz. Zeitwort blamer gibt es in unserem Sinne nicht, auch
nicht das deutsche Hauptwort Blamage), *simeleeren* zu franz.
simuler aus lat. simulare = erheucheln).

Zu diesen Zeitwörtern sind auch Hauptwörter gebildet worden, so
Attacke(dat wor ne Attacke) u. a. Verwandt damit sind die Haupt-
wörter auf hochdt. *-ierung*, mundartlich *-eerunge*, die nicht so
sehr häufig sind; Beispiele: *Hanteerunge* Hantierung, *Inquartee-
runge* Einquartierung u. a. Häufiger sind die Dingwörter mit der
fremden Endung *-igge*, die wieder den Ton trägt und der hochdt.
Endung *-ei* (Kanzlei) entspricht. Beispiele: *Alwerigge* Alberei,
Baseligge Baselei, Dummheit, *Bedreegerigge* Betrügerei, *Danzerigge*
Tanzerei, *Dickedooerigge* Dicktuerei, Prahlerei, *Dummerigge*
Dummheit, *Verdömerigge* Verschwendung, *Fopperigge* Verspottung,
Foulänßerigge Faulenzerei, *Friätterigge* Fresserei, *Käwweligge*
Zankerei, *Kungeligge* Heimlicher Handel, *Näölerigge* Schwätzerei,
Schkingerigge Schinderei u. a. Es sind meist gute deutsche
Worte, die wie im Hochdeutschen mit der fremdbetonten Endung
versehen sind. Diese Endung ist recht häufig und scheinbar auch
noch immer recht lebendig und fähig sich auszudehnen.

Aus dem Französischen und Italienischen kommen ferner folgende
Hauptwörter: *Acksejohn* Auktion, Versteigerung; *Alarm* Alarm;
Allee mit Bäumen besetzte feine Straße, Baumgang (frz. *allée*
Gang); *Buskasege* Unland mit Büschen (das deutsche Wort Busch
und frz. Endung *-age*) (A); *Eksämpel* Exempel, Beispiel, *Ekspe-
remänt* Experiment, Versuch; *Kanallge* Kanaille (frz. ebenso);
Krakeel Radau (z. frz. *querelle*); *Kujoon* Halunke; *Kuntrelöör*
Kontrolleur (zu frz. *contr(e)-rôle* Gegenrolle, Gegenliste);
Kulöör Farbe (frz. *couleur*); *Kummendöör* Kommandeur, Oberbefehls-
haber der Schützen (frz. *commandeur*); [*Kuntoor* Kontur, Kanzlei
(aus dem italienischen *contorio*);] *Kuraske* Mut (frz. *courage*);
in en Kurrjee in einer Karriere, in vollem Lauf (frz. (*en
pleine*) *carrière* Pferdelaufbahn); *Laköör* Likör, feiner Schnaps
(frz. *liqueur*); *Malöör* Unglück (he hiät Malöör ehatt); *Packaske*
schlechtes Volk (frz. *bagage* Gepäck; bei uns an *packen* angelehnt);
Petälge Flasche (frz. *bouteille*); *Predulje* Verwirrung, Verlust
(frz. *bredouille* Matsch); *Schakaan, ne Sch. audoon* eine Schi-
kane antun (frz. *chicane*); *Sapöör* der Pionier bei der Schützen-
gilde, auch Acksendräger genannt (frz. *sapeur*); *Rolloo* aufzu-
rollender Vorhang (frz. *rouleau*); *Rewälje* das Wecken beim
Schützenfest (frz. *reveille*); *Schkeese* feiner Wagen (frz.
chaise Stuhl) u. a.

An Eigenschaftswörtern nenne ich folgende: *kapputt* entzwei;
kunstant beständig, fröhlich (frz. *constant*); *passawel* leid-
lich (frz. *passable*); *profitilek* auf seinen Nutzen bedacht
(zu frz. *le profit*); *schkeneerlek* genierlich, schüchtern (zu
frz. *la gêne* Folter, Tortur, Zwang) u. a.

Vom Volke umgedeutet und an vorhandene deutsche Wörter angelehnt sind folgende Fremdlinge: *Karnaljenfuggel* Kanarienvogel
(an Kanaille angelehnt); *Kuollrawe* Kohlrabi (aus italien.
caroli rape, an Kohle und Rabe angelehnt); *Flitzepee* Veloziped,
Fahrrad (an *flitzen* angelehnt); *Extrapa(o)ter* Löffelegge (aus
lat. exstirpator = Ausrotter; an extra angelehnt; davon wird
das Zeitwort *pa(o)teren* = mit der Löffelegge arbeiten gebraucht); *fermost* famos, fein (aus lat. famosus, an *ver-* angelehnt); *Stallaske* Stellage, Gestell (aus dem deutschen Stelle

mit der frz. Endung -*age* gebildet, dann an Stall angelehnt!).

Den Schluß mögen die Wörter bilden, welches an dem Hebräischen und Judendeutschen (Jiddischen) durch den Handel in die Mundart eingedrungen sind. Manche davon mögen auch der Handelsgeheimsprache entstammen, welche im Sauerlande noch heute lebendig ist (das *Dibbern* vom hebräischen *dibbeer* reden). Dahin gehören: *achelen* essen, meist gut essen (hebr. *akhal*); *Tokes* Gesäß (viell. aus hebr. *tacha!h*); *koscher* einwandfrei, rein; *meschkugge* verrückt (hebr. meschugge); *Schkawesdeckel* scherzhaft für Sonntagshut, auch überhaupt = Hut (zu *Sabbat*); *Schkaute* Dummkopf, Schuft (jiddisch *schoteh*); *Schkiksel* Judenmädchen, auch liederliches Mädchen (jiddisch *schickzah*); *Schmou maken* Gewinn machen (hebr. *schemma*); *Rewwe* Judenlehrer (Rabbi); vielleicht auch *afprachen* mit Gewalt abhandeln.

Auch in den Blumen- und Pflanzennamen stecken natürlich eine Menge Fremdwörter. Das kommt teilweise daher, daß die Heilkräuter vielfach lateinisch bezeichnet werden, auch seltenere Zierblumen dringen meist mit fremdem Namen ein. Auch sie werden vielfach entstellt gebraucht. Aus *Syringa* = Flieder, das wieder aus flos Cyrennicus stammt, wird *Zereene* (in Hessen gibt es sogar die Form *Zitrone*!). In Vasbeck heißt der Goldlack *Winterfiole* (zu viola Veilchen), in Freienhagen die Geranie *Oranekums*, die Hortensie *Odensie*, das Veilchen *Fijaule*, der Rittersporn in beiden Orten *Scheesenblaume* (wegen der Form). Die gelben Narzissen nennt man wohl in ganz Waldeck *Studenten*. Ein Fremdwort sein muß auch das mir in Freienhagen begegnete *Dirndeltai* = besondere Art von Handtüchern mit eingewebten Mustern; vielleicht kann mir das ein Sachverständiger erklären. So ließe sich noch manches anführen; ich fürchte aber, die Geduld der Leser schon auf eine zu harte Probe gestellt zu haben.

Neue Beiträge aus dem Gebiete der waldeckischen Mundarten

I. *Die Brombeere*

Das Waldeckische hat für diese wohlschmeckende Herbstfrucht eine interessante Dreizahl von Formen. Der Süden hat *Brummbäre* (man ziehe auf einer Karte eine Linie, die Netze, N. O. Werbe, Alraft, Meineringhausen, Obernburg, Dorfitter, N. O. Ense, Goldhausen, Rhadern, Münden, Braunshausen, Hallenberg südlich liegen läßt). Die Form steht, wie wir sehen, dem Schriftdeutschen (Brombeere) ziemlich nahe, sie hat nur das o zu u und das geschlossene e (wie in Reh) zu offenem ä (wie in Mädchen) werden lassen. Beide Formen gehen auf eine ältere zurück, die etwa Althochdeutsch *braambori* lautet, das bedeutet "Beere einer Dornart". Denn der erste Bestandteil (*braama*) bezeichnet einfach "Dornstrauch" überhaupt. Das ursprünglich lange a hat sich zu a(o), dem bekannten Mittellaut zwischen a und o, den wir im nördlichen Waldeck in Ja(o)r = Jahr, Ga(o)be = Gabe sprechen, entwickelt und ist dann zu o (kurz) gekürzt.

Nördlich der oben gezeichneten Linie herrscht die Bezeichnung *Brummelke*. Zur Erklärung wollen wir diese Form zerlegen und dabei am Ende beginnen. Da müssen wir zunächst das -*ke* abstreichen. Das ist eine Verkleinerungssilbe, die im Westfälischen bei weiblichen Wörtern häufiger ist als bei uns. Der erste Teil *Brummel*- muß nach allen sprachlichen Regeln, deren Aufzählung hier zu weit führen würde, auf *Brummber*- zurückgeleitet werden. So kämen wir zu einer Grundform *Brummbeerke*, was einfach "kleine Brombeere" bedeutet.

Ähnlich ist die Erklärung der Form, die sich um Rhoden findet (in allen Orten nördlich einer Linie, welche Massenhausen, Helsen, Braunsen, Lütersheim, südlich läßt). Dort sagt man *Brummelte*. Das -*te* ist auch Verkleinerungssilbe. Wir besitzen es in denselben Orten noch in *Himmerte* = Himbeere, *Erwelte* = Erdbeere u. a.

Der erste Teil des Wortes erklärt sich wie bei *Brummel-ke*, so daß wir auch hier dieselbe Vorstellung gewinnen "kleine Brombeere".

Interessant ist noch, daß einige Orte aus der Reihe tanzen: Willingen, Helsen, Mengeringhausen haben nur *Brummbäre* (statt *Brummelke*) angegeben. Bei Willingen wird das darauf beruhen, daß die männlichen Einwohner viel auf Handelsfahrten sein müssen und hochdeutschem Einfluß mehr ausgesetzt sind.

Bei Helsen und Mengeringhausen zeigt sich auch sonst eine
stärkere Hinneigung zum Hochdeutschen (Arolsen!). In Freienhagen und Hesborn (Kr. Brilon) habe ich die einfache Form
Brummele (also ohne -*ke* und -*te*) gefunden. Tietmaringhausen
und Deifeld in der alten Herrschaft Düdinghausen, die jahrhundertelang zu Waldeck gehört hat, haben die Doppelmoppelform
Brummelkesbäre = Brombeerchensbeere, bei der nach unserer
obigen Ausführung die "Beere" doppelt ausgedrückt ist. Das
ist nur möglich, weil das "Brummel" nicht mehr als "Brombeere"
empfunden wird.

II. *Der Senf*

Für dieses edle,scharfe Gewürz kennt man in allen waldeckischen
Orten die Bezeichnung *Simp*, *Semp*, *Semft*, *Senf*. Daneben tritt
aber in einigen Orten des Westens *Moster(l)*, *Muster(t)*, und
zwar in Heringhausen, Stormbruch, Eimelrod, Hemmighausen, Deisfeld, Willingen, im Kreise Brilon in Grönebach, Küstelberg,
Tietmaringhausen, Düdinghausen, Referinghausen, Ober-Schledorn,
Medebach, Braunshausen. In Hallenberg, Liesen, Hesborn, Dreislar ist mir nur *Moster(t)* angegeben worden.

Senf ist mit Worten wie Wein, Essig, Kümmel, Pfeffer u. a. in
früher Zeit aus dem Lateinisch-Romanischen entlehnt worden.
Die alte Form ist etwa wieder im Althochdeutschen *senaf*, im
Altniederdeutschen *senap*. Daraus ist unser *Simp*, *Semp* entstanden.
Die Bezeichnung *Moster(t)* kommt in den oberdeutschen Mundarten
nicht vor. Sie entspricht einer älteren Form *Musthart* = Senf,
der mit Most angemacht wird. Das -*t* in der obigen Form ist also
ganz berechtigt. Dieselbe Bezeichnung gilt im Französischen
(*moutarde*), Englischen (*mustard*), Niederländischen (*mostaard*)
und Italienischen (*mostarda*). Allen liegt das lateinische
mustum = Most zu Grunde. Die hochdeutsche auch bekannte Form
Mostrich ist volksmäßig entstellt und sollte besser vermieden
werden.

Wir sehen also, daß beide Namen für das Gewürz aus der Fremde
eingeführt sind, und der Schluß ist berechtigt, daß damit auch
die Sache nach Germanien gekommen ist, daß unsere Vorfahren
die scharfen Gewürze (Pfeffer, Senf) vor ihrer Bekanntschaft
mit den römischen Schlemmern nicht gekannt haben. So kann die
Sprachgeschichte Einblick geben in interessante Kulturzusammen-
hänge.

DER DEUTSCHE SPRACHATLAS.

Die erste Lieferung des "Deutschen Sprach-atlas"[1] ist vor einiger Zeit von dem Marburger Verlag N. G. Elwert (H. Braun) der Oeffentlichkeit übergeben worden. Damit tritt das große Werk endlich ans Licht, dessen Druck, oft herbeigesehnt, durch den Weltkrieg, die unselige Inflation, die Geldverknappung unserer Tage immer wieder hinausgeschoben werden mußte. Ueber fünfzig Jahre entsagungsvoller, wissenschaftlicher Arbeit finden damit ihren ersten äußeren Abschluß und in Marburg ist dieser Abschluß erfolgt.

Georg Wenker zum Gedächtnis! sind die ersten Worte des Vorläufigen Vorworts, die Ferdinand Wrede, der Mitarbeiter und Nachfolger Wenkers, dem ganzen Werke vorausschickt. Denn Wenker selbst hat die Heranreifung seiner Idee, seiner Lebensarbeit zu dem stolzen Nationalwerk, wie es in dem Umfange keine Nation ihr eigen nennen kann, nicht mehr erleben dürfen: ein grausames Geschick rief ihn 1911 mitten aus der Arbeit.

Am 5. April 1876 sandte Wenker die ersten Fragebogen in die Schulorte aus mit den berühmten 40 kleinen, sorgfältig ausgewählten Sätzchen; sie sollten von den Lehrern in die Ortsmundart umgesetzt werden. Als er die ersten Ergebnisse dieser Umfrage in seinem handschriftlichen "Sprachatlas der Rheinprovinz nördlich der Mosel" von 1878 der Wissenschaft vorlegte, horchte diese auf. Die Folge war, daß der Staat sich der Sache annahm, dadurch wurde es Wenker möglich, in Marburg, seiner zweiten Heimat mit seinen Mitarbeitern ein Institut zu eröffnen den "Sprachatlas des Deutschen Reichs".

Bis zum Jahre 1889 waren aus dem Gebiet des Deutschen Reichs rund 46 000 Antworten eingelaufen, von denen sich 42 496 als brauchbar erwiesen. Sie vertreten 40 736 deutsch-sprachige (290 dänische und 67 friesische eingerechnet) Orte und 1760 fremdsprachige (französische, wendische, böhmische, polnische, litauische). Die deutsche Lehrerschaft hat sich

mit der Beantwortung des Fragebogens ein unvergängliches
Denkmal gesetzt, immer wieder hat sich die Zuverlässigkeit
ihrer Arbeit bestätigt. Aus diesem Riesenmaterial wurden in
den 50 Jahren von Wenker und seinen Mitarbeitern die 1600
Kartenblätter des in Marburg liegenden handgezeichneten
"Sprachatlas des Deutschen Reiches" (S A) gewonnen. Dieser
Atlas ist im Maßstabe 1 : 1 000 000 gezeichnet; der Deutsche
Sprachatlas (D S A) hat verkleinert auf 1 : 2 000 000 gegeben
werden müssen.

Durch einen besonderen Glücksfall konnte schon Luxemburg
mitberücksichtigt werden. Herr Prof. Dr. John Meier, Freiburg,
hat nämlich im Jahre 1888, also um dieselbe Zeit wie Wenker,
die 40 Wenkersätze in Luxemburg einfordern lassen. Diese 325
Formulare konnten gerade noch zur rechten Zeit mit auf die
Karten aufgenommen werden. Herrn Prof. Meier gebührt dafür
der Dank der Wissenschaft. Dieser Dank muß auch den Reichs-
und Staatsbehörden gezollt werden, die die Arbeit am S A möglich machten und auch jetzt die Herausgabe großzügig gefördert haben.

Wenn man den schon länger vorliegenden französischen
Dialektatlas Gilliérons zum Vergleich heranzieht, so liegt
der Unterschied im wesentlichen in Folgendem: G i l l i é -
r o n sandte den in diesen Tagen verstorbenen E d m o n d
drei Jahre lang aus, um direkt ein ziemlich großes Material
(Sätze und Wörter) in einer Auswahl von etwa 900 Orten Frankreichs aufzunehmen. E i n phonetisch geschultes Ohr also,
e i n Vermittler hat hier das Material geliefert. Dafür
mußte die Zahl der Orte sehr beschränkt werden. W e n k e r
ging nach dem Grundsatz vor "Lieber weniges aus möglichst
allen, als vieles aus einer ungenügenden Zahl von Ortschaften
einzusammeln". Dafür nahm er die große Zahl der naiven Vermittler in Kauf, verzichtete auf phonetische (lautgetreue)
Wiedergabe, ließ vielmehr die Lehrer mit den Mitteln des
schriftdeutschen Alphabets ihre Dorfmundart aufzeichnen.
Dadurch sind natürlich dem Gesamtwerk gewisse Schranken gezogen, wie Ferd. Wrede auch in dem Einleitungsheft hervor-

hebt, aber die großartige Bezeugung Ort für Ort überstrahlt
alle Schranken und Mängel. Das im einzelnen zu beweisen, würde hier zu weit führen.

Die nunmehr vorliegende erste Lieferung des Deutschen
Sprachatlas umfaßt folgende Karten: 1) eine Grundkarte
1 : 2 000 000 in Schwarzdruck; sie umfaßt auch das gesamte,
nicht in Reichsgrenzen liegende Sprachgebiet deutscher Zunge;
2) das Nordwestblatt[2] der Grundkarte des Wenkerschen
Sprachatlas 1 : 1 000 000, sie bietet alle Belegorte, zeigt
die erstaunliche Fülle und dient zur besseren Beurteilung
der Karte 1; 3) die erste Sprachkarte "Lautverschiebung,
Typen", diese Karte ist wie die folgenden zugleich auf Pauspapier gedruckt; dadurch wird der Vergleich der verschiedenen
Karten wesentlich erleichtert; 4) "ich", eine bunte Karte,
die schon klar die Schwierigkeit der Darstellung bei solcher
Fülle der Formen erkennen läßt; 5) "dir" 6) beiß(en), d.h.
nur die Stammsilbe des Wortes beißen ("die bösen Gänse
beißen dich tot") konnte auf dieser Karte dargestellt werden,
die Endungssilbe (-en) mußte auf die Karte 7) genommen werden; und endlich 8) "Synonyma zu Pferd", zu "Füße", eine
Wortkarte also, auf der die verschiedenen Ausdrücke für
Pferd (Roß, Gaul) und Füße (Beine, Hachsen, Pfoten, Schenkel,
Schocken, Schunken) dargestellt ist. Alle Karten sind in verschiedenen Farben auf Graudruck gedruckt, damit die Pausblät-
ter bequem miteinander verglichen werden können.

In jedem Jahr sollen zwei Lieferungen erscheinen und
zwar im ganzen 20, sodaß also nach 10 Jahren das Werk vollendet sein würde. Die beigegebenen kurzen Texthefte sollen
nur das Lesen der Karten erleichtern. Die wissenschaftliche
Verarbeitung und Erläuterung ist andern Veröffentlichungen
vorbehalten.

Der Deutsche Sprachatlas gibt wie der S A den Sprach-
zustand der Mundart in den 80er Jahren des vorigen Jahrhunderts wieder; es liegt auf der Hand, daß sich in der heutigen
Zeit, die durch ihre Unrast, durch die Verbreitung der
städtischen Kultur bis in die entlegensten Winkel (Zeitung,

Schule, Radio usw.) den Mundarten nicht günstig ist, die
Verhältnisse rasch verändern werden. Bei der Beurteilung der
Karten ist das immer zu bedenken. Die S A - Karten geben also
schon einen historischen Zustand wieder. Heute kann Vieles
ganz anders sein.

Von dem Sprachatlas aber wird, so hofft man, ein neuer
Strom der Belebung unserer Mundartenforschung ausgehen. Denn
durch die hochherzige Stiftung von je einem Exemplar an die
Universitäten und höheren Schulen durch das Reichsministerium
des Innern ist einmal für die neuzeitliche Arbeitsschule ein
erwünschter Anknüpfungspunkt gegeben und dann der Preis
(7,50 je Lief.) so billig gehalten, daß jeder für die Heimatsprache und ihre Erforschung Interessierte sich das Werk bequem anschaffen kann. So wird es hoffentlich zu einem echten
Volkswerk werden und dem Volke das doppelt zurückgeben, was
es von ihm empfangen hat.

---

[1] Deutscher Sprachatlas auf Grund des von G e o r g W e n k e r
begründeten Sprachatlas des Deutschen Reichs und mit Einschluß von Luxemburg in vereinfachter Form bearbeitet bei der Zentralste für den Sprachatlas des Deutschen Reichs und deutsche Mundartenforschung unter Leitung
von F e r d i n a n d W r e d e . Marburg, Elwert, 1926. Mit Textheft. 1. Lieferung.

[2] Die beiden andern Blätter NO, SW sollen später folgen.

Von Orts- und Flurnamen in Waldeck und den Nachbargebieten

1.

A. Allgemeines

Zu den ehrwürdigen Zeugen, die aus den Tagen der Vorväter zu
uns reden, gehören neben andern auch die Orts- und Flurnamen.
Wie die ragenden Mauern, Türme, Burgen und Kirchen künden
auch sie uns von dem Wesen unserer Altvordern. Allerdings
in den landläufigen Führern, die man bei Wanderungen oder Reisen mitzunehmen pflegt, kommen meist nur die ins Auge fallenden steinernen Zeugen der Vergangenheit zu Worte, die andern
bleiben stumm. Und doch können z. B. schon die Straßennamen-
schilder in den Städten Interessantes erzählen, wenn man nur
das Augenmerk auf sie richtet. Das beweisen die Ausführungen
von Herrn Prof. Leiß (in Nr. 5, 6 und 11 dieser Blätter) und
Herrn Feldmann (in Nr. 4), die die Straßennamen Corbachs und
Wildungens mit lebendigem Leben füllen. Es ist nicht immer
leicht, aus den Namen ihre Geschichte abzulesen. Sehr oft
bleiben sie spröde und öffnen erst hingebendem Bemühen und
Werben ihr Herz. Da muß meist erst die Geschichts- und
Sprachforschung einspringen und die Schwierigkeiten aus dem
Wege räumen helfen. Aus alten Urkunden, Rechnungsbüchern,
Verwaltungsakten, Straf- und Gerichtsprotokollen sucht der
Geschichtsforscher all die alten Formen der Orts- und Flur-
namen heraus, vergleicht sie mit den heutigen Namen, sucht
sie im Gelände auf und übergibt in zweifelhaften Fällen den
Namen dem Sprachforscher, damit er ihn mit s e i n e r
Lupe genau betrachte oder gar das Mikroskop mithinzunehme.

Viele heute unverständliche Namen werden dem Forscher durch
eine einfache Zusammenstellung der aus den Urkunden gewonne-
nen Namen klar. Wer sieht es z. B. dem altmärkischen Städtchen *Bismarck*, nach dem das Geschlecht Bismarck den Namen
trägt, an, daß sein Name aus Biscopesmark = Bischofsmark
hervorgegangen ist? Oder wer dem Namen der Feste *Ehrenbreit-
stein*, daß er in den Urkunden *Erinberachtstein* = der ehren-
glänzende Stein heißt? Wer wird es mir glauben, daß bei *Bebra*,
dem bekannten Eisenbahnknotenpunkt südlich Kassel, einmal
Biber ihr Wesen getrieben haben müssen, ebenso bei *Berfa* (bei
Alsfeld in Oberhessen) und bei *Bieber* (bei Hanau, bei Fulda,
bei Offenbach)? Die Namen bedeuten aber alle *Biberwasser*, die
ältesten Formen sind *Biber-aha*, *Biber-affa*. Die Orte sind
also nach den Flußläufen benannt. Namen wie *Urach* (Württemberg), *Aurach*, *Aura*, *Auerbach* (a. d. Bergstraße) künden ebenfalls von einem längst ausgestorbenen Tiere, dem *Ur* oder
Auerochs. Vielleicht gehört hierher auch der *Aurberg* bei
Willingen (1825 Ohrenberg geschrieben), was Curtze in seiner
Abhandlung Die Ortsnamen des Fürstenthums Waldeck II, 1850 S. 4

allerdings ablehnt. Von der altgermanischen Mühlentechnik erzählen die rheinischen Ortsnamen *Kirn, Moselkern* und der in der alten Herrschaft Itter liegende (zwischen Frebershausen und Altenlotheim) *Quernst* oder *Quernhorst*. Nach Varnhagen (Grundlagen S. 56) wird im Jahre 1590 das *Quernhorster Driesch* , das *Quernhorster Holz* und die *Quernhorster Grund* genannt. *Kirn, kern, quern* bedeutet nichts anderes als Mühle, und zwar ist damit die altgermanische Handmühle oder von Tieren bewegte Mühle gemeint im Gegensatz zu den Wassermühlen der Römer, die meist unsern vielen Namen mit (Mühle, Mühlhausen usw.) zugrunde liegen. Die Zurückführung des Namens *Quernst* auf den Heiligen Quirin (vgl. Mein Waldeck 4, Nr. 17) ist sprachlich unmöglich. Die wenigen Beispiele möchten dartun, daß es oft nicht leicht ist, den Sinn der alten Namenformen zu enträtseln. Blutiger Dilettantismus macht sich oft gerade auf dem Gebiete der Namenforschung breit. Deshalb sei als erste Forderung für einen, der sich mit diesen Dingen abgeben will, die erhoben: erkläre nie einen Namen (Ortsnamen, Flurnamen, Hausnamen usw.) aus dem Handgelenk, suche zunächst immer die älteste urkundliche Form des zu erklärenden Namens in Erfahrung zu bringen. Dann erst versuche zu erklären mit dem Rüstzeug der Sprach- und Sachkunde ausgestattet.

Bei sehr vielen Namen führt aber die Kenntnis der urkundlichen Formen allein nicht zum Ziel; da muß der Sprachforscher helfen. Oft hat das Volk alte Namen umgestaltet, ja verunstaltet, weil sie ihm nicht mehr verständlich waren. So hat z. B. der *Rennstieg, Rennsteig* auf dem Kamme des Thüringer Waldes, der Franken und Thüringer trennt, nicht zu tun mit *rennen* (= laufen), sondern er steht für *Rainsteig* = Grenzsteig, Weg auf der Grenze. In *Türkheim* (im Elsaß), in *Ober-* und *Untertürkheim* (bei Stuttgart) sind nie Türken gewesen, sowenig wie in *Dürkheim* (in der Pfalz). Es sind vielmehr Ansiedlungen von *Thüringern* gewesen, wie die alten Namenformen ausweisen.

Manchmal ändert das Volk auch absichtlich Namen um, weil sie ihm anstößig erscheinen oder unschön klingen. So ist z. B. in Bonn (a. Rhein) aus *Achterstraße* (= Hinterstraße) *Acherstraße* gemacht worden. In diesem Falle wissen wir sogar, daß der bekannte Gelehrte und Dichter Karl Simrock für die Änderung verantwortlich ist. Die *Gallusgasse* in Frankfurt a. M. ist ursprünglich eine *Galgengasse*. Der *Neroberg* in Wiesbaden, bei dem man an den blutrünstigen Römischen Kaiser denkt, heißt eigentlich *Ersberg* (Ers = Arsch); die *Wenzelgasse* in Bonn ist urkundlich als *Wenstergasse* überliefert und gibt sich damit als "linke Gasse" zu erkennen; das Volk hat den Namen nach dem Heiligen umgebildet.

Für viele Entstellungen, die sich besonders auf den Kataster-, Flur- und Wanderkarten finden, sind die Katasterbeamten verantwortlich zu machen, welche die ihnen von den Ortskundigen angegebenen, mündlich überlieferten Flur- und Waldnamen oft falsch verhochdeutscht in die Karten eintragen oder gar bei der Namendeutung der eigenen Phantasie die Zügel schießen lassen. So machte z. B. der Geometer in Eschenrod (in Ober-

hessen) aus: *hinter der Weide* "hinter der Warte", obwohl da nie
eine Warte gestanden hatte, aus: *in der runden Wiese* "in der
roten Wiese", weil er die mundartliche Form nicht begriff.

Auf der Flurkarte von Rhoden findet sich die Bezeichnung *"bei
den Entenpfühlen"*. Da es nun eine Anhöhe ist, ist ein Pfuhl sehr
auffällig. Stellt man die mundartliche Form daneben, so erkennt
man, daß auch hier der Landmesser die Schuld für die Eintragung
trägt: sie heißt: *bei den engen Pä(ö)len* "bei den engen Pfählen".
Das ist etwas ganz anderes, hat mit Enten und Pfuhl gar nichts
zu tun.

Diese Beispiele ließen sich noch vermehren. Wir sehen, daß nicht
ohne weiteres alle Eintragungen auf den Katasterkarten und Meßtischblättern Stich halten; man muß sie sprachlich und urkundlich auf Herz und Nieren prüfen. Die Bürgermeister der Gemeinden, in denen neu verkoppelt wird, sollten darauf achten, daß
kein Unsinn auf die Karten eingetragen wird. Die Geometer sollten die Fühlung aufnehmen mit den Geschichts- und Sprachfor-
schern, um in Zweifelsfällen mit ihnen gemeinsam das Richtige
zu ermitteln, damit das altehrwürdige Gut, das in den Orts-
und Flurnamen weiterlebt, nicht verkümmert oder gar verkommt.

Wir haben so gesehen, daß die Namen nicht immer leicht dem
heimatliebenden Forscher und Laien ihre Geheimnisse kundtun.

Ruhige Prüfung aller in Frage kommenden Momente wird oft zur
Klarheit einer Deutung führen. Ebenso oft aber wird es nötig
sein, lieber offen einzugestehen, daß das Gefundene nicht aus-
reicht zu einem "So ist es", sondern nur zu einem *"Vielleicht*
ist es so", als sich in leeren Vermutungen zu ergehen, die
niemandem nützen.

Aus dem Schatze des Sichern und Vielleichtrichtigen sei in den
folgenden Plaudereien einiges mitgeteilt.

VON ORTS- UND FLURNAMEN IN WALDECK UND DEN NACHBARGEBIETEN

Nachdem wir uns im allgemeinen über die Schwierigkeiten, die der Erklärung von Ortsnamen im weiteren Sinne[1] im Wege stehen, klar geworden sind, müssen wir noch einiges anfügen über die Sprache und die Form der On sowie über ihre Bildung. Es ist bekannt, daß die Germanen nicht immer in den Gebieten, die sie heute innehaben, gewohnt haben; sie haben vielmehr weiter im Osten gesessen und in zähen Kämpfen sich weiter nach Westen geschoben. Auch in unserm Lande haben wohl einmal Kelten gesessen, deren Reste heute in völkischer Reinheit nur noch in der Bretagne, in Wales (England) und in Irland anzutreffen sind. Die ältesten Nachrichten geben uns als Grenze zwischen Kelten und Germanen den Rhein an. Daß sie aber einst viel weiter nach Osten hin sich ausgedehnt haben, künden uns als einzige Zeugen die On (im weitesten Sinne). Es gab eine Zeit, in der die Forschung alle Namen, welche sich der Zurückführung auf germanische Wurzeln entzogen, einfach als keltisch erklärte. Davon ist man zurückgekommen, vieles ist wieder fraglich geworden, was als sicher galt. Das eine ist aber wohl heute allgemein anerkannt, daß die Westgrenze der Keltensiedlungen, die sich aus der Aufzeichnung aller keltischen On (im weiteren Sinne) ergibt, etwa auf einer Linie vom Hart über die Finne, Thüringerwald, Frankenwald, Fichtelgebirge, Elstergebirge, Erzgebirge, Iser- und Riesengebirge zu den Sudeten verläuft. Wir müssen also auch in unserm Gebiete mit keltischen On rechnen. Auf diese Namen werden wir in anderm Zusammenhang zurückkommen.

---

[1] Unter Ortsnamen (On) versteht man im allgemeinen alle geographischen Namen, die einen Teil der Landesoberfläche benennen, Flurnamen (Fn), Wassernamen (Wn), Waldnamen (Wdn), Bergnamen (Bn). Im engeren Sinne scheidet man auch die eigentlichen Siedlungsnamen als On von den Flur- oder Lagenamen. Im folgenden wird On nur im letzten Sinne gebraucht; wenn es die beiden Gruppen zusammenfaßt, wird es besonders gesagt werden.

Weiter ist natürlich zum Verständnis unserer On die Kenntnis
der deutschen Sprache in ihren alten Formen bis zu denen der
heutigen Mundarten nötig. Und da ist die wichtigste Tatsache
die, daß die On ursprünglich im Wemfalle (Dativ) gestanden
haben. Sie geben Antwort auf die Frage wo? und fordern ein
Verhältniswort zu, in, auf, welches vor ihnen steht oder wenigstens vor ihnen stand. Die häufigsten älteren Formen der
Verhältniswörter sind b i = bei und z e (z a plattdeutsch t o , t e) = zu. So kann man in dem Landregister
der Grafschaft Waldeck von 1537 lesen t o d e r
L a n d o w e , d e (= der) saßenberch, uff der hoghe by
den golthußen, wo wir sagen würden: in Landau Sachsenberg,
auf der Höhe bei Goldhausen. Alle unsre Namen auf - h a u -
s e n sind alte Wemfälle; früher sagte man nämlich nicht
"den Häusern" sondern "den Hausen". Die Mehrzahlbildung auf
-er (Hühner, Kälber usw.) hat erst in jüngerer Zeit die Verbreitung bekommen, die sie heute hat. Vielfach sind gerade
diese Namen auf - h a u s e n stark verschliffen. Wer
sieht es unsern W r e x e n , H e r b s e n , B r a u n -
s e n an, daß sie aus F r i c k e s h u s e n , H e r -
b o r d e s h u s e n , B r u n h u s e n entstanden
sind? ! An diesen Namen können wir noch ein Weiteres beobachten. Sie stehen der mundartlichen heutigen Form nahe, die
F r ä c k s e n , H i ä r w e s s e n (1537 Herwessen),
B r o u n s e n lauten. Wenn wir damit dieselben Formen
z. B. für S c h m i l l i n g h a u s e n , H e s p e -
r i n g h a u s e n , H e l m i g h a u s e n vergleichen
(S c h m i l l i n c k s e n , H a s p r i n c k s e n ,
H ä l m i n c k s e n ; alle in Rhoder Aussprache), so bemerken wir, daß auch hier die Formen verschliffen sind, während die übliche amtliche Form auf eine ältere zurückweist.

Wir sehen, daß auch die Kenntnis der heutigen mundartlichen Formen nötig ist, um alle Zusammenhänge aufzuklären;
ja daß diese Formen oft die einzigen Wegweiser zum richtigen
Verständnis sind. Dafür nur ein Beispiel: Das an der Orpe
gelegene Udorf heißt in der Mundart O u r p e , hat also

keine Namensform, der ein -dorf zugrunde liegt; die mußte
vielmehr - d e r u p oder - t r u p heißen; vgl.
A o d r u p ,   F l ä c h t r u p usw. Das - p e weist
vielmehr auf altes A P P A zurück, das auch in Orpe (Eppe
usw.) vorliegt. Die heutige Namensform U d o r f ist sicher
jung und aus falschem Verstehen mit -dorf gebildet worden.
Es gibt natürlich auch Fälle, wo die mundartliche Form irre-
führt, weil das Volk sich oft unverstandene Wortteile wieder
sinnvoll macht (Volksdeutung, Volksetymologie); da wird den
urkundlichen Formen die Entscheidung überlassen bleiben müssen. Bei der späteren Einzelerörterung wird hierzu noch mehr
zu sagen sein.

Die B i l d u n g der Ortsnamen geschieht entweder
durch ein einziges Stammwort, z. B. Burg, Dorf usw. oder
durch Zusammensetzung aus einem Stamm- oder Grundwort und
einem dieses Grundwort näher bestimmenden Bestimmungswort.
Das Grundwort steht dabei immer am Ende z.B. N e u -
d o r f ,   N e u - k i r c h e n , Freien - h a g e n usw.
Die Verbindung von Grund- und Bestimmungswort geschieht entweder so, daß das Bestimmungswort ohne irgend eine Beugungsendung vor das Grundwort gestellt scheint, z. B. Neudorf,
Waldberg u. a., oder so, daß die Zusammensetzung mit Beugungsendung erfolgt, z. B. Lütersheim, Fritzlar (aus Frides-
lar) usw. Vielfach sind aber die heutigen Formen entstellt
und verkürzt, sodaß erst die urkundlichen Formen Klarheit
darüber bringen, was wirklich vorgelegen hat. So heißt
Frankfurt bis in die neuere Zeit Frankenfurt, was genau der
älteren Form Franconfurt entspricht. Die Hauptwörter der
schwachen Beugung verlieren gern ihre Beugungsendung, während das s der starken Beugung stärkeren Widerstand leistet.

Als Grundwörter werden noch Bezeichnungen und Begriffe
verwendet, die im Hochdeutschen nicht vorhanden sind; oft
lassen auch die Wortformen noch die alten Formen durchschimmern.

Die Bestimmungswörter sind meist Haupt- und Eigenschaftswörter, weniger häufig auch Umstands- und Zahlwörter. Das Be-

stimmungswort muß sich oft starke Verschleifung gefallen lassen, da es meist den Haupton trägt. Wenn es z. B. selbst aus
zwei Worten zusammengefügt ist, so fällt das zweite oft überhaupt aus oder wird stark gekürzt; ein Vorgang, der auch
sonst in der Sprache zu beobachten ist. Man sagt Oelzweig,
Kirschblüte und meint O e l b a u m zweig, Kirsch b a u m -
blüte. So ist B i s m a r c k aus B i s c o p e s -
m a r c k entstanden; die älteste Form des hessischen Namens
B e r l e p s c h ist B e r a c h t l e i b e s h u s e n .
Man sieht, daß an eine Erklärung solcher Schrumpfnamen, wie
man sie gut genannt hat, ohne die urkundliche Ueberlieferung
nicht heranzukommen ist. Oft hat man ein scheinbar ganz klares Bestimmungswort vor sich, und doch ist es ein ganz anderes, durch die Veränderung eines anderen geschaffenes, das
einen ganz entgegengesetzten Sinn haben kann.

Fertige und vollständige On können durch Voranstellung
eines weiteren Bestimmungswortes noch einmal weiter gebildet
werden. Einem B e r i c h steht dann N e u - B e r i c h
gegenüber, einem R h o d e n ein A l t - R h o d e n ,
einem N i e d e r - S c h l e i d e r n ein O b e r -
S c h l e i d o r n usw.

Besonders wichtig für eine einwandfreie Erklärung der
On ist es, auch die genaue Lage eines Ortes oder eines Flur-
stückes, dessen Namen man erklären will, festzustellen.
Sonst kann es geschehen, daß man mit großer Gelehrsamkeit
schließlich auf eine Erklärung kommt, die an den Ort gar
nicht paßt, die z. B. Wasser auf einen Berggipfel bringt,
wo nur nackte Felsen drohen. Viele Mißverständnisse und fal-
sche Deutungen sind durch die Nichtbeachtung dieser Regel
schon hervorgerufen.

Fassen wir zusammen , so waren für die Ermittelung des
richtigen Sinnes eines On drei Stützen nötig: die Feststellung der örtlichen Lage, die mundartliche Aussprache und die
urkundlichen Formen. Wenn alle drei Wege zu demselben Ergebnis führen, so hat man die bestmögliche Gewähr für die Rich-
tigkeit der gefundenen Deutung.

Damit hoffen wir das Notwendigste für das Verständnis der nun folgenden Plaudereien gesagt zu haben.

Von Orts- und Flurnamen in Waldeck und den Nachbargebieten

2.

B. Die Bildung der waldeckischen Orts- und Flurnamen*

Man kann die große Fülle der Orts- und Flurnamen von verschiedenen Blickpunkten aus betrachten. Wir wollen sie im folgenden zunächst nach drei Richtungen durchwandern. Erstens sollen die Namen herausgehoben werden, welche von den natürlichen Verhältnissen der Landschaften, von den Wässern und Quellen, von den Höhen und Hügeln, von den Wiesen und Wäldern, den Feldern und Auen genommen sind. Zweitens werden die Namen untersucht, bei denen der Mensch und seine Tätigkeit, das, was wir Kultur nennen, irgendeine Rolle spielt. Und endlich wird die große Gruppe von Namen zu Worte kommen, bei denen Eigennamen, besonders Namen des Menschen (Stammes-, Sippen-, Namen des Einzelnen) benutzt wurden.

Natürlich kann ich nur eine Auswahl von Namen besprechen; diese Auswahl werde ich aber so zu treffen suchen, daß Zweifelhaftes, Unsicheres ausgeschaltet bleibt; nur Sicheres oder möglichst Sicheres dargeboten wird.

Wenn man sich in die ältesten Zeiten zurückversetzt, so gehört schon eine sehr gute Einbildungskraft dazu, um all das von der heutigen Landschaft abzuziehen, was der Mensch im Laufe der Jahrhunderte daran verändert und gemodelt hat. Da sind ganze Berge abgebaut, andere, künstlich aufgerichtete ragen in den Schutthalden der Industriegebiete neu empor. Die meisten unserer Flüsse laufen fein in geregelten Betten, rechts und links von ihnen ziehen sich die tiefgeschotterten Kunststraßen hin, auf denen sich der moderne Verkehr abspielt, bei dem mehr und mehr die Autohupe den Ton angibt. Die Waldungen sind heute einer

---

*Die Grundlage für meine folgenden Ausführungen, das sei hier ein für allemal hervorgehoben, ist die mir erreichbare allgemeine Literatur und die über das in Frage stehende Gebiet, vor allem auch das Buch von JELLINGHAUS, Die westfälischen Ortsnamen, Paderborn 1923 (abgekürzt Jell.). Für das Waldeckische stütze ich mich auf die beiden Corbacher Gymnasialprogramme von L. CURTZE von 1847 und 1850 über Ortsnamen des Fürstenthums Waldeck (die Arbeit ist leider unvollendet), auf die sonstige mir zugängliche waldeckische Forschung und auf eigene Sammlungen und Untersuchungen. Die Herren Lehrer Wetekam in Vasbeck und Bohl in Eimelrod stellten mir die Flurnamen ihrer Orte in mundartlicher und amtlicher Form zur Verfügung, wofür ihnen auch hier gedankt sei.

wohlüberlegten Forstwirtschaft unterworfen. Weit hinauf, selbst
auf steile Hänge, klettern heute die bebauten Felder, die menschliche Zähigkeit dem Urwald abrang. Riesenhafte Städte, unzählige Städtchen und Dörfer überziehen das Land. In ihnen wohnen
soviel Millionen Menschen wie vor Jahrhunderten vielleicht Tausende. Ganz anders ist das Bild in den ältesten Zeiten: Uner-
meßlicher Urwald bedeckte das Land, von dem sich vielleicht nur
der eine rechte Vorstellung machen kann, der in den Urwäldern
Rußlands im Weltkriege hat kämpfen müssen. Die Flüsse suchten
sich die Wege, die sich ihnen boten, weite Umwege nicht scheu-
end; sie ahnten ja noch nichts von den "praktischen Bedürfnissen
und Erfordernissen der Jetztzeit". Sumpf und Moor machte weite
Strecken des Landes unbeschreitbar; nur wenige Furten und Aus-
gänge boten sich dem Kundigen. Wehe dem, der ohne Führer hinein-
geriet. Mühselig war in diesen Gebieten der Verkehr; wichtig
war daher die Kenntnis des Landes, der Schneisen, der Furten,
der Moorübergänge, der Pfade und Wege. Straßen (gebaute Wege)
kannten unsere Vorfahren vor der Berührung mit den Römern nicht.
Denn sie waren Nomaden, an keinen festen Wohnsitz gebunden,
Hirten und Jäger, die in dieser Landschaft das Leben fristeten.
Wo ein Wiesenplan, wo ein schattiger Hain, wo eine ergiebige
Wasserstelle ihnen und ihren Herden Nahrung und Tränke bot, da
hielten sie sich so lange auf, bis das Gras abgeweidet war,
oder die Witterung das Aufsuchen schutzbietender Gebiete er-
heischte. Kein Wunder ist es, wenn die Dinge, die zum Leben und
Kämpfen in dieser Urlandschaft für Mensch und Vieh die wichtigsten, notwendigsten waren, in der Namengebung sich niedergeschlagen haben. Die reichste Gruppe gewähren da die Namen,
die vom Wasser, seinem Quell, Lauf, Ufer genommen sind.

Eine Menge dieser Namen zeigen den gleichen zweiten Bestandteil,
der aber auch selbständig vorkommen kann, und lassen sich danach
ordnen. Ein altes Wort, das heute nicht mehr verstanden wird,
liegt vor in den Namen *A, Aa, Ahe, Ache*. Es bedeutet "Wasser",
ist in seiner älteren Form *acha, achwa* direkt verwandt mit lateinischem *aqua* = Wasser. CURTZE verzeichnet: Ein Gut *zu der Aa*
in Fürstenberg anno 1376 (heute noch?); eine Wiese *uppe der Ae*
gelegen: bei Goddelsheim anno 1470; *die Ae*: Nieder-Waroldern
(Landregister von 1537), Wiese *in der Ahe*: Usseln a. 1828.
In Zusammensetzungen kommt es vor in *Niel - ahe*, bei Bergheim,
das schon bald nach 800 im Breviarium St. Lulli erwähnt wird
(weitere urkundliche Formen bei CURTZE a.a.O. 13). Auf dem
Meßtischblatt 2793 erscheint der Bach als *Mölcher - B.*, nach
Varnhagen (Gesch. 8) heißt er im Volksmunde Melcherbach. Das
*M - * ist nicht leicht zu erklären. Es muß irgendeine volks-
tümliche Anlehnung vorliegen. Wir beobachten ferner dabei,
daß das alte Wort *-ahe* ganz seine Kraft verloren hat, sonst
hätte nicht das gleichbedeutende *-bach* angehängt werden brauchen. Auch einen Ort *Nielach* hat es früher gegeben (s. Varnhagen Gesch. S. 65). *Rutenah*, Wiese *in der Rutenah*: Willingen
1815 gehört ebenfalls hierher, es bedeutet Rotes Wasser, wenn
es in Willingen "raudenah" gesprochen wird.

Eine zweite Gruppe ergeben die mit *-bach*, auf niederdeutschem
Boden mit *-bicke, -becke, -beck,-beek* usw. gebildeten Namen,

die auch für sich vorkommen. Dabei ist zu beachten, daß Bach
bei uns weiblichen Geschlechts ist, wodurch sich einige Schwierigkeiten leicht beseitigen lassen.

Die Namen auf -*beck* usw. sind bei uns recht zahlreich. Manchmal
haben sie allerdings ihr sprachliches Gewand so verändert, daß
man sie kaum wieder erkennen kann. Ich führe wieder nur eine
Auswahl aus der Fülle der Beispiele an: Eine *Bicke* gibt es bei
Arolsen, bei Adorf, sö. Ndr.-Waroldern; für Hörse gibt CURTZE
in der Bicke 1846 an; Zusammensetzungen: *Amesbicke*[1] bei Giebringhausen; *Barbecke*[2] bei Welleringhausen 1825; *Barbeck*[2] bei
Bömighausen 1541, *Barbecke*[2] bei Massenhausen 1663 und 1834;
Berbecke[2] südlich Udorf; *Brambeck*[3] Corbach 1840; die *Brö-
bicke*[4] oder *Brobeke* bei Mühlhausen 1841; *Bröbecke* nö. Neudorf;
uf der Burbeke[5] Nerdar 1560; *Depenbecke*[6] Rhenegge 1842; *Dom-
beck*[7] nördl. Stormbruch; *Ellenbeck*[8] Elleringhausen 1827; *Eschenbeck*[9]
bei Adorf, bei Goddelsheim; *Faule Becke*[10] bei Vasbeck 1537 (heute in
der Mundart *Foule Bicke*); *Gembeck*[11]; *Goltbecke*[12] Stormbruch 1663 und
Rattlar 1827; *Gronebeck*[13] Goddelsheim; *Hagenbicke*[14] bei Stormbruch;
Heinbeck[14] Wirmighausen 1822; *Hesselbicke*[15] südl. Kohlgrund;
Krummbicke[16] zw. Helmighausen und Rothshammer; *Hanenbeck*[17]
Corbach, Ottlar 1843, bei Reckenberg 1556; *Hanebecke* Allering-
hausen 1501; *Heibeck*[18] Ottlar 1844; *Höhnschebicke*[19], *Honsche-
bicke, Henschebicke*, bei Landau 1822, 1824, 1831; *Hörlebicke*[20]
Ammenhausen 1844; *Hübbelbicke*[21], Rhenegge, *Hungerbeck*[22] bei
Goddelsheim 1829; *Kersebecke*[23] Goddelsheim 1470, *Kessenbeck*
1770; *Kobeck*[24] Stormbruch 1830 (vgl. die Kuhbach b. Corbach);
Lilienbicke Giebringhausen; *Marbecke*[25] Corbach 1481, 1832;
Niggenbeck[26] Goddelsheim 1842; *Papenbeke*[27] Nerdar 1560;
Reutersbeck[28] Münden; Wiese in der *Sauerbicke*[29] Flechtdorf
1830, in der *Surbecke* Rhenegge 1837; Land in der *Schalcke-
bicke*[30] Adorf 1834; Wiese in der *Schalckebicke* Sudeck 1840;
Schleiderbicke[31] sö. Udorf, Massenhausen 1663, 1840, *in der
Schleiderbicke* Rhena 1846, *in der Schlederbeck* Corbach 1588,
die *Schleiderbick* bei Ndr. Schleidern; *Steinbecke* Schwalefeld
1663; *Sudbicke*[32] Mühlhausen 1825; *Uekenbicke*[33] Rhoden (in der
Mda. Deukenbicke); *Vasbeck*[34]; *Wettsteinsbecke*[35] Willingen
Grenzvergleich von 1663, 1770; *Winterbicke*[36] Mengeringhausen,
Wirmighausen 1830, Giebringhausen 1825.

Auch die Formen mit Lautverschiebung -*bech*, -*bechen* finden
sich: die *Hagenbech* Sachsenberg 1831, die auch *Hagenbechen* genannt wird; die *Holzenbechen* Sachsenberg; *Haarbech*[37] Wildungen
1837.

ANMERKUNGEN

1) CURTZE führt Amesbicke auf Ameise zurück, was mir sehr zweifelhaft ist, da die heutige Mundart nur andere Namen für
   Ameise kennt.
2) = Bärenbach.
3) = Bach, an dem Ginster steht (so mit JELLINGHAUS, CURTZE =
   Bach, an dem Dorngebüsch steht).

248

4) CURTZEs Ableitung der Namen *Brobeck* usw. auf ahd. *briuwan* (brauen) ist mir fraglich.
5) Der Name wird von C. mit ahd. *burjan* = wald. *bören, boiren* (heben) in Zusammenhang gebracht; ich halte ihn für denselben Namen wie *Brobeck*; das r ist umgestellt.
6) = Tiefenbach.
7) Von C. zu ahd. *doum, daum* (Dunst, Rauch) gestellt, mit Recht; der Name kommt auch in der verschliffenen Form *Dohmeke, Dohneke* vor.
8) An diesem Bach haftet nach C. eine Volkssage von riesenhaften Wesen. C. will deshalb den Namen davon ableiten, sicher mit Unrecht.
9) = Bach, an dem Eschen wachsen; die alten Formen lauten *esbike* 1120 *Eschenbeck* 1370.
10) Vom übelriechenden Wasser.
11) Die älteste Form heißt *Gambiki* 1011. Von JELLINGHAUS als Bach, an dem gespielt wird, erklärt; CURTZE zieht *Gam*- zu *Kahm* (Überzug, Haut) sicher mit Unrecht.
12) Vom gelben Sande.
13) = die grüne Bach, vom grünen Ufer.
14) Beide Namen sagen dasselbe: Bach, der durch den Hagen fließt.
15) = Bach, an dem Haselbüsche wachsen.
16) Auch *Krummecke* genannt.
17) = Auerhahnenberg.
18) Von C. als (Heißebach) erklärt; ich ziehe Heidbach vor, eine Schreibung, die 1823 vorkommt.
19) = Höhnscheider Bicke.
20) = die von Hörle kommt.
21) = Hügelbach, der vom Hügel kommt.
22) = versiegenden Bach.
23) = Kressenbach.
24) Bach, aus dem die Kühe trinken.
25) Zu ahd. *mari* Sumpf = Sumpfbach.
26) Entweder Neuebach oder Neunbach. Ist hier etwa ein altes Bachbett erkennbar?
27) = Pfaffenbach; in ihm hatte wohl der Pfarrer das Fischereirecht.
28) Hier wird ein Hausname Reuter zugrunde liegen.
29) Entweder vom säuerlichen Geschmack des Wassers (C.) oder von der Fähigkeit des sumpfigen Baches, die Wiesen, das Heu sauer zu machen.
30) = Bach eines Unfreien, Hörigen.
31) = Schlehdornbach.
32) = nach Süden fließender Bach.
33) Bei C. unter Unkenbach, da es 1822 als *Unkenbicke* sich gedruckt fand. Das Wort Unke ist aber von Oeüke verschieden.
34) 1106 *Fassenbiki*; von JELLINGHAUS zu mhd. *vehsen, vessen* (fangen) gezogen; ob mit Recht?
35) 1551 Watzesteinbicke geschrieben.
36) = die nur im Winter Wasser hat; vgl. Hungerbicke.
37) C. = Hardbach (Bergbach).

Von Orts- und Flurnamen in Waldeck und den Nachbargebieten

(Schluß)

Nun gibts auch verschliffene Formen unsres Wortes *-beck*, *-bicke*, die man kaum noch erkennen kann: *Staubke* (südl. Essentho); *Sülpke*tal (bei Ndr.-Marsberg); *auf der Lauke* nö. Helminghausen Krs. Brilon, *up der Lauke* (auf der Laubach) in Rhoden (so die mundartliche Form, die Karte sagt Laubach); *Bröker-Berg* (= Bröbeckerberg).

Aus bestimmten sprachlichen Vorgängen heraus entwickelt sich unser *-becke* zu *-mecke*, *-meke*. Dieses *mecke* wird dann als Endung empfunden und unter Umständen auch an Bestimmungswörter angehängt, die zu den sprachlichen Veränderungen sich nicht fügen. Vielfach ist die Sache so, daß die Mundart die Formen auf *-mecke* vorzieht, während auf den Flurkarten und Generalstabskarten halb oder ganz verhochdeutschte Formen stehen. Wenn ältere Namenformen vorhanden sind, so zeigen sie meist das Nebeneinander. Ich stelle die Beispiele zusammen: *Admeke*[1] Mühlhausen 1837; *Almeke*[2] bei Welleringhausen 1777; *Asmeke*[3] bei Wirmighausen; *Breimeke*[4] bei Stormbruch 1663 Grenzvergl., 1822, und bei Welleringhausen 1822; *Delmeke*[5] Usseln 1835, Adorf 1835 und Ottlar 1843; *Elmeke*[6] bei Rattlar 1846; *in der Elmesbicke* bei Ndr.-Waroldern 1844; *Erlmeke*[7] bei Hillershausen, *Ermeke*[7] bei Meineringhausen; zu *Gembeck* heißen die heutigen mundartlichen Formen *Gämmecke*, *Gemmecke*, schon 1537 kommt diese Form vor, 1457 findet sich *Gemcke*, ebenso 1500 u. 1541, 1519 heißt es *Gemmeck*. In der *Halmeke*[8] Alleringhausen 1837 (1829 *in der Halbeck* Eppe); *in der Hameke*[9] Adorf 1825, Tal bei Marsberg; *Holmeke*[10] bei Usseln 1841; *Liemeke*[11] Berndorf 1844, Giebringhausen 1817; *Padmeke*[12]; Von Vasbeck kommen urkundlich die *mecke*-Formen vor 1519 *Veßmeck*, 1537 *Fassemeke*. Die heutige mundartliche Aussprache ist *Faßmecke*; *Wiemecke*[13] südl. Marsberg.

Im sprachlich mitteldeutschen Ederkreise erscheinen nur die Formen mit Verschiebung des *k* zu *ch*, also *-bach*. Dabei ist ursprünglich *-bach* weiblichen Geschlechts; wenn heute *der* Bach gebraucht wird, so ist das jüngeren Ursprungs. Ob die Formen mit Umlaut (*-bech* usw.) einmal weiterhin gegolten haben, läßt sich heute noch nicht feststellen. Nur einige Beispiele seien herausgehoben: Wiese *in der Steinbach* Netze 1819; *auf dem Steinbach* Braunau 1832 (auch: *auf der St.*); Selbach[14]; *Reiherbach* nördl. Ndr.-Werbe; *Rehbach* bei Hemfurt 1840; *Wälzebach* Wildungen 1844; *Trockenbach* b. Frebershausen; *Lohbach* bei Züschen; *Lauterbach*[15]; *Unkenbach* bei Neukirchen (schon 1663). Ziemlich häufig sind bei uns auch die Namen mit *-born* (= sprudelnde Quelle; die vereinzelten *-brunn*, dass. Wort, das *r* ist bei *born* umgestellt, sind jüngeren Datums, nicht echt bodenständig). Beispiele: *Land am Born* Ottlar, Usseln; *Ammenborn*[16] Usseln; *Ascheborn*[17] Fürstenberg; *Bohlenborn*[18] Wirmighausen; *Dachsborn* Landau; *Dalborn*[19] Sachsenberg; *Eikborn*[20] Berndorf; *Ellenborn*[21] Wethen; *Eschenborn* Goddelsheim; *Fasselborn*[22] Züschen; *Faulenborn* Landau, Hesperinghausen (= im faulen Born, Born mit übelriechendem Wasser); *Goldborn*[23] nordöstl. Kohlgrund; *Habekesborn*[24] Flechtdorf (= Habichtsborn); *Hagenborn* Ammenhausen; *Heitborn*[25] Vasbeck 1537; *Jungfernborn*[26] Rhoden, Frebershausen; *Leiborn* (im 12. Jh. *in Lethberne*); *Salzborn*[27] Rhoden, Corbach; *Scheffelborn* Rhoden (*im Schippelbuorne* in Rhoder Mundart); *Twetenborn* Rhenegge (*Twete* = schmaler Weg zwischen Hecken); *Weißenborn* östl. Adorf; *Wittenborn*[28] bei Willingen; *Sonneborn* nördl. Giebringhausen; *Foßborn*[29] s.ö. Udorf und andere.

"Fluß" bedeutet auch der meist für sich vorkommende Name *Ar*, *Aar*; so *die Ar* bei Wetterburg 1460, *die Aar* bei Adorf, bei Goddelsheim 1824, bei Usseln 1822, *der Aar* bei Heringhausen, *ein Land auf der Ahren* Hesperinghausen 1834; *Nerdar* (1351 Ny dere; Deutung umstritten). Auch die bei uns bekannten Namen mit *-au*, *-aue* sind zunächst von einem Wasserlauf ausgegangen. Erst später hat sich die Bedeutung Wiesengrund, fruchtbares Land, entwickelt. Beispiele: *Wiese in der Aue* Anraff 1821, 1825, *Wiese auf der Aue* Sachsenberg 1821, *Wiese, die Aue genannt,* Neukirchen Rezeß (Vertrag) von 1770; *Braunau*[30], Landau[31], *Land in der Sehntau*[32] Neukirchen 1844; *Sonderau*[33] Wildungen; *Vogelau* Wrexen; *Wenigenouwe*[34] Vornhagen. Hierher gehört auch das Flüßchen *die Ogge*, dessen Namen also in mundartlicher Form auf dem Meßtischblatt steht.

Vom stehenden Gewässer reden die Namen mit *-mar*, das auf altes *mar* zurückgeht und mit "Meer" verwandt ist. Sie weisen meist auf alte Siedlungen, sind aber nicht häufig: *Leitmar* südl. Marsberg; *Geismar* b. Fritzlar und Frankenberg, *Wilmar*[35] b. Volkmarsen. Hierher gehört dann auch der Flurname "Meer", der hochd. Meer entspricht und der dasselbe sagen will: *uppem Mähre* in Rhoden; *Meerhof*[36] b. Marsberg. Die Namen mit *-siepen*[37], *-siefen* (dies die mitteldeutsche Form) erzählen von quellreichem Grunde: *im Siefen, im oberen Siffen* bei Bergheim; *am Siepe* Freienhagen; *Siepensberg* bei Landau; *Stebesborn*[38] Berndorf. Kommen ähnliche Namen noch sonst vor? Die Namen sind im benachbarten Westfälischen, in den Kreisen Brilon, Meschede, Olpe, Altena, Arnsberg ziemlich häufig.

Dasselbe drückt der bei uns ganz vereinzelt stehende Name mit *-siek*, der im Nordwestfälischen (nach JELLINGHAUS) häufiger ist. Eine Siedlung im *Ortsiegen*[39] ist nach dem Aufsatz von BÖSCH (Geschichtsbl. 1, 8) in Mengeringhausen aufgegangen. VARNHAGEN erwähnt unter den Wüstungen Waldecks (S. 59) auch *die Mark Siek*, nach Hesperinghausen hin, die schon 1537 von den Einwohnern Neudorfs bebaut wurde. Auch den bei Berndorf vorkommenden Flurnamen *Sickdahl* zieht CURTZE wohl mit Recht hierher. *Am Siekegraben*[40] ist 1676 bei Helmighausen bezeugt.

Auf feuchtes, sumpfiges Gelände weisen die Namen hin mit
-*brok*, -*bruk*, -*bruch*, die auch selbständig häufig sind: *Im
Brok* Schmittinghausen; *unter dem Bruch* Welleringhausen, Ndr.-
Wildungen; *auf dem Bruch* Usseln, *im Bruch* Goddelsheim Ndr.-
Waroldern und sonst; *Brannenbrok* Wrexen; *Eschkenbrauk* Rhena;
Fule Brauk Sudeck; *Hauekesbroke*[41] Nerdar 1560; *Holtbrok* Adorf;
Hoorbruk[42] Freienhagen; *Lüchten Bröken*[43] Hesperinghausen;
Nattenbrok Eilhausen 1521; *Niesbrok* Osterhusen 1511; *Pinkest-
bröke*[44] Mengeringhausen; *Stinkenbröke* Schwalefeld Rezeß von
1770; *Wittenbrok* Neerdar,Schweinsbühl 1541; - *Bodenbruch*
Corbach; *Dürre Bruch* Adorf; *Eilerbruch*[45] Corbach; *Faule Bruch*[46]
Rhoden; *Ferkenbruch*[47] Usseln; *Pfingstbruch* Cülte (Pinkestbröke);
Rothe Bruch Armsfeld; *Speckbruch* Helmscheid; *Salzbruch* Ndr.-
Schleidern 1537; *Teckesbruch*[48] Twiste; *Weidenbruch* Immighausen.

Von Teichen und stehenden Gewässern reden auch die Namen mit
-*pol*, -*pfuhl*: *am Hundepfuhl*[49] Rhoden; *fürn fulen Paule*[50] Freienhagen; *uppen Rischkepaule*[50] ebenda und sicher sonst noch oft im
Lande.

In ältester Zeit waren die Furten, die Flußübergänge für den
Verkehr ungeheuer wichtig, wie oben ausgeführt wurde. Daher
erklären sich die Namen mit -*furt*, -*ford*; man vergleiche *Frankfurt*, *Erfurt*, *Herford* (= Heeresfurt). In Waldeck haben wir,
soweit ich sehe, nur einen Namen, der hierhergehört: 1182 wird
ein *Wrankeneforde* in der Umgebung von Arolsen urkundlich angeführt, das genau dem urkundlichen Namen von Frankfurt a. M.
entspricht. Nach BÖSCH[51] war dieser Name als *Frankenfurt* noch
im 17. Jahrhundert gebräuchlich und in Schnadeprotokollen
bezeugt.

Wir sehen, welche große Rolle das Wasser und alles, was damit
zusammenhängt, bei der Namengebung gespielt hat, und welche Bedeutung des Wassers für die ältere Zeit daraus zu erschließen
ist.

ANMERKUNGEN

1) Da ältere Formen nicht da sind, verzichte ich auf eine Erklärung; die Zurückführung CURTZEs auf ein Keltisches *ath* (Furt)
   halte ich für verfehlt, darüber noch später.
2) 1830 Wiese in der *Albeck*; vielleicht ist die 1537 bei Alleringhausen erwähnte *Almekerbicke* dieselbe. Diese Form würde
   zeigen, daß die Form -*meke* schon 1537 nicht mehr als von
   -*bicke* herstammend erkannt wurde, sonst hätte man nicht mehr
   -*bicke* angefügt. CURTZEs Erklärung als "Steinbach" ist mir
   zweifelhaft.
3) CURTZE bildet eine ältere Form *askbecke* = Eschenbach; hat er
   Recht, so müßte -*meke* im Sinne der obigen Ausführungen als
   Endung angehängt sein.

4) CURTZEs Erklärung von altem *breman* "tosen" scheint mir weniger wahrscheinlich als die auch von ihm berührte von altem *-brama* "Dornstrauch, Brombeerstrauch". die ältere Grundform wäre dann *bramenbecke*, was in der Mundart ohne Zwang zu *Breimecke* werden könnte.

5) = Volkreicher Bach (CURTZE), zu altem *diot*, *diet* "Volk".

6) = Ulmenbach.

7) = Bach, an dem Erlen wachsen, ebenso *Ermeke*.

8) Nach CURTZE = "Hügelbach", die vom Hügel kommt.

9) = Höhenbach (C.)

10) Von CURTZE zu der Sage von den Hollen (vgl. Frau Holle) in Beziehung gebracht, ist aber wohl = *Halmeke* s.o. Die *Hollmeke* bei Eimelrod heißt in der Mundart des Dorfes auch *Hormecke* und könnte dann mit altem *horo* "Schmutz", Sumpf, zusammengebracht werden. Der alte Name von Ndr.-Marsberg war *Horohusen*, Sumpfhausen, wohl wegen der Diemelsümpfe; auch *Hörle*, alt *Horlar* würde hierherzuziehen sein.

11) Die Ableitung CURTZEs von Lehm ist sprachlich unmöglich.

12) Von JELLINGHAUS zu Pfad gezogen, CURTZE denkt an *Pedde*, Frosch.

13) = Wiedenbecke, Bach, an dem Weiden wachsen.

14) 1207 *Selbach*, *Silbach*, 1231 *Selebach*; auch sonst als Flurname bezeugt. Von CURTZE als Bach, an dem Salweiden stehen, erklärt, was sprachlich Schwierigkeiten macht.

15) 1126 *Lutterbach*, 1337 *Lütterbeck* = lauterer, reiner Bach.

16) Nach CURTZE zu hochd. *Amme*.

17) = Eschenborn, Born, an dem Eschen wachsen, mit CURTZE.

18) CURTZE stellt *Bohlen-* zu *boll*, *bohl* = Hügel, was mir zweifelhaft ist.

19) = Talborn (Cu.).

20) = Born, an dem Eichen stehen.

21) = Erlenborn.

22) Ob CURTZEs Ableitung von altem *Fazil* Gürtel, Band, runde Einfassung nicht gesucht ist? Ich möchte an Zusammenhang mit *faselen*, fruchtbar sein denken, dann wäre der Bach der fruchtbare Bach.

23) Mit CURTZE mit der gelben Grundfarbe des Bodens.

24) In der Mundart heißt der Habicht *haawek*.

25) Ob CURTZEs Ableitung von *hait* = heiß (= Warmbrunn) zutrifft, ist mir zweifelhaft; ich denke an *Heide*.

26) CURTZE vermutet, daß hier eine Sage haftet, ob mit Recht?

27) Die Salzvorkommen waren in früheren Zeiten besonders wertvoll und wichtig, deshalb spielt das Salz in der Namengebung eine große Rolle.

28) Die niederd. Form des vorigen Namens.

29) = Fuchsborn.

30) 1309 *In Brunawe*, ebenso 1403. CURTZE führt den Namen auf *brun*, braun, rot zurück; ich möchte eher an einen Personennamen denken.

31) 1294 *Landowen*, 1300 *Landowe*, 1496 *gemeinheit der stadt Landowe*. Die mundartliche Form war 1847 und ist heute *Landogge* (wie *hoggen*, *hauen*).

32) CURTZE = Au für das Vieh.

33) Nach CURTZE die nach Süden am Wasser liegende Fläche.

34) Nach VARNHAGEN Gesch. S. 48 = die kleine Au.
35) Wüstung, s. VARNHAGEN 63.
36) 1252 *Mari.*
37) *siepen, siefen* bedeutet soviel wie tröpfeln, sickern; man vgl. das Wort *siipern* = tröpfeln, das in Waldeck vorkommt. Verwandt damit sind auch die Wörter *seepen, seepangen,* triefen, Triefaugen, die ich aus Rhoden kenne.
38) Hier kann auch ein Personenname angenommen werden, da die Gegend auch *Siebelsborn* heißt.
39) Sie wird von VARNHAGEN, Gesch. 55, unter "*Ortsygen,* der *Orthsiegen* in der Twister Mark, nach Mengeringhausen" angeführt, das Ort bedeutet Spitze.
40) Vgl. Geschbl. 8, S. 5. Dort kam Eisenstein vor.
41) = Habichtsbruch.
42) = Dreck - Sumpfbruch; vgl. oben Horhusen usw.
43) = in den hellen Brüchen.
44) CURTZE bringt diese Brüche mit Recht mit der Viehweide zu Pfingsten in Beziehung, s. Beschr. 406.
45) = Erlenbruch.
46) In der Rhoder Mundart, *im foulen Broke;* im ältesten Pfarrinventar vor 1544 *by dem faulenbroke.*
47) CURTZEs Ableitung von *ferjan* schiffen scheint mir verfehlt; ich möchte an *Ferkel* denken.
48) CURTZEs Ableitung von *Dachs* ist sprachlich zu halten. Wie heißt die Gegend heute?
49) In der Rhoder Mundart: *am Hundepole.*
50) So die mundartliche Form in Freienhagen.
51) BÖSCH, Geschichte des Klosters Arolsen. Geschbl. 1, S. 7.17. Nach BÖSCH läßt es sich nicht mehr bestimmen, ob *Frankenfurt* der Übergang über die Aar oder über die Bicke gewesen ist.

Von Orts- und Flurnamen in Waldeck und den Nachbargebieten

3.

Sehr wichtig waren für unsere Vorfahren die Berge und Erhebungen als Grenzmarken und Orientierungspunkte. Da sie meist bewaldet waren, nicht wie heute vielfach angebaut, wurden sie als Mastplätze für Schweine zur Geldquelle und so besonders wertvoll. Im Landregister von 1537 wird daher z. B. die Größe der Waldungen meist danach abgeschätzt, welche Zahl von Schweinen man in ihnen fett machen kann, wenn Vollmast ist (d. h., wenn die Eichen und Buchen voll Früchte tragen).

In erster Linie sind natürlich die Namen auf *-berg*, *-berge*, *-bergen* zu nennen, die so zahlreich sind, daß ich von ihnen nur eine kleine, besonders charakteristische Auswahl besprechen kann. Allerdings sind nicht alle Namen, die auf den üblichen Karten (z. B. den Meßtischblättern) auftauchen, echte, ursprünglich mit *-berg* gebildete Namen. Die urkundlichen Formen vieler dieser Namen erweisen, daß sie ursprünglich selbständige Namen mit eigenem Inhalt gewesen sind. Der Zusatz *-Berg* ist vielfach von den Landmessern gemacht, die den Sinn der überlieferten Namen nicht erkannten, weil sie landfremd waren und insbesondere die mundartlichen Formen nicht auszunutzen verstanden. So heißt die Stadt *Plettenberg* im Sauerlande früher *Plettonbraht*, *Weispert* bei *Fredeburg* heißt 1420 *Woystebracht*, 1338 *Wustenberge*. Unsinnig ist der Zusatz von *-Berg* z. B. auf Meßtischblatt 2587, wo *Siebenbuchen-Berg* (bei Neudorf) steht. Es heißt in der Mundart bii den Siwwen Böken; ebenso steht es mit *Luchten-Berg* (bei Helminghausen, Kreis Brilon). Auf der anderen Seite sind oft mundartliche Formen für *-berg* auf die Flurkarten übernommen worden. So steht auf der Flurkarte von Eimelrod aus dem Jahre 1878 für den *Imberg Emmerich*, während die mundartliche Form heute *Immerich* lautet. Der *Paverich* bei Kohlgrund ist wahrscheinlich ursprünglich ein *pagenberg*, wobei *page* = Pferd ist, (so daß es also ein Roßberg ist). Der *Wieperich* bei Ober-Ense ist ein Wiedberg = Weidenberg.

JELLINGHAUS gibt für den *Elsberg* bei Schmillinghausen *Elsperich*. Im nördlichen Waldeck ist also die mundartliche Form für *-berg* (nur in der Zusammensetzung!) *-berich*, *-merich*. [Die Form *-merich* wird sogar auf *-berg*-Namen übertragen, wo sie eigentlich gar nicht hingehört.] Beispiele: Rhoden: Der *Dumberg* - platt: *Doumerech* = Taubenberg; einen Berg gleichen Namens gibts in Vasbeck. Eimelrod: *Kahlenberg* - *Kahlmerich*; *Zartenberg* - *Zartmerich*; Vasbeck *Kesenberg* - *Käsmerich*. Neben diesen Endungen stehen andere. In Freienhagen heißt *-berg* meist *-berch*, *-berje*, in Vasbeck kommt *-birch* vor (z. B. - *pailsebirch* = Petersberg; *Hausenbirch*. In den Urkunden wird man vermutlich noch mehr mudnartliche Formen finden.

Eine Reihe von selteneren Namen mit *-berg*, von denen mir die mundartlichen Formen fehlen, die aber durchsichtig sind, seien noch angefügt:

Von alter Rodung durch Brand erzählen die Namen *Branten*-Berg (nö. Gembeck), *Branden*-Berg) (sw. Flechtdorf) = auf dem gebrannten Berge. Bei einer zweiten Gruppe stehen vor dem Berg Eigenschaftswörter oder Verhältniswörter, z. B. Stolzen-Berg (ö. Volkhardinghausen) = auf dem stolzen Berg; *Grotenberg* (s. Neerdar) = auf dem großen Berg; *Sticklen*-Berg (bei Messinghausen) = auf dem steilen (= stickel) Berg; *Echtern*-Berg (s. Flechtdorf) = auf dem hinteren (= echter) Berge.

Von Tieren reden folgende Namen: *Auerhahnsberg* (w. Neudorf, schon 1537 genannt) = Berg, wo die Auerhähne balzen; *Kramenzen*-Berg (s. Flechtdorf) = Ameisenberg. Der *Kronenberg* (bei Waldeck) und der *Vordere* und *Hintere Kron-Berg* bei Netze und Naumburg sind nichts anderes als Kranichberge. Einen *Kuckucksberg* gibt's bei Ottlar. Einen *Pflanzenberg* kennt man bei Braunshausen (Kreis Brilon); dort werden viele Arzneipflanzen wachsen. In dieselbe Richtung weist der *Heidelbeeren-Berg* (nö. Ehringen) und der Heidelberg[1] (bei Udorf), der aus Heidelbeeren-Berg erklärt werden muß. Von alten Hopfenpflanzungen geben folgende Namen Kunde: *Hoppenberg* (bei Welda; ö. Neudorf; n. Westheim). Von der Feier des Osterfestes durch Feuer und sonstige Bräuche spricht der *Ostern-Berg* n. Düdinghausen und der *Osterberg* bei Wethen. *Weinberge* gibt es bei Mengeringhausen 1661; bei Züschen, Waldeck, Bringhausen, Nordenbeck, Massenhausen, Freienhagen, Alt-Wildungen, Corbach. Sie zeugen noch heute von den Bemühungen der Waldecker Fürsten um die wirtschaftliche Weiterentwicklung ihres Landes.

Der *Pfaffenberg* (bei Odershausen) und der *Papenberg* (bei N.-Schleidern) sind nach dem Besitzer (dem Pfarrer) genannt. Der Name *Verniens-Berg* (n. Ober-Waroldern) bedeutet soviel wie "Berg des Zorns". Der *Nummerberg* (bei Böhne) ist aus Numburgerberg entstanden. Der *Lingenberg* bei Adorf und Berndorf ist = Lindenberg, der in der letzten Form für Waldeck 1540, für Wirminghausen 1537 bezeugt ist. Die Linde heißt in der Mundart von Adorf und Berdorf *linge*.

Auf kriegerische Ereignisse deutet der *Schanzenberg* (bei Corbach, Goddelsheim, Nordenbeck). CURTZE weist nach, daß hier im 7jährigen Kriege Schanzen angelegt worden sind. Einen *Galgenberg* gibt es bei Wildungen, Sachsenhausen und Waldeck (hier 1537 bezeugt).

Der *Dechenberg* (bei Wildungen) ist der *Dekanberg* und ist benannt nach den sog. heiligen *Dekanen* (volkstümlich Deken, Dechen genannt), die nach der Reformation das Kirchenvermögen zu verwalten hatten.

So ließen sich noch eine Menge interessanter Namen anführen.

Von Bergen, Hügeln künden auch die Namen mit -*bühl*, die bei uns nicht selten sind. Dabei ist zu beachten, daß das Wort -*bühl* (altdeutsch *buhil*) in unsern Mundarten oft klanggleich geworden ist mit *bül* = Beutel (aus *budil* so in Rhoden *böul* und

auch sonst), so daß man auf der Flurkarte z. B. von Rhoden
lesen kann am *Goldbeutel*; platt sagen die Rhoder aber am Gold-
böül, was natürlich "Goldhügel" bedeutet. Dasselbe gilt für
der *hohe Büdel* (bei Usseln); Land *an der Büdel* (bei Cülte),
Wortbüdel (bei Berndorf - auf dem Meßtischblatt 2661 steht
Wollbeutel). Die Namen *Bühle* (1357 *zum Büle*), *Schweinsbühl*
gehören hierher, ebenso *der Eckenbühl* (bei Rhenegge), *der
Böhlen*[2] (s. Referinghausen), Nordbühl (bei Sudeck), *Hessenbühl*
(bei Wethen), der *Ossenbühl* (= Ochsenbühl bei Cülte), der in
den Prozeßakten zwischen Waldeck und Cöln im 16. Jahrhudnert
eine Rolle spielt.

Das hochdeutsche "Hügel" ist im niederdeutschen Waldeck meist
als *Hüwel, Hüwwel* vorhanden und kommt in Flurnamen vor. In der
Rhoder Flur liegt der *Häithüwwel*; nördlich Heddinghausen gibt
es den *Warthügel* (in der Mundart sicher *-hüwwel*), der von einem
Wartturm kündet; in der Eimelroder Gemarkung liegt der *Kraonüjjel*
(= Kraonaugenhügel = Heidelbeerenhügel).

Etwas häufiger sind mir (vorläufig) die Namen mit *-kopf,
-köppel* begegnet: so der *Muhses-kopf* (bei Helsen; von einem
Familiennamen!), der *Orgelkopf* (bei Naumburg); der *Pepölter
Kopf* (bei Berndorf) = Schmetterlingskopf; wie heißt er in der
Mundart?); der *Osterkopf* (bei Eimelrod, vgl. oben Osterberg);
der *Ziegenkopf* (s. Wethen); der *Biggenkopf* (bei Olpethal;
vom Familiennamen Bigge); der *Brandrückenkopf* (ö. Dehringhausen; hier scheint das *-kopf* jung zu sein!)der *Erdfallskopf*
(n. Netze); der *Eulenkopf* (nw. Böhne); der *Josteskopf*(sö. Udorf);
der *Galgenkopf* in der Affolder Gemarkung u. a.

Einen *Köppel* gibt es bei Neudorf; *auf dem Köppel* bei Gembeck,
einen *Sandköppel* nördlich Böhne.

Der *Koppen* liegt bei Heringhausen und bei Stormbruch, am
Koppen heißt es bei Ottlar (2660).

In diesen Zusammenhang gehören auch die Namen mit *-stein*: der
Helser (*Hilser*)-*Stein* der *Hohestein* (bei Rhoden, bei Leitmar);
der *Huxstein* (n. Hesperinghausen); der *Katzenstein* (bei Schloß
Waldeck); der *Markstein* (bei Helsen), der *Bilstein* (nö. Marsberg und sonst der erste Bestandteil ist entweder aus altem
bihal "Beil" oder aus "Bild" zu erklären), der Bildstein (n.
Naumburg).

Den Berghang bezeichnen die Namen auf *-knapp*; es können auch
kleinere Waldstücke damit gemeint sein; in dem Landregister
von 1537 kehrtder Ausdruck "*kneppe*" immer wieder. Beispiele:
Hammerknapp (nö. Udorf); der *Haselknapp* (bei Freienhagen); am
Schneiderknapp (bei Marsberg); der *Tannenknapp* (bei Neukirchen); der *Ziegenknapp* (bei Düdinghausen); der große und
kleine *Kohlknapp* (bei Rhoden). Das einfache Wort im Wemfall
liegt vor in *Knappe* (= am Kn.) bei Rhenegge. Von den Berg-
gipfeln sprechen die Namen mit *-eck, -ecke*, so *Waldeck,
Mönchsecke* (bei Stormbruch) und die mit *-first* , so in dem
auf dem Meßtischblatt 2587 entstellten *Stucksförst*; die Mundart in Rhoden bewahrt die echte Form: Stucksfiäst; auch die
Namen mit *-fels* gehören hierhin, z. B. *Lichtenfels*.

Die Namen auf -*rück*, -*rücken* sind auch bei uns vorhanden: der
Glockenrücken (bei Udorf); der *Hammelrück* (ö. Freienhagen);
der *Haselrück* (w. Freienhagen); der *Hundsrück* (bei Orpethal,
südl. Dehringhausen); der *Mittelrück* (nw. Waldeck); der *Ziegen-*
rück[3] (nö. Sachsenhausen).

Nur in einem bestimmt umgrenzten Gebiet[4] sind zu Hause die
Namen auf -*scheid*, die man auf die Franken und ihr Abgrenzungs-
system zurückgeführt hat. Sie bezeichnen die Höhen, welche
Täler und Flußläufe von einander scheiden, also sog. Wasser-
scheiden. Folgende Namen sind mir begegnet; es werden noch mehr
in Waldeck vorhanden sein: *Helmscheid* (1150 Helmschelhe aus
älterem Helmonscelhe); *Höhnscheid* (1235 Honscelhe); der *Schieben-*
scheid, *Schiebelscheid* (1537 na dem schivelscheide); *Lingel-*
scheid (bei Sudeck = Lindenscheid); Lingenscheid (sö. Immighausen = dem vor.); *Hirschscheid* (ö. Schweinsbühl); *Langen-*
scheid (= am L. sw. Freienhagen); *Bickelscheid* (s. Wirmighausen); *Höllenscheid* (sü. Schweinsbühl); *Winterscheid* (sw.
Schweinsbühl, = Nordscheid; der Winter bezeichnet oft in Onn.
den Norden, wie der Sommer den Süden!); *Sengelscheid* (sö.
Alleringhausen, = Brandscheid, wo also durch Brand einmal gerodet ist); *Scheid* (nw. Ehringen); *Scheidewarte* (ebd.). 1537
finde ich einen *papenscheth* = Pfaffenscheid in der Schnade
des Amtes Landau.

Damit sind wohl die Hauptgruppen von Namen aufgeführt, welche
von den Bergen und Erhebungen der Landschaft hergenommen sind.

ANMERKUNGEN

1) Hier liegt ein sog. "Schrumpfname" vor.
2) Hierher kommt natürlich auch der häufige Familienname
   Böhle, *Böle*, *Bole*, *Bohlen* u.a.
3) Die Zurückführung dieses Namens auf *Ziu*, den Germanengott,
   die man manchmal vertreten findet, ist sprachlich und
   sachlich nicht zu halten: ebenso die von *Ossenbühl* auf
   Asenbühl.
4) Sie begegnen in einem Gebiet, das in Waldeck beginnend
   über das Sauerland, über die Wupper, Sieg bis zur Wied
   verläuft.

DAS HESSEN-NASSAUISCHE VOLKSWÖRTERBUCH.

Zu ihrem 400. Jubeltage ist der ALMA MATER PHILIPPINA in Marburg ein Geschenk gemacht worden, bei dem auch wir Waldecker beteiligt sind, das deshalb auch bei uns besonderem Interesse begegnen sollte, die erste Lieferung des Hessen-Nassauischen Volkswörterbuches[1].

Seit 15 Jahren (seit 1912) laufen in Marburg die Sammlungen zu dem großen Hessen-Nassauischen Wörterbuch zusammen. Prof. F e r d i n a n d   W r e d e , der verdienstvolle Leiter des von Prof. G. Wenker begründeten Sprachatlas des Deutschen Reichs, hat die Organisation aufgebaut, die Sammlung und Sichtung der einlaufenden Zettelmassen überwacht. Etwa 200 000 bearbeitete Zettel mit den mundartlichen Angaben sind so zusammengebracht worden. Waldeck mitzubearbeiten lag ursprünglich nicht mit im Plan. Als ich 1922 an die Zentralstelle für den Sprachatlas des Deutschen Reiches und deutsche Mundartforschung kam, habe ich bei der Leitung erreicht, daß unsre Heimat noch mit einbezogen wurde. Um nun den Vorsprung (10 Jahre) der andern Gebiete einzuholen, habe ich eine Reihe von getreuen Helfern und Sammlern geworben, selbst gesammelt und die Ernten aus früheren Reisen zur Verfügung gestellt. Wie diese erste Lieferung des Hessen-Nassauischen Volkswörterbuchs nun hoffentlich zeigt, kommt unsre Heimat nicht zu kurz.

Hunderte von Helfern aus allen Schichten, allen Ständen, allen Berufskreisen der vom Wörterbuch erfaßten Gebiete haben in mühevoller Kleinarbeit die Grundlage für dieses Volkswerk im edelsten Sinne geschaffen.

---

[1] H e s s e n - N a s s a u i s c h e s   V o l k s w ö r t e r b u c h im Auftrage und mit Unterstützung der Preußischen Akademie der Wissenschaften zu Berlin, des Hessischen Bezirksverbandes zu Kassel und des Nassauischen Bezirksverbandes zu Wiesbaden aus den für ein Hessen-Nassauisches Wörterbuch mit Hilfe aller Volkskreise und besonders der Lehrerschaft der preußischen Provinz Hessen-Nassau, der hessischen Provinz Oberhessen, des rheinischen Kreises Wetzlar, des westfälischen Kreises Wittgenstein und des F r e i s t a a t e s   W a l d e c k von

Ursprünglich war geplant, den ganzen Schatz der Sammlungen
zum Druck zu bringen; das ist leider durch der Zeiten Not unmöglich geworden. Deshalb entschlossen sich die verantwort-
lichen Stellen zu einer Auswahl, zu einem Volkswörterbuch,
das "in der Regel das umfaßt, was vom Schriftdeutschen abweicht, also im engeren Sinne mundartlich ist". Für die Bearbeitung und Auswahl zeichnet unsere Marburger Privatdozen-
tin D r . L u i s e B e r t h o l d verantwortlich.

Und wir haben allen Grund uns der Veröffentlichung zu
freuen. Zunächst hat der rührige Verlag Elwert das Werk
äußerlich vorbildlich ausgestattet. Er verdiente es, daß jeder für die Heimatsprache Interessierte sich das Werk an-
schaffte. Und das kann jeder, ohne sich eine große Last auf-
zuladen, tun, der Preis der Lieferung ist erstaunlich nied-
rig: 2,50 RMk., obwohl das Heft mit Bildern und Karten reich
ausgestattet ist. Dieser Preis ist wohl nur bei großem Absatz
zu halten. Vorgesehen sind jährlich 2 - 3 Lieferungen; das
ganze Werk ist auf etwa 30 Lieferungen berechnet. Von der
Unsumme von Arbeit und Mühe, die auf dieses Werk verwandt
werden muß, kann sich nur der eine richtige Vorstellung machen, der längere Zeit in die Werkstatt hineingesehen und
mitgearbeitet hat.

Nicht für den Fachmann allein ist unser Volkswörterbuch
geschaffen. Aus dem Volke ist es gewonnen, dem Volke soll es
wieder dienstbar werden. Allen Freunden der Volkssprache und
Volkssitte soll es verständlich sein, ein Lesebuch werden,
aus dem ihnen die Seele des Heimatvolkes in allen ihren Aus-
prägungen entgegenleuchtet. Und wenn man nun einmal diese erste Lieferung daraufhin durchsieht, ob die Allgemeinverständ-
lichkeit in Einklang gebracht ist mit der wissenschaftlichen
Zuverlässigkeit, so kann man das nur freudig bejahen.

F e r d i n a n d W r e d e angelegten und verwalteten Sammlungen ausgewählt und bearbeitet von L u i s e B e r t h o l d. 1. Liefr.
(l ä bis l a u t) Marburg, Elwert, 1927. 63 Spalten.

Die verschiedensten Mundarten stoßen in dem vom Wörterbuch erfaßten Gebiete aufeinander, stehen im Kampf miteinander. Waldecks und Hessens Norden ist niederdeutsch, der Osten Hessens oberdeutsch, das übrige Gebiet mitteldeutsch, alle in unzählige Untermundarten gespalten. Dadurch wird die wissenschaftliche Bearbeitung so schwer. Aber gerade diese Seite hat die Verfasserin mit aller Gelehrsamkeit und Vorsicht behandelt, sodaß jeder Mundartforscher seine Freude haben wird an der genauen, nur das Sichere berücksichtigenden Arbeit. Ein guter Teil Vorarbeit in dieser Richtung haben ja schon die zahlreichen in Ferdinand Wredes Schule entstandenen dialektgeographischen Arbeiten im Wörterbuchgebiet geleistet. Aber die Bearbeitung des Wortschatzes erfordert doch die Lösung einer Unzahl von Problemen neuer Art, die insbesondere aus der jungen Wortgeographie erwachsen. Dieser neuen Arbeitsweise wird überall sorgfältig Beachtung geschenkt. Sieben Karten dienen zur Veranschaulichung des neuen Wollens. Von diesen Karten wollen wir drei einmal näher betrachten und insbesondere das für Waldeck Interessante zu erfassen suchen.

Die Karte 1 behandelt unter dem Stichwort "Lade" die verschiedenen Ausdrücke für "Sarg". Man sieht deutlich, wie im Gesamtgebiet ältere Bezeichnungen (Lade, Totenlade, Leiche, Leichkar) mit dem durch die Schriftsprache gestützten Sarg ringen. Bei uns in Waldeck ist im Ederkreise die ältere Bezeichnung Lade, Totenlade noch vorhanden. Die alte Herrschaft Itter, der nördliche Teil des Kreises Frankenberg und das übrige Waldeck kennen nur noch Sarg. Frankenberg und Freienhagen haben beide Wörter neben einander. Das könnte darauf deuten, daß früher einmal die Bezeichnung Lade, Totenlade weiter gereicht hat, da man auch sonst beobachten kann, daß die kleineren Städte älteres Sprachgut besonders zähe festhalten.

Vielleicht erinnern sich alte Leute noch des alten Ausdrucks. Es wäre interessant, das zu erfahren.

Auch die Tatsache, daß bei uns das Wort Sarg im Geschlecht verwechselt, bald männlich, bald sächlich gebraucht

wird, scheint darauf zu führen, daß früher einmal andere Bezeichnungen üblich waren. Im Ederkreis ist Sarg schon hier
und da eingedrungen und wird dazu beitragen, daß Lade, Totenlade allmählich ganz verdrängt wird.

So führt uns die Betrachtung dieser Karte mitten hinein
in den ständigen Kampf der Mundarten untereinander und dieser
mit der übermächtigen Schriftsprache.

Bei der Karte 4 (langen usw. "holen") ist eine andere
Darstellungsart gewählt; alle Belege sind einzeln eingetragen. Man kann an dieser Karte gut sehen, daß Waldeck in der
Dichtigkeit der Bezeugung nicht zurücksteht hinter den anderen Gebieten. In den uns benachbarten Kreisen Wolfhagen und
Hofgeismar sind Linien eingetragen; sie zeigen, daß um Hofgeismar, Volkmarsen, Wolfhagen ein Gebiet besteht, in dem nur
langen in der Bedeutung "etwas holen" bekannt ist. Die Grenze
dieses Gebietes scheint durch unser nördliches Gebiet um Rhoden zu laufen; wenigstens ist mir aus Rhoden nur langen geläufig. Im übrigen Gebiet ist sicher auch einmal langen herrschend gewesen, wie die vielen zerstreuten Belege zeigen; es
wird aber langsam von dem wieder durch die Schriftsprache gestützten holen abgelöst werden. Im übrigen vergleiche man die
genaue Erklärung des Wörterbuchs unter langen.

Die Karte 9 (laut usw. "laut" (Adverb)) ist aus dem
Sprachatlas entnommen; bei ihr sind also Belege für alle
Orte vorhanden. Es handelt sich um den Gebrauch von laut in
dem Satz: "Man muß laut schreien ..." Durch unser Waldeckerland (im Ederkreis) läuft eine gewundene Linie, die hart von
laut trennt; im größten Teil unseres Gebietes sagt man hart
(in Rhoden z. B. me mott harte bölken). Nördlich der Linie
finden sich aber schon einige Vorposten von laut; es wäre
denkbar, daß sie heute nach 50 Jahren (die Atlasaufnahme
fand 1877/79 statt) schon zahlreicher geworden wären. Daß
hart einmal weiter gereicht hat, zeigen die verstreuten
hart-Belege in Nordhessen, die bis in die Höhe von Fritzlar-
Eschwege gelagert sind.

Ueber die übrigen Karten (Langwiede, Laube = Speicher
des Hauses) vielleicht ein ander Mal.

Wir haben gesehen, daß die Betrachtung der geographischen
Lage der mundartlichen Formen außerordentlich wertvoll ist,
daß sie aus totem Buchstabenkram hineinführt in den Kampf,
in das Leben der Mundarten.

Deshalb sind auch dem Volkswörterbuch soviel Karten beigegeben, sie sollen immer wieder zur Beobachtung des Sprach-
kampfes anregen.

Darauf legt die Verfasserin auch in den übrigen Artikeln
des Wörterbuchs immer großen Wert; man sieht deutlich, daß es
ihr darum zu tun ist, das Leben der Wörter zu belauschen und
darzustellen. Das macht das Lesen der Einzelartikel zu einer
Freude; nirgends findet sich trockene Buchgelehrsamkeit, klar,
knapp und lebendig ist alles dargestellt. Ueberraschend ist
die Ausdrucksfülle, welche dem Mundartsprecher zu Gebote
steht. Für einen, der viel lacht, kennt das Wörterbuch 31
verschiedene Bezeichnungen. Die Art, w i e man lacht, kann
man auf einer ganzen Spalte nachlesen. Zahlreich sind die
Zusammensetzungen, die Redensarten, Rätsel und Necknamen mit
Laus. So ließe sich noch manches anführen.

Wer volkskundlich oder kulturkundlich interessiert ist,
findet reiche Belehrung. Auch der Arzt, der Richter, der
Pflanzen- und Tierkundige werden oft zu unserm Buche greifen
können, um volksmedizinische, volksrechtliche Vorstellungen,
Volksnamen von Pflanzen und Tieren festzustellen. Je weiter
das Werk fortschreitet, umso reicher wird die Ernte sein.

Alles in allem können wir Waldecker uns freuen, daß wir
in diesem großzügigen Werke Aufnahme gefunden haben. Wir
sollten nun auch dafür sorgen, daß dieses Volkswerk eine
weite Verbreitung auch in unserm Lande findet. Dann würde
dem Volke wirklich zurückgegeben, was aus ihm stammt.

Zur zweiten Lieferung.

In Mein Waldeck 1928 Nr. 6 habe ich auf die erste Lieferung des Hessen-Nassauischen Volkswörterbuchs (hg. von Frl.
Dr. L. Berthold) hinweisen können, das auch unsern Waldeckischen Sprachschatz mit erfaßt und bearbeitet. Ich möchte

nicht verfehlen, auch die soeben erschienene zweite Lieferung
mit einigen erläuternden Ausführungen zu begleiten, um so bei
dem einen oder andern Interesse zu wecken und den Wunsch,
dieses wertvolle Werk zu besitzen. Wer sich für die waldeckische Volkssprache interessiert, darf nicht bei dieser stehen
bleiben und in ihr sein Genüge finden, sondern er muß über
die Zäune schauen in Nachbars Garten und beobachten, was dort
alles gedeiht und blüht. Dann bieten sich oft schnelle Aufklärung und neue Anregung.

Unter dem Stichwort "läuten" ist in überraschender Fülle
zu lesen, welche Rolle die Glocken und ihr Läuten im kirchlichen und bürgerlichen Leben besonders auf dem Lande spielen. Von dem Läuten vor und an Sonn- und Feiertagen über das
Läuten zur und von der Arbeit bis zum Todesläuten kommen alle
wichtigen Einschnitte im Leben des Bauern zu Worte. Für einen,
der leckermäulig, naschhaft ist, werden acht verschiedene
Ausdrücke, die mit lecken zusammenhängen, beigebracht.

Eine ältere waldeckische Art, das Korn aufzustellen,
die mir in Rhoden begegnet ist, steht unter "Legehauf". Ein
grüner Busch wurde in die Erde gesteckt, darauf und darüber
wurden Händevoll Aehren in Gesätten (= Gesetzen) aufgeschichtet bis zur Höhe von etwa zwei Metern, dann kam ein Hut
(Hoot) darauf. Das ganze hieß der Lägehaup. Ob dieser Brauch
wohl noch irgendwo im Lande geübt oder wenigstens aus älterer
Zeit bekannt ist? Vielleicht teilt das der eine oder andere
der Schriftleitung der Waldeckischen Landeszeitung mit.

Ein besonders interessanter Rest alten Volksbrauches
wird aus den Kreisen Ziegenhain, Kirchhain, Alsfeld, Wetzlar
bezeugt. Dort wird am Walpurgisabend (30.4.) von den Burschen
das "Lehen" ausgerufen, d.h. die Dorfmädchen werden verstei-
gert, der Erlös vertrunken. Trotz des Kampfes der Kirche gegen diesen Brauch - schon im 16. Jahrhundert finden sich Ver-
bote -, ist er noch lebenskräftig.

Sehr zahlreich sind die Wörter, die sich an die Leiche
sowohl im Sinne von Leichnam als auch von Begräbnis anschließen. Hier sind vielfach alte Sitten festgehalten, die

der Krieg und die nachfolgenden Notzeiten fast beseitigt haben. Auch bei uns im Waldeckischen ist der Leichenschmaus
z. B. heute vielfach fortgefallen.

Bei dem Artikel "Lerche" wüßte man gern, ob in Waldeck
noch ältere Formen dieses Vogelnamens vorkommen etwa: Laiwerk,
Laiwerek oder ähnliche.

So ließe sich noch manches anführen, was die ungeheure
Vielseitigkeit und Fülle, die lebendige Anschaulichkeit des
mundartlichen Wortschatzes kennzeichnete. Aber ich möchte
nur noch ein paar Worte sagen zu den beigegebenen sechs Karten, die wieder das gedruckte Wort anschaulich machen sollen.

Karte 10 zeigt uns, daß im größten Teil von Hessen und
Nassau, so auch in Waldeck, für das schriftdeutsche "leer"
ledig gebraucht wird: de Pott is liäddeg sagt man z. B. in
Rhoden. Erst südlich der Lahn um Nastätten, Diez, Usingen,
in Oberhessen und um Rotenburg, Sontra gilt leer.

Von einem unangenehmen Quälgeist des Menschen spricht
Karte 12 "Leichdorn" = Hühnerauge. Gar nicht weit von uns
im Kreise Hofgeismar wird dafür Krähenauge gesagt (im größten
Teil von Waldeck wäre das unmöglich, weil hier die Heidelbee-
re mit Krähenauge bezeichnet wird; vgl. Mein Waldeck 1925
Nr. 13). Im Westerwald und im Weststreifen von Nassau finden
sich außerdem noch die Bezeichnungen Elstersauge, Atzelauge
(= Elsterauge). Im ganzen andern Gebiete gilt Leichdorn.

Karte 13 Leiche = "Begräbnis" zeigt uns, daß Waldeck
mit Kurhessen Leiche sagt.

Karte 17 gibt die Ausbreitung der verschiedenen Bezeichnungen für das "Strohseil zum Garbenbinden" an. Unser
Waldeck hat Strohseil, das auch um Hersfeld, Fulda, im südlichen Oberhessen und Nassau gilt. Um Witzenhausen, Eschwege,
ferner um Wetzlar und Gießen findet sich Wiede (bei uns z. B.
in Langwied, Stündelwied noch vorhanden). Bei Dillenburg,
Laasphe, um Rauschenberg, Ziegenhain, Alsfeld wird Lendseil
gebraucht.

Die Linie zwischen gelehrt und gelernt, welche Karte 18

darbietet, geht in Waldeck in der Hauptsache mit der ich-
Linie, zeigt aber um Fürstenberg eine kennzeichnende Ausbuch-
tung nach Norden. Im nördlichen Waldeck wird (wie in Nordhessen, im Westerwald und an der Lahnmündung) für "lernen" lehren
gesagt. Hiäste re eläart? Hast Du schon gelernt?, sagt man in
Rhoden. Lernen und Lehren sind also in Lehren zusammengefallen. Im ganzen übrigen Gebiet findet sich lernen.

Auch für schwierige Sachverhältnisse bietet diese neue
Lieferung drei Abbildungen, die viele Worte ersparen. Besonders interessant ist das Bild der Leier, eines Lärminstruments,
das in den katholischen Gegenden von Fulda und im Westerwald,
in der Karwoche die Glocken ersetzen muß. Sehr klar und anschaulich ist auch das Bild von der Ackerwagenbremse, wenn
auch eine mehr moderne Form der Bremsvorrichtung gezeichnet
ist, im Waldeckischen sind wohl meist einfachere Formen gebräuchlich.

So bietet auch diese neue Lieferung viel des Interessanten und Wissenswerten für alle die, welche den Aeußerungen der
Volksseele in den Mundarten lauschen und lauschen möchten.

Von den Mundarten des Roten Landes

In der Einleitung zu dem großen Waldeckischen Wörterbuche, das
der Arolser Rechtsanwalt Karl BAUER in den sechziger Jahren
des vorigen Jahrhunderts gesammelt hat, kommt Prof. Hermann
COLLITZ, der Bearbeiter des Buches, auch auf die Einleitung
der waldeckischen niederdeutschen Mundarten zu sprechen. Die
Mundart des *Roten Landes* wird dabei zur Rhodener oder nord-
östlichen Mundart gerechnet. Die Unterscheidung wird danach
vorgenommen, wie die einzelnen Dorfmundarten in Worten wie
Foot (Fuß), *Blome* (Blume), *ik weet* (ich weiß) - so sagt man
in Rhoden - sprechen. Da nun die Dörfer des Roten Landes
(Hesperinghausen, Helmighausen, Neudorf, Kohlgrund) nicht wie oben sondern
Fout, *Bloume*, *wäit* reden, muß COLLITZ sie aus seiner Einleitung herausnehmen. Was er dann einige Seiten weiter über die
Besonderheiten des Roten Landes mitteilt, ist zu dürftig, um
uns ein klares Bild zu geben. COLLITZ hat nicht alle Orte des
Landes selbst besuchen können (heute würde die Forschung das
verlangen), so konnte er auch nicht auf Grund eigener Mundartaufnahmen seine Angaben machen, sondern war meist auf Mitteilung anderer angewiesen.

Daher kann es nicht überflüssig sein, über die Mundarten des
Roten Landes noch etwas zu schreiben, das Bild abzurunden
oder ganz neu zu zeichnen.

Im Mittelpunkt der folgenden Erörterungen soll dabei das
Kärtchen stehen; ich will versuchen, seine krausen, durchein-
anderlaufenden Linien und Zeichen in behaglichem Plaudertone
zu erklären und durch die Anschauung ein lebendiges Bild der
Mundart zu entwerfen. Die Leser seien also von vornherein gebeten, bei der Schilderung der einzelnen Sprachbilder immer
wieder auf das Kärtchen zu blicken, sonst bleibt das Wort un-
lebendig. Ferner bemerke ich noch, daß ich in allen waldeckischen Orten des Kärtchens persönlich 1912/13 mundartliche
Aufnahmen gemacht habe, auch in Erlinghausen war ich, die
anderen Orte habe ich nicht besucht. Für einige der im folgenden besprochenen Linien konnte ich die Karten des deutschen Sprachatlas (S.A.) in Marburg benutzen, hier sind also
auch die andern, nichtwaldeckischen Orte mitberücksichtigt.
Um über die Mundarten des Roten Landes etwas sagen zu können,
mußte ich ihnen natürlich einen etwas größeren Rahmen geben.

Voran stelle ich eine kurze Darstellung der Unterschiede auf
lautlichem Gebiete (das soll heißen, ob die einzelnen *Laute*
eines Wortes verschieden ausgesprochen werden), es folgt
dann eine Erklärung der *wortgeographischen* Linien (das soll
dartun, ob für dieselbe Sache *verschiedene Worte* gebraucht
werden).

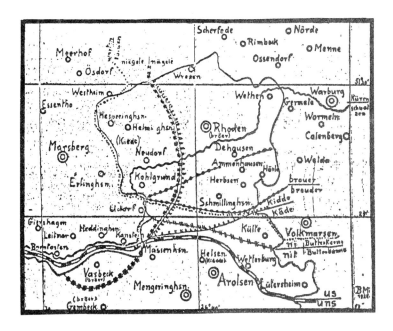

"Sieh mal einer an", so höre ich fröhlich einen Leser rufen,
"da läuft wahrhaftig eine neue *Bahnlinie* auf der Karte von
Borntosten über Kanstein, Helsen, Wetterburg, Lütersheim
ins Hessische!"

Eine Bahnlinie ist es nicht, aber die *us/uns*-Linie; nördlich
von ihr sagt man *us* ohne *n* (das *u* ganz geschlossen, aber
kurz!), südlich ist das *n* wieder da. Dieser Ausfall des *n*
(vor folgendem *s*) ist bezeichnend für das Niederdeutsche,
die Form *uns* ist in das übrige Waldeck vom Süden, vom Mitteldeutschen eingedrungen. Das Rote Land hat sich also davon
freigehalten. Für diese Linie konnte der Sprachatlas (S. A.
im folgenden) herangezogen werden.

Die *Wäscheleine*, die da nördlich unserer "neuen" Bahnlinie
gespannt ist, an der *ni/nit* geschrieben steht, soll sagen,
daß das Verneinungswort "nicht" im Süden *nit* heißt, im Norden
ni (*i* kurz, geschlossen!): der Rhoder "*döüd et ni*", der Massenhäuser "*döüd et nit*"!

Die feine *Halskette*, die sich um Schmillinghausen, Herbsen,
Ammenhausen, Hörle schlingt, ist Zeichen für das Wort
"Bruder" u. a. Man sagt nämlich in allen Orten südlich des
unteren Kettenteils *Brouder* mit einem *d*; ferner in allen

Fällen, wo ein altes *d* zwischen zwei Selbstlauten steht. Die
Orte nördlich lassen dies *d* ausfallen, sagen also *Brouer*
(Rhoden, Vasbeck, Gembeck *Broer*). Die oben aufgeführten Orte
schwanken: sie fahren "*dat Feuder Aal uppet Land* und tun "*dat
Fouer in de Kriwwe*" und "*diän Bimsahm in de Kiipe*" [= das
Fuder Adel (= Jauche), das Futter in die Krippe, den Bindfa-
den in die Kiepe (= Tasche)], aber sie "*bäden*" (= beten) und
"*träden*" (= treten) und essen gern einen guten *Bra(o)den*
(= Braten) und die Mädchen ziehen gern schöne "*Klädere* (= Kleider) (ganz offenes *ä*) an.

So sind wir nun schon unserm Roten Lande näher gekommen, haben
gesehen, daß es mit dem ganzen Landstrich nördlich der "Eisen-
bahn" manches gemeinsam hat.

Aber es wird noch enger bestimmt durch die *Straße* mit einer
Reihe Bäume, an der das Stichwort *Kidde, Käde* steht. Der Süden
sagt *Käde* (mit einem langen *ä*), der Rhoder Bezirk *Kidde* (*i*
kurz, geschlossen!),und unser Rotes Land hat einen gebrochenen
Laut, es läßt dem *i* ganz kurz ein *e* nachklingen und sagt *Kiede*
= *Kette*.

Die schwer befestigte *Straße*, die auch Vasbeck mit umfaßt, ist
die neue Automobilstraße nach Kleinenberg, sie ist aber auf
der einen Seite im Roten Lande von bösen Buben mit *Niëgeln*
(Nägeln) bestreut, auf der andern (nach Rhoden zu) mit *Nägelen*,
so daß sie leider vorläufig nicht befahren werden kann. Na,
da gibts auch keine Staubwolken! Es ließen sich noch eine
Menge neuartiger Verkehrswege auf unserer Karte anlegen, aber
ich muß damit aufhören, sonst werde ich noch für einen eitlen
Projektemacher angesehen!

Es krabbeln noch einige Reptilien und Würmer auf unserer Karte
herum, denen wir noch zu Leibe gehen müssen. Halt, an der
Wäscheleine von oben hängt noch was. Wenn einer von Rhoden
mit dem drehbaren Butterfaß auf dem Buckel abgeht, die er
Butterkiärne nennt, so sagt ihm etwa der Massenhäuser: "*Ba(o)
witte dänn mit diär Butterbunne hin?*" Man bezeichnet also um
Rhoden dieses Faß mit *Kirne, Kerne* und unten mit *Bonne, Bunne*
(ein Wort, das noch dunkel ist).

Und unter der Halskette scheint ein *Regenwurm* seine Spuren
hinterlassen zu haben, er ist südlich von Schmillinghausen,
zwischen Kohlgrund und Udorf durch, an der Landesgrenze entlang und zwischen Westheim, Wrexen durch gewandert und trennt
mit seinen kleinen schwarzen Körnchen die beiden Worte *warten*
und *töiwen* (die Linie ist aus dem S. A.) voneinander. Man
kann also jeden Mann aus dem Roten Lande sofort erkennen,
wenn er etwa ruft: "*Töif ma(o)l, dou kast de Niëgele un de
Kiëde midde (i geschlossen) nimmen (i geschlossen)!*" ("Warte
mal, du kannst die Nägel und die Kette mitnehmen!").

Da haben wir wirklich noch ein *Schlänglein* übersehen, das
sich von Borntosten über Kanstein, Udorf, Neudorf, Rhoden,
Warburg dahinwindet. Alle Orte nördlich dieses Reptils sagen
für "*sprechen*" *küren* oder *küddern* (das auf ein älteres Zeit-

wort *quedderęn* zurückweist). In Hesperinghausen, Wrexen sagt
man auch wohl *spriäken*, ebenso in Weihen, Herbsen, Helsen,
Arolsen, Mengeringhausen. Die andern südlich "*schwatzen*".

Nun können wir also den Kohlgrunder noch besonders erkennen,
wenn er sagt: "*Dou most en bitteken härter schwatzen!*"
"Du mußt ein bißchen lauter sprechen."

Damit haben wir nun aber die neuen Verkehrswege und die daran
baumelnden Untiere alle kennengelernt. Es bleibt nur noch
ein Wort übrig über das Warum. Wie kommt es zu diesen Ab-
grenzungen und Linien, die unser Kärtchen auf so kleinem
Gebiete zeigt?

Wenn man alle Unterschiede, welche die einzelnen Orte voneinander trennen, vereinigt und auf einer Karte je nach dem Vorkommen die einzelnen Trennungsstücke dünner oder dicker zeichnet, so ergibt sich für unser Rotes Land, daß die meisten
Unterschiede auf der alten politischen Unterteilung des Waldecker Landes beruhen. Das will sagen, daß sie meist mit der
Grenze des alten *Amtes Eilhausen* gegen das *Amt Rhoden* parallel
laufen. Es ist von der Wissenschaft vielfach beobachtet worden,
daß die kleinen Bindungen und Verkehrsräume der Menschen, wie
Kirchspiel, Amt, Gericht usw., auch die Entwicklung von mundartlichen Gruppen und Einheiten stark beeinflussen. Es ist ja
auch ganz natürlich: Beim Amtmann mußten früher die Abgaben
gezahlt werden, dort traf man zusammen aus den verschiedenen
Amtsdörfern zum Gericht, zur Ableistung der Frondienste. In
der Kirche des Kirchspiels waren diese Berührungspunkte ebenfalls gegeben. Der gegenseitige Verkehr,der Austausch der
Güter, die Verbindung durch Heiraten gleicht immer wieder
Unterschiede aus und führt so zu den Übereinstimmungen. Das
trotzdem wachbleibende Bewußtsein, daß man doch etwas für
sich, etwas Besonderes ist, läßt die Gegensätze aufkommen und
die Unterschiede sich festsetzen. Je stärker das Eigengefühl
ist, umso schärfer werden die sprachlichen und volkskundlichen,
überhaupt die kulturellen Grenzen. Unser Rotes Land ist sicher
seit dem 16. Jahrhundert (wahrscheinlich länger) im Amt Eilhausen und im Kirchspiel Helmighausen bis heute zusammengeschlossen gewesen. Es hat außerdem gerichtliche Beziehungen
zu Marsberg gehabt, also nach Westen, wir wundern uns deshalb
nicht, daß die Unterschiede gegen das alte Amt Rhoden ziemlich
groß sind. Die Mundarten hängen eben aufs engste mit der politischen und kulturellen Geschichte eines Gebietes zusammen. Sie
sind eine wichtige Quelle für den Sprach- und Geschichtsforscher, weil sie in ganz anderer Weise als die Schriftsprache,
die eine Kunstsprache ist, die lebendige Beziehung aufrecht
erhalten haben zu den Urgründen unseres Volkstums.

Vom Werden und Sterben der Wörter in der Mundart

I

Wie alles Lebendige ist auch die Mundart dem Werden und Vergehen unterworfen. Auch bei ihnen, Wörtern und Formen, gibt es einen Frühling, Sommer, Herbst und Winter. Die Gründe dafür sind verschieden.

Vielfach ist das Aufkommen und Verschwinden von Wörtern mit der Einführung oder dem Aussterben der Sachen verbunden, zu denen die Wörter in Beziehung stehen. So erleben alle Wörter, die mit Maschinen zu tun haben, ihren Frühling, die alten, früher üblichen Geräte treten zurück und mit ihnen ihre Namen und Bezeichnungen. Für die alte *Schniila* z. B., die mit der Hand oder dem Fuß das Futter schnitt, hat man die moderne Futterschneidemaschine eingesetzt, die heute sogar mit Motorkraft betrieben wird. Viele Kinder werden die Schneidelade nicht mehr kennen und auch nie etwas davon zu hören bekommen. Das Fremdwort Maschine wird dabei in die Formgesetze der Mundart eingepaßt: *Meschiine, Maschuine* usw. Und so gibt es *Mäggemeschiinen, Säggemaschiinen* und viele andere. Die moderne Technik führt mit ihrer Mechanisierung der Arbeit immer neue Ersatzmaschinen für die Menschenkraft ein. Durch sie erhalten eine Menge von Wörtern zunächst als Fremdwörter, dann in die Mundart aufgenommen, Heimatrecht. Früher gab es die Oellampen (*Ungellecht, Uolechlecht, Kröüselen*). Zu ihnen gehörten die *Lichtputzschaieren.* Sie wurden abgelöst durch die Petroleumlampen (vielfach *Stainöllicht, Stinkefettlicht* genannt). Heute sind sie bei uns im Lande fast überall durch das elektrische Licht verdrängt; die alten Tran- und Oellichte sieht man nur noch auf Ausstellungen und als Raritäten bei Sammlern und Liebhabern. Die alten Wörter sind nur noch alten Leuten bekannt.

In dieselbe Reihe gehören die alten Ausdrücke für die Trachtenstücke. Die Waldecker Ausstellung "Das Land Waldeck" hat uns die *Bummeljacken* (langen Überziehjacken der Frauen), die *Ziehmützen* (*Tehmüssen*) und *Hollenkappen* (auch *Süggemagen* genannt) mit ihrer schönen, zierlichen Stickerei gezeigt, auch die *Piilhacken* (der Männer (die alten Zipfelmützen). Auch die *Schernessen* (alte Frauenhauben) findet man noch. Aber weil die Sache der Bembergseide gewichen ist, kennen wieder nur ganz alte Leute noch die Namen und können die Sachen beschreiben; die Jugend weiß davon nichts mehr.

Früher sagte man für Steuer in Rhoden *Höüere*, sprach also von der *Kiärkenhöüere, Spegelhöüere* (Steuer an die Spiegel vom Desenberge zu zahlen), *Hachhöüere* (Steuer für das Hegen, den Schutz). Heute kennt man nur die Steuern und das Finanzamt. Eine noch ältere Art der Steuer blickt aus den alten Rhodern noch bekannten Ausdrücken *Tehntgält* und *Täintschösiere* heraus. Das Zehntgeld war die Steuer, und die Zehntscheuer war für das Getreide bestimmt, das man statt Geld früher ablieferte. Das Rauchhuhn (*Raukhoon*) war eine Abgabe, die für jede Feuerstelle zu entrichten war. Heute ist es nur als Wort noch bekannt. Die alten Maße sind zwar hie und da noch in Geltung oder wenigstens dem Namen nach geläufig. Die *Elle*, die *Rute* (*alle un nigge Roh*, 60 oder 90 auf einen Morgen), *Morgen*, *Ga(o)rt* (1/4 Morgen), *Driggert* (3/4 Morgen), *Fiifert* (5/4 Morgen), *Müdde*, *Spint*, *Metze*, kann man noch häufig nennen hören; sie weichen aber immer mehr vor Meter, Ar, Hektar, Zentner usw. zurück. Früher hatte man auch eine andere Art, die Korngarben aufzustellen als heute. Man stellte nicht acht Garben um eine neunte herum, sondern es wurde ein grüner Busch in die Erde gesteckt, darauf und darüber Händevoll Ähren in Gesetzen (*Gesetten*) aufgeschichtet bis zur Höhe von etwa zwei Meter; darauf kam ein Hut. Das Ganze war ein Legehauf (*Lägehaup*). Die Sache ist tot; der Name ist nur wenigen noch bekannt.

Aussterben wird auch der Name des um 1880 gebräuchlichen 25-Pfennigstückes; sie hießen *Kassemännekens* (Kassenmännchen).

Im Zeitalter der Feuerversicherungen sind die *Docken* (die Strohpuppen) unmöglich geworden, die früher zur Abdichtung der Löcher zwischen den Dachziegeln benutzt wurden. Auch die kleinen Kinder nannten ihre Puppen früher *Docken*, heute ist dafür überall das Modewort *Puppe* eingetreten.

Ehe der Kaffee seinen Siegeszug auch auf dem Lande abschloß, aß man morgens eine süße Milchsuppe oder einen Hirsebrei. *Dat Sötsoupen*, so hieß die Suppe, ist heute nirgends mehr üblich, Hirse wird nicht mehr gebaut oder gekauft. Sache und Wort sind tot.

Früher gewann man die Wasserleitungsröhren und die Wagenachsen aus den Röhren- oder Achsenhaistern (man vergleiche französisch hêtre). Das Holz der Hainbuche ist besonders zähe und für diese Dinge geeignet. Heute triumphiert das Eisen über das Buchenholz und wird die Namen (*Rörenhaister*, *Assenhaister*) langsam verschwinden lassen.

In den alten Sachsenhäusern gab es früher (in Rhoden ist es mir heute noch in allen Apothekers Hause begegnet) offene Vorratsräume, die von der Diele aus zu erreichen waren. Sie hießen Achsen (*Assen*), auch wohl Dielbühnen (*Diällbünnen*). Wort und Sache müssen sterben oder sind schon tot.

So ließe sich noch Manches anführen. Ein zweiter Aufsatz möge über einige andere Wege des Werdens und Vergehens der Wörter in der Mundart plaudern.

Vom Werden und Sterben der Wörter in der Mundart
II

In dem ersten Aufsatz haben wir davon gesprochen, daß Wörter
mit der Sache, zu der sie gehören, aussterben oder neu in die
Mundart aufgenommen werden. Es finden sich auch Fälle, wo die
Sache zwar ausgestorben ist, das Wort sich aber in veränderter
Bedeutung oder auf eine andere Sache übertragen, erhalten hat.
Besonders interessant ist das Wort *stutzäsen*. Es bedeutet in
Rhoden heute "beim Kinderspiel jemanden an Kopf und Füßen pak-
ken und mit dem Gesäß auf dem Erdboden mehr oder weniger un-
sanft aufstoßen lassen." Zugrunde liegt diesem Kinderbrauch
ein uralter Rechtsbrauch beim Schnadezug. Er wird z. B. bei
dem traditionellen Grenzbegang in Brilon noch heute angewandt.

Damit die zum ersten Male mitgehenden Jungen und Ratsherren
oder Schöffen der Gemeinden sich die Grenzmarken und -steine
recht nachdrücklich einprägten, wurden sie *gestutzt* oder *ge-
stutzäst*, d. h., sie wurden mit den Grenzsteinen in unmittelbare Berührung gebracht. Im Paderbornischen ist der Ausdruck
auch bekannt, man bringt ihn aber mit Esel zusammen; das
Hinterquartier hat also dem Esel in der Volksdeutung weichen
müssen. In der Neuzeit wurde der alte Rechtsbrauch aufgehoben,
weil es dabei zu Ausschreitungen kam; das Wort hatte also seinen Sinn verloren, im Kinderspiel fristet es noch ein fröhliches Leben.

Ein weiteres Beispiel ist die Bezeichnung einer Perlenkette
mit *Noster*. Sie geht auf den Rosenkranz aus katholischen Zeiten
zurück, der mit dem Pater noster beginnt. In evangelischen
Kreisen hat der Rosenkranz seine Bedeutung verloren; das
Wort *Noster* wird auf jede Perlenkette übertragen und so vor
völligem Untergang bewahrt.

Auf ältere Kulturzustände weist auch zurück der Ausdruck
Scharwerk und *scharwerken*. Er bezeichnet ursprünglich den Fron-
dienst, den Dienst für den Herrn. Da diese Arbeitsweise heute
beseitigt ist, wird das Wort jetzt für "schwere Arbeit" angewandt. Etwas Gleiches liegt vor bei den Redensarten: *de möste
an diän Schandpa(o)hl!* oder *dat is de Schande wert!* Hier
schauen auch noch alte Rechtsbräuche heraus. Für bestimmte
Vergehen mußten früher die Verbrecher an den Pranger (auch
Kak, Schandpfahl, Schandpranger genannt). Dort wurden sie in
Eisen festgelegt und von den Vorübergehenden verspottet oder
angespien. In Obermarsberg ist noch ein solcher Pranger zu
sehen. Die obigen beiden Redensarten sind auf diese Rechtsbräuche zurückzuführen.

So geben die Wörter und Redensarten dem tiefer Sehenden noch
den Blick frei in vergangene Zeiten.

Der große Gegenspieler der Mundart ist die Hochsprache, die Schriftsprache. Aus ihr dringen fortgesetzt neue Worte ein, stellen sich neben altererbte und verdrängen sie allmählich oder töten sie gar. So ist das Wort *achter* für "hinter" bei uns in Waldeck ausgestorben. Daß es aber einmal da war und geherrscht hat, zeigen die Urkunden und Zusammensetzungen wie *ächtermiäl* (zweite Sorte Mehl) und *ächter koken* (= *ächter-miälkoken*, Kuchen aus dem Mehl). Früher hieß der Vater *Vader* oder *Vaer*, die Mutter *Moder* oder *Moer*; daneben stand *Möme* Diese Formen sind heute fast überall verdrängt durch die von der Schriftsprache beeinflußten *Vatter* und *Motter*. Ebenso heißen die Großeltern *Großvatter* und *Großmotter*, die alten Bezeichnungen waren *Ellerfaer*, *Ellermöme* (*Möme* ist auch noch in *Rawenmöme* (Rabenmutter) erhalten). Die Hebamme wird heute *Häbamme* genannt; vor 30 bis 40 Jahren war aber in Rhoden, wie mir versichert ist, *Baumöme* der allein gültige Ausdruck.

Das ist nichts anderes als *Bademöme* (Bademutter), das auch sonst im Lande noch bekannt ist. In Rhoden sollte man nach den Gesetzen der Mundart *Bamöme* erwarten. Die Form *Bau-möme* zeigt schon eine gewisse Verdunkelung des ersten Wortes, das nicht mehr recht in seiner Bedeutung erkannt wird. Wir sehen hier wieder einmal die Volksumdeutung (Volksetymologie) am Werke. Ein Wort oder ein Bestandteil wird nicht mehr verstanden und nun an einen geläufigen Begriff angepaßt.

Hierher gehört auch das Wort *gestern* = die Brote beim Backen mit Wasser bestreichen. Es ist abzuleiten von dem Hauptwort *Gerstel* = Bürste, mit dem man die Brote bestreicht. Es müßte in unserer Mundart *Giästel* lauten, das Zeitwort *giästern*. Da es aber *gestern* heißt, müssen wir das Wort suchen, an das es angelehnt ist, und das ist *Gest* = Hefe.

Dabei muß das Volk mitunter zu reinen Gewaltmitteln greifen, um sich ein Wort wieder nahe zu bringen. Im Westen unseres Landes z. B. im Uplande heißt der Mistkäfer (Geotrupes) *Wagenpimmel*. Wie die Formen, welche im Siegerland und in Westfalen angrenzen, beweisen, ist *Wagenpimmel* durch Vertauschung der Anlaute aus *Pagenwimmel* entstanden. *Page* ist eine früher bei uns vorhanden gewesene Bezeichnung des Pferdes, die in Familiennamen heute hie und da noch fortlebt, so in *Pagendarm*, *Pagenkopf*, *Pagenstecher* u. a. *Wimmel* ist ein Name für Käfer. *Pagenwimmel* bedeutet also Pferdekäfer; das findet seine Bestätigung in den Namen *Gaulskäfer*, *Roßkäfer*, *Pferdswiwwel* u. a., die im Hessischen vielfach belegt sind. *Wagenpimmel* wird von *Mist-kabel* und *Mistkäfer* immer mehr verdrängt, weil es als anstößig empfunden wird.

In älteren Zeiten hat man auch bei uns nicht *Austern* (Ostern) gesagt, sondern, wie die Urkunden erweisen, *Passah* (in den Formen *pa(o)schken*, *paschen* usw.). Heute verläuft die Grenze zwischen *Paschen* und *Ostern* nicht weit vom Waldecker Lande in den Kreisen Brilon und Meschede.

Dort gibt es auch Orte, in denen man *Ostern* spricht, aber noch *Pa(o)schkefüier* und *Pa(o)schkeggere* für Osterfeuer und Oster-

eier sagt. Es wäre für unsre Waldecker Kulturgeschichte von
hoher Bedeutung, wenn sich in zusammengesetzten Wörtern
Paschen auch bei uns noch fände und hier mitgeteilt würde.
Manchmal stehen die schriftsprachlichen Wörter neben den
alten mundartlichen. So gibt es *Stärt* und *Schwanz*, *Hajepe* und
Hagebutte, *Achelte* und *Blutegel*, *Schmacht* und *Hunger* nebeneinander. Der *Ambos* ist der große Schmiedeambos, während der
alte Name *Anebaute* auf den kleinen Ambos zum Sensenschärfen
abgedrängt ist.

So ließe sich noch Manches anführen. Schon so aber dürfte
sich ein aufschlußreicher Einblick in das Leben und Sterben
innerhalb der Sprache ergeben haben.

VOM ATLAS DER DEUTSCHEN VOLKSKUNDE.

Jüngst habe ich bei der Jahresversammlung des Waldeckischen
Geschichtsvereins Gelegenheit genommen, auf das große neue
nationale Unternehmen hinzuweisen, das sich in großzügiger
Weise die Erforschung der deutschen Volkskunde zum Ziele gesetzt hat. Da ich annehme, daß auch weitere Kreise sich dafür
interessieren oder wenigstens dafür gewonnen werden sollten,
will ich im Folgenden kurz über den Werdegang und die Ziele
des A t l a s   d e r   D e u s c h e n   V o l k s k u n -
d e (A.D.V.) berichten.

Man hat schon oft in gut deutschen Kreisen der deutschen
Wissenschaft den Vorwurf gemacht, daß sie auf manchen Gebieten der heimischen Forschung die deutschen Belange nicht genügend wahrnehmen oder wahrgenommen habe. Sie gebe Millionen
aus für die Erforschung der Kultur von Kleinasien, China,
Tibet und von anderen exotischen Gebieten. Von deutscher
Volkskultur, deutscher Volkskunde wisse sie wenig. Hier habe
man den Liebhabern das Feld überlassen. Wertvolle Jahre seien
verloren gegangen, in denen uraltes Volksgut in Sitte und
Brauch verloren gegangen und nie wieder zu erfassen sei.

Tatsächlich ist an diesen Vorwürfen etwas Wahres daran.
Das geht schon daraus hervor, daß die deutsche Volkskunde
auf den meisten Forschungsgebieten noch nach einer festen,
klaren Arbeitsweise ringt, ja daß sich ein Teilgebiet, die
deutsche Mundartenkunde, selbständig gemacht hat, in eigener
mühseliger Arbeit sich Arbeitswege gesucht und gefunden hat.
Von dieser Mundartenforschung ging denn auch die Anregung zu
dem großen Plane eines deutschen Volkskundeatlas aus. Wie
sich diese in dem Sprachatlas des Deutschen Reiches, in Marburg von Georg Wenker begründet, ein sich als immer wertvoller erweisendes Anschauungsinstrument geschaffen hat, so
will man jetzt das Volksgut in Sitte und Brauch, soweit es
sich kartographisch darstellen läßt, durch Fragebogen im ganzen deutschen Sprachgebiet aufnehmen und auf Karten zur Anschauung bringen. Die deutsche Wissenschaft macht also in
letzter Stunde -, denn die unruhige Maschinenzeit läßt nicht

mehr viel Altüberkommenes am Leben - ganze Arbeit, um noch in die Scheuern zu holen, was noch da ist.

Aber es soll nicht nur der Wissenschaft weiträumigerer Stoff zur Arbeit am deutschen Volksgut auf diesem Wege gegeben werden, die Ergebnisse sollen dem Volke wieder nahe gebracht werden und zugute kommen, aus dem sie gewonnen wurden. Deshalb hat man in weitgehender Dezentralisation überall Landesstellen geschaffen, die nicht nur das Material sammeln sollen, sondern auch das Recht, ja die Pflicht haben, es zu bearbeiten und ihren Sammlern die Ergebnisse zugänglich zu machen. Denn Vieles läßt sich nur in einem kleineren Rahmen überblicken und klären.

Ehe der große Plan der Oeffentlichkeit übergeben wurde, hatte die Fachwissenschaft alles aufs sorgfältigste vorberaten und vorbereitet. Der Direktor des Vaterländischen Museums in Hannover, W i l h e l m P e ß l e r , hat den Plan zuerst gedacht und vertreten. 1926/27 fanden die grundlegenden Beratungen statt. 1928 nahm die F o r s c h u n g s - g e m e i n s c h a f t d e r D e u t s c h e n W i s s e n s c h a f t unter Führung ihres Präsidenten Staatsminister a.D. D r . S c h m i t t - O t t sich der Sache an. Eine Geschäftsstelle in Berlin wurde geschaffen, ein Probefragebogen hinausgesandt, der auch in Waldeck gute Beantwortung gefunden hat. Reiche Ergebnisse hat schon dieser Probefragebogen gezeitigt. Es sei deshalb hier allen Waldekkern, die diesen Bogen beantwortet haben, meist sind es die Herrn Lehrer gewesen, aufs herzlichste gedankt für ihre selbstlose Mitarbeit. Sie können gewiß sein, daß sie sich hier ein unvergängliches Verdienst um die deutsche Volksforschung erworben haben und erwerben. In jedem Jahre (auf 5 Jahre verteilt) sollen nun vier weitere Fragebogen ausgehen: der erste ist schon ausgegangen und harrt der Beantwortung. Für unser Waldeckerland ist die Sammelstelle das H e s - s e n - N a s s a u i s c h e W ö r t e r b u c h i n M a r b u r g (L a h n) . Prof. Dr. Wrede und Frau Professor Dr. Berthold, die Verfasserin des Hessen-Nassauischen

Volkswörterbuchs und ich bilden den Arbeitsausschuß. Ein
großer Ehrenausschuß aus allen Ständen und Kreisen der gesamten Provinz Hessen-Nassau bezeugt das Interesse, das der gewaltige Plan überall gefunden hat.

Jedem Mitarbeiter wird eine genaue Anleitung und ein
in die ganze Arbeit einführendes Heft übergeben. Wir wünschen
uns Mitarbeiter aus allen Berufen und Ständen, die Sinn und
Interesse haben für unser deutsches Volkstum. Anfragen sind
an die Landesstelle des Atlas der
Deutschen Volkskunde, Marburg
(Lahn) Gisselbergerstraße 19 zu
richten.

Nur in dem festen Vertrauen auf die willige Mitarbeit
aller Volkskreise hat man es gewagt, den Plan eines Atlas
der deutschen Volkskunde zu verwirklichen. Er steht und
fällt mit dieser Hoffnung. Je tiefer er von Anfang an in der
Gesamtheit unseres Volkes Wurzel schlägt, desto größer und
allgemeiner wird seine Wirkung sein, desto gründlicher und
genauer werden wir unterrichtet werden über die Wurzeln unseres Volkstums. Ueber den Fortgang des Unternehmens will
ich in späteren Berichten Auskunft geben. Daß hier eine nationale Aufgabe von höchstem Wert zur Lösung gebracht werden
soll, und hoffentlich gebracht wird, wird sich mit jedem
Fragebogen und seiner Bearbeitung deutlicher zeigen.

Die Ergebnisse werden erweisen, daß trotz aller Ver-
schiedenheit in Mundart, Brauch und Sitte unser Volk in Ost
und West und Süd und Nord eine untrennbare Einheit ist. Diese
Erkenntnis wird unser Volk stärken, die schwere Gegenwart mu-
tig zu ertragen und am Ausbau der inneren Einheit unentwegt
weiter zu arbeiten. So kann dieses Werk eine nationale Tat
werden, die dem Auslande zeigen wird, daß wir uns in dem
stumpfen Materialismus der Jetztzeit nicht aufgeben, daß wir
uns besinnen auf die starken Wurzeln unserer Kraft.

Waldeckische Walnüsse

1. *Achter* und *hinter*

Nach Ausweis der Sprachatlaskarten *hinter* und *hinten* liegt
unser Waldeck heute (wie vor 50 Jahren) in dem Gebiet, das
hinter und *hinten* spricht (in Rhoden z. B. *hinger usem House,
da(o) hingene stäit de Käre!*). Die Linie, die *hinter, hinten*
von dem östlichen *ächter* und *ächten* trennt, verläuft im Groben
westlich von Paderborn, Salzkotten, Büren, Wünnenberg, Brilon,
östlich von Eversberg, Meschede, Plettenberg usw. Eine jüngere
genaue Untersuchung des Kreises Meschede hat ergeben, daß sich
die Grenzlinie in den letzten 50 Jahren nur ganz unwesentlich
nach Osten verschoben hat. Eversberg und Meschede sagen heute
hinter, hinten gegen früher *ächter, ächten*, in einigen Orten
sagt man beides. Klar erkennbar ist aber aus dem Vergleich
der beiden Linien, daß *ächter, ächten* auf dem Rückmarsche ist,
hinten vordringt.

Das läßt sich nun auch noch aus andern Tatsachen erschließen.
Ja, es ergibt sich schließlich, daß unser niederdeutsches Waldeckerland einmal *ächter* und *ächten* gekannt hat. Es hat nämlich
noch einige veraltete und veraltende Wörter, die mit *ächter*
zusammengesetzt sind. In Rhoden sind mir selbst begegnet
Aechterkoken und *Aechtermiäll*, eine zweite Sorte Mehl, aus dem
der *Aechter(miäll)koken* gebacken wird. Aus den Sammlungen
BAUERs (hg. von COLLITZ) gewinnen wir hierzu *Achterdräger* =
die beiden Arme einer Langwand, welche sie in der Hinterachse
festhalten und *achter* selbst. CURTZE bietet in seinem Idiotikon
in den Volksüberlieferungen auch *achter*. Es fällt mir auf, daß
BAUER und CURTZE nicht *ächter*, sondern *achter* haben, die Form,
die zu erwarten wäre. Diese finde ich in einem Flurnamen südlich
Flechtdorf *Echtern-Berge* = hinterm Berge.

Die Zahl der Zusammensetzungen mit *hinter* ist im niederdeutschen
Waldeck ziemlich groß; in Rhoden habe ich 15 gehört, BAUER-
COLLITZ kennen 19.

Wann die Verdrängung von *achter, ächter* durch *hinter* vor sich
gegangen ist, läßt sich noch nicht sagen. Dankbar wäre ich
aber für jeden Hinweis mit genauer Ortsangabe auf Wörter, die
mit *achter* oder *ächter* zusammengesetzt sind, damit man den
Dingen noch genauer auf die Spur käme.

2. Die Bademutter

Durch einen Zufall bin ich in Rhoden auf ein altes Wort gestoßen, das sicher im Sterben liegt: *de Baumöme* = Bademuhme,
womit alte Leute noch heute, wie in ihrer Jugend, die Hebamme
bezeichnen. Junge Leute kennen den Ausdruck nicht mehr. Das
Westfälische Wörterbuch von Fr. WOESTE bezeugt es noch aus
Warburg (*bâmöme*) und aus Volkmarsen (*bâdemaüme*). Wahrscheinlich
hat man in Rhoden auch einmal *Bamöme* gesagt. Das *Bau-* ist schon
eine Verdunklung, weil man sich das Wort nicht mehr recht zu
erklären weiß.

Möme bedeutet ursprünglich Mutter, so noch in Freienhagen,
später Vater-und Mutterschwester, auch Verwandte überhaupt.
Es hat bis ins 18. Jahrhundert allgemein gegolten für das, was
wir heute mit dem französischen Worte *tante* bezeichnen. Die
bayerischen Mundarten kennen heute noch die *Muem* = Mutterschwester.

Auf die Hebamme ist es dann erst übertragen worden. Im Waldeckischen ist das Wort *bademöme* (oder *bamöme* oder *bademöüme*, *bamöüme*)
sicher früher allgemein üblich gewesen; heute ist es dem "modernen" Worte *Hebamme* gewichen. Auch hier wäre die Mitteilung von
Orten, in denen das alte Wort noch bekannt oder sogar noch allgemein üblich ist, sehr wertvoll.

In einer Verordnung des Waldeckischen Konsistoriums von 1703
steht das Wort *Bademotter*. Da Möme für Mutter früher allgemein
waldeckisch war, darf man annehmen, daß *Bademotter* eine "feinere"
Form für *Bademöme* ist.

3. Ellervaer, Ellermöme usw.

Da wir nun einmal bei alten Bezeichnungen von Verwandten sind,
seien hier noch einige Worte erklärt, die auch im Aussterben
begriffen sind.

In Rhoden heißt der Großvater heute allgemein *Großvatter*. Nur
wenn man bei alten Leuten herumhorcht, begegnen einem noch das
früher allgemein gebrauchte *Ellervatter* (älter *Ellervaer*) und
hier und da *Ellpappe*. Sie bedeuten einfach "der ältere Vater".
Ellpappe ist wohl mehr bei Kindern üblich gewesen. Pappe ist
aus dem französischen papa entstanden. Einen noch älteren Namen des Großvaters habe ich bei CURTZE gefunden *Ellerheite*; auf
diesen möchte ich im nächsten Beitrag eingehen.

Die Großmutter heißt auch *Ellermöme*, *Ellemöme*, das also wieder
"ältere Mutter" bedeutet. Nach CURTZE steht im Mengeringhäuser
Kirchenbuch unter dem Jahre 1722 *die Eltermutter*.

Die letztere Form gilt auch weithin in Hessen, ist sicher
auch an der Eder heimisch gewesen; es gibt dazu eine Kurzform
die Eller.

Bemerkenswert ist, daß in Hessen und im Ederkreis die Hebamme
mit *Eller* bezeichnet wird. Auch daraus wird wieder klar, welche
enge Verbindung die Hebamme im Volksgemüt mit Kind und Mutter hat.

4. *Heite, Ellerheite, Schwiegerheite*

Kein Geringerer als der Begründer der deutschen Sprach- und
Kulturforschung Jakob GRIMM hat die Bezeichnung *Heite* = Vater,
Ellerheite = Großvater als eine hessische Besonderheit ange-
sprochen. Aber schon VILMAR, der Verfasser des Idiotikons von
Kurhessen, bezeugt es auch im Schaumburgischen, also Nieder-
deutschen. Beide wissen nicht, daß es auch im Waldeckischen,
und zwar sowohl im niederdeutschen wie mitteldeutschen Teile
vorkommt. Eine Umfrage in den Jahren 1925/26, die mir aus 76
Orten beantwortet wurde, enthielt nun auch die Frage: Ist der
Ausdruck *Heite* für "Vater" noch bekannt? (vielleicht bei alten
Leuten?) Für die Beantwortung sei auch hier wieder einmal
meinen vielen Freunden in Waldeck herzlicher Dank abgestattet.
Danach ist *Heite* nur noch in wenigen Orten im allgemeinen Gebrauch, so in Freienhagen, Sachsenhausen und Volkmarsen. Einige
Beobachter geben an, daß nur noch wenige Familien das Wort
kennen und sprechen, so in Twiste und Mühlhausen (hier nur
eine Familie). Aus Rhenegge und Adorf berichtet Herr Bürgermeister WILKE, daß das Wort heute nicht mehr gebräuchlich sei,
vor längerer Zeit sei es aber noch gang und gäbe gewesen,
hauptsächlich für Schwiegervater sei *Schwaigerheite* gesagt
worden. Bei alten Leuten ist es nur bekannt in Külte, Wetterburg, Lütersheim, Helsen, Massenhausen, Mengeringhausen,
Braunsen, Dehringhausen, Elleringhausen, Volkhardinghausen.

In Landau wird es von den 40-60jährigen Leuten gebraucht in
etwas gehässiger Bedeutung = der Alte.

Auch in Helmscheid ist es meist spaßhaft gemeint. In Oberwerbe
kennen es nur die 60-70Jährigen. Im Ederkreis zeigen sich nur
noch kärgliche Trümmer. In Buhlen gibt es ein *Ellerheitenhaus*
= Großvatershaus. In Affoldern könnte *Ellreinenhaus* aus Ellerheitenhaus verderbt sein, sehr wahrscheinlich ist es nicht.

Auch in Berndorf haben ganz alte Leute den Ausdruck mal gehört,
aber sehr vereinzelt. Wir sehen geradezu in den Todeskampf
eines alten deutschen Wortes hinein, das dem Worte *Vader*,
Vaer, *Vatter* (die letztere Form ihrerseits wieder jünger als
Vader) hat weichen müssen. Man kann vielfach noch das Wort
Pappe oder *Papa* hören, von dem oben schon gesagt wurde, daß
es im 18. Jahrhundert aus dem Französischen übernommen wurde.
Ob das gut germanische Wort *Heite* nicht besser klingt als das
verweichlichte *Pappe* oder das ganz fremde *Papa*? Wenn ja, dann
müssen wir sein Absterben lebhaft bedauern. Ein wertvoller
Rest aus Urvätertagen geht damit verloren.

Die Einführung der Kartoffel in Waldeck

Zu den wichtigsten Nahrungsmitteln der Menschheit gehört heute, ohne Zweifel d i e K a r t o f f e l (Solanum tuberosum), die neben den Getreidearten und dem Fleisch auf fast allen Speisezetteln der Völker zu finden ist und dazu hilft, die ständig anwachsenden Menschenmassen ausreichend zu ernähren.

Das war aber nicht immer so. Noch vor ungefähr 150 Jahren war die Ausnutzung der Frucht zur allgemeinen Ernährung noch nicht überall durchgedrungen, ja es waren erhebliche Widerstände aufgestanden, bei Anbauern und Verbrauchern, die erst schwanden, als man eingesehen hatte, daß die Frucht für die gesamte Menschheit eine überragende Bedeutung hatte.

Wie bekannt, stammt die Kartoffel mit vielen anderen Nutzpflanzen, deren wir uns heute ohne großes Nachdenken bedienen, aus dem großen Reservoir der Pflanzenwelt der Neuen Welt, und zwar aus Südamerika, wie die heutige Forschung gegen ältere unklare Vorstellungen erwiesen hat, aus den Gebieten, die heute durch die Staaten Columbien, Peru und Bolivien eingenommen werden. Dort haben sie die Spanier bei ihren Eroberungszügen zuerst in ausgedehnten Kulturen vorgefunden und von dort mit in ihre Heimat gebracht. Die erste genaue Beschreibung der Pflanze und ihrer Verwendung hat Pedro d e C i e z a d e L e o n gegeben, der 16 Jahre lang, von 1534 bis 1550, die Gebiete Perus bereiste und dort die Lebensverhältnisse im Reiche der Inkas sorgfältig studierte. Der einheimische Name war *Papas*. Die Inkas verstanden es schon, die Früchte vielseitig zu verwerten und besonders eigenartig zu konservieren; sie setzten die Kartoffel dem Frost aus und trockneten dann die Masse in der Sonne. Diese Konserve, die den Namen *chunno* hatte, verwendeten sie dann für die Versorgung der Silberminenarbeiter im Winter. Die neuere prähistorische Forschung hat ermittelt, daß der Kartoffelanbau bei den Inkas sehr alt gewesen sein muß. Man hat in uralten Gräbern Urnen, Töpfe und Vasen gefunden, die die Formen der Papas nachahmen und den Schluß zulassen, daß die Knollen kultisch verehrt worden sind.

Von Spanien gelangte die neue Frucht in kleinen Mengen zunächst nach Italien. Dort erhielt sie den Namen *Tartuffoli,* der von dem be-

kannten eßbaren unterirdischen Pilz, der T r ü f f e l , auf die neue Frucht
übertragen worden ist.

An der Verbreitung nach Deutschland hat der große Botaniker C l u -
s i u s (Charles l'Écluse 1526–1609) den größten Anteil. Für unser
Land hat aber der gelehrte hessische Landgraf W i l h e l m IV. (1532
bis 1592) wohl die entscheidende Bedeutung gehabt. Er hat sich unmittelbar aus Italien durch Studenten, die er mit Stipendien ausstattete, die
neuen Planzen aus Amerika besorgen lassen, die er in seinen fünf bo-
tanischen Gärten in Kassel, Marburg, Eschwege, Rotenburg und Rhein-
fels als Kuriositäten einsetzte. Aus erhaltenen Briefen wissen wir, daß
er einzelne Pflänzer an seine interessierten Verwandten und Freunde
weitergegeben hat; er nennt sie Tarthopholi, Tartouphli. Vielleicht ist
auch der waldeckische Graf Friedrich, der am Kasseler Hofe mit Wilhelm
erzogen wurde, einer der Beschenkten gewesen.

Ein anderer Einfuhrweg der Kartoffel ging über England; er hat
aber für unser Land keine Bedeutung gehabt. Zunächst ist die Pflanze,
das muß wohl beachtet werden, nur als botanische Seltenheit angesehen
worden, war zwar den Gelehrten, den Liebhabern und Gärtnern bekannt,
spielte aber noch keine Rolle bei den Bauern, im Ernährungssystem der
Völker. Das ist sehr auffällig, weil wir ja gesehen haben, daß die Inkas
die Knollen schon gut auszunutzen wußten; ihre Erfahrungen sind weder von den Spaniern, noch von den Italienern und den anderen Völkern
bei der Übernahme beachtet und verwertet worden. Das geht bis ins 18.
Jahrhundert so; es zeigt sich da, wie zähe die Völker an ihrem ererbten
Ernährungssystem festgehalten haben, das im wesentlichen auf Fleisch
und Brot beruhte.

Der erste Anbau der Kartoffel im Felde, wo eigentlich nach den damaligen Steuerordnungen nur Getreide gesät werden durfte, ist durch
große Not hervorgerufen worden. Die ersten urkundlichen Zeugnisse dafür stammen aus dem Vogtlande, und zwar aus den Dörfern des Reitzen-
steinschen Gerichts zu Schönberg bei Brambach. Dort waren die Kartoffeln, die Erdäpfel hießen, zunächst nur, wie gewünscht, in den Gärten
angepflanzt worden. Dann aber, und das muß schon um 1700 geschehen
sein, trieb die blanke Not die Bauern dazu, den Anbau in die Zehntfelder
auszudehnen, weil die ausgemergelten Felder nicht genug Brotgetreide
lieferten. Das rief wieder den Widerspruch der Zehntherren hervor, deren Rechte geschmälert wurden. Der Fall hier im Vogtlande ist typisch
für ganz Deutschland. Durch die vielen Zehntprozesse haben wir eine
große Zahl von Belegen für den Anbau der neuen Frucht gewonnen. In
den einzelnen Untergauen unseres Vaterlandes geht der so umrissene
Prozeß verschieden nach Zeit und Umfang vor sich. Erst ganz allmählich
erkannten die Landesherren und die vielen Zehntherren, daß in der
Frucht aus der neuen Welt das Massennahrungsmittel ersten Ranges

steckte, das berufen war, der ständig anwachsenden Bevölkerung die vollwertige Ernährung zu sichern durch seine chemische Zusammensetzung und durch die möglichen großen Ernten. Dann suchte man endlich von oben her den Anbau in geordnete Bahnen zu lenken.

Aber überraschenderweise erhoben sich sehr viele Widerstände, die aus verschiedenen Quellen genährt wurden. Das alte Steuersystem war auf der Naturallieferung aufgebaut, die wieder auf der Dreifelderwirtschaft beruhte. Die Kartoffel drohte, wie wir schon angedeutet haben, die strenge Ordnung auf den Feldern, auf denen die Zehnteinnehmer jedes zehnte Bund Getreide bisher immer erhoben hatten, zu stören, als die Frucht aus den Gärten in die Felder eindrang. In den Gärten hatte die Kartoffel als Gemüse, das zehntfrei war, gegolten. Nun sagten die pfiffigen Bauern, es sei seit Menschengedenken nicht rechtens gewesen, daß Gemüse verzehntet werden sollte, auch nicht auf den Zehntfeldern. Sie trieben es bis zu Prozessen vor dem Reichskammergericht in Wetzlar, aber dieses entschied immer zugunsten des alten Grundsatzes, daß alles, was auf diesen Feldern wuchs, dem Zehnten unterliege. Das wurde dann auch langsam dauerndes Gesetz.

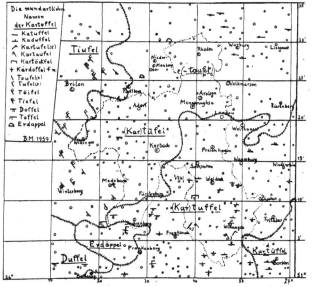

Aber in den Gebieten, wo gute Getreideböden gute Ernten brachten, waren die Bauern schwerhörig, sie dachten nicht daran, das bewährte Anbausystem der Väter aufzugeben, zumal die Kartoffelernten in den ersten Zeiten sehr gering waren, weil man noch keine Saatzucht kannte und keine heute selbstverständlichen Erfahrungen im Anbau hatte. Auch die Müller wehrten sich, weil die Verringerung der Getreideanbauflächen sie bedrohte. In Waldeck muß diese Frage auch brennend gewesen sein, denn unser großer waldeckischer Geschichtsschreiber J. A. Th. V a r n - h a g e n , damals Pfarrer in Wetterburg, hat mitgewirkt, das Vorurteil der Müller abzuwehren. 1782 bekam er von der hessen-casselschen Gesellschaft für Ackerbau den Preis für die Bearbeitung der Frage: „Ist der Vorwurf begründet, daß der übermäßige Kartoffelanbau den Verfall des Ackerbaus und den Ruin der Mühlen nach sich ziehe?" Die Arbeit ist abgedruckt in den Hess. Beytr. z. Gelehrsamkeit u. Kunst 1784, S. 448 bis 463. Varnhagen schließt mit den Worten: „Man hat mithin dem Kartoffelpflanzen billig seinen Lauf zu lassen, niemahls wird es zu stark betrieben werden können . . ." Auch die Ärzte der Zeit hatten Einwendungen gegen den Anbau der Kartoffel. Sie ist ja eine Solanicee, ein Nachtschattengewächs, wie etwa die Tomate und die Tollkirsche, und hat das Gift Solanin in sich. Man befürchtete alle möglichen Krankheiten, die der Genuß der Früchte nach sich ziehen könnte, die Frieseln, das Faulfieber, die Wassersucht, ja die Krätze. Man erkannte ihnen höchstens einen begrenzten Wert als Viehfutter zu.

So galt das Kartoffelgericht weithin nur als Armenessen. In vielen Gegenden wehrte sich das Gesinde, sie täglich zu essen. Es hat lange gedauert, bis die Vorurteile überwunden waren. Die zahlreichen Mißernten an Getreide, die sich gerade durch das 18. Jahrhundert ziehen, haben schließlich die Kartoffel endgültig durchgesetzt. Aber noch 1854 konnte mein Großonkel Theodor M a r t i n in einem Briefe schreiben: (Die Eltern in Freienhagen) „haben auch hiesigen Verhältnissen ziemlich Kartoffeln geerntet. Insgesamt mögen wohl ca. 18 Sack herauskommen. Manche haben hier sehr wenige Kartoffeln, höchstens 4 Sack, manche kaum die Pflanzkartoffeln wiederbekommen. Im ganzen ist im Waldeckischen die Kartoffelernte schlecht ausgefallen. Ich für meine Person (er war Lehrer in Wega) kann noch zufrieden sein, denn wir haben doch auch ca. 14–15 Sack geerntet."

Soweit eine knappe Übersicht über die allgemeine Entwicklung des Kartoffelanbaus.

Wie hat sie sich nun in Waldeck im besonderen abgespielt? Wie wir schon gesehen haben, war die Kartoffel steuerlich zunächst als Gemüse behandelt worden, das nur in den Gärten, nicht in den zehntbaren Feldern des Sommer-Winter- und Brachfeldes angebaut werden durfte. Die

erste Nachricht in unserem Lande habe ich nach langem Suchen im Sal-
buch des Dorfes Braunsen von 1742 im Waldeckischen Archiv gefunden,
daß eine Witwe „einen Kleinen Wurzel- und Cartoffeln Gärtgen" benutzte. Hier ist noch alles in Ordnung. Aber schon um 1736 müssen Ir-
rungen und Streit der Untertanen mit den Zehntherren vorgekommen
sein; denn in einem Erlaß der Fürstlichen Kammer vom 29. 7. 1736
heißt es: „... und nachdem auch zum öftern geschah, daß einige Untertanen die Meinung gehabt, daß wann sie einige zehntbare stücke mit
allerhand Sommerfrüchten und Grünes als Saamen (Raps), Erbsen, Linsen, Bohnen, Wicken, Kraut, Rüben und Lein bestellt hatten, sie von
solchen nun auch in Brach bestellten früchten kein Zehnden zu geben
verbunden seyen, ein solches aber bekanntermassen gegen die Zehend-
eigenschaften lauffet und also von allen Früchten, die haben Nahmen,
wie sie wollen, insofern dieselbe auf Zehend Bahre Land gezogen werden, gnädigster Herrschaft davon der Zehende gebühret ..."

Dazu muß man wissen, daß die Not der Zeit, die durch die ausge-
laugten Böden, durch die vielen Kriege bedingt wurde, Herren und Bauern gezwungen hatte, über neue Möglichkeiten des Anbaus von Zusatz-
früchten nachzudenken. Da war man auf die sogenannten Sommerfrüchte
verfallen, wie sie eben aufgezählt wurden. Die Kartoffel wird in der
Verordnung noch nicht genannt, wohl weil ihr Anbau noch nicht erkennbar und gefährlich groß war. Auch die neue waldeckische Zehendordnung
von 1742 wiederholt die Bestimmungen von 1736, die Zehentbarkeit hafte
auf dem Grund und Boden, mithin sei alles, was darauf wächst, ohne
Ausnahme zehentbar: „Also sollen für künftig alle Früchte, sie mögen
in Winter-Sommer oder Brach-Felde, wie billig ausgezehendet werden,
und die Zehntpflichtigen nicht befugt seyn, davon etwas zu eximiren,
es wäre denn klärlich zu erweisen, daß ihnen solches freygegeben worden." Wenn die Auszehndung in natura beschwerlich fallen sollte, wird
ein Betrag in Geld zu erheben sein.

Die Kartoffeln sind nicht ausdrücklich genannt worden, obwohl sie
als Gemüse da waren, wie wir gesehen haben. Daß sie aber auch im
Spiele waren, zeigt der aufflammende Widerspruch der Städte Kor-
bach und Niederwildungen gegen die Zehntordnung schon im
Jahre 1743. Als die Kammer auf Grund der Zehntordnung von 1742
im September 1750 von den Städten Angabe des „Kraut-Wurzel- und
Rübenzehenden" fordert, wehren sich auf einmal alle. Der Amtmann
Tilenius von Mengeringhausen antwortet: „... an beiden
Orten (gemeint ist wohl auch noch Arolsen) wird das Gemüse nicht im
Felde, sondern in denen Gärten gezogen." Das Sachsenhäuser
Amt schreibt: „Der Zehnte ist bisher nicht eingezogen, es wird auch
schwer fallen, ihn einzuführen ..."; es verweist auf die Zehntordnung.
Die Sachsenberger sagen, der Krautzehnte sei nie erhoben wor-

den. Der R h o d e r A m t m a n n W a l d s c h m i d t schreibt, daß die Gemeinde diesen bisher in natura gezogenen Zehnten vermaltert hätte, er stände also dieser zu. Die S t a d t S a c h s e n h a u s e n legt sogar eidliche Zeugenaussagen, wahrscheinlich von Zehnteinsammlern, vor, der Georg Philip Büsserholtz, 33 Jahre alt, sagt: „So wäre solches (die Zehnterhebung) dennoch von anderm Garten Gewächsen, als Roben, Wortzeln, *Cartoffeln* niemalen geschehen, noch erhöret. In dem Herrschaftl. Zehnden Buch der gleichen Gewächse gar nicht angetroffen worden, wie er nicht anders glaubte." Ein anderer sagt, daß von den Gewächsen über der Erde Zehnten gegeben werden müsse, unter der Erde nicht. „Dohrgegen im Herrschafts Zehnden es gar kein Kraut gäbe, und wenn dann und wann von einem der Bedürfftigsten etwas Cartoffeln auf die Anewand gesetzt würden, woraus indessen nichts zu machen stünde." Der Stadtrichter U n g e r fügt am 4. 10. 1750 hinzu, daß bisher keine Spur von diesem Zehnten gefunden sei, auch kein Rechnungsrevisor habe bisher Anstoß genommen, er habe der Bürgerschaft bei öffentlichem Glokkenschlag davon Kenntnis gegeben, daß in Zukunft Zehnten gegeben werden müsse. Der Bürgermeister hat ein Protestschreiben beigelegt.

Am 16. 3. 1751 erst verfaßten die Juristen ein großes Gutachten über das Recht des Zehnten zu den Beschwerden von Korbach und Niederwildungen von 1743. In R h o d e n komplizierten sich die Verhandlungen, weil sich die Stadt weigerte, überhaupt die geforderten Angaben zu machen. Darauf ließ der Amtmann am 30. 8. 1755 alle mit Gemüse bepflanzten Äcker durch die Richter von Wrexen und Wethen visitieren. Sie stellten fest, daß 585 Ruthen mit *Cartuffeln"* bestellt seien (= 146 ar = etwa 5 Morgen). Am 15. 9. ist in Arolsen Termin wegen des *Cartuffel Zehnten*. Der Rhoder Vertreter legt Urkunden vor aus den Jahren 1704/05.1711/12.1720/21 zum Beweise dafür, daß für die Länder, die zu Wiesen und Muessländern (noch heute in der Mundart *Mus* = Gemüse!) gemacht seien, Wiesen- und Hofgeld (=Gartengeld) gegeben worden sei. Der Streit zieht sich bis 1769/71 hin, ein Beweis dafür, wie man in diesen Zeiten zäh sein Recht verteidigen konnte. 1769 befiehlt die Kammer eine neue Vermessung der Gemüseländer. Die erhaltene Liste zeigt eine erhebliche Vermehrung des Kartoffelanbaus in der Zwischenzeit; im ganzen 111 Morgen 18 Ruthen, davon waren 11 Morgen 55 Ruthen zehntfrei, bleiben 100 M. 23 R., den Morgen zu 120 R. gerechnet, wie es einmal angegeben wird. Die Vermessungsbeamten weisen ausdrücklich auf die große Gefahr hin, die den herrschaftlichen Einkünften drohe. Der Amtmann K l a p p schreibt in seinem zornigen Bericht, der Bürgermeister U f f e l (war Arzt) habe ihm die Liste zurückgesandt, die Erhebung sei nicht Sache der Stadt und fährt wörtlich fort: „Nach der Regel sind von jeher in der Welt die Äcker mit Früchten besaamt, alle Gemüse hingegen in die dazu bestimmten Garten gesaet und verpflanzt worden. In Rhoden hingegen verkehrt man den Gebrauch der Welt, indem die Gemüse auf die Äcker gesetzet, die Gartens hingegen zu blosser Graserey benuzzet werden. Und dieses ist ein ganz neuerliches factum, wovon man in denen älteren Zeiten nichts gewußt hat, indem zumahlen die *Cartoffeln* erst in denen neueren Zeiten zur Mode geworden sind. Ja, die Rhoder excediren hirunter soweit, daß sie außer an verschiedenen ständigen Gemüse Pläzzen ihre Cartoffeln in dem ganzen Felde herum verpflantzen und hierzu keinen beständigen Plaz bestimmen, sondern jährlich mit denen Äckern sowohl nach der Lage als nach deren Groesse wechseln. Würden die Rhoder die Äcker mit Früchten besaamen, so würde Serenissimus dem Werthe nach aus jedem Morgen einen Gulden bis einen Thaler zum Zehenden zu geniessen haben, statt Höchtdieselben in dem Falle, wenn sie mit Gemüse bepflanzet sind, von jedem Morgen nur 11gr (oschen) 3 Pf. zu bekommen pflegen! Für den 1. Fall stünden die Fruchteinsammler seit langem zur Verfügung. Die Rhoder hingegen veranlassen durch ihr neuerliches Faktum der Gemüseverpflanzung auf die Äcker mir jährlich ganz neue außerordentliche und viele Arbeit und Belästigung mehrerwegen ich eine jährliche Messung dieser Länder veranstaltet, die Ausrechnung des Messregisters und die Untersuchung der darunter mit begriffenen freyen Stücke bewirken muß." Klapp verlangt Erstattung der entstandenen Kosten durch die Stadt, da sie ja 1769 die Meßgebühren ohne Widerrede bezahlt hätten. Es folgt ein scharfer Angriff gegen den Bürgermeister, den Doctor medicinae U f f e l . Er verlangt ein geschärftes Mandat gegen die Rhoder, das die Kammer auch erläßt. Eine ausgesprochene Execution wird später zurückgenommen. 1772 droht der Bürgermeister mit dem Reichskammergericht in Wetzlar, vor dem, wie wir oben sahen, unzählige solcher Prozesse um die Kartoffeln verhandelt und entschieden worden sind. Der Streit geht weiter bis 1776. Vor einer Kommission in Arolsen geben die Rhoder endlich zu: „dass in diesen Jahren der Cartoffelanbau etwas breiter als vorhin ausgedehnt seyn könnte." Der Prozeß (in Wetzlar) sei abgetan (also wohl für die Stadt verloren!), jeder müsse die Abgift bezahlen und ein jeder den Cartoffeln-Bau möglichst einschränken. Die Fürstliche Kammer genehmigt am 20. 6. 1776 den Vergleich. Die Stadt pachtet, wohl, um weiteren Verlusten auszuweichen, den Kartofzelzehnten von 1785 an.

Ich habe diese Rhoder Sache besonders ausführlich aus den Zehntakten des Waldeckischen Archivs in Marburg heraus dargestellt, weil sich aus ihr beispielhaft, auch für andere Gegenden, der überaus starke Widerstand der Bevölkerung und der endliche Sieg des Rechtsstandpunktes der Zehntherren gut ablesen läßt. Die Rhoder hatten durch Übertreibung dem Faß den Boden ausgeschlagen.

Am 28. 10. 1774 schreibt der Cammerath und Amtmann W i e g a n d in Korbach: „Habe ich gehorsamst einzuvermelden, daß die hiesiger Stadt Eingesessene, besonders dieses Jahr, stark angefangen haben, auf die gnädigster Herrschaft zehendpflichtige Äcker *Cartuffeln* zu pflanzen, und sich weigern, die davon tragenden Zehenden in Conformitaet der Zehend-Verordnung, zu entrichten, wie dann der Hr. Rat H u g e alhir mir zurückwissen lassen, dass circa annum 1751 zwischen höchstfürstl. Cammer und hiesiger Stadt die Vereinigung getroffen worden, daß von denen Gemüsen überhaupt, mithin auch von denen *Cartuffeln,* kein Zehender abgegeben werden solle. Ob ich nun zwar von dieser Vereinigung in der hiesigen Renterei-Registratur keine Nachricht finde, mir auch davon sonst woher nichts bekannt worden ist, außerdem aber in anno 1751 auch wohl an die Cartuffeln nicht hat gedacht werden können, weil diese erst in neueren Zeiten in hiesigen Gegenden bekanntgewordenen Gewächse, damahlen nur in denen Garten und zwar in geringer Quantität gebauet worden: wie dann der hiesige älteste Zehend-Sammler Joh. G o c k e l Cartuffeln damahlen im Felde gesehen zu haben sich nicht zu erinnern weiß, mithin von mir die Regel, nach welcher alles, was auf dem Zehendbaren Acker wächst, dieser Abgabe unterworfen ist, bey dem vorliegenden Fall, ohn Bedenken nachzugehen seyn mächtig. So achte ich jedoch, um vergebenen . . . Erstattungen vorzubeugen, zweckdienlich, die Verfügung zu übersenden." Die Antwort der Regierung habe ich leider nicht ermitteln können. 1785 bestehen noch Streitigkeiten der Kammer mit Sachsenhausen über die Kartoffelernte.

Sehr klar ist ein Bericht des Geh. Cammerath B r u m h a rd zu N i e d e r w i l d u n g e n vom 11. 9. 1811 an die Kammer über die Lage betr. des Kartoffelzehnten. Er lautet wörtlich: „In der Verordnung wegen des *Cartoffelzehnten* den 15. May 1811 ist enthalten, dass von der Ruthe 2 Heller vor den Zehnten gegeben werden sollte, wenn solche im Brachfelde gezogen und durch das Herkommen, Besitz oder Vertrag eine Befreyung nicht begründet würde. Die Cartoffel ist aber bekanntlich eine Frucht, welche seit 60 Jahren hier bekannt geworden, anfangs nur in den Garten, mit etlichen 40 Jahren aber erst im Felde gebaut ist. Die Befreyung vom Zehnten kann also durch das Herkommen nicht wohl begründet werden. Der große Zehnten vor N. Wildungen ist zuletzt 1765 von gnädigster Herrschaft bey die Meyerey A. Wildungen in natura gezogen, da noch keine Cartoffeln im Felde gebauet wurden, dermahls ist solcher aber nimmer verpachtet worden.

Diese Pächter haben nun keinen Cartoffel Zehnten sich bezahlen lassen, da aber die Stadt Wildungen in den letzten 18 Jahren (also seit 1793) den Zehnten in Pachtung gehabt, so ist die ganze Pacht auf das Land, es mag mit Winter oder Sommer Frucht im Brachfeld ausgestellt, oder auch in diesem Felde ohnbesaamet liegen geblieben seyn, ohne Unterschied gleich expertirt und erhoben, und also bey dieser Einrichtung auch von Cartoffeln der Zehnte entrichtet worden. Anitzo werden sie sich aber weigern, diesen Zehnten aus dem Brachfelde zu entrichten, und bitte ich deshalb um Verhaltungsbefehle. Bey den übrigen Zehnten aufm Lande (also ausserhalb der Städte), wenn solche von gnädigster Herrschaft in natura gezogen wurden, habe ich den CartoffelZehnten eingeführt. In der oben angezogenen Verordnung ist nur die Abgabe von den CartoffelZehnten im Brachfelde bestimmt, was aber im Winter- und Sommer Felde, wo sie mehr Schaden bringen, nicht bestimmt worden, und bitte ich noch die Bestimmung zu ertheilen."

In W i l d u n g e n und Umkreis war also die Kartoffel um 1750 in die Gärten als Gemüsepflanze aufgenommen worden, um 1770 drang sie in den Feldanbau, zunächst in der Brache vor, dann auch vereinzelt in das Sommer- und Winterfeld, wo sie den Getreidezehnten minderte. Brumhard hat in den herrschaftlichen Dörfern des Amtes Wildungen den Cartoffelzehnten in natura erhoben. Der verpachtete große Zehnte vor N. Wildungen schloß die Kartoffel mit ein, war nicht gesondert erhoben worden.

Die Kammer antwortete am 15. 9. 1812, der Kartoffelzehnte im Brachfelde von 2 Heller für die Ruthe sei billig; mit den Bürgern von Wildungen sei darüber zu verhandeln und die Rechte der Herrschaft zu wahren.

Noch 1806 beklagt sich der Richter Fr. B r ü h n e zu U s s e l n, daß ihm der Erbpächter B ä r e n f ä n g e r von dem mit Kartoffeln bepflanzten Äckern nicht den gebührenden Zehnten zahle; die Kammer entscheidet, er müsse ihn geben. 1837 wird ein recht kleiner Anbau für das Oberamt der Eder bezeugt.

Im ganzen ergibt eine Durchsicht der Zehntabrechnungen aller Ämter bis 1850/60, daß in Waldeck die Kartoffel das alte Steuersystem in Naturalien bis zur Ablösung aller Lasten durch Geld nach 1860 nicht ins Wanken gebracht hat.

Im Brockhaus von 1863 schreibt Dr. Otto S p e y e r, der von 1852 bis 1870 an der Höheren Bürgerschule in Arolsen tätig war, in einem Beitrag „Das Fürstenthum Waldeck-Pyrmont und seine sociale und politische Entwicklung seit 1848" S. 663: „Unter den Gemüsepflanzen herrscht weitaus die Kartoffel vor. Die allerärmste Klasse lebte, zumal vor dem Ausbruch der Kartoffelfäule, fast ausschließlich von dieser Knollenfrucht und etwas Kaffee. Brot galt ihr schon als ausnahmsweiser Leckerbissen. In den letzten Jahren hat der Anbau der Hülsenfrüchte, zumal der Erbse, Linse und Bohnenwicke (Vicia faba), wieder zugenommen, während die Cultur der Kartoffel, zumal auf den größeren Gütern, durch das Eingehen der meisten Branntweinbrennereien sehr eingeschränkt ist. Möhren, Rüben und die Kohlarten werden meist in Gärten . . . gezogen."

Eine knappe Zusammenfassung ergibt etwa Folgendes für die Gesamtentwicklung des Kartoffelanbaus in unserm Lande. Vor 1750 haben wir nur mit bescheidenem Anbau in Gärten und höchstens unerlaubt auf Ane- wänden und bei mißratener Kornsaat auch im Felde zu rechnen. Seit 1760/70 nimmt der Anbau langsam zu; s. das Beispiel Rhoden. Das be- stätigt auch L. C u r t z e in der Beschreibung des Fürstenthum Waldeck S. 109. „Die Kartoffel . . . ist erst in der Mitte des vorigen Jhts. in all- gemeinen Gebrauch gekommen." Krankheiten und Unerfahrenheit im Anbau verhinderten bis in die Mitte des 19. Jahrhunderts eine größere Ausdehnung. Die Ernten sind im Ertrag schwankend, weil man keine ausreichenden Schutzmittel gegen die Fäule, den Grind und andere Krankheiten der Frucht hatte, weil man noch nicht durch sorgsame Zucht, ausgeartete Sorten durch neue, bessere zu ersetzen verstand und durch Düngung mit chemischem Dung die ausgesogenen Böden aufzufrischen wußte. Erst nach 1870 setzte die moderne Entwicklung ein, die in den Jahren etwa 1913 58 344 Doppelzentner Ernte einbrachte, 1925 503 738 Doppelzentner; im letzten Jahre betrug die Anbaufläche im Kreis der Twiste 1304 ha, im Kreis des Eisenbergs 1732 ha, im Kreis der Eder 1320 ha, der Durchschnittsertrag je ha 113,9, 114,3, 119,1 Dz. 1957 stand der Ertrag je ha bei den Frühkartoffeln in Waldeck bei 149,9 Dz., für die mittelfrühen und späten bei 243,9. 1953 betrug die Anbaufläche insgesamt für Waldeck 4204 ha, der Ertrag je ha 194 Dz., im ganzen 81 568 Doppelzentner (lt. Stat. Handbuch f. d. Land Hessen 1953 S. 196).

Zu dieser allgemeinen Darstellung der Einführung der Kartoffel in unserm Heimatlande möchte ich noch eine kurze Erläuterung der Na- men in unsern Mundarten hinzufügen, die ich in einer in Kürze erschei- nenden Arbeit über die Namengebung der Kartoffel für die gesamt- deutsche Sprachfläche ausführlich dargestellt habe; dort wird eine Karte beigegeben, die im Deutschen Wortatlas, hg. von Prof. Dr. M i t z k a , gedruckt vorliegt. Die hier dargebotene Karte beruht auf dieser Karte des WA, fügt aber eigene Aufnahmen und solche von Freunden hinzu; die einzelnen Orte lassen sich an Hand einer guten Spezialkarte unseres Landes leicht ermitteln.

Wir haben oben gesehen, daß die Pflanze einen Namen aus Italien mitbrachte, *Tartuffoli,* den die Italiener von der Trüffel, dem bekannten unterirdisch wachsenden Pilze, auf die neue Frucht übertragen haben. Dieser fremde Name wurde dann in Deutschland in die Umgangssprache aufgenommen und erhielt so die Formen *Tartuffel, Tartoffel, Tartüffel.* Wir sprechen aber heute *Kartoffel* usw. Warum und wie und wo zuerst das *K* statt des *T* eintrat, ist noch nicht einwandfrei ermittelt worden. Es muß aber ein mittel- oder norddeutscher Bezirk gewesen sein, der diese Umformung vornahm. Es ist durchaus möglich, daß der hessische Raum damit zu tun hat, weil ja hier, wie wir gesehen haben, der italieni- sche Name sehr früh wirksam geworden ist.

Auf unserer Karte sieht man, daß der größte Teil unserer Heimat *Katufel(e)* oder *Kertufel(e)* oder *Ketufel(e)* aber daneben auch bloß die abgekürzte Form *Tufel(e)* oder *Toufele* gebraucht; um Rhoden bis in den Adorfer Bezirk sind Formen mit *ou* (= geschlossenes *o + u)* verbreitet. Alle diese Formen gehen auf eine Grundform *Kartūfel* (mit langem u) zurück wie auch die Formen um Brilon mit *Tiufel* und die um Winterberg mit *Töifel.* Da der Ton bei unserm ursprünglichen Fremdwort auf der zweiten Silbe lag, wurde die erste Silbe *Kar-* zu *Ker-, Ka-, Ke-* abgeschwächt oder wie in den *Tufel*formen ganz fallen gelassen. Man könnte in diesen Formen die älteren sehen, wenn man annimmt, daß Ker-, Ka-, durch jungen Einfluß der Schriftsprache wieder eingeführt sein kann.

Die Formen mit Kürze in der Tonsilbe *(Kartuffel, Tuffel* usw.) können aus Länge oder Kürze gekommen sein. Im Ederkreis wird das -*t*- oder *T*- zu dem weichen Laut -*d*- oder *D*- umgestaltet.

Besonders auffällig sind folgende Formen: in Frebershausen *Kartaufel* und *Kertoufel,* in Bringhausen *Kartöckfel,* das den Kehlkopfverschluß vor folgendem -*f* aufweist, der uns auch in Wildungen, Bringhausen, Anraff, Reitzenhagen, Kleinern entgegengetreten ist, etwa in den Beispielen *rikfe* „reif", *Pikfe* „Pfeife", *schlikfen* „schleifen" und sonst auch noch resthaft in der Schwalm zu finden ist; vgl. dazu mein Buch „Studien zur Dialektgeographie des Fürstentums Waldeck..." 1925. § 322a.

Das *Kartüffel*-Gebiet um Borken zeigt ein unechtes -*ü*-, weil echtes altes -*ü*- zu *i* entrundet sein müßte. Man hat diese Erscheinung deshalb „Färbung" genannt; sie kommt in einem größeren Gebiet vor, das von Laasphe bis Eisenach reicht.

Wie das kleine *Erdäppel*-Gebiet um Hallenberg zustande gekommen ist, kann man nur vermuten. Vielleicht haben in der Aufnahmezeit die Pendler und reisenden Händler nach dem Westfalenland die Pflänzer mit dem dort üblichen Namen mitgebracht. Zwei Orte, Hommershausen und Willersdorf, haben männliches Geschlecht für die Frucht, sie haben früher einmal *Erdappel* gesprochen, das Geschlecht stammt daher. Westheim und Bredelar haben auch *Erdappel;* ob es dort jung oder alt ist, müßte noch ermittelt werden.

Auffällig ist, daß die oben angegebenen älteren Formen nur solche mit -*ff*- kennen, also Kürzen. Leider sind mir keine andern Formen vor Augen gekommen, die auf die Entstehung der Längen ein Licht werfen könnten.

Wie wir also sehen, läßt sich für die Aufnahme und sprachliche Entwicklung der neuen Frucht in unserm Lande kein absolut klares Bild entwerfen. Vielleicht werden die Heimatforscher durch diese Ausführungen angeregt, der Sache ihr Augenmerk zuzuwenden.

LEHRGANG FÜR HEIMATGESCHICHTLICHE (ORTSGESCHICHTLICHE)
FORSCHUNG.
Superintendent D. N e b e l s i e c k: "Die Quellen der
ortsgeschichtlichen Forschung und ihre Benutzung."
Bibliotheksrat Dr. M a r t i n: "Die Erforschung der Orts-
und Flurnamen."

Die außergewöhnliche Bedeutung der diesjährigen Tagung
des Geschichtsvereins für Waldeck und Pyrmont zu Mengeringhausen, die durch einen Lehrgang für heimatgeschichtliche
Forschung eine bemerkenswerte Erweiterung und Bereicherung
erfuhr, ließ es wünschenswert erscheinen, den wertvollen
Inhalt der belehrenden Vorträge einem weiteren Kreise zugänglich zu machen. Den Veranstaltern des Lehrganges, Herrn
Superintendent i. R. D. N e b e l s i e c k und Herrn
Bibliotheksrat Dr. M a r t i n verdanken wir die nach-
stehenden kurzen Auszüge ihrer Vorträge, die unseren Lesern
unschätzbare Anregungen zur Heimatforschung geben können und
werden möchten.   Die Schriftleitung.

Ein Vortrag des Superintendenten i.R. D. N e b e l -
s i e c k eröffnete den Lehrgang. Der Vortragende wies in
der Einleitung auf die Bedeutung der ortsgeschichtlichen
Forschung für die gesamte Geschichtsforschung, für die Kirche, die Schule und die politische Gemeinde hin und ging
dann zu dem eigentlichen Thema des Vortrages: "Die Quellen
der ortsgeschichtlichen Forschung" über. Es kommen unge-
schriebene und schriftliche Quellen in Betracht. Zu den er-
steren gehören rein natürliche und künstlich hergestellte
Quellen. Eingehend wurde auf die Bedeutung der geologischen
Verhältnisse für die wirtschaftliche Entwicklung, die politischen Schicksale und die Lebensgestaltung (Sitten, Gebräuche)
eines Ortes hingewiesen. Zu den ungeschriebenen k ü n s t -
l i c h e n Q u e l l e n gehören die Gräber aus vorge-
schichtlicher Zeit mit ihrem oft reichen Inhalt und die übrigen alten Funde, alte Befestigungsanlagen, Gräben, Burg-
wälle, Schanzen, Türme und die daran sich knüpfenden Erinnerungen. Viel können uns ferner die alten Ortsanlagen, Kirch-
bauten, die Ausstattung der Gotteshäuser, die Kirchhöfe mit
festen Mauern, Kloster- und Burgruinen, die alten Schlösser,
die Straßen, alten Häuser und Befestigungen der Ortschaften

erzählen. Von der Entwicklung des Handwerks erzählen uns die Zunftläden. Zeugnisse des Bergbaues sind die alten, jetzt mit Buschwerk am Eingange dicht bewachsenen Stollen. Wichtig für den Forscher sind auch alte Landstraßen und besonders die Orts-, Berg-, Fluß- und Flurnamen und Wegebezeichnungen, ebenso die frühere Einteilung der Feldflur. Dazu kommt die gesamte, oft reich fließende mündliche Ueberlieferung, Sagen aus grauer Vorzeit, Geschichte aus Kriegszeiten, Spukgeschichten, abergläubische Vorstellungen, alte Volksspiele, Sitten und Bräuche, Lieder und besonders die Sprache (Wortarten, Wortreichtum, Aussprache). Alle diese Quellen können wichtige Aufschlüsse geben über die Volksseele und ihre treibenden Kräfte, die alte Stammeszugehörigkeit der vielleicht eingewanderten Bewohner usw.

Als s c h r i f t l i c h e   G e s c h i c h t s - q u e l l e n kommen die alten Inschriften an Kirchen, Burgen, alten Häusern in Betracht. Wichtig sind ferner die Steinmetzenzeichen, die Grabsteine mit ihren Inschriften, die Wappentafeln über den Eingangstüren der Schlösser und Kirchen, die Hausinschriften. Wir lernen durch sie ausgestorbene Familien, die alten Ratsherren, Geistlichen Aebte und Aebtissinen, den Beruf, die Lebensschicksale der Vorfahren und den Verlauf ortsgeschichtlicher Ereignisse kennen. Ebenso sind zu beachten chronikartige Nachrichten an den Wänden der Kirchen, Rathäuser und Wohnhäuser oder auch die besonderen Gedächtnistafeln (Feuersbrünste, Ueberschwemmungen, Epidemien, gute und schlechte Ernten, Kriegsereignisse betreffend). Auf die eigentlichen Denkmäler mit ihren Inschriften braucht nicht noch besonders aufmerksam gemacht zu werden.

Quellen von ganz besonderer Bedeutung sind die Chroniken und Briefe aus älterer und neuerer Zeit. Die Aufzeichnungen können sich in fortlaufender Darstellung über eine lange Reihe von Jahren erstrecken oder nur mit einzelnen Perioden und Ereignissen sich befassen. Sie sind in besonderen Bänden zusammengeheftet, oder es finden sich auch Mitteilungen auf den letzten Blättern der Kirchenbücher (auch als

Bemerkungen zu einzelnen Eintragungen) oder auch als Anhang
zu anderen Büchern. In dem gewaltigen Sammelwerk MONUMENTA
GERMANIAE ("die Geschichtsschreiber der deutschen Vorzeit")
findet der Lokalforscher vielleicht Nachrichten für seine
Arbeit.

Quellen ersten Ranges sind natürlich die auf geschichtliche Begebenheiten sich beziehenden Urkunden und Akten in
den staatlichen, städtischen und kirchlichen Archiven. Vielleicht enthalten sie die erste Erwähnung eines Ortes. Sie
geben Auskunft über die alten rechtlichen Verhältnisse, die
politische Zugehörigkeit, den Besitz, die wirtschaftlichen
Zustände, die Kirchengeschichte (Verehrung von Heiligen, Reliquien, Brüderschaften, Stiftungen).

Die bürgerlichen Urkunden belehren uns über die alten
Privilegien, Entstehung und Beilegung von Streitigkeiten,
Erlebnisse in Kriegszeiten usw. Wichtig sind auch die alten
Weistümer und Zusammenstellungen der Rechtsgewohnheiten,
ferner die Salbücher, die Sitzungsprotokolle, die Rechnungen.
Großen Wert für die Forschung können die Kirchenbücher und
die kirchlichen Visitationsakten haben. Wesentlich erleichtert wird die Forscherarbeit durch gute ältere und neuere
gedruckte und handschriftliche K a r t e n.
Selbstverständlich muß der Forscher die b e r e i t s
g e d r u c k t e n Q u e l l e n benutzen, auch die Abhandlungen über einzelne Fragen. Sie finden sich als b e -
s o n d e r e Veröffentlichungen oder als Aufsätze in den
geschichtlichen und anderen Zeitschriften.
Für die waldeckische Forschung kommen besonders in Betracht:
A. C h r o n i k e n: Die Corbachische Chronik von
Knipschild (gedruckt in: Varnhagen, "Sammlung zu der Wald.
Geschichte"); Klüppel, HISTORIA GUALDECCENSIS, herausgegeben
von Leiß; Denkwürdigkeiten des Jonas Trygophorus, herausgegeben von Leiß; CATALOGUS ABBATUM MONASTERII BEATISSIMAE
VIRGINIS MARIAE IN FLECHDORP, herausgeb. von der Histori-

schen Kommission; Veit Weinberg "Reimchronik" (handschriftlich); Müller, Sachsenberger Chronik (handschriftlich).

B. A e l t e r e   B e a r b e i t u n g e n: Prasser,
CHRONIKON WALDECCENSE; von Rauchbar, Waldeckischer Kirchen-
und Religionsstaat; Klettenberg, Waldeckscher Regentensaal;
HISTORIA PIETISTICA WALDECCENSIS, 1712; Varnhagen, Waldecksche Landes- und Regentengeschichte, 1825; N e u e r e
B e a r b e i t u n g e n: L. Curtze, Geschichte und Beschreibung des Fürstentums Waldeck; Karl Curtze, Geschichte
der evangel. Kirchenverfassung in dem Fürstentum Waldeck;
K. Curtze, Kirchliche Gesetzgebung des Fürstentums Waldeck
1851; V. Schultze, Waldeckische Reformationsgeschichte; Waldeckische Landeskunde, herausgegeben von V. Schultze.

C. Z e i t s c h r i f t e n: Waldeckisches Intelli-
genzblatt, 1794 bis 1810; Waldeckische gemeinnützige Zeitschrift, herausgegeben von Gabert, Kreusler und Schumacher
1837-39; von Gabert, Kreusler und Weigel 1840-43; Beiträge
zu der Geschichte der Fürstentümer Waldeck und Pyrmont 1866-
72; Geschichtsblätter für Waldeck und Pyrmont, herausgegeben
von V. Schultze; "Mein Waldeck", Beiblatt der Waldeckischen
Landeszeitung und der Wildunger Zeitung; "Waldecksche Heimat"
Beiblatt der Waldeckschen Zeitung.

Im zweiten Vortrage sprach D. Nebelsieck von der
Q u e l l e n f o r s c h u n g. Wie findet man die Quellen?
Die mündlich überlieferten Nachrichten kann man nur durch
persönlichen Verkehr mit den Leuten kennen lernen. Es ist
die höchste Zeit, daß die alten Sagen und Geschichten gesammelt werden, sie geraten in unserer auf die Aufklärung so
stolzen Zeit immer mehr in Vergessenheit. Die vor- und früh-
geschichtlichen Funde werden z. T. in den Museen aufbewahrt.
Neue Funde sind sorgfältig zu bergen. Ausgrabungen sollen nur
von Sachverständigen vorgenommen werden, weil sonst wertvolles Material leicht verloren geht. - Die bereits g e -

druckten schriftlichen Quellen findet
man in den Universitäts- und anderen öffentlichen Bibliotheken. Von den Bibliotheken kann man sich eine Zusammenstellung
der in ihren Beständen befindlichen Literatur über die betr.
Frage erbitten. Vortreffliche Dienste leisten die in den Le-
sezimmern zu benutzenden Kataloge der Bibliotheken. Die Auf-
findung der noch nicht gedruckten Quellen ist, soweit die
Archive dabei in Betracht kommen, nicht schwierig, wenn genaue Verzeichnisse der Urkunden und Akten vorhanden sind.
Das ist in allen größeren Staats- und Ortsarchiven der Fall.
Die Archivalien werden nicht zur Durcharbeitung in Privat-
häuser ausgeliehen, man kann aber um Erlaubnis bitten, sie
in den Amtsräumen einer staatlichen Behörde (Landratsamt,
Amtsgericht) zu benutzen.

Wie schöpft man den Stoff
aus den Quellen? Alle wichtigeren Nachrichten
sind abzuschreiben oder es sind Auszüge anzufertigen. Dazu
empfehlen sich besondere Blätter für jede einzelne Frage der
betr. Arbeit. Ueberhaupt sollte jeder, der sich für die
Ortsgeschichte interessiert, auch wenn er gar nicht an die
Abfassung einer besonderen Arbeit denkt, alle Nachrichten,
auf die er stößt, aufzeichnen. Die Merkzettel sind nach
sachlichen Rubriken zu ordnen. Alte Handschriften sind oft
nicht leicht zu lesen, aber durch ausdauernde Uebung lernt
man immer besser die Kunst der Entzifferung. Es gibt vortreffliche Ableitungen zum Lesen alter Handschriften (z. B.
Wattbach, Anleitung zur lateinischen Paläographie, die
Schrifttafeln von Arndt-Tangel, die Tafeln von Ficker u. a.).

Bei der Verarbeitung des Quellenstoffs ist
auf ein klares, den Inhalt der Arbeit in knapper Form zum
Ausdruck bringendes Thema zu achten. Von der Ergiebigkeit
der Quellen wird es abhängen, ob die ganze Geschichte
des Ortes oder nur einzelne Teile derselben
behandelt werden. Der Quellenstoff muß gesichtet und eingehend geprüft werden, zur Unterscheidung von Wichtigem und

Unwichtigem, von Wahrem und Falschem. Ist der Stoff gesichtet, so muß er in sachlicher und logischer Ordnung zusammengestellt werden. Eine geschichtliche Darstellung soll einem
wohlgegliederten Bau gleichen, bei dem bis zur Spitze ein
Teil aus dem andern erwächst. - So wenig bei geschichtlichen
Arbeiten die Phantasie zu entbehren ist, so sollen doch nicht
P h a n t a s i e g e b i l d e , sondern auf streng wissen-
schaftliches Denken gegründete Darstellungen geliefert werden.

Der zweite Tag des ortsgeschichtlichen Lehrganges stand
im Zeichen der Orts- und Flurnamenforschung. Die wissenschaftliche Grundlage für dieses Gebiet legte in fast dreistündigen
Ausführungen B i b l i o t h e k s r a t D r. B. M a r -
t i n .

In großer Uebersicht gab er zunächst Einblick in die
Entstehung der Flurnamen (Fl N). Vom Feldbau unserer Altvordern ausgehend wurde die älteste Stufe der Feldwirtschaft
durch den ältesten Wirtschaftsverband, die Markgenossenschaft (Sippe), geschildert, die w i l d e   F e l d -
g r a s w i r t s c h a f t oder D r i e s c h w i r t -
s c h a f t , die sich in Resten z. B. im Allgäu bis in die
Jetztzeit erhalten hat. Gemeinsam wird gerodet, gemeinsam
die Rodung bis zur Erschöpfung der Bodenkräfte ausgenutzt,
dann bleibt das Land liegen als Brache und Weide, neues wird
gerodet. Noch ist ja genug Boden da.

Die Bevölkerungszunahme zwingt zur Verteilung der gesamten Rodung und Nutzfläche aus Gemeingut zum Eigentum des
einzelnen Markgenossen. Wald und Weide bleiben allgemein
(Allmende, vgl. unsere waldeckischen Walmen). Aufteilung
der Flur in Gewanne findet statt, es entsteht die Gemenglage
der Hufen.

In der Merovingerzeit (765 zuerst bezeugt) wird die
Drieschwirtschaft zur D r e i f e l d e r w i r t -
s c h a f t m i t F l u r z w a n g . Es gab ein Sommerfeld,
Winterfeld und die Brache. Diese Form ist auch heute noch

überall vorhanden, mehr oder minder durch die moderne Inten-
sivierung der Landwirtschaft gestört und durchbrochen.

Die Markgenossen dürfen aus der Allmende roden.

Bis ins 19. Jahrhundert ist Gemeindebesitz verteilt worden. Gerodet wurde durch Fällen der Bäume und Beseitigen der
Wurzelstöcke (Stuken), durch Schälen der Bäume (Schwenden)
und durch Niederbrennen (Sengen, Brennen).

Die ersten Fl N entstanden also, als Sonderbesitz aufkam und feste Flureinteilung. Dabei wurden die einfachen
älteren Namen näher bestimmt nach ihrer Lage (Berg, Tal,
Wald, Wasser, Himmelsrichtung), Bodenbeschaffenheit, Form,
Größe, Pflanzenwuchs, Tieren, Besitzern usw.

Da die Dreifelderwirtschaft sich bis in die Jetztzeit
erhalten, ist anzunehmen, daß auch der größte Teil der Fl N
alt ist. Der einfache Landmann fühlte kein Bedürfnis, sie
zu ändern, so blickt aus ihnen uns die uralte Zeit lebendig,
wenn auch oft verdunkelt, entgegen.

Die Fl N-forschung ist so von großer Wichtigkeit für
Siedlungsgeschichte, Groß- und Kleingeschichte unserer Heimat. Der Sprachforscher wie der Rechtsgeschichtler holen
wertvolle Aufschlüsse aus diesen alten Quellen.

Da die Fluren überall festliegen, sind sie für die
Schule die lebendige Grundlage für den Heimatkundeunterricht.
Ein Gang durch die Flur bietet viele Anknüpfungspunkte. -
Aber zu allem ist Kenntnis der Flur und ihrer Namen nötig.
Daher ist eine F l u r n a m e n s a m m l u n g   i n
W a l d e c k   e r s t e   F o r d e r u n g .

Auf keinem Gebiete ist Willkür und Daraufloserklären
mehr im Schwange wie bei den Fl N.

Nur eine nach den besten Erfahrungen im deutschen
Sprachgebiet angelegte Fl N-Sammlung wird auch zu einer
brauchbaren, zu vielen Lösungen führenden Fl N-Erklärung
führen.

Der Vortragende führte an der Hand der ihm bekannten
waldeckischen Fl N., insbesondere derer von Mengeringhausen
und Rhoden, die Haupttypen der Fl N geordnet nach N a t u r-

namen und Kulturnamen vor.

Eine rege Aussprache schloß sich an, die manche neue
Aufgabe stellte und zeigte, welch großes Interesse für dieses
Gebiet der Heimatforschung vorhanden ist.

Auf Antrag von Herrn Superintendenten Nebelsieck wurde
beschlossen, die Sammlung der waldeckischen Fl N unter Leitung von Dr. Martin in Angriff zu nehmen. Hoffen wir, daß
sich zahlreiche Mitarbeiter finden, die dieses Heimatwerk
zu einem guten Ende führen. Es ist ein Werk, das seinen
Dank in sich trägt.

FAMILIENNAMEN IN WALDECK.

I. Wie die Familiennamen entstehen.

Die Familie ist die Urzelle der Gemeinschaft. In ihrem
Schoße sind deshalb auch die ersten Namen geprägt worden.
Man braucht nur eine zärtliche Mutter zu beobachten, wie sie
immer neue Kosenamen für ihr Kind findet und anwendet. Sie
ist sicher zu allen Zeiten, bei allen Völkern Sprachschöpfe-
rin, Namenschöpferin gewesen. Die Namengebung war aber früh
schon Sache der Gemeinschaft, der Familie, der Sippe, des
Volkes. Schon in den ältesten Zeiten finden wir, wie noch
heute bei den Naturvölkern, religiöse Handlungen mit der
Namengebung verknüpft. Wir kennen alle die Geschichte der
Taufe des Johannes aus dem Lucasevangelium. Auch bei unsern
germanischen Vorfahren wurde das Kind erst durch die Taufe
in die Sippe aufgenommen. Von Anfang an waren die Namen sinnvoll, man suchte in ihnen Beziehungen zu dem Wesen des Kin-
des und seiner Familie.

Soziale Grundlagen hatte die Namengebung bei den alten
Indern und Isländern. Die Kaste kam in den Namen zum Aus-
druck. Bei den Römern zeigt sich der nüchterne Volkscharak-
ter in den Namen: AGRICOLA = Ackerbauer, LONGUS = der Lange,
CRASSUS = der Dicke, RUFUS = der Rote, PRIMUS = der Erste,
SECUNDUS = der Zweite bis zum DECIMUS = der Zehnte (Sohn).

Die reichsten und schönsten Namen haben die Griechen
und vor allem unsere Vorfahren, die Germanen, entwickelt.
Alles, was sie innerlich bewegte, fand seinen Spiegel in den
Namen.

Als nun unsere Heimat noch dünn besiedelt war, da genügte e i n Name, um den Menschen von seinem Bruder oder Nachbar zu unterscheiden. Der Reichtum an Namenstämmen war zudem
so groß, daß jeder Sippen- oder Stammesgenosse einen andern
sinnvollen Namen tragen konnte. Dieser Zustand erhielt sich
bis in das 11. Jahrhundert hinein.

Ein wesentliches Kennzeichen der deutschen Namengebung
ist die Z w e i s t ä m m i g k e i t . "Nehmen wir," sagt

Professor Edward Schröder in seinem Büchlein über die deut-
schen Personennamen, "ein vornehmes Elternpaar aus den Tagen
des großen Karl - sie mögen Hildibrand und Gertrud heißen,
mit alten, schönen, leicht deutbaren Namen: Kampfschwert und
Speertraut. Ihnen werden zehn Kinder geboren, gleich viel
Mädchen und Jungen; diese alle können sie benennen mit Namen,
die durch Umstellung und Austausch der Elemente ihrer eigenen
Namen gebildet sind: für die Knaben: Hildiger, Trudger,
Brandger, Gerbrand, Trudbrand, für die Mädchen Hilditrud,
Trudhild, Gerhild, Brandtrud, Brandhild. Alle diese Namen
sind derart, daß wir sie unbedenklich der alten Schicht ver-
ständnisvoller Bildungen zuweisen würden, und doch bedurften
Herr Hildibrand und Frau Gertrud zu ihrer Bildung keines
Sprachverständnisses."

Manche Familien bringen das gemeinsame Band, das sie um-
schlingt, durch s t a b r e i m e n d e Namen zum Ausdruck.
Bekannt ist die Reihe der Burgunderkönige aus dem Nibelungen-
liede Gunther, Gernot, Giselher, der Vater hieß Gibich.

Erst vom 12. Jahrhundert an setzt die Gewohnheit sich
durch, den Vornamen irgend eine unterscheidende Bezeichnung
beizufügen. Ueberaus schnell entwickeln sich dann aus diesen
Beinamen die Familiennamen, Zunamen. Bei uns wie in andern
Gegenden unseres Vaterlandes erhält man auf die Frage: Wie
heißest du? von einfachen Menschen immer den Vornamen zur
Antwort. Beim Familiennamen muß man fragen: Wie schreibst du
dich? Darin zeigt sich heute noch ein Rest des alten Bewußt-
seins. In den Städten dringt die neue Art am ehesten durch,
ebenso bei dem Adel. Dabei werden auch Rechtsfragen (man
brauchte feste Namen bei Erbauseinandersetzungen usw.) maß-
gebend gewesen sein. Die Fürsten benannten sich nach ihren
Ländern, die Bürger nach ihren Gütern. Dabei ging Süddeutschland voran. Mittel- und Norddeutschland folgten langsam nach.
Auf dem Lande war die Annahme von Familiennamen nicht so notwendig; der Lebenskreis war enger, man kannte sich auch ohne-
dies..Hier finden die Familiennamen erst im 14., 15. Jahrhundert und später Aufnahme.

Zunächst ist der Beiname durchaus noch nichts Festes.
Er kann fehlen oder mit einem andern vertauscht werden. Für
unsre Heimat sei die Entwicklung an ein paar schnell aus
Varnhagens Grundlagen zusammengestellten Beispielen erläutert.

In der lateinischen Urkunde des Bischofs Bernhard I.
von Paderborn, in der er die 1131 geschehene Stiftung des
Klosters Arolsen bestätigt (Varnhagen, Urkdb.S. 7), stehen
am Schlusse folgende Zeugen: BERNHARDT PREPOSITUS MAIORIS
AECCLESIAE, ALTMARUS DECANUS, THIE MARUS, EVERGISUS, ECBER-
TUS, REINBERTUS, SIFRIDUS, HUG VOLQUINUS, WIDEKINDUS, REIN-
BOLDUS, RODOLFUS, VOLPE TUS, HERMANNUS, AMELUNGUS, CONRADUS,
ANDREAS, AN HELMUS. Lauter Einnamen, wie wir sehen, nur der
Bischof und Dekan sind besonders hervorgehoben. Bei den mei-
sten braucht man nur die lateinische Endung -US abzustrei-
chen, dann hat man die wohlklingenden germanischen Namen vor
sich. Ein Bericher Brief von 1216 (Varnhagen, Urkdb. S. 39)
zeigt schon die Erweiterung: Zeugen sind: DITMARUS DICTUS
(= genannt) OPOLT DIDERICUS SACERDOS (= der Pfarrer), CONRA-
DUS DE CLIN , CONRADUS DE WAGENBAIC, ANDREAS DE NEZZE,
JOHANN DE PADER, WAREMUNDUS, HERMANUS FRATER SUUS (= sein
Bruder). Wir sehen, daß die adeligen Herren sich Beinamen
zugelegt haben, die entweder von einer Eigenschaft genommen
sind wie z. B. OPOLT = Audobald = der sehr Reiche oder nach
den Orten, aus denen sie stammen oder wo sie Besitz haben,
z. B. DE NEZZE = von Netze, DE PADER = von Paderborn. Die
beiden Nichtadeligen (sie stehen an letzter Stelle) WAREMUND
und sein Bruder Hermann haben keine Beinamen.

Das Wort "DICTUS" oder "genannt" fiel mit der Zeit fort,
die Namen festigten sich insbesondere dadurch, daß Bürgerli-
sten, Steuerlisten mit rechtlichem Charakter in Aufnahme kamen. Nun konnte, durfte der Name nicht mehr unbeständig sein.
So vererbte sich nun der feste Name, wurde starr, was vorher
ganz nur den Einzelnen gemeint und getroffen hatte. In Spuren
ist die alte Gewöhnung noch lange zu verfolgen.

So stellt sich in groben Strichen die Entwicklung der
deutschen Familiennamen dar.

Im Folgenden soll nun versucht werden, die heute hauptsächlich in Waldeck vorkommenden Namen, an Hand des Waldecker
Einwohnerbuchs, zu gruppieren und auf ihre älteren Bestandteile zurückzuführen. Auf ein wertvolles Stück heimatlicher
Kulturgeschichte hoffen wir dadurch die Aufmerksamkeit zu
lenken.

II. Familiennamen aus altdeutschen Männernamen.

Die Familiennamen aus altdeutschen Männernamen sind sehr
zahlreich und in allen deutschen Landen weit verbreitet. Die
landschaftliche Bindung der Namen zeigt sich in der Form der
Namen. Manche Namen werden auch in bestimmten Gegenden bevor-
zugt, sodaß man oft die Herkunft eines Einwohners aus seinem
Namen erschließen kann. Vorsicht ist natürlich geboten. Wir
werden uns wie immer bemühen, nur Sicheres oder im hohen Maße
Wahrscheinliches vorzubringen.

Wie kommt es nun zunächst, daß aus den altdeutschen Männernamen, die doch Taufnamen oder, so würden wir heute sagen,
Vornamen waren, feste Familiennamen werden konnten? Das hängt
hauptsächlich damit zusammen, daß ein altgermanischer Brauch
gebietet, innerhalb einer Sippe einen bestimmten Namen oder
Namensstamm durch die Geschlechterreihe hindurchzuführen. Damit wollte man einmal den Blutzusammenhang unterstreichen, es
knüpfen sich aber auch rechtliche Beziehungen daran.

Deshalb finden wir in alten Urkunden soviele Belege dafür, daß der Stammhalter den Namen des Vaters oder Großvaters
trägt. Bei den adeligen Geschlechtern ist dieser Brauch allgemein bekannt, man braucht nur an die vielen Heinriche bei
den Reußischen Linien zu erinnern. Auch bei unserm waldeckischen Fürstenhause lassen sich bestimmte Traditionen beobachten. In manchen Gegenden ist der Brauch noch heute stark lebendig; leider ist aber auch die lächerliche Sucht, den
Städtern alles nachzumachen, schon weit vorgedrungen. Sie
führt zu der Uebernahme ganz landfremder, gesuchter und unna-
türlicher Namen auf das Land. Da ist der alte blutechte Brauch

doch vorzuziehen.

Wenden wir uns nun den Namen selbst zu. Die meisten altdeutschen Namen zerfallen in zwei Bestandteile, die einen
selbständigen Sinn haben; meist liegt aber der Nachdruck auf
dem ersten Teil. Deshalb wird der zweite Teil sehr oft abgeschwächt, ja bis zur Unkenntlichkeit verschliffen. Volle Klarheit über die Herkunft eines so verschliffenen Namens kann
natürlich nur eine einigermaßen lückenlose urkundliche Bezeugung bringen, da diese aber bei uns einfachen Sterblichen
nicht oder nur in seltenen Fällen bis über das 16. Jahrhundert hinausführt, muß die Sprachwissenschaft mit ihren Mitteln die Lücken zu schließen suchen. Das ist nicht immer
leicht. Vielfach führen die sprachlichen Ansätze zu zwei oder
mehreren Quellen zurück. In sehr vielen Fällen ist aber doch
Klarheit zu erreichen.

Versuchen wir an einer gerade in Waldeck reicher bezeug-
ten Gruppe die sprachlichen Haupttatsachen klar zu machen,
die dann für alle übrigen Gruppen und Einzelnamen sinngemäß
Geltung haben mögen. Der erste Teil des Namens Dietrich Diet
= "Volk" findet sich in folgenden Formen: Dietrich, Diederich, Dierkes, Dietz, Deetz, Dietzel. Dietrich und Diederich
sind die Vollnamen; Dierkes ist im ersten Teil zusammengezogen; das -k- beweist, daß der Name niederdeutsch ist, das s
am Ende zeigt den zweiten Fall an, der als "Sohn des Dietrich" zu verstehen ist. Dietz, Deetz sind kosende Kurznamen
aus einer alten Grundform Diozo; Dietzel eine mit Verkleinerungssilbe -el gebildete Koseform.

Mit demselben Stamme Theud-, diet - sind zusammengesetzt die Namen Dittmar, Dittmer, aus diotmar "im Volke berühmt" entstanden, ferner der Name Tepel, der aus Theobald
(älter Theotbald) stammt. Der heilige Theobald hatte am 1.
Juli seinen Jahrestag.

Auch der Name Thiele, Theile gehört hierher; er ist zusammengezogen aus dem alten Mannsnamen Theudila; wahrscheinlich ist auch der Name der alten Corbacher Adelsfamilie von
Thülen, von der noch der Thülenturm zeugt, auf Theudila zu-

rückzuleiten.

Der Name Dietrich ist übrigens seit dem 1. Jahrhundert vor Christus für viele germanische Volksführer bezeugt, bis der große Ostgotenkönig Theoderich sie alle überstrahlte. In die deutsche Sagen und Heldendichtung drang sein Name ein. Es ist daher kein Wunder, daß in allen deutschen Landen der Name Dietrich große Verbreitung fand.

Sprachlich gesehen müssen wir also bei den Namen mit Vollnamen rechnen und mit Kurznamen, die mehr aus dem gemütlichen Verkehr sich entwickelten und deshalb sehr oft kosende Nebenbedeutung haben.

Nun stellen wir mit kurzen Erläuterungen die Familiennamen zusammen, die in Waldeck aus altdeutschen Mannesnamen stammen. Aus einer alten Form Adalbracht kommen die Namen Albracht, Albert; sie bedeuten soviel wie "vom Geschlecht berühmt"; der erste Teil ist unser Wort edel, der zweite bedeutet "glänzend, berühmt" und ist auch sonst in Namen häufig. Beide Namen sind noch heute als Vornamen üblich. Zu dem Stamme arn "Adler, Aar" gehören die drei Namen Arnold = der wie ein Adler waltende (ältere Formen Arnwald, Arnoald); der Kurzname Arend und Arnbrecht. Aus Ansmod entstanden ist Asmuth; der erste Teil des Namens steckt auch in Anselm (= Anshelm, ferner in Oskar (= Ansgar), Oswald (= Ansowald) und enthält die alte nordische Bezeichnung für "Gott" ase. Das -mod entspricht unserm "Mut". Der in Wetterburg vorkommende Familienname Alheid ist mit als Frauenname belegt = Adalheid "von edelem Wesen". Der schon oben erklärte zweite Namenteil - bracht kommt auch als erster Teil eines Namens vor: Barthold, Berthold, Bertram. Barthold, Berthold bedeuten "der glänzend Waltende", der zweite Teil von Bertram gehört zu unserm Worte "Rabe". Als Kurzname kommt in Waldeck viel Bracht vor.

Vom Bären genommen sind die Namen Bernhard "der Bärenstarke", zusammengezogen Berndt, gekürzt Benn (aus Berno), als Genitiv (zweiter Fall) Berentz, Behrendes (in Landau), als Verkleinerungsform Betz. Zu unserm waldeckischen Worte bicken "stechen, hauen" gehören die Namen Bickert (aus Big-

hard), oft auch mit P im Anlaut "Pickhart, Pickard, sie bedeuten also "stark im Hauen". Der Name Burghard erscheint als
Burkhardt, Bochardt und Buchard. Der in Rhoden vorkommende
Name Budde ist ein Kurzname zu dem Stamme, der in "gebieten,
bieten" steckt. In Wildungen gibt es den Vornamen Karl als
Familiennamen in der altertümlichen Schreibung Carll. Darin
steckt unser Wort "Kerl", das den freien Mann im Gegensatz
zum Edeling bezeichnet. Das Wort ("Ge)danke" liegt in dem
Namen Dankert, der aus Dankwart abgeschwächt ist. Zu "Degen"
gleich "junger Held" gehören die Namen Degenhardt, zusammengezogen Dehnhard, weiter abgeschwächt Dehnert. Eberhardt bedeutet "stark wie ein Wildeber", Ehrhardt "stark im Schutz",
Eckhard, Egert "starkes Schwert", Egebrecht "glänzendes
Schwert" (im ersten Teil der letzten drei Namen steckt unser
Wort "Ecke"). Auch Eggerding, Eierding gehören zu "Ecke",
die Endung -ing bezeichnet die Zugehörigkeit zur Sippe.

Dem seltenen Namen Eiffert liegt eine alte Form Aga-
frid zu Grunde, die wieder unser "Ecke" enthält. Bei Engelhardt, das ziemlich häufig ist, ist die Herkunft des ersten
Teils schwer zu entscheiden. Hier mischen sich der alte deutsche Stamm Ing- mit dem christlichen Lehnwort Engel (aus lateinisch angelus "Bote Gottes").

Der Name Ernst bedeutet "Kampf"; er ist in Zusammensetzungen bisher nicht ermittelt. Friedrich und Friedewald
sind wohl so verständlich; "Friede" bedeutet in Namen besonders "Sicherheit, Schutz". Eine verkleinerte Abkürzung liegt
in dem Namen Fricke vor. Auch der Name Figge wird als eine
Kurzform zu "Friede" erklärt. Als zweites Glied in Namen
kommt "Friede" sehr häufig vor in den Formen -fried, -fert,
-fart, farth; Beispiele später.

Wir haben schon viele Namen kennen gelernt, die vom
Kampf handeln, die folgende Gruppe geht vom Ger aus, dem
Wurfspeer, der Hauptwaffe der Germanen: Gerbracht, Gerhard,
Gerhold und Gernandt (der zweite Teil = "kühn, wagemutig"),
Gerlach "Springender Speer". Gernhardt gehört zu unserm Worte
"gern". Vom Kampf reden auch die Namen Günther, Gonther
"Kampfheer" und Gombert "im Kampfe glänzend". Der erste Teil

dieser Namen enthält den Stamm Gund "Kampf".

Zu unserm "Gott" stellen sich die Namen Gottfried "in Gottes Schutz", Gottschalk "Gottes Knecht", die wohl schon unter christlichem Einfluß entstanden sind. Ein Kurzname hierzu ist Götte. Als Verkleinerung mit der alten Endung -ilo stellt sich Göbel dar.

In dem Namen Hartwig erkennen wir das "hart" von Bern-hart, der zweite Teil bedeutet "Kampf". Er steckt auch in Herwig "Heerkampf". Herbold bedeutet "der Heerkühne". Auch hild in Hildebrand ist "Kampf". Dieses hild ist anlautend und auslautend einer der häufigsten Wortstämme. Er liegt auch dem aus einer Verkleinerungsform Hildico entstandenen Namen Hilke zugrunde. Heinemann gehört zu Heinrich und dem daraus abgeleiteten Kurznamen Heino, Heine. Das -mann ist als Kose-form angehängt. Heine bedeutet "umhegter Ort". Die Kurzform kommt auch oft in Hausnamen vor z. B. Hennefründs in Rhoden, Henderdirks "Heinrichdietrichs". u. a. 1682 ist Henricuß Hillebrandt Mitglied der Rhoder Schreinerzunft. Auch der Name Kuhnhenn enthält unser Heine; Kuhn ist aus Kuno, der Kurz-form zu Kuonrat "Konrad" abzuleiten. In Hunold (aus Hunwald) steckt entweder der alte Volksname der Hunnen oder ein Eigen-schaftswort hun "braun, dunkel". Huppert ist dasselbe wie Hu-bert und ist entstanden aus Hugubert "mit glänzendem Geist".

Die Namen Kienhold, Kinold sind aus Kuniwald "der über die Sippe Waltende" abzuleiten; ebenso der Name Kunold (ohne Umlaut). Auch Kuntze gehört zu dem Stamm Kuni "Geschlecht, Sippe" und zwar zu der Verkleinerungsform Kunizo.

Lambert ist aus älterem Landobert "glänzend im Lande" herzuleiten. Bei Leonhardt liegt "Löwe" zugrunde, die Namen Löwe, Löbe, Löber sind Kurznamen. Leppert, Lipphardt, Libbert sind wohl alle drei aus dem Stamme, der in unserm "lieb" ist, gekommen, die anzusetzende Grundform ist Liubhart, Liebhart. Man könnte sie auch aus dem Stamme liut "Volk" ableiten. Auch der zweite Teil -pert, -bert könnte von bert "glänzend" stammen.

Markolf und Marquardt sind zu unserm "Mark" = Grenze, Grenzland" zu stellen; der erste bedeutet "Grenzwolf", der

zweite "Grenzwart", die Schreibung mit qu ist altertümlich.
Meinhart ist aus älterm Maginhart "der sehr Starke" entstanden; eine Verkleinerungsform dazu ist der Name Meinecke.

Zu einem alten Stamme ragin "Rat" stellen sich viele
Namen. Bei uns habe ich folgende gefunden. Reckhard, Reckert
(ohne n), Reinhardt, Rennert, Renner (alle drei aus Raginhart), Reinwald. Unser Wort "reich" steckt in den Namen
Richard, Rischard, Rickelt (aus Ricwald). Unser "Rat" findet
sich in Rappold (aus Radbald). Der Name Rupprath ist sprachlich aus der gleichen Form hervorgegangen wie Robert oder
Ruppert oder Rupprecht, sie bedeuten "sehr berühmt". Rödiger
und Rüdiger gehen auf denselben Stamm zurück, auf eine Grundform Hrodgar; Rüdiger erscheint mehr als süddeutsche Form.

Eine ganze Gruppe von Namen in verschiedensten Schreibungen gehen auf den Namen Siegfried (älter Sigifrid) zurück:
Seifert, Seifahrt, Sievers, Siebert, Sievert, Seibert. Die
drei letzten können auch auf Sigibracht zurückgeführt werden.
Auf Sigibald weisen Siebold und Seibel. Steinhard bedeutet
"mit dem Stein kühn", der Stein als Waffe verstanden. Strupart wird wohl "der glänzende Räuber" sein.

Ullrich ist aus Uodalrich "an Erbgut reich" entstanden.

Zum Stamme "Volk" (= Kriegsvolk) gehören die Namen Vollbracht, Vallbracht, Vollbrecht aus Volcberacht), Volkwein
"des Volkes Freund", Volmar "im Volke berühmt", Volkenand
"der sich um das Volk Kümmernde", dieser wird zu Volland.
Volland und Valand können auch zu einem Worte valând "Teufel"
gezogen werden, dann wären diese Namen Beinamen.

Kurznamen zu "Volk" sind Vöpel und Vaupel. Immer wieder
stoßen wir auf Namen mit "Krieg, Kampf". Unsere Vorfahren
haben das Geschrei "Nie wieder Krieg" sicher nicht gekannt.
Eine große Gruppe stellt sich um das Wort wic, wig "Kampf".
Wiegand "Kämpfer", Wiggert (aus Wighart), Wienand (1735 lebt
ein Wienand Gercken als Schreiner in Rhoden) "der Kampfsucher", Wiemer (aus Wigmar "im Kampf berühmt"), Wiegold (aus
Wigwalt), Weigel (Verkleinerungsform, aus Wigilo), Weitzel
(aus Wizilo). Warnebold ist aus Warinbold "starker Schutz"
hervorgegangen, Wernert aus Warinhart "starker Schutz".

Wieneke ist eine Verkleinerungsform zu wine "Freund", bedeutet als "lieber Freund", Wilke eine solche zu userm "wollen",
heißt also "der Strebende". Wittmer kommt aus Widiomar "durch
Waldbesitz" berühmt.

So haben wir eine stattliche Reihe von waldeckischen Familiennamen durchmustert, die auf altdeutsche Männernamen
zurückweisen.

Der nächste Aufsatz wird die Namen durchgehen, die aus
nichtdeutschen Taufnamen stammen.

III.   Familiennamen aus nichtdeutschen Taufnamen.

Der Schatz an Namen rein germanischer Herkunft war so
groß und reich, daß unsere Vorfahren es gar nicht nötig hatten, sich fremde Namen zu borgen. Erst um das Jahr 1300 bereitete sich eine Wandlung vor. Aus religiösen Gründen, angeregt von den romanischen Ländern, übernahmen einige Kleri-
ker Fremdnamen, um damit zu zeigen, daß sie "einen neuen Menschen angezogen hatten". Meist suchten sie sich ein Vorbild,
dem sie nachleben wollten und legten sich dessen Namen bei.
Aber zunächst war dieser Brauch ziemlich selten. Erst als der
Heiligenkult die Volksmassen ergriff, konnten sich Fremdnamen
leichter durchsetzen. Der Adel ging voran, die Städter folgten nach, langsam und zögernd, seiner Art entsprechend, übernahm sie auch der Bauer. Sprachlich gesehen boten die fremden
Namen auch der deutschen Sprechweise manche Schwierigkeiten.
Wir Deutschen betonen die Wörter meist auf der ersten Silbe,
die griechischen und lateinischen Namen aber haben wechselnde
Betonung je nach der Länge des Wortes. Man vergleiche Johannes, Nikodemus, Andreas, Philippus mit Arnulf, Eckhart u. a.
deutschen Namen. Um 1300 hatte die altdeutsche Sprache sich
so geändert, daß die vollklingenden Endungen der älteren
Sprache abgeschwächt waren, ihr Eigenleben verloren hatten.
Dadurch wurde den Fremdnamen der Weg ins Deutsche geebnet.
Außerdem beseitigte man die fremde Betonung, aus einem Johannes wurde Johann, dem Martinus Martin usw.; so fanden die

Namen schließlich Eingang, wurden nach den Gesetzen der heimischen Sprache gewandelt und gemodelt. Aber auch so wären
nicht soviele Fremdnamen aufgenommen worden, wenn nicht ein
innerer Antrieb hinzugekommen wäre.

Die Kreuzzüge mit ihrer religiösen Hochspannung brachten
die Verehrung der Heiligen, der Orts-, Landes- und Wall-
fahrtsheiligen, auf einen nie wieder erreichten Höhepunkt.
Der Heiligenkalender gewann gerade für das niedere Volk eine
besondere Bedeutung. Zinstermine, Gesindewechsel u.a. wurde
an bestimmten Heiligenfesten gelegt. Das können wir heute noch
auch in unserer evangelischen Heimat aus den mannigfachen
Niederschlägen ablesen, die sich in Brauch und Sitte, in
Aberglauben und Wetterregeln finden. Die Zünfte hatten ihre
besonderen Heiligen, die Bruderschaften ebenso, die Städte
und Dörfer ihre Patrone; alle hatten ihre besonderen Feste.
Daß diese stark religiöse Welle ihren Ausdruck auch in der
Namengebung fand, ist selbstverständlich, ja in breiten Strö-
men flossen nun die Fremdnamen in die deutsche Namenwelt
hinein. Gerade in der Zeit des Festwerdens der Familiennamen
war dieser Zustrom am stärksten. So erklärt es sich, daß so
viele heutige Familiennamen auf kirchliche Namen zurückgehen.
Der am weitesten verbreitete und beliebteste Namen ist Johannes geworden, von ihm abgeleitet sind über 100 Familiennamen,
von denen wir auch in Waldeck eine Reihe haben. Davon später.
Die Kirche arbeitete nicht etwa gegen die deutschen Namen.
Wenn man das Urkundenbuch zur waldeckischen Geschichte bei
Varnhagen durchblättert, kann man einwandfrei feststellen,
daß in den ältesten Urkunden und gerade auch in Klosterurkun-
den nur selten Fremdnamen auftauchen. In der Stiftungsurkunde
des Klosters Arolsen von 1131 stehen 18 Zeugen, neben Geistlichen auch Weltliche. Nur einer hat den nichtdeutschen Namen
Andreas (siehe den Abdruck im ersten Aufsatz).

1196 (Varnhagen S. 26 ff.) finden sich unter den 19 Zeugen des Schutzbriefes des Mainzer Erzbischofs Conrad für das
Kloster Berich ein Geistlicher Johannes PREPOSITUS ECCLESIE

FRITZLARIENSIS und ein Ritter Helyas de Bruninchusen (= Bringhausen am Edersee). Und so bleiben die Verhältnisse bis weit
ins 14. Jahrhundert.

Der häufigste Name ist in dieser Zeit Johannes, dann Thomas;
auch Antonius kommt einige Male vor, Georgius, Florentius
(beide 1235), Stephanus, Apollonius (1243), Alexander (1244).
Die rein deutschen Namen überwiegen durchweg. Der CATECHISMUS
ROMANUS vom Jahre 1566 bestimmte dann, "daß der dem Getauften
beizulegende Name von einem Menschen hergenommen werden solle, der wegen seiner ausgezeichneten Frömmigkeit und Gottesfurcht in die Zahl der Heiligen aufgenommen worden ist". Da
aber die Familiennamen zu dieser Zeit schon einigermaßen
fest waren, war an dem deutschen Grundbestand der Familiennamen nicht mehr viel zu ändern. Die Reformationszeit brachte
eine weitere Welle christlicher Fremdnamen, besonders natürlich Vornamen, herein. Das Wort Gottes war den Reformatoren
die Grundlage ihres Schaffens, so wurden die Gottesmänner der
Schrift Vorbilder auch für die Namengebung. Der Humanismus
verleitete viele Gelehrte dazu, ihre guten deutschen Namen
ins Lateinische oder Griechische zu übertragen oder auch nur
eine lateinische Endung anzuhängen. Auch davon haben wir in
Waldeck eine große Gruppe Namen. Die Hugenottenverfolgungen
des 17. Jahrhunderts brachten auch französische Namen zu uns,
die sich meist leicht erkennen lassen. Im 18. Jahrhundert
werden bei uns im Waldeckischen Doppelnamen für die Vornamen
üblich; auch dabei ist meist der Name Johannes vertreten.
Mancher Hausname ist daraus entstanden und über diesen Weg
auch einzelne Familiennamen. Beispiele später. Nach dieser
Skizze der allgemeinen Entwicklung wenden wir uns den waldeckischen Namen zu, die auf Fremdnamen zurückgehen. Dabei
behalten wir die alphabetische Anordnung bei.

Hebräisch ist der Name Abraham (Alt-Wildungen), der "Vater des Volkes" bedeutet. Er kommt auch als Name jüdischer
Familien häufig vor.

In Züschen gibt es den Namen Alban. Der heilige Alban
war ein Christ aus dem Orient, der auf einer Bekehrungsreise

in Mainz enthauptet wurde. Dort wurde auch ein Kloster errichtet. Auf den griechischen Namen Andreas ("der Mannhafte")
vom Apostel hergeleitet, der sein Fest am 30. November hatte,
weisen folgende waldeckischen Namen: Andree in Mehlen; die
Form ist ein Genitiv (zweiter Fall), die Betonung ist auf die
erste Silbe verlegt. Andres als Hausname in Nordenbeck. Bei
den Namen Dreves, Drebes, die besonders im südlichen Waldeck
vorkommen, ist die Silbe An- fortgefallen; aus Dreas ist
Dre-es und mit Einschub eines -w- oder -b- Drewes oder Drebes geworden, wie es in den südlichen Orten z.B. auch bei
dem Worte "Kühe" der Fall ist: Köwe oder Kiwwe.

Aehnliches ist zu beobachten bei dem Namen Antonius, der
meist von dem Vater des christlichen Mönchtums, dem Einsied-
ler Antonius (+ 357) stammt. Dieser Heilige hatte bei den
Bauern große Beliebtheit, weil er gegen den Rotlauf der
Schweine angerufen wurde. In Waldeck war ihm zu Gembeck ein
Altar geweiht. Mit dem Ton auf der ersten Silbe finden wir
den Namen als Vornamen: Anton und z.B. in Rhoden und Mühlhausen als Hausnamen: Antons, in Helmighausen als Antünges.
Blieb der Ton auf der zweiten Silbe, so ging oft die erste
Silbe verloren, aus Tonius entstand Toniës, mit Einschub
eines -g- oder -j- wie bei waldeckisch hoggen für hauen,
frijjen für freien, Toniges, Tönges, Tönjes. Tönges kommt
vor als Familiennamen in Helsen, Landau, Goldhausen, Nordenbeck, Freienhagen, N.-Werbe, Netze, Mehlen (sechs Familien),
Wega, Frebershausen und Gellershausen, Tönjes in Hesperinghausen, Dönges in Landau. Eine weiter verkürzte Form ist
Tönch in Braunau, eine erweiterte Form Tönsmann in Corbach
und Wildungen.

Apollonius, ein Name aus einem im Mittelalter berühmten
Roman, findet sich in dem Hausnamen Plöngen in Nieder-Ense.
Der Name Augustinus, von dem großen Kirchenlehrer (+ 430)
genommen, steckt in dem Rhoder Hausnamen Stienen, wie übrigens in dem des bekannten verstorbenen Industriellen Stinnes.

Einer der heiligen drei Könige, deren Gebeine im Jahre
1164 von Mailand nach Köln gebracht wurden, hatte den Namen
Balthasar, der in Arolsen als Familienname vorkommt, in

Willingen als Hausname Balzes.

Der Patron der Gerber und Metzger war der heilige Bartholomäus (Ton auf dem ä), dessen Festtag der 24. August war. Die Kirche in Alt-Rhoden war ihm geweiht. Der volle Name ist erhalten in Barthelmes (Wildungen) und als Genitiv Bartholomä (Hesperinghausen, Elleringhausen, Nieder-Waroldern). Drei Silben (Bartholo-) sind weggefallen bei den Namen Mees (Sachsenberg), Mewes (Landau), Möwes (Landau), Möbus (Mengeringhausen), die genau so entstanden sind wie Dreves und Drebes.

Der Name Christian ist mir in den Hausnamen Kristians in Eppe, Christeke in Rhoden und Kristes in Hillershausen bekannt; er steckt auch in den Namen Kersten, Kersting, Kesting (Corbach) und Kesthans "Christianjohannes". Auf den heiligen Christophorus, einen der 14 Nothelfer, weist der Hausname Stoffels in Wirmighausen. Auf Daniel gehen die Namen Daniel in Corbach, Dingel in Bergfreiheit und Mandern zurück; außerdem die Hausnamen Dengels in Schwalefeld, Dängeljost in Heringhausen. David ist mir nur als Hausname begegnet in Goldhausen, Münden, "genannt Davids" und Külte "gt. Davits". Der Name Esau begegnet in Mengeringhausen und Volkhardinghausen.

Von dem Begründer des Franziskanerordens, dem heiligen Franziskus, stammt der Name Franz (Bad Wildungen), Zeiske in Neu-Asel und der Hausname Ziske in Hillershausen. Einer der 14 Nothelfer war der heilige Georg (griech. = Ackerbauer), dessen Fest am 23. April gefeiert wurde. Er war der Patron der Ritter und infolgedessen oft auch Kirchenpatron, so bei uns in Külte (neben Dionysius) und Landau (Hauptpatronin Maria). Der Familienname Görg ist von ihm herzuleiten, ferner die Hausnamen Schorsches (Neukirchen), Jörgens (Neukirchen), Bornjörgens (Neukirchen).

Der Name Hieronymus ist wie der vorige griechischer Herkunft und bedeutet "der Heiliggenannte". Unsere Familiennamen sind alle auf den berühmten, hochgelehrten Heiligen Hieronymus, den Uebersetzer der Bibel ins Lateinische (Vulgata), gestorben 430, zu beziehen: Hyronimus in Braunau, stark verändert Gerolemus in Herbsen (in der Mundart Grolmes) und schließlich der besonders in Rhoden häufige Name

Sinemus. Dieser letztere kann allerdings nur auf einem Umwege
hierhergestellt werden. Eine Abkürzung von Hieronymus ist
Onemus. Das kann als ein deutscher Name aufgefaßt sein =
"ohne Mus", Sinemus wäre dann seinerseits wieder halb lati-
nisiert; sine heißt lateinisch "ohne". Der Name Cleres ist
auf den heiligen Hilarius (+ 367) zurückzuführen. Auf den
Beinamen Jesu Immanuel (hebr. = Gott mit uns) weist der Hausname Manuels in Mühlhausen.

Der Familienname Jacob und seine Ableitungen gehen meist
auf Jacobus den älteren, den Lieblingsjünger des Herrn Jesus,
zurück. Sein Fest war am 25. Juli. Bekannt ist der Wallfahrtsort Santiago di Compostella in Spanien, zu dem im Mittelalter auch unzählige Deutsche wallfahrteten. Er begegnet
auch oft als Kirchenpatron, bei uns im Kloster Arolsen. Der
Familienname begegnet als Jacob in Arolsen, Massenhausen,
Rhoden, Sachsenhausen, als Jacobi (zweiter Fall) in Sachsenberg, als Jockel in Arolsen, als Jäkel in Neudorf. Diese beiden letzten Namen deuten wegen der Endung -el auf Einwanderung aus süddeutschen Gebieten. Verkürzt ist Jacob in den
Namen Kopf (Wildungen), Koppes (Hausname, Welleringhausen)
und Burkoppes (Hausname, Willingen). Der Name Jeremias ist
zu finden in den Hausnamen Megges in Lelbach, Nordenbeck,
Rattlar und Klausmigges in Rhoden und Jürmes in Deisfeld.
Auf Joachim (hebr. Jahwe richtet auf) geht der Hausname
Jochmes in Benkhausen zurück. Ein bretonischer Edelmann war
der heilige Jodocus (+ 669), aus dem die Namen Jost, Jostes
(Hausname), Jaustes (Hausname), Schostes (Neerdar), Jösel
(Hausname, Rhoden) stammen. Auch der Hausname Dokes in Storm-
bruch gehört dazu.

Wie schon oben ausgeführt ist der Name Johannes in allen
Teilen Deutschlands sehr beliebt gewesen, hat viele Familiennamen veranlaßt. Der Name ist hebräisch und bedeutet:
Gott ist gnädig. Von den vielen katholischen Heiligen sind
Johannes der Täufer, und der Evangelist Johannes die bedeutendsten, die für die Familiennamen in Frage kommen. Der
eigentlich volkstümliche ist aber Johannes der Täufer, weil
sein Festtag, der 24. Juni, mit der Sommersonnenwende, alten

germanischen Festtagen, zusammenfiel. Man denke an das Johan-
niswürmchen, den Johannis- oder Junikäfer, die Johannisbeere,
das Johanniskraut und die vielen Bauernregeln, die auf Johanni zielen. So begegnet Johann Baptista auch häufiger als Kirchenpatron als der Evangelist; der letztere bei uns in Gembeck, der erste in Adorf und Volkhardinghausen (neben Bla-
sius).

Als Familiennamen sind mir aufgestoßen: Hansmann in
Eimelrod, Alt-Wildungen, Jahn in Corbach, Jähn in Dorf Itter,
Janson (Sohn des Jan) in Corbach (vermutlich von der Waterkante), als Steinjam in Basdorf. Viele Hausnamen finden sich,
die ich nicht alle aufzählen kann: Gehans (Neukirchen), Haus-
henrich (Bömighausen), Handhenderk (Lelbach, plattdeutsche
Form), Tijohann (Sudeck), Tigeljohann (Mühlhausen), Schür-
johann (Mühlhausen), Paarjohann (Neerdar), Untenjohanns,
Gartenhannes (beide Neukirchen) usw. Auf Julianus (+ 400),
von dem 1243 Reliquien nach Paderborn kamen, geht wahrscheinlich der Name Jllian zurück, der in Neudorf, Gembeck, Arolsen vorkommt; auf Julius der Name Jllies in Wildungen.

Der Patron der Schiffer war der heilige Klemens (= der
Milde). Familiennamen begegnen in Wildungen als Clemens, in
Corbach und Eppe in der Genitivform Clement.

Ein Märtyrer der valerianischen Christenverfolgung war
der heilige Laurentius (= der Lorbeergeschmückte) + 258. Auf
ihn weisen die Namen Lorenz und abgekürzt Lenz (Rhenegge).

Lukas gibt es in Usseln.

Einer von den vielen Heiligen des Namens Makarius (= der
Glückselige) steckt in den Namen Karges (Alt-Wildungen) und
Kerges (Hausname, Rattlar). Markus findet sich in den Namen
Markes (Arolsen) und Marx in Corbach.

Der heilige Martin, Bischof von Tours (+ um 400), war
der Nationalheilige der Franken. Diese haben ihn bei uns
(auch im sächsischen Gebiet) zum Kirchenpatron gemacht in
Bergheim und Witmar (bei Welda). Die Bedeutung seines Fest-
tages, des 11. November, für das Volksleben, ist bekannt.
Bei uns ist er noch heute der Gesindewechseltermin. Folgende
Namen zeugen bei uns von ihm: Martin (Freienhagen, Wildungen,

Reinhardshausen), Martens (Wethen), Marten (Corbach), Marth
(Corbach), Merten (Landau, Sachsenhausen), Mertens (Hausname,
Gembeck).

Merkwürdig viele Namen in vielen Orten Waldecks gehen
auf den heiligen Matthäus (hebr. = Geschenk Gottes), den Patron der Steuer- und Zolleinnehmer, zurück. Matthäi in Alt-
Wildungen, Matthes in Bad Wildungen, Tewes (niederdeutsche
Form) in Wethen, Rhoden, Corbach, Bergfreiheit (hier sicher
aus dem Norden), Taiwes als Hausname in Hemmighausen, Debes
(mitteldeutsche Form) in Alt-Wildungen, Albertshausen, Reinhardshausen, Odershausen, Debus (lateinisch geformt) in Bad
Wildungen.

Auch der Name Matthias bedeutet "Geschenk Gottes". Sein
Fest fiel auf den 24. Februar. Sein Grab war in Trier ein
vielbesuchter Wallfahrtsort. Da Ende Februar die ersten Früh-
lingsanzeichen spürbar werden, finden sich überall viele Bauernregeln zum Matthiastage, auch Volksbräuche werden an diesem Tage lebendig. So wundert man sich nicht, wenn viele Namen von ihm Zeugnis ablegen: Matthias (Wildungen), Mattheis
(Gellershausen), Mattiges (Hausname, Lelbach), Mathiesen
(Alt-Wildungen, von der Waterkante!); verkürzt: Theis (Arolsen, Corbach, Wildungen, Bergheim, Hemfurt, Reinhardshausen),
Teises (Hausname, Lütersheim), Deiß (Züschen), Tigges (Hausname, Rhenegge, Berndorf, Flechtdorf), erweitert: Tiggemann
(Mengeringhausen).

Einer der heiligen drei Könige war Melchior (= König des
Lichts), auf den der Hausname Melcher in Rhenegge zurückgeht.

Der heilige Michael (hebr. = Wer ist wie Gott?) war der
Schutzpatron des christlichen Deutschland. Zahllos sind die
ihm zu Ehren errichteten Kirchen und Kapellen. In Waldeck war
er Patron in Braunsen, Fürstenberg und Vasbeck. Bei uns kommen als Familiennamen vor: Michel in Bad Wildungen, Albertshausen, Arolsen, Mengeringhausen, Michels (zweiter Fall) in
Arolsen, Wildungen, Schmiedmichels (Hausname) in N.-Schlei-
dern.

Einmal begegnet der Name Nikodemus (Wildungen).

Ebenso beliebt wie Michael war der heilige Nicolaus

(griech. = Volkssieger), dessen Fest bekanntlich auf den 6.
Dezember fiel; er war Bischof von Myra in Lykien im 4. Jahrhundert. Die Kirchen von Elleringhausen und Corbach-Neustadt
waren ihm geweiht. Mit Anfangsbetonung kommt der Name nur in
dem Familiennamen Nicol (Hundsdorf) und dem Hausnamen Nickels
(Münden) bei uns vor. Meist ist die alte Betonung beibehalten,
wobei dann die Silbe Ni- wegfiel und colaus zu Claus zusammengezogen wurde. So entstanden die Namen Klaus (Orpethal, Rhoden, sehr häufig), Claus (Arolsen), Clauß (Bad Wildungen).
Aus der alten Form Cla-us wurde durch Einschub eines w
Clawes, Clobes (so in Arolsen), eines g oder gg (s. o.
Jeremias, Matthias usw.) Klages (Vasbeck), Klaggeses (Hausname, Nieder-Schleidern).

Vom heiligen Pankratius (griechisch = der Allherrschen-
de), einem der drei "strengen Herrn" kündet der Name Kratz
(früher in Arolsen).

Der große Heidenapostel Paulus (lat. = klein) hat in
allen deutschen Landen viele Namen hinterlassen. Bei uns begegnen die Familiennamen Paulus (Alleringhausen), Paul
(Twiste, Elleringhausen, Sachsenhausen, Mandern (13 Familien) und Gellershausen), Pauly (Genitiv; Kohlgrund), ferner
der Hausname Pagels (Schwalefeld).

Auf den heiligen Petrus weisen die Namen Peter, Peters
(Genitiv!), Petersen (Sohn des Petrus). Er war Patron der
Kirchen von Werbe, Eppe und Freienhagen. Der Name Philipp
läßt sich auf zwei Heilige zurückführen, auf den Apostel und
auf den Almosenpfleger Philippus (Apostelgeschichte 6, 5).
Er bedeutet "Pferdefreund" und ist griechisch.

Bei uns fand ich folgende Familiennamen: Dephilipp in
Kleinern, N.-Werbe, Sachsenhausen, Affoldern. Die erste Silbe
De- weiß ich noch nicht zu erklären. Abkürzungen und Verklei-
nerungsformen sind: Lippe (Freienhagen), O.-Werbe), Lipcke
(Bergfreiheit) und Lippecke (Sachsenberg).

Auf den wegen seiner Weisheit berühmten König Salomo
geht der Name Salmen (Wrexen) zurück.

Bischof von Köln war der heilige Severinus (+ um 400).
In Sachsenhausen gibt es den Namen Severin. Ob die Familie

vom Rheine stammt?

Der erste Märtyrer Stephanus (griechisch = Kranz), dessen Fest am 26. Dezember war, kommt in den Familiennamen Stephan (Armsfeld 7 Familien), Frebershausen und Rhena vor. Thomas bedeutet "Zwilling"; der Apostel (Fest 21. Dezember) war der Schutzheilige der Baumeister, Zimmerleute und Feldmesser. Familiennamen: Thomas in Rhoden, Arolsen, Corbach, Wildungen; Tomas in Vöhl. Hausnamen: Eckenthommes in Rhoden; Dommes in Schweinsbühl und Schwalefeld, Dommeses in Willingen.

Vom Papst Urban I. (+ 230) genommen ist der Hausname Urbans in Nordenbeck.

Der heilige Valentin (= der Gesunde) war Patron der Gichtbrüchigen und Fallsüchtigen. In Sachsenberg haben wir 19 Familien mit seinem Namen. Der Hausname Veltens begegnet in Herbsen. Der Hausname Zaches in Willingen kommt von Zachäus.

Der Vater des Johannis Baptista, dessen große Beliebtheit wir oben festgestellt haben, war Zacharias (hebräisch = Jahwe ist eingedenk). Auf ihn gehen die Namen Zarges in Fürstenberg (6 Familien), Rhadern, Eppe, Basdorf, Vöhl, Corbach, Massenhausen, Gellershausen und die Hausnamen Zacher in Adorf, Zachers in Stormbruch zurück.

Nicht ganz sicher bin ich in der Erklärung des Hausnamens Milges in Stormbruch. Er kann auf Aemilius (unser Emil) zurückgeführt werden. Die Aemilier waren eine berühmte römische Familie.

Wir haben so eine reiche Ernte eingeheimst von Namen, die fremden Stammes sind. Der nächste Aufsatz soll von den Namen handeln, die von Ortsnamen genommen sind, also die Herkunft des ersten Namenträgers angeben.

Nachtrag.

Zu dem Aufsatz in Nr. 13 von "Mein Waldeck" sind zunächst noch einige Frauennamen nachzutragen, die aus der Fremde

stammen und die sich in Hausnamen erhalten haben. So gibt es
in Hillershausen den Hausnamen Ambettens, der aus Anna Elisabeth abzuleiten ist. Anna ist ein hebräischer Name und bedeutet "die Gnade, Gotteshuld"; die Mutter der Gottesmutter hieß
so. Ihre Verehrung kam mit der ihrer Tochter auf und führte
auch den Namen ein. Auch der zweite Name, der auf die heilige
Elisabeth weist, ist hebräisch; die Bedeutung ist nicht klar
zu erfassen. Auf dieselben Namen geht der Hausname Anelsens
in Schwalefeld zurück. Im zweiten Teil kann allerdings auch
der altdeutsche Name Else, Ilse stecken. Der Hausname Anne-
gärs in Rattlar hat auch den Namen Anna in sich; den zweiten
Teil weis ich noch nicht zu deuten. Verkleinerung zu Anna
ist der Hausname Ennekes in Elleringhausen. Der häufige Name
Figge ist aus dem zweiten Teil des griechischen Namens Sophia
entstanden. Hier wurde wieder wie bei den Worten nigge = neu
(aus ni-e) ein -gg- eingeschoben. In N.-Schleidern gibt es
den Hausnamen Gretelieses; auch ihm liegen zwei fremde Taufnamen zugrunde: Margarethe und Elisabeth; der erstere ist
griechisch und bedeutet "Perle". der Hausname Katerlines in
Schwalefeld ist aus Katharina und Lina (Karolina) zusammen-
gewachsen. Katharina ist griechisch und bedeutet die Reine,
Karolina ist eine lateinische Ableitung zum Namen Carolus,
unserm Karl. Elisabeth steckt in den Namen Liesbeths in Nordenbeck, Lieschens in Rhoden und Oberlies in Sachsenberg,
Fürstenberg.

Der Name Marioth in Mengeringhausen könnte aus Margot
entstanden sein, dann wäre er französisch, aber auch aus
Margarete abzuleiten.

Wie ich in der Einleitung zum Aufsatz in Nr. 13 schon
ausführte, brachte die Humanistenzeit viele Gelehrte dazu,
ihre gut deutschen Namen ins Lateinische, Griechische oder
Hebräische zu übersetzen oder auch an die deutschen Namen
einfach eine lateinische Endung anzufügen. Der in Waldeck
sehr häufige Name Albus ist die lateinische Form für den
deutschen Namen Weiß.

Der Nordenbecker und Hillershäuser Name Canisius übersetzt den deutschen Namen Hund.

Cellarius (Züschen) ist die lateinische Form der Namen Kellermann, Kellner. So wurden die Aufseher über das gesamte Küchenwesen bezeichnet, später wuchsen sie sich zu Finanzbeamten kleinerer Bezirke aus; es heißen z. B. die Beamten von Mainz in Amöneburg, Neustadt u. a. Kellerer (lat. CELLERARIUS). Vielleicht stammt die Züschener Familie ursprünglich aus den Mainzer Gebieten?

Daß der Name Debus die lateinische Form des Fremdnamen Tewes (aus Matthäus) ist, wurde schon oben erwähnt.

Faber ist lateinisch "der Schmied".

Montanus (Arolsen) bedeutet "vom Berge" oder "auf dem Berge".

Pistorius (Mengeringhausen, Gembeck, Vasbeck, Arolsen) ist "Bäcker".

Sartorius (Corbach, Berndorf) heißt "Schneider".

Scipio (Corbach) ist "Knüppel, Klüppel".

Scriba (Corbach, Flechtdorf, Gembeck, Goddelsheim, Berndorf, Arolsen, Wildungen) bedeutet "Schreiber". Ueber Sinemus habe ich schon gehandelt.

Den Namen Tassius weiß ich nocht nicht zu erklären.

Vesper übersetzt den deutschen Namen "Abend".

Italienisch ist der Name Kohrell in Corbach, der auch in Hessen häufig ist.

Lateinische Endungen tragen folgende Namen: Oxenius (Arolsen), eine einfache Verschönerung des Namens Oxe, Rabanus (Arolsen, Corbach, Gembeck, Rattlar, Berndorf), das entweder aus dem deutschen Namen Rabe oder dem Vornamen Raban stammt, der aber derselben Wurzel entstammt. Tilenius (Hausname in Külte, 7 Familien) ist aus dem Namen Tile entstanden, der im II. Aufsatz erklärt wurde.

Angefügt seien hier schließlich auch noch die französischen Namen, die auf die in den Hugenottenverfolgungen nach Hessen und Waldeck gekommenen Franzosen zurückgehen. In Hessen, besonders in den Kreisen Wolfhagen, Hofgeismar und Frankenberg gibt es ganze Kolonien, die ihre Eigenart in vielen Dingen noch bewahrt haben. Ob unsre waldeckischen Familien aus den hessischen Kolonistendörfern stammen oder ob es sich

bei ihnen um Einzelgänger handelt, die in Waldeck eine Heimat
fanden, kann nur die Familiengeschichte entscheiden.

Der Name Elfeber in Meineringhausen geht wahrscheinlich
auf Lefebre zurück, das "Schmied" bedeutet.

Ferron in Usseln geht wohl auf frz. FERRANT "Hufschmied"
zurück.

Fournier (in Corbach, Rhoden) heißt "Backofenbesitzer".

Gautier in Hesperinghausen, Kohlgrund, Mengeringhausen
ist die frz. Form unsers Namens Walter.

Ladage (Landau, Kohlgrund, Neudorf) scheint auch französischen Ursprungs zu sein.

Lamotte (Rhoden, Hesperinghausen) ist aus DE LA MOTTE
"vom Hügel" zu erklären.

Piqué (Rhoden) gehört wahrscheinlich zu französich
PIQUE "Spieß".

Reignault (Arolsen) ist die französische Form für unsern
Namen Reinhold.

IV. Herkunftsnamen.

Die ältesten Familiennamen sind Herkunftsnamen, von einem
Orte genommen, an dem der älteste oder einer der ältesten
Namenträger wohnte. Sie finden sich etwa von 1500 an. Ihr
Aufkommen hängt mit der Entstehung des Erbadels im 11. Jahrhundert zusammen. Es machte sich das Bedürfnis geltend, Besitz und Rechte durch einen Namenzusatz zu sichern, der den
Güterbesitz durch den Ort kennzeichnete. So entstanden die
Namen Volkwin von Swalenberg, Hermanuus de Ittere, Hinricus
de Gastervelt, Ebrardus de Gudenberg, Tetmarus de Epehe, um
nur einige wenige Beispiele aus dem Urkundenbuch bei Varnhagen herauszulesen. Der Zweitname wurde zuerst beim Hochadel
fest gebräuchlich, später auch bei dem niederen Adel. Als
der Adel von seiner Höhe herabsank und das Bürgertum der
Städte zu Reichtum und Ansehen gelangte, nannten sich die
Patrizier in den Städten vielfach nach ihren Besitzungen,
die übrigen Bürger folgten bald. Die Bezeichnung "von" war

also durchaus nicht von Anfang an eine Adelsbezeichnung, wie
es ja auch im heutigen Holländischen noch klar erkennbar
ist. Sehr viele Holländer ohne Adel haben Namen mit van. Neben von gab es auch noch andere Verhältniswörter, die den Besitz und die Herkunft angaben, so zu, am, bei, auf, aus u.a.
Davon werden wir Reste später kennen lernen. Die Bürger
ließen das von usw. später aus, sodaß es, da es der Adel
festhielt, zur festen Bezeichnung des Adels werden konnte.
Die Herkunftsnamen können nun entweder von Flurnamen oder
von Ortsnamen im engeren Sinne hergenommen sein oder auch
von Ländernamen.

a) Von Flurnamen sind u.a. folgende Familiennamen in
Waldeck abzuleiten: Althoff (Freienhagen u. sonst) = aus dem
alten Hof. Hof kann bei uns auch Garten bedeuten.

Bangert (Rhoden u. sonst), Baumgardt (Königshaben), der
erste Name ist aus dem zweiten entstanden, bedeutet "vom
Baumgarten". Biederbeck (Arolsen, Dehringhausen, Fürstenberg,
Nordenbeck) und Biederbick (Adorf, Ottlar, Stormbruch, Schwalefeld und Frebershausen; beide Familien müssen aus einem
niederdeutschen Gebiet stammen) bedeuten beide dasselbe "bei
der Back". Die Bach darf uns nicht stören, Bach ist in weiten Strichen Deutschlands weiblichen Geschlechts. Beulen
(Neukirchen) und Böhle (Rhoden u. sonst) sind auch gleicher
Abkunft; sie sagen aus, daß der Namenträger auf einer Anhöhe
(vgl. unser Büll, "Beule") gesiedelt hat. Der Name Baukhage
(Corbach) heißt "Buchhagen" = eingefriedigtes Buchenstück.
In Sachsenberg kommt der Name Dornseif häufig vor, er besagt
soviel wie "von einer mit Dornen bestandenen Niederung"; der
zweite Teil gehört zu unserm waldeckischen Wort sieben oder
siebern "tröpfeln, feucht sein". Von der Emde ist der vollere
Name zu Emde; beide kommen von dem Bergnamen Emmet (aus Em-
mithi), der auch in Waldeck vorkommt. Von der Ehe (N.-Ense)
heißt "von dem Bezirk"; althochdeutsch ist etwa "Gesetz,
Recht, Bezirk". In Wildungen gibt es den Namen Grünemai, er
geht zurück auf die Flur, auf der die Pfingstspiele abgehalten wurden; man vergleiche in Rhoden den Mäiwäg "Maiweg".

Auf einer Flurbezeichnung wird auch der Name Hollenstein in
Wethen zurückgehen; man vergleiche die Hollenkammer bei Lütersheim. Vom Howe (Lengefeld) ist so verständlich "vom Hofe".
Hübel (Rhoden u. s.), Hüwel (Arolsen) sind zwei verschiedene
Schreibungen für denselben Namen; sie bedeuten "vom Hügel,
von der Anhöhe". Interessant ist der Hausname Biärghüwwels
in Rhoden, der zweimal dasselbe in seinen Teilen ausdrückt,
weil der zweite Teil erstarrt war. Helmerich (Corbach) ist
soviel wie "vom Hellenberge"; -merich findet sich, wie ich
in meinem Ortsnamenaufsatz ausgeführt habe, bei uns häufig
entstanden aus -berg, man vgl. den Imberg, mundartlich Immerich bei Eimelrod, den Paverich bei Kohlgrund, den Wieperich
bei Ober-Ense u.a. Die Familie Hilgenberg (Wildungen) hat
einmal auf einem heiligen Berg (Berg mit Kapelle oder Calva-
rienberg) gewohnt. Der Name Hellenthal (Arolsen) ist aus
sich wohl verständlich, ebenso die Namen Kleinhorst (Lütersheim, Rhoden) und Kaltenborn (Corbach); bei Hellenthal und
Kaltenborn kann man den dritten Fall (Dativ) noch an dem
-en- erkennen, es muß einmal "am" oder "im" davor gestanden
haben.

Kuhlbrock (Corbach) bedeutet "Bruch in einer Kuhle, Vertiefung". Lindenborn (in Helsen, N. Waroldern und Lütersheim)
und Lehmgrüben (Willingen) sind ohne weiteres klar. Die
letzte Familie muß nach der sprachlichen Form aus nichtnie-
derdeutschem Gebiet stammen. In Morhenne (Landau) und Mohr-
henne (Waldeck, Fürstenberg) weist der erste Namensteil auf
einen Flurnamen hin, der zweite Teil ist schon früher erklärt als Abkürzung von "Heinrich". Der Name Nebelsiek
(Wildungen) kommt von einer feuchten Niederung, in der der
Nebel liegt. Das Verhältniswort "im" ist in dem Namen Im
Schlaa erstarrt vorhanden; hochdeutsch müßte der Name "im
Schlage" lauten; "schlagen" ist soviel wie "roden, fällen".
Das Grundwort siek, das "Niederung, feuchte Stelle" bedeutet
(s. Nebelsiek), findet sich im dritten Falle in dem Namen
Sieke in Helsen. Diese Familie könnte einmal in der Wüstung
Sieke oder Siek gewohnt haben, deren Mark nach dem Landesre-
gister von 1537 schon die Einwohner von Neudorf bebauten

(vgl. Höhle, Die untergegangenen Ortschaften S. 115 f.). Das
kann natürlich bei der Häufigkeit des Flurnamens nur vermutet
werden. Von selbst verständlich sind wieder die Namen Sieben-
born (Usseln) Sonneborn (Nordenbeck), Weißenborn (Arolsen),
Wittenborn (Willingen, Wildungen; niederdeutsche Form des vorigen; die Wildunger müssen aus niederdeutschem Gebiet ursprünglich gekommen sein) und Vogelreich (Wildungen). Man
braucht nur immer ein "im, am" dazu zu setzen. Der letzte
Name ist als Flurname häufig bezeugt.

b) Von Ortsnamen im engeren Sinne abgeleitet sind viele
Namen. Sie lassen sich in zwei Gruppen ordnen. Wenn das Wort
"von" fortfiel, konnte entweder der Ortsname unverändert
stehen bleiben oder man fügte die die Herkunft bezeichnende
Ableitungssilbe -er an. Es ergibt sich also etwa das Nebeneinander von Almeroth und Almenröder, Homberg und Homberger
usw. Sehr oft lassen sich die Ortsnamen, die in den Namen
stecken, nicht eindeutig auf einen bestimmten Ort festlegen.
Auch muß man immer damit rechnen, daß die Zahl der Siedlungen
gewechselt hat, daß viele Orte wüst geworden sind, manche
auch ganz verschwunden sind. Auch haben die Zugewanderten
oft ihre Namen in mundartlicher Form bekommen, sodaß der
Vergleich mit heutigen Ortsnamen nach dem Ortslexikon des
Deutschen Reiches nicht möglich ist oder in die Irre führt.
So kann man nur in wenigen Fällen ganz Sicheres sagen, muß
sich auf die Angabe der Möglichkeiten beschränken.

Einfache Ortsnamen enthalten die folgenden Familiennamen: Almeroth (Arolsen): diese Familie wird aus Groß- oder
Kleinalmerode in Hessen stammen.

Altenhain (Arolsen) und Altenhein (Corbach, Basdorf):
Orte dieses Namens gibt es sieben, sodaß eine genaue Bestimmung unmöglich ist.

Amelincksen (Hausname in Herbsen): ein Amelunxen hat
der Kreis Höxter.

Anstermühlen (Corbach) und Austermühl (Nordenbeck):
hier ist die Entstehung klar zu sehen "aus der Mühlen"; welche Mühle in Frage kommt, ist natürlich nicht mehr auszumachen.

Bardeleben (Kleinern): die Familie muß aus den mittel- oder ostdeutschen Gebieten stammen, in denen die Ortsnamen auf -leben allein vorkommen; das Ortsbuch des Deutschen Reichs hat keinen heutigen Ort aufzuweisen. Den adligen Namen gibt es oft.

Battefeld (Hüddingen, Odershausen): diese Familie wird einmal aus Battenfeld (Kreis Biedenkopf) gekommen sein; der Name ist in mundartlicher Form erstarrt.

Beckrath (Arolsen): die Familie stammt aus dem Rheinland; im Kreise Grevenbroich (Regierungsbezirk Düsseldorf) liegt ein Ort gleichen Namens.

Bellingrath (Wildungen): einen Ort kann ich nicht finden; der Name scheint aber rheinisch zu sein.

Bergenthal (Eppe): der Ort B. im Kreise Rössel (Ostpreußen) kommt wohl für die Herkunft nicht in Frage.

Bettenhausen (N.-Wildungen): B. gibt es fünf; die nächsten liegen bei Gießen und Kassel.

Bieber (Corbach): drei Orte sind da im Kreise Biedenkopf, Offenbach und Gelnhausen; sie zeugen nebenbei von dem Vorkommen des Biber in ihrer Gegend. Nach dem Tier könnte der Namensträger auch benannt sein, dann wäre unser Name ein Spottname.

Bielefeld (Mengeringhausen): die Familie wird aus Bielefeld, der bekannten westfälischen Leinenstadt, stammen.

Bigge (Wrexen, Adorf): hier wird Bigge (Kreis Brilon) heranzuziehen sein.

Billerbeck (Lütersheim): zu diesem Namen gibt es fünf Orte, einen im Kreise Pyritz, einen im Kreise Luchow, einen im Kreise Coesfeld, einen im Kreise Gandersheim, einen in Lippe.

Blankenburg (Corbach): da es sieben Orte dieses Namens gibt, ist eine Vermutung unmöglich.

Bodenhausen (Helmighausen, Neudorf, Rhoden, Corbach): ein Ort B. findet sich im Kreise Wolfhagen. Nach Höhle, Die untergegangenen Ortschaften oder die Wüstungen in Waldeck, einem Buch, das sich immer wieder als sehr nützlich erweist, S. 243 hat es auch eine Siedlung B. im Felde der Stadt Waldeck gegeben.

Bödefeld (Corbach) und Büddefeld (Vasbeck, Adorf, Rhenegge, Mühlhausen): beide Namen sind gleichen Ursprungs; ein
Ort Bödefeld ist im Kreise Meschede gelegen. Die Namen könnten aber auch von der Wüstung Büdefeld oder Büddefeld anno
980 (Budineveldon) bei Goldhausen (Höhle S. 179 f.) abgeleitet werden.

Böhne (Wrexen): die Familie wird einmal aus unserm waldeckischen Böhne gekommen sein.

Brüninghaus (Höringhausen): in dem Schloß B. bei Dortmund wohnte der berühmte Freiherr von Bomberg ("der tolle
Bomberg").

Cronenberg (Schmillinghausen): ein Cronenberg in der
Pfalz, eins im Kreise Mettmann.

Drolshagen (Wethen): hier kann nur Drolshagen (Kreis
Olpe) in Frage kommen.

Ehringhausen (Lengefeld): drei Orte liegen in den Krei-
sen Westerburg, Remscheid und Lippstadt, aber auch das Dorf
Ihringshausen muß herangezogen werden, weil es in älterer
Zeit Eringshausen geschrieben wird.

Faulenbach (Arolsen): ein Ort F. liegt im Kreise Füssen
(Bayern); es kann aber auch ein Flurname zugrunde liegen.
"Faul" bedeutet "sumpfig, brackig".

Friedewald (Arolsen, Münden, Neukirchen): zwei Orte im
Kreise Hersfeld und im Kreise Altenkirchen (Westerwald). Eine
andere Erklärung ist möglich aus dem Personennamen Friedewald.

Friesleben (Corbach, Eimelrod, Deisfeld): ein Ort ist
nicht zu finden; man vergleiche das zu Bardeleben Gesagte.

Gülich (Sachsenberg): hier kommt nur die Stadt Jülich
im Reg.-Bezirk Aachen in Frage. Man könnte höchstens noch
an Herkunft aus dem Lande Jülich denken.

Hachenberg (Arolsen, Helsen): hier wird die Stadt
Hachenburg im Westerwald den Namen hergegeben haben. -berg
und -burg wechseln in älterer Zeit häufig miteinander.

Hagen (Arolsen, Helsen): dieser Name ist so häufig, daß
er sich jeder Festlegung entzieht.

Hallenberg (Sachsenberg): hier weist der Name sicher auf die benachbarte Stadt Hallenberg (Kreis Brilon).

Harlinghausen (Mengeringhausen): im Kreise Lübbecke in Westfalen gibt es einen Ort gleichen Namens.

Hedfeld (Corbach): ein Heedfeld liegt im Kreise Altena in Westfalen.

Jerrentrup (Sachsenberg): einen Ortsnamen habe ich nicht finden können; es kann sich aber um einen Hof- oder Bauernschaftsnamen handeln; jedenfalls ist der Name westfälisch durch den zweiten Bestandteil -trup = dorf.

Jesberg (Corbach): in nicht zu weiter Entfernung liegt Jesberg im Kreise Fritzlar.

Jesinghausen (Corbach, Goldhausen): einen vergleichbaren Ort habe ich nicht nachweisen können.

Jsenberg (Külte und sonst oft): hochdeutsch würde der Name Eisenberg lauten. Ob unser Eisenberg bei Corbach gemeint ist, ist nicht auszumachen. Man könnte an die Bergleute aus den erloschenen Bergwerken am Eisenberg denken. Vergl. auch die Angaben bei Curtze, Beschreibung S. 73 f.

Kamphausen (Corbach): Ort ist nicht zu finden.

Kranefeld (Adorf): einen Ort gibt es im Kreise Münster; der Name bedeutet "Kranichfeld".

Landau (Corbach, Münden): die Familie wird aus unserem waldeckischen Landau gekommen sein.

Langendorf (Dorfitter, Thalitter): der Name ist sehr häufig; das Ortslexikon nennt 18 heute vorhandene Siedlungen.

Lefringhausen (Külte): die jetzige Domäne Leferinghausen (bei Braunsen) ist vielleicht einmal ein kleines Dorf gewesen, wie sich aus den Angaben bei Höhle (78) schließen läßt; aus ihm könnte die Familie stammen.

Lentrodt (Corbach): ein Lenterode liegt im Kreise Heiligenstadt auf dem Eichsfeld.

Limperg (Corbach): der Name bedeutet "Lind(en)berg"; das p- in perg deutet darauf hin, daß eine süddeutsche Form vorliegt; in Bayern gibt es vier Lindberg.

Löhne (Landau): ein Löhne gibt es im Kreise Herford.

Luttrup (Vasbeck, Schmillinghausen) und Luttrop (Corbach)

sind dieselben Namen. Wieder ist die Form westfälisch; einen
Ort habe ich aber nicht gefunden.

Mander (Vöhl): hier wird unser Mandern zugrunde liegen.

Mehrhof (Lengefeld): ein Meerhof liegt, wie bekannt, im
Kreise Warburg.

Mettenhausen (Höringhausen): einen Ort gleichen Namens
gibt es im Bezirksamt Landau (in Niederbayern).

Middeldorf (Twiste): aus welchem "mittleren Dorf" die
Familie stammt, wird kaum auszumachen sein.

Neuhaus (Wildungen): der Name ist sehr häufig.

Orf (Twiste): die Familie ist wohl aus dem hessischen
Urff gekommen, das heute als Ober- und Niederurff vorhanden
ist. Die alte Form des Namens ist Urpha (1085), Orpha (1184),
die übrigens sprachlich dasselbe ist wie unser Flußname
Orpe. Vorübergehend hat Urff übrigens zu Waldeck gehört. Vgl.
auch den Namen Urff unten.

Padtberg (Corbach, Arolsen): der Name wird von dem
Städtchen Padtberg, Kreis Brilon, kommen.

Plettenberg (Goddelsheim, Arolsen, Sachsenberg): die
bekannte Stadt in Westfalen wird den Namen geschaffen haben.

Petersheim (Basdorf): ein Ort liegt in der Pfalz.

Rettberg (Bühle, Landau, Wetterberg, Rhoden): ob dieser
Name auf das westfälische Städtchen Rietberg (Kreis Wiedenbrück) zurückgeht? Man müßte die mundartliche Form des Namens kennen in Rietberg und im Waldeckerland.

Rexhausen (Corbach): Ort nicht zu finden.

Schaake (Kohlgrund, Wrexen): unser Kloster Schaken kann
gemeint sein.

Schweinsberg (Odershausen, Wildungen): es liegt nahe,
an das Städtchen Schweinsberg, Kreis Kirchhain, zu denken;
der Namensträger kann aber überhaupt ein Knecht oder Lehensmann des Herrn von Schweinsberg gewesen sein, die auch sonst
vielfach Besitz hatten. Auch eine Linie der Herrn von Löwenstein, denen der Löwensteinsche Grund (Gegend von Urff und
Schiffelborn) gehörte, nannte sich "von Schweinsberg".

Seehausen (Arolsen): es gibt zehn Orte des Namens.

Sonnenberg (Kohlgrund): ein Ort gleichen Namens kommt

neunmal vor.

Soost (Hesperinghausen): es kann kaum ein Zweifel sein, daß das alte Susatum "Soost" dieser Familie den Namen gab, das zu dem sächsichen Teil unseres Landes durch sein Recht besondere Beziehungen hatte.

Stockhausen (Flechtdorf): es gibt ein westfälisches Adelsgeschlecht dieses Namens.

Stroth (Rhenegge): unser Strothe kann gemeint sein; es gibt aber auch sonst viele dieser Namen. Er bedeutet "Heide-, Strauchwerkgegend".

Todtenhausen (Arolsen): im Kreise Ziegenhain und im Kreise Marburg gibt es je einen Ort dieses Namens.

Udersbach (Schwalefeld): ein heutiger Ort ist nicht zu finden.

Uffeln (Twiste, früher auch in Rhoden): ein Uffeln liegt im Kreise Minden in Westfalen, eins im Kreise Tecklenburg.

Umbach (Külte): hier kann auch ein Flurname zugrunde liegen; ein Ort ist nicht aufzutreiben.

Urff (Corbach, Arolsen, Wildungen, Usseln): die Erklärung siehe bei Orf.

Vorwerk (Arolsen): Vorwerke sind im Osten häufig als vom Hauptgut abliegende Teilsiedlungen; aber auch bei uns ist früher bei großen Meiereien dieser Name üblich gewesen. Woher stammt die Familie? Das Ortslexikon kennt 12 Orte dieses Namens.

Wachenfeld (Corbach, Lütersheim): ein heutiger Ort gleichen Namens ist nicht zu finden. Bei Usseln gibt es die Flurbezeichnung "auf dem Wakenfelde" (Höhle 231). Das wäre die plattdeutsche Form zu dem Namen Wachenfeld. Ueber eine Vermutung darf man aber nicht hinausgehen.

Waterfeld (Ammenhausen): hier kann auch ein Flurname vorliegen; einen heute noch vorhandenen Ort habe ich nicht finden können.

Weidenbach (Rhoden): das Ortslexikon des Deutschen Reichs kennt acht Orte gleichen Namens; das nächstgelegene ist im Kreise Witzenhausen.

Werneburg (Mengeringhausen): ein Wernburg liegt im Kreise Ziegenrück (Regierungsbezirk Erfurt); vgl. die Bemerkung zu Hachenberg.

Wolmerath (Arolsen): ein Wollmerath gibt es im Kreise Cochem an der Mosel. Die Namensform ist rheinisch.

Ziesenheim (Strothe): auch dieser Name scheint auf einen Ortsnamen zurückzugehen.

Die zweite Gruppe setzt sich zusammen aus Namen mit hinzugefügtem -er.

Ammenhäuser (Külte, Wetterburg, Netze, N.-Werbe): die Familien werden aus unserm waldeckischen Ammenhausen stammen.

Bellinger (Landau): ein Belling liegt in Pommern, ein Bellingen in Baden (Kreis Lörrach), eins im Oberwesterwaldkreis, eins im Kreise Stendal in der Altmark.

Brandenberger (Mengeringhausen): hier kann die Stadt Brandenburg a.d. Havel den Namen hergegeben haben, es kann aber auch einfach die Herkunft aus dem Lande Brandenburg bezeichnet sein.

Bremer (Arolsen, Helsen, Schmillinghausen) und Bremmer (Königshagen, Kleinern): es gibt vier Bremen; vermutlich ist aber die freie Reichsstadt Ausgangspunkt dieses Namens.

Combecher (Wildungen): Combach und Kombach gibt es mehrere.

Dörflinger (Mengeringhausen): ein Dörflingen gibt es in der Oberpfalz im Bezirksamt Röding, eins im Kanton Schaffhausen; ein Derfling liegt in Oberösterreich.

Ellenberger (N.-Waroldern): es sind fünf Ellenberg heute vorhanden; das nächstgelegene ist im Kreise Melsungen.

Gelshäuser (Basdorf): ein Ort ist nicht zu finden; der Name gehört aber zweifellos hierher.

Gemmecker (Corbach, Ammenhausen, Bühle, Külte, Wrexen); es ist bekannt, daß die mundartliche Form unseres waldeckischen Ortsnamens Gembeck Gemmecke lautet. Aus Gembeck werden diese Familien stammen.

Göhringer (Corbach): es gibt ein Göring in Bayern im Be-

zirksamt Forchheim, ein Göringen im Kreise Eisenach in Thüringen.

Gunzenhauser (Corbach): es ist nur das eine Städtchen
Gunzenhausen in Bayern vorhanden.

Huntzinger (Twiste): ein Ort ist nicht zu finden.

Homberger (Corbach): das Ortsbuch kennt 10 Orte dieses
Namens; es liegt nahe, an die beiden Homberg in Hessen zu
denken.

Heimbacher (Arolsen): es gibt acht Orte; der nächste
liegt im Kreise Ziegenhain.

Kappler (Nordenbeck, Corbach, Hesperinghausen): der Name bedeutet "aus Kappel"; Kappel ist die deutsche Form für
Capelle, wie schon früh bemerkt wurde; der Name ist sehr
häufig (16 mal mit K-, 12 mal mit C-).

Mittelacher (Arolsen): ein Mittelagger gibt es in der
Rheinprovinz im Kreise Waldbroel. Der Name kann auch bayerisch sein.

Nürnberger (Corbach): die berühmte Reichsstadt ist die
Heimat dieser Familie gewesen.

Prager (Corbach, Arolsen): auch dieser Name ist wohl
ohne weiteres klar.

Rieser (Arolsen): der Name läßt verschiedene Erklärung
zu. Die Familie kann aus Riesa in Sachsen stammen oder aus
Ries im Bezirksamt Passau (Bayern) oder aus Riesen im Schor-
gau (Bayern); es kann aber auch eine allgemeine Bezeichnung
"einer aus dem Ries", einer Landschaft in Bayern sein.

Rockenfeller (Herbsen): ein Rockenfeld liegt im Kreise
Neuwied in der Rheinprovinz.

Simshäuser (Wetterburg, Affoldern, Dorfitter, Oberwerbe): Simtshausen im Kreise Marburg wird der Ausgangspunkt
dieser Familie sein.

Unzicker (Neubringhausen): der Name ist gleich Huntzinger s. o.

Usseler (Helmighausen): nur unser waldeckisches Usseln
kann hier in Frage kommen.

Es fällt auf, daß viele der hier aufgeführten Familien

in unsern Städten wohnen. Das legt den Gedanken nahe, daß es sich um alte Handwerkerfamilien handelt, da nur in den Städten im Mittelalter Zünfte waren, Handwerker saßen. Bei den Handwerkern war ja auch Wandern Vorschrift. Es wäre interessant, festzustellen, ob in den Familien noch Erinnerungen, Ueberlieferungen lebendig sind, die diese Vermutung prüften.

c) eine dritte Gruppe von Familiennamen enthält ganz allgemeine Angaben über die Herkunft. Die allgemeinsten sind die, die nur die Himmelsrichtung angeben, aus der der Namensträger einmal gekommen ist, oder in der er vom Namengebenden aus gesehen, gewohnt hat. Dahin gehören Namen wie West, Oster-, Westermann. Bei uns sind mir nur die Namen Nord (Rhadern, Corbach) und Oesterling (Twiste) begegnet. Vielleicht gehört hierher der Name Sude; Sud, Sund ist die alte Form für Süd. Man vergleiche nebenbei zum Stichwort Himmelsrichtung noch die Namen Nordmeier (Freienhagen, Sachsenhausen), Südmeyer (Wildungen), Westmeier (Corbach, Bergheim, Sachsenhausen, Braunau, Bergfreiheit u. o.), Suntheim (Wildungen), Osterhold (Waldeck).

Auf die Stammesnamen oder auf Landschaften führen die Namen wie Böhm (Wildungen): die Familie stammt aus Böhmen.

Frese (Corbach, Wildungen, Arolsen, Rhoden, Dehausen, Adorf): die friesischen Gebiete an der Nordsee haben diesen Namen geschaffen.

Hesse (Rhoden, Schmillinghausen, Lütersheim, Rhenegge): der Name ist klar; in manchen Fällen kann auch der Personenname Hasso zugrunde liegen.

Hinterweller (Corbach): = Hinterwälder; vielleicht ist der Westerwald gemeint.

Holländer (Hausname in Rhoden): der Name gehört streng genommen nicht hierher. Er ist aber besonders interessant, weil er die Erinnerung an die Soldatendienste von Waldeckern in Holland und seinen Kolonien festhält.

Oestreich (Wildungen, Adorf): der Name ist so verständlich.

Römer (Rhoden, Hesperinghausen): der Name braucht nicht

von der Stadt Rom ausgegangen zu sein, sondern kann von einem
römischen Bürger, die ja überall im Römischen Reiche saßen,
stammen oder überhaupt von einem, der einmal in Italien war.

Schwabeland (Wildungen): der Name ist klar.

Schweitzer (Freienhagen, Mengeringhausen, Rhena, Adorf,
Neukirchen) und Schweizer (Lengefeld): hier kann auch die
Berufsbezeichnung "Schweizer", gegen die sich bekanntlich die
echten Schweizer lebhaft wehren, herangezogen werden.

Westphal (Rhoden) und Westfahl (Wildungen): beide Namen
weisen auf unser Nachbarland Westfalen.

Damit hätten wir den Kreis der Herkunftsnamen durchmessen. Manche andere Namen hätten noch hinzugenommen werden
können. Manche mögen auch dem spürenden Auge entgangen sein,
weil sie sich in undurchsichtigem Kleide verbergen.

Der nächste Aufsatz soll die Eigenschaftsnamen behandeln.

V. Eigenschaftsnamen.

Wir kennen alle aus der Geschichte die Namen Ludwig der Deutsche, Karl der Kühne, Heinrich der Eiserne, Philipp der Groß-
mütige und Heinrich der Zänker, Ludwig der Unartige von Thüringen; Friedrich der Fette von Hohenzollern. Die Träger dieser Namen sind aus ihren Stammesgenossen herausgehoben durch
ein Eigenschaftswort, das zunächst nur für den Erstbenannten
gilt und zutrifft. Auch bei Nichtadeligen war diese Auszeich-
nung in gutem und bösem Sinne durchaus üblich. In der Zeit,
in der es noch keine festen Familiennamen gab, und oft mehrere Kinder denselben Namen trugen, ergab sich von selbst ein
Unterscheidungsbedürfnis. Die äußerlichste Art war die Zäh-
lung "der erste, zweite, dritte" usw.; diese konnten wir in
unsern Zeiten beim Militär beobachten, wo man die verschiedenen Müller und Meier in der Kompanie einfach mit I II III
von einander schied. Aber der Hang des Menschen zur phanta-
sievollen Namenschöpfung zeigt sich auch hier. Alle Fehler
und Schwächen der Mitmenschen werden in den Namen hervorge-

hoben, aber auch alle guten und edlen Seiten. Wenn diese Fehler und Tugenden nun sich auch beim Sohne zeigten, konnte leicht der Beiname festgehalten werden. So erstarren die Beinamen allmählich. Aus "Hans der Kluge" wird unter Fortlassung des Geschlechtswortes Hans Kluge; der Vorname wechselt, der Beiname bleibt starr. So entwickeln sich mit der Zeit aus zunächst ganz persönlich gemeinten Namen Familiennamen.

Aber nicht nur aus Eigenschaftswörtern entstehen so Familiennamen, auch Hauptwörter können eine Eigenschaft hervorheben. Zu dem besonders tüchtigen und angesehenen "Karl" wurde etwa hinzugesetzt "Biedermann", zu dem unruhigen "Fritz" "Unruh".

Auch diese Beinamen erstarren.

Eine dritte Gruppe von Namen ergibt sich aus ständigen Redewendungen, die manche Menschen im Munde führen und die dann von den Mitmenschen als Namen aufgenommen werden. Bekannt ist der Babenberger Herzog Heinrich Jasomirgott. Dieses Jasomirgott ist entstanden aus "Ja so mir Gott helfe!" In der Gegend von Dortmund ist mir ein Mann begegnet, der immer "Woll nicht" (= Wohl nicht!) sagte; er wurde allgemein "Wollnicht" genannt. Auch sonst ist diese Art noch zu beobachten, besonders in engeren Gemeinschaften; mancher weiß vielleicht aus eigener Erfahrung Beispiele.

Das folgende Waldeckische Namengut ist sachlich geordnet.

1) Namen nach der Körpergestalt.
Curtze (Corbach): = der Kleine und mit K- Kurtze (Arolsen).

Daume (Wildungen, Kleinern), Daum (Sachsenhausen), Dumke (Corbach): alle drei von der kleinen Statur genommen = daumengroß. Dumke ist eine niederdeutsche Verkleinerungsform zu Daumen.

Dickhans (Mengeringhausen): dicker, starker Mensch; ebenso Dickmann (Mengeringhausen).

Feist (Arolsen): feist = fett, besonders im Süddeutschen.

Finger (Sachsenhausen): auch von der Körperlänge gesagt wie Daume.

Großer (Arolsen), Großjohann (Wethen), Groß (Wildungen, Braunau) sind wohl so verständlich, ebenso die niederdeutschen Namen Grote (Külte), Gröteke (Braunsen, Helsen, Schmillinghausen), Gröticke (Arolsen); die letzteren sind Verkleinerungen zu Grote.

Klein (Dehringhausen, Elleringhausen, Hesperinghausen, Gellershausen), Kleinfeller (Arolsen, kann auch = Kleinfelder sein, also von einem Ortsnamen abgeleitet werden), Kleinhenn (Arolsen, -henn = Heinrich), Kleinhans (Braunsen, O.-Werbe) sind aus sich klar.

Knoop (Wrexen) ist das niederdeutsche Wort für Knopf, in Rhoden gab es die Familie Knaup, die genau Knoop entspricht. Auch hier ist wohl ursprünglich ein kurzer, dicker Mensch bezeichnet worden.

Lange (Rattlar) ist klar.

Lütteke (Arolsen, Hesperinghausen, Landau, N.-Waroldern), Lüttecke (Gembeck) bedeutet "der Kleine"; der Name gibt zugleich Zeugnis von dem Vorhandensein des Wortes lüttek = klein, das heute meist von "klein" verdrängt ist und nur noch in Flurnamen und Restworten sein Leben fristet.

Dasselbe besagt der Name Lückel (Wellen), der auf niederdeutschem Boden geschaffen sein muß, obwohl die Verkleinerungssilbe -el heute mehr süddeutsch ist.

Schmale oder Schmal (Wildungen, Hundsdorf, Sachsenhausen) ist klar.

Strack (Arolsen), Stracke (Dehausen, Twiste, Dehringhausen) kommen von dem platten Wort "strack" = gerade, aufrecht.

Stärz (Corbach) ist das niederdeutsche Wort ster = Schwanz in hochdeutscher Form; hier ist vielleicht ein unruhiger, aufgeregter Mensch gemeint.

Stramm (Corbach) ist aus sich verständlich.

2) Andere Namen sind auf d i e H a a r - u n d H a u t f a r b e zu beziehen:

Braune (Neudorf, Wildungen, Sachsenhausen); Braun
(Wildungen, Mandern, Wetterburg); Fahl (Rhoden, Mühlhausen),
Vahle (Schmillinghausen, Wethen); Griese (Elleringhausen,
N.-Waroldern) = der Graue; Mohr (Mengeringhausen); Rothe
(Arolsen); Roth (Hesperinghausen); Schimmel (Kohlgrund);
Schöneweiß (Arolsen, Wildungen, Immighausen); Schöne (Mengeringhausen); Schönherr (Wildungen); Schwarze (Mengeringhausen); Schwarz (Bühle, Kohlgrund); Voß (Böhne) = Fuchs, allgemein für einen Rothaarigen gebraucht; Weishaupt (Helmighausen, Hesperinghausen, Neudorf, Wrexen, O.-Waroldern, Hüddingen, Netze, Sachsenhausen); Witte (Kohlgrund) = der Weiße.
Wahrscheinlich gehört hierher auch Raabe (Böhne), Rabe (Gellershausen, Gembeck), man vgl. Rappe.

Von den k r a u s e n H a a r e n reden die Namen
Kraushaar (Hesperinghausen, Wildungen, Gellershausen, Hüddingen), Krauskopf (Mengeringhausen, Twiste), Kruse (Wrexen)
und Wollenhaupt (Twiste).

3) v o n a n d e r n m e n s c h l i c h e n
E i g e n s c h a f t e n sind folgende Namen genommen:
Das was der Lateiner mit SENIOR und JUNIOR bezeichnet,
wird bei uns durch den Zusatz "alt" oder "jung" ausgedrückt.
So sind die Namen zu verstehen wie Jung, Jungmann, Jungheim,
Jungblut, Jungermann und Junkermann. Jungkurt (Züschen) hat
dabei an zweiter Stelle einen Vornamen. Der Name Aude (Böhne,
Hundsdorf) bedeutet wahrscheinlich "der Alte".

G u t e E i g e n s c h a f t e n werden in folgenden
Namen hervorgehoben:
Guth (Arolsen, Kütte); Gutmann (Massenhausen); Klug
(Affoldern); Kühne (Arolsen); Lachmuth (Hemfurt) = der einen
fröhlichen Sinn hat; Säuberlich (Arolsen); Stede (Massenhausen) = der Stete, Gradsinnige. Starke, gute Streiter werden
mit den Namen ausgezeichnet: Grimm (Corbach, Bergfreiheit);
Bitter (Gellershausen, Ottlar), das Wort hatte ursprünglich
eine umfassendere Bedeutung; Scharf (Arolsen), Scherf (Wrexen), Scherp (Wega) = der Scharfe, Schneidige; Schnelle
(Corbach). Ein Dickkopf bekam den Namen Harnacke (Vasbeck)=

Hartnacke; es wäre interessant festzustellen, ob die Eigenschaft sich bis auf heute vererbt hat. Ein etwas salziger Mensch wurde mit Saltzkorn (Neudorf) benannt, ein launischer, reizbarer mit Wunderlich (Helsen), ein jähzorniger mit Wütig (Rhoden).

4. Von L e i b e s f e h l e r n u n d S c h w ä - c h e n künden folgende Namen:

Bauch (Corbach) natürlich ist ein "dicker Bauch" gemeint; Damisch (Corbach), das Wort ist nur mitteldeutsch und süddeutsch, es bedeutet "stark, auch komisch, narrig"; Eirund (Corbach) siehe Bauch; Hasenschar (Landau, N.-Waroldern) = mit einer Hasenscharte; Hochbein (Corbach, Meineringhausen, Sachsenhausen, Nordenbeck); Kahle (Reinhardshausen, Wildungen) = "ene, de ehulpen hiät, Landogge up de Högge schouwen"; Krümmelbein (Sachsenhausen, N.-Ense) = Krummbein, auch Hinkender); Kuhaupt (Massenhausen, Wetterburg, Corbach); Fischhaupt (O.-Werbe); Lahme (Helmighausen, Twiste, Corbach); Nasemann (Wildungen, Freienhagen) = einer, der eine ungewöhnlich große Nase hat; Rehbein (Corbach) = mit dünnen, zierlichen Beinen; Scheele (Arolsen, Braunsen, Gembeck, Vasbeck) = der Scheeläugige; Schiewe (Züschen); Stummer (Nordenbeck); Viereckt (Züschen) = Vierschrötiger.

Als Anhang seien aus dem Urkundenbuch von Varnhagen die älteren Namen zusammengestellt, die in diese Zusammenhänge gehören; ich gebe sie der Zeitfolge nach.

1189 HEINRICUS longus (= der Lange) DE ERCLEN (Erkelen liegt bei Brakel);

1196 HERMANNUS junior (= der Jüngere) DE JTTERE, ebenso 1205; nach 1237 SIFRIDUS rost;

1239 ALBERTUS senior (= der Aeltere) DE METHEREKE (= Mederich b. Volkmarsen);

1268 . . . DOMINO HELMWICO DICTO Stotere (= der Stotterer);

1309 HERR HEINRICH Calp (= Kalb).

338

VI. Namen von Beruf und Amt.

    1. Namen aus dem bäuerlichen Lebenskreis.

    An die Spitze dieser sehr großen Namengruppe stellen wir
den alten ehrwürdigen Bauernstand und alle die Berufe, die
mit ihm zusammenhängen oder aus ihm hervorgegangen sind.

    Der Name Bauer kommt, soweit ich sehe, nur in Bad Wil-
dungen, Helmscheid und Nordenbeck vor. Der in Rhoden vorkommende Hausname Ackermann führt in den Kreis der Abstufungen
innerhalb der Ackerzunft hinein, die sich zum Teil bis in
die Mitte des 19. Jahrhunderts erhalten haben. Ackerleute
waren die Vollbauern, welche das alte Hufeland bebauten.
Sie werden auch, je nachdem, ob sie mit zwei oder einem
Pferde Dienste tun mußten, Vollspänner, Halbspänner oder
Viertelspänner genannt. Nur die Ackerleute hatten vollen Anteil an der Allmende und allen Nutzungen der Gemeinde. Dasselbe besagt die Namengruppe Hübner (Bad Wildungen, Corbach),
Höbener (Bad Wildungen). Sie sind Abkömmlinge von dem altdeutschen Worte huoba "Hufe". Die Größe einer solchen Hufe
schwankt; sie wird um 30 Morgen groß gewesen sein.

    Hofmann (Wildungen) bezeichnet den Inhaber eines Herren-
gutes, ebenso Höfer und Höfler (Bad Wildungen). Der Name Hof-
meister (Kohlgrund, Bad Wildungen) meint ursprünglich den
Oberknecht auf großen Gütern. Baumann ist der Pächter eines
Gutes. Daß der Name Lehmann bei uns gar nicht zu finden ist,
wird seinen Grund darin haben, daß die Besitzverteilung bei
uns andere Wege eingeschlagen hat als im Kolonisationsgebiet
des Ostens und Nordens, wo dieser Name so häufig ist. Er bezeichnet einen, der sein Gut zu Lehen trägt.

    Die Namen Häusler (Waldeck), Häusling (Braunau) scheinen
schwäbisch oder ostmitteldeutsch zu sein. Dort heißt ein
Bauer mit Häuschen aber wenig Ackerland so. Auf niederdeutschem Gebiet wird dasselbe durch Kötter (Mehlen) und Kötting
(Bad Wildungen) ausgedrückt.

    Ein Lehnwort ist der sehr häufige Name Meier, der in un-
zähligen Schreibungen auftritt. Er beruht auf dem lateinischen MAJOR (= der Größere, Höhere) und benennt ursprünglich

den obersten Leiter eines fränkischen Hofhaltes. Die fränkische Meierverfassung ist in unsre sächsischen Gebiete durch
die Karolinger hineingetragen worden. Aus dem ursprünglichen
Beamtenverhältnis entwickelte sich allmählich ein Lehnsver-
hältnis, schließlich bei der Zerschlagung dieser Hofgüter Erb-
pacht und Besitz. Bei uns sind mir folgende Zusammensetzungen
mit -meier begegnet: Arensmeyer (Helmighausen), Deuermeyer
(Arolsen), Henkemeyer (Arolsen), Hitzemeier (Mengeringhausen),
Holtemeier (Welleringhausen), Homeyer (Bad Wildungen), Krei-
meier (Corbach; = Krähenmeier), Müssemeier (Goddelsheim),
Neumeier, Nordmeier (Freienhagen), Obermeier (Rhoden), Reth-
meier (Bad Wildungen), Südmeier (ebd.), Stümeier (Helsen),
Viehmeier (Odershausen). Hierher gehört auch Meyerhoff (Arolsen). Der häufige jüdische Name Meier stammt aus dem hebräischen Worte me-ir "erleuchtend".

Die Gehilfen des Hofbesitzers treten in den Namen Stall-
mann (Mengeringhausen, Corbach), Schalk (Arolsen, Mengeringhausen), Nieschalk (Corbach; = der neue Knecht) hervor. Hierzu gehören auch die Schäfer, Neuschäfer, Scheffer. Der
Scheuermann (Landau) ist der Aufseher über die Scheuern
(Scheunen). der Name Meuser (Rhoden) bezeichnet ursprünglich
den Mäusefänger, der natürlich auch sonstiges Ungeziefer ver-
tilgte. Der Börner (Bad Wildungen) ist der Viehtränker; das
Zeitwort börnen "das Vieh tränken" ist heute noch lebendig.
Vielleicht ist Bornträger (Bad Wildungen) und Bornemann
(Arolsen, Schmillinghausen) dasselbe.

Spiekermann (Adorf) ist der Aufseher der Spieker, einer
besonderen Art von Scheunen.

2. Namen vom Schmiedehandwerk.
In den ältesten Zeiten war jeder Hausvater sein eigener
Handwerker. Früh schon stand aber der Schmied in besonderer
Wertschätzung, wie uns die alten Zeugnisse klar dartun. Es
wundert einen daher nicht, wenn die Namen aus diesem Gewerbe
sehr häufig sind. Schmid, Schmied, Schmidt, Schmids, Schmitz
usw. gibt es überall. Im Mittelalter war die Berufsteilung

in den einzelnen Zweigen des Schmiedehandwerks besonders groß.
In Frankfurt a.M. gab es im 14. und 15. Jahrhundert 31 verschiedene Berufe, die aus der Schmiedezunft hervorgewachsen
sind. Bei uns geben folgende Namen davon Zeugnis. Waldschmidt
(Lütersheim, Corbach) kommt von dem Orte der Schmiede. Der
Kleinschmidt (Kohlgrund, Neudorf, Rhoden, Ober-Waroldern) bearbeitet feinere Dinge als der Grobschmied. Der Scharschmied
(O.-Waroldern) macht Pflugschare, der Pinnschmidt (Fürstenberg) Nägel und Eisenstifte, der Messerschmidt (Corbach) Messer aller Art. Der Schwertfeger (Corbach) fertigt Schwerter.
Nöldner ist der Nadelmacher.

Spengler (Züschen) sind eigentlich Spangenmacher, Ble-
cher Blechschmiede. Die Keßler (Wildungen, Sachsenberg, Goddelsheim, Rhadern) waren früher unentbehrlich; sie waren die
Kesselflicker und zogen meist umher. Deshalb waren sie meist
nicht so angesehen wie die seßhaften Spengler. Beide Namen
scheinen übrigens auf mittel- oder süddeutsche Herkunft der
Familie zu deuten.

3. Namen vom Holzgewerbe.
Voran stelle ich die Schreiner (Heringhausen). Eine ältere Benennung war Kistenmacher; dieses Wort kommt vom lateinischen Wort CISTA = Truhe, verschließbarer Kasten. Bei uns
gibt es in Corbach den Namen Küstner, in Willingen Kistner.
Von den hochangesehenen Zimmerleuten reden die Namen
Zimmermann. Zu ihnen gehören auch die Bretthauer (Corbach)
und Birkenhauer (Sachsenhausen, Corbach), die Dielschneider
(Külte, Wetterburg) und Dilcher (Wildungen), Tilcher (Freienhagen). Die letzten beiden bedeuten dasselbe wie Dielschneider. Eindeutig sind die Namen Wagner, Wagener, Wegener usw.
und Küfer (Züschen). Zu den letzteren gehören auch die Namen
Bender (Corbach, Gembeck), "der Fässer bindet", und Fasler
(Bad Wildungen), ferner anderwärts die Böttner (Helsen),
Büttner. Der Bottichmacher ist der Böttcher (Elleringhausen,
Freienhagen), in niederdeutschen Formen Bödiger (Bad Wildungen), Bödicker (Usseln, Mengeringhausen), Büddecker (Flechtdorf, Ottlar). Bayerisch scheint der Name Schäffler zu sein;

es ist einer, der hölzerne Schöpfgefäße macht. Bekannt ist
der Tanz der Schäffler in München. In diese Richtung weist
auch der Moldenhauer (Albertshausen); in Waldeck ist die
Molle (= Mulde) beim Schlachten wohlbekannt. Der Ederkreis
sagt dafür allerdings meist Becken. Der Trogmacher heißt Trö-
geler (Usseln).

Besonders kunstfertig sind die Drechsler. Die niederdeutsche Form des Namens ist bei uns Dreßler (Bad Wildungen),
Drißler (ebd.). Eine Abart ist der Löffler (ebd.), der Holz-
löffel macht, und der Schüßler (Wethen), niederdeutsch
Schüttler (Lütersheim, Neudorf, Twiste, Orpetal, Eppe u.
sonst), die hölzerne Schüsseln machten. Es ist noch gar nicht
so lange her, daß man meist aus Holzschüsseln aß. Die Erfin-
dung des Porzellans (1709)hat das Gewerbe allmählich sterben
lassen.

Ein Stuhldreher (Corbach) und Stuhlmann (ebd.) fertigt
geschnitzte Stühle an.

4. Namen von den tuchverarbeitenden Gewerben.

Klar sind die vielen Schneider. Ein älterer Name steckt
in den Schröder (Bad Wildungen, Arolsen, Twiste), Schröter
(Bad Wildungen) und Schrader (ebd.). Sie gehen auf das mit-
telhochdeutsche schrôten "grob in Stücke schneiden" zurück.
Allerdings wird auch das Schneiden von Metallstücken zu Münzen "schroten" genannt, sodaß einige Namen auch dorther stammen werden. Andere erklären den Namen Schröder von den Leuten, die das Aufladen und Abladen schwerer Gegenstände, in
Weingegenden namentlich des Weines, zu besorgen hatten, auch
den Wein auf Flaschen zogen. Für unsere Gegend scheint mir
die andere Erklärung besser zu passen.

Ein uraltes Hausgewerbe ist die Weberei. Deshalb tritt
der Name für den Weber erst spät auf, weil man, besonders
auf dem Lande, den Hausbedarf an Stoffen selbst webte. Der
Leineweber, in niederdeutscher Form Linneweber (Corbach) hat
bei uns vielfach bei der Hausweberei zu helfen; er bringt das
gesponnene Garn auf den Webebaum, hilft die Einschläge auf-
machen und bekommt dafür seinen Lohn. Vor 150 Jahren war in

den Dörfern des Kreises Hofgeismar, wie ich der Arbeit "Topo-
graphisch-Statistische Nachrichten von Niederhessen" von Johann Christian Martin, Göttingen 1789, entnehme, die Leinewe-
berei eine der wichtigsten Erwerbszweige. So hatte z.B. die
Gemeinde Eberschütz folgende Zusammensetzung nach Berufen bei
400 Einwohnern: 3 Schneider, 3 Schuster, 26 Leineweber, 1
Müller, 1 Wagner, 3 Schmiede, 28 Ackerleute, 23 Tagelöhner,
darunter 5 Beisitzer. Das gewonnene Leinen oder auch das
Flachsgarn wurde durch Aufkäufer ausgeführt. Ich vermute,
daß es bei uns ähnlich war. Eine Untersuchung wäre lohnend.

Die verlateinte Form für Weber Textor lernten wir schon
früher kennen. Der Mann, der das Tuch zuzurichten hat, ist
der Walker (Fürstenberg). Auch der Glänzer (Corbach, Meineringhausen) wird in diesen Kreis hineingehören. Hüte macht
der Hutwelker (Corbach, Höringhausen, N.-Waroldern, Edersee),
Seile der Seiler (Corbach), Schleier zu den Frauenhauben der
Schleiermacher (Bad Wildungen). Der Kugler (Hüddingen) ist
einer der Gugeln "Kapuzen" macht; das Wort Kugel, Gugel liegt
auch dem Namen Linnekugel (Rhoden, Mengeringhausen) zugrunde.

5. Bäcker und Müller.
Das Müllergewerbe ist älter als das Bäckergewerbe;
trotzdem gibt es schon viele Namen von den Bäckern. Die
Becker, Beckers (zweiter Fall!), Beckmann, Beckert sind so
verständlich. Süddeutsch ist Beck.
Auch die Möller, Müller sind klar; auch Möhlmann (Wir-
mighausen) "Mühlenmann" gehört hierher. Scherzhafte Namen des
Müllers sind Kleinsteuber = Kleiensteuber (Sachsenhausen);
der Name ist nicht bei uns gewachsen; hier heißt die Kleie
Kliggen. Von einer einzelnen Mühle stammt der waldeckische
Name Kliffmüller.

6. Wirt und Metzger.
Erst der zunehmende Verkehr der neueren Zeiten hat das
Gewerbe des Wirtes entstehen lassen. Mit Sicherheit sind die
Namen Wirt, Wirth, Wirtz u. ä. aber nicht auf den Betrieb
einer Wirtschaft zurückzuleiten, weil wir noch heute das
Wort "Wirt" mehrdeutig gebrauchen. Man denke an "Hauswirt",

"Wirt" = Gastgeber usw. Aber der Name Jungwirt wird echt
sein. Sicher ist auch der Name Leithäuser, Leuthäuser (Züschen, Corbach, Rattlar u. sonst) hierher zu stellen; allerdings scheint es nicht niederdeutsch zu sein, da er das Wort
lît "Obstwein" enthält, der bei uns nicht so bekannt war. Die
Namen Schenk, Weinmann, Weingärtner sind so einleuchtend. In
Norddeutschland heißt das Wirtshaus "Krug"; daher stammen die
Namen Kröger, Krüger.

Die Bierbrauerei war ursprünglich auch ein Hausgewerbe.
Bei uns habe ich nur den Namen Brauer (Bad Wildungen) gefunden.

Von den Metzgern genommen sind die Namen Schlechter
(Vasbeck), Fleischhauer (Wildungen, Bergheim, Bergfreiheit,
Alt-Wildungen), Fleischhacker (Corbach) und Beinhauer
(Wethen, Helsen). Der Küttler (Corbach) verarbeitet die Ein-
geweide "Kutteln"; der Name scheint süddeutsch zu sein.

7. Barbier, Apotheker und Arzt.

Hierher gehören die Namen Scherer, Bartscher (Wellen).
Der Name Arzt (Mengeringhausen), Artzt (Sachsenberg) ist ein
Fremdwort, zugrunde liegt das lateinische ARCHIATER. Der
Apotheker ist mir nur in dem Rhoder Hausnamen allen Apete-
kers begegnet.

8. Musikanten.

Der Name Sänger (Rhoden, Corbach) kann von dem Vorsänger
in der Kirche (lateinisch CANTOR) hergeleitet werden, er kann
auch einen Dichter und Sänger bezeichnen. Geiger (Bad Wildungen) und Fiedler (Arolsen) meinen den Geigenspieler. Das Wort
stammt aus dem lateinischen VITULA "Geige".

Pfeifer (Wildungen u. sonst), niederdeutsch Pieper
(Corbach, Rhoden) sowie Pfeifferling (Wildungen, Sachsenberg,
Flechtdorf) bedeuten ursprünglich den Querpfeifer, später
aber überhaupt den Musikanten. Oft wurde das Musikantentum
als Nebengewerbe ausgeübt, wie bei uns auf dem Lande ja heute
noch. Vielleicht ist Lautemann (Arolsen) als Lautenspieler
zu deuten.

9. Das lederverarbeitende Gewerbe.

Die Namen Schumacher, Schumann leuchten so ein. Eine rein deutsche Namenfamilie ist auch die der Schuwirth (Wildungen), Schuchardt (ebd.), Schuhardt (Corbach). Sie sind entstanden aus Schuhwürchte, Schuhworchte = einer der Schuhe wirkt, anfertigt. Die Kunst feinerer Schuharbeit lernten unsre Vorfahren von den Römern. Daher stammen die Namen Suter, Sutter, bei uns Sautter (Wildungen), aus dem lateinischen SUTOR = "Schuhnäher". Verdeutlicht durch Schuh- wurde daraus schuohsuter; daraus zusammengezogen entstand der häufige Name Schuster, der also halb deutscher halb lateinischer Herkunft ist. Der Flickschuster heißt Büter; daher der Name Lüttgebüter (Wildungen) = der kleine Büter; die Familie muß aus dem Niederdeutschen stammen. Vielleicht ist auch Fleckner (Helmighausen) dasselbe.

Den Namen Gerber habe ich in Waldeck nicht gefunden. Vielleicht gehört der Name Scheler (Massenhausen) "einer der die Eichenrinden abschält" hierher, wenn er nicht einfach "Schielender" bedeutet.

Der Riemenschneider (Bad Wildungen) fertigt Riemen, Leibriemen, Gürtel. Ledertaschen macht der Beutler (Arolsen). Der Kürschner ist so verständlich.

10. Töpfer und Maurer.

Die Töpferei war ein Hauptfeld uralter Kunstfertigkeit. Sie hing stark ab von den Gegenden, wo brauchbare Töpfererde vorhanden war, war also nicht überall gleichmäßig verbreitet.

Die Römer brachten den Germanen die Drehscheibe. Eine aus dem Lateinischen abzuleitende Bezeichnung des Töpfers ist Euler in Reitzenhagen; (Auler, Ulner u. ä.), zugrunde liegt das Wort OLLA "Topf". Der Name Töpfer (Corbach) kommt erst im 15. Jahrhundert auf. Auf plattdeutschem Boden sind entstanden die Namen Pötter (Helmighausen), Pöttner (Bömighausen, Arolsen, Heringhausen, Rattlar).

Das Maurergewerbe ist jung, weil der Steinbau jung ist. Der Name Meurer (Arolsen) mit Umlaut scheint niederdeutsch zu sein. Die Namen Steinmetz (Corbach) und Steinbrecher (Wildun-

gen) sind so verständlich. Auch der Schieferdecker (anderwärts Leienbecker, N.-Waroldern) ist so klar wie der Name
Ziegler (Braunsen), Ziegeler (Goddelsheim). Der Thurnbauer
(Corbach) führt uns in die Zeit der mittelalterlichen Befestigungsanlagen und Kirchenbauten hinein; Thurn = Turm.

11. Die waldwirtschaftlichen Berufe.

Der Wald war in älteren Zeiten Gemeingut aller Freien
ebenso wie die Weide und Hude. Die Viehherden und besonders
die Schweineherden wurden darin gehütet und zur Mast gebracht. Mit der Zeit brachten die Territorialherrn immer mehr
alle Rechte daran an sich; von ihnen übernahm der moderne
Staat den wertvollen Besitz und schützt ihn durch Gesetze.
Anbau und Wildhege wird nach einheitlichen Regeln betrieben.
Als Reste des alten Zustandes ragen noch hier und da Gemein-
deforsten und Interessentenwaldungen (alter Markgenossen-
schaftsbesitz) in die Jetztzeit hinein. Die hierzu gehörenden
Berufe waren früher zahlreicher als heute. Die Namen Jäger,
Förster, Heger, Hegemann sind so verständlich. Auch der Name
Vogler (= Vogelsteller) ist uns durch das bekannte Gedicht
"Herr Heinrich sitzt am Vogelherd" geläufig. Der besonders
in Willingen häufige Name Bärenfänger wird von einem höfischen, besonders für den Bärenfang geeigneten und ausgebil-
deten Jäger genommen sein.

Die Namen Holzhauer, Holzmann sind so klar.

Den Kohlenbrenner bezeichnet der häufige Name Köhler.
Das Gewerbe hatte früher eine ganz andere Bedeutung als heute im Zeitalter der Steinkohle und des Oels. Die Holzkohle
und die Pottasche waren für viele alte Gewerbe unentbehrlich.
Es ist bekannt, daß unser Dorfname Kohlgrund nichts mit Rot-
oder Grünkohl gemein hat, sondern aus Köhlergrund (alte Form
Kollergrund) hergeleitet werden muß.

Die Namen Rüther, Reuter (Massenhausen, Helmighausen,
Arolsen) und Oberreuter (Eppe) sind vom Stamme reuten = ro-
den, urbar machen abzuleiten; das Wort Reuter = Wegelagerer,
Räuber ist fernzuhalten.

12. Namen vom Kriegshandwerk.

Schon beim Schmiedehandwerk haben wir ein Untergewerbe besprochen, das hierher gehört, den Schwertfeger, der die Schwerter zusammenfügte. Der Armbruster lieferte die Armbrüste. Der Name Pfeil (Mehlen) bezeichnet wohl den Pfeilschmidt. Der in Warburg bekannte Name Pielsticker kommt von dem Handwerker, der die Stecken (Schäfte) zu den Schuß- und Wurfwaffen fertigte. Die Namen Stecher (Alt-Wildungen) und Schirmer haben dieselbe Grundbedeutung "Fechter, berufsmäßige Turnierkämpfer". Der Schütz (Dehringhausen) ist der mit dem Bogen oder der Armbrust Geübte; einige Fälle werden vielleicht den Flurnamen meinen.

Der Büchsenschütz (Wildungen und sonst) weiß mit der Hakenbüchse umzugehen. Man muß sich einmal eine Abbildung des Büchsenschützen im 17. Jahrhundert ansehen, um einen Begriff zu bekommen. Der Name Bußler (Arolsen) geht auf die größeren Schießwerkzeuge die Bussen, Büchsen, Feldschlangen; er kann sie bedienen.

Ganz allgemein den reitenden Soldaten bezeichnet zunächst der Name Ritter; er wird erst später zu der heutigen Bedeutung verengt.

13. Der Kaufmann.

Der Kleinkaufmann ist in älterer Zeit Handwerker, weil jeder Handwerker zugleich seine Erzeugnisse vertrieb. Weil der Kern der Städter die Zünfte der Handwerker waren, heißen sie einfach "Kaufleute". Erst vom 13. Jahrhundert an gibt es Kaufleute in unserm Sinn.

Hierher gehören die Namen Kaufmann, Kramer, Krämer, Käufer (Goddelsheim). Eine uralte Bezeichnung des Kaufmanns ist Manger (Braunsen), der aus dem lateinischen MANGO kommt. Der Würzler (Arolsen) ist der Gewürzhändler. In diesen Kreis muß auch der Name Stößner (Arolsen) gezogen werden, der den Verlader der Waren benennt.

Von besonderer Wichtigkeit war in alten Zeiten der Salzhandel. Man hatte noch nicht die modernen Hilfsmittel zur Salzgewinnung. Wer Salz im Lande hatte, war reich. Bekannt

ist die Stellung der Hansestadt Lüneburg durch den Salzhandel im Mittelalter. Die Landesherren bemächtigten sich bald
der Rechte und hatten damit wichtige Einnahmequellen in der
Hand. Die Namen Sälzer, Sölzer (Mehlen, Affoldern) sind daher überall zu finden. Der Gänßler (Höringhausen) scheint ein
Geflügelhändler zu sein.

14. Die öffentlichen Berufe.

Auch aus den Beamtenstellungen sind manche Namen übernommen, weil oft das Amt lange Zeit in den Händen einer Familie blieb. Der Schultheiß (Bad Wildungen) war ursprünglich
ein herrschaftlicher Verwaltungsbeamter, der Gericht zu halten hatte. Erst später entwickelte sich daraus in manchen
Gegenden der frei gewählte Ortsvorsteher. Aus diesem Schultheiß entstammen alle die Tausende von Namen Schulz, Schulze,
Schulte, Scholz usw.

Eine ähnliche Entwicklung hat das Wort Richter durchge-
macht; es bezeichnet ihn zunächst im eigentlichen Sinne,
wird aber dann grade bei uns im niederdeutschen Teil zu
"Dorfbürgermeister".

Der Graf war ursprünglich der Gerichtsvorsitzende; auch
er ist zu dem "Dorfvorsteher", bei uns im Ederkreis, herab-
gesunken. Von ihm kommen die Namen Graf, Grafe, Grebe, Greve,
Gräf, Grewe, Holzgrebe, Landgraf, Markgraf und viele andere,
die nur teilweise in Waldeck vorkommen. Auch der Dinger (Rhoden) war Richter.

Der häufige Name Vogt, Voigt u.ä. ist aus dem lateinischen VOCATUS = Anwalt geworden.

Zu den vielen kleineren Aemtern einer Hofhaltung zählten die Renner, der Herbote (Bad Wildungen), der Sprenger
(= Springer, Läufer), der Schreiber, der Köchling (= Küchen-
meister). Wichtiger war schon der Kämmerer, der die Aufsicht
über die Gemächer, insbesondere die Schatzkammer hatte.

Norddeutsch mutet der Name Deichmann (Wildungen) an; er
hat dort die Aufsicht über die Deiche, die Schutzbauten gegen
die Meeresgewalten.

Der Name Schlüter, der bei uns häufig ist, bezeichnet

den Turmwächter und damit meist den Gefängniswärter.

Vom Zoll kommen die Namen Zöllner (Bühle), der Hausname
Töllners (Rhoden); von der Münzstätte der Name Münzer (Bad
Wildungen), wohl auch Geldmacher (Meineringhausen, Freienha-
gen).

An die kleinen Aemter, die die Kirche zu vergeben hatte,
erinnern die Namen Kirchner (= Kastenmeister, Einnehmer, auch
Kirchendiener), Küster, Köster (aus dem Lateinischen CUSTOS
"Wächter"), Opfermann, Oppermann (= der die Opfergaben ein-
sammelt), Glöcker (= Glockenläuter), Klöcker (Ottlar). Kerk-
mann (Mengeringhausen) wird dasselbe bedeuten wie Kirchner.
Bemerkenswert ist der Name Weyhrauster (Vöhl), der entweder
den Besorger des Weyhrauchs in der Kirche oder den Händler
damit meint.

Wir haben durch die Betrachtung der Berufsnamen einen
tiefen Einblick tun dürfen in das mittelalterliche Leben
überhaupt. Die starke Zergliederung des Handwerks zeigt uns,
wieviel auf der Handarbeit aufgebaut war, aber auch, wie
sorgfältig die Arbeit eingeteilt war, um allen ausreichend
Brot zu geben. Unser Maschinenzeitalter hat die Handarbeit
aus der Massenarbeit fast ganz ausgeschaltet. Früher hatte
man zu wenig Arbeiter für die Arbeit, heute zu wenig Arbeit
und zuviel Menschen. Und all das schlägt sich nieder in den
Namen und weiterhin in der Sprache.

Der letzte Aufsatz wird die Neck- und Uebernamen behandeln.

VII. Necknamen und Uebernamen.

Diese interessanten Gruppen von Namen berühren sich
stark mit der Gruppe von Eigenschaftsnamen, die wir in Kapitel V behandelt haben. Bei ihnen schon zeigte sich der Trieb
des Menschen, seine Mitmenschen durch Hervorheben besonderer
Eigenschaften auszuzeichnen. Auch die Necknamen und Uebernamen entspringen aus dieser Lust am Spott, am Schaffen tref-
fender, witziger Namen. Manche Menschen können besonders gut

solche Namen erdenken. In den Schulen benennen sich die Schüler gegenseitig; die Lehrer haben ihre, oft sehr treffenden,
oft auch hartherzig gesehenen Spitznamen. In den engen Kreisen der Dorfgemeinschaften sind viele Uebernamen im Schwange.
Manche Gegenden sind darin besonders schöpferisch, da läuft
kaum einer herum, der nicht einen Spitznamen hätte. Einer der
tieferen Gründe für die überquellende Lust an dieser Art von
Namenschöpfung mag darin zu sehen sein, daß in vielen Fällen
der Vorname wie der angeborene Familienname nicht mit dem
Wesen und der Aufführung des Betreffenden in Einklang steht.
Wenn ein armer Schlucker Reich heißt, ein übergroßer Mensch
Lüling (= Spatz), ein Griesgram Sonnenschein oder Frohsinn,
ein Alkoholgegner Bierhenkel, so muß das zum Widerspruch rei-
zen. Allerdings ist uns heute mancher Name so zur Scheide-
münze geworden, daß wir nicht mehr an seine ursprüngliche
Bedeutung denken.

Bekannt ist auch, daß unter den Landstreichern, den fah-
renden Leuten, die früher zu den unehrlichen zählten, Uebernamen noch heute üblich sind. In alten Fahndungslisten werden
diese Uebernamen immer mit angeführt, damit die Leute der Po-
lizei die Gauner besser auffinden können. Diese Uebernamen
waren oft auch Geheimnamen. Eine dritte Quelle von Uebernamen
haben wir in den Spitznamen der Handwerker zu sehen. Es war
in den Zünften des Mittelalters feste Sitte, den Gesellen
bei der Lossprechung vor offener Lade einen Spitznamen mit
auf den Weg in die Fremde zu geben. Die Namen waren je nach
der Zunft, ob Schmied, ob Schreiner, ob Metzgar usw., verschieden. Oft waren es Kernsprüche, die der Geselle liebte,
oft ironisierende Namen, wie etwa: Tu kein gut, Tausche gerne, Hans Frißumsonst, Hans Seltenfröhlich, Urban Machleim-
warm u. a. Diese Uebernamen und Necknamen sind zunächst nicht
fest, sie können mit dem ersten Träger wieder verloren gehen.
Aber sie konnten auch wohl durch die Stadtschreiber in die
Zehntlisten aufgenommen werden; dort wurden sie festgehalten,
auf die Söhne übertragen, wurden fest. Necknamen können aber
auch zu Ehrennamen werden und dann willig festgehalten werden.
Bekannt sind aus der Geschichte die Geusen (aus franz. GEUX

= Bettler), Spottname der niederländischen Edelleute, die sich
gegen Philipp II. von Spanien zusammengeschlossen hatten; sie
nahmen den anfänglichen Spottnamen als Parteinamen auf. Jeder
von uns kennt wohl aus eigenem Lebenskreis solche Necknamen,
sodaß ich mich hier kurz fassen kann.

In der Anordnung der nun folgenden Namen folge ich dem
sehr nützlichen Buche von J. K. Brechenmacher, Deutsches Na-
menbuch, Stuttgart 1928, dem ich auch sonst für diese Aufsätze viel verdanke.

1. Necknamen aus dem Tierreich.

Baehre, Baer (Bad Wildungen) = Bär "Eber" (platt in Rhoden Baiere); Bock (Arolsen, Corbach, Giflitz, Wellen); Eich-
horn (Arolsen); Finke (Bühle); Ganß (Corbach); Geiß (Corbach)
= "Ziege"; Gimbel (Braunau)= "Gimpel"; Hamel (Corbach, Meineringhausen, Herzhausen) = "Hammel"; Hahne (Herbsen, Neudorf) = "Hahn"; Hänel (Wildungen) "kleiner Hahn", der Name
weist nach Süddeutschland; Harmel (Arolsen) "Hermelin"; Kalb-
fleisch (Vöhl); Kluckhuhn (Corbach); Kreh (Arolsen, Dehausen,
Hörle) = "Krähe"; Kuckuck (Helsen, Bühle); Lamm (Arolsen);
Lühning (Corbach) = "Lüling, Sperling"; Lüling (Gellershausen); Markolf (Odershausen, Basdorf), das Wort ist der Name
des Hähers, den wir früher schon erklärt haben; der Vogel ist
der Warner des Waldes; Röling (Wrexen) = "Frosch" und zwar
sind "Rölinge, Relinge" die singenden Frösche; Schellhaas
(Züschen), Schellhase (Wellen) "scheu aufspringender Hase";
Vogel (Rhoden), Vogell (Arolsen), die Schreibung mit -ll
stammt aus dem 16., 17. Jahrhundert, wo doppelte Konsonanten
(Mitlaute) immer und überall ohne Grund gesetzt wurden.

2. Namen aus dem Pflanzenreich.

Appel (Giflitz); Bohne (Corbach, Arolsen); Hetterich
(Corbach) "Hederich", die Unkrautpflanze; Hoppesack (Meineringhausen) "Hopfensack"; Kesper (Arolsen) "Kirsche"; Knub-
lauch (Wildungen, Külte); Rübsam (Corbach) "Rübensamen";
Weinreich (Freienhagen, Gellershausen).

3. Namen von Naturerscheinungen.

Deuster (Corbach) "düster, finster"; Funke (Arolsen);
Regenbogen (Corbach), hier wird ein Hausname zugrunde liegen;
Sonnenschein (Gellershausen).

4. Namen von Speisen und Getränken.

Butterweck (Rhoden, Helsen, Neudorf, Twiste, Arolsen);
Eigenbrod(t) (Twiste, Giflitz, N.-Waroldern); Käse (Bad Wil-
dungen); Kinkel (Bad Wildungen) = "Speckstücke"; Kohl, Köhl
(Dehausen) = "Kohl"; Haarseim (Mengeringhausen, Helsen,
Schmillinghausen) "dünn fließender Honig"; Milbrodt (Lenge-
feld) = "Milchbrot"; der Name weist nach Süddeutschland;
Pfannkuch (Rhoden, Helsen); Schmalz (Königshagen).

5. Namen von Werkzeugen.

Beil (Arolsen); Danzglock (Wildungen), Danzeglocke
(Goddelsheim) = "tanzende Glocke", einer der gerne tanzt;
Knüppel (Hemfurth, Sachsenhausen, Waldeck, Bergfreiheit, Wil-
dungen); Knieriem (Corbach) ist meist Spottname des Schuh-
machers; Knebel (Gembeck, Helmighausen); Knöppel (Bergheim);
Knüttel (Bergfreiheit), die Latinisierung dieser Namen ist
Scipio; Kiepe (Mühlhausen); Leinpinsel (Mengeringhausen) =
"Leimpinsel" wie in Limpinsel (Bad Wildungen); Trummel (Arol-
sen, Corbach) = "Trommel"; Zangl (Neukirchen) = "kleine Zan-
ge".

6. Namen von Kleidungsstücken.

Hensche (Helsen) vielleicht = "Handschuh"; Kranz (Hn.
Rhoden); Linnekugel (Rhoden, Heringhausen) = leinene Kapuze";
Ritterbusch (Arolsen) ="Helmbusch", es kann auch ein Flurna-
me zugrunde liegen.

7. Münznamen.

Grosche (Corbach); Hundertmark (Lütersheim); Pfennig
(Goddelsheim); Schilling (Vasbeck); Weispfennig (Mengeringhausen), lateinisch Albus, auch dieser Name kommt in Waldeck
vor; Zehnpfenning (Corbach).

8. Zeitnamen.

Herbst (Arolsen); Freitag (Hesperinghausen, Arolsen);
Sonntag (Bad Wildungen); Winter, ein Geschlecht dieses Na-
mens ist in Waldeck von 1287 bis 1631 bezeugt; in Rhoden gab
es 1471 einen herrschaftlichen Meier namens Hans Vastelavent.
Ein spätgeborenes Kind war ursprünglich der Späthling (Bad
Wildungen.

9. Verwandschaftsnamen usw.

Bräutigam (Bad Wildungen, Landau, Wellen); Erbe (Freienhagen, Rhoden).

10. Namen von Würdenträgern.

Bischof, Herzog, Kaiser, Keiser (Corbach), König, Pabst,
Münch (sehr häufig) = "Mönch". Bei diesen Namen kann auch ein
Hausname hineinspielen. In älterer Zeit war es üblich, bemerkenswerte Häuser mit besonderen Namen zu belegen; sehr oft
war damit ein Hauszeichen verbunden. Ein Rest dieses Brauches
ist in den Wirtshausnamen zu sehen, z.B. zum Schwan (Rhoden),
zum letzten Heller (Dehausen) usw. So könnten auch Häuser
"zum Bischof" usw. genannt gewesen sein; in andern Gegenden
gibts Beispiele dafür. Der Name Münch kann entweder meinen,
daß der erste Namensträger ursprünglich Mönch war, es ist
aber auch möglich, daß ein Leibeigener eines Klosters so benannt wird, endlich kann einer mit mönchischem Gehabe neckend
so bezeichnet werden.

11. Satznamen.

Diese Gruppe ist besonders bemerkenswert. Die Namen
stammen wohl meist aus dem oben angedeuteten Zunftkreis. Sie
sind zum Teil in Befehlsform gehalten, zum Teil ist ein "Ich"
.. davor zu setzen. Wir haben solche erstarrten Sätze auch
sonst in unsrer Sprache. So sprechen wir von einem Nimmer-
satt, Habenichts, Taugenichts, Störenfried. In Rhoden ist
ein Rechthaber ein Hawwerächt = "Ich habe recht".
Der Name Beisenherz (Corbach, Sachsenberg) hat mit Herz
nichts zu tun; er ist ein Jägername und bedeutet "beiß den

Hirsch". Bleibtreu (Helsen), Eskuche (Wildungen, Hörle) =
"Iß Kuchen"; Hastenpflug und Hassenpflug (beide Corbach) bedeuten beide dasselbe "ich hasse den Pflug", das hat einmal
ein Bauer gesagt, der des Pfluges überdrüssig war und deshalb
zu einem andern Beruf überging. Hauschild (Mehlen, Bergheim)
ist "hau auf den Schild". Hebekerl (Corbach) heißt "ich hebe
den Kerl", Hegewald "hege, hüte den Wald". Hippauf (Wellen)
"hüpf auf" ist wohl von einem Vortänzer gemeint. Inthorn
(Helsen) ist "(stoß) ins Horn". Kauerauf (Mengeringhausen)
bedeutet vielleicht "achte darauf". Nehrdich (Corbach) heißt
"nähre dich". Pfendesack (Arolsen) ist "ich pfände den Sack
(Tasche)". Reddehase (Wrexen) meint "rette den Hasen". Rie-
mekasten (Rhoden) bedeutet wahrscheinlich "räume den Kasten",
wäre also wohl von einem Strauchritter zuerst gebraucht.
Rinninsland (Neudorf) und Rennesland (Reinhardshausen) besagen dasselbe "lauf ins Land", von landfahrenden Leuten gebraucht.

Schluckebier (Arolsen, Sachsenhausen, Wellen, Twiste,
Bad Wildungen, Höringhausen, Elleringhausen) ist klar.
Schmiermund (Mengeringhausen) ist "schmier den Mund". Schu-
nicht (Corbach) bedeutet wohl "scheue nicht". Schwingenheuer
(Arolsen) heißt "schwing den Häuer", ein Name des Bergmanns.
Schytrumpf (Neukirchen) ist "schüttle den Rumpf", gebildet
wie Schüttesper "schüttle den Speer", Schüttenhelm "schüttle
den Helm", Schüddekopf "schüttle den Kopf". Siedentopf (Arolsen) wil sagen "Koch den Topf".

Einige mit noch nicht ganz klare Namen übergehe ich.

Damit wären wir am Ende unsrer langen Reise durch das
Reich der Familiennamen in Waldeck angelangt. Nach Möglichkeit wurde nur Sicheres oder Wahrscheinliches geboten. Bei
weiterem Forschen, besonders in alten Urkunden und Familien-
papieren, wird sicher noch manches Neue gefunden werden. Hoffentlich regen diese Aufsätze zu neuen Bemühungen um dies
wichtige Gebiet waldeckischer Kulturgeschichte an.

DIE BEZAHLUNG DER "AMTSDIENER" IM 17. JAHRHUNDERT.

In einem alten Kopialbuche finde ich folgende interessante Zusammenstellung über die "Dienerbestallung" im Amte
Rhoden.

"Der Ambtman bekomt jährl. 73 Thlr. Geld, 7 Mütte Rog-
gen, 26 Mütte Hafer, 6 Mütte Gerste, 8 Spind Weitzen, 8 Spind
Erbßen, 8 Spind Saat, 8 Spind Saltz; der Landrichter 6 Thlr.
Geld, 10 Mt. Hafer; Forstschreiber U f f e l [1] vom Forst
33 1/2 Thlr. Außerdem 4 Thlr. Geld, 20 Sp. Hafer; Geometra
M e i ß n e r [2] 17 Thlr., 7 Mt. 8 Sp. Roggen, 13 Mt. Hafer;
Registrator R a u c h b a a r 20 Thlr.; Oberjäger K ä -
s e b e r g aus dem Forste 28 3/4 Thlr., außerdem 12 Thlr.,
16 Mt. 8 Sp. Roggen, 10 Mt. Hafer, 4 Sp. Weitzen, 4 Sp.
Erbßen, 2 Sp. Saat, 2 Sp. Saltz; Förster zu Wethen D e n -
t h a l aus dem Forste 26 Thlr. 26 Gr.; außerdem 13 Mt. Roggen, 5 Mt. Gerste, 8 Sp. Weitzen, 4 Sp. Erbßen, 6 Sp. Saat,
6 Sp. Saltz; Förster von Neudorff T e w e s von Forst 10
Thlr., außerdem 3 Thlr., 3 Mt. Roggen, 1 Mt. Hafer, 1 Mt.
Gerste; Zeugknecht M a r t i n M e l c h i o r 3 Mt. Roggen, 2 Mt. Gerste; Thiergärtner[3] M o r i t z von Forst
40 Thlr., außerdem 6 Mt. Roggen, 3 Mt. Gerste, 2 Sp. Weitzen,

---

[1] Dieser lebte nach Leiß (Geschbl. 7 101) von 1637-1703 und
hieß Philipp Friedrich. In seine Amtszeit fällt also diese
Uebersicht der Gehälter. Er kehrt auch in den Rhoder Schäfe-
reirechnungen dieser Zeit wieder.

[2] Von ihm liegt die Kopie einer sehr wertvollen Zeichnung
des "Stat Rhodischen Grundrisses" vom Jahre 1682, die er 1688
angefertigt hat, im Waldeckischen Archiv. Er wird, wie der
Schieferdecker bei dem Neubau des alten Schlosses Rhoden durch
den Fürsten Georg Friedrich mitgewirkt haben und bei der
Grundlegung der Neustadt beteiligt gewesen sein. Vermutlich
gehen auch noch andere Pläne und Zeichnungen des Waldeckischen Archivs auf ihn zurück.

[3] Der Tiergarten bei Rhoden war 1650 angelegt.

2 Sp. Saat, 1 Sp. Saltz; Deichgräber R i c u s   K l e i n e
7 Thlr., 1 Mt. 8 Sp. Roggen, 8 Sp. Gerste; Waßerleyther
J o h a n n   L e y d t h ä u s e r   2 Mt. Roggen; Zaunwärter
Z a c h a r   B ä r e n f ä n g e r von Forst 4 Thlr. 26 Gr.
außerdem 1 Mt. 8 Sp. Roggen, 8 Sp. Gerste, 1 Sp. Weitzen, 1
Sp. Erbßen, 1 Sp. Saat, 1 Sp. Saltz; Gärtner J a c o b
E r b e   4 Thlr., 6 Mt. Roggen, 6 Mt. Gerste, 4 Sp. Weitzen,
4 Sp. Erbßen, 4 Sp. Saat, 4 Sp. Saltz; Garthen Geselle 16
Thlr., Garthen Junge 12 Thlr., 3 Mt. Roggen, Garten Knecht
wöchentl. 4 Kobst., 36 Thlr.; Amts Voigde C u r d t
S p a d e und P h i l i p p   D r ä k e je 11 Thlr. 16
gr., 4 Mt. Roggen, 1 Mt. Hafer, 2 Mt. Gerste, 4 Sp. Weitzen,
4 Sp. Erbßen, 2 Sp. Saat, 2 Sp. Saltz; Burg Voigdt C o r -
n e l i u s   S i m o n 6 Thlr. 24 gr., 3 Mt. Roggen, 1 Mt.
Hafer, 1 Mt. Gerste, 2 Sp. Weitzen, 2 Sp. Erbßen, 2 Sp. Saat,
2 Sp. Saltz; Wiesemann H e n r i c h   S i n g e r 8 Thlr.
32 gr., 4 Mt. Roggen, 1 Mt. Hafer, 2 Mt. Gerste, 2 Sp. Weitzen, 2 Sp. Erbßen, 2 Sp. Saat, 2 Sp. Saltz; Leyendecker[4]
H a n ß   B u r c h h a r d t 1 Mt. Roggen, 1 Mt. Gerste."

Auffällig ist die hohe Geldzahlung an den Gartenknecht
und die an den Thiergärtner. die waldeckischen Oberförster
hießen bis weit in das vorige Jahrhundert hinein (vermutlich
bis 1868) Oberjäger. Der Zaunwärter mußte wohl die Wildgat-
ter beaufsichtigen. Der Zeugknecht hatte die Waffen unter
sich.

---

[4] = Schieferdecker; das Schloß war mit Schiefer gedeckt.

KLAGGES UND KLOWES IM WALDECKER LAND.

In den vor uns liegenden Wochen mit all ihrer Heimlichkeit und
Seligkeit besonders für die Kinderherzen kommt auch in den
meisten waldeckischen Orten der K l a g g e s oder K l o -
w e s . Wie die Kartenskizze zeigt, ist der Name Klagges
hauptsächlich im Kreise der Twiste und des Eisenbergs verbreitet, Klowes meist im Ederkreise. Aber im Klaggesgebiet finden
sich auch Klowese, so in Dehausen, Wethen, Vasbeck und Mengeringhausen, auch für Massenhausen und Lütersheim wird diese
Form bezeugt. Im Ederkreis ist Klowes erweitert durch das
Wort Schotten -, so daß der Schottenklowes entsteht. Sprachlich sind diese Formen so zu beurteilen. Klagges und Klowes
gehen beide regelrecht auf Klaus, die deutsche Form von Nikolaus, zurück. Schottenklowes ist aus Schottenstrohklowes entstanden, also verkürzte Form; denn der Klowes wird in Schottenstroh = Erbsenstroh eingehüllt. Der volle Name Nikolaus ist
um Rhoden einigemale belegt, ferner in Neukirchen, Frebershausen, Bringhausen, Niederwerbe, Braunshausen und Hommershausen.
Ueberall ergeben die Bemerkungen aus diesen Orten, daß der
Nikolaus nur zu vereinzelten Familien komme, nicht allgemein
sei u.ä. Die ältere Schicht liegt zweifellos in den Klagges-
Klowes-Namen vor, die in den eben genannten Nikolausorten auch
einmal gegolten haben, aber irgendwie verschwunden sind.

    In Sachsenberg und den südlichen Orten Somplar und Ren-
gershausen finden sich die echt mundartlichen Formen Niklas
und Nikläwes. Soweit der sprachliche Befund.

    Die Volksmeinung führt nun den Nikolaus ohne Einschrän-
kung auf den Sankt Nikolaus, den katholischen Heiligen, zurück, der am 6. Dezember seinen Geburtstag hat. Auch ein ka-
tholischer Forscher, der diesem Heiligen und seinem Kult ein
dickes Buch gewidmet hat, führt all die vielgestaltigen Gestalten, die am 6.12. auf deutschem Boden ihr Wesen treiben,
nur auf den Bischof von Myra in Lykien zurück, der im 5. Jahrhundert gelebt hat. Tatsache ist, daß sich seit dem 10. Jahrhundert Kultstätten des St. Nikolaus in Westdeutschland nach-

weisen lassen. Wahrscheinlich hat die byzantinische Gemahlin des Kaisers Otto II., Theophano, den Heiligen mitgebracht und verbreitet. Eine größere Verbreitung nahm sein Kult an, als seine Gebeine im Jahr 1087 von Myra nach Bari in Unteritalien gebracht wurden. Man kann genau verfolgen, wie die Zahl der Kirchen und Kultstätten, den Hauptverkehrsstraßen folgend, immer mehr zunimmt, bis sie im 16. Jahrhundert die Zahl 2200 erreicht. Auch in Waldeck waren die Kirchen von Korbach-Neustadt und Elleringhausen Nikolaus geweiht. St. Nikolaus soll nach der Legende drei ermordete Schüler wieder zum Leben erweckt haben, er soll einer armen Jungfrau eine Aussteuer gegeben haben u. a. m. Er gilt als Patron der Seeleute und Fischer in Sturmesnot; deshalb sind an den Küsten so zahlreiche Nikolai-Kirchen zu finden. Ferner schützt er die Flößer, Reisende zu Wasser und zu Lande, Brückenbauer, Kolonisten, Händler aller Art, Bäcker, Apotheker usw. Kinderlose bitten um seine Hilfe. So wurde der St. Nikolaus zu dem nach der Muttergottes beliebtesten Heiligen der katholischen Kirche

Die heutige Stellung im Volksbrauch der Weihnachtszeit könnte zur Not aus der obigen Schülerlegende erklärt werden.

Aber unser Kärtlein und die Tatbestände schon in unserem kleinen Waldecker Bereich geben Rätsel auf, die auf andere Spuren führen, die sich nicht mit dem würdigen Bischof und Heiligen vereinen lassen.

Daß der Klagges oder Klowes sich nicht an seinen Tag hält, daß er am 5.12. oder in der ganzen Adventszeit oder erst Weihnachten kommt, kann hingehen, obwohl es Bedenken erregt.

Daß aber der Klagges auch am Schlachtefest erscheint (Gembeck, Marienhagen, Bergheim, Rhena und Netze nur) und in Neudorf auch Fastnacht, das will zu der Gestalt des würdigen Heiligen nicht passen.

Wenn man sich nun gar überlegt, daß der Nikolaus mit Erbsenstroh umwickelt wird, so scheint das doch schon fast eine Verhöhnung des heiligen Mannes zu sein. In Giflitz ist man der Schwierigkeit aus dem Wege gegangen, dort kommt der Klowes in Begleitung des Schottenklowes (also zwei Klowese). In vielen Orten ist der Klowes von einem Schwarm von Klowesen umgeben,

ins Kinderreich ganz hinabgestiegen; und die Klowese heischen
Gaben aller Art. So sagt der Klowes in Mehlen den Vers auf:
"Ich bin der kleine Dicke / Und wünsche Euch viel Glücke. /
Ich wünsche Euch ein langes Leben! / Ihr müßt mir auch 'nen
Fünfer geben."

In Hemfurth erscheint der Nikolaus am 24.12., der Schottenklowes am 1.1.; in Affoldern Schottenklowes und Nikolaus
am 6. und 31.12.; in Elleringhausen Klagges und Nikolaus.

In Oberwaroldern ging in den neunziger Jahren ein Zie-
genbock mit. In Volkmarsen tritt der Nikolaus mit dem Knecht
Ruprecht auf, in Mühlhausen ist in seiner Begleitung der Böh-
mann, in Flechtdorf das Christkind und der Erbsenbär (vgl.
Schottenstroh!) Eppe und Hillershausen lassen den Knecht Ruprecht mit Engel auftreten. Es findet sich also eine merkwürdige Aufspaltung der Gestalt des Nikolaus und eine Reihe von
Beigestalten, die mit dem Heiligen gar nichts mehr gemein haben.

Man hat auch diese zum Bilde des heiligen Mannes nicht
passenden Züge aus der Legende des Heiligen erklären wollen
und gesagt, der Nikolaus habe eben, als er zu den Kindern her-
abstieg, eine gute und eine böse Seite annehmen müssen, der
freundliche Geber und der böse Strafer werden müssen.

Aus der letzteren seien die Maskierungen hervorgegangen,
die die bösen Kinder schrecken sollten.

Aber diese Erklärungen genügen nicht. Man muß bei sorg-
fältiger Prüfung und bei einem Vergleich aller deutschen Ueberlieferungen vielmehr annehmen, daß bei diesem Brauchtum um den
6.12. die Kirche wieder altes germanisches Gut übermalt und so
zu beseitigen gesucht hat. Der 6.12. ist im Volksglauben Los-
tag, an dem das Schicksal bestimmter Tage des kommenden Jahres
bestimmt wird. Ferner finden sich bestimmte Züge, die auf den
Schimmelreiter hinweisen, der wieder zu Wodan in Beziehung gebracht wird. Schließlich verbirgt sich hinter dem Ruprecht der
rauhe Bercht, der rauhe Strahlende, der in Tirol unter eigenartigen Bräuchen mit dem Brauchtum der Zwölften, der heiligen
Wintersonnenwende unserer Vorfahren, Zusammenhang hat. Schließlich ist der Erbsenbär auch sonst bezeugt und als Sinnbild des

Winters zu deuten, wie das Erbsenstroh, in das unser Klowes
sich einhüllt.

Zwei Entwicklungsströme sind in einander geflossen, der
ältere, germanische, vorchristliche, hat seine Kraft darin bewiesen, daß er sich, wenn auch in oft eigenartiger Gestalt,
erhalten hat, und den jüngeren, christlichen, so in seinen
Bann hineingezogen hat, daß er sich des Heiligenscheines hat
entkleiden müssen.

So sind schließlich die verblaßten Bilder, die sich aus
dem Brauchtum um den 6. Dezember und seiner Gestalten gewinnen lassen, ein Widerschein uralter Naturverbundenheit unserer
Altvordern, die sie in kraftvollen Sinnbildern, aus der Zeit
des Dunkels, der tiefen Ruhe in der Natur, zur Sonne, zur
Zeit neuen Werdens hinüberführte.

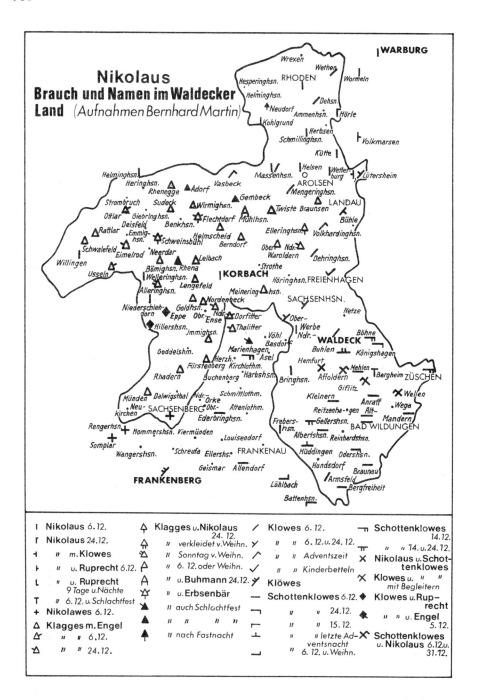

DIE RHODER SCHREINERZUNFT VOM 17. BIS ZUM 19. JAHRHUNDERT.

Vor 16 Jahren habe ich "Von der Rhoder Schusterzunft im 17. und 18. Jahrhundert" das Wesentliche berichtet und nach den Schäfereiordnungen von 1622 und 1715 das Leben der Ackerzunft geschildert (vgl. "Mein Waldeck" 1924 Nr. 2,3,4,17,18). Nun ist mir auch das Protokollbuch der Schreinerinnung zugänglich geworden durch das Entgegenkommen des ältesten Rhoders, des Schreinermeisters Grineisen, der auch noch Reste der Zunftinsignien in treuen Händen aufbewahrt.

Rhoden war bis 1816 Sitz eines Amtmanns, von da an bis zur Kreiseinteilung 1868 Sitz eines Oberjustizamtes. Zu diesem Amt gehörten bis 1816 die Orte Dehausen, Ammenhausen, Wethen, Wrexen; für sie galt auch die Zunftordnung.

Im Gegensatz zur Schusterzunft, die sich ihre Regeln offenbar selbst gegeben hat, auch früher dazu gekommen zu sein scheint als die Schreiner, gibt diesen der Landesherr Graf Georg Friedrich, der 1782 in den Reichsfürstenstand erhoben wurde, die Artikel. Sie lauten wörtlich in der Abschrift des Zunftbuches folgendermaßen:

"Wir Georg Friderich, Graff zu Waldeck, Pirmont vnd Culenburg, Frei Herr zu Palant, Wittum, Werth, Domprobst zu Halberstadt, der Ritterlichen St. Johanniter Ordens. Ritter, Commandator zu Lagaw, der Vereinigten Niderlandischen PROVINCIEN Generalfelt Marschall und Gouverneur in Mastricht thun kundt und bekennen vor unser Erben und Nachkommen, demnach Unsere Unterthanen und Schreiner deren Ämbter undt Stätte Arolsen, Mengeringhausen, und Rohden und Eilhausen uns in Unterthänigkeit angelangt, sie mit einer Zunftgilde und Brüderschaft auch dar zu nötigen Ordnungen und Satzungen in Gnaden nicht allein zu versehen, sondern auch nach erforderer Notturft zu fester Haltung zu bestetigen und zu confirmiren, wan wir unß dan gnugsam erinnern, das zu Erhaltung guter gemeiner Policei auch derer Unterthanen Nahrung, Heil und Wollfart guter beständiger Ordnungen vonnöhten, und ohne solche nichts beständigs stehen und bleiben kan, so haben umb desent-

willen, so woll als umb dieser unserer Unterthanen und Schreiner Bitten willen, wir ihnen mit Verleih- und Bestetigung einer
Gilde Zunft und Brüderschaft nicht entgegen sein, sondern sie
damit gnädig versehen und begnadigen wollen, begnadigen und
bestetigen dieselbe auch himit und in Kraft dieses Briefs,
also das sie Schreiner und ihre Nachkommen, nachgesetzte und
punctirte Articul undt Satzungen unverbrüchlich zu halten,
und derenselben aller dings gemes zu leben, verpflichtet undt
verbunden sein sollen.

1. Anfänglich statuiren setzen und ordnen wir, das der
jene so dieses Handwerk lernen oder wan er eß erlich gelernet , gewunnen undt Meister werden will, ehr umb ehrlich gebohren, keiner Leibeigenschaft unterworfen, und
seiner Geburt undt Herkommens halber gnugsam undt beglaubte
schriftliche Urkunde, auf Erfordern vorlegen können.

2. Zweitens soll der jene welcher sich bei diese Zunft
zu lernen begeben will, sich dem Hantwerck oder Zunftmeister stellen, undt, wan er dem ersten Articul gemes befunden, zugelassen, undt drei Jahre in der Lehre stehen, auch
ehe er zum Meisterstück gelassen wirt, drei Jahre gewandert
haben.

3. Wan dan drittens sich die Lehre und Wandersjahre ge-
endigt, undt solch einer Meister werden will, undt diese
Schreinerzunft gewinnen wolte, sol er der Zunft oder dero
vorgesetzten Meisteren sich abermahl stellen, von denen
selben Masstab begehren, undt solchem nach einen reinen
Riß, von einem Kasten, Rahmen, einem Tische mit Auszüggen,
Kleiderschranck oder Kasten, oder auch von einem Trisor
und Brettspill ververtigen, undt denen Meistern presentirn,
wan sich dan die Risse ohntadelhaft und richtig finden, so
sollen aus vorbesagten Stücken die Meistere eins oder auch
woll zwene Stück wehlen, undt dem Gesellen raumliche Zeit
undt Ortt setzen, und melden innen welcher er solche fertig
schaffen und der Zunft vorlegen soll, fals aber die Risse
ohnricht- und ohnförmlich befunden würden, soll kein Gesell

zum Meisterstück gelassen, sondern sich dazu ferner undt
solange biß solcher ohntadelhaftig erkant wirt bearbeiten.

4. Da aber virtens der Riß undt demselben die Arbeit gemeß vor preislich undt thüchtig befunden würde, so soll der
Geselle wan er inländisch die Zunft mit 8 Rthlr. halb beim
Ambte undt der Statt wo er gesessen, mit der andern Helfte
aber bei dieser Zunftladen gewinnen, fals aber derselbe
frömbd undt außländisch, sollen es zehen Rthlr. undt gemeiner Statt die Helfte, jedem der virte Theil, die ander
Helfte aber der Zunft zu nötig ehrlichen Sachen erlegt und
bezahlt werden; darzu soll er der Zunft oder dem Hantwerck
einen Dreiling Bier, einen Tex Kese (Käse von der holländischen Insel Texel) à 10 Pfd. und vor 5 schl. (= Schillinge) Wecken zur Ergetzlichkeit reichen, da es aber eines
Zunftbruders von dieser Gilden Sohn were, so gewinnet solcher das gantze Handtwerck mit vorbeschribenem Meisterstück, einen Ohm Bier, einen Tex Kese à 8 Pfd. und mit
drei Schilling Wecken, wan eines Meisters Sohn von seinem
Vatter zum Handtwerck wolte angewiesen werden, soll der
Vatter mit dem Sohne bei die Zunftlade gehen, den Anfang
der Lehre mit Jahr undt Dag anzeichnen lassen, vier Schilling in die Lade zu nötign Zunftsachen legen, wan dan die
Jahre zum Ende, soll er bei der Lade erscheinen undt von
den Meistern übliche Ceremonien nehmen, auch der Zunft
einen Dreiling Bier, 6 Pfd. Kese, undt vier Schilling zu
Wecken geben, wan aber ein ander so keines Meisters Sohn
ist, sich in die Lehre begeben wolte, soll er sich denen
Zunftmeistern bei die Lade stellen, und nach eingezogener
Kuntschaft, seines erlichen Herkommens, den Anfang seiner
Lehre mit Jahr und Dags Benennung anzeichnen lassen und so
bald der Zunft erlegen 10 Schl. zu nötigen Dingen, uns aber
undt der Statt jeden einen halben Thlr. wan sich dan die
Lehre geendiget, soll er gleichfalls die übliche Ceremonien
nehmen, undt denen Zunftbrüdern geben einen Dreiling Bier,
einen Thlr. zu nötigen Dingen einen Tex Kese à 20 Pfd. undt
zu Wecken 8 Schl.

7. Zum sibenden ordnen undt setzen wir, das wan eines Meisters Dochter sich an einen von dieser Zunft erkanten Meister verheiraten würde, so erbt sie die halbe Zunft, die andere Halbscheid aber von allen Gattungen muß der Meister erlegen, undt wirt es mit den Wittiben ebenfalls bei anderwertiger Verheiratung gehalten.

8. Achtens sollen alle Jahre aus denen Zunftbrüdern zwene zu Meistern, nemlich aus der Statt Mengeringhausen, oder Rohden einer, welcher die Lade in Verwahrung halten soll, und aus denen Ämbtern einer gesetzt zu dechanten bestellt werden, welche von allem uns oder unseren Beambten sowohl alß der Zunft jährliche Rechnung abstatten, undt der Zunft alles zum besten rahten undt wenden, undt sollen diese Zunft-Meistere auch, nach erfordernder Nothdurft Macht haben die Brüder zusammen undt vor die Lade zu fordern undt zwar jedesmahl durch den jüngsten Meister.

9. Neuntenß sollen die Brüder auch gehalten sein auf solche Erheischung jedesmahl zu nothdürftigen Sachen bei der Lade zu folgen, es sei denn, daß sie erheblich gangsahmes einwenden haben, bei Straf 6 Schl. halb uns undt der Statt, die ander Helfte aber der Zunft zu erlegen.

10. Zentes soll kein Geselle noch Junge in Arbeit genommen werden, er habe dan von vorign Meister Abscheid undt Willen bei Straf alß bei negsten Posten gedacht, so woll von Meister undt Gesellen zu erlegen.

11. Wan auch eilftens einen Meister durch Gottes Verhengeniß, Kranckheit in sein Haus kome, und er sein Weib, Kinder undt Gesinde mit Dode abgängen, sollen die andere Meister wan sie erfordert werden, ohnverzüglich gehorsamlich erscheinen, das Grab machen lassen und die Leich christlich und erlich zur Erde bestatten, welcher aber vorsätzlich, wan er einheimisch ist, ohngehorsam verbleibt, soll solches jedesmahl dem Hantwerck mit einem Thlr. verbüßen.

12. Zum zwölften wan auch geringe bürgerliche Streit-

wörter unter ihnen bei werender Zusammenkunft vorfielen,
sollen die Zunftmeistere und Elteste nach Erkenntnüs solche Strafen, jedoch 5 Schl. niemahls überschritten, was aber
ehrenrührige oder Leib und Leben betreffende Injurien auch
Blutrunst betr. behalten wir unß solche allein zu bestrafen
vor.

13. Zum dreizehenden, wan jemand außer Ambt oder Land
verrückete, soll er jehrlich die Zunft mit 2 Schl. erhalten,
in dessen Verbleibung aber, wan er sie widerum begerte
einem Fremden gleich gewinnen.

14. Wan auch virzehendes, ein Meistr in Arbeit stehet,
soll sich ein ander nicht darin dringen, es geschehe dan
mit Erlaubnüß und Willen, bei Vermeidung eineß Rthlrs.
Straf halb unß und gemeiner Statt, die andere Helfte aber
der Zunft zu erlegen.

15. Zum fünfzehenden soll die Lade worinnen dieser Brief
undt andere Zunftsachen undt Vorrath verwaret wirt, bei dem
Zunftmeister in der Statt Rohden oder Mengeringhausen beständig bleiben, die Gebürnüssen gehen aber allemahl an
das Ambt undt Statt, allwo der Zunftbruder der sie erlegt
gesessen.

16. Da auch sechzehendes ein oder ander sich in Entrich-
tung der Gebürnüssen ohngehorsam undt widerlich bezeugen
würde, wollen wir auf beschehenen Bericht, in denen Ämbte-
ren, durch die Beamten, in denen Stetten, aber durch Bürgermeister und Rath nach erwogenen Umstenden der Sache
durch gebührende Mittel solche zum Gehorsam bringen, auch
woll gar nach Schwere des Verbrechens deß Hantwercks verlustig machen lassen.

17. Da auch zum siebenzehenden außer denen freien Jar-
marckten Schreiner, waren so dieses Orts zu bekommen, feil
tragen, oder auch Frömde zu arbeiten sich unterstehen wolten, soll solches ohne der Zunftmeister Erlaubnüs undt Willen nicht geschehen, bei Vermeidung würcklicher Straffe,

würde aber einer oder mehr darüber betreten, so sollen unsere Beambte, Bürgermeister, Richter oder Vorsteher ihnen die Sachen abnehmen respektive an gehörigen Ort lifern, umb nach Gelegenheit oder Gestalt der Sachen sie gebürend darümb zu bestrafen.

18. Endlich, und zum achzehenden, behalten wir unß je undt alle Wege, hirmit außtrücklich bevor, diesen Zunftbrief erheischender Notdurft zu endern, zu verbessern, undt auch zu mindern, alles sonder Arglist und Geferde, zu wahrer Urkund haben wir diesen Zunft- und Gildebrief vor uns unser Erben und Nachkommen, mit unserm Insigel bestätigt, und dasselbe hir anfangen lassen, auch mit unserer eigen Handt schriftlich unterzeichnet, geschehen, Arolsen den 25ten Augusti 1682.

Wer den Zunftbrief verlesen hören will, soll zuvor 9 gl. erlegen. Wan ein Jung ausgelernet, soll er bei der Laden sich lossprechen lassen und hernach sein Gebühr in deß Zunftmeisterß Hauß wo er gesessen abstatten.

Auch soll keinem Meister mehr dan ein Geselle zu halten erlaubt sein.

1. Es soll auch kein Meister den andern bei offener Laden oder wehrenden Freibier mit Schmehworten oder schimpflichen Reden angreifen, auch keinen Streit dabei anfangen, welcher aber darüber handlen würde soll jedesmahl soviel geben alß zum besten ist undt dennoch in der Strafe stehen.

2. Auch soll keiner mehr Bier verschütten alß er mit der Handt bedecken kann, auf welches der junge Meister Aufsicht geben soll, bei Straf.

3. Soll auch ein jeder bei denen Zusammenkünften erbar erscheinen, sich auch dabei zünftig undt erbar halten bei Straf, überdiß soll sich auch keiner bei offener Laden oder werendem Freibier, mit einigen Fluchwörtern, undt unzüchtigen Reden hören lassen bei ernster Straf.

4. Es soll auch ein jeder nach Forderung des jungen Meisters, auf den Klockenschlag zehen Uhr sich in des Zunftmeisters Hause einfinden, oder nach Erkentnüß gestraft werden. Wie

im 9ten Articul stehet.

5. So auch einer etwas wider den anderen zu klagen hat, soll
er solches alles vorbringen. Bei offener Lade, bei Straf.

6. Es soll auch hinfüro keiner nach der Arbeit hir umblaufen,
undt sich allerwegen anbieten, gleich wie die Hirten.

7. Der jüngste Meister sol dasjenige, so sie zu genisen haben,
in acht nehmen, und wenn er etwaß verschenken würde, und
den Ältesten nichts angezeiget, so sol er vor jedes Maß
Bihr 8te Maß erlegen.

*

Soweit die Regeln, die, wie man sieht, aus dem Zunftbrief
und eigenen Regeln der Zunft bestehen. Sie sind im ganzen
nicht so altertümlich wie die der Schusterzunft, zeigen aber
doch in einigen Zügen Reste alter Rechtsgewohnheit.

Auf der ersten beschriebenen Seite findet sich ein "Ver-
zeichnis derer Meisters so diese Zunft haben erstlich aufgerichtet".

Bartold Jost Tammen
Henrich Flammen
Henrich Richter
Henrich Kleinschmidt

(Diese Viere haben mit großer Mühe den ersten Anfang gemacht),
Johannes Krausen, Henricuß Hillebrandt, Hartmann Kupf,
Johannes Flammen, Andreaß Weber, Bartold Kirchner, Moritz
Billinghausen, Jost Kirchner, Martin Schröder, Toniuß Kirch-
ner, Jost Brandt, Herman Blomen, Johan Georg Schweneken,
Gerhart Wagner, Bernhart Schweitzer, Christian Arends, Jo-
hann Friedrich Embden, Jost Henrich Embden, Johan Herman
Krusen, Henricus Kriegel.

Der erste Eintrag in der Meisterreihe ist 1703 gemacht;
hier wird Conradt Richter Meister. Ihm folgt am 28. Dez. 1703
Bernhard Brandes, Meister Jost Brandes Sohn.

Dieser Bernhard Brandt wird 1688 als Lehrling angenommen,
hat also fünfzehn Jahre bis zum Meister gebraucht. Die Lehr-
jahre sind von Martini zu Martini angesetzt, ein Termin, der
ja alter Gesindetermin in Waldeck ist.

Anno 1706 gibt der Pastor von der Wetterburg Christof Bahn
seinen Sohn Andreas in die Lehre zu Meister Bartolt Kirchner,
ebenso der Pastor von Wrexen.

Christoffel Backe seinen Sohn Andreas zu demselben Meister.

An einem Beispiel möchte ich den Wert dieser Protokollbücher
für die Familienforschung und Zunftgeschichte kurz darlegen.
Ich nehme dazu die Familie G r i n e i s e n .

Am 2. 8. 1744 erscheint die Witwe des J o h . O t t o
G r i n e i s e n vor der Zunft, um ihren Sohn als Lehrling
anzumelden. Meister J o h a n n H e n r i c h R u b e r t
(später Rubbert, Ruppert geschrieben), ihr Schwager, soll sein
Lehrmeister sein. Rubert selbst wird als "bürtig aus Cassel"
bezeichnet, ist am 24. 4. 1734 Geselle geworden und 1737 Meister.

Dieser Sohn J o h a n n H e n r i c h G r i n -
e i s e n erscheint am 1. 6. 1747 als Geselle, meldet sich am
19. 5. 1758 zum Meisterstück und wird am 8. 12. 1759 Meister.
Als Zunftmeister spricht er am 10. 6. 1786 seinen Sohn J o -
h a n P h i l i p p los und läßt am 7. 6. 1781 seinen Sohn
J o h a n n C h r i s t i a n (II) lossprechen, der erst
1793 Meister wird; 1778 ist schon sein Sohn J o h a n n
C h r i s t o f f Geselle geworden. Johann Philipp wird am
9. 3. 1798 Meister und ist in Rhoden geblieben wie Johann
Christian; beide erscheinen bis 1728 im Zunftbuch.

Der Meister Johann Henrich Rubert muß eine Schwester der
Witwe des Joh. Otto Grineisen geheiratet haben; er nimmt am
2. 6. 1747 seinen Stiefsohn J o h a n n C h r i s t i a n
(I) in die Lehre. Dieser wird 1751 Geselle, 1756 Meister. Er
muß ein angesehener Meister geworden sein; er ist sehr oft
Zunftmeister und zeigt eine klare, männliche Handschrift, unterschreibt bis zur Jahrhundertwende.

Der obige Johann Christian II unterschreibt meist C. Grineisen, wird sich also wohl nur Christian haben rufen lassen.
Sein Sohn ist ein Johannes Grineisen, der am 20. 3. 1796 Meister wird.

Im Zunftbuch finden sich außerdem noch folgende Grineisen:
Am 30. 11. 1752, 10. 1. 1756 das Waisenkind F r i e d -

r i c h   A n d r e a s   G r., wohl ein Bruder von Johann Christian I; da derselbe Vormund genannt wird, er wird 1756 Geselle.

Am 16. 6. 1791 will Meister Johannes Grineisen seinen Sohn Johann Bernhard zum Gesellen machen lassen.

Am 16. 5. 1799 erscheint Meister Henrich Grineisen mit seinem Sohn Anton Gr., um ihn lossprechen zu lassen.

Am 20. 6. 1791 präsentiert ein Johannes Grineisen sein Meisterstück; wohin er gehört müssen die Kirchenbücher ausweisen. Er wird der Sohn des Meisters Christian (I) Gr. sein, der am 30. 5. 1787 Geselle wird.

Man findet sich aus den vielen Hannesen nicht recht heraus. Vor 1744 erscheint der Name Grineisen nicht. Immerhin zeigen die Zusammenstellungen, daß in diesem Geschlecht das Schreinerhandwerk erblich war und ist seit 200 Jahren. Wie es einen Erbhofehrenschild gibt, sollte es auch einen Handwerkerehrenschild geben.

Ähnliches ließe sich an den Namen Kirchner, Engelhardt, Billinghausen, Brand, Flamme (Wethen), Scheuermann (Wrexen), Richter, Schröder erweisen.

Bei den festlichen Zunftsitzungen war meist ein "Dipetirter" (Deputierter) der Stadt anwesend.

Als Meisterstücke werden, bemerkenswert für den Zeitgeschmack, angeführt Kleiderschränke, Tische, Trisor (1747), Cantor (1736), ein sogenannter Sekretär (1811), Comode (1813). Kleine Fehler daran werden mit Geld, Wein oder Bier gebüßt.

Das Zunftbuch gibt Auskunft über die Zeit von 1680 bis 1830, also über 150 Jahre Handwerksgeschichte. Es ist erstaunlich zu sehen, wie wenig Fremde in dieser Zeit in die Zunft kommen, wie die alten Meister an der Erbfolge in ihren Familien festhalten.

Damals muß das Handwerk seinen Mann ernährt haben, sonst hätten auch die Meister nicht drei Söhne ins Handwerk gehen lassen. Die Lade ist noch beim Altmeister Grineisen mit Bahrtuch und Kohlenwagen vorhanden. Die Zunft hat nach seiner Auskunft bis in die 70er Jahre des 19. Jahrhunderts ihr Leben ge-

fristet, ist dann der modernen Entwicklung gewichen. Heute
bemühen wir uns das wertvolle Kapital wiederzugewinnen, das
in der technischen und menschlichen Ueberlieferung dieser
Handwerksgeschlechter beschlossen liegt. Möge der gute Geist
der alten Zünfte als Damm gegen die Verstädterung und Mechanisierung wieder zum Durchbruch kommen!

MUNDART ALS QUELLE DER HEIMATLIEBE.

Für alle deutschen Menschen, die nicht in den Tag hineinleben,
vor allem für die unter ihnen, die der deutschen Jugend den
Lebenswillen wiedergeben oder erhalten, die Lebensfreude wek-
ken sollen, ist unsere chaotische Zeit besonders schwer. Der
furchtbare Ausgang des schrecklichsten aller Kriege hat unser
Volk im Mark getroffen. Kummer und Sorge lasten auf uns allen;
leider erneuern sie sich immer wieder. Nur wenige sind von
Schicksalsschlägen härtester Art verschont geblieben. Millionen wertvoller Schwestern und Brüder sind von ihren gewohnten
Arbeitsstätten, von Haus und Hof vertrieben, müssen neben der
Heimatlosigkeit drückende Armut auf sich nehmen. Lastende
Raumnot preßt uns zu quälender Enge in unseren Wohnungen zusammen. Es ist kein Wunder, wenn vielen von uns dieses not-
volle Leben zu schwer, sinnlos, ja wertlos erscheinen will.

Auch unser einst stolzes deutsches Volk ist heimatlos
geworden unter den Völkern. Sein hohes Haus, von den Vätern
nach jahrhundertelangen Kämpfen errichtet, ist grausam zerstört. In einzelne, oft willkürlich zusammengefügte Staaten
zerschlagen, liegen Einzelteile vor uns, die mühsam aus blut-
armem Körper ein eigenes Leben zu entfalten suchen. Schranken
und Schlagbäume trennen die deutschen Brüder in Ost und West,
in Süd und Nord. Die natürlichen menschlichen Bindungen werden dadurch zerrissen. Zwar lebt in uns allen die alte tiefe
Sehnsucht nach Einigkeit, nach Ruhe und Frieden; aber wir müssen zu unserem Schmerze immer wieder erleben, daß Eigennutz
und Eigenbrödelei den Willen zur Einheit lähmen, sehen täglich neu, daß die Friedensgöttin uns ihr holdes Antlitz verbirgt.

Düster und freudlos liegt so die Zukunft vor unserem
eigenen Leben wie vor dem unseres ganzen Volkes.

Muß nicht alles ausweglos im Chaos enden, wie die
Schwarzseher täglich unken? Wird nicht eines Tages irgendwo
fern von uns der Mechanismus der Atombombe oder des Ultra-
schalls ausgelöst oder irgend eine andere Scheußlichkeit auf
uns gegossen oder gestreut, die der Menschheit den Garaus

macht? Haben auf der anderen Seite die Leichtlebigen recht,
die da sagen: "Lebt doch in den Tag hinein! Es gibt ja doch
ein Ende mit Schrecken! Dann habt ihr wenigstens etwas vom Leben gehabt!" Ich weiß, daß jedem ernsthaften deutschen Menschen, der aus der Not gelernt hat und lernen will, diese ärm-
lichen und plumpen Ausflüchte nicht genügen können. Wir wollen
uns weder dem schalen Genusse in die Arme werfen, noch wollen
wir in dumpfer Verzweiflung dahinleben, Verlorenem nachtrau-
ern, wollen auch nicht wie ein schwankes Rohr im Sturmwind
der Zeit uns bald hierhin, bald dorthin treiben und wehen oder
uns gar zerbrechen lassen. Nein, ernst und verbissen wollen
wir wieder Halt zu gewinnen suchen, festen Fuß fassen auf der
armen, zerschundenen deutschen Erde, wollen der blanken Not
die Stirne bieten, sie, wo wir sie finden, durch tätige Liebe
und Brudersinn zu meistern suchen. Und dabei leitet uns die
innige Hoffnung, daß Gottvater, der uns so hart schlug und
demütigte, einmal wieder sein Antlitz gnädig neigt unserer
Not, daß er uns aufhilft wenn wir tapfer sind und gut.

Zu dieser notwendigen Selbstbehauptung bedarf es der
echten Besinnung, der Ueberprüfung aller unserer Lebensbedingungen und -auffassungen. Dazu gehört ein ernstes Suchen nach
Quellen neuen Lebenswassers aus Gottes Wesen. Wir müssen er-
forschen, ob in dem Erbe unserer Vorväter nicht noch gesunde,
unangekränkelte Kräfte verborgen liegen, die uns gerade jetzt
aus unserer Not heraushelfen können, die uns befähigen, an
einem standfesten Neubau unseres Volkes und Staates mitzuar-
beiten. Auf eine dieser reinen Lebensquellen hinzuweisen, sei
Sinn und Zweck der folgenden Ausführungen:

Es ist die Heimat mit allem, was in ihr lebt und webt.

Unsere alten Städte, unsere lieblichen Dörfer können fast
alle auf eine Geschichte von mehreren hundert Jahren zurück-
blicken. Mehr als 20 Geschlechter sind vor uns dahin gesunken.
Sie haben wie wir gelebt, geliebt, geschafft und gesorgt und
sind eingegangen in Gottes Ewigkeit.

Mühsam ist es, aus den alten Urkunden, die für die älte-

ren Zeiten immer spärlicher werden, das Wesen und Werden der
einzelnen Gemeinwesen zu ermitteln, wie das für Bad Wildungen
Direktor Dr. Reichhardt, für Korbach Dr. Medding vorbildlich
getan haben und wie unser Waldeckischer Geschichtsverein es
auch für andere Städte und Dörfer plant. Man sieht aus diesen
Werken, wie unsere Vorfahren ihre tausendfache Not, besonders
die des Dreißigjährigen Krieges, tätig überwunden haben. Manches Dorf, manche Stadt ist im Laufe der Jahre verbrannt, zerstört, ausgestorben, von Pest und Krankheit oder von der
Kriegsfurie dezimiert ist manches Geschlecht. Geblieben aber
ist der Raum der Städte und Dörfer, die heilige, schweißge-
tränkte Heimaterde, die Berge und Wälder, die Täler und Wäs-
ser, die hehre Gottesnatur. Geblieben ist der tätige Geist
und Wille der Sippen, die sich gerade an diesen Stellen waldeckischer Erde festgekrallt und eingewurzelt haben, die
Ackerkrume zu bebauen, die Heimat zu erhalten, neu zu gewinnen,
in besserer Verfassung den jungen Geschlechtern zu übergeben
zu neuer Arbeit und Tat.

Geblieben ist uns Deutschen aber auch als kostbarstes
Erbe der vergangenen deutschen Geschlechter u n s e r e
M u t t e r s p r a c h e , unser Deutsch, die uns viel inniger mit der Vergangenheit verbindet als alle Urkunden von Besitz und Krieg, die nun die einzige Klammer ist um unsere aus-
einandergerissenen Stämme.

Sie ist für uns das Sinnbild unserer großen deutschen
Gemeinschaft, die jetzt nur in unseren Herzen glüht und lebt;
sie ist die Hochsprache unserer Dichter und Denker, der Ausdruck unseres großen geistigen und kulturellen Lebens und
Wollens.

In der Heimat aber kennen wir eine besondere Form dieses
gemeindeutschen Sprachlebens, die in eigener Weise unsere
Herzen rührt und anspricht, die, wie ich behaupten möchte,
auf besondere Art Ausdruck des Heimatlichen ist, des trauten
Lebenskreises, in den uns die Mutter gebar. Das ist d i e
h e i m i s c h e   M u n d a r t , deren Erforschung ich ein
gut Teil meines Lebens gewidmet habe.

An ihrem Beispiel, meine lieben Landsleute, möchte ich

Sinn und Wert der Heimat überhaupt, Kern und Kraft der Heimatliebe Ihnen nahe zu bringen suchen und Sie einen stärkenden
Trunk tun lassen aus dieser klaren Quelle von Kraft.

Manche von uns, die nicht aus ihrem Arbeitstrott herauskommen, an ihr Dorf gebunden sind, erleben sicher erst jetzt,
da sie in enge Berührung treten mit den Brüdern und Schwestern
der ostdeutschen Provinzen, daß deren tägliche Sprache ganz
anders ist als unsere hier, daß sie von einem eigenen Lebens-
rhythmus, von einer anderen Melodik erfüllt ist. Wer es fühlen
kann, merkt mit Erschütterung, daß diese Schwestern und Brüder bei ihren Zusammenkünften, sich nicht hochdeutsch unterhalten, daß sie ihre fast untragbaren Sorgen, aber auch ihre
kleinen Freuden in der heimischen Mundart ausdrücken und miteinander besprechen. Darin lebt ihr Heimatgefühl, darin ihr
Heimweh nach den verlorenen Dörfern, Städten, Bergen und Tä-
lern der schönen, fruchtbaren Ostprovinzen.

Und alle die armen Kriegsgefangenen, die fünf Jahre nach
Kriegsende noch schmachten und schuften müssen unter fremden
Bajonetten, werden mir Recht geben, wenn ich ihnen dieselben
Grundgefühle zurechne. Auch vor ihren inneren Augen taucht
in irgend einer Stunde da draußen in der kalten Welt des
Zwanges und des Stacheldrahts die Heimatstadt auf mit der alten Kirche, die stille Gasse des Elternhauses, die verschwiegenen Winkel und Plätze der Kinderspiele, das traute Dörflein
mit den Fachwerkhäusern, wenn sie die alte Muttersprache hören oder ihre Laute sich vergegenwärtigen. Dann packt sie mit
Urgewalt das Heimweh und der Sinn des alten Edertalsprich-
wortes wird ihnen heiß lebendig: "Wer net nux geht, der kimmt
au net heim!" Eine Macht, die so tief in die Seele greifende
Wirkungen zu erzielen weiß, muß schon etwas Einzigartiges,
Kostbares in sich bergen, und es lohnt sich, näher zu untersuchen, worauf diese Wirkungen beruhen.

Mit wenigen Worten nur sind Vorurteile auszuräumen, die
gegen die Mundart von oberflächlichen oder einseitig verrann-
ten Leuten vorgebracht werden, die Mundart sei nur verderbtes,
von rohen Bauern verhunztes Hochdeutsch, nur dieser Hochsprache sei die Palme des Echten, Klaren, der Reinheit zuzuspre-

chen. Seit 150 Jahren blüht, begründet von den großen Hessen
J a k o b   u n d   W i l h e l m   G r i m m , für Waldeck
von dem ehrwürdigen L o u i s   C u r t z e und von
K a r l   B a u e r (aus Sachsenhausen), die deutsche Sprach-
und Mundartforschung; sie hat das Eigenrecht der Mundart gegenüber der Hochsprache (Schriftsprache) klar herausgearbeitet
und ihren unermeßlichen Wert für die gesamte deutsche Kulturerforschung erwiesen.

Im zähen Kampfe, den unsere Vorväter um die deutsche
Einheit geführt haben, ist die deutsche Hochsprache erstanden
aus einer glücklichen Vereinigung mitteldeutscher, oberdeut-
scher und norddeutscher mundartlicher Grundelemente. Sie
strebt als das Sprachrohr unseres Gesamtvolkes nach Reinheit
und Schönheit, ist deshalb der Leitung und Kritik der Gelehrten, die die Regeln wahren, unterworfen, nimmt Neues auf aus
der Schöpfung großer Dichter und Denker, ebenso aber auch aus
dem ewig sprudelnden Born der Mundarten. Diese aber sind Zeugen des uralten Sprachstromes, der von den verschiedenen
deutschen Stämmen und schließlich von der urgermanischen Gemeinschaft ausgeht, des Stromes echten, unbeeinflußten
Sprachlebens, das ein eigener Lebensbezirk ist. Die Mundart
prägt das Stammheitliche, formt das traute Antlitz der engeren
Heimat für jeden deutschen Menschen.

Sie tut das durch ihre s c h ö p f e r i s c h e
U r k r a f t , die unablässig neue Worte, Laute, Wendungen,
Bilder hervorbringt und ins rauschende Leben wirft. Sie geht
dabei durchaus nicht zügellos vor, wie man aus der erdrücken-
den Fülle des geschaffenen Stoffes schließen könnte, sondern
sie respektiert die uralten, in ihr verborgenen Sprachge-
setze, die schon die Ahnen anwandten. Nur so ist es möglich,
daß wir Sprachforscher imstande sind, jede einzelne Dorfmundart in ein streng grammatisches Schema zu bringen und die Gesetze zu erkennen, nach denen sie lebt und in das Gewebe der
Nachbarmundarten sich einordnet. Wenn man z. B. die Ortsgrammatik von Rhoden, die ich bearbeitet habe, durchsieht, erkennt man, daß die Masse der Worte mit altgermanischem a, e,
i. o. u oder â, ê, î, ô, û, mit ai, au, eu schön beieinander

geblieben ist, sich gleichartig entwickelt hat, daß die Ausnahmen weniger häufig sind. Das gilt für alle einzelnen Mundarten. Es beweist das unwiderleglich, daß die einfachen Bauern und Arbeiter des Landes in erstaunlich gewissenhafter Weise das Sprachgut der Vorfahren von Geschlecht zu Geschlecht
weitergegeben haben und zwar ohne Mithilfe der Gelehrten, die
in den alten Zeiten die Bauernsprache verachteten, nur lateinisch oder französisch sprachen.

Das ist nur so zu begreifen, daß die Mundart echtes Leben
echter Ausdruck der Heimat, eben Muttersprache war, geheiligt
durch die unmittelbare Weitergabe von Mutter zum Kinde, von
Geschlecht zu Geschlecht, daß ein unverrückbarer Wille zur
Mundart vorhanden war, der uns die kostbaren Schätze bis in
unsere schnellebige Zeit treu erhielt.

Und dies unendlich reiche, schöpferisch quellende Leben
der Mundart füllt jede Landschaft mit einem eigenartigen Inhalt, der wie ein kunstvoll gewebter Teppich die eine von der
anderen abhebt. Vergeblich sind die Bemühungen, diesen Reichtum in den Archiven der landschaftlichen Mundartwörterbücher
vollständig zu bergen, wie es für unsere Heimat das Hessen-
Nassauische Wörterbuch (Leitung F r a u   P r o f .   D r .
B e r t h o l d , Marburg/L.) versucht. Zu reich, immer sich
erneuernd, vielfarbig wechselnd ist der Wortschatz. Vieles
von dem sich neu Bildenden vergeht sofort wieder, manches aber
wird als wertvoll angesehen, von einer Sprachgemeinschaft anerkannt, weitergegeben und so erhalten. Daraus ergeben sich
u. a. die vielgestaltigen Bilder der W o r t g e o g r a -
p h i e , die die verschiedenen Bezeichnungen für dieselbe
Sache untersucht.

Gerade unser Waldecker Land ist ein Eldorado für den
Wortgeographen. So sagt der Norden Waldecks für "Hefe"
G e s t (von "gähren"), der Süden H e w e (von "heben"), der
Norden I m m e , der Süden B i e n e , ebenso L ü l i n g :
S p a t z ; H ö p p e r : F r o s c h . Im Gebiet um Rhoden,
Adorf, Usseln heißt der weibliche und männliche Pate P a a ,
P a d e usw., um Landau, Freienhagen, Vöhl, Sachsenberg und
weiter südlich G o d d e l , P e t t e r , während um Kor-

bach P a t e (weibl.) und P e t t e r gilt. Der größte
Teil unseres Landes s c h w a t z t ("spricht"); das kleine
Gebiet um Rhoden, das Rote Land geht mit dem Westfälischen in
der Form k ü d d e r n , k ü r e n . Der "Stellmacher" hat
in Waldeck ursprünglich wohl S t e l l m a k e r geheißen;
die heutige Karte des Deutschen Wortatlas gibt an, daß sich
das hessische W a g n e r (W ä g e n e r) um Korbach,
Fürstenberg, Sachsenberg, Medebach und inselartig um Rhoden,
Warburg, Landau und Zierenberg ausgebreitet hat. So könnte
ich noch Dutzende von Beispielen anfügen; immer neue Probleme
bietet gerade unser Gebiet dem forschenden Bemühen.

So sind viele ungenannte deutsche Menschen, die einmal
ein Wort, einen treffenden Ausdruck schufen, am Gewebe dieser
Sprechsprache beteiligt, haben ein Fünkchen ihres Geistes für
die Späteren in ihr niedergelegt. Die Mundart ist so Volksgut,
Heimatgut in des Wortes eigenster Bedeutung.

Neben dieser Urkunft der Schöpfung ist ein zweites Moment
für die Mundart kennzeichnend. S i e i s t u n m i t -
t e l b a r a n s c h a u l i c h in allen ihren Aeußerungen. Alles ist dinglich gedacht und bezogen. Man überdenke
folgende Beispiele: Das Wort "Gang" wird wie im Hochdeutschen
gebraucht, aber es finden sich folgende kennzeichnende Redensarten: t e G a n g e k u m m e n , "in Bewegung kommen";
t e G a n g e b l i i w e n , "in Bewegung bleiben";
h e i s w i d d e r t e G a n g e , "er ist wieder in
Tätigkeit" (etwa nach einer Krankheit), wiederhergestellt;
h e i s m i d d e m e t e G a n g e , "er hat Streit
mit ihm". Für "nichts" n i x hört man sehr oft kräftig be-
tonende Ausdrücke, ganz wie es im 12. bis 14. Jahrhundert im
Mittelhochdeutschen üblich war: s e k r i i g e t n i t
w a t v a n d e r N a s e d r ü p p e l t ; n i
d a t S c h w a r t e u n g e r m N a g e l u. ä.;
für "hungrig" sagt man: d e M a g e h ä n g e t m e
s c h ä i f . Von einem besonders Dicken sagt man: h e i s
a u k n i v a n K n u t t e n k a w e ("Flachsspreu")
s o d i c k e w o r e n . Einen ins Gefängnis bringen
heißt: e n e n i n t K ö h l e b r i n g e n ; "einen

umstimmen" wird mit e i n e n r ü m m e k r i i g e n
umschrieben, wie man das Vieh mit Anstrengung in die gewünsch-
te Richtung bringt; "ich wurde aufgeregt" lautet dann: e t
l e e p m e o s s e l o u t e r K r a m ä i s s e n
("Ameisen") ü ö w w e r d e H o u t . Wer schmollt
l e t t d a t M o u l h a n g e n usw.

Die Mundart leistet durch ihre Schöpferkraft, was die
Schriftsprache durch logische Klarheit, Bestimmtheit und Kürze
zu erreichen sucht. Diese kennt Ober- und Unterbegriffe, Ge-
dankenwörter (Abstrakta), jene greift in das quellende Leben
hinein und hat, was es braucht. Für "Armut" sagt die Mundart:
h e i s a r m o s s e n e K i ä r k e n m o u s ;
h e h i ä t k i n n L a n d u n k i n n S a n d ;
h i ä t k i n n H i m m e t u p p e n M ä s e ;
h i ä t n i x t e b i i t e n e u n t e b r i ä -
k e n e ; h i ä t n i x u n g e r s i c k u n
n i x ü ö w w e r s i c k . Aehnlich werden die abstrakten Begriffe 'Liebe', 'Faulheit', 'Geiz', 'Dummheit' umschrieben. Ein "Hochmütiger" g a i t u p e l w e n T a i -
n e n ("auf 11 Zehen", Freienhagen); ein Faulpelz b ä h r t
g ä r n e d ü n n e B r ä e r e ("Bretter").

Mit dieser grundsätzlichen Anschaulichkeit hängt aufs
engste die Neigung zu kraftvollen Bildern und Vergleichen zusammen, die Scheidemünzen geworden sind, die auch den weniger
Redegewandten erlauben, ihre ärmere Redekunft aufzuputzen.
Sie sind zugleich Beispiele aus dem Erfahrungsschatz handfes-
ter bäuerlicher Moral, die durch sie immer neu wirksam wird.
Beispiele: E n s c h w a r z e r K n u x t ä s b e s -
s e r w i e n e l e d d i g e F u x t (Wildungen);
Z i n s e n ä s s e n m i t u s d e r S c h i s -
s e l (Netze); B i ä t t e r n e L o u s i m P o t t e
o s s e g a r k i n n F l ä i s k (Ammenhausen); W ä i
s o i k e t B r a u t i m H u n d e s t a l l e ? (Kohlgrund); B e t t e r h a w w e k o s s e h ä d d e k
("Besser habe ich als hätte ich", Landau); d e P e s t o u -
r e s e t t e t d e k u p p e n S t a c h e l i s -
s e l ("auf die Flachshechel", Külte) u. a.

Gefühl und Phantasie walten in der Mundart stärker vor
als in der Schriftsprache. Von einem, der unnütze Arbeit
macht, sagt man h a i m a k e t H a s e n k ö t t e l e
s p i t z , oder h a i m ä l k e t M ü s e (Freienhagen).
Einer, der aus eigener Kraft zu etwas gekommen ist, sagt stolz
von sich: I c k h a w w e u p g r ö n e r F r a s e
a n n e f a n g e n ("Ich habe auf grünem Rasen angefangen",
Rhoden). So gibt es in Rhoden 11 verschiedene Ausdrücke für
alle Schattierungen und Gemütswerte des "Weinens", 16 für
"schelten", 17 für "verhauen" u. a. m. Daraus erklärt sich
auch, daß wie bei Pflanzen und Tieren des bäuerlichen Lebenskreises eine ungewöhnlich große Zahl von Ausdrücken finden,
etwa beim Siebenpunkt (coccinella septempunctata), bei der
Ameise, der Kröte, der Schlüsselblume, dem Löwenzahn. Der
Nutzen und die persönliche Bindung an Pflanzen und Tiere
spielten hier eine besondere Rolle.

Die Mundart übertreibt auch, formt starke Ausdrücke, derbe Bilder, ja Uebertreibungen, die die Hochsprache nicht dul-
den könnte. So etwa: f ü e r r a u t "feuerrot", k n ü p -
p e l d i c k e , m i s t e n a t t "mistnaß" u. a. Oft
aber findet man, daß die Mundart manche Dinge zart andeutet
und verhüllt. Wenn ein Mädchen heiratet, das schon ein Kind
mit bringt, sagt man: h e k r i i g e t d e K o h
m i d d e n K a l w e ; von einem solchen Mädchen sagt man
wohl auch s e h i ä t e n H o f e i s e n ("Hufeisen")
v e r l ä r e n .

Gerade diese Gefühlsbetontheit erfüllt die Arbeit des
Tages mit einer schwingenden Weichheit, rührt immer wieder
das Herz an, schafft die innigen Bindungen an Haus, Gerät,
Hof, Vieh, Nachbarn und alle Dorfgenossen, die so unzerreiß-
bar sind, die uns mit Heimweh füllen, wenn wir in der Fremde
sind.

Dazu kommt noch ein Drittes: d i e b e h a r r -
s a m e T r e u e der Mundart gegenüber dem, was von den
Vätern her ererbt ist. In jeder Dorf- und Stadtmundart finden
sich Worte und Ausdrücke, die dem Forscher Einsicht eröffnen

in ältere Kulturstufen unseres Landes.

So weist die Tatsache, daß der Hausflur nördlich unserer Sprachgrenze D i ä l l e , D ä l e heißt, während er südlich H o n s ä h r e n genannt wird, daraufhin, daß die beiden großen Haustypen, das Vierständerhaus und das mittlere deutsche Gehöft hier seit alter Zeit zusammenstoßen. Die jedem auffallenden Formen I c k s "Eis", w i x "weiß", b i c k s e n "beißen", H u x "Haus" und Z i c k t "Zeit", k n i c k p e n "kneifen", S c h n u d t e "Schnute", r i k t "reif", P i k f e "Pfeife", n i n g n e "neun", Gugl "Gaul" die man um Wildungen, Kleinern, Bringhausen, Hemfurth hören kann, gehören nach den Karten des Deutschen Sprachatlas in Zusammenhänge mit Schwälmer und Ripuarischen (um Köln) Formen hinein, die weite Aussichten für die geschichtliche Forschung eröffnen. In Eimelrod wird das hochdeutsche f e i g e noch in der ursprünglichen Bedeutung "den Tod ahnend" gebraucht (anderswo auch noch?). An die Henkersmahlzeit früherer Zeiten erinnert die Rhodener Redensart: h e f r e t t , o s s e w ä n n e h a n g e n s ö l l . M a s k o p p e n heißt heute in manchen Orten "das Zugvieh sich gegenseitig ausborgen und gemeinsam anspannen", es ist ein Kaufmannswort aus holländisch-niederdeutschen Zusammenhängen (holl. m a a t s c h a p p i j = Gesellschaft) und mag uns Waldeckern wohl aus der jahrhundertelanger engen Berührung mit Holland zugeflossen sein. Die Maschinenzeit hat viele alte Bauerngeräte (z. B. die Lichtgeräte, die Flachsgeräte u. a.) verdrängt, die Namen davon sind aber oft noch bekannt oder auf die jüngeren Generationen übertragen.

Fundgruben für den Heimatforscher sind auch die H a u s n a m e n , die in die ältere Familiengeschichte zurückgehen, die O r t s s p i t z n a m e n , wie sie Robert Wetekam in seiner Arbeit über Vasbeck zusammengestellt hat: ferner die F l u r n a m e n , die bei vertiefter Untersuchung mit den alten Urkunden einen Einblick in die ältere Flur- und Wirtschaftsgeschichte ermöglichen. Die rechte Deutung ist also nur mit genauer Beachtung der heutigen mundart-

lichen Aussprache möglich. Auch diese Namen alle sind Zeugnisse des gegenständlichen, von blutvollem Leben erfüllten Denkens unserer Bauerngeschlechter.

So ist die Mundart mit der Heimat auf innigste verwachsen, ist Ausdruck der Heimat selbst. Wir dürfen nur nicht als
Aschenbrödel am Herd sitzen und Linsen aus der Asche lesen
lassen, sondern müssen ihr das goldene Gewand mit den Sternen
der Heimat anlegen, das ihr gebührt.

Wer sie versteht und ehrt, findet auch den brüderlichen
Weg zu unseren ostdeutschen Schwestern und Brüdern, die die
gleichen Heimatgefühle haben, von tiefer Sehnsucht nach der
verlorenen Heimat erfüllt sind. Wir können nur dem Herrgott
dankbar sein, daß wir die liebe Heimat behalten haben, in
dem furchtbaren Kriegsgewitter!

Wir suchen alle die Hochsprache als Hort der Liebe zu
unserm Gesamtvolke, dessen echte Einheit wir ersehnen. Und
pflegen sie als den Schlüssel zur Schatzkammer der geistigen
Hochgüter unseres Volkes. Aber wir gehen auch gern in das
trauliche altererbte Stübchen der Mundart, wo uns alles an-
heimelt, an das Leben und Weben der Vorväter erinnert, unser
ganzes Gemüt in Wärme hüllt, unsere Herzen rührt, uns geborgen
sein läßt wie in der Mutter Schoß.

Alle, die es ernst meinen mit einem auf sittlichen Grundlagen ruhenden Neubau unseres Volkes brauchen diese Geborgenheit, dieses Eingewachsensein in einem kleinen Fleck Erde,
wenn sie wieder aus der Ichsucht und Vereinzelung unserer
Nottage herauskommen und führen wollen zu echter Heimatliebe,
echter Liebe zum Deutschen überhaupt, die sich nicht im engen
Rahmen der Heimat erschöpft oder gar zu einem Abschließen von
anderen deutschen Brüdern führt, sondern alle innerlich umgreift und umhegt und zu den heiligen Tiefen echter Frömmigkeit und Gottverbundenheit zurückfindet. Was könnte es Schöne-
res geben, als unserer irre gewordenen Jugend den Segen der
Standfestigkeit, des Eingewurzeltseins in der Heimaterde und
damit in Deutschland wiederzugeben.

Der Geist unserer Väter, die das liebe waldeckische Land
bebaut haben, sich in den kargen Gründen und Bergen festkrall-

ten, ausharrten in den Stürmen der Zeiten, aufbauten, was ab-
brannte und Räubern zum Opfer fiel, Heimweh hatten, wenn sie
fern der Heimat waren, dieser Geist erfülle unsere Herzen und
treibe uns an, das Rechte für die Heimat zu tun!

HERKUNFTSNAMEN IN WALDECK.

Sage mir, wie du heißt, und ich sage dir, woher du bist

In "Mein Waldeck" 1932 habe ich schon einmal über die Familiennamen in Waldeck geschrieben und gerade auch über die Herkunftsnamen. In der Zwischenzeit von 18 Jahren habe ich nun
aus der reichen Namenliteratur soviel Neues lernen können, daß
es mir doch nicht vergeblich zu sein scheint, wenn ich die
einzelnen Kapitel noch einmal vor den Augen meiner Landsleute
vorbeigehen lasse. Dazu ermuntert mich auch ein inhaltreicher
Brief von Herrn Direktor Dr. Reichardt, Wildungen, dem besten
Kenner der Geschichte Wildungens, dessen freundliche Hinweise
ich gern berücksichtige.

Familiennamen, die von der Herkunft der Namensträger künden, sind uns schon vor dem Jahre 1000 überliefert. Daß sie
aber fest wurden und erblich, hängt mit der Entstehung des
Erbadels im 11. Jahrhundert zusammen. Man wollte und mußte
seinen Besitz gegen Verwechslung sichern und juristisch festlegen; deshalb setzte man zu dem Taufnamen den Ort hinzu, in
dem der Stammsitz des Geschlechtes lag oder der Hauptbesitz.
So finden wir etwa in der Urkunde von 1189, in der W i d e -
k i n d u s   v o n   W a l d e k k e der Vogtei über das
Hochstift Paderborn entsagt (Varnhagen S. 13 ff.), die Namen
E v e r h a r d u s   d e   b r o c h u s e n ,   G o d e s -
c a l u s   d e   P a d b e r c h ,   S u e t h e r u s   d e
w e v e r e (= Wever, bei Paderborn). Oder in der Urkunde des
Probstes G u m p e r t u s von Fritzlar von 1227 (Varnhagen
S. 52) stehen als Zeugen G i s o   d e   E n s e , Theoderi-
cus Scurebrant, w a l t e r u s   d e   w a r o l d e r e n ,
milites (= Ritter). Diese festen Namen finden sich zunächst
beim Hochadel, dann beim niederen Adel; die Entwicklung ist
in den wesentlichen Zügen um 1300 abgeschlossen; es kann aber
auch noch vorkommen, daß der Name geändert wird, wenn das Geschlecht seinen Sitz verlegt. Da die älteren Urkunden meist
lateinisch abgefaßt sind, tritt meist das lat. de (= von) vor
den Namen. Als das Bürgertum in den aufblühenden Städten,
eben um auch die zahlreichen Bürger unterscheiden zu können,

die Gewohnheit des Adels übernahm, ließ es bald die v o n
oder v a n , a m , b e i , a u f , a u s , die vor
die Namen gesetzt werden konnten, fort. Dir. Dr. Reichardt
nennt mir als typisches Beispiel aus Wildungen: 1335 D i t -
m a r u s d e H u n d e s d o r p - 1337 D i t m a r u s
d i c t u s (= genannt) H u n d e s d o r p - 1339 D i t -
m a r u s H u n d e s d o r p . Der Adel aber hielt im allgemeinen an dem v o n fest; es wurde für ihn kennzeichnend.
Reste der ursprünglichen Art sind aber überall noch aufzule-
sen; besonders die Niederländer haben daran festgehalten.

Dort sind auch, wie im nördlichen Niederdeutschen, noch
andere Verhältniswörter in den Namen besser erhalten, die von
Besitz und Herkunft stammen: T e r m ö h l e n - zur Mühlen.
- T e r s t a p p e n - zum Uebergang - T e m b r o c k - zum
Bruch (vgl. in Helsen die halbhochdeutsche Form Z u m -
b r o c k) - O p h o v e n - auf dem Hofe u. a. Wir entneh-
men aus diesen Beispielen, daß die Namen vielfach im dritten
Falle (Dativ) stehen, eben weil das Verhältniswort davor
steht. Das Verhältniswort fällt auch fort, die Namen bleiben
aber im Dativ stehen; so alle Namen auf -hausen und etwa:
M e d e n w a l d - mitten im Wald, F a u l e n b a c h - im
F., A l t e n f e l d (Niederwerbe) - im A.

Auch die Mundart spielt vielfach in die Namen hinein; man
kann an den Formen sehr oft erkennen, ob ein Namenträger
(oder seine Vorfahren) aus Süddeutschland oder aus niederdeutschen Gebieten hergekommen sind. Zwar war die Bevölkerungsbe-
wegung der älteren Zeiten zähflüssiger als heute im Zeitalter
der Freizügigkeit, aber sie war doch da, insbesondere durch
den allgemeingeförderten Wanderzwang der vielen Zünfte des
Mittelalters. Gerade bei alten Handwerksgeschlechtern finden
wir deshalb viele Herkunftsnamen, wie ihre Geschichte bestätigt. Die Sattlerfamilie M e t t e n h e i m e r in Höringhausen wird dafür ein Beispiel sein; der Name R u p p r a t h
(in Eppe), der von dem Hausnamen S c h m i d d e s begleitet
ist, wird darauf zurückgehen, daß einmal ein Schmied aus Rup-
perath im Kr. Rheinbach nach Eppe eingewandert ist.

Aber auch die Entwicklung der Städte ist zu berücksichti-

gen; sie ziehen auch heute noch die Leute vom Lande starkt an.
Dort sind sehr viel Herkunftsnamen, die auf in der Nähe liegende Wüstungen, kleine in den Städten aufgegangene Siedlungen
zurückgehen, nachzuweisen. Für hessische Städte hat Ad. Bach
eindrucksvoll gezeigt, daß die Mehrzahl der Herkunftsnamen auf
die nächste Umgebung der Städte hinweist. Herr Dir. Dr. Reichardt hat für Wildungen Aehnliches beobachtet wie ich für Korbach.

Manche Namen begegnen nur in bestimmten landschaftlichen
Bereichen. Die auf - b e c k , - b i c k : B i e d e r -
b i c k , - b e c k : S c h a c h t e b e c k (Korbach),
L a n g e n b e c k , S c h m a d d e b e c k (Korbach),
H a n e b e c k (Wethen), H a a r b e c k (Hillershausen),
die auf - b r i n k : W ö l l b r i n k (Wrexen), auf
- b r o k , b r a u k (= bruch): K u h l b r o c k (Korbach), die auf - p o h l , - p u h l : M e e r p o h l
(Wellen), P o h l m a n n (Wrexen), die auf - d o r p , verkürzt zu - u p , - p , - o p : L ü t t r o p (Korbach)
können wegen der unverschobenen Formen nur in niederdeutschen
Bereichen gesucht werden. Die Namen auf - s c h e i d (= Grenze) beschränken sich auf Hessen, Westfalen und das Rheinland;
die meisten auf - h a g e n (- h a i n , - h a a n) und
- r o t h (- r o d , - r o d e , - r a t h) auf mitteldeut-
sches Gebiet.

In Süddeutschland bezeichnet man die Herkunft überwiegend
durch die Endung - e r : M e t t e n h e i m e r (Höringhausen), N ü r n b e r g e r (Korbach); in Mittel- und
Norddeutschland nimmt man einfach den Ortsnamen (wobei das
v o n weggefallen ist); also etwa L a n d a u (Korbach u.
sonst), der deshalb wohl auf unser waldeckisches Städtchen zu
beziehen ist, nicht auf den pfälzischen Ort. Namen wie
L e i t h ä u s e r (Züschen, Wega, Korbach, Rattlar, Willingen, Marienhagen, Gellershausen, Oberwaroldern), S i m s -
h ä u s e r (Reitzenhagen, Sachsenhausen, Affoldern, Anraff,
Hemfurth, Dorfitter, Wildungen, Königshagen, N.-Werbe, Neubringhausen, Kleinern, Wetterburg), B a c h h u b e r (Waldeck), G ö h r i n g e r (Korbach), M a n n h e i m e r

(Korbach), R e c h s t e i n e r (Wildungen), L e o n - h ä u s e r (Neukirchen), H u n t z i n g e r (Twiste) deu- ten auf Herkunft aus südlichen Landen.

Man sieht, was alles zu berücksichtigen ist, wie vielen Fußangeln man ausgesetzt ist, wenn man sich an das Namensge- biet heranwagt. Es muß bei den vielen Möglichkeiten vieles unsicher und zweifelhaft bleiben. Das sei nachdrücklich be- tont.

Die Herkunftsnamen können nun 1. von Hausnamen, 2. von Flurnamen, 3. von Siedlungen, 4. von Stammes-, Volks- und Landschaftsnamen hergenommen sein. Ich stelle sie so grup- piert zusammen:

1. Von Hausnamen

Es ist in Waldeck bekannt, daß in fast allen Städten und Dörfern neben den Schreibnamen noch Hausnamen üblich sind; sie sind dankenswerterweise in dem Einwohnerverzeichnis von 1929 bei vielen Orten vermerkt; es müßte bei allen so sein! Es ist klar, daß sich diese Hausnamen auch in den Familiennamen nie- dergeschlagen haben. Es ist aber ohne genaue urkundliche Stu- dien ein ziemliches Wagnis, die Namen anzugeben; man kann vor- sichtiger Weise nur vermuten und die Namensträger bitten, vielleicht einmal ihre Familienüberlieferungen daraufhin durchzumustern. Die Namen sind in den Dörfern wohl kaum so häufig gewesen; in den Städten dagegen ist es oft bezeugt, daß Herbergen etwa und steinerne Häuser besondere Beinamen hatten, die sich auf die Besitzer übertrugen. Als Namen, die wohl hier einzuordnen wären, möchte ich nennen: A d l e r , B a e r , K a i s e r , O c h s alle in Wildungen, ferner B o c k , E n g e l , K l o c k e (alle in Arolsen) und B l u m e (Korbach). Bei einigen bestehen auch noch andere Er- klärungsmöglichkeiten.

2. Von Flurnamen

A e p f e l b a c h (Wildungen), A l t e n f e l d (N.-Werbe), A l t h o f f (Freienhagen), A n g e r (Waldeck), der Anger ist in östlichen Gegenden der Dorfplatz; B a c h (Rhoden, B a n g e r t (weit verbreitet = am Baumgarten); B a u k -

h a g e (Korbach, = am Buchenhagen), B a u m b u s c h
(Waldeck, Busch = Wald), B i e d e r b e c k (vielfach, in
niederdeutschen und mitteldeutschen Mundarten sagt man d i e
Bach!), B ö h l e (Rhoden) und B e u l e n bedeuten dasselbe = am Hügel, B o r n (Usseln), B r a n d (viel, = am
Brand, wo mit Brennen gerodet wird), B r ö h l a n d (Sachsenberg, Rhadern) heißt: Land mit Buschwerk), B ü c h e l
(Arolsen, gehört zu bühl = Hügel), B r i e h l (N.-Schlei-
dern) ist dasselbe wie oben B r ö h l - und B r ü h l und
bedeutet also "Buschwerk". B r a c h t (Rhoden, Arolsen,
Mengeringhausen) ist wahrscheinlich hierher zu ziehen, es bezeichnet ein gehegtes Privateigentum. D o r n s e i f (Sachsenberg) = von Dornen bestandene Niederung, - s e i f ist
besonders im Bergischen häufig, bei uns müßte es - s i e p
heißen; v o n d e r E h e, E h e (O. N. Ense, Korbach,
Strothe, = aus einem bestimmten Bezirk), v o n d e r
E m d e , E m d e (fast in allen Orten Waldecks, besonders
in Vasbeck, Korbach, Berndorf; wo ist der Kern der Familie?).
Der Name kommt von den Bergnamen E m m e t (aus E m m i -
t h i), der als Nachbar des Hohen Pön zu den höchsten Bergen
auf Waldecks Boden gehört (742 m); E l s e b a c h , E i s -
b a c h (Obernburg, Mengeringhausen, = Erlenbach); E g e r t
(Thalitter, = Brachfeld, hauptsächlich in Bayern vorkommend);
F a u l s t i c h (Freienhagen, = sumpfiger Platz); F a h l -
b u s c h (Wildungen, = grauer Busch); G r ü n e m e i (Wildungen, Mandern, = Stelle, wo im Frühling Spiele abgehalten
wurden, wie auf den Pfingstgemeinden); H a a r d t (Korbach,
von der Hardt = Bergrücken); H a g e b u s c h (Fürstenberg,
Wildungen, N.-Ense, Sachsenberg, Vöhl, = eingehegter Busch);
H a r d e b u s c h (Eppe, s. Haardt); H a r b e c k e (Hillershausen, = trüber oder Bergbach); v o n H o w e (Lengefeld); H a s e l k a m p (N.-Schleidern, = wo Haselsträucher
wachsen); H a n s t e i n (Arolsen, Helsen, = vom hohen
Stein); H e g e w a l d (Adorf, = eingezäunter Wald);
H e l l e n t h a l (Arolsen, = dunkles Tal); H e l m e -
r i c h (Arolsen, Korbach, = vom Hellenberge, vergl. P a -
v e r i c h , W i e p e r i c h u. a.); H i l g e n -

b e r g (Wildungen, = vom Heiligenberg, mit Kapelle oder Heiligenstock); H o h e n s e e (Thalitter), H o l l e n -
s t e i n (Wethen, Helmighausen, = vom hohlen Stein oder Stein mit Hollen); H ü b e l , H ü w e l (Rhoden und Arolsen, = vom Hügel); I m ö h l (Eppe, = im Ohl = Sumpf); K a l t e n b o r n (Korbach, = vom K.); K a l t h o f f (Wildungen); K i r c h h o f f (Korbach); K e m p e n (Korbach, = von den K.); K l e i k a m p (Arolsen, Korbach, = Kleek, mundartliche Form); K l e i n e n h a c k e n (Selbach, = vom kleinen Haken); K l e i n h o r s t (Rhoden); K l e m m r o t h (Flechtdorf, = Rodung eines Klemm); K o h l b e r g (Dorfitter, Gembeck, Arolsen, Korbach, = Kohlenberg); K o h l h a g e n (Höringhausen, Korbach); K r a -
n e f e l d (Korbach, Adorf, = Krähenfeld oder Kranich); K u h l b r o c k (Korbach, = Bruch in der Kuhle); L i n -
d e n b o r n (Helsen, N.-Waroldern, Lütersheim, Dehringhausen); L e h m g r ü b e n (Willingen, die Familie muß aus dem Süden stammen); M a i w e g (Wildungen, Rhena, = Weg zum Maispielplatz); M e d e n w a l d (Korbach, s. o.); M ö h -
l e n k a m p (Korbach, = Mühlenkamp); N e b e l s i e k (Wildungen, = feuchte Stelle, wo oft Nebel aufkommt); N i e -
d e r q u e l l (Korbach, = am unteren Quell); O b b e r g (Kohlgrund, = über dem Berg oder oben auf dem Berge, auch dieser Name muß aus süddeutschen Gebieten stammen); P u s c h (Wildungen, = Busch, der Name muß aus Schlesien oder Süddeutschland kommen); R i n g e l b e r g (Wellen); R o -
s e n g a r t e n (Höringhausen, = Rosengarten oder Friedhof); S a u e r w a l d (N.-Schleidern); S c h e i d (Vöhl, N.-
Ense, Korbach, = von der Scheid = Grenze); I m S c h l a a (Korbach); S i e b e n b o r n (Usseln); S i e k e (Orpethal, Helsen, = vom Sieke = feuchte Stelle); S o n d e r n (Korbach, = aus der Gemeinde ausgesondertes Gut); S o n n e -
b o r n (Nordenbeck, Fürstenberg); S p e i c h e r (Münden, Neukirchen, entweder von einem Fruchtspeicher oder von dem Orte Speicher); S t e d e (Massenhausen, Mengeringhausen, = von der Hausstelle, vgl. unser S t i d d e, = Stelle); S t e i n h a r d (Rhenegge, = vom Steinberge); T h i e

(Strothe, = Dorfversammlungsplatz); U e b e r h o r s t
(Basdorf, Dorfitter, = über dem Horst); V o g e l s a n g
(Sachsenberg, der Name kann in seinem zweiten Teil auch von
sengen = durch brennen, roden hergeleitet werden); V o -
g e l r e i c h (Wildungen); W e i d e n h a g e n (Wellen);
W e g e (Rhena, Korbach, der Name kann als v o m   W e g e
oder   a u s   W e g a gedeutet werden); W e i ß e n b o r n
und   W i t t e n b o r n bedeuten dasselbe, das letztere ist
die niederdeutsche Form); Z u m b r o c k (s. o.).

3. Namen von Siedlungen

Bei diesen Namen ist zu sagen, daß im Mittelalter viele
Orte wüst geworden sind; es waren das meist kleinere Siedlungen, deren Einwohner aus Sicherheitsgründen sich in größere
Dörfer oder in die Städte zusammenzogen. Die Namen sind nicht
immer eindeutig auf einen bestimmten Ort festzulegen. Da aber
verschiedene Untersuchungen ermittelt haben, daß bei den
Städten der Zuzug meist aus der nächsten Umgebung erfolgte,
kann man diese Orte zuerst in Erwägung ziehen. Oft kann man
nur vermuten, da der Möglichkeiten viele sind.

Wie schon gesagt, lassen sich zwei Gruppen danach bilden,
ob der Ortsname (ohne   v o n) genommen wird, oder ob man die
Herkunft mit der Ableitungssilbe - e r vornimmt.

a) einfache Ortsnamen

A l l m e r o t h (Arolsen; aus Groß- oder Kleinalmerode,
Kr. Eschwege); A l t e n h a i n (Arolsen, O.-Werbe) und
A l t e n h e i n (Korb., Basdorf); es gibt 7 Orte dieses Na-
mens. A l t e n h e i m (Alraft; Kr. Offenburg, Baden);
A m e l u n c k s e n (Hausname in Herbsen; A. liegt im Kr.
Höxter und ist aus Amelungeshusen entstanden); A s c h
(Helsen; 3 Orte und Stadt im Egerlande); A u s t e r m ü h -
l e n in Korb. und A u s t e r m ü h l in Nordenbeck; -
B a r b e (Goddelsheim; aus B a r b y an der Elbe); B a r -
d e l e b e n (Kleinern; die Namen auf - l e b e n kommen
nur in einem bestimmten Gebiete in Mitteldeutschland vor; bekanntes Adelsgeschlecht); B ä r i n g h a u s e n (Willingen);
B a t t e f e l d (Hüddingen, Odershausen, aus B a t t e n -

f e l d bei Battenberg); B e l l i n g r a t h (Willingen;
ein B. im Kr. Gummersbach); B e n n d o r f (Wild.; = Ben-
dorf am Rhein); B i e b e r (Korb.; 3 Orte dieses Namens verzeichnet das Ortsbuch in den Kr. Biedenkopf, Offenbach und
Gelnhausen); B i e l e f e l d (Mengeringhausen); B i g g e
(Wrexen, Adorf; ein Bigge liegt im Kr. Brilon); B l a n -
k e n b u r g (Korb.; es gibt 7 Orte dieses Namens); B o -
d e n h a u s e n (Helmighausen, Neudorf, Rhoden, Korb.; ein
Ort im Kr. Wolfhagen). Nach Höhle, die untergegangenen Ortschaften . . . in Waldeck hat es auch eine Siedlung B. im
Felde der Stadt Waldeck gegeben); B i l l e r b e c k (Lütersheim; 5 Orte gleichen Namens in den Kr. Pyritz, Lüchow,
Coësfeld, Gandersheim und in Lippe); B ö d e f e l d (Korb.)
und B ü d d e f e l d (Vasbeck, Adorf, Rhenegge, Mühlhausen);
beide sind gleichen Ursprungs, entweder aus Bödefeld, Kr. Me-
schede oder aus der Wüstung Büdefeld, Büddefeld, die 980 als
Budineveldon bei Goldhsn. bezeugt ist. B ö h n e (Wrexen; es
wird unser Böhne sein); B o l l e n d o r f (Bergfreiheit;
B. Kr. Bitburg, Rhld.); B r a n d a u (Wild.; 3 Orte in
Westpr., Oberbayern und im Odenw.); B r ü n i n g h a u s
(Höringhsn.; das Schloß Brüninghaus bei Dortmund ist durch
den "tollen Bomberg" berühmt geworden); - C r o n e n b e r g
(Schmillinghausen; 2 Orte im Kr. Mettmann und in der Pfalz);
- D e g e n h o f und D e g e n t h o f (Korb.; Meineringhausen und Goddelsheim; es könnte sich um Zuwanderer aus Tie-
genhof bei Danzig handeln); D a l w i g (Anraff, aus irgend
einem Gut der Dalwigks); D e i s e n r o t h (Wild.; der Name kommt auch in Hessen vor); D e v e n t e r (Korb.; es kann
sich nur um die holländische Stadt handeln; vielleicht ist es
nur Beiname für einen wald. Soldaten, der in D. seine Dienst-
zeit abgemacht hat); D o r f e l d (Meineringhausen);
D r o l s h a g e n (Wethen; D. Kr. Olpe); - E b e r s b a c h
(Sachsenhausen); E h r e n b e r g (Korb.; 19 Orte!);
E h r i n g s h a u s e n (Lengefeld; 3 Orte in den Kr. Westerburg, Remscheid, Lippstadt, aber auch das heutige Ihringshausen bei Kassel wird in älterer Zeit Eringshausen geschrieben); E i s e n b e r g (Arolsen, Helsen, Sachsenhausen,

Waldeck; unser Eisenberg); E n g e l b a c h (Alt-Wild.; im
Kr. Biedenkopf); - F a h r e n d o r f (Wild.; 1 Kr. Bremer-
vörde, 1 Kr. Salzwedel); F l ö r s h e i m (Wild.; Kr. Wiesbaden); F r a n k e n t h a l (Korb.; 7 Orte); F r e u -
d e n s t e i n (Korb.; Kr. Maulbronn); F r i e d e w a l d
(Arolsen, Lengefeld, Münden, Neukirchen, Dalwigkstal 2 Orte
im Kr. Hersfeld und Altenkirchen, kann auch aus dem Vornamen
Fr. erklärt werden); F r i e s l e b e n (Korb., Eimelrod,
Deisfeld); - G e r m e r o t h (Züschen, Waldeck; Kr. Esch-
wege); G ü l i c h (Sachsenberg; entweder von der Stadt Jü-
lich oder vom Lande Jülich); - H a c h e n b e r g (Arolsen,
Helsen; die Stadt Hachenburg im Westerwald schreibt sich im
Mittelalter auch -berg); H a g e n (Arolsen, Helsen; viele
Namen!); H a l l e n b e r g (Sachsenberg; sicher von der
benachbarten westfälischen Stadt); H a r l i n g h a u s e n
(Mengeringhsn.; 1 Ort im Kr. Lübbecke); H e d f e l d (Korb.;
Heedfeld, Kr. Altena); H i r s c h b e r g (Wellen; wohl
aus Schlesien); H i l l r i n g h a u s e n (Eimelrod);
H o h e n s e e (Thalitter; Kr. Greifswald); H o r s e l
(Korb.; man kann an Hörschel in Thür. denken); H u m b u r g
(Wild.; = Hohenburg, 2 in Bayern); - J e s b e r g (Korb.;
J. Kr. Fritzlar); J e r r e n t r u p (Sachsenberg); J e -
s i n g h a u s e n (Korb.; Goldhausen; in Südwestfalen gibt
es eine Bauernschaft gleichen Namens); I s e n b e r g (oft;
= Eisenberg, s. d.); - K a l b e (Korb.; Kalbe an der Elbe);
K a m p h a u s e n (Korb.; es gibt ein bekanntes Adelsge-
schlecht dieses Namens); K a p p e l (Korb., Sachsenberg; =
Kapelle, welche?); K n a p p e r t s b u s c h (Wild., eine
westfälische Bauernschaft); K r u k e n b e r g (Wild.; es
liegt nahe an die Krukenburg bei Helmarshausen zu denken); -
L a n d a u (Korb., Münden; unser Landau); L a n g e f e l d
(Wild.); L a n g e n d o r f (Dorfitter, Thalitter; 8 Sied-
lungen meldet das Lexikon); L i m p e r g (Korb. = Linden-
berg; das -p deutet auf Süddeutschland; in Bayern 4 Lindberg);
L ö h n b e r g (Willingen; bei Wetzlar); L ö h n e (Landau;
L. Kr. Herford); L u t t r o p p (Korb.) und L u t t r u p
(Vasbeck, Schmillinghausen), stammen von einem westfälischen

Ortsnamen ab; L u t t e r (Willingen) kann von einem Orte L. oder von dem Beinamen L. = lauter, rein, stammen. - M a n - d e r (Vöhl, unser Mandern); M a l c o m e ß (Wild. Malkomes, Kr. Hersfeld); M a s l o (Wild.; Maßlow, Meckburg; Masslau, Kr. Merseburg); M a t t e n d o r f (Wild., 1 M. Kr. Kott- bus); M e h r h o f (Adorf; 1 M. im Kr. Brilon); M e t - t e n h a u s e n (Höringhausen; Bezirksamt Landau, N.-Bay- ern); M i d d e l d o r f (Twiste; 6 Orte); M i l d e n - b e r g (Sachsenhausen, Vöhl; = Miltenberg am Main); M o m - b a c h (Obernburg; Vorstadt von Mainz); M o m b e r g (Freienhgn.; Kr. Kirchhain); M ü n c h o w (Korb.; hier kann ein Ort etwa in Pommern angenommen werden); - N e u h a u s (Wild.); N o r d h e i m (Wild.; es wird Northeim in Hannover sein); - O r f (Twiste; die Fam. wird aus dem heutigen O. oder N. Urff sein, dessen alte Formen Urpha (1085), Orpha (1184) lauten und sprachlich mit dem Namen unseres Orpe-Flusses zu- sammenfallen; Urff gehörte eine Zeitlang zu Waldeck; vgl. auch den Namen Urff); O e l z e (Dorfitter; Elze in Hannover? oder Oelze, Kr. Rudolstadt); P a d t b e r g (Eppe, Korb., Arolsen; Padtberg, Kr. Brilon); P e t e r s h e i m (Bas- dorf; i.d. Pfalz, in P.); P l e t t e n b e r g (Goddelsh., Arols., Sachsenbg.; Pl. in Westf.); P o g g e n s e e (Wild., bei Lübeck); P o t t h o f (Flechtdorf, Berndorf; der Name sieht nach einer westfälischen Bauernschaft aus); P r ä t s c h (Korb.; Pretsch liegt an der Elbe, 2 weitere in den Kr. Merseburg und Weißenfels); - R e t t b e r g (Bühle, Landau, Wetterburg, Rhoden; es wird Rietberg, Kr. Wiedenbrück, sein); R e x h a u s e n (Korb.); R u p p r a t h (Eppe, Hillershausen; s. o.); - S a l b e r g (Korb.); S a s s e n - b e r g (Wild.; es ist der plattd. Namen von Sachsenberg); S c h a a k e (Kohlgrund, Wrexen; unser wald. Kloster Scha- ken); S c h a r t e n b e r g (Korb.); S c h a u m b u r g (Korb., Berndorf, Sachsenhausen, Wega, Waldeck; beliebter Burgenname); S c h ö n e w a l d (Züschen; 3 Orte); S c h ö n h o f e n (Korb.; 5 Orte); S c h w e i n s b e r g (Odershsn, Wild.; es liegt nahe an das Städtchen Schweinsberg bei Marburg zu denken; der erste Namensträger kann aber auch

ein Lehensmann oder Knecht des Geschlechts von Schweinsberg
gewesen sein, die reichbegütert waren; eine Linie der Herren
von Löwenstein, denen der Löwensteinsche Grund (um Schiffel-
born und Urff) gehörte, nannte sich auch "von Schweinsberg");
S c h w e r i n (Berndorf); S e e h a u s e n (Arolsen; 10
Orte im Ortsbuch); S e l h a u s e n (Korb.; Kr. Düren);
S o n n e n b e r g (Kohlgrund; 9 Orte!); S o o s t (Hesperinghausen); S p e i e r (Züschen); S t o c k h a u s e n
(Flechtdorf, Berndorf; ein bekanntes waldeckisch-westfäli-
sches Adelsgeschlecht heißt so; außerdem 11 Orte!);
S t o l l b e r g (Korb.; es wird St. am Harz sein);
S t r o t h (Hesperinghausen; es kann unser Strothe gemeint
sein; der Name ist aber so gebräuchlich, daß Sicherheit nicht
möglich ist; er bedeutet "Heidegegend"); S u n t h e i m
(Wild.; = Südheim, deren es mehrere gibt); - T o d t e n -
h a u s e n (Arolsen; 1 im Kr. Ziegenhain, 1 Kr. Marburg); -
U d e r s b a c h (Schwalefeld); U r f f (Urf, Korb., Willingen; s. o. unter O r f); U f f e l n (Twiste, früher auch in
Rhoden; 1 im Kr. Minden, 1 im Kr. Tecklenburg, vgl. auch West-
uffeln, Kr. Hofgeismar); - V a c h (Goddelsheim; von dem
Städtchen Vacha in Thür. oder Vach bei Fürth i.B.); V a r n -
h a g e n (Korb. = vor dem Hagen; vielleicht vom Gut, das
jetzt im Edersee verschwunden ist); V o m h o f (Korb.);
V o r w e r k (Arolsen; der Name ist auch bei uns für Teile
eines größeren Gutes gebräuchlich gewesen); V o ß h a g e
(Korb. = Fuchshagen); - W a c h e n f e l d (Korb., Lütersheim; ob die Flurbez. a u f d e m W a k e n f e l d e
bei Usseln hier herangezogen werden kann, bleibt fraglich);
W a t e r f e l d (Ammenhausen; hier ist auch ein Flurname
möglich); W e i d e n b a c h (Rhoden; 8 Orte im Ortsbuch);
W e i l e r und W e y l e r (Korb. und Thalitter; = lat.
villare = kleine Siedlung; häufiger Name in süddeutschen Be-
zirken); W e i t e n d o r f (Korb.; 7 Orte in Mecklenburg);
W e n g e n r o t h (Dorfitter; kr. Westerburg; = kleines
Rod); W e r n e b u r g (Meng.); ein W. liegt im Kr. Ziegenrück (Erfurt); W e s e n f e l d t (Korb.); W ö l l e n -
s t e i n (Korb., 1 Wöllenstein in Württemberg, 3 Kr. Alzey);

W o l m e r a t h (Arolsen; ein W. im Kr. Kochem, Mosel); -
Z i e s e n h e i m (Strothe).

b) Namen auf - e r

A m m e n h ä u s e r (oft; die Familien werden aus unserm
A. stammen; es gibt noch ein kleines A. bei Gladenbach, Kr.
Biedenkopf); A l t e n k ä m p e r (Wild.; Kamp, später Al-
tenkamp war ein berühmtes Kloster südlich von Wesel; 1 A. auf
Rügen); - B ä n f e r (Arolsen; könnte aus Banfe, Kr. Wittgenstein sein); B a ß l e r (Meng.; aus Basel); B e l l i n -
g e r (Landau; Belling in Pommern, Bellingen, Kr. Lörrach in
Baden, im Oberwesterwaldkr., Kr. Stendal, Altmark); B e r g -
h ö f e r (Arolsen, Wild.; ein B. im Kreise Frankenberg);
B r a n d e n b u r g e r (Meng.; die Stadt Brandenburg wird
den Namen gegeben haben, möglich ist auch, daß nur die Her-
kunft aus Brandenburg (Land) bestimmend gewesen ist); B r e -
m e r ,   B r e m m e r (Arolsen, Helsen, Schmillinghausen,
Königshagen, Kleinern; von den vier Bremen wird wohl die alte
Hansestadt den Namen geschaffen haben); B r e ß l e r (Wild.;
= Breßlauer); - C o m b e c h e r ,   K o m b ä c h e r
(Wild., Arolsen; es gibt mehrere Orte Combach, Kombach); -
D ö r f l i n g e r (Meng.; ein D. gibt es im Bezirksamt
Röding, Oberpfalz, eins im Kanton Schaffhausen; ein Derfling
in Oberösterreich); - E l l e n b e r g e r (N.-Waroldern;
5 Orte, der nächste im Kr. Melsungen); - G e l s h ä u s e r
(Basdorf); G e m m e k e r (Korb., Ammenhausen, Bühle, Külte,
Wrexen; die mundartliche Form unseres Gembeck lautet Gemmeke);
G ö h r i n g e r (Korb.; Göring, Bezirksamt Forchheim, Görin-
gen, Kr. Eisenach i. Thür.); G u n z e n h a u s e r (Korb.;
G. in Bayern); - H e d i n g e r (Arolsen); H e i m b e -
c h e r (Arolsen; Heimbach gibt es 8); H e l l i n g e r
(Wild.; 1 H. Kr. Hildburghsn, 1 in Unterfranken); H e r -
c h e n r ö d e r (Korb., N.-Werbe); H o m b e r g e r
(Korbach, Külte, Landau; es liegt nahe an die beiden hessi-
schen H. zu denken); - I b e l s h ä u s e r (Wild.); -
K a h l h ö f e r (Korb., Wild.; = vom Kahlhof); K r u -
h ö f (f) e r (Korb.; = Krughöfer); K o m b e c h e r (s.ob);

K ü l s h e i m e r (Wild.; bei Tauberbischofsheim); -
L a n g e n b e r g e r (Arolsen; L. im Rheinland);
L e i t h ä u s e r (oft; Bauernschaft im Bergischen);
L i m b e r g e r (Wild.; Limburg an der Lahn wird den Namen
hergegeben haben); M a n n h e i m e r (Wild.); M e i ß -
n e r (Giflitz, Kleinern, Vöhl, Arolsen; = aus Meißen in
Sachsen; der Meißner in Hessen heißt im Volke Weißner);
M i t t e l a c h e r (Arolsen; ein Mitellagger im Kr. Wald-
broel, aber der Name kann auch bayerisch sein); N ü r n -
b e r g e r , O p p e n h e i m e r und P r a g e r dürf-
ten verständlich sein. - R e c h s t e i n e r (Wild.);
R e h n e r (Wild.); R e h n e r (Wild.; unser Rhena);
R i e s e r (Arolsen; entweder aus Riesa, Sachsen, oder aus
Ries, Bezirksamt Passau, Riesen im Schongau, Bayern, oder
"einer aus dem Ries", einer Landschaft bei Nördlingen);
R o c k e n f e l l e r (Herbsen: Rockenfeld liegt im Kr.
Neuwied (Rheinl.); - S i m (t) s h ä u s e r (oft. bes. an
der Eder; Simtshausen, Kr. Marburg/L.); - U s s e l e r (Helmighausen; unser Usseln); - Z o c h e r (Rhadern; 1 Zauche,
Kr. Grünberg; es kann auch an die Zauche, eine brandenburgi-
sche Landschaft gedacht werden). - Viele der Namen begegnen
in den Städten; das liegt nahe, weil sie die natürlichen Sam-
melbecken des Bevölkerungsüberschusses des flachen Landes waren; außerdem machte die Stadt frei. Auch die Zünfte saßen in
den Städten.

c) von Stammes-, Volks- und Landesnamen

Die allgemeinste Angabe der Herkunft ist die nach den Him-
melsrichtungen. Sie findet sich auch bei uns in den Namen
N o r d , vielleicht O e s t e r l i n g (Twiste) und S u -
d e , wenn man letzteres als Form für Süden nimmt.
Auf Stammes- und Landschaftsnamen führen die Namen:
B ö h m (Wild.); B a i e r , B e y e r , B a y e r ;
A n h a l t (Goddelsheim); B r ü ß (Freienhagen; = Preuße);
F r a n k e , F r a n k; F r e s e und F e r s e Rhoden)
sind von Friese abzuleiten; F l e h m i g (Bergheim; kann auf
Flandern weisen). Bei den häufigen Namen H e s s (e) kann

auch der Vorname H a s s o mitspielen; H a a r t z (Rhoden;
die Familie wird aus dem Harz stammen); H i n t e r w e l -
l e r (Korb.; vielleicht ist der Westerwald gemeint, es kann
auch ein Spottname sein); H o l l ä n d e r (Hausn. in Rhoden; er hält die Erinnerung wach an die Soldatendienste der
Waldecker in Holland und seinen Kolonien im 18. Jhdt.); der
Name L i p p e kann von dem Fürstentum hergeleitet werden,
aber auch von dem griechischen Namen P h i l i p p , der
durch die Grafen dieses Namens in Waldeck beliebt war);
I t a l (Wild.; stammt aus Italien); N a s s a u (Wild.) und
O e s t r e i c h (Wild., Adorf) sind klar; O h m (Lüters-
heim) kann von dem Flußnamen Ohm oder von dem Verwandt-
schaftsnamen Ohm genommen sein; S a u e r l a n d (Wild.);
S c h w a b e l a n d (Wild., Gellershausen), auch
S c h w a l m (Korb., Anraff) sind einleuchtend. S a c h s e
braucht sich nicht auf unsere heutigen Bezirke zu beziehen,
Sasse kann nur den niederdeutschen Sachsen meinen;
S c h w e i (t) z e r (oft) kann auch von der von den Schwei-
zern abgelehnten Berufsbezeichnung hergenommen sein. Der Name
T r o t t e (Landau) kann auf das bekannte hessische Geschlecht Trott hinweisen. W e s t p h a l und W e s t -
f a h l zeigen sich uns in altertümlicher Schreibung.

Damit hätten wir erneut die Herkunftsnamen durchmessen;
ich hoffe, manches Neue gebracht zu haben. Viele Namen, die
an sich klar waren, habe ich übergangen, einzelne werde ich
auch übersehen haben. Völlig Unsicheres habe ich beiseite gelassen.

DER NAME "WALDECK".

Zu dem Beitrag von Dr. Helmut Nicolai in "Mein Waldeck",
1950, Nr. 6

Es ist sicher notwendig und begrüßenswert, daß Darstellungen, Erklärungen und Deutungen der älteren Wissenschaft von
Zeit zu Zeit überprüft werden, da ja die Wissenschaft nicht
stehen bleibt, sich auch mit ihrem Lebenselement, der Kritik,
erst beruhigen darf, wenn alle Gesichtspunkte berücksichtigt
sind und die Deutung allgemein Anerkennung gefunden hat.

Das gilt besonders für die Ortsnamenforschung, die für
jeden, der sich mit ihr ernsthaft beschäftigt, immer neue
Rätsel aufgibt und zu den schwierigsten Aufgaben der Sprach-,
Geschichts- und Kulturforschung gehört, die nur durch gemein-
sames Abwägen zu klaren Ergebnissen geführt werden können.

Zuviel gibt es bei ihr, was Beachtung fordert. Man muß die
gesamte deutsche Sprachgeschichte kennen und anwenden können,
insbesondere auch die der jeweiligen Mundarten. Man muß die
geographischen (siedlungsgeschichtlichen, morphologischen,
klimatischen usw.) Voraussetzungen für die betreffende Landschaft überblicken. Man muß die kulturgeschichtlichen Entwick-
lungslinien beachten und die Landesgeschichte kennen. Manches
andere kommt noch hinzu; dies aber sind die hauptsächlichen
Grundlagen für eine klare, an die alte Namengebung herankom-
mende Erklärungsweise.

Was nun den Namen "Waldeck" angeht, so geht Dr. N i c o -
l a i von der Deutung unseres ehrwürdigen Waldecker Ge-
schichtsforschers V a r n h a g e n aus. Dieser sagt in seiner Abhandlung "Beschreibung des Schlosses Waldeck" (Grundlagen
S. 124): "Den Namen hat dieses Schloß (Waldeck) unstreitig
von seiner Lage auf der Ecke eines Waldes; ohne daß man nötig
hat, an den gegenüber jenseits der Eder liegenden Wald, der
Eckweg, genannt, zu denken, oder auf irgend eine andere Her-
leitung zu sinnen. Konnte nicht vor 800 oder 1000 Jahren die
ganze Gegend Wald sein, wo jetzt die bei diesem Schlosse liegende Stadt Waldeck und deren Umgebung ist? Sehr wahrschein-

lich! Und alsdann war wirklich der Fleck, wo das Schloß steht, des Waldes Ecke. Ja noch heutigentages ist der ganze Schloß- berg, ausgenommen nach der Stadt hin, Wald."

Ich zitiere absichtlich Varnhagen wörtlich weil er n i c h t schreibt "Ecke" i m Walde, wie bei Dr. Nicolai zu lesen ist, sondern "Ecke eines" oder "des Waldes"; das ist ein kleiner Unterschied. Varnhagen wollte sagen, daß die Ecke den Wald abschließt, nicht, daß sie im Walde eingeschlossen läge. Man kann wohl annehmen, daß Varnhagen, der der älteren Kriegsführung, bei der feste Plätze eine große Rolle spielten, näher stand als wir heute, wußte, daß der Wald aus militäri- schen Gründen nicht bis an die Burgmauern heranreichen durfte.

Dr. Nicolai weist auch darauf hin, daß F ö r s t e m a n n in seinem berühmten Altdeutschen Namenbuche unseren Namen, der bis 1200 sechsmal im deutschen Raume begegnet zu Wald = latei- nisch silva stellt.

Ich kann noch hinzufügen, daß zwei bekannte hessische Na- menforscher ebenfalls diese Varnhagensche Deutung billigen. Der eine ist W i l h e l m A r n o l d in seinen Ansied- lungen und Wanderungen deutscher Stämme, 1875, S. 48, der an- dere in neuerer Zeit der Göttinger Gelehrte E d w a r d S c h r ö d e r . Der letztere hat in einem größeren Aufsatz "Die deutschen Burgennamen" (in seiner Namenkunde 1932 S. 155- 168) alle Namen von Burgen einer gründlichen Durchmusterung unterzogen. Er stellt Waldeck zu den aus Siedlungsnamen her- vorgegangenen Burgennamen.

Die Grundbedeutung von Ecke, nicht nur ein Nebensinn ist "Schneide", "vorspringender Feld" oder "Bergabschnitt". Des- halb erscheint Eck(e) gern in Verbindung mit Flußnamen Rhein- eck, Lahneck, Saaleck. Das Wort kommt weiblich (die Ecke) und sächlich (das Eck) vor; die letztere Form ist dabei nur süd- deutsch; bei der weiblichen Form fällt im Süden das -e fort, was bei uns nicht der Fall ist.

Weiter hebe ich aus den Schröderschen Untersuchungen her- vor, daß vier Fünftel aller Burgennamen mit - b u r g , - b e r g , - s t e i n , - f e l s und - e c k zusam-

mengesetzt sind. Wir haben ja im Waldecker Lande und seiner
nächsten Umgebung Beispiele dafür: W e t t e r b u r g ,
F ü r s t e n b e r g , D e s e n b e r g , W a r b u r g
(älter W a r t b e r g) , K a r l s t e i n und L i c h-
t e n f e l s .

Besonders wichtig für unseren Zusammenhang ist nun die
Feststellung Schröders, daß den Ausgangspunkt und die älteste
Schicht der Burgennamen rein topographische Bezeichnungen bilden: "Es ist geradezu auffällig, wie selten in der Zeit vor
1200 die Benennung nach dem Erbauer oder ersten Bewohner begegnet, die doch in den Dorfnamen und Hofnamen eine so große
Rolle spielt. Charakteristisch ist es, daß keines der zahlreichen vornehmen Geschlechter, die im 11. und 12. Jahrhundert
zu dem Modenamen S c h a u e n b u r g griffen, daran gedacht hat, statt dessen einen Personennamen zu verwerten, daß
die Karolinger und Agilolfinger, die Ludolfinger und Ludowinger,
die Welfen und Gisonen, kaum eine Erinnerung in Burgennamen
hinterlassen haben. Bis über 1150 hinaus blieb man im allgemeinen bei der rein topographischen Bezeichnung . . ."

In den Zeiten, als die Heraldik aufkam, mit Wappen und
Farben, wurde das anders; da werden die Namen F a l k e n -
s t e i n (25mal), L ö w e n s t e i n , G r e i f e n -
s t e i n und S c h w a r z e n f e l s , W e i ß e n -
s t e i n , R o t e n f e l s zur Mode. Von jüngeren Entwicklungen sehe ich hier ab.

Schröder hebt auch hervor, daß die Ausbildung der Burgennamen völlig im Licht der Geschichte vor sich geht. Man kann
also nicht mit ihnen in germanische Zeiten oder noch weiter
zurückgehen. Sie gehen aus den vornehmen Geschlechtern hervor,
die sich zunächst nach den in ihren Sippen geläufigen Namen
nennen oder nach ihren Aemtern als Grafen oder Herzöge usw.
Erst um das Jahr 1000 fangen sie an, wohl um der besseren Unterscheidung willen, sich nach einem festen, von ihnen bewohn-
ten oder bevorzugten Sitze zu benennen; zunächst ganz einfach,
etwa " v o n d e m B e r g e ", " v o n d e r M a r k "
dann nach Bergnamen, wie Z o l l e r n , S t a u f e n ,
nach Flußnamen, wie S o l m s , L i p p e u. a., schließ-

lich auch nach Siedlungsnamen, zu denen nach Schröder auch unser W a l d e c k gehört.

In die ältere Schicht von Burgnamen vor dem Einfluß der heraldischen Moden ist der Name Waldeck jedenfalls zu stellen. Die Burg ist vermutlich angelegt von dem im 14. Jahrhundert ausgestorbenen Geschlecht von Waldeck; genannt O p p o l t , dessen erster Repräsentant 1120 als B e r n h a r d v o n W a l d e k k e auftritt. Wann nun die Burg gebaut ist, ist bei der dürftigen Verfassung der Quellen nicht auszumachen. Nach Lage der Dinge wird es eine kleine Anlage gewesen sein, die die Schwalenberger, vermutlich um 1180 von dem alten Herrengeschlecht mit geringem Besitz übernommen und sich dann später danach benannt haben. Viel vor 1100 wird es nicht gewesen sein, da sich erst um diese Zeit aus der Zerschlagung der alten Gauzusammenhänge neue Herrschaften bilden, die sich durch Burgen gegen Feinde schützen mußten.

Schröder nimmt nun an, daß der Name Waldeck nach dem Muster südwestlicher Formen gebildet ist, also nicht im Lande selbst entstanden ist, wobei er von der Form Waldeck (ohne -e) ausgeht. Ich möchte es demgegenüber für möglich halten, daß der Name bei uns geschaffen ist, und zwar in der weiblichen Form mit -e. Allerdings könnte die heutige Form ohne -e unter dem Einfluß der südlichen festgeworden sein.

Die älteren Formen sind im Wemfall (Dativ) überliefert, der -e haben muß.

Die Mundartformen von heute lauten W a l d e g g e oder W a l d e j j e . Das sind die zu erwartenden lautgesetzlichen Formen, wie sie auf niederdeutschem Boden für "Ecke" gelten. Wir sagen, um Vergleichsformen beizubringen, auch R ü g g e "Rücken", M ü g g e "Mücke" usw. Wenn wir heute z. B. in Rhoden in der Mundart auch H e c k e und E c k e hören, so sind das junge, von der Schriftsprache genommene Formen. Daß sie -e haben, wird aus dem Wemfall zu erklären sein. (Die mundartliche Bezeichnung für "Wald" ist heute H o l t , H o l z ; W a l d muß aber als übergreifender Begriff dagewesen sein, wie u. a. die verbreitete Form W a l m e (aus W a l d e m e i n e) beweist.

Prüfen wir nun die Frage, ob ein Personenname in Waldeck steht. Die von Dr. Nicolai angezogene Wurzel w a l d , die im neuhochdeutschen w a l t e n steckt, kommt in Personennamen oft vor, so in W a l t h a r i = "der im Heere Waltende", Waldomar, Waldheim, Waldbrant usw., auch als zweiter Bestandteil, z. B. in Adalwalt, Fridwald u. a. Auch in Kurznamen W a l d o , W a l d i , W a l d i n ist unsere Wurzel zu finden. Unter vielen Zusammensetzungen mit Wald (silva) steht in Lexers Mittelhochdeutschem Wörterbuche nur das einmalige w a l t b o t e = "Bevollmächtigter, Stellvertreter des Herrschers". Das einfache w a l t ist selten und steht für Gewalt.

Von dem Kurznamen W a l d o sind in Hessen zwei Namen vorhanden: W a l l e n f e l s (anno 1327), nach der Burg derer von Waldenfels so genannt, und W a l l e n s t e i n (bei Homberg/Efze), das 1223 W a l d e n s t e i n heißt und einem Grafen von Schaumburg gehörte, der sich später danach nannte. Zu W a l d o heißt der schwache Wesfall W a l - d e n -; auf unseren Fall übertragen wäre also W a l d e n - e c k zu erwarten.

E c k kommt ebenfalls in Ortsnamen viel vor. In den Ortsnamen des Kantons Zürich, die Förstemann (nach einer Arbeit von H.M. Meyer von 1848) bietet, gibt es B ä r e n -, B r a n d -, D a c h s -, T a n n -, H a g e n -, H a - b i c h t s -, H o h e n -, H i r s c h -, K r ä h e n -, L a n d -, N i d -, N o r d -, R a n d -, S i e b e n -, S c h m a l e n -, S t e i n -, S p e r b e r -, S t e i - n i n g e n -, S c h w a r z e n -, U f f e n -, W a l d -, W a s e n -, W a r m e n -, W o l f - eck(e). Nur viermal ist eine Zusammensetzung mit Personennamen vertreten: G e - r o l d i s e k k e (12. Jahrhundert), I v u n e k k a (9. Jahrhundert), L i v h a r d e s e c k e (12. Jahrhundert) und C i t o l f e s e k k a (11. Jahrhundert). Die Zusammenstellung scheint nahezulegen, daß - e c k besonders gern mit Tiernamen, natürlichen Lagebezeichnungen u. a. verbunden wird, weniger mit Personennamen.

Nach all dem müßte unser Waldeck bedeuten "der am Eck

(oder an der Ecke) Waltende", oder der das Eck (oder die Ecke) "Beherrschende". Das scheint keinen rechten Sinn zu ergeben.

Edw. Schröder hat auch in einem Aufsatz "Das Part(izip) Präs. in Ortsnamen, Schauenburg und Verwandtes" (Namenkde. 187-193) den Nachweis geführt, daß der häufige Name S c h a u e n b u r g (S c h a u m b u r g) als "die schauende Burg" oder "Burg, von der man weit blicken kann" zu deuten ist und weitere Beispiele dazu beigebracht. Könnte man das auf unser Waldeck anwenden, käme man zu der Form z u d e m w a l t e n d e n E c k und damit zu der von Dr. Nicolai gewünschten Deutung "die herrschende Burg". Aber auch hier erhebt sich der Einwand, daß man sprachlich die Form W a l d e n e c k erwarten müßte. Die Urkunden aber bieten durchweg W a l d e k k e usw.

Bemerkt sei nebenbei noch, daß es unmöglich ist, "daß Walter im Nordgermanischen Balder, Baldur, lautet", wie es bei Dr. Nicolai heißt. Balder meint zwar den "Leuchtenden, Lichtverbreitenden", aber W a l t e r ist aus W a l t h a r i entstanden und heit "der im h a r i = im Heere waltet."

Nach all dem kann ich micht nicht entschließen, die alte, von Varnhagen nicht phantasielos klar und verständlich gegebene Erklärung von Waldeck als "Ecke des Waldes" oder besser, vorspringende Ecke des Waldes, "Bergabschnitt" aufzugeben; sie scheint mir vielmehr aus sprachlichen Gründen, auf Grund der natürlichen Gegebenheiten und der von Edw. Schröder einleuchtend vorgetragenen kulturgeschichtlichen Tatsachen gefordert werden zu müssen.

LATEINISCHE RESTE IN DEN FAMILIENNAMEN WALDECKS.

1932 habe ich in "Mein Waldeck" die Familiennamen in Waldeck durchmustert und zu erläutern gesucht. Es sei mir heute
erlaubt, ein Teilproblem aus dem umfangreichen Gebiete besonders zu behandeln, weil es interessante Einblicke in die Denk-
art vergangener Zeiten zuläßt. Das ist der Einfluß der Herrschaft der lateinischen Sprache in der Welt der Gelehrten auf
die Namengebung in unserem Lande.

Es ist vielleicht nicht allgemein bekannt, daß unsere deutsche Muttersprache in den führenden Schichten unseres Volkes
immer, bis ins 19. Jahrhundert hinein, vor dem Latein hat zu-
rückstehen müssen. In der älteren Zeit war das Latein übermächtig bis ins 17. Jahrhundert hinein. Im 18. gehörte es an
den Höfen der Fürsten und in den vornehmen Familien zum guten
Ton, französisch zu parlieren. Alle Vorlesungen an den deutschen Universitäten, auch die Martin Luthers und Philipp Me-
lanchthons, die doch vom Wert der Muttersprache für die Verbreitung des Evangeliums tief überzeugt waren, wurden bis 1687
lateinisch abgehalten, alle gelehrten Abhandlungen, Doktor-
schriften usw. lateinisch gedruckt. Noch 1691 wurden auf den
großen Messen in Leipzig und Frankfurt mehr lateinische als
deutsche Bücher angeboten. Das Übergewicht des Latein ist erst
gegen Ende des 18. Jahrhunderts vorbei. Was die Überfremdung
durch das Französische angeht, die auf den überragenden Einfluß des Sonnenkönigs Ludwig XIV. zurückgeht, so ist nur auf
das Beispiel Friedrichs des Großen hinzuweisen, der seine Werke französisch schrieb und die Gründungsurkunde der Berliner
Akademie der Wissenschaften französisch verfaßte.

So ist es kein Wunder, wenn Reste des lateinischen Wesens
sich bei uns vielfach in der Sprache niedergeschlagen haben,
nicht nur im Formenwerk, nicht immer gleich sichtbar (so besonders im Satzbau), oft verschleiert; so auch auf dem Teilgebiet der Familiennamen. Schon im frühen Mittelalter finden
sich auf deutschem Boden bei den Mönchen der Klöster, von denen ja das Schreibwerk des lateinischen Urkundenwesens abhing,
ins Lateinische übersetzte deutsche Eigennamen. So nannte sich

im Jahre 755 der Bischof von Freising, der gut deutsch Arbeo
(= Erbe) getauft war. H e r e s.

Bei diesen Dingen spielten zwei Gründe mit: man wollte einmal die schwer lateinisch zu beugenden Namen glatter in die
lateinischen Texte einpassen können, andererseits wollte man
in der damaligen gelehrten internationalen Welt, die lateinisch über alle Grenzen miteinander verkehrte, verstanden werden.

Daß man deutsche Eigennamen in dieser Zeit der lateinischen
Urkundensprache mit lateinischen Endungen versah, ist natürlich
allgemeiner Brauch. Als Beispiel führe ich nur die Urkunde II
in Varnhagens Grundlage von der Bestätigung der Stiftung des
Klosters Arolsen vom Jahre 1131 an, dort stehen mit lateinischer Endung -us die klaren deutschen Vornamen Bernhardus,
Altmarus, Thietmarus, Evergisus, Ecbertus, Reinbertus, Sifridus, Volquinus, Widekindus, Reinboldus, Rodolfus, Volpertus,
Hermannus, Amelungus, Conradus, Anshelmmus. Nur zwei Namen
haben kein -us: Hugo und Andreas, der letzte ein griechischer
Name, der erste gehört zu germanisch hugu (Sinn); das -o ist
eine lateinische Endung, wird in lateinischer Weise gebeugt
- Hugonis "des Hug".

Seit dem 13. Jahrhundert kommen nun zu den Vornamen Zu-
sätze vor, die Stand, Amt oder Beruf angeben, die später fest
und eine Quelle der Familiennamen wurden. Wieder entnehme ich
Varnhagens Urkunden einige Beispiele: In der Urkunde XII von
1205 und XIII von 1223 treten als Zeugen auf dominus Hermannus
d a p i f e r de Godensberg, dominum Gerlachum d a p i f e -
r u m ; das sind die Truchsesse der Herren, die Küche und
Tafel bei Hofe unter sich hatten. In Urkunde X von 1205 unterschreiben als Zeugen Lodowicus s c o l a s t i c u s , Henricus c a n t o r , Conradus c e l l e r a r i u s , Einhardus
c a m e r a r i u s ; das sind der Schulleiter, der Vorsänger,
der Kellermeister und der Kämmerer. Urkunde LII von 1283 bietet Thietmarcus carnifex = Fleischhauer.

Die Familiennamen war ja in dieser älteren Zeit noch nicht

fest; sie hafteten höchstens an den Ämtern bei Hofe und in den Klöstern. Erst im 15./16. Jahrhundert beginnt der Prozeß der Festwerdung der Familiennamen, d. h. von da ab bleiben die Namen bei einer Familie ohne Rücksicht darauf, daß etwa ein Hirt, ein Bäcker, ein Schneider seinen Beruf wechselt.

Erst dann können auch lateinische oder latinisierte griechische und hebräische Vornamen zu unveränderlichen Familiennamen werden, wie ja die deutschen Vornamen auch, etwa Wilhelm, Konrad, Ludwig u.a. Diese Fremdlinge kommen meist über die sich herausbildende Sitte, dem Taufkinde den Namen des Kalenderheiligen zu geben, zu uns herein.

Als solche Reste finden sich im Waldeckischen Adreßbuch von 1929 die Namen P a u l u s (in Alleringhausen; eigentlich griechisch paulos = klein); C o r n e l i u s (in Bad Wildungen; = zur römischen Familie der Cornelier gehörig); N i c o- d e m u s (in Bad Wildungen; = griech. Volkssieger); H y r o- n i m u s (in Braunsen; griech. hieronymos = der Heiliggenannte); G e r o l e m u s (in Herbsen; umgewandelt aus dem vorigen!); C l e m e n s (auch C l e m e n t) (in Bad Wildungen; Eppe, N.-Schleidern; = der Milde). In abgekürzten Formen erscheinen bei uns die Namen Nicolaus als K l a u s (oft) und G l o b u s (in Hemfurth; beide aus griech. Nikolaos = Volkssieger); Jacobus als K o b u s (Hausname in Willingen; = hebräisch, Bedeutung unklar, vgl. in Köln Köbes); D e b u s (oft vorkommend; aus Matthaeus); M ö b u s (in Mengeringhausen, aus Bartholomaeus).

Deutsche Namen mit lateinischem Aufputz sind dagegen R a - b a n u s (in Gembeck, Bad Wildungen, Gellershausen, Berndorf, Korbach, Rattlar und Stormbruch, hier auch als Hausname Rabanes; = altd. hraban "Rabe"); R a m u s (in Wethen, Mehlen; = (Walt)-ramus, das auch zu hraban gehört). Der letzte Name könnte auch auf lat. ramus "Ast" zurückgeleitet werden.

Oft findet sich im deutschen Namengut der Wesfall (Genitiv); man vergleiche die Namen H e i n r i c h s (in Helsen), B e h r e n s (in Korbach), R e i m e r s (in Bad Wildungen);

O x e n (= Ochsen, in Dehausen, Wethen). Man muß zu diesen Namen "Sohn" hinzudenken, dann versteht man sie; die auf -s sind
starke, die auf -en schwache Formen. Geradezu Regel ist dieser
Wesfall bei den Hausnamen, wie das genannte Einwohnerbuch für
sehr viele Orte schlagend machweist (z.B. Schmidt, gt. J ü r -
g e n s (in Helmighausen); man sagt auch in der Mundart: "Ick
gå nå Müllers" oder "Hasen". Solche Wesfallformen gibt es nun
auch noch in Resten aus der Zeit der lateinischen Urkunden:
P e t r i (filius) "Sohn des Petrus" (in Bergfreiheit);
J a c o b i (in Freienhagen, Sachsenberg); C h r i s t i a -
n i (in Bad Wildungen); P a u l y (in Kohlgrund, mit alter-
tümlichem y statt i); A n d r e e (in Mehlen; = Andreae,
Wesfall zu Andreas). Hierher gehören auch Namen wie M a t t -
h ä (in Alt-Wildungen); B a r t h o l o m ä (in N.-Warol-
dern, Hesperinghausen), die nur aus Matthaei, Bartholomaei zu
verstehen sind. Auch der Name Martin in Freienhagen geht jahrhundertelang als M a r t i n i durch die Akten; das -i ist
später aufgegeben worden.

Deutsche Namen mit lateinischer Wesfallendung sind W i l -
h e l m i (Bad Wildungen, Mühlhausen, Münden, Usseln, Goddelsheim, Sachsenberg), C o n r a d i (Alt-Wildungen, Sachsenhausen, Sachsenberg).

Die schon berührte Gruppe der Namen, die im 13. Jahrhundert
den Beruf und Stand lateinisch angaben, wird nun in der Zeit,
da die Renaissance und der damit verbundene Humanismus von
Italien eine Erneuerung der klassischen Literatur und des
griechisch-römischen Lebensideals in Deutschland heraufführ-
ten, wieder lebendig. Aber das geschah in einem neuen Sinne.
Man suchte in diesem Jahrhundert im Kreise der Höfe und Gelehrten sich ganz als Bürger des alten Roms oder Griechenlands
zu fühlen, wollte sich ganz entschieden vom Pöfel, wie man das
ungelehrte Volk nannte, abheben, gehörte ganz der Republik
der Gelehrten an.

Es lag eine starke Übertreibung in diesem Wesen in unserem
Vaterlande, weil es die Erneuerung eines uns Fremden war. Und
so kommt es, daß dabei Dinge geschahen, die uns heute lächer-

lich vorkommen.

In diesen gelehrten Kreisen sprach und schrieb man untereinander nur lateinisch. So war man auch mit den angestammten
Namen nicht zufrieden. Man änderte sie also; das Mindeste war,
daß man lateinische Endungen daranhing, so etwa T a s c h i -
u s für Tasche, B e c c e r u s für Becker. Ein Nachhall
davon sind die heutigen Namen K u r z i u s (in Korbach, für
Curtze), O x e n i u s (in Arolsen); T i l e n i u s (in
Külte, zu dem Namen Thiele, Kurzform zu Dietrich). Das ist
noch harmlos und erträglich. Man übersetzte aber auch die
deutschen Namen ins Lateinische, Griechische oder Hebräische,
d.h. in die drei durch die Bibel geheiligten Sprachen. Da man
aber die Wortdeutung und Herkunft der deutschen Namen nur un-
genau wußte, übersetzte man sie oft falsch, so daß ein lächer-
licher Sinn dabei herauskam. So ist bekannt, daß der Freund
Luthers Philipp M e l a n c h t o n eigentlich Schwartzert
hieß. Reuchlin ändert ihn ins Griechische um, indem er den Namen als "Schwarze Erde" deutet; der Name ist aber eine einfache Weiterbildung zu Schwarz. Unser waldeckischer Reforma-
tor Johannes H e f e n t r ä g e r nannte sich T r y g o -
p h o r u s (vom griech. tryx "Hefe"); der Name ist aber als
"Töpfer", "Häfendreher" zu deuten. In Bonn gibt es eine A r -
g e l a n d e r straße, nach dem berühmten Astronomen so genannt. Der Vorfahr hieß Lehmann, das als "Mann aus Lehm",
nicht richtig als "Lehnsmann" gedeutet wurde. Die Beispiele
ließen sich hundertfältig vermehren.

Um noch mehr mit klingenden Namen paradieren zu können,
fügte man erfundene Namen hinzu und übersetzte auch den Her-
kunftsort ins Lateinische. So gab es einen H e l i u s
E o b a n u s H e s s u s (= aus Hessen), J a c o b u s
T h e o d e r i c u s T a b e r n a e m o n t a n u s (= aus
Bergzabern, berühmter Botaniker); man war stolz, die antike
Dreinamigkeit (etwa Gaius Julius Cäsar) vorweisen zu können.
Man ging soweit, sich ganz neue Namen zuzulegen oder nur An-
klänge an die alten ehrlichen Namen noch zuzulassen: Aus Pan-
taleon Weiß wurde C a n d i d u s , aus Josias Langemann
M a c r a n d e r , aus Schleiermacher P e p l o p o e u s ,

aus Cramer M e r c a t o r , aus Kästner A r c u l a r i -
u s , aus Blumen (aus Mengeringhausen) F l o r u s , aus
Neumann N e a n d e r , aus Färber T i n c t o r usw.

Nachklänge dieser so kurz belegten Humanistenmodetorheit
finden sich bei uns noch in folgenden Namen: P i s t o r
(in Sachsenberg), P i s t o r i u s (in Arolsen, Rhenegge,
= Bäcker), S c r i b a (in Mengeringhausen, Reinhardshausen,
Korbach, Goddelsheim, = Schreiber); F a b e r (in Arolsen, =
Schmied), A l b u s (in Bad Wildungen, Albertshausen, Anraff,
Hundsdorf, Giflitz, Gellershausen, O.-Werbe, d.h. nur im Ederkreis, = Weiß); P r i o r (in Mandern, = der erste); C a n -
i s i u s (in Hillershausen, Nordenbeck, = Hund); V e s p e r
(in Korbach, Dalwigksthal, Neukirchen, Münden, = Abend);
S c i p i o (in Korbach, = Klüppel, Knüppel); S a r t o -
r i u s (in Korbach, = Schneider); C e l l a r i u s (in
Züschen, = Amtmann). Wenn man ältere Pfarrverzeichnisse aus
dieser Zeit durchsieht, begegnen einem diese Namen auf Schritt
und Tritt. Die Mode war gerade in Hessen und Thüringen sehr
verbreitet. Die Namen der Sippe des so humanistisch Umbenann-
ten haben sich meist nicht mitgeändert, wie man leicht nachweisen kann. Der Name wird also nur da fest geworden sein, wo
man besonders stolz auf einen gelehrten Vertreter der Sippe
sein konnte, oder wo eine besonders ausgeprägte Eitelkeit den
fremden Namen gern festhalten wollte.

So bietet auch dieser kleine Ausschnitt aus der Namenforschung einiges für die Familienforschung Bemerkenswerte.

RUDOLF NORD

Gedenkblatt zum 50 Geburtstag des vermißten Freundes am
20.9.1954

Es ist ein eigen Ding um die Heimat. Die meisten denken
nicht darüber nach, daß sie ihr wertvollster Besitz ist. Millionen sind in den harten Kriegsjahren erst durch den Verlust
auf ihren hohen Wert nachdrücklich hingewiesen worden. Tausende aber gehen noch heute gedankenlos an ihr vorbei, nehmen sie
als etwas so Selbstverständliches hin wie die Sonne und die
Luft. Eine gewisse Gruppe will uns gar weismachen, die Heimat
sei gleichbedeutend mit Engstirnigkeit, Partikularismus, mit
überlebter Romantik, sie habe in der Zeit der Großräume keine
Berechtigung mehr.

Einer der stark und warmherzig zur Heimat stand, der von
Jugend an ein enges Verhältnis zu ihr gefunden hat, war
R u d o l f   N o r d . Er hatte einen natürlichen Trieb zur
Neugier, zum Forschen in sich; er beruhigte sich nicht beim
bloßen Genuß der schönen Landschaft, bei der Freude am Funde
einer Seltenheit. Er wollte tiefer sehen, erkennen, worin die
Werte der geliebten Heimat beschlossen lagen. Er hatte die
glückliche Gabe, die Schlüssel zu den Truhen der Vergangenheit
zu finden, die Geheimnisse zu spüren, die darin versteckt
sind.

Als er als junger Lehrer zuerst mit kleinen Beiträgen hervortrat, zeigten sich schon Ansätze zur späteren Verfeinerung:
ein sauberer, fesselnder Stil, klares Deutsch, auf gründlicher
Denkarbeit ruhende Ordnung der Gedanken.

1925 hatte Nord die erste Lehrerprüfung in Frankenberg bestanden, hatte dann zwei Semester Germanistik in Frankfurt a.
M. studiert. Hier hat ihm wohl die überragende Forschergestalt
Friedrich Panzers bleibende Anregungen für die volkskundliche
Arbeit gegeben. Leider hat er dieses aussichtsreiche Studium
aufgeben müssen, weil der Tod der geliebten Mutter die Familie
tief erschütterte; er mußte den erkrankten Vater in Rhadern
vertreten.

Dann war er Lehrer in Usseln (1927 bis 1930), Korbach, Zierenberg, Landau und Rattlar; man sieht, er wurde arg herumgeworfen, hatte aber gerade dadurch - jedes Ding hat zwei Seiten - vielseitigen Einblick in das Leben mehrerer Dorf- und Stadtgemeinden.

Ein Kursus in Jena förderte seine Weiterbildung. Im September 1933 führte er seine Frau heim, die ihm allezeit mit vollem Verständnis für seine Forschungen zur Seite gestanden hat. Der Ruhepunkt für die junge Familie wurde endlich das schöne, neue Schulhaus in Sachsenberg.

Hier trat ich in engere Berührung mit diesem wertvollen Manne. Als Kind hatte ich ihn schon in Rhoden kennengelernt, als ich Gast der Familie bei meiner sprachlichen Aufnahmearbeit in Waldeck sein durfte. Vater Nord war mir als Pate meines Bruders und Freund meiner Eltern aus Rhoder Kindheitstagen wohl vertraut. Auch er hat an den Bestrebungen Rudolfs immer regsten Anteil genommen.

Zunächst verschaffte sich Rudolf Nord auf eifrigen Wanderungen ein sorgsam aufgezeichnetes Quellenmaterial, suchte sein Wissen, seine methodische Schulung dauernd zu erweitern. Ueberall fragte er nach alten Ueberlieferungen, nach verstaubten Büchern und Papieren, wußte die Besitzer zu interessieren, in ihnen die Erinnerung aufzuwecken.

Die Forschung in Waldeck verdankt dieser fruchtbaren Zeit den Hinweis auf Meister Lütteke in Landau, den seltenen Märchenerzähler, dessen Schätze Nord in seinen "Volksmärchen aus Waldeck" (1932 bei W. Bing) der Heimat zugänglich machte.

Viel schwieriger ist das Gebiet des Volkswissens zu erfassen, dem Nord sich zuwandte. Er besaß aber die Gabe, auch hier den Gewährsleuten die Zungen zu lösen, obwohl gerade auf dem Gebiete des Volks- und Aberglaubens eine gewisse Scheu zu überwinden ist. Als Ergebnis legte er hier 1934 seine "Volksmedizin in Waldeck" vor, seine wertvollste Arbeit. Auch in den "Geschichtsblättern für Waldeck und Pyrmont" (im 31/32. und 34. Bande) nahm er das Wort zu grundsätzlichen Ausführungen zur waldeckischen Volkskundeforschung.

Neben dieser mehr wissenschaftlich gerichteten Sammel- und

Forschungsarbeit hielt es Nord wie ich für richtig, den vielen Helfern das Erarbeitete geläutert und durchdacht in volksmäßig verständlicher Sprache wieder zurückzugeben. Eine stattliche Reihe von Aufsätzen in "Mein Waldeck", besonders in den Jahren 1929-1939, gibt davon beredt Kunde. Alle Gebiete der Volks- und Heimatkunde sind hier angeschlagen, zeugen von der Fülle seines gesammelten Stoffes, von der eindringenden, klug abwägenden Art seiner Beurteilung, vor allem aber von seiner tiefen Liebe zur Heimat Waldeck. Dabei war er durchaus kein lebensfremder Romantiker; wer seine reizvollen Vorträge hören konnte, merkte, daß er durchaus nüchtern an die Dinge heranging. Er sah das Morsche, Veraltete, umgab es nicht mit falscher Gloriole; er wußte, daß nur Echtes, Erprobtes Anrecht auf Weiterleben hat.

Nie verlor er das kritische Maß; er wußte, daß scharfe, wenn auch liebevolle Kritik nötig ist in einer illusionslosen Zeit, die die Werte der Heimat oft ins Lächerliche ziehen wollte.

Diese wohlgegründeten, feinsinnigen Beiträge Nords zur Volkskunde Waldecks verdienten einen Neudruck; sie sind ein wertvolles, bleibendes Vermächtnis des vermißten Freundes, geschrieben in einer Zeit, da manches noch lebendig war, was heute schon dahin ist oder in Gefahr ist, verloren zu gehen.

Nord konnte herzhaft fröhlich sein. Er hatte die Gabe, anschaulich, humorvoll, aber auch sinnig zu erzählen. Manche schöne, mit lebendigen Gestalten erfüllte Geschichte steuerte er dem "Waldeckischen Landeskalender" bei.

Er wäre dazu berufen gewesen, der waldeckischen Volkskunde noch viele wertvolle Untersuchungen zu schenken. Er besaß weitschichtige Sagensammlungen, die fast fertig in einer Handschrift verarbeitet vorlagen. Sie sind leider in Sachsenberg verbrannt, wie alle seine Sammlungen und Vorarbeiten. Unersetzliches ist damit verlorengegangen. Es hat nicht sollen sein, daß Rudolf Nord seiner geliebten Heimat Waldeck erhalten blieb. Aus vollem, fruchtbarem Schaffen hat ihn Gott zu sich gerufen. Wir wissen nicht, wo er ruht. Ein schweres Geschick blieb seiner Familie zurück.

Uns, die wir in tiefer Trauer zurückgeblieben, ist es eine Ehrenpflicht, das Andenken dieses guten, warmherzigen Landsmannes Rudolf Nord wachzuhalten. Er schenkte uns in wenigen Jahren kostbare Gaben, ließ uns spüren das lodernde Feuer seiner Heimatliebe, das wir nun der Gegenwart, der Jugend, in ihre Herzen gießen möchten.

HEIMATKUNST.

Unsere rastlose, aber auch ratlose Zeit sucht vergeblich
nach neuen Idealen, die imstande sind, den verwirrten oder
ernüchterten alten und jungen Menschen neuen Lebensmut zu geben. Während die einen besinnungslos dem Gott Mammon nachja-
gen, sich in einem verschwenderischen Leben wenigstens noch
etwas Genuß holen zu müssen glauben, ehe die Katastrophe her-
einbricht, suchen die, die den Unwert des materiellen Lebens-
genusses eingesehen haben, nach verborgenen Quellen für ein
neues edles Leben, durchforschen das von den Vätern Ueberkom-
mene, ob es noch brauchbar ist, ob es Impulse enthält, die
dies neue Leben aufbauen helfen.

Zu diesem Kreise gehören alle Heimatfreunde, die ihre tief
verwurzelte Heimatliebe darin beweisen, daß sie nicht dem Nur-
fortschritt nachlaufen, sondern sorgsam das Erbe der Väter
sammeln, überprüfen, es liebevoll in Entwicklungsreihen einordnen, die seelischen Wurzeln aller Taten und Gestaltungen
der Vorfahren bloßzulegen suchen, um daraus in der Gesinnung
und Haltung der Väter ruhende Maßstäbe für heute zu gewinnen.
Die Nurmodernen verlachen diese "Eigenbrötler", schelten sie
als Rückschrittlinge, Verschrobene.

Wer aber zu diesem Kreise gehört, der weiß, daß die Berührung mit der Muttererde der Heimat immer wieder neue Kräfte
gibt, Freude spendet in dieser freudearmen Gegenwart und einen
jeden zur Gemeinschaft hinführt, ihn drängt, sich andern mit-
zuteilen, sie an der Freude über das Heimatliche teilnehmen zu
lassen.

Ein besonders begnadeter Heimatforscher ist der Marburger
Architekt K a r l   R u m p f ; ich habe die Ehre, ihn gut
zu kennen und darf mich seinen Freund nennen. Dieser Mann ist
nicht nur tüchtig in seinem Fach, er kennt auch sein Heimatland "innen und auswendig". Er hat es erwandert mit dem Meter-
maß und Zeichenstift, mit der Kamera in der Hand; alle Zeichnungen sind maßgerecht und künstlerisch einwandfrei, die
Lichtbilder richtig belichtet und sorgfältig überlegt. Wer wie
ich seine kostbaren Sammlungen kennt, denen er fast alle Sonn-

tage, viele Nächte fleißiger Arbeit gewidmet hat, der weiß um
die Besessenheit, mit der Karl Rumpf der Heimat, insbesondere
der Erforschung ihrer schlichten, aus bäuerlicher Ueberlieferung wachsenden Volkskunst sich hingegeben hat. Viele kleinere
Arbeiten und Aufsätze kündeten der Oeffentlichkeit schon seit
Jahrzehnten von seinem echten, ehrlichen Forschungswillen.
Während des letzten Krieges erschien sein großes Werk "Eine
deutsche Bauernkunst" (Marburg, Elwert 1943), in dem Herkunft
und Blüte des volkstümlichen Strich- und Kerbschnittornaments
und seiner Sinnbilder an den Beispielen der Brautstühle, der
Truhen, Schränke, Türen, der Mehlkästen, Wiegen, Tische, Stühle und Flachsgeräte aufgewiesen wurde. Das Buch ist vergriffen, ist aber noch lange nicht so ausgewertet und angesehen,
wie es es verdient.

In diesem Jahre nun hat Karl Kumpf der Heimat und all
ihren Freunden, auch uns Waldeckern, ein Buch geschenkt, das
das reife Ergebnis der langjährigen Arbeit an den Schätzen
der Heimat ist: "Deutsche Volkskunst: Hessen. Text und Bildersammlung von Karl Rumpf. Mit 375 Bildern. Simons Verlag, Mar-
burg/Lahn, 1951. 105 S. Text. Preis 14,50 DM".

Damit hat die bekannte Reihe "Deutsche Volkskunst" des
früheren Böhlau-Verlags, Weimar (heute Simons Verlag) einen
besonders reichhaltigen und wertvollen Band über Hessen
(einschl. Waldeck) erhalten, der das frühere Werk erfolgreich
fortsetzt und dem Verlag alle Ehre macht. Der behandelte Raum
umfaßt das alte Kurhessen, Waldeck, den Kreis Biedenkopf und
das darmstädtische Oberhessen.

In 12 Kapiteln bietet Rumpf den überreichen Stoff dar.
Knapp führt das erste an "Land und Leute" heran. Prächtige
Bilder erläutern das 2., das der Tracht gewidmet ist. Die alten Kunstfertigkeiten des "Webens, Stickens und Strickens"
führt das 3. Kapitel vor. Ein klarer Ueberblick über "Siedlung, Haus und Hof", unterstützt durch sorgfältig gewählte,
bezeichnende Bilder und Grundrisse, enthält das Wesentliche
über diese wichtigen Grundfragen; er ruht auch auf urkundlichen Untersuchungen und eigenen Werkaufnahmen. "Kratzputz und
farbige Behandlung des Fachwerkhauses" ist das 5. Kapitel

überschrieben. Hier gingen Einzeluntersuchungen des Verfas-
sers voraus wie zu dem 6. Kapitel "Ausbau und Einrichtung"
(des Hauses). "Hausrat, Gerät und Ornament urtümlicher Art
und Form" schließt sich an; hierzu wünschte man sich die
farbigen, leuchtenden Tafeln des oben genannten größeren Werkes. Auch der "Töpfer- und Gläsnerkunst" (8. Kapitel) hat
Rumpf weitgreifende Vorarbeiten gewidmet. Das 9. und 10. Kapitel behandeln "Metallarbeiten (Schmied, Gelbgießer)" und
"Verschiedene Künste: Strohmosaik, Korb- und Strohflechterei,
Gebäckmodel, Ostereibemalung usw.

"Dorfkirche und Friedhof" bilden den Schluß, der noch einmal besonders liebevoll mit Grundrissen und Abbildungen ausgestattet ist.

In der Schlußbetrachtung hebt Rumpf eindringlich hervor,
daß "V o l k s k u n s t   n i c h t   e i n   s p ä t e r ,
v e r b a u e r t e r   A b k ö m m l i n g ,   e i n e
u n g e k o n n t e   N a c h a h m u n g   d e r
s t ä d t i s c h e n   i s t . Bauernkunst ist durchaus eigen-
ständig, sie folgt anderen Gesetzen und geht in ihrer Auffassung, in ihrem inneren Wesen, geradewegs zurück bis in die
Frühzeit unseres Volkes" . . .

Wer ein Volk erkennen, wer seine Kunst studieren oder darstellen will, darf sich nicht auf die Leitungen der dünnen
Oberschicht beschränken. Die Bildungsschicht ist mehr oder
weniger international. Aufschlußreicher für die Erkenntnis
der künstlerischen Kultur eines Volkes, eines Volksstammes ist
seine Volkskunst, seine Bauernkunst".

Das kann ich nach langjähriger Arbeit an der hessischen und
waldeckischen Volkskunde nur nachdrücklich unterstreichen.

Allen waldeckischen Heimatforschern und -freunden, in Son-
derheit allen Lehrern, lege ich aus ehrlicher Ueberzeugung
dies reiche und tiefe Werk ans Herz. Hier finden sie den Leit-
faden für die Seelenkunde unseres Volkes, die Vergleichsstof-
fe für unsere waldeckischen Volksgüter (die wohl berücksichtigt sind); hier haben sie auch die methodischen Grundsätze
verwirklicht, die man kennen muß, um Heimatforschung zu treiben. Ich lasse absichtlich Kritik, die sich auch nur an Klei-

nigkeiten betätigen könnte, beiseite. Dies Buch ist mit Herz-
blut geschrieben; es gibt Kraft, weist Wege, wie man aus der
heutigen nihilistischen Kunst herauskommen kann, wie man gute
Saat säen kann, die neue Gemeinschaft auf heimatlichen, deutschen Grundlagen wachsen läßt.

Ich kann mir denken, daß gerade von diesem Buche viele
neue, wertvolle Anregungen zu eigener Arbeit in unserer lieben Heimat ausgehen können.

Liebe Heimat, nutze es!

ZUR LAGE DES ALTSÄCHSISCHEN BAUERNHAUSES IN WALDECK.

Allen denen, die unsere schöne Heimat in ihrer kostbaren
Eigenart lieb haben und sich um ihre Erhaltung Gedanken und
Sorgen machen, ist es kein Geheimnis mehr, daß manches Stück,
das diese Eigenart bewirkt, in Gefahr ist, der ungeheueren Gewalt der Anpassung des ländlichen Lebens an das der Stadt und
an die überallhin wirkende Industrialisierung zu erliegen.
Mit den Jahren wird es dahin kommen, daß manches stille, ver-
träumte Tal, manche abgelegene blumige Bergwiese, wo man früher stundenlang allein sein konnte, keine "Oase der Ruhe" mehr
ist, sondern widerhallt vom Getöse der Motorräder und Autos,
übersät ist mit Papierresten, leeren Dosen, abgerissenen Blumen, auf die sich kein Schmetterling mehr zu setzen wagt. Auf
der Suche nach Oasen fahren heute die Omnibusse und Autos der
Großstädte und des Industriegebietes überhaupt überallhin.
Nichts dagegen, daß die arbeitsamen Menscher dieser wichtigen
Zentralen unseres Arbeitslebens Erholung und Freude suchen in
frischer, sauerstoffhaltiger Luft, in der Stille der Wälder;
ihre herzliche Freude haben an den blumigen Wiesen, den wo-
genden Kornfeldern!

Aber es muß doch einmal gesagt werden, daß beide Teilhaber
an diesem Besucherstrom auch Respekt haben müssen vor der alten Eigenart der waldeckischen Landschaft. Es darf nicht alles
dem Willen, Geld zu verdienen und es den Fremden anziehend zu
machen, untergeordnet werden. Die Erholungsuchenden müssen
auch ihr Teil dazu beitragen, daß die Schönheit, das Besondere, Anheimelnde der gastgebenden Landschaft bewahrt, sogar
gesteigert wird.

Zu den Stücken, die die besondere, und zwar westfälische
Eigenart unseres Landes bestimmen helfen, gehört auch das alte
niedersächsische Bauernhaus, das in der Wissenschaft, weil es
von vier Ständerreihen aufgebaut wird, Vierständerhaus genannt wird. Es fällt jedem Fremden sofort durch das mächtige
Dielentor auf der Giebelseite auf, durch das der vollbeladene
Erntewagen unbehelligt in die breite Diele einfahren kann.

Darüber hat im Oktober 1932 unser unvergeßlicher R u -
d o l f   N o r d   in diesen Heimatblättern ausführlich berichtet und vor allem die Zahl der damals noch vorhandenen
Altsachsenhäuser erfragt und so die damalige Lage des Bauwerks
festgelegt.

Einige Jahre (1939) später hat dann mein Schüler Dr. Horst
L e h r k e   seine Doktorarbeit diesem Lebenskreis gewidmet,
alle vorhandenen Bauten auf ihre Aussagekraft für die Entwick-
lungsstufen dieses volkskundlichen Kernstückes sorgfältig untersucht. Dabei mußten nach dem Stande der heutigen Forschung
alle einzelnen Bauelemente, wie Dachform, Gerüst, Grundriß,
Nebenbauten usw., aber auch die Misch- und Übergangsformen,
gesondert überprüft werden, weil sie jedes für sich eine eigene Geschichte haben. Wertvolle Zeichnungen, Grundrisse und anschauliche Bilder machen die Arbeit auch für Nichtfachleute
lesbar; leider ist die Auflage vergriffen.

Wir besitzen ferner noch eine Untersuchung unserer Bauwer-
ke, die um 1900 der spätere Museumsdirektor Dr. Wilhelm
P e ß l e r , Hannover, herausgegeben hat; sie steht in einem
großen Werk, das dem Altsachsenhaus im ganzen niederdeutschen
Bereich gewidmet ist. Peßler hat die Grenzzonen abgetastet,
bei uns nur den Streifen zu beiden Seiten der Sprachgrenze
(ik/ich-Linie); seine Beobachtungen sind überaus wertvoll,
weil sie eine Generation weiter zurück angestellt sind.

Für die schriftliche Festlegung der Grundtatsachen unseres
Bauerbes wäre also im ganzen gesorgt, obwohl noch viele kleinere, aber doch wichtige Aufgaben dieses Bereiches zu lösen
wären, da die Forschung nicht stehen bleibt.

Im Anfang August 1958 habe ich nun einmal eine zweitägige
Rundfahrt durch das südliche und nördliche Heimatgebiet gemacht, um den Stand der Altbauten zu überprüfen und besonders
auch einem alten Sonderbau, dem   S p e i c h e r   (niederd.
S p i e k e r) nachzugehen, der fast vor dem Untergang steht.
Einen kurzen Bericht darüber möchte ich der heimischen Oeffentlichkeit nicht vorenthalten.

Seit Peßlers Bestandsaufnahme von 1903 ist manches Altsachsenhaus abgerissen oder als Wohnbau aufgegeben und zur Scheune gemacht worden. R. Nord hatte 1932 noch 178 reine Vier-
ständerbauten mit dem Giebel zur Straße ermittelt, ferner 64,
die die Traufseite zur Straße hatten, meist sogenannte Mittel-
querdielenhäuser, weil sie die Diele und damit den Eingang
nicht im Giebel haben. Diese jüngere Type scheint mir bisher
im ganzen unbehelligt geblieben zu sein. Der Gefahr des Ab-
baus sind besonders die echten Vierständer ausgesetzt. Da sie
tatsächlich der Erntebergung unserer Kunstdüngerzeit nicht
mehr ganz genügen, greift man heute meist zu ihrem Ersatz
durch mitteldeutsche Gehöftanlagen, bei denen das Haupthaus
den Eingang an der Traufseite hat. Das wird nicht aufzuhalten
sein. Jedenfalls aber erhebt sich vor uns die Aufgabe, die
alten Vierständer alle genau aufzunehmen, sei es zunächst
durch Photographie, bei besonders wertvollen, sicher datierten
Bauten auch durch sorgfältige Aufmessung durch Fachleute, da
wir sonst wertvolle Zeugnisse der älteren Bauart klanglos zugrunde gehen ließen. Oeffentliche Baupflege, der Geschichtsverein, die Lehrerschaft der Orte, die noch Altbauten aufwei-
sen, müßten hier zusammenwirken, damit auch die Besitzer der
Bauten auf die Bedeutung der Sache aufmerksam gemacht würden
und meldeten, wenn sie einen Umbau oder ein Abreißen vorhät-
ten.

Im Westen unseres Landes ist da nicht mehr viel zu holen;
dort werden, etwa in Stormbruch, Sudeck, Schwalefeld, Rattlar,
die letzten Sachsenhäuser schon dem Fremdenverkehr geopfert
sein. Man hätte sie vielleicht als kleine Heimatmuseen gerade
für die Fremden erhalten können. Das älteste von Lehrke be-
schriebene Haus in Berge (Kr. Brilon) von 1614 ist 1948 in
einer Sturmnacht zusammengefallen. Im Norden, etwa um Külte,
Herbsen, Rhoden, habe ich noch keinen großen Verluste feststellen können, wohl Vorstufen dazu, so daß in Herbsen ein
stattliches Althaus nicht mehr vom Bauern als Besitzer bewohnt wird, sondern, daß es an Flüchtlinge vermietet ist,
ebenso je ein Haus in Rhoden und Külte. Bei einem Haus in
Külte, das 1714 errichtet ist und einem Schmiedemeister ge-

420

hört, ist die Hausfront umgestaltet worden, wobei der Provin-
zialkonservator mitgewirkt hat; die beiden Abbildungen von
1936 und 1958 zeigen den Wandel an; ein Urteil darüber über-
lasse ich dem Leser. Wenn meine obigen Ausführungen die Ver-
antwortlichen auf diese Problematik hinweisen könnten und
vielleicht eine Dauerbeobachtung des wertvollen Altgutes her-
vorriefen, hätten sie ihren Zweck erfüllt.

Der zweite Zweck meiner Rundfahrt war die Feststellung der
Spieker in unserem Lande. Dr. Lehrke hat sie für die ältere
Zeit zahlreicher belegen, aber nicht alle möglichen Quellen,
besonders die des 17. Jahrhunderts, ausschöpfen können. Das
habe ich in einem Aufsatz "Zur Speicherfrage im niederdeutsch-
mitteldeutschen Grenzraum Waldeck" (in den "Hessischen Blättern für Volkskunde 49/50, S. 121 bis 133) nachzuholen versucht und einige wesentliche Ergebnisse dabei gewonnen.

Für die, die vom Spieker noch nichts gesehen oder gehört
haben, sei kurz gesagt: Die Spieker (hochd. Speicher) sind
bis 1850 etwa, d. h. in einer älteren Periode des Landbaues
vor dem Kunstdünger, bei uns im niederdeutschen Teil unseres
Landes und im alten Amt Waldeck der Bergeraum neben dem Wohnhaus gewesen, Scheunen hat es in der Zeit von 1650-1800 nur
bei größeren Höfen gegeben. Sobald die größeren Ernten kamen
und größere Bergeräume erforderten, traten die alten Spieker
schnell zurück, wurden durch Scheunen immer mehr verdrängt.
So haben wir heute nur ein Trümmerfeld vor uns. Die alten
Spiekerbauten waren im Unterbau mit Kellergewölben versehen,
die Wohnhäuser und Scheunen nicht; sie waren zweigeschossig
und oft auch durch Schmuckwerk und Inschriften besonders hervorgehoben. Sie wurden auch als Winterschafstätte, als Back-
häuser, aber auch als Altenteilwohnungen ausgenutzt. Sie lagen
meist etwas abseits vom Wohnhaus in guter Sicht, waren der
Feuersgefahr nicht so ausgesetzt. Manchmal standen sie auf
oder innerhalb der Kirchhofsmauern und konnten wegen der festen Bauart in Notzeiten als Schutzräume dienen. Diese Spieker
haben also in dieser Zeit von 1650-1800 eine bedeutende Rolle
gespielt.

Die bisherige Hausforschung (Bruno Schier) hat sie in den Zusammenhang mit nordostgermanischen Bauformen gestellt, die im gesamten Niederdeutschland noch bezeugt sind und ganz in der gleichen Funktion wie hier bei uns.

Das ist durch eine neue Arbeit von Oberbaurat Dr. H. W i n t e r "Das Bauernhaus des südlichen Odenwaldes vor dem Dreißigjährigen Krieg" (1957) in Frage gestellt. Sie hat dieselben Bauten in gleicher Funktion auch weit südlich der ik/ ich-Linie festgestellt. Nun müßte auch Hessen auf diese Frage hin untersucht werden; vielleicht hat der Speicher, der ja ein Lehnwort aus dem Lateinischen als Namen hat, in einem weiten Kreis des deutschen Bauwesens eine Rolle gespielt, die nicht auf nordgerm.-ostgerm. Beziehungen zurückzuführen ist.

Für die wenigen Bauten, die noch in unserem Waldecker Land stehen, ergibt sich dieselbe Forderung wie für die Vierständer: man sollte sie unter besonderen Schutz stellen. Es gibt noch Spieker in Adorf (3) und Külte (siehe Abbildung), vielleicht ist der durch einen Torbau an das alte Schulhaus in Sachsenberg angefügte Bau ein Speicher gewesen. Bei genauer Durchforschung ließen sich vermutlich noch mehr umgebaute Spieker finden (vielleicht an der Unterkellerung zu erkennen).

Auf die Zusammenhänge mit den Steinkammern in den Städten, die meist auch den Spiekern gleichzusetzen sind, werde ich später einmal zurückkommen.

KOSMETIK UND VOLKSMEDIZIN IM 17. JAHRHUNDERT.

Bei der Durchsicht alter Kalender im Waldeckischen Archiv
in Marburg, die von den Beamten der fürstlichen Kanzlei benutzt worden sind, fand ich folgende Rezepte, die einen gewissen Einblick gewähren in die Kosmetik und in volksmedizinische Vorstellungen des 17. Jahrhunderts und sicher auch in die
ärmeren Schichten des Landes weitergewirkt haben. Die Kalender
mußten von auswärts besorgt werden, waren sicher nicht billig
und kamen so nur in die Hände von Wohlhabenden, die sie aber
weitergegeben haben werden.

"Alter und Neuer Handt-Calender ... Auff das Schalt-Jahr
der gnadenreichen Geburt unseres Herrn und Heilandes Jesu
Christi MDCLXXVI (1676) ... mit sonderbarem Fleiss verferti-
get und auf Begehren hoher fürnehmer Standespersonen an das
Tages Licht herfür gegeben durch Marcum Freund, der Edlen
Astrosophischen Wissenschaft Ergebenen ... Nürnberg. Gedruckt
und verlegt durch Chistoph Endkern, Buchhändlern."

Rezepte für die Hände

So der erste Kalender. Dort finden sich folgende Rezepte
über die Hände: "Von den Händen. Der Edlen Hände / damit einer
sein Brod erwerben muß / haben auch bisweilen ihr Creutz an
dess Menschen Leibe / darum muss man dieselbe in guter Acht
haben / dass sie nicht kranck werden; Oder ihnen gar balde geholfen werde.

Man soll Sperlings Koth mit warmem Wasser vermischen / und
sie damit waschen / oder soll die Wurtzeln von Nesseln in Wasser kochen / und die Hände damit waschen / wie ichs selber
probiert und erfahren habe.

Runzlichte Hände schlicht machen. Ibisch und Pappeln miteinander gesotten / hindert und weichet die rauhe und runzlichte Hände. Solches thun aber viel kräfftiger die Bocks-
Horn und Leinsamen / welche eine ölichte Fettigkeit in sich
haben. Beyfuss in Rosenwasser gebeitzet / und die Hände darinnen gewaschen / soll gut davor seyn.

Wenn die Hände aufreissen / so nehme gut wohlriechendes Rosen-Oel / weiss venedisch Wax / weissen Weyrauch / klares auserlesenes Mastix / Hüner-Schmaltz ana (jedes) 2 Loth / oder so viel er will / doch aller Stücke gleich viel. Die truckenen Stücke stosse er zu einem kleinen Pulver / die Oehl-Wax und Fettigkeiten zerlasse er zusammen / rühre die Pulver wohl darunter / bis es erkaltet und mache es zu einem dünnen weißen Sälblein. Damit schmiere er die Schrunden beyde an Händen und Füssen / ohne Unterlass.

Arzenei für die Augen

Ein anderer Kalender: "Hauss Artzenei auch Würtz und Kräuter-Calender für 1677 von Max Friedrich Rosen Creutzer und Carolum Augustum Strohbandt aus Franken" bei demselben Verleger bietet folgende Rezepte für die Augen, Nase und für Zahnweh.

"Für blöde Augen / selbige allezeit frisch / und klar zu erhalten. So Jemand blöde Augen hat / der nehme eine Fuchs-Zunge (eine Manns-Persohn von einem Männlein, eine Weibs-Person von einem Weiblein) und hencke sie mit einem Band oder Seiden-Faden rücklings an den Hals / so wird er nimmer über blöde Augen oder blödes Gesicht zu klagen haben."

Ganz seltsam ist folgendes Rezept: "Ein sehr köstlich Praeservativ der Augen / dieselben biss ins hohe Alter gesund zu erhalten / dass man keiner Brillen bedarf. Nimm Milch von einer gesunden Frauen / die ein Knäblein säuget / 3 Löffel voll / auch von desselben Knaben Harn 4 Löffel voll / das Weisse von einem neugelegten Ey / und für ein Kreutzer Gaffer / thu es alles in ein rein Häfelein / oder Tiegelein / lass auf einem Ofen warm werden / netze blaue leinene Tüchlein darein / lege es über die Augen / und lass die Nacht darüber liegen. Dass thue dess Jahres 4mahl / nehmlich alle Vierthel-Jahr.

Das Bluten aus der Nase zu stillen

Gib dem Blutenden ein Toden-Bein in die Hand / daß es bei ihm erwarme / und stecke ihm ein wenig Moss so in eines Men-

schen Hirnschale gewachsen ist / in die Nasslöcher / oder so
es eine Wunden / lege es darein / das Blut verstellet sich alsobald. Eine Hasen-Leber zu Pulver gebrannt auff einem Ziegel-
stein / dess Pulvers in die Nasen gezogen / oder in die Wunden
gestreuet / verstellet das Blut.

Mittel gegen Zahnweh

In dem selben Calender für 1677 finden sich folgende Mittel
gegen Zahnweh: "Ein gewisses Rezept für das Zahnweh. Nimm ein
Rütlein von einer Birken oder neuem Besen / zünde es an / und
fahre damit über einen zinnern Teller / so wird es ein braun-
lecht Oehl auf dem Teller geben / damit schmier oder be-
streich die bösen Zähne / so vergeht der Schmertz.

Eine Wunder-Artznei vor das Zahnweh. Sehe daß du von einem
Todten-Gräber einen Nagel aus einem Todten-Sarck/ darinnen der
Leichnam bereits verwesen / bekommst / damit stochere den bö-
sen Zahn / so tut es nimmer weh."

Schminkwasser für das Frauenzimmer

Schließlich seien noch zwei besonders kosmetische Rezepte
herausgehoben.

"Ein sehr vortreffliches Schminck-Wasser für das Frauenzimmer / und die so gerne eine schöne / glatte / weiße Haut hätten. Nimm Silbergleit und Campfer / destillier jedes beson-
der / so steiget ein Wasser daraus / nimm von beeden etwann
einen Fingerhut voll in die Hand / reib das Angesicht und den
Hals wohl damit / die Haut wird schön / hell und weiss.

NB.: Du muss dich aber zuvor mit frischem Brunnen-Wasser
wohl waschen und rein wider abtrocknen / und soll dieses geschehen des Abends / wann du wilt zu Bette gehen. Probatum
est.

Wunderöl aus Menschenbeinen

Oleum ex ossibus humanis. Oder vortreffliches Wunder-Oehl
von Menschen-Beinen gemacht.

Nimm Menschen-Bein / schau / dass du sie von einer Malefiz-
Persohn / so enthauptet worden / bekommen kanst / in kleine

Stücklein geschnitten, glüe oder brenne sie in einem reinen
Schmeltz-Tiegel / und wann sie weiss werden / würffs in gut
Baum-Oel / dann nimm sie wider heraus / thue sie in einen
Retort / destillier im Sand ein Oel herüber / und verwahre es
als einen köstlichen Schatz. Dieses Oel lindert alle Schmertzen der Glieder / des Zipperleins und Podagrams / es vertrei-
bet alle Wehtagen und Schmertzen der Gelenke / fleissig damit
geschmiert."

Soweit die Rezepte. Sie sind sicher zu ihren Zeiten angewandt worden. Wie oft findet man bei alten ansässigen Familien
noch heute Hausbücher oder handgeschriebene Abschriften dieser
alten Rezepte, die von der großen Lebensangst zeugen, der man
damals ausgesetzt war. Uns schockiert heute in der Zeit der
großangewachsenen Chemie das Abnorme, das Unappetitliche und
Unheimliche an diesen Dingen. Daneben sieht man auch ganz
brauchbare Vorschriften, die auch heute noch Wert hätten.
Vielleicht werden sie uns heute unter anderen, chemisch ge-
formten Namen angeboten. Im 17. Jahrhundert waren alle Schichten der Bevölkerung im Banne dieser absonderlichen Medizin
und Schönheitspflege. Aber auch heute noch werden ganz im
verborgenen viele Dinge im Umlauf sein. Keine Aufklärung,
kein Fortschritt wird sie ganz verdrängen können.

HINRICHTUNGEN AUF DEM QUAST BEI RHODEN.

Nach Nachrichten, auf die ich in einem älteren Kopialbuche gestoßen bin, hat auf dem Quast ein Galgen gestanden, am Wether Wege nach der Laubach zu. Er ist aber mit der Zeit in Verfall geraten, so daß am Anfang des Siebenjährigen Krieges nur noch einige Stücke Holz sichtbar waren, die dann verbrannt wurden. An diesem Galgen soll im Jahre 1678 am Tage der Sieben Brüder (10. Juli), angeblich ein Ausländer aufgehangen worden sein, der sechs Pferde gestohlen hatte.

Der zweite Galgen ist dann im Jahre 1798 neu erbaut worden und zwar linker Hand am Wether Wege auf dem Quast. An ihm wurde am 10. Juli 1798 am Siebenbrüdertage ein Mann vom Bigger Hammer namens Philipp Runte diebstahlshalber aufgehangen. Der Rat Alberti war Blutrichter. Das Urteil ist auf dem Rhodener Kirchhofe unterm damaligen Cristanien-(Kastanien)-Baume verlesen worden.

An derselben Stelle wurde ebenfalls am Siebenbrüdertag Anno 1783 eine Frau geköpft, die aus Wrexen gebürtig, in Rhoden verheiratet war. Ihr Mann war von den Holländer Soldaten unter die Preußen geraten und hatte sehr lange der Heimat fern bleiben müssen. Ein Mann aus Rhoden hatte die verlassene Frau getröstet. Das Verhältnis war aber nicht ohne Folgen geblieben. In ihrer Verzweiflung brachte die Frau die ankommenden Zwillinge gleich nach der Geburt um. Das wurde ruchbar. Es wurde ihr der Prozeß gemacht und die Todesstrafe durch Köpfen gegen sie ausgesprochen. Von dem Schicksal des Verführers wird nichts bemerkt.

Diebstahl und Kindesmord sind also in diesen drei Fällen durch den Tod geahndet worden. Feststehend scheint als Tag des Vollzugs der 10. Juli, der Siebenbrüdertag, gewesen zu sein. Das Urteil wurde offenbar bei der Beerdigung des Hingerichteten auf dem Kirchhof öffentlich verlesen. Ob die Hinrichtung von 1798 die letzte auf dem Quast gewesen ist, habe ich nicht in Erfahrung bringen können.

DER STADT RHODISCHE HAUPT-REZESS
VOM 18. DEZEMBER 1650.

Es dürfte von Interesse sein, aus dem mir in einer guten Abschrift vorliegenden Stadt Rhodischen Haupt-Receß vom 18. Dezember 1650 das Wichtigste über die Privilegien der Stadt Rhoden zusammenzustellen. Die Abschrift stammt aus dem Jahre 1830 (18.10.) und ist von dem damaligen Stadtschreiber C. Fieseler angefertigt.

Aus der Einleitung geht hervor, warum im Jahre 1650 der Receß (Vertrag) erneuert werden mußte. Bürgermeister und Rat der Stadt Rhoden hatten in einer Eingabe an den Grafen Georg Friedrich geltend gemacht, daß ihnen "bey diesen verderblichen Kriegsleufen, in der den 18ten Junij des 1632. Jahres vorgegangenen Plünderung von den Kayserl. Völkern, Ihr Rathaus, beneben der ganzen Stadt spolijrt (geplündert) sei, und darbey fast alle Ihre Briefe, Verträge, Verordnungen und Receß über die Ihnen von Unsern gottseligen Vorfahren ertheilten Begnadigung, Freyheiten, Gerechtigkeiten und privilegien, zerrißen, verlohren und abhanden kommen seien." Sie baten, Ihnen die "uralten, wohlhergebrachten Privilegien und Gerechtigkeiten" zu belassen und noch zu vermehren. Sie führen dann die Privilegien an, die sie in ruhigem Besitz hätten:

1.) hätten sie jedes Jahr auf Trium Regum (Heilige Drei Könige) nach löblich hergebrachter Weise und Gewohnheit einen Bürgermeister und Rath erwählen und kiesen können,

2.) stände ihnen zu, das Stadtgericht zu halten und den Richter zu bestellen "wie von Alters hergebracht".

3.) in Bestellung des Schuldieners habe die Stadt das jus praesentandi (Vorschlagsrecht),

4.) auch dürfe sie drey Jahrmärkte abhalten, einen auf Philippi Jacobi, einen auf Dienstag nach Bartholomaeij "das (!) dritte Viehmarkt nach Gallij",

5.) hätten sie das Recht, "Fleisch, Bier, Brodt, Wein, Brantwein und allerhand Hökker-Wahre zu taxiren wie auch Aufsicht uff Ehlen (Ellen), Maaß und Gewichte",

6.) bitten sie, der Stadt die Wage, wie sie bishero gehabt, allein zu lassen,

7.) ebenso das Recht, Bier zu brauen, und einheimisch als ausländisch Bier zu verschenken, wie solches hergebracht zu lassen,

8.) Trinkwein und Branntwein zu verschenken. Die Stadt muß aber den Grafen und ihren Erben und Nachkommen von jeder Ohm Wein drei Kopfstücke (eine Müntze etwa 75 Pfg.) geben, von der Ohm Brantwein sechs Kopfstücke.

9.) "Die Stadt habe von den Gütern, so außerhalb Landts durch Erbschaft verfallen, hiernächst verruckt oder verkauft werden, den Zehenden Pfennig" (Erbschaftssteuer!).

10.) Die Bürger mußten von allerhand Wahren, als Frucht, Vieh, Bier und dergleichen, wenn sie es aus der Stadt ausführten, von jedem Reichsthaler aus Zween Pfenning Acciß an die Stadt geben.

11.) Ebenso von jedem Sack Wolle, der in der Stadt gesackt und ausgeführt werde, 18 Groschen Accise.

12.) Ebenso dürfe die Stadt von allen durchgehenden, mit Gütern beladenen Wagen 2 Groschen Wegegeld erheben. Der Zoll aber gehöre nach wie vor der Herrschaft.

13.) Von allen ausländischen Wahren, die in der Stadt abgesetzt würden, stände der Stadt von jedem 100 Pfd. zwei Pfenning zu.

14.) Dürfe die Stadt jedem Bürger das nötige Brennholz anweisen, dagegen müßten sie altem Herkommen nach von jedem Fuder 18 Pfenning Forstzinse und vier Pfenning Stammgeld geben,

15.) bitten sie, die Stadt bey Trift und Hude, wie sie von Alters hero berechtiget, außer was jetzo von neuem verglichen, zu lassen.

16.) "Die Zünfte bey Ihren Zunftbriefen zu schützen, und der Stadt den vierten Theil von den Gefällen, nach Inhalt der Zunftbriefe zu lassen."

17.) "Und was zwischen der Stadt Schlinge und Schläge in Civil Sachen vor Strafe stellt, Ihnen zum halben Theil zu lassen."

18.) "Die Bewilligung uff den Mühlenberg vor der Stadt Rhoden, eine freye Windmühle zu bauen, uffs neu zu confirmiren.

Graf Georg Friedrich bestätigt im Einverständnis mit seinem Bruder, dem Grafen Wolradt, nicht nur diese Rechte und Freiheiten, sondern er vermehrt und verbessert dieselben noch "aus eigener Bewegniß und sonderbahren Gnade."

Burgermeister, Rath und Gemeine zu Rhoden werden ermahnt, den Landherrn und Obrigkeit allen schuldigen Gehorsam und respekt willig und gerne zu leisten und sich nicht wiederspenstig zu erzeigen.

Die freie Rathswahl wird bestätigt, die Stadt wird aber aufgefordert, nur tüchtige, ehrbare und bescheidene Personen, "so ehrbares Handels und Wandels sein, ohne Ansehen, Gunst und Freundschaft, bey ihren geschworenen Eyden zu Burgermeister und Rath, nach löblich hergebrachter Gewohnheit, Abends vor Trium Regum" zu erwählen, "so Unser und gemeiner Stadt Bestens und Gerechtigkeit, treulich in Acht zu nehmen."

Zu den drei Jahrmärkten wird noch einer hinzugefügt und zwar auf Dienstag nach Oculi. Auch wird die Stadt "zu beßrer Nahrung" alle Sonnabend mit einem Wochenmarkt begnadigt ...

Der Receß ist von den beiden Grafen Georg Friedrich und Wolrad unterzeichnet und gesiegelt am 18. Dezember 1650 in Arolsen.

Dieser Receß wurde am 16. Februar 1776 von dem Fürsten Friedrich erneut bestätigt.
(Auszug aus dem gleichnamigen Beitrag von Prof. Dr. Bernhard Martin in "Mein Waldeck", 1925 Nr. 8).

Das Hessen-Nassauische Volkswörterbuch

Zur dritten Lieferung

Vom Hessen-Nassauischen Volkswörterbuch liegt die dritte Lieferung (*lesen* - *luppchen*) schon seit September vorigen Jahres
(1929) vor. Auch auf sie möchte ich alte Heimatfreunde und
-forscher aufmerksam machen. Sie bietet wieder viel des Wissenswerten und Interessanten aus Sprachgeschichte und Volkskunde.

Zunächst fallen wieder die Karten und Abbildungen ins Auge,
welche die nötige Anschauung vermitteln. Man kann das Wörterbuch zu dieser Vereinigung von Wissenschaft und Volkstümlichkeit immer wieder nur beglückwünschen. Wie viel Text wäre
nötig gewesen, um die drei zu den veralteten oder gar schon
ausgestorbenen Geräten,*Lichterknecht, Lichtstock, Lichthahl,*
gebrachten Abbildungen zu ersetzen, und wie farblos, unan-
schaulich hätte der Text gegen die klaren Bilder ausfallen
müssen!

Der von einer technischen Errungenschaft zur andern hastenden
heutigen Zeit wird so das schöne, trauliche Gerät, das mit
Oellampen vergangener Tage zusammenhängt, gezeigt, die künstlerisch feinen Formen selbst der alltäglichen Lichtquellen
aufgewiesen. Unter den Stichworten *Licht, Leuchte, leuchten*
und ihren Zusammensetzungen wird uns ein wertvoller kultur-
geschichtlicher Einblick in die älteren und jüngeren Beleuch-
tungsverhältnisse dargeboten. Wie schnell haben sich die drei
Schichten, Oellampe, Petroleumlampe und Elektrisches Licht,
abgelöst oder übereinandergeschoben. In den Mundarten sind
die alten und jungen Ausdrücke nebeneinander vorhanden, zeugen
von dem Kulturkampf, der hier sich abgespielt hat.

Abbildung 19 und 20 gehören zusammen. 19 zeigt das Bild einer
Leuchse, der hölzernen Außenstütze für die Leitern des Ernte-
wagens, mit all ihren Teilen, 20 gibt die geographische Verbreitung der Namen des Gerätes an. Unser Waldeckerland ist der
Kampfplatz dreier Bezeichnungen. Um Rhoden sagt man *Stündel,*
der größte Teil des Landes legt die Leitern auf die *Stützen.*
In einigen Walddörfern des Ederkreises, die auch lautlich
starke Hinneigung zum hessischen Süden zeigen, tritt eine
interessante Form auf, die sich bei näherer Betrachtung der
Gesamtkarte als Mischform entpuppt. Zwischen einem großen
Gebiet im Süden der Provinz, wo *Leuchse* herrscht, und einem
in Nordhessen und Waldeck mit *Stütze(l)* hat sich ein Gebiet
entwickelt, das beide Formen in *Leuchsenstütze(l)* vereinigt und
so eine breite Brücke zwischen den beiden Gebieten darstellt.
Zu diesem Mischgebiet gehören die südlichsten Orte des Ederkreises. In Adorf ist *Stündelholz* bekannt; das deutet darauf

hin, daß *Stündel* auch um Adorf einmal bekannt gewesen sein muß.
Karte 24 gibt die Namen des Augenlids an. Unsere Heimat kennt
nur *Lid* oder *Augenlid*. Um Wetzlar ist *Augenheufel*, im Dillkreis
und im darmstädtischen Oberhessen auch *Kläff*, *Augenkläff* gebräuchlich. Die übrige Provinz sagt *Augendeckel*.

Nach meinen Aufnahmen in Waldeck von 1912/13 ist Karte 26 gezeichnet; sie stellt die Bezeichnungen dar für *Luke* = Aufzugsvorrichtung im Giebel des Hauses und für den *Sperling* (passer
domesticus). Über den letzteren habe ich schon in Mein Waldeck
1925 Nr. 2 geschrieben. Dazu sei nur noch folgendes hinzugefügt. Bei neueren Umfragen sind mir von den treuen Helfern soviele *Spatz*-Belege im *Lüling*-Gebiet eingesandt worden, daß man
zu der Überzeugung kommen muß, daß sich die Form *Spatz* in den
15-18 Jahren seither stark verbreitet hat, die *Lüling*-Formen
zum Veralten bringt und schließlich zum Untergange reif macht.
Aus Dehausen ist mir die Form *Löülatz* bekannt geworden, die
durch Kreuzung zwischen *Spatz* und *Löüling* entstanden ist; bei
Löülutz in Stormbruch spielt vielleicht der Name *Lutz* (Kurzform zu *Ludewig*) hinein. Auch sonst werden Tiere nach Menschen-
namen benannt. Nicht erklären kann ich aber die Formen *Pülatz*
und *Püling*, die aus Usseln berichtet werden. Woher kommt das
P-?

Die Aufzugsvorrichtung im oder am Hause für Heu, Getreide usw.
heißt in den alten Ämtern Eilhausen und Rhoden, ferner in
Külte und Lütersheim, *Plegge* (= *Pleie*). Der Ederkreis (außer
Freienhagen, Sachsenhausen, Höringhausen, Alraft, Oberwerbe)
und die Orte Fürstenberg, Rhadern, Münden, Neukirchen, Sachsenberg, Dalwigksthal gebrauchten *Rolle* neben *Luke* (*Luche*). Das
übrige Waldeck zieht das Heu an der *Trolle* hoch.

Diese Karte zeigt wieder einmal, welche Fundgrube gerade unser
Land für den Mundartforscher ist.

Karte 27 zeichnet die Bezeichnungen für den *Achsnagel* am Wagen,
der das Rad am Abgleiten hindert. Im Ederkreis (ohne die oben
genannten niederdeutschen Orte) steckt man *den* oder *die Lun(e)*
in den Formen *Linn*, *Lenn*) vor das Rad, das übrige Land die
Lünse oder *den Lüns*.

Aber auch in den einzelnen Artikeln der Lieferung leuchtet
immer wieder der Reichtum und die Bildhaftigkeit der Mundarten
auf. 32 Zusammensetzungen und Ableitungen von *Lump*, *lumpen*
marschieren auf, 23 von *Lüge*, *lügen*. Wie klar wird das Bild des
Geizigen in einem Worte zusammengefaßt: *Linsenspalter*, *Linsen-
zähler*. Sehr lesenswert sind die Artikel, die die Bedeutung der
Lichtmeßtage für den ländlichen Menschen dartun. Der 2. Februar
ist in manchen Gegenden Ziehtag des Gesindes. An ihm hören die
Spinnstuben auf. Für die Wettervoraussage ist er ein wichtiger
Tag. Wenn der Dachs zu Lichtmeß aus dem Bau kommt und seinen
Schatten sieht, dann geht er noch vier Wochen zurück, sagt man
in Affoldern. *Lichtmäß hälle, Seet me den Flaß uff de Dälle,
Edd es dunkel. Seet me uffn Brunkel* (Anhöhe), ist eine Affol-
der Regel.

HESSEN-NASSAUISCHES WÖRTERBUCH.

Ueber die Arbeiten an diesem großen Heimatwerk im Jahre
1930 erstattete in den Sitzungsberichten der Preuß. Akademie
der Wissenschaften Prof. L u i s e   B e r t h o l d , die
Mitarbeiterin von Prof. Ferd. Wrede, folgenden Bericht:

Von unserer Publikation, dem Hessen-Nassauischen Volkswörterbuch, erschien im Berichtsjahr die vierte Lieferung
(Luppcher-Marienkäfer).

Wieder steckt in ihr auch die Mühe zahlreicher Helfer,
besonders aber vieler Lehrer, aus den verschiedensten Gegenden unseres Gebietes. Teils gingen sie uns ständig mit Auskunft zur Hand: so außer den einstigen Schülern Wredes die
HH. Hauptlehrer Abel, Mittelschullehrer Kappus, Taubstummen-
oberlehrer Ruppel, Lehrer i.r. Schaefer, Studienassessor
Dr. Schudt, Schulrat i.r. Schwalm sowie Frau Arndt (s. den
vorjährigen Bericht). Teils beantworteten sie uns die zahlreichen Einzelanfragen, die das Fortschreiten der Publikation nach immer wechselnden Orten auszuschicken zwang. Es
ist uns eine liebe Pflicht, ihnen allen auch an dieser Stelle
dafür zu danken, daß sie dem Heimatwerk trotz Arbeitslast
und drückenden Zeitumständen die Treue halten.

Neben der Arbeit an der Publikation wurde der Ausbau
des Gesamtapparats unverrückt im Auge behalten. Er wurde
auch im Berichtsjahr gefördert durch die Auszettelung von
Dialektliteratur, von Fragebogen usw. sowie durch die dankenswerten Einsendungen unserer Helfer in Dorf und Stadt.
Besonders hervorgehoben seien darunter die Einsendungen von
Frau Arndt (Eitelborn) und die der HH. Lehrer Hain (Ober-
rodenbach), Lehrer i.r. Kuhlmann (Breitscheid), Lehrer Nord
(Rhadern), Lehrer i.r. Schaefer (Densberg), stud. med.
Schneider (Battenfeld), Rektor Ziemer (Idstein). Die Gesamt-
zahl der revidierten Apparatzettel stieg auf 235 500.

Wenn im Berichtsjahr die Verbindung mit unsern Helfern
zufriedenstellend blieb, so gebührt ein Anteil daran der
Presse; durch den Abdruck unserer Jahresberichte, durch Be-

sprechungen unserer Publikation usw. verstärkte sie die
Brücke von uns zu jenen.

Während des ganzen Berichtsjahres oder doch seines
größten Teils im Dienste des Wörterbuchs tätig waren die
Berichterstatterin und Frl. Dr. Bretschneider. Letztere ist
inzwischen aus unserem Kreise ausgeschieden und übernimmt
einen Posten am Atlas der deutschen Volkskunde in Berlin. Mit
der Geschichte unseres Wörterbuchs, dem sie seit Herbst 1924
gute Dienste geleistet hat, verbinden sie vor allem und für
immer die mühsamen und keineswegs nur technisch schwierigen
Karten in Lief. 1-4 unserer Publikation (eine letzte Karte
von ihrer Hand wird in Lief. 5 noch erscheinen).

Zeitweise leisteten dem Wörterbuch Hilfsarbeit die HH.
Dr. Bischoff, Corvinus, Bibliotheksrat Dr. Martin, stud.
Döhrer, cand. Rakers und die Damen stud. Hartmanshenn, stud.
Jagdhuhn, stud. Kühn. Auch ihnen gebührt für sorgsame Müh-
waltung Dank.

DAS HESSEN-NASSAUISCHE VOLKSWÖRTERBUCH.
Zur vierten und fünften Lieferung.

An dieser Stelle ist bisher über die ersten drei Lieferungen des Hessen-Nassauischen Volkswörterbuchs berichtet
worden. Inzwischen sind Lieferung vier und fünf erschienen,
die ich wieder einer kurzen Besprechung unterziehen möchte.
Wenn wir zunächst wieder die Karten betrachten und
unsre waldeckischen Verhältnisse besonders ins Auge fassen,
so ergibt sich eine Menge Neues und Interessantes. Für den
"kastrierten jungen Bullen" sagt man in Waldeck überwiegend
Ochse (meist in der Form Osse, Usse); nur ein ganz schmaler
Streifen im östlichen Ederkreis spricht vom Stier wie der
größte Teil der Provinz. Der Westerwald, der Dillkreis und
Wittgenstein kennen das Wort Lüpper, das zu einem Worte
lubben "verschneiden, kastrieren" gehört.
Die zweite Karte zeigt eine verwirrende Fülle. Sie behandelt die Namen des Maikäfers.
Im Waldeckischen liegen die Dinge noch verhältnismäßig
einfach. Im nördlichen niederdeutschen Teil herrscht Maikafel (meist Maikawel, -kabel ausgesprochen). Der größte
Teil des Eisenbergerkreises, die alte Herrschaft Itter und
die Umgebung von Sachsenhausen, Freienhagen sagt Maikäfer.
In diesem Gebiete scheint aber einmal Maikafel herrschend
gewesen zu sein, wie Restformen in Welleringhausen, Nieder-
Ense und Rhadern andeuten. Auch andere Formen können dagewesen sein, in Obernburg und Basdorf ist z. B. Maikleber zu
hören. Alte Leute erinnern sich vielleicht noch älterer Formen. Im Hauptteil des Ederkreises herrscht Maikletter. Maikäfer dringt allerdings in breiter Form ein und wird Maikletter verdrängen. Die Fülle der übrigen Namen anzugeben,
es sind 56, würde zu weit führen. Es ist aber der Mühe wert
festzustellen, daß sich die Volksphantasie bei diesen Tiernamen wie auch bei Pflanzennamen, besonders rege zeigt. Besonders "liebevoll" beschäftigt sich das Volk mit dem Maikäfer, weil er und seine Larve, der Engerling, überaus schädlich sind.

Karte 31 gibt die Bezeichnungen für das "Euter der Kuh".
Drei große Gebiete schälen sich in der Provinz heraus. Der
Norden bis zu einer ungefähren Linie von Biedenkopf über Hom-
berg nach Eschwege hat Euter (natürlich in den entsprechenden
örtlichen Formen, in Waldeck hauptsächlich Jidder, Jeber,
Oeuter u. a.). Um Waldeck und Frankenberg kommt viel das
Wort Gemelke vor.

Der Osten kennt nur den Dütz, der Westen sagt der oder
das Mämm oder auch die Mämme. Karte 33 führt uns wieder einen
Tiernamen vor, diesmal einen Vogelnamen. Der Wächter des Waldes, der Eichelhäher hat in einem großen Mittelgebiet der
Provinz den interessanten Namen Markolf. Bei uns in Waldeck
führen die Namen auf Häher zurück. Um Fulda, Schlüchtern,
Gersfeld herrscht Käher. Daneben gibt es noch eine Reihe von
Namen, die meist von dem Geschrei des Vogels abgeleitet sind,
z. B. Gäker, Gäkgäk, Gätsche, Gätschert, Krischer, Quäker.

Der Name Markolf ist übrigens genommen von einer Gestalt der mittelalterlichen Literatur, die den Spötter vertritt. Auch der Eichelhäher ahmt die Stimmen anderer Vögel
spottend nach. Das Absinken des Namens auf den Eichelhäher
ist ein schöner Beweis für die Volkstümlichkeit des literarischen Spötters.

Die Karten der fünften Lieferung sind ebenfalls sehr
aufschlußreich.

Das Gänseblümchen (BELLIS PECENNIS, Karte 35) hat gerade
im niederdeutschen Waldeck (ohne die Landauer, Böhler Gegend)
den Sondernamen Marienblume. Nur das restliche Nassau hat
auch einen besonderen Namen Maßliebchen, die ganze übrige
Provinz sagt Gänseblume.

Karte 36 gibt die Namen des Maulwurfs. Wittgenstein,
kurhessisch Ober- und Niederhessen, das Gebiet um Fulda haben Formen, die auf Maulwurf zurückzuleiten sind. Im Kreise
Hofgeismar zeigen sich zwei kleine Gebiete, die sich ins
Westfälische nach meinen Beobachtungen fortsetzen, mit Mülter
und Multwurm. Darin steckt das Wort Mult, Molt, das Erde bedeutet. Dieses Wort liegt auch dem schriftsprachlichen Maul-

wurf zugrunde, das aus Moltwurf entstellt und umgedeutet ist.
Der Maulwurf bedeutet wie der noch im größten Teil der Provinz geltende Moltwurf (Moltrost, Moltewurf u. ä.) nichts
anderes als Mülter und Multwurm, nämlich Erdaufwerfer, Erd-
wühler. Im Waldeckischen hat sicher auch einmal eine Form
gegolten mit Mult-, wie das weit bekannte Multhaup für Maul-
wurfshaufen beweist. Der Westerwald hat wieder seine Sonderformen. Dort gibt es den Scheel, das Moltertier und die vom
Haufen auf das Tier übertragene Bezeichnung Molterhauf. Um
Frankfurt herum wird das Tier nach der rüsselförmigen Schnau-
ze Molterrüßel genannt. Am Rhein gibt es noch ein kleines Gebiet mit Molter.

Sehr reichhaltig ist die Karte 38 für die Bezeichnungen
des weiblichen Kalbes. Unser Waldeck kennt drei Namen; Stärke,
Stärkenkalb, Fasel, Faselkalb und Kübekalb. Ein Gebiet von
Kassel bis Marburg - Fulda hat Meise, Meisenkalb. Der südliche Kreis Frankenberg sagt Kausekalb. Um Weilburg, Nauheim,
Marburg gilt Mutterkalb. Der Südosten der Provinz, ein kleines Gebiet um Driedorf, ein größeres nördlich von Wiesbaden
haben Kühkalb. An der unteren Lahn spricht man von Minzekalb.
Um Frankfurt gibt es das Minkel, Minkelkalb. Um Homberg an
der Ohm erscheint Metzekalb. Woher die Namen alle herzuleiten
sind, muß man im Text nachlesen; manche sind schwer oder gar
nicht zu deuten.

Karte 39 gibt die Namen für das Essen am Ende des
Schlachttages, die Wurstesuppe, die nach des Schlachtens und
Wurstens Arbeit die Freunde des Hauses zu einem fröhlichen
Schmause vereint. Der Norden unseres Landes sagt Wurstesuppe,
im Süden mit Umlaut Würschtesuppe. Der Osten der Provinz
kennt (von Norden nach Süden) andere Namen: Schlachtekohl
um Witzenhausen, Rotenburg; Schwartekohl um Hersfeld, Schlitz;
Stichbraten um Fulda, Schlüchtern, Gersfeld. Die Mischform
Metzelsbraten gilt um Büdingen. Das Gebiet mit Metzelsuppe
(hauptsächlich Nassau) scheint von Wurstesuppe gestört zu
sein. Im Westerwald (südlich Hachenburg) sagt ein kleines
Gebiet einfach die Wurst.

Damit haben wir die Karten der beiden Lieferungen kurz

skizziert. Sie werden ergänzt durch einige Zeichnungen und Bilder von schwer zu schildernden Sachen.

Bild 32 gibt das Mangwerk bestehend aus Mang(el)holz und Mang(el)brett wieder. Es wäre interessant zu erfahren, ob es das Gerät früher in Waldeck auch gegeben hat oder ob es gar noch gebraucht wird.

Bild 34 bietet ein Trachtenbild, eine Frauenhaube, die im Gebiet des Hüttenbergs bei Gießen getragen wird. Bild 37 zeigt ein Bild der Mayence eines kleinen Mädchens, das in Kelze, einer französischen Kolonie des Kreises Hofgeismar, im Mittelpunkte der Frühlingsfeier steht. Wieviel Raum, muß man wieder sagen, wäre nötig gewesen, um das Buld und den Brauch wiederzugeben!

Auch sonst ist der Inhalt beider Lieferungen wieder überreich. Unser Määrländer (die Frebershäuser) sind nun auf S. 201 verewigt. Für die Darstellung der Verwendung von machen sind fünf enge Spalten nötig.

Was da nicht alles gemacht wird! Man lese es selbst nach. Für den Jungen, der gerne mit Mädchen spielt, hat das Volk neunzehn Namen vom Mädchenlutsch bis zur Mädchenszaupe. Vom Magen werden u.a. folgende Redensarten notiert: Er hat einen Magen wie einen alten Jagdranzen, wie eine Saubütte. Wer viel ißt, hat einen Magen wie einen Strumpf, dem möchte man seinen Magen nicht lehnen.

Volkskundlich bemerkenswert sind die Artikel Maiaffe, Maibock, Maibölzer, Maidotz, Maiflappes, Maifüllen, Maigans, Maigeck, Maigeiß, Maihüpfer, Maikater, Maikatze, Mailamm, Mailappen, Mailüftchen, Maimucke; sie sind alle Ausdrücke für den am 1. Mai in den Mai geschickten, was man bei uns im Waldeckischen vielfach am 1. April tut, vergleiche Aprilnarr.

Die Bedeutung des Main für die Anwohner geht aus den vielen Zusammensetzungen hervor. Mainbootchen, Mainschelch, Maintatschen sind große Schuhe, wie man sonst von Elbkähnen spricht. Eine Mainkuh ist ein Schleppdampfer auf dem Main.

Bemerkenswert sind die vielen Zusammensetzungen mit März. Auch am 1. März hält man gern wie am 1. April und 1. Mai andere zum Narren, besonders im Nassauischen. Das im

März geschöpfte Wasser spielt eine Rolle in der Volksmedizin. Es macht weiße Haut, ist gut für die Augen, gegen Sommersprossen, gegen Haarausfall. Andererseits kommt auch die gegenteilige Auffassung vor, daß das Wasser schädlich sei.

Bei Matthias (Sp. 277 f.) scheint mir ein Hinweis auf die waldeckische Form Tigges zu fehlen. Das Wort Maul ist im ganzen Gebiete des Wörterbuchs der übliche Ausdruck für Mund, ohne daß ein abschätziger oder verächtlicher Sinn damit verbunden ist.

Sehr reich ist die Verwendung von Maul, auch in Zusammensetzungen. Maul bedeutet übrigens, besonders in der Verkleinerungsform Mäulchen, in weiten Gebieten den Kuß.

Bei Mensch ist zu lesen, daß Mensch in weiten Gebieten die Bezeichnung für das geliebte Mädchen, die Liebste ist, in andern auch nur die für eine Frauensperson. Eine Mischform scheint dazu das waldeckische Wiiwesmensch zu sein.

In Kurhessen hat es in älterer Zeit das Mergelrecht gegeben, d. h. der Käufer von Land hatte das Recht, solchen Boden, den er zur Zeit eines etwaigen Rückkaufs gerade mit Mergel gedüngt hatte, gegen eine Naturalabgabe noch eine Zeitlang weiter zu nutzen, damit so der Wert des Mergels abgegolten werde. Ob es so etwas oder Aehnliches in Waldeck auch gegeben hat?

So ließe sich noch manche Rosine aus diesen gar nicht trockenen, wissenschaftlichen Kuchen herausholen. Wieder ergeht meine Bitte an die für unser Heimatvolk und seine Sprache und Art Interessierten: Kauft euch die jährlich einmal erscheinende Lieferung, sie ist eine Fundgrube für jeden Heimatfreund.

Wortgeographische Studien in Hessen-Nassau.

Seit dem Jahre 1912 ist dem Sprachatlas des Deutschen Reiches in Marburg (SA) das Hessen-Nassauische Wörterbuch angegliedert, das wie jenes der Leitung Ferd. Wredes untersteht. Wie sehr diese Verbindung dem Hessen-Nassauischen Heimatwerk zugute kommt, zeigt neben anderm besonders eine auf Wredes Anregung entstandene Sammlung wortgeographischer Karten, die auf bisher 81 Blättern 81 verschiedene Begriffe geographisch darstellt. Aus dem Grundsatz der geographischen Anschauung heraus, den der SA vertritt, sind diese Wortkarten entstanden. Der Weg ist der: die Formen der eingehenden Fragebogen sowie der freiwilligen Einsendungen für einen Begriff werden auf eine Pause eingetragen, die über eine große Grundkarte[1]) ausgebreitet ist. Das mit eingetragene Längen- und Breitengradenetz ermöglicht eine bequeme Übertragung in größere oder kleinere Maßstäbe (1 : 1 000 000 SA, 1 : 2 000 000 usw.).[2]) Die bei der Durchsicht auftretenden verschiedenen Wortstämme werden in verschiedenen Farben auf die Pause gebracht. Plastisch springt so dem Beschauer das wortgeographische Bild entgegen. So tritt in dieser Sammlung zu der durch den SA gegebenen lautgeographischen Anschauung für den Bearbeiter die wortgeographische. Eine Fülle neuer Erkenntnisse, neuer Fragestellungen ergeben sich. Eine wertvolle Keimzelle für die Wortgeographie überhaupt in dem von Roethe (Neue Jahrbücher 16 [1913], 37 ff., insb. 68 ff.) geforderten Sinne ist hier vorhanden. Aus diesem Schatze sei die folgende Studie genommen, dem Meister dargeboten, der immer wieder seinen Schülern Notwendigkeit und Wert der Wortgeographie neben der Lautgeographie vor Augen stellt und Arbeiten in dieser Richtung anregt und fördert.

Von der Pause 'Deichsel' der Sammlung ist diese Studie ausgegangen. Es ist bekannt, daß die Stange, an der das Zugvieh den Wagen zieht, in der Wetterau und in Westthüringen 'Geischel' heißt (vgl. Vilmar, Idiotikon von Kurhessen, S. 127 unter Geischel; Kluge, Etym. Wörterb. 8. Aufl., S. 88 unter Deichsel[1]; Weigand, Deutsches Wörterb. 5. Aufl., Sp. 659 unter Geißel). Für ein kleines Gebiet am Bodensee bietet außerdem das Schwäbische Wörterb. II, 130 die Formen *gaiksl (-ksl), giʂsl, gɩsl* (Schwäb. Atlas Karte 25). In Hessen-Nassau, Wittgenstein und Waldeck, die von Marburg aus bearbeitet werden, stehen sich die beiden Typen *geischel* und *deichsel* gegenüber. Die Linie auf der beigegebenen Karte trennt diese beiden voneinander. Eine phonetische Umschreibung

---

1) Der Wörterbuchbezirk umfaßt die preußische Provinz Hessen-Nassau, Waldeck, den Kreis Wittgenstein; das darmstädtische Oberhessen und den Kreis Wetzlar.

2) Wer wortgeographische Studien plant oder treibt, sei gebeten, sich eines der oben genannten Maßstäbe zu bedienen. Die wissenschaftliche Verarbeitung, Vergleichung und Verknüpfung des wortgeographischen Materials würde dadurch wesentlich erleichtert. Eine allgemeine Einigung täte not.

der Einzelformen kann bei der Art des Materials nicht gegeben werden. Auch auf die vielen Schreibungen der Zettel soll hier nicht eingegangen werden; es überwiegen bei *geischel die Formen gaischel, geischel und gischel, bei *deichsel die Formen deissel, deistel, diessel, dissel. Diese wortgeographische Linie verläuft in folgender Weise: östlich Hochheim beginnend durchschneidet sie die Kreise Höchst, Obertaunus[1]), kerbt einen Zipfel des Kreises Usingen aus, geht mit der Ostgrenze des Kreises Usingen, läßt den Kreis Wetzlar im wesentlichen westlich liegen, um an der Nordseite dieses Kreises zu dem Sack im Kreise Dillenburg aus-zuholen, den Kroh DDG IV § 457 genau beschreibt. Der Kreis Bieden-kopf wird etwas nördlich des Lahnlaufes durchmessen, ebenso der nörd-liche Teil des Kreises Marburg bis Rauschenberg; hier wendet sich die Linie an Gemünden vorbei auf Nieder-Wildungen zu, um Waldeck südlich Freienhagen wieder zu verlassen (vgl. für Waldeck meine demnächst voll-ständig erscheinende Arbeit DDG XV § 388). Um Naumburg herum läuft die Grenze dann auf Niedenstein zu, weiter auf Melsungen, Spangenberg, Waldkappel, schnellt hier nach Norden, um westlich von Großalmerode, nördlich Allendorf (a. Werra) die Provinz zu verlassen (für diesen Teil vgl. Rasch DDG VII § 198). Den weiteren Verlauf der Linie in Thüringen konnte ich leider nicht einigermaßen sicher erfahren; vermuten läßt sich nur, auf Grund der wenigen Thüringer Belege, daß die Linie ungefähr bis Eisenach mit der Provinzgrenze geht, dann westlich Waltershausen einige Orte des Kreises Schmalkalden mitnimmt und nach Süden etwa über Fladungen den Anschluß an die Provinzgrenze wieder aufnimmt. Vielleicht kann das Thüringer Wörterb. hier bald die Lücke schließen. Dann durchläuft die Linie den südlichen Kreis Fulda, den östlichen Teil der Kreise Schlüchtern und Gelnhausen und scheint südlich Frankfurt nach dem südlichen Teil Hessen-Darmstadts hineinzuragen, wie der geischel-Beleg für Seligenstadt beweist. Innerhalb des so umschlossenen Gebietes herrscht der Typus *geischel. Ort für Ort genau gegeben ist der Grenzverlauf in den durch die oben angeführten Arbeiten Krohs, B. Martins, Raschs umfaßten Gebieten. Für die Kreise Fritzlar und Hom-burg konnten die lückenlosen Sammlungen des gefallenen cand. phil. Freund aus Besse benutzt werden, die im Besitz des Wörterb. sind. Im Kreise Melsungen fehlen nur ganz wenig Orte. Von Eschwege bis Ge-münden ist so die Linie sicher beschrieben. Corell (Studien zur Dialekt-geographie der ehem. Grafschaft Ziegenhain. Marburg. Diss. 1914 [Teildr. aus DDG VII]) hat für sein Gebiet leider keine Angabe[2]); ebenso Bromm

---

1) Auf der Karte finden sich folgende Abkürzungen: OT = Obertaunus, UT = Untertaunus, OL = Oberlahn, UL = Unterlahn, Ow = Oberwesterwald, Uw = Unter-westerwald.

. 2) Es sei hier der Wunsch ausgesprochen, daß die Verfasser dialektgeographische Arbeiten mehr noch als bisher Rücksicht aufeinander nehmen in der Auswahl ihres Ab-fragewortschatzes, insbesondere in wortgeographischer Hinsicht. Sehr oft ergeben sich bei der Übertragung von Wortlinien auf Karten aus unsern Dialektarbeiten Lücken, die

(Studien zur Dialektgeographie der Kreise Marburg, Kirchhain, Frankenberg [Teildr. aus DDG VII]). Für die Biedenkopfer Grenze fehlen nur einige wenige Orte. Der nordsüdliche Grenzverlauf von Wetzlar etwa bis Hochheim könnte durch dichtere Aufnahmen vielleicht kleine Änderungen erfahren. Wo eben möglich wurden kleine Lücken durch eigene Anfragen geschlossen.

Wenn man das so gewonnene Gesamtbild überschaut, so fällt insbesondere der Dillenburger Sack auf. Er scheint anzudeuten, daß die Verbreitung des Typus *geischel einmal weiterging. Vielleicht finden sich in dem Gebiete südlich Driesdorf bis Wiesbaden urkundliche Relikte, die diese Vermutung stützen.

Zur Erklärung von *geischel vgl. Deutsches Wörterb. IV 1 b 2618 unter *Geisel* (Wunderlich; die schwäbischen Formen sind ihm noch nicht bekannt); ferner Horn, ZfhdMdaa. 1, 31; Corell a. a. O. § 41 Anm.; Rasch a. a. O. § 198 Anm. Fischer lehnt a. a. O. Horns Deutung ab und enthält sich einer eigenen. Für Hessen scheint mir Wunderlichs Zurückführung von *geischel auf *gīsel und die Annahme eines »wertvollen Restes aus ältester Zeit eigentlich Stock oder Stange in bestimmter Verwendung« durchaus annehmbar. Kroh bezieht sich auf Wunderlich. Kontaminationsformen wie *Geiksel* (aus *geischel + *deichsel) werden aus der älteren Generation Marburgs und Weidenhausens bezeugt, *Geichsel* aus Niedermörlen (bei Bad Nauheim). Einzelformen wie *geschtang, gischtang, göschtang,* bezeugt für die Grenzorte Nausis (bei Spangenberg), Lendefeld (Kr. Melsungen), Obergude (Kr. Rotenburg), zeigen, daß in diesen Orten das Bewußtsein von der alten Bedeutung des ersten Bestandteils *gesch*- geschwunden ist, so daß die Bildung *geschtange* herauskommen konnte. In Moischeid (Kr. Ziegenhain) begegnet die Form *Gegselstange.* Im *gischel*-Gebiet bietet Schlierbach (Kr. Fritzlar) die Form *Deschel.* Nach Vilmar (unter 'Zötter') war in Fulda, (in Baiern), um Schlüchtern, Steinau, Schwarzenfels 'Zötter fem. die Deichsel, zumal die Vordeichsel' üblich. Das Wörterbuch hat von diesem Worte keinen neueren Beleg mehr. Auffällig ist, daß gerade dieses Gebiet heute 'Deichsel' hat.

Der Dillenburger *geischel*-Sack legte den Gedanken nahe, die übrigen Pausen und die lexikalischen Karten des SA einmal daraufhin durchzusehen, ob sich etwas Ähnliches auf ihnen finde. Zwar ergab sich kein Sack, die Durchsicht führte aber zu den fünf Linien der beigefügten Karte, die immer wieder denselben Linienzug, denselben Zusammenhang sonst sprachlich wie historisch scharf getrennter Gebiete erkennen lassen.

Am weitesten nach Süden führt die Linie 'Rahm': 'Schmand'; der Süden sagt 'Rahm'. Über ihr erhebt sich die Linie 'leer': 'ledig'; der Süden sagt etwa 'der Topf ist leer', der Norden 'der Topf ist ledig'.

sich durch einen kleinen Hinweis beseitigen ließen. Man sollte auch mehr das im jeweils behandelten Gesamtgebiet Gültige unterstreichen, statt immer nur auf die scharfen Linien zu achten. Vgl. Schwing, Beiträge zur Dialektgeographie der mittleren Lahn (Zs. 1921, 154).

Der Norden 'haart' die Sense, der Süden 'dengelt'; die mit einem Kreuz bezeichneten Orte haben 'kloppen'. Noch weiter nach Norden holt die Linie für 'brennen':'brühen' aus. Es handelt sich hier um die von Kroh a. a. O. § 243, von Hackler (Der Konsonantismus der Wittgensteiner Mda. Bonn 1914) § 80 Anm., von mir a. a. O. § 394 besprochene Verwendung des Präsensstammes von 'brühen' in der Bedeutung 'brennen'.

Die dem SA entnommene Linie für *trocken : *drüge umklammert dann auch Wittgenstein. Auffällt, wie in der Zone Eschwege—Witzenhausen sich vier der Linien bündeln, wie sie etwa bei Rotenburg auseinanderstreben, um in Nassau sich wieder zusammen zu finden. Aus technischen Gründen wurde die sehr interessante *dunkel : *düster-Pause nicht mit aufgezeichnet. Bei ihr wie bei 'Hagebutte', 'laut' : 'hart', 'Pate', 'Peitsche', 'Wald' (vgl. Rasch a. a. O. § 192 und Kroh a. a. O. § 453), 'Lehrer' zeigt sich immer wieder dieser südwestlich-nordöstliche Linienverlauf, bald mehr, bald weniger zerrissen, den Süden immer ganz freilassend. Es scheint, als ob die wortgeographischen Wellen sich in Hessen-Nassau ganz besonders überschlagen und überschnitten haben. Lockend wäre jetzt ein Vergleich der so gefundenen Zusammenhänge mit den Lautkarten des SA. Davon ist aber abgesehen, weil die Linien für 'leer', 'brennen', 'dengeln', 'Rahm' nur ungefähr gegeben werden konnten, nicht Ort für Ort, ein Vergleich also auf zu unsicherer Basis stände. Auch ein Vergleich mit historischen Linien ist aus diesem Grunde unterblieben. So kann der Zusammenhang nur als Beobachtung und Hypothese mitgeteilt werden. Für 'Deichsel' ist ein fast geschlossenes wortgeographisches Bild gegeben. Die immer wieder von der prähistorischen Forschung (vgl. Wolf, Chatten, Alemannen und Franken in Kurhessen und in der Wetterau [Volk und Scholle 1922, 57 ff.]) erschlossene Meinung, daß die Hessen seit Jahrhunderten vor der Geschichte bis jetzt in ihren heutigen Sitzen geblieben sind, würde die Deutung Wunderlichs a. a. O. stützen, daß wir in *geischel einen Rest ältesten Sprachbestandes, durch die Hessen bewahrt, vor uns haben.

Molkenſtehler, Molkenzauberſche und Verwandtes im Gebiet des Heſſen-Naſſauiſchen Wörterbuchs.

Es iſt längſt bekannt, daß der Schmetterling im Volksglauben zu den Tieren gehört, in welche ſich Hexen und Elben verwandeln, um den Menſchen zu ſchädigen [1]). In der Namengebung des Schmetterlings hat ſich das niedergeſchlagen, zunächſt wohl in den Mundarten. Aus dieſen iſt es ſogar in die gehobene Sprache gedrungen; das DWB [2]) verzeichnet eine Reihe von Namen des Schmetterlings, die in dieſen Vorſtellungskreis hineingehören. Auch aus den Mundarten iſt ſchon Manches bekannt [3]). Über den Glauben und ſeine Entſtehung hat in letzter Zeit beſonders H. Hartwig [4]) (auf Grund von Belegen aus Minden-Ravensberg) gehandelt. Er führt den Aberglauben auf die Nachtfalter zurück, von dieſen ſei er erſt auf die Schmetterlinge allgemein übertragen.

Um einem Geſamtbilde der Verbreitung dieſes Glaubens in den einzelnen Landſchaften näher zu kommen, ſollen im Folgenden die

[1]) Vgl. Wuttke, Volksaberglaube³ S. 160; Grimm, Mythologie⁴ II, 897, 905; III, 311; K. Knortz, Die Inſekten in Sage, Sitte und Literatur (Annaberg 1910) S. 136.

[2]) DWB II, 585 f. (Butterfliege, Butterhexe, Butterſchütz, Buttervogel); VI, 2191 (Milchdieb), 2479 (Molkendieb, Molkenſtehler).

[3]) Vgl. Woeſte in Frommann VI, 76 f., dazu eine inhaltsreiche Anm. Frommanns mit zahlreichen Belegen aus älteren Arbeiten; derſ. Weſtf. Wb. 177 (molkentövener, hippendaif); Bremer Wb. I, 128 (Botterlicker); Friſchbier, Preuß. Wb. I, 123 f. (Butterhexe, Buttervogel), 288 (Hexe 'grauer Schmetterling, Nachtſchmetterling'); ten Doornkaat-Koolman, Wb. d. oſtfrieſ. Sprache I, 214 (Botterheks, Botterfögel); L. Häpke, Die volkstüml. Tiernamen im nordweſtl. Deutſchland. (In: Abhdlgen hg. v. Naturw. Ver. zu Bremen II, 1871, 311: Mulkentöwer Oſtfrieſ. u. Jever); Siebenbürg. Wb. I, 848 (Buttertrude, 'Butterhexe'; ohne Beziehung auf den Schmetterling); Schleſw.-Holſt. Wb. I, 463 ff. (Botterfleeg, Botterlicker, Botterhahn, -hohn, -hen, Bottervagel); Rhein. Wb. I 1177 (Butterfliege); 1184 (Buttervogel 'Zitronenfalter, überhaupt jeder mehr gelb als weiß ausſehende Schmetterling'); Wenzel, DDG VI, 123 (moolkətêwǝr 'Schmetterling'; für Groß-Schönau bei Zittau,Oberlauſitz). Weiteres läßt ſich ſicher noch finden.

[4]) H. Hartwig, Plattd. Tier- und Pflanzennamen aus Minden-Ravensberg. S.A. aus d. 40. Jahresber. d. Hiſtor. Ver. f. d. Grafſchaft Ravensberg. Bielefeld. S. 19 ff.; derſ., Flüggelten, Schaflaus, Schmantbolſe, Schietenkrömer und Genoſſen (In: Der Ravensberger 1927).

Belege zusammengestellt werden, welche das Archiv des Hessen=Nas=
sauischen Wörterbuchs für seinen Bereich bietet. Verglichen wurden
außerdem die Karten 'Schmetterling', 'Maikäfer', 'Marienkäfer'.

Milchdieb ist nach V i l m a r [5]) der Name des Kohlweißlings
im Schmalkaldischen. In der heutigen Mundart ist er bezeugt aus
Schmalkalden[6]) selbst und aus Rotterode (als Melchdieb). Dazu
kommt Salzungen [7]) mit Melichdēb m. Eine Einsendung aus
Schmalkalden gibt an, daß Milchdiebin (fast immer mit Hure zu=
sammen gebraucht) im 16. (und noch 17.) Jahrhundert nach den
Schmalkalder Ratsprotokollen ein sehr gebräuchliches Scheltwort für
Hexe gewesen sei. Der Schluß von der Hexe auf den Schmetterling
liegt hier also sehr nahe.

Milchsäufer 'Schmetterling' (Melchsiffer) ist aus Wibbershau=
sen (Krs. Hersfeld) bekannt.

Milchfresser wird das Tierchen in Oberneurode (Krs. Hers=
feld) genannt.

Im Schmalkaldischen scheint aber nicht Milchdieb, sondern
Molkenstehler[in][8]) die üblichere Bezeichnung des Kohlweißlings und
des Schmetterlings überhaupt zu sein. Sie ist bezeugt aus Heßles
(Molkestehler), Asbach (Mockestahler), Unterschönau (Moache-
schtaler), Steinbach (Moagestehler), Bermbach (Ma°lkersta°hler),
Brotterode (Uls Brottero S. 52: Molkestänn 'Molkenstehlerin').
Ferner bietet D e l l i t [9]) mälgoSdalor 'Schmetterling, aus Molken=
stehler'. In dem östlichen Teil der Provinz finden sich folgende Be=
lege: in Motzfeld (Krs. Hersfeld) sann Schmatter-
ling, de olle Lied sann Molkestahler), in Ausbach (Hersf.; Schmat-
terling 'Schmetterling', Molkestähler 'Kohlweißling'), in Schwarz=
bach (Hünfeld; Molkestehler), in Neustädtges (Gersfeld; Mauke-
stahler), in Kleinsassen (Gersf.; Molkestehler). Diese Formen sind
dem Untergang geweiht, wie die Lage innerhalb vieler Schmetterling=
Belege und die obige Angabe aus Motzfeld beweist.

---

[5]) Vgl. V i l m a r S. 269 und P f i s t e r S. 180.

[6]) Hier auch für Schmetterling allgemein.

[7]) Vgl. H e r t e l , Salzunger Wb. S. 29.

[8]) R e g e l , Die Ruhlaer Mda. (Weimar 1868), S. 234 hat: mälkenstäfe
m. 'Schmetterling, besonders Kohlweißling' = der in der Milch stapfende
Milchräuber.

[9]) D e l l i t , Die Mda. von Kleinschmalkalden S. 189. Auf S. 225 wird
dieselbe Form als Molkensteller verhochdeutscht; wohl Druckfehler.

Auch die Bezeichnung Buttervogel[10]) muß in diesen Bereich ge=
zogen werden, da sie nicht vorwiegend für den Citronenfalter (Go-
nopteryx rhamni) gebraucht wird, sondern sehr oft den Kohlweiß=
ling (Pieris brassica) oder überhaupt den Schmetterling meint.
Auch die oben angeführten Belege aus der Literatur legen diesen Zu=
sammenhang nahe (abweichend das Rhein. Wb. s. o.).

Bottervoggel heißt der Schmetterling in Arenborn, Heisebeck,
Meimbressen (alle im Krs. Hofgeismar), Boutterfohl in Jba (Krs.
Rotenburg), Buiderféel in Julba, Butterföel in Leimbach (Krs.
Hünfeld) und in der Grafschaft Schaumburg[11]).

Schmandlecker[12]) ist der Name des Schmetterlings in Habba=
mar und Kirchberg (Krs. Fritzlar). Der Kohlweißling wird so be=
zeichnet in Fischelbach, Bernshausen, Banse šmándleꝛꝛ m.; die Orte
liegen in Wittgenstein).

Überträgt man alle diese Belege auf eine Karte, so sieht man,
daß der Aberglaube, auf den Schmetterling bezogen, von Schmal=
kalden bis nach Nordhessen in den obigen charakteristischen Namen
zum Ausdruck kommt, der Westen der Provinz scheint davon frei zu
sein.

Daß er aber weiter verbreitet ist oder war, scheint nun die Karte
'Maikäfer' des Hess.-Nass. Wbs. zu lehren. Dort finden sich nämlich
im Dillkreis, teilweise entstellt, weil nicht mehr verstanden, und nur
noch bei der älteren Generation lebendig die Namen Molkenzau=
ber(er) (m.) und Molken(be)zaubersche (f.) für den Maikäfer.
Hier ist also der Aberglaube auf den Maikäfer übertragen, da wir
diesen Namen sonst nur beim Schmetterling finden[13]). Folgende

---

[10]) Auf der Karte 'Marienkäfer' erscheint einmal Butterwibelchen (Bod-
derwewelche) neben Butterwilhelmchen (Bodderwelemche) in Wiera (Krs.
Ziegenhain). Ob hier eine irrtümliche Übertragung des Aberglaubens auf den
Marienkäfer (Cocc. septempunctata) vorliegt, bedarf noch näherer Unter=
suchung. Hertel, Thür. Sprachschatz S. 78 notiert Buttervogel 'bes. Kohl=
weißling' in der Vogtei.

[11]) Und zwar in Beckedorf (Bolterfugel), Nehren (Bottervugel), Groß=
nenndorf (Bottervuel, Bottervagel), Algesdorf (Bottervogel), Nehren Grafsch.
(Bottervugel), Vorstel (Bottervogel), Krankenhagen (Bottavogel), Heßlingen
(Bottervugel), Weibeck (Bottervogel), Fischbeck (Bottervogel), Fuhlen (Bottervogel).

[12]) Hartwig a. a. O. S. 21 gibt für Marsberg (Krs. Brilon) Smand-
lecker.

[13]) S. o. S. 195 Anm. 3.

Für einige Belege habe ich hier Herrn Dr. Weiershausen, Laasphe,
und Herrn Dr. Wenzel, Marburg, zu danken.

Für die Unbestimmtheit der bäuerlichen Namengebung bei Tieren finden

Formen sind mir bekannt geworden: Molkezawer, mᴅlgədsāwər in Manderbach; mᴅlgədsawər in Mandeln; Molkezawersche in Ober-Roßbach und Steinbach; Molgezawersche (f.) in Nieder-Roß= bach; Molkezabersche, Molkezaubersche in Fellerdillen; Molke= bezawersche [14]), Moldebezawersche[14]) in Dillbrecht; Molkezausche in Haigerseelbach und Robenbach; Molkezausche, Molkezausch, mᴅl= gədsaušəl (nach Dr. Wenzel) in Allendorf; Majkkäfer, z. T. noch Molkezauche [15]) in Niederscheld. Für den letzten Ort ist das Vor= kommen zweimal bestätigt; Dr. Wenzel hat dort mᴅlgədsauəršə (f.) gehört. Sie werden nur noch in der älteren Generation gebraucht, die Kinder sagen Maikäfer.

Die übrigen Orte des nördlichen Dillkreises haben andere Be= zeichnungen und zwar meist Maitier, Maiklette und Maikäfer.

Im benachbarten Wittgenstein kommt Molkenzauberer nach Dr. Weiershausen nicht vor, auch nicht im Kreise Wetzlar (nach Dr. Wenzel). Die Arbeit von Heinzerling [16]) kennt unser Wort ebenfalls nicht. Warum es gerade in dem NW=zipfel des Dill= kreises erhalten blieb, wie es da überhaupt entstanden ist, das läßt sich noch nicht oder nicht mehr sagen.

---

sich zahlreiche Beispiele. So gehen die Namen für Frosch, Kröte, Molch, Feuer= salamander, Eidechse in weiten Strichen der Provinz wild durcheinander, klare Scheidungen sind nicht zu geben. Über die Übertragung von Namen des Maikäfers auf den Schmetterling vgl. auch Hartwig a. a. O. Das Um= gekehrte findet sich auf der Karte des Wbs. öfter. Es unterliegt mir keinem Zweifel, daß der Aberglaube auch hier ursprünglich an den Schmetterlingen gehangen hat. In Langenaubach (Dillkr.) heißt der Schmetterling Schweizer. Wenn der Name, wie ich vermuten möchte, von dem Milchschweizer, Kuh= schweizer ausgeht, der wohl mal Milch für sich unterschlägt, so wäre hier in unmittelbarer Nähe der Molkezauberer=Belege der Glauben für den Schmetter= ling festgestellt.

[14]) Die Form mit -k- stammt von einem eingeborenen Seminaristen aus dem Jahre 1914, die Form mit -d- ist vom heutigen Lehrer auf Anfrage be= stätigt worden. Die letztere wird wohl nicht mehr recht verstanden; ebensowenig wie die folgenden — zausche— Formen.

[15]) In Niederscheld wird das Wort auch als Neutrum gebraucht; ein weiterer Beweis dafür, daß es nicht mehr verstanden wird. Es wird damit als Diminutivum angesehen.

[16]) Die Namen der wirbellosen Tiere in der siegerländer Mundart. Progr. Siegen 1879.

Zum

"Deutschen Sprachatlas",

"Deutschen Wortatlas",

"Atlas der deutschen Volkskunde"

„Lebensbilder aus Kurhessen und Waldeck",
Bd. I, hrsg. von Bibliotheksrätin Dr. J. Schnack. Marburg 1939.

Georg Wenker (1852—1911) / Oberbibliothekar, Begründer des Deutschen Sprachatlas

Das Rheinland ist die Heimat Georg Wenkers. In Düsseldorf wurde er am 25. 2. 1852 als Sohn des Buchbinders und Kunst= händlers Johann Gottfried Wenker und seiner Frau Wilhelmine geb. Petri (aus Dortmund) geboren.

Den Abschluß der Schulzeit unterbrach der Krieg 1870/71; der Primaner ließ es sich nicht nehmen, als Freiwilliger mitzukämpfen. Sein Studium begann er so erst im Sommer 1872 in Zürich. Es führte ihn nach Bonn weiter, wo neben anderen Usener und Simrock seine Lehrer waren, und schließlich nach Marburg. Die sprachlichen Studien, die ihn zu seinem Lebenswerk anregten, hat er bei Fer= dinand Justi in Marburg getrieben; ihm ist auch seine Arbeit „Ueber die Verschiebung des Stammsilbenauslautes im Germanischen" ge= widmet, mit der er sich am 20. 7. 1876 merkwürdigerweise in Tü= bingen den Doktorhut erwarb.

Zu dieser Untersuchung zog Wenker auch die Mundarten heran, die er persönlich beobachtete und aufzeichnete, natürlich in Auswahl und in bestimmter Begrenzung; denn die damaligen Darstellungen und Karten der Mundarten hatten sich als sehr unzureichend er= wiesen. Aus diesen ersten Bemühungen um die westdeutschen Mund= arten erwuchsen allmählich Gedanken und Ueberlegungen, wie der schlechten Mundartkenntnis seiner Zeit aufzuhelfen sei. Schon im März 1876 hatte er einen Fragebogen von 42 kleinen volksmäßigen Sätzchen fertig, den er an die rheinischen Schulen versandte. Er wollte „eine genaue Dialektkarte der nördlichen Hälfte der Rheinpro=

vinz herausgeben." Da die direkte Befragung über die Kraft eines
Einzelnen ging, hatte er sich zur indirekten Fragebogenmethode ent-
schlossen. Am 5. 4. 1876 wanderte der erste Bogen hinaus; bald waren
1266 Antworten zurück. Als erste Frucht ging aus ihnen das
Schriftchen „Das Rheinische Platt" hervor, das in volkstümlicher
Form neue Ergebnisse schon ankündigte. Diese ermutigten zur
Ausdehnung des Arbeitsplanes auf Westfalen. Männer wie die Professoren Crecelius, Bartsch, Frensdorff, von der Ropp stärkten
ihm dabei den Rücken, machten den damaligen preußischen Minister
Falk auf das Werk aufmerksam. Die Sätze wurden durchgearbeitet
und auf 38 verkürzt. Am 1. 10. 1877 siedelte Wenker von Bonn
nach Marburg über und erhielt hier zum 1. 10. 1878 eine Stelle
als Hilfsarbeiter an der Universitätsbibliothek. Am 20. 12. 1878
hatte er in emsiger Arbeit schon den „Sprachatlas der Rheinprovinz
nördlich der Mosel sowie des Kreises Siegen" in zwei handgezeichneten Stücken fertig.

Der Atlas zeigte soviel Neues, daß der preußische Kultusminister
auf Grund eines günstigen Gutachtens der Akademie der Wissenschaften sich seiner annahm und ihm weiterhalf. Alle norddeutschen
Staaten sollten nun einbezogen werden. Mit Feuereifer stürzte sich
Wenker in die riesige Arbeit des Sichtens, Ordnens und Verarbei-
tens der 25 600 Antworten, die bis 1880 eingelaufen waren. In
einem großen Atlas, der in 13 Stücken erscheinen sollte, wollte er
seine Stoffe der Forschung zugänglich machen. Karl Trübner, der
große Straßburger Verleger, gewährte ihm großzügig Hilfe. Oktober
1881 erschien die erste Lieferung des „Sprachatlas von Nord- und
Mitteldeutschland". Aber eine Ueberprüfung des Riesenstoffes zeigte,
daß Wenker sich zuviel zugemutet hatte. Neben der die beste Ar-
beitszeit beanspruchenden Bibliothektätigkeit war der Sprachatlas
nicht ohne Hilfskräfte zu schaffen. Hoffnungen auf Hilfe zerschlugen
sich, besonders die Geldsorgen wurden drückend. Erst der neue
Ministerialdirektor Althoff brachte etwas Erleichterung, sodaß Constantin Nörrenberg als erster Hilfsarbeiter berufen werden konnte.
Der März 1885 brachte in all dem Hin und Her einen Zusammen-
bruch des überarbeiteten Gelehrten. In einer Eingabe an die Akademie im Mai 1885 machte er neue durchdachte Vorschläge, fand
aber schroffe Ablehnung, die ihn wieder darniederwarf. Der Kreis
um Wilhelm Braune, Hermann Paul, Friedrich Kluge und Otto
Behaghel hat das Verdienst, Wenker und seinem großen Werk
neue Wege aus der Not gezeigt zu haben. Er veranlaßte eine Eingabe an den Reichskanzler von Bismarck, die den Erfolg hatte,
daß nun die Forderungen Wenkers Gehör fanden. Er selbst wurde
gesichert, erhielt zwei Mitarbeiter, mußte allerdings das große Opfer

bringen, daß er auf alle Rechte an dem mühsam zusammengebrachten Stoff verzichtete, dem Staate sogar das Autorrecht abtrat. Wenn man heute die Kleinlichkeit der damaligen Berater des Ministeriums nicht mehr versteht, so leuchtet um so mehr die bedingungslose Hingabe Georg Wenkers an sein Werk hervor, das nur er wohl in seiner ganzen Größe und Bedeutung für die Zukunft fühlen und ermessen konnte.

Von 1887 an lief die Arbeit Wenkers dann in ruhigem Gleichmaß dahin. Emil Maurmann und Ferdinand Wrede traten als Mitarbeiter ein. In jedem Jahr wanderten eine große Zahl fertiger Karten zur Staatsbibliothek in Berlin. Süddeutschland ward dazu genommen, leider nicht auch, wie ursprünglich vorgesehen war, Oesterreich und die Schweiz.

Ein tragisches Geschick hat es gefügt, daß Wenker nicht mehr die Veröffentlichung seines Werkes erleben konnte. Als er im Juni 1911 Verhandlungen darüber im Ministerium glücklich abgeschlossen hatte, da raffte ihn am 17. 7. 1911 der unerbittliche Tod dahin, ehe er die Früchte seines heißen Mühens pflücken konnte.

Sein Werk aber lebt. Noch zu seinen Lebzeiten hatte sein Mitarbeiter und Nachfolger Ferdinand Wrede aus den Karten neue methodische Erkenntnisse gewonnen, die als „dialektgeographische Arbeitsweise" die Mundartforschung aus Erstarrung und Stillstand lösen sollten, ihr eine ganz eigenartige Bedeutung für alle Gebiete der Kulturerforschung zuwiesen. Nach Jahren des Kampfes gegen bisherige Schulmeinungen hat der Deutsche Sprachatlas den Mundarten die gebührende Stellung in der Volksforschung zurückerobert, in der seit 1927 einsetzenden Veröffentlichung den weitesten Kreisen die Karten Georg Wenkers zugänglich gemacht. Die Lücken des Sammelplanes in der Ostmark, im Sudetenlande und in der Schweiz wurden geschlossen.

Das große Opfer Georg Wenkers hat seinen Lohn erhalten: sein Werk ist als Volkswerk anerkannt drinnen und draußen. Ueber sein Ahnen hinaus wirkt es in unsere Zeit, in unser Volk hinein. Sein Name aber leuchtet als der eines tapferen Kämpfers für die Sache der Sprache des deutschen Volkes allen voran, die daran arbeiten, die schöpferischen Kräfte des Volkes zu erkennen und nutzbar zu machen.

Schrifttum:

Georg Wenker: Ueber die Verschiebung des Stammsilbenauslautes im Germanischen. Diss. Tübingen 1877.
Ders.: Das Rheinische Platt. Düsseldorf 1877. Neudruck in Band VIII der Deutschen Dialektgeographie. 1915.

Derf.: Sprachatlas von Nord- und Mitteldeutschland 1. Lieferung. Straßburg 1881 mit Textheft. [Auf Verlangen des Ministeriums eingezogen.]

Derf.: Sprachatlas des Deutschen Reiches. [Karten in zweifacher Ausführung. Je ein Stück befindet sich in der Staatsbibliothek Berlin und im Sprachatlas, Marburg, Lahn.]

Ferdinand Wrede: Georg Wenker † in: Deutsche Dialektgeographie V, S. VII—IX.

Bernhard Martin: Georg Wenkers Kampf um seinen Sprachatlas (1875 bis 1889). Mit 4 Tafeln in: Von Wenker zu Wrede. Deutsche Dialektgeographie XXI, S. 1—37.

Ferdinand Wrede

* 15. 7. 1863   † 19. 2. 1934

Die Lüneburger Heide ist der Lebensraum des Geschlechtes Wrede gewesen. In Langlingen (Krs. Celle) war der Großvater Ferdinand Wredes Lehrer und Organist. Wenn der Vater auch nach Spandau, wo Ferdinand geboren wurde, verschlagen wurde und später in Frankfurt an der Oder als Musikdirektor und Kantor wirkte, so blieb die Familie doch dem Ursprungsraum besonders innig verbunden. Fast alle Sommerferien verbrachte das Kind bei der Großmutter in Langlingen, und dieser Sommeraufenthalt an der Aller wurde für die junge Familie Wrede Regel und wurde bis ins Alter festgehalten. Man darf wohl annehmen, daß in diesem Bereich eine innige Vertrautheit nicht nur mit der Landschaft, sondern auch mit den Menschen und allen ihren Lebensäußerungen, besonders auch ihrer Sprache, erwuchs, die den Boden bereiten half für die spätere Lebensarbeit Wredes an den deutschen Mundarten.

In Frankfurt a. O. besuchte Wrede das Gymnasium alten Stils, in dem die klassischen Sprachen mit besonderer Vertiefung gelehrt wurden und die Erziehungsideale des Humanismus im Mittelpunkt standen. Auch dieses Lebenselement hielt Wrede fest. In den späteren Kämpfen um die Erhaltung dieses Schultyps stand er mit an der Front; er trat immer dem einseitigen Purismus mancher Deutschtümler scharf entgegen, weil er die innige Verflechtung der antiken und deutschen Kulturideale bejahte. Nach dem Abitur (September 1881) bezog er die Universität Berlin. Hier wirkten damals Gelehrte von hohem Rang: Theodor MOMMSEN, Georg CURTIUS, Karl MÜLLENHOFF, Heinrich KIEPERT, August MEITZEN, Johannes SCHMIDT und Wilhelm SCHERER. Dem letzteren schloß sich Wrede sofort enger an; er hat immer wieder davon erzählt, wie ihn die hinreißend feurige Art dieses Gelehrten in ihren Bann gezogen hatte, wie besonders die klare, sorgfältige Vortragsart ihn anregte. Unter Scherers Obhut, er hat ihn immer als s e i n e n Lehrer angesehen, entstand die Doktorschrift „Über die Sprache der Wandalen", mit der er am 3. 11. 1884 promovierte. Scherer hat wohl auch die Verbindung von Wenker zu Wrede hergestellt. Denn bei den schwierigen, lange dauernden Verhandlungen Wenkers, bei denen es um die staatliche Unterstützung und Festigung des Sprachatlas-Unternehmens ging, hatte Wilhelm Scherer immer wohlwollend Wenker beigestanden. Dadurch war auch Wenker zu dem bedeutenden Manne in ein echtes Vertrauensverhältnis gekommen. Das äußert sich darin, daß Wenker ihn und Johannes Schmidt wegen einer Habilitation befragt (April—Mai 1885), daß er Scherer die Entschließung der Gießener Philologenversammlung vom 1. 10. 1885 zuerst mitteilt, die zur Übernahme des Werkes in die staatliche Obhut Preußens und des Reiches, die im Frühjahr stattfand, das Entscheidende beitrug.

Schon 1884 hatte Wenker eine Hilfskraft zugebilligt bekommen; die erste war der Rheinländer Constantin NOERRENBERG. Als dieser am 1. 4. 1886 zur

Bibliothek überging, trat der Schwabe Friedrich Kauffmann (* 1863) an seine Stelle. 1887 kamen Emil Maurmann und Ferdinand Wrede hinzu. Es galt, die Anerkennung des Sprachatlaswerkes Georg Wenkers gegenüber der Gelehrtenwelt und der Öffentlichkeit zu bewähren. Die gewaltigen Stoffmassen der Mundarten mußten in ruhiger, stetiger Arbeit auf die Karten gebannt werden und dann ihre Wirkung auf die Arbeit an der deutschen Sprache überhaupt ausüben. Die erste Karte, die auf der neuen Grundkarte 1 : 1 000 000 aufgetragen wurde, behandelte das Zahlwort 'sechs' und trug das Datum vom 13. 9. 1889.

In Marburg bestand damals ein Privatdozentenkreis, der im Freidhof gemeinsam aß. Von ihm hat Wrede, der ein fröhliches Mitglied war, viel Anregung erfahren; manche Lebensfreundschaft kam hier zustande. Dazu gehörten der klassische Philologe, Religionsgeschichtler und Volkskundler Albrecht Dieterich, der Theologe Adolph Link (sein späterer Schwager), der Jurist Reinhard Frank, der Geologe Brauns.

Später wurden ihm Freunde die Theologen Johannes Baner und Adolf Jülicher, der Archivar Friedrich Küch, der klassische Philologe Ernst Maass, der Mathematiker Ernst Neumann, der Germanist Karl Helm. Man ging zusammen spazieren und traf sich in den fröhlichen, einfachen Gesellschaften. Außerhalb Marburgs traten in engere Beziehung zu Wrede Gustav Roethe, Wilhelm von Bode, Andreas Heussler u. a.

1890 habilitierte sich Wrede mit der Arbeit „Uber die Sprache der Ostgoten".

Georg Wenker hatte bei der Verstaatlichung seines Werkes auf eine baldige Drucklegung der Karten verzichten müssen. Unter den emsigen Händen der Arbeitsgruppe entstanden aber schnell viele Karten. Es erhob sich die Frage, wie der wartenden Gelehrtenwelt, die nur selten den Weg nach Marburg fand, wenigstens die Hauptergebnisse der Großbefragung der Mundarten zugänglich gemacht werden konnten. Nach reiflicher Überlegung übertrug Wenker dem jungen Dozenten Wrede die Aufgabe, in fortlaufenden „Berichten über G. Wenkers Sprachatlas des Deutschen Reiches" im Anzeiger für das deutsche Altertum diese Arbeit zu leisten. Der erste Bericht erschien im Band 18, 1892, S. 300—309, der letzte im Anzeiger 28, 1902, S. 160—174. Eine Fortsetzung war noch der Bericht „Die Diminutiva im Deutschen" im ersten Heft der „Deutschen Dialektgeographie", 1908; hier äußert sich Wrede selbst ausführlich über Notwendigkeit, Anlage und praktische Handhabung der Berichte überhaupt (S. 74 ff.).

Wrede hat diese Hilfsmittel selbst ein „notdürftiges Provisorium" genannt; er war aber von ihrer Notwendigkeit und ihrem Wert durchaus überzeugt. Geldmangel verhinderte die Beigabe einer guten Karte, die die gute Ausnutzung der Beschreibungen ermöglicht hätte. So mußte Wrede praktikable Vorschläge geben, wie die nötige Anschauung mit Pausen zu gewinnen sei. Immer wieder weist er darauf hin, daß die gründliche Durcharbeit der Einzelkarten erst zu richtigem Urteil über Sprachleben und Sprachgeschichte führen könne. Ihm selbst war es so ergangen. Bei jeder neuen Karte, die unter den Händen der Bearbeiter erwuchs, traten neue Einsichten, neue Probleme, aber auch neue Warnungen zutage, die ihm die große Bedeutung der Mundarten für die Gesamtproblematik des Sprachgeschehens aufzeigten.

Schon die großzügige Übersicht, die die Berichte darboten, sollte die Fachgenossen aus den Vorstellungen einer rein rationalen, konstruktiven Dogmatik heraus an das quellende Leben der Sprache heranführen. Zugleich aber sollten die wirklich Interessierten auch immer wieder aufgerüttelt werden mitzuhelfen, daß Mittel und Wege gefunden werden, das große Werk aus der Verborgenheit herauszulösen und den Druck endlich zu erreichen. Die Schwerfälligkeit des Gebrauchs hat viele davon abgehalten, sich der Berichte Wredes ernsthaft zu bedienen. Wer es aber tat, hat großen Gewinn davon gehabt; denn Wrede hatte sich im Laufe der Zeit eine erstaunliche Übersicht über die Gesamtprobleme der Mundarten verschafft, die bei Besprechungen immer wieder zutage kam. Die Berichte sind heute ein wichtiges Zeugnis dafür, wie schwer es zu erreichen war, das Leben der Mundarten und seine verschlungene Problematik in der damaligen Forschung zur Wirkung zu bringen.

1892 entstand auch der Aufsatz „Fuldisch und Hochfränkisch". Er greift die grundsätzlichen Fragen der Bestimmung alter Texte durch die heutigen Mundarten auf und gibt wertvolle methodische Hinweise. 1893 folgte die Arbeit „Hochfränkisch und Oberdeutsch". Sie sucht die schwierige Frage der Abgrenzung zwischen Mittel- und Oberdeutsch zu lösen.

Die neue Regsamkeit der Forschungsgruppe am Sprachatlas machte in diesen Jahren Aufsehen, rief aber — wie zu erwarten — Kritik auf den Plan. Es mußte unabweislich zu einer Aussprache über diese Fragen kommen, ob die von Wenker angewandte indirekte Fragemethode richtig sei, oder ob man die direkte Weise mit dem Hilfsmittel der inzwischen verfeinerten Phonetik vorziehen müsse.

Otto BREMER (Halle) stellte sich mit dem Buche „Beiträge zur Geographie der deutschen Mundarten in Form einer Kritik von Wenkers Sprachatlas des Deutschen Reiches" (1895) an die Spitze der Kritiker. Er sprach den Fragebogen Wenkers die Zuverlässigkeit ab und zwang so Wenker zu einer Antwort, um sein Werk zu retten. In dieser Gegenwehr „Der Sprachatlas des Deutschen Reichs. Dichtung und Wahrheit", die im gleichen Jahr herauskam, handelte Wrede „Über richtige Interpretation der Sprachatlaskarten" (S. 31—52). Es ergab sich, daß Wenker und Wrede sich wohl der Grenzen der Ausdeutung der Laienbefragung bewußt waren, sie zeigten aber, daß eine wohlabgewogene, vorsichtige Interpretation der Ort für Ort vorliegenden Zeugnisse an die wichtigsten Lauttatsachen heranführe, daß die dichte Bezeugung zugleich einen fast lückenlosen Vergleich mit den Ergebnissen der geschichtlichen und volkskundlichen Kartenwerke zulasse, daß vor allem die Übersicht der räumlichen Lagerung der Spracherscheinungen der Forschung neue Anregungen gewähre.

Die Auseinandersetzung war im ganzen trotz mancher Schärfe fruchtbar und führte zu der Erkenntnis, daß beide Wege notwendig sind und sich bei der Fülle der Zeugnisse gegenseitig ergänzen müssen.

Für den Sprachatlas ergab sich daraus die Folgerung, daß Wrede und der Sprachatlas dazu übergingen, junge, phonetisch ausgebildete Forscher in kleinen Einzellandschaften anzusetzen, die deren sprachliches Werden und Sein exakt bearbeiteten und am Sprachatlas die Einordnung in größere Zusammenhänge fanden.

Wären die Karten Wenkers gedruckt worden, wäre ein breiteres Studium möglich gewesen, manche unnötige Kritik wäre wohl unterblieben. So mußten es Wenker und seine Mitarbeiter mit Bitterkeit erleben, daß Gilliérons „Atlas linguistique de la France", der auf phonetischen Aufnahmen in 639 Gemeinden Frankreichs beruht, 1903 vor dem Sprachatlas ans Licht der Öffentlichkeit kam und vor ihm Sinn und Wert der Dialektgeographie aller Welt dartat.

Die allmählich aus der Gemeinschaftsarbeit am Sprachatlas erwachsenden grundsätzlichen Lehren zur Mundartforschung suchte Wrede in weiteren Aufsätzen anzuwenden und weiterzuentwickeln.

1895 nahm Wrede „Zur Entstehung der nhd. Diphthonge" Stellung, prüfte an Hand der Sprachatlaskarten die Theorien Wilhelm Braunes (1874) und Konrad Burdachs (1893) und kam zu dem Ergebnis, daß die lautgesetzliche Erklärung aus Synkope und Apokope des -e- nur in den alten Stammlanden gelten könne, im Neulande (östlich der Elbe) müsse die Burdachsche Lehre von der Kulturströmung der Schriftsprache Platz greifen.

1901 erschien der Beitrag „Ethnographie und Dialektwissenschaft". Er setzt sich mit Otto Bremers „Ethnographie der germanischen Stämme" kritisch auseinander und weist nach, daß die Mundarten die dort vertretene Theorie von der starren Nachwirkung der alten Stämme und ihrer Grenzen bis in die Neuzeit nicht stützen. Zugleich werden die Fragen nach den gestaltenden Kräften zur Diskussion gestellt, die bei Gebietsveränderungen, bei Wandlungen im Wirtschaftsgefüge, bei Ausdehnung und Schrumpfung des Verkehrs wirksam werden. Wrede befand sich hier im Einklang mit Hermann Fischer und Karl Haag, die auf eigenen Wegen zu gleichen Erkenntnissen gekommen waren.

Unbeirrt führte Wrede den Kampf gegen die starre Dogmatik der Individuallinguistik weiter. In dem Aufsatz „Der Sprachatlas des Deutschen Reiches und die elsässische Dialektforschung" (1903) geht er von dem 1. Band des Martin Lienhartschen „Wörterbuch der elsässischen Mundarten" (1899) aus und sucht neue Wege zu bahnen für die Erkenntnis der besonderen Probleme des südwestdeutschen Grenzlande. Er erhärtet die Notwendigkeit, die Sprachmischung gerade hier zu beachten, sie an Hand der Orts- und Geschichtskenntnis sorgfältig zu überprüfen und sich nicht von allgemeinen Dogmen zu falschen Deutungen führen zu lassen: „Keine Laut- oder Worterklärung darf Laut oder Wort von seinem Entstehungsort losreißen, eine und dieselbe Laut- oder Wortform kann in verschiedenen Gegenden ganz verschiedene Ursachen oder Vorgeschichte haben. Das bedeutet anders ausgedrückt: Ist die Sprachwissenschaft im 19. Jahrhundert stark unter das Zeichen der Naturwissenschaft getreten, so möchte das Lebenswerk Wenkers sie wieder zurück zur Historie führen."

In den Gesamtentwicklungsgang gehören noch die beiden Aufsätze zur altsächsischen Bibeldichtung; sie melden den Ausspruch der Mundarten an, bei der Ermittlung der Heimat älterer Literaturwerke gehört zu werden.

Moritz Heyne hatte Wrede 1896 die Bearbeitung der Grammatik der 9. Auflage von Stamm-Heynes Ulfilas übertragen. Nach Heynes Tod (1906) übernahm er das ganze Werk, betreute es, emsig daran werkend, bis zur 13./14. Auflage 1920 und arbeitete es zu einem unentbehrlichen Hilfsmittel um. Hierdurch kam er in Berührung mit Adolf Jülicher, der den Versuch Wilhelm Streitbergs, Ulfilas gotischen Text mit einem griechischen konstruierten Text zu versehen, scharf abgelehnt hatte; das führte zu einer engen Freundschaft beider Gelehrter.

Ferdinand Wrede war ein trefflicher Lehrer. Seine Vorlesungen waren straff gegliedert, sorgsam ausgearbeitet und wirkungsvoll, lebendig vorgetragen.

Die angesetzten Themen wurden bis zu Ende gebracht, der Student hatte etwas davon. In den Übungen handhabe er eine feste Zucht. Wenn er soviel von seinen Zuhörern verlangte, so stellte er aber auch an sich höchste Anforderungen, arbeitete bis in die Nacht hinein; er haßte Geschwätz und Geschwafel.

Die stille, größte Hingabe verlangende Arbeit am Atlaswerk lief weiter und nahm die Hauptkräfte in Anspruch. Unablässig strebte Georg Wenker danach, endlich den Druck der Karten zu erreichen.

Das wurde im Juli 1911 errreicht. Aber ein unbarmherziges Schicksal beraubte Wenker der langersehnten Früchte seines Sorgens und Mühens: am 17. Juli 1911 erlag er einem tückischen Leiden.

Nach einem Jahr (am 29. 7. 1912) entschied sich das Preußische Kultusministerium, Ferdinand Wrede mit der Nachfolge Wenkers zu betrauen, da er sich durch seine Schriften ausgewiesen hatte.

Auf Aufforderung des Schriftführers der Preußischen Akademie in Berlin, Gustav Roethe, übernahm Wrede 1911/1912 die Aufgabe, ein Mundartenwörterbuch für Hessen und Nassau zu erarbeiten. Es gelang auch, das damals hessen-darmstädtische Oberhessen einzubeziehen. In zahlreichen Vorträgen und durch zwei Werbeschriften bereitete er den Boden; nach zwei Jahren, in denen er selbst als „Wanderprediger" herumreiste, war schon eine Ernte von über 50 000 Zetteln für das Wörterbucharchiv eingebracht. In einem Vortrag von 1918 klagt er darüber, daß er von den Stockhessen und -nassauern angegriffen wurde, weil er kein Hesse oder Nassauer sei. Die Finanzierung des Unternehmens war schwierig, weil die Mittel aus sechs Quellen flossen: Akademie, Regierung Kassel, Wiesbaden, Universität Marburg und Gießen. Auch der Vortrag „Hessische Dialektforschung und die Fuldische Sprachlandschaft" (1923) diente dem Wörterbuch. Die emsige Arbeit, zu der sich Wrede Luise Berthold, Anneliese Bretschneider, Wilhelm Kroh als Mitarbeiter heranholte, erreichte, daß 1926/1927 die erste Lieferung des Hessen-Nassauischen Volkswörterbuchs dargeboten werden konnte, die Luise Berthold sorgsam und vorbildlich bearbeitet hatte. Sie hat es heute das Werk zu einem Musterwerk ausgestaltet.

Wredes Interesse für volkskundliche Zusammenhänge, das durch Albrecht Dieterich geweckt war und zu einer dauernden Zusammenarbeit mit der Hessischen Vereinigung für Volkskunde in Gießen geführt hatte, erhielt durch das Wörterbuch neuen Auftrieb. 1896 schon hielt er vor der Gesamtuniversität einen Vortrag über „Das deutsche Märchen". In dem Aufsatz „Mundartenforschung und Volkskunde" (1921) forderte er eindringlich eine Abkehr von romantischer Sentimentalität und eine Übertragung der dialektgeographischen und historischen Arbeitsweise auf den Gesamtbereich der Volkskunde. Wie Luise Berthold in ihrem Nachruf auf Wrede (Hess. Bll. f. Vkde 32, 1933) nachweist, ist Wrede dadurch einer der Wegbereiter des Atlas der Deutschen Volkskunde geworden, dem er bei seiner Gründung auch seine wertvollen technischen und grundsätzlichen Erfahrungen und Kenntnisse stets zur Verfügung stellte.

1914 übernahm Wrede auch die Weiterführung der verdienstlichen Bibliographie der deutschen Mundartforschung und -dichtung, die Ferdinand Mentz 1892 begonnen und bis 1906 geleistet hatte. Sie wurde bis 1926 fortgesetzt, ist leider seitdem ins Stocken geraten.

Besonders anregend wirkte Wrede mit dem Aufsatz „Zur Entwicklungsgeschichte der deutschen Mundartenforschung" (1919).

Er versucht eine Übersicht über die Arbeit an den deutschen Mundarten seit
Johann Andreas SCHMELLER zu geben und findet drei Epochen heraus:
1. die statistische,
2. die phonetische,
3. die dialektgeographische,
deren Berechtigung, Aufbau und gegenseitige Befruchtung klar hervorgehoben wurden. Besonders wichtig erscheinen die Hinweise auf die Notwendigkeit einer mundartlichen Wortgeographie und auf die Beachtung der
Kompromißbildungen und der Sprachmischung. Hier finden sich auch die Anfänge seiner späteren Vorstellungen von der Zweiteilung des Westgermanischen
in Ingwäonisch (Friesisch und Angelsächsisch) und Deutsch, die er 1924 in dem
Aufsatz „Ingwäonisch und Westgermanisch" ausgeführt vorlegte.

Lange hat Wrede gerade an diesem Aufsatz gearbeitet und immer wieder
gefeilt. Die tiefe Einsicht in die Schwierigkeiten der Mundartforschung ließen
immer Zweifel und Bedenken aufkommen; ich weiß noch recht gut, wie die
Arbeitsgemeinschaft am Sprachatlas mit ihm darum gerungen hat, den Aufsatz
endlich zu veröffentlichen.

Man weiß, wie Wredes Thesen eine fruchtbare Diskussion ausgelöst haben,
wie Kritik und Zustimmung darauf folgten. Die Vertreter älterer Vorstellungen vom Werden der deutschen Mundartlandschaften wurden gezwungen,
diese ernsthaft zu überprüfen. Die Erörterung ist noch im Gange.

Den besonderen Fragen der Sprachmischung hat Wrede immer besondere
Aufmerksamkeit gewidmet. Das zeigen die beiden Arbeiten über das auffällige
schwäbische *milk* (1921) und „Sprachliche Adoptivformen" (1924).

Zur 400-Jahrfeier der Marburger Universität 1927 war es gelungen, neben
der ersten Lieferung des Hessen-Nassauischen Volkswörterbuchs auch die
1. des Deutschen Sprachatlas (DSA) vorzulegen, d. h. endlich den Druck des
Sprachatlas des Deutschen Reichs von Georg Wenker nach jahrzehntelangen
Kämpfen und Sorgen zu beginnen. Das war der Höhepunkt in Wredes reichem
Arbeitsleben. Bis zu seinem Tode hat er seine tiefgehende Kenntnis des
Kartenwerks und seine Einsicht in die vielschichtige Problematik auf die
Bearbeitung einwirken lassen.

Sein letzter Aufsatz erschien 1931: „Übersetzungswörter", in dem seine
echte Verbindung zur Antike noch einmal aufleuchtete.

Von dem Eindruck, den Wredes gerade, offene Art auf Fernerstehende
machte, mag ein Stück aus der Rede von Prof. Hans VON SODEN zeugen, die
er bei der Trauerfeier 1934 hielt: „Wrede war in dieser strengen Bindung an
sein Werk und Amt kein lebensfremder Gelehrter und trockner Spezialist mit
unfruchtbarem Menschentum. Er stand bewußt in seinem deutschen Volk und
zu ihm im Sinne des nationalen Geistes seiner Jugendzeit. Wohl kein eigentlich
politischer Mensch, blieb er diesen Idealen treu, umgewandelt in einer Zeit
größter politischer Wandlungen. Vom Vater her musikalisch gut begabt und
gebildet, hat er der holden Kunst, dem Gegenpol aller Empirie und Ratio-
nalität Zeit seines Lebens dankbar gedient und gern gelauscht. Auch die Muse
der Dichtkunst hat ihn still begleitet, und ein unversieglicher Humor hat ihm
und anderen gern gelacht, hat Schärfen gemildert, Bitternisse gelöst. Für seine

Familie hatte der restlos Fleißige immer Zeit; seine Kinder, seine Verwandten und seine näheren Freunde wissen, wie er ihrer Lebensführung mit steter Teilnahme und ihren Sorgen mit aufgeschlossenem Interesse folgte. Sie wissen auch, wie innig er seiner Gattin, der treuen Genossin seines Kämpfens, verbunden war, die ihm erst vor kurzer Zeit aus schwerer Sorge um ihre Gesundheit neu geschenkt wurde und die ihm nun die letzte und größte Liebe zu erteilen berufen ist, die alte Lebenskameraden einander erweisen können: Den anderen vorangehen zu lassen und ihm das Opfer der eigenen Einsamkeit zu bringen."

Nur einige Worte seien dem hinzugefügt über Wredes Umgang mit seinen Mitarbeitern, Doktoranden und engeren Freunden. Er war ein unermüdlicher Arbeiter, schonte sich nie, wenn es um seine Lebensarbeit ging, erwartete das gleiche von ihnen. Im Dienst sah er auf strenge Pünktlichkeit und Arbeitsamkeit. Allen stand er großherzig auch in privaten Sorgen und Nöten bei. Seine unbedingte Hingabe an die große Aufgabe wußte er auf Mitarbeiter und Schüler zu übertragen. Man fühlte, daß er ein innerlich froher, hilfsbereiter Mensch war. Bezeichnend dafür ist, daß er außer Sonnabend und Sonntag jeden Tag von 15.00 bis 16.00 Uhr Sprechstunde abhielt. Im Sommer lud er die Doktoranden zu einem „Dialektschoppen" ein. Da stand ein Fäßchen guten Bieres im Zimmer, aus dem jeder selbst zapfen mußte. In frohem Gespräch blieb man zwei Stunden beisammen, sprach von seiner Arbeit, von den Sackgassen, in die man geraten, und fand vielleicht einen Ausweg. Das war ein vorzügliches Mittel, die jungen Mitstrebenden aufzulockern und zu einer inneren Gemeinschaft zu führen. Ein besonderes Vertrauensverhältnis verband ihn mit Theodor FRINGS; er sah in ihm den wagemutigen, jungen Vorkämpfer der neuen Ideen, die vom Sprachatlas ausgingen, nahm an seinen Arbeiten regsten Anteil.

Für seine engeren Freunde tat Wrede alles, gegen Gegner seines Werkes konnte er einseitig und hart sein. Alle Besucher am Sprachatlas empfing er freundlich und gab ihnen alle Erkenntnisse in klaren Formulierungen preis; nur wenige gingen unbelehrt und ungewonnen von dannen.

Dieser aufrechte Mann hat es verdient, daß wir und die Nachwelt in Ehrfurcht seiner Lebensleistung aus dankbarem Herzen gedenken.

WORTFRAGEBOGEN

von

BERNHARD MARTIN

und

WALTHER MITZKA

Der „Deutsche Sprachatlas", seinerzeit von G. Wenker begonnen und von F. Wrede weitergeführt, hat die Antworten aus 53 000 Schulorten zur Grundlage, die von Lehrern mit ihren Schülern in der Deutschstunde verfaßt worden sind. Mit dem erneuten Dank der Wissenschaft an den deutschen Lehrer für diese großartige Hilfeleistung bitten wir Sie heute, als Ergänzung zu jenem Sprachstoff, durch geeignete Schüler aufschreiben zu lassen, wie man die in der folgenden Wörterliste aufgeführten Dinge und Tätigkeiten in der Mundart Ihres Ortes bezeichnet, es sei denn, daß der Lehrer als Einheimischer diese mundartliche Übertragung besorgen oder Einheimische hinzuziehen will.

Wir empfehlen einfache Schreibweise, wie sie für die Mundart dort landesüblich ist. Es ist der ernsthafte Gebrauch der Mundart gemeint, darum sollen Scherz-, Koje- und Spottnamen, etwa für die Handwerker, höchstens an zweiter Stelle eingetragen und als solche gekennzeichnet werden. Es kommt hier nicht auf feinste Unterschiede der Lautwiedergabe an. Bitte die Mundartwörter hinter die vorgedruckten Zahlen einzutragen, damit sie leicht zu finden sind. Durch gute Tinte und deutliche Schrift werden unsere Augen am besten geschont. Was eingeklammert ist, dient zur Erläuterung und soll nicht wörtlich in die Mundart übersetzt werden. Durch die Worte: wie heißt der Handwerker, der die Tonwaren herstellt, sollen hier solche Ausdrücke wie Töpfer, Euler, Pötter erfragt werden. Bei den letzten Nummern sind zugleich mehrere Wörter gefragt, die allesamt übertragen werden sollen, z. B. Nr. 190 voriges Jahr hat es viel Obst gegeben, dies Jahr wenig; da verwenden manche Mundarten für dies Jahr ein einziges Wort heuer. Bitte hinter jedem Hauptwort das Geschlecht, ob männlich, weiblich oder sächlich, mit (m), (w), (s) anzugeben.

Nur diejenigen Orte, aus denen die Bogen beantwortet zurückkommen, können im „Deutschen Sprachatlas" erscheinen. Wir sind für baldige Erledigung dankbar. Es soll nur dieser eine Fragebogen ausgesandt werden. In Schulorten, deren Bewohner auch nichtdeutsche Sprache oder keine deutsche Mundart haben, soll der Fragebogen in der ortsüblichen deutschen Umgangssprache, die mehr oder weniger der deutschen Schulsprache gleicht, beantwortet werden.

Das Reichserziehungsministerium hat die Versendung dieses Fragebogens genehmigt.

Marburg (Lahn).

Für den „Deutschen Sprachatlas"
W. Mitzka u. B. Martin.

Wie heißt in der Mundart des Ortes:

1. Ahorn (allgemein, nicht bes. Sorte). — 2. Ameise (die kleine Art). 3. Anemone (nemorosa). 4. Augenbraue. — 5. Augenlid. — 6. auswringen (mit der Hand Wäsche auspressen). — 7. Backenzahn. — 8. Backtrog. — 9. barfuß. 10. Bauchweh. — 11. sich beeilen (zum Bahnhof). — 12. Begräbnis. — 13. Beule (durch Schlag). — 14. es blitzt. — 15 Brennessel. — 16. Brombeere (Frucht). — 17. Brotscheibe (bestrichen). — 18. bügeln (Wäsche). — 19. Deichsel (beim Zweispänner). — 20. Distel (nicht bes. Sorte). — 21 Docht (der Lampe). — 22. Eichelhäher. — 23. Eigelb. — 24. Elster. — 25. Ente (männliche). — 26. Erdbeere (im Walde). — 27. sich erkälten. — 28. ernten (Kartoffeln). — 29. Euter (der Kuh). — 30. Euter (allgemein). — 31. fegen (Stube). — 32. Ferkel. — 33. Fledermaus. — 34. Fliege (Stuben-). — 35. Frosch (allgem.). — 36. Frühling. — 37. Gabeldeichsel (Einspänner). — 38. gackern. — 39. gähnen. — 40. Gans (männliche). — 41. Gans

(junge). — 42. Genick (des Menschen). — 43. Gießkanne. — 44. Glühwürmchen. — 45. Grasschwade (mit einem Sensenhieb umgelegt). — 46 Großmutter. — 47. Großvater. — 48. Grummet (zweiter Grasschnitt). — 49. Gurke. — 50. häufeln (die Kartoffeln). — 51. Hagebutte. — 52. Hahn, Henne. — 53. Handwerker, der Fässer anfertigt. — 54. Handwerker, der das Blech am Haus, z. B. die Dachrinne bearbeitet. — 55. Handwerker, der die Bauernwagen, vor allem die Räder anfertigt. — 56 Handwerker, der die Möbel anfertigt. — 57. Handwerker, der die Tonwaren anfertigt. — 58. Handwerker, der das Vieh schlachtet. — 59. . . . . . der das Fleisch verarbeitet (gilt derselbe Ausdruck wie für 58?). — 60. Hebamme. — 61. Heckenrose. — 62. heiser. — 63. Henne (brütende). — 64. Heuschrecke. — 65. Himbeere (Frucht). — 66. Holunder (Sambucus). — 67. Hügel (kleiner Berg). — 68. Hühnerauge. — 69. Hühnerhaus. — 70. Hummel (Insekt). — 71. Igel. — 72. Iltis. — 73. Käfer (allgem.). — 74. kämmen (Haare). — 75. Kätzchen (am Haselstrauch). — 76. Kalb (weiblich). — 77. Kamille (auf dem Felde). — 78. Kaninchen (zahmes). — 79. Kartoffel. — 80. Katze (männlich). — 81. Kaulquappe (Jugendform des Frosches). — 82. Kleiderhaken (z. aufhängen v. Kleidern). — 83. Kleiderschrank. — 84. kneifen (in den Arm). — 85. Knöchel (am Fuß). — 86. Knospe. — 87. Kopfweh. — 88. Kornblume (Cyanus). — 89. Kreisel (Kinderspielzeug). — 90. Kröte (allgem.). — 91 Kruste (des Brotes). — 92. Laken (für das Bett). — 93. Lamm (weibl.). — 94. Lappen (Wasch-). — 95. leer. — 96. leihen (Geld an jemanden). — 97. Lerche. — 98. Libelle (allgem.). — 99. Maiglöckchen (Convallaria). — 100. Larve des Maikäfers — 101. Margerite (Chrysanthemum leuc.). — 102. Maulwurf. — 103. Meerrettich. — 104. Mistkäfer. — 105. Mohrrübe. — 106. Motte (im Wollzeug). — 107. Mücke (Stech-, nicht bes. Art). — 108. Mütze. — 109. Muttterschwein. — 110. nachharken (Getreide mit großem Handrechen zusammenholen). — 111. Nachharke (das Handgerät dazu). — 112. Nachmittag. — 113. Narbe (einer Wunde). — 114. neugierig. — 115. nicht wahr? — 116. Ohrwurm. — 117. Ostern. — 118. Pate. — 119. Patin. — 120. Peitsche (des Wagenlenkers). — 121. pfeifen. — 122. Pflaume (nicht bes Sorte). — 123. pflügen. — 124. Pflugwende (Ackerstelle, an der beim Pflug gewendet wird). — 125. Pfropfen (für die Flasche). — 126. Pilz (allgem.). — 127. Platzregen. — 128. Preißelbeere (Vaccinium idaea vitis). — 129 Pulswärmer (aus Wolle). — 130. Wie ist der Ausdruck für: Unkraut mit der Hand ausziehen? — 131. Wie ist der Ausdruck für: Werkzeug zum Durchstechen des Leders? — 132. Wie ist der Ausdruck für: die Sense mit dem Hammer schärfen? — 133. Wie ist der Ausdruck für den letzten Wochentag vor dem Sonntag? — 134. Quecke (Triticum rep.). — 135. Rasen (Grasnarbe). — 136. rauchen (Tabak). — 137. Rauhreif. — 138. Regenwurm. — 139. Reisen (am Faß). — 140. Rinde (des Nadelbaumes). — 141. Rinde (des Laubbaumes, gilt derselbe Ausdruck?). — 142. Roggen. — 143. Rotkraut (Kohlart). — 144. Sahne (süße). — 145. Sauerklee (Oxalis). — 146. Sauerkraut. — 147. schelten. — 148. Schaufel (für Sand usw.). — 149. Schlüsselblume (Primula, allg.). — 150. Schneeglöckchen. — 151. Schnittlauch. — 152. Schnürband (am Schuh). — 153. Schnupfen. — 154. Schornsteinfeger. — 155. Schwalbe (allgem.). — 156 Schwengel (Zugholz für Stränge an der Deichsel). — 157. Schwiegermutter. — 158. Schwiegersohn. — 159. Schwiegertochter. — 160. Schwiegervater. — 161. Seil (aus Hanf). — 162. Sperling. — 163. Spinngewebe. — 164. Stachelbeere (Frucht). — 165. Star (Vogel). — 166. Stecknadel. — 167. Streichholz. — 168. stricken. — 169. Stricknadel. — 170. Tasse (Ober-, Unter-). — 171. Tauber (männl. Taube). — 172. Tomate. — 173. Topf (irdener). — 174. unfruchtbar (von der Kuh). — 175. Veilchen (Viola). — 176. veredeln (Obstbäume). — 177. Viehbremse. — 178. Wacholder (Juniperus). — 179. Wanze. — 180. Warze. — 181 wenden (das Heu). — 182. Werktag. — 183. wiederkäuen. — 184. wiehern. — 185. Wimper (Augen-). — 186. Zahnschmerzen. — 187. Zaunkönig. — 188. Ziege. — 189. er hat den Brief zerrissen. — 190. voriges Jahr hat es viel Obst gegeben, dies Jahr wenig. — 191. es hagelte vorgestern. — 192. er soll den Wagen ziehen. — 193. da war niemand zu sehen. — 194. erst gab es Tränen, dann weinte das Mädchen nicht mehr. — 195. Junge, halt den Mund, gehorche lieber. — 196. das Kind ist so klein, es braucht einen Sauger. — 197. den Schornstein fegen. — 198. im Nebel war keiner zu sehen. — 199. wir haben oft gewartet. — 200. zeigt mir doch den Weg zwischen den Häusern.

Die deutschen Mundarten als Volkssprache

I. Die Mundart
als Quellgrund deutscher Sprache überhaupt

I. Der Reichtum der Mundart

Die heutigen deutschen Mundarten werden in der Hauptsache von den Bauern und Arbeitern des Landes gesprochen. In den größeren Städten gibt es auch Mundartsprecher, die aus der näheren oder weiteren Umgebung stammen, ihre Heimatsprache aber nur im vertrauten Familienkreise oder im Verkehr mit Freunden aus der Heimat gebrauchen. Für diese alle ist sie das Symbol der Heimat überhaupt. Wenn sie Mundart sprechen, taucht das heimische Dorf mit all seinen Eigenarten und Heimlichkeiten vor ihrem inneren Auge auf. Die Heimat grüßt sie.

Dem Städter, der keine Mundart kennt, fallen beim Bauern vor allem die vielen Ausdrücke und Wörter auf, die der Schriftsprache fremd sind. Das kommt im wesentlichen daher, daß der Städter für viele Dinge des täglichen Lebens Sammelbegriffe gebraucht, die er durch Eigenschaftswörter oder Sätze erläutern kann. Der Bauer aber hat in seinem Arbeitskreis viel mehr Einzeldinge nötig. Diese unterscheidet er durch besondere Namen. So werden z. B. in der Mundart von Ober-ellenbach (Kreis Rotenburg/Hessen) die Begriffe Kalb, Rind, Kuh, Stier in folgender Weise unterschieden: *Kalb, Saugkalb, Meischen, Meisenkalb* (weibliches Kalb), *Ochsenkalb; Rindvieh* (allgemeiner Ausdruck),' *Rind* (Tier vom ersten Jahr bis zum Trächtigwerden), *Jahrsding* (einjähriges Rind), *Erstling* (zum erstenmal trächtiges Rind), *Kalbkuh* (die demnächst kalben wird), *Milchkuh* (die viel und gute Milch gibt), *Handkuh* (Fahrkuh links), *Nebenkuh* (Fahrkuh rechts), *Bleß, Bleßkopf* (mit weißem Fleck auf der Stirn), *Weißkopf* (ebenso), *Grätschel* (verkrüppeltes Tier), *Blauschnute* (Kuh mit blauem Maul, schlechte Handelsware); *Gemeindsochse* (Zuchttier), *Ochse* (verschnittenes Tier).

Alle diese Unterschiede sagen für den Bauern Wichtiges aus. Im Mittelpunkt steht die Zucht. Besonders begehrt ist das weibliche Kalb. Es hat deshalb zwei Namen, von denen der eine (*Meischen*) Kosename ist. Für den Handel sind die Bezeichnungen *Jahrsding, Erstling, Kalbkuh, Milchkuh, Handkuh, Nebenkuh, Ochse, Blauschnute* wichtig. Alle diese Unterschiede braucht der Städter in der Schriftsprache nicht zu kennen; der Bauer schafft sich für jede wichtige Sache ein besonderes Wort.

Einige andere Beispiele seien noch angereiht. Für w e i n e n kennt die Mundart von Rhoden/Waldeck elf Ausdrücke, die alle irgendwie fein unterschieden sind: *greinen* (allgemeiner Ausdruck), *hümmeln* (meist von Kindern), *jaunern* (stoßweises Weinen), *jilpern, knarren, knuttern, quarren, quieken, ningeln, jammern, bölken* (lautes Weinen); — für s c h e l t e n sechzehn Ausdrücke: *abdachteln, abkappen, abmucken, anbluffen, anbölken, andonnern, anhächen, anknurren, anpusten, anranzen, anschnauben, vornehmen, herkriegen, einkacheln, kämmen, schänden;* — für v e r h a u e n siebzehn Ausdrücke: *dreschen, schlagen, verwichsen, verkloppen, versohlen, durchgallern, durchhauen, durchwamschen, hauen, paasen, schnappen, wamschen, wichsen, einseifen, abbürsten, überlegen, um die Ohren schlagen;* — für r e g n e n zwölf Ausdrücke: *regnen, fieseln, mäulen, sickern* (alle fein regnen), *siepen* (tröpfeln), *pliestern, platschen, plätschern, pflastern, prasseln, schlackern, strullen* (alle stark regnen). Viele von diesen Ausdrücken zeigen, daß das Gemüt bei ihnen stark mitspielt.

Besonders Tiere und Pflanzen haben eine große Fülle von verschiedenen Namen aufzuweisen. So fanden sich im Kreise Wetzlar, der Ort für Ort untersucht wurde, für den Maikäfer elf Namen, für den Löwenzahn über dreißig (s. Karte 1), für den Siebenpunkt (*coccinella*) auf diesem kleinen Raum gar über vierzig.

Die Kartoffel, die ja erst vor 350 Jahren als botanische Seltenheit in Europa eingeführt wurde, sich aber seit 1780 etwa als Volksnahrungsmittel allmählich durchgesetzt hat, weist in den deutschen Mundarten bisher 43 verschiedene Namen auf. Dabei sind einzeln vorkommende Namen nicht einmal berücksichtigt. Gerade bei diesem Namen (*Erdapfel, Erdbirne, Erdbohne, Grundbirne, Bodenbirne, Knolle* u. a.) kann man deutlich erkennen, daß der deutsche Bauer die fremde Frucht mit deutschem Wort bezeichnen wollte.

Karte 2 führt die Bezeichnungen für „Bettstelle" anschaulich vor, Karte 3 die für „Pferd". Die erstere ist aus etwa 2500 Belegorten gewonnen, die letztere beruht auf 53000 Antworten des deutschen Sprachatlas.

Das Leben der Mundarten zeigt sich wie im Werden so auch im Vergehen von Wörtern. Da es besonders in älterer Zeit niemanden gegeben hat, der die Mundarten aufgezeichnet hätte, — die Gelehrten schrieben und sprachen lange lateinisch, die Volkssprache verachteten sie — so können wir den Vergang nur schlecht berechnen. Er muß aber groß gewesen sein, wie wir aus einem Vergleich des heutigen Bestandes mit dem Wortschatz älteren Stufen gut erschließen können. Vielfach ist nämlich das Aufkommen und Verschwinden von Wörtern mit der Einführung oder dem Aussterben von Sachen verbunden, zu denen die Wörter gehören. So erleben z. B. heute alle die Wörter, die mit Maschinen zu tun haben, ihren Frühling, alte, früher übliche Geräte treten zurück und mit ihnen schwinden ihre Namen und Bezeichnungen.

Früher wurde z. B. Häcksel für das Vieh mit der Schneidelade geschnitten, die mit der Hand oder dem Fuß mühsam betrieben werden mußte. Heute ist die moderne Futterschneidemaschine eingesetzt, die neuerdings sogar mit Motorenkraft ausgestattet ist. Viele Kinder kennen die Schneidelade nicht mehr. Bemerkenswert ist, daß die Mundart das Fremdwort *Maschine* ganz in ihr Bereich zieht, Mundartwörter zufügt; so gibt es in Waldeck die Formen *Meschiine, Meschuine* usw., *Säggemeschuinen, Mäggemeschuinen* (Säh-, Mäh-) usw. Durch die moderne Technik erhalten eine Menge von Wörtern zunächst als Fremdwörter, dann in die Mundart eingepaßt, Heimatrecht. Früher gab es nur Öllampen (in Waldeck z. B. *Ungellecht, Uolechlecht, Krööselen* genannt), zu ihnen gehörte als unentbehrliches Gerät die Lichtputzschere. Als das Petroleum aufkam, wurde all das durch die Petroleumlampen (in Waldeck z. B. *Steinöllicht, Stinkefettlicht* genannt) abgelöst. Heute ist durch die Kraftwerke überall das elektrische Licht im Vordringen; die alten Tran- und Öllichte sieht man nur noch in Museen und als Seltenheiten bei Sammlern und Liebhabern. Die alten Wörter verschwinden, weil die Sachen fehlen; die neuen Sachen und Namen setzen sich durch.

Natürlich geht die Mundart auch den umgekehrten Weg, wenn neues Sachgut auf sie eindringt. Sie überträgt alte Namen, die an eine bestimmte Sache gebunden sind, ohne Bedenken auf neue Dinge.

So ist der Name *Erdapfel*, der heute weithin für die aus Südamerika eingeführte Kartoffel gilt, in älterer Zeit für eine ganze Reihe anderer Früchte üblich gewesen und wird auch heute noch in einzelnen Mundarten für andere Früchte gebraucht.

In Waldeck heißt das Aufsatzbrett am Mistwagen *Flechte*, obwohl nichts mehr geflochten wird, sondern starke Bretter verwendet werden.

Wenn das Lehmstakenwerk des Fachwerkhauses *Wand* (das zu *winden* = drehen, flechten gehört) genannt wird, so ist das noch berechtigt, weil das Holzwerk im Gefach geflochten wurde und noch wird. Es wird aber auch auf die Mauer aus Backsteinen übertragen.

Die Schafhürden sind heute meist aus festen Latten gefügt; es gab aber eine Zeit, wo sie aus Reisern geflochten waren, wie ältere Bilder und Schilderungen beweisen. Aus dieser Zeit stammt der Name *Hürde*, der Flechtwerk bedeutet.

Auch durch dieses Verhalten bewahrt die Mundart wertvolle Zeugen alter Zustände.

Da die Mundart nur mündlich weitergegeben wird, ist sie ganz abhängig in Wortschatz, Satzbau usw. von den älteren Sprechern. Was sie vererben, bleibt leben. Oft kommen nun im täglichen Leben überkommene Ausdrücke gar nicht zur Anwendung, sie bleiben ruhen im Gedächtnis einiger Sprecher. Wenn man öfter Bauern ausfragt, kann man es immer wieder erleben, daß Leuten alte oder seltenere Ausdrücke auf einmal einfallen, oder daß sie in einer bestimmten Lage plötzlich das seltene Wort gebrauchen. Dieser ruhende Wortschatz ist den einzelnen Sprechern verschieden, so daß meist ein Wort doch an einer Stelle im Dorf lebendig bleibt. Vieles geht aber auch für immer verloren.

Der ganze Reichtum der Mundart zeugt von der quellenden Kraft der deutschen Mutterschicht. Sie läßt vergehen, was zum Tode reif ist, schafft aber dafür immer neues Sprachgut, indem sie sich allen Lebenslagen immer neu anpaßt, wählt und nimmt, was ihr gemäß ist. In dieser Schöpferkraft liegt ein Schatz beschlossen, der nicht vergraben werden darf, wie manche wollen, sondern gerade in unserer Zeit zum Nutzen des ganzen Volkes gehoben und verwertet werden muß.

2. Die Mundart ist anschaulich

Wenn man mit Ausländern spricht, die nach Deutschland kommen, um die deutsche Sprache zu lernen, so hört man vielfach die bewegliche Klage, daß die deutsche Sprache sehr schwer erlernbar sei und eigentlich nur noch vom Russischen in dieser Hinsicht überboten werde. Englisch lerne man am leichtesten, dann Französisch. Sucht man nach Gründen für diese Behauptungen, so wird einem immer gesagt, der riesige deutsche Wortschatz erschwere besonders das Erlernen. Übersichten haben wirklich ergeben, daß die Zahl der Wörter, die man zum gewandten Sprechen im Englischen braucht, klein ist, kleiner als im Französischen, sehr klein im Verhältnis zum Deutschen. Man führt das darauf zurück, daß der Engländer, um feine Geschäfte zu erleichtern, mit möglichst wenig Wörtern auszukommen verfuche; deshalb fei auch feine Sprache am weitesten verbreitet. Bei den Franzofen begünstigt Paris, der geistige, politische und wirtschaftliche Mittelpunkt Frankreichs, die Vorherrschaft des Parifer Hochfranzösisch. Die Parifer Akademie der Wissenschaften strebt nach einer Hochsprache, die von allem Mundartlichen frei ist. Auch in allen anderen Kulturfprachen zeigt sich eine Entwicklung zum nur Gedachten (Abstrakten), die die lebendige Anschauung, von der jede Sprache ausgegangen ist, in den Hintergrund drängt und verkümmern läßt. Wenn man früher eine Tageszeitung las, befonders folche, wo sich jüdifches Literatentum breit machte, mußte man staunen über die vielen Gedankendingwörter (Abstrakta) auf -ung, -nis, -heit, -keit, -ismus ufw., über die Häufung von Dingwörtern und als Dingwörter gebrauchter Nennformen, über die endlofen Schachtelfätze.

Man lefe etwa folgende Sätze aus 1925, die sich an Bauern wenden: „Versicherung, Reparatur und Überwachung landwirtschaftlicher Maschinen. — Im Gegenfatz zu den in neuerer Zeit mehr und mehr hervorgetretenen, nunmehr mit Hilfe des Reichsernährungsministeriums, des Preußifchen Landwirtschaftsministeriums und verschiedener Korporationen in die Tat umgefetzten Bestrebungen, die Überwachung der landwirtschaftlichen Maschinen, insbefondere der Motorpflüge, als einen in sich abgeschloffenen Faktor zur Hebung und Förderung der Mechanisierung der Landwirtschaft zur Wirkfamkeit zu bringen, erscheint es angebracht, im Intereffe der deutfchen Landwirtschaft darauf hinzuweisen, daß alle während des letzten Jahrzehntes nach diefer Richtung unternommenen Verfuche nur negative Erfolge gezeitigt haben, und daß mit Sicherheit auch die neuesten Aktionen auf diefem Gebiete zum Mißerfolge verurteilt fein werden, wenn man nicht die Urfachen der früheren Mißerfolge durch grundlegende Änderung der Organifationsprinzipien befeitigt. (Ein Satz!). Diefe grundlegenden Änderungen können nur in einer straffen Zufammenfaffung der drei in der Überschrift diefer Zeilen genannten Faktoren gefunden werden."

Oder diefe Sätze von 1924, die den bekannten Künstler Wilhelm Furtwängler feiern:

„Hier steigert sich das gegebene menschliche Effektiv zur mufikalifchen Potenz, deren Exponent ein fanatifcher dramatifcher Wille, ein geftraffter Drang nach dem abfoluten Ausdruck ist. Während im Mufizieren Nickifchs oft jener beraufchende, felbstgenießerifche Zug wirkfam wurde, der als suggestives Element jeglicher impreffionistifchen Kunstübung innewohnt, ist die Kunst Furtwänglers mit energetifcher Hoch-

spannung geladen, die aus absoluten Quellen gespeist scheint, die den
Selbstgenuß auslöscht zugunsten psychischer Aktivität und mit gestei-
gerter Gefühlsenergie das analytische dem synthetischen Moment
opfert."

Der einfache Bauer und Arbeiter verstand dies Zeitungsdeutsch einfach nicht, das rauschte an ihm vorbei, wie eine seltsam, etwas be-
ängstigend aufgeputzte Reiterschar, drang nicht in sein Inneres. Aber
wer heute auf die Volksgenossen wirken will in Rede und Schrift, muß
sich über den ersten Grundsatz volksmäßiger Sprache klar sein: Die
Volkssprache ist anschaulich, schlicht, vermeidet tunlichst Gedankendingwörter (wie etwa Ergebenheit, Begabung, Einfluß u.a.),
alles ist gegenständlich und wirklichkeitsnahe. Nicht das Be-
griffliche, das im Wesen der Schriftsprache liegt, ist bei ihr die Hauptsache, Wille und Gefühl treten stärker hervor.

Beispiele mögen das erhärten.

I. Gedankendingwörter werden durch Sätze wiedergegeben: Armut
— weil er arm ist; Hochmut — er trägt die Nase hoch; Undank — er
hat mir's nicht gedankt; Frühling — wenn es grün wird, wenn der
Kuckuck kreischt, wenn die Schwalben kommen (Siebenbürgen);
Liebe — weil er sie lieb hat, er geht mit ihr; Scham — er wird
feuerrot; Erstaunen — er macht große Augen; Heimweh — er
jammert, ein Laib Brot ist besser als ein Kuchen von über's Feld u. a.

Diese anschauliche Klarheit finden wir auch schon in den alten volks-
nahen Rechtsbüchern und Weistümern. Im Sachsenspiegel z. B. heißt
es: de erst to der Molen komet, de scal erst malen, wer zuerst zu der
Mühle kommt, der soll zuerst mahlen; swer des nachtis Korn stilt,
der verschuldet den galgen; stilt ers des tages, es gêt ime an den hals; swer
nachtis gehowen (gemähtes) gras oder gehowen holz stilt, das sal man
richten mit der Wid. Stilt her es des tages, es gêt zu hût (Haut) und
zu hâre (Haaren). Aus dem Weistum der Sieben Freien Hagen
(Schaumburg-Lippe), das bis in Jakob Grimms Zeiten noch galt,
sei folgende Frage mit Antwort angeführt: Ich frage weiter, wenn
einem seine Frau ins Kindelbette käme und wäre aus, daß er zu
herren dienste mühlensteine fahren sollte, wie er sich verhalten soll?
Wenn solches geschehen, und die botschaft würde ihm gebracht, so
soll er seine pferde ausstricken, und machen sich nach haus und thun
seiner frau was zu gute, damit sie ihm seinen jungen erben desto
besser aufbringen und säugen könne. Diese Sätze sind einprägsam und
jedem klar, Eigenschaften, die in der Zeit der mündlichen Weitergabe
der Gesetze unschätzbar waren, es aber auch heute noch sind.

Es ist nun durchaus nicht so, daß der Bauer keine Zusammenfassung zu Begriffen kennt, er ist nur sparsam damit. So nennt er den ganzen Hof Werk, Wesen, Hofreite, Hof usw.; Judenwerk ist ihm aller betrügerische Handel; Schatzwerk alles, was mit der Liebschaft zusammenhängt, Wiesenwerk der ganze Besitz an Wiesen usw.

2. An die Stelle blasser, einfacher Ausdrücke können anschauliche Vergleiche treten.

Beispiele: Er ist dick — *er lebt auch nicht vom Wind;* er ist geizig — *er zählt die Erbsen;* er ist gestorben — *er hat sich fortgemacht, hat die Schlappen stehen lassen;* er ist redegewandt — *er hat sein Maul bei sich;* er ist schwach — *er ist eine scheele (dünne) Metzelsuppe;* er ist taktlos — *er tappcht überallhin, wie die Mucke (Zuchtsau) im Judenhaus;* er ist sehr geschäftig — *er läuft sich den Talg von den Nieren;* der Acker liegt brach — *der Acker liegt müßig;* er ist überlang — *der ist so lang, der kann vom Gerüst, aus der Dachrinne essen oder trinken;* er ist nie satt — *wir wollen ihm einen Laib Brot um den Hals hängen;* schneid nicht auf! — *mach den Schimmel nicht schwarz!* er redet immer — *er kreischt wie eine Heime (Heimchen);* er lebt gut — *er hat ein Leben wie eine Schloßkatze;* er hat eine Rothaarige gefreit — *bei der braucht er kein Licht;* mit der kannst du dich sehen lassen — *die kannst du mit auf den Markt nehmen;* einem ordentlich einheizen — *einem den Leim warm machen;* einer, der nur das Gesicht wäscht — *er fegt auch nur den Marktplatz;* kichernd lachen — *ein Leiterchen lachen;* ein Mensch, der viel lacht ist in Hessen ein Lachengel, *Lächerling,* Lachfritz, *Lachgackel,* Lachgans, *Lachgeiß,* Lachgischwel, *Lachgickel,* Lachhannes, *Lachhöppel,* Lachkapper, *Lachkatze,* Lachkötze, *Lachkrustcher,* Lachkuller, *Lachmarie,* Lachmaschine, *Lachmaul,* Lachmichel, *Lachmiene,* Lachsauwel, *Lachtasche,* Lachtaube u. a. m.

3. Mit dieser Vorliebe für Vergleiche hängt die für Steigerungen, ja Übersteigerungen eng zusammen; es zeigt sich bei beiden das starke Vorwalten des Gefühles.

Beispiele: Schloßeweiß — *weiß wie Schloßen (Hagelkörner)* wird übersteigert zu *schleierschloßeweiß;* rabenschwarz: *kohlrabenschwarz, kesselkohlrabenschwarz; fuchswild: fuchsteufelswild; feuerrot: fuchsfeuerrot; blitzeblau: gritzegrau;* man beachte die Ansätze zum Stabreim; sehr kalt: *Hundekälte, Saukälte, Bärenkälte, Knochenkälte, Granatkälte;* sehr heiß: *Knorrenhitze, Kanonenhitze;* viel Geld: *Schweinegeld, Heidengeld, Sündengeld.*

4. Unzählige feste Sprichwörter und Formeln, die oft aus alter Zeit stammen und Quellen sind für manchen alten Brauch, erleichtern die

Unterhaltung wie Scheidemünzen den Geldverkehr. Da sie jedem bekannt sind, wie die Regeln der Sitte, sind sie sofort klar und durchsichtig. Das Gespräch wird allerdings dadurch oft umständlich und breit, gewinnt aber an Farbe und Ausdruckskraft. Nur einige wenige Beispiele, zu denen man die obigen nehme, seien noch angereiht.

Der eine lädt, der andere schießt — der wahre Anstifter sitzt im Hintergrund; *der läßt nichts liegen wie Mühlsteine und glühend Eisen* — viel laden und gasten macht ledige Kasten — viel einladen und Gäste haben kostet viel Geld; *das Maul borgt nicht* — er will befriedigt sein; *wer kein Mensch (Mädchen) hat, läßt sich eins backen; der gibt keine Milch* — schweigt sich aus; *wer die Morgenstunde verpaßt, hat den ganzen Tag seine Last; es geht ein Wind, daß zwei Mann an einer Kappe zu halten haben; ein Mantel und eine Kuh decken alle Armut zu.*

Bemerkenswert sind besonders die im Niederdeutschen und Mitteldeutschen vorkommenden Beispielswörter: *de Masse murres bringen, hat die Äppelfraa gesaat, dou hat se de Äppel innern (untern) Iekaafspreis verkaaft; sehen will ichs, hat der Blinde gesagt, wie der Lahme laufen kann; dat härr ick nich dacht, säd de Bur, dor feel he von Wagen; de Saak is nich to trugen! säd de Jung, Vader, legg ierst den Stock daal!* Der Sache ist nicht zu trauen, sagt der Junge, Vater, leg erst den Stock hin; *Dat Kruut kenn ik! säd de Düwel un sett sik mang de Brennetteln* (Brennesseln).

5. Eine Eigenart der Volkssprache ist es auch, daß sie Verkleinerungen anwendet, wo die Schriftsprache sie nicht kennt oder gar komisch findet. Die alte Herkunft der Verkleinerungssilben aus dem Gefühl, dem Kosenden, kommt dabei schön zutage. Die Verkleinerung dient also nicht zur Minderung, sondern zur Wertsteigerung. Wenn der Bauer in Oberellenbach/Hessen seinen schweren Ackerpflug etwa *hübsches Ackerpflügchen* nennt, so zeigt sich darin die innige Verwachsenheit mit dem so notwendigen Gerät, die Freude an der Arbeit mit ihrer unmittelbar anschaulich; ähnlich ist es mit dem *feinen Füderchen Weizen,* das zwei Pferde gerade in die Scheune gefahren haben. Eine waldeckische Mutter hörte ich zu ihrem Säugling sagen „*miin lewe Schittläppken*" — mein liebes Dreckläppchen; man muß die große Innigkeit gehört haben, um den Ausdruck nicht komisch oder lächerlich zu finden. Hessische Mütter sagen ähnlich „*min läiwe Mißgebirtche*" (Mißgeburt).

Bekannt ist die Vorliebe der Mecklenburger für ihre Verkleinerungssilbe — ing, das überall angesetzt werden kann: *Jöching* — Jochen; *Kindelbirsvatting* — Kindtaufsväterchen; *Beining* — Beinchen; *duking* — Verkleinerung von du; *Enning* — das Endchen; *Wising* —

Luischen; *soking, söking* — Verkleinerung von so. Diese Beispiele
sind aus Fritz Reuter entnommen. Auch die Schwaben wenden gerne
Verkleinerungen an; bei ihnen gibt es das *Bähnle, Täschle, Hütle* usw.
Ihr Volkslied ist daran zu erkennen.

3. Die Mundart ist unbekümmert, ungebunden, beweglich

Weil die Mundart keinen starren Gesetzen unterliegt, nicht von den
Gelehrten dauernd überwacht und zurechtgerückt werden kann wie
die Schriftsprache, ist sie auch ungebunden, schaltet unbekümmert (nicht
willkürlich) mit dem ihr anvertrauten Gut. Daraus ergibt sich ein neues
Bild bewegten Lebens.

Während die Laute der Schriftsprache festliegen, sind die der Mundart ständiger Umformung unterworfen, weil sie mündlich weitergegeben
werden. Diese Veränderungen gingen in früheren Zeiten langsamer
vor sich, weil alle die heutigen Mittel der Schriftsprache, Buch, Zeitung,
Rundfunk usw., nicht so stark oder gar nicht wirksam waren.

Ein Beispiel aus den Karten des Deutschen Sprachatlas möge für
viele sprechen. Die Worte *wachsen, Ochse, sechs* zeigen in der Aussprache
des Schriftdeutschen alle *-ks-*. Das Schriftbild gibt den ursprünglich
vorhandenen Laut wieder. Dieser hat sich nun in den nieder- und mitteldeutschen Mundarten zu *-ss-* entwickelt, indem das *-ch-* verklingt:
wassen, Osse, sess, in den oberdeutschen Mundarten zu *-ks-* verhärtet.
Wie eine geschichtliche Untersuchung lehrt, ist *-ks-* unter dem Einfluß
der Schriftsprache vom Süden her im Vordringen. Dies geschieht aber
nicht so, wie Karte 4 für Hessen zeigt, daß alle Wörter gemeinsam ihre
Front verändern, sondern jedes geht für sich. So kommt es zu dem
erstaunlichen Bilde, daß es Gebiete gibt, die *wassen, Osse, sechs* oder
wassen, Ochse, sechs sagen; in ihnen stehen also alte und neue Formen
nebeneinander.

Ähnlich ist es bei den Selbstlauten. Es gibt Gegenden, wo fast
jedes Wort für ein Wort derselben Herkunft einen anderen Selbstlaut
oder Zwielaut hat.

Diese Beweglichkeit der Laute kann zu eigenartigen Doppelformen
derselben Wörter, besonders in Zusammensetzungen, führen. In Rho-
den/Waldeck wird das Zahlwort zehn heute *täine* ausgesprochen; den
Regeln nach sollte man *tehne* erwarten. Zwei Zusammensetzungen
haben uns die ältere Form erhalten: *Tehntschöüre*—Zehntscheuer, in der
der Zehnt, die Getreideabgabe, gesammelt wurde; *Tehntgält* — Steuer.
Neben *Hitte* — Hitze steht der junge Eindringling *hitzeg* — hitzig

mit dem -tz-, das die niederdeutsche Mundart sonst nicht kennt. Der Vater heißt heute *Vatter*, die Mutter — *Motter*, der Großvater — *Großvatter*, die Großmutter — *Großmotter*. Alte Leute kennen noch die nach den Gesetzen der Mundart richtige Form *Va-er* (aus *Vader*), *Mo-er* (aus *Moder*), *Ellerva-er*, *Ellermo-er*. Eine noch ältere Schicht sagte für Großmutter — *Ellermöme*, dessen zweiter Bestandteil noch in *Baumöme* — Bademutter, Hebamme bei alten Leuten zu finden ist. Die Mundart kann das Nebeneinander ertragen; die Schriftsprache hätte es längst ausgleichen müssen.

Die Beispiele sind zugleich auch Zeugen dafür, daß manchmal, nicht immer, alte und junge Formen sich nach den Lebensaltern scheiden.

Auch in der Beugung der Dingwörter geht die Mundart eigene Wege. Sie kennt meist nur den ersten und vierten Fall, der zweite und dritte sind bis auf erstarrte Reste fortgefallen, werden durch *von* oder *am, auf* usw. umschrieben. In manchen Gegenden (z. B. Hessen) wird auch der vierte Fall schon durch den ersten ersetzt (*gib mir der Schoppe* — gib mir den Schoppen; Marburg).

Bei der Bildung der Mehrzahl sind die Formen auf -er (*Hühner*), und -s (*Jungens*) weiter verbreitet als im Schriftdeutschen.

Der Satzbau zeigt das Bestreben, einfach zu sein; er ist von fremdem (lateinischen, französischen) Einfluß ziemlich frei geblieben. Die Zahl der Bindewörter ist gering. Man reiht die Sätze meist mit und da ... und da ... aneinander. Die deutschen Märchen geben davon ein anschauliches Bild. Die Erzählung wird dadurch auch hier breit und umständlich.

In der Wortbildung schaltet die Mundart ganz frei. Gewisse Bildungen werden gern gebraucht; so die Sammelwörter mit Ge-: *Gekreische, Gelache, Gewimmel, Gespaß, Geschrift* usw.; die aus fremden Quellen kommenden -ei, -ieren, -sche, -age, -ian, -es: *Fresserei, Knallerei, Dicketuerei; schnabulieren, mengelieren, schwänzelieren, ausklugieren; Meistersche, Nachbarsche, Meiersche; Kleidage, Fressage, Stellage, Schenkage; Bollerian, Ludrian, Schmutzian; Lumpes, Schwelles* (Kopf), *Klampes* — flobiger Kerl, *Schlampes* (letztere besonders im Rheinischen).

Auch Mischwörter aus schriftdeutschen und mundartlichen Teilen kommen häufig vor: Beispiele aus Rhoden/Waldeck: *Kratzbüste* — Kratzbürste (für *kratzen* sagt man sonst *kläggen*; das *tz* ist dem Niederdeutschen fremd); *Eggerpilz* — Eierpilz; *Tackenwalze* (Zackenwalze, es müßte *Walte* heißen); *Rotzlippel* — Rotzlöffel; *Putzemäß* — Rasiermesser u. a.

Die Wortwahl ist ganz unbekümmert. Ältere und jüngere Formen von Wörtern derselben Herkunft können in der Mundart nebeneinander stehen (f. o. *Va-er: Vatter*); allerdings wird die Bedeutung vielfach nachträglich geschieden. Im Waldeckschen ist für den Amboß des Schmiedes das schriftdeutsche Wort eingedrungen; das alte, echt nieder- deutsche Wort *Anebaute*, aus dem auch *Amboß* gekommen ist, ist auf den kleinen Amboß, auf dem man Senfen schärft, abgedrängt.

Neu eindringende Wörter treten oft neben die alten, um sie langsam zu verdrängen. So steht im Waldeckischen *Schwanz* neben *Stärt*, *Schmacht*, *Schmachtharke* neben *Hunger*, um Magdeburg *Bumme* — Brotschnitte neben *Bemme* und *Stulle*. Bei Arnsberg sagt man in derselben Mundart *Ostern* (*Osterfest*) aber *Päschkefuier*, *Päschkeeggere* (Osterfeuer, Ostereier, das erste Wort kommt von *Passah*). Das Wort *achter* (= hinten) ist im Waldeckischen verschwunden, aber es gibt noch *Ächterkuchen*, *Ächtermehl* (zweite Sorte Mehl), die das alte Wort *ächter*, *achter* noch enthalten.

Das Fremdwort hat in den Mundarten auch Eingang gefunden. Die Bauern haben aber nur das aufgenommen, was in ihren Lebens- kreis irgendwie hineinragt. Sie wählen aus dem Angebot aus, was sie brauchen können. Man hat gezählt, daß die Mundarten etwa 7000 Fremdwörter kennen gegen 70000 der Schriftsprache. Sie schalten ganz selbstherrlich mit den Fremdlingen. Das Bauernvolk zeigt nicht seine „Bildung" darin, daß es sie genau so ausspricht wie die Fran- zosen usw. Es ändert sie, paßt sie ein, deutet sie vielfach um, indem es sie an vorhandene mundartliche Begriffe anlehnt.

Ein großer Teil der Fremdwörter stammt aus der Kirchensprache. An der fremden Betonung sind sie meist noch zu erkennen; die ger- manische Betonung ruht auf der Stammsilbe. Beispiele: *Pastór*, *Kapítel*, *Katechísmus*, *konfirmieren*, *Kanter*, *Kanzel* usw.

Ein anderer Teil kommt aus der Rechtssprache, die ja nach Einführung des römischen Rechtes volksfremd wurde, die Bauern zwang, lateinische Rechtsausdrücke aufzunehmen: *Register*, *Advokát*, *appellieren*, *defendieren*, *Gravámen* (hess. *Krafámen*: Be- schwerde) u. a.

Auch die Studentensprache gab einige Wörter dazu: *Gauden- macher* — Spaßmacher (lat. *gaudium* Freude); *gassáten* gehen — lustwandeln (lat. *gassatim*); *Spektákel* — Lärm; *Matérie* — Eiter u. a.

Die Mehrzahl der Fremdlinge hat aber das Französische gestellt. Hier hat sich die Modetorheit der Gebildeten des 17./18. Jahrhunderts im Volke festgesetzt; besonders zahlreich sind auch die Wörter der Heeressprache. Beispiele: *flattieren* — schmeicheln; *kurieren*; *kontrol- lieren*; *Malór Kulór*, *Kurásche*, *Scheese* (feiner Wagen, franz. *chaise*

Stuhl); *kapútt; konstánt* — beſtändig, fröhlich; *passábel; parieren; Attácke, Alárm, Kommandór* (Schützengeſellſchaft) uſw.

Beſonders eigenartig ſind die Wortkreuzungen und Volks·umdeutungen, die hauptſächlich an ausgeprägten Grenzen begegnen. Wörter derſelben Bedeutung treten einfach aneinander: *Bär* (männ·liches Schwein) und *Watz* wird z. B. in Waldeck zu *Watzebär* zu·ſammengeſtellt; *Adel* und *Jauche* ergibt *Adeljauche* (in Mecklenburg). Angrenzende Wörter kreuzen ſich: *Geisel* und *Deichsel* wird *Geichsel* (Heſſen); *Molterhauf* und *Molthübel* (Maulwurf) ergibt *Molterhübel*. Die Worte beeinfluſſen ſich auch im Geſchlecht. *Der Rechen* und *die Harke = der Harken* (ſ. Karte 5).

Die Kreuzungen zeigen ſich auch im Satzbau: *es liegt mir nichts dran gelegen* iſt entſtanden aus *es liegt mir nichts daran* und *es ist mir nichts daran gelegen; das Buch gehört mein aus ist mein* und *gehört mir; ein Mittel für Flecke aus dem Kleid zu bringen aus ein Mittel um . . . zu bringen* und *für Beseitigung von Flecken.*

Volksumdeutungen entſtehen dadurch, daß unverſtandene Wörter an vorhandene Begriffe angelehnt werden; *Flitzepee* — *Velociped* (Fahrrad) an *flitzen* angelehnt; *Windinlater* (Windeinlaſſer) — *Venti·lator; Musikpflaster* — Moſaikpflaſter; *Rundell* an *rund* angeglichen; *Extrapáter* — Löffelegge aus Exſtirpator = Ausrotter, an *extra* an·gepaßt, dazu das verkürzte Zeitwort *patéren* — mit der Egge arbeiten; *der stand da wie Paster Lattand*, entſtanden aus *pour passer le temps* — um ſich die Zeit zu vertreiben.

Sehr häufig werden Pflanzen· und Tiernamen, die oft von den Ge·lehrten ins Volk kamen, volksmäßig umgebogen: *Syringa* (Flieder) wird in Heſſen zu *Zitrone; Pimpinella* (bekanntes Küchenkraut) zu *Biebernell* (zu *Biber*); Buchsbaum zu *Postbaum;* Rizinusöl zu *Ritzchenöl;* Engerling zu *Engländer* uſw.

Die Mundart iſt von einem geſunden Humor durchpulſt, wie viele der oben angeführten Beiſpiele dartun. Dieſer Humor iſt oft derb und ſcharf zupackend. Nie aber reizt er zu wieherndem, ſchwülem Lachen, eher zu etwas ſchwerblütigem Schmunzeln.

In dem geſamten Sprachleben der Mundart ſpielt das Fremde, ſei es aus der Schriftſprache oder aus fremden Sprachen, keine entſcheidende Rolle, wie behauptet wird. Der weſentliche Kern iſt auf dem bäuer·lichen Weltbild gegründet. Es iſt eine grobe Verkennung, wenn man bei den Mundarten von „geſunkenem Kulturgut" ſpricht, wie es Hans Naumann u. a. tun. Wer ſelbſt Mundart ſpricht, wer in der bäuerlichen Welt aufgewachſen iſt, der weiß, wie wenig dieſe überſpitzte Formel dem wirklichen Leben der Mundart gerecht wird.

II. Die Mundarten als Quelle für die Wissenschaft vom deutschen Volke

Jahrhundertelang ist die Erforschung der deutschen Sprache und Kultur ein Stiefkind der deutschen Wissenschaft gewesen. Bis ins 18. Jahrhundert ist das Lateinische die alleinige Sprache des akademischen Unterrichts und der gelehrten Abhandlung. Im Jahre 1570 sind 70% der in Deutschland gedruckten Bücher lateinisch abgefaßt. Als 1687 Christian Thomasius in Leipzig eine Vorlesung in deutscher Sprache abhielt, erregte er weithin Aufsehen und Widerstand. Bis zum Ende des 18. Jahrhunderts trat das Lateinische als Drucksprache allmählich zurück. Aber das Deutsch, das nun die Gelehrten und Gebildeten sprachen und druckten, war mit französischen und lateinischen Brocken aufgeputzt, richtete sich im Satzbau und Stil nach fremdem Vorbild. Bezeichnend ist zum Beispiel, daß die von Friedrich dem Großen begründete Akademie bis 1812 in französischer Sprache verhandelte und druckte. Weite Kreise sahen mit Verachtung auf ihre Muttersprache herab.

Nun gar die Mundarten! Für sie hatte kein Gebildeter Interesse; sie wurden selbst von den Sprachgelehrten der Zeit (z. B. Bodmer und Adelung) als „verderbte Sprache" angesehen. Man zog sie höchstens heran, um im Buch und auf dem Theater derbe komische Wirkungen zu erzielen. Um die Wende des 17./18. Jahrhunderts finden sich zwar einige volksverbundene Männer, besonders auf niederdeutschem Gebiete, die Sammlungen des Wortschatzes ihrer Heimatsprache anlegen. So besitzen wir z. B. einen noch heute wertvollen „Versuch eines bremisch-niedersächsischen Wörterbuches" (1767—71). Eine unvoreingenommene, mit klaren Zielen vorgehende Forschung konnte sich aber gegen das allgemeine Vorurteil nicht entwickeln.

Erst die große Kulturwende um 1813 legte den Grund für eine deutsche geschichtliche Sprach- und Kulturkunde. Jakob Grimm schrieb 1819 seine „Deutsche Grammatik". Dies gelehrte Buch wurde für alle Sprach- und Kulturforschung die feste Grundlage, weil es die Sprache geschichtlich untersuchte und einordnete.

Von ihm angeregt, schuf der Sohn eines Kürbenzäuners (Korbflechters), der bayrische Oberleutnant Johann Andreas Schmeller, sein großes bayrisches Wörterbuch (1827), das zuerst vorurteilslos den gesamten Wortschatz der bayrischen Sprachlandschaft zu bergen sucht. Damit erst ist die wissenschaftliche Erforschung der Mundarten ernsthaft in Angriff genommen. Von diesem Buche geht die lange Reihe der landschaftlichen Sammlungen aus, die den ungeheuren Reichtum der deutschen Mundarten in die Scheuern sammeln. Auch die großen Unternehmungen von heute, wie das Schweizerische Idiotikon, das Schwäbische Wörterbuch und alle auf der Karte 6 verzeichneten Sammelstellen stehen auf Schmellers Schultern.

Alle älteren Arbeiten zur Erforschung der Mundarten kranken aber daran, daß die Beschreibung der Laute nicht genau ist. Ein Ostpreuße etwa konnte die in einem süddeutschen älteren Buche angewandte Umschreibung nicht richtig nachbilden, weil die Zeichen mehrdeutig waren. Man hatte noch nicht genügend die Bildung der Laute in unserem Sprechapparat beobachtet. Diese Feststellungen gelangen mit einigen anderen dem großen Leipziger Gelehrten Eduard Sievers. Man übertrug die neue Stimmbildungslehre (Phonetik) auf die Mundarten, beobachtete genau einzelne Mundarten, und drang so zu wertvollen neuen Erkenntnissen durch. Man erfand auch Apparate, die bei dieser genauen Arbeit helfen konnten. Mehr und mehr gingen aber diese Arbeiten auf den Einzelsprecher aus. Sie verfeinerten sich, wurden so einseitig nur naturwissenschaftlich aufgezogen, daß die Mundarten als Mittel der Verständigung miteinander und in ihrer sozialen Bedeutung ganz vernachlässigt wurden. Man glaubte auf Grund der Stimmbildungslehre auch Schlüsse bis in die älteren geschichtlichen Zeiten tun zu können, glaubte starre Lautgesetze gefunden zu haben, die als Naturgesetze wirken. So zwängte man das sprudelnde Leben der Mundarten in enge, von Menschen erdachte Regeln.

Es ist die befreiende Tat des Marburger Bibliothekars Georg Wenker gewesen, die die Mundartforschung aus dieser Erstarrung befreite. Er kam auf den Gedanken, die gewaltigen Stoffmassen der Mundarten in den wichtigsten Lauten und Formen durch Fragebogen abzufragen, und zwar von Ort zu Ort. Diese wollte er dann auf Karten übertragen und so anschaulich machen. Vierzig kleine, sorgfältig ausgesuchte Sätzchen sandte er in den Jahren 1876—87 in alle deutschen Schulen aus; rund 46000 Übertragungen in die Ortsmundarten kamen zurück. In emsiger, jahrzehntelanger Arbeit erwuchsen aus ihnen rund 500 Karten in 1600 Blättern, die das gesamte damalige Deutsche Reich umfaßten und darstellten.

Vor den fertigen Karten ergaben sich rasch neue Erkenntnisse. Die bisher gültigen unvollständigen Karten und Übersichten über die Mundarten waren falsch und einseitig. Aber auch die Ansichten über das Leben der Mundarten waren zu berichtigen. Das zeigte sich am deutlichsten und augenfälligsten am sogenannten rheinischen Fächer (s. Karte 7). Der herrschenden Lehrmeinung nach mußten alle altdeutschen p zwischen Selbstlauten durch die sogenannte hochdeutsche

Lautverſchiebung zu f oder ff werden (*schlapen* zu *schlafen*, *Ape* zu *Affe*), alle *k* zu *ch* (*maken* zu *machen*). Alle trennenden Linien müßten auf einer Linie verlaufen, dürften keine Abweichungen zeigen. Die neuen Karten zeigten aber ſtatt der erwarteten Normallinie einen Linienfächer, der ſich von Straßburg bis Emmerich ausbreitet. Der Lehrſatz von dem immer und überall ausnahmslos wirkenden Geſetze war zu überprüfen.

Der Staat erkannte die Bedeutung der Forſchungen Wenkers und unterſtützte ihn und ſeine Nachfolger. So erwuchs in zweiundſechzig-jähriger Arbeit in Marburg der Sprachatlas des Deutſchen Rei-ches, das große Nationalwerk der deutſchen Mundarten. Zwei große Kartenſammlungen, 1600 Blätter in Handzeichnung hergeſtellt, liegen in Marburg und Berlin für die Volksforſchung bereit. Seit 1926 werden ſie als Deutſcher Sprachatlas gedruckt herausgegeben und ſind durch Zuſchüſſe der Reichsbehörden ſo billig, daß jeder Freund der Mundarten ſie ſich anſchaffen kann. Neuerdings ſind die vierzig Sätze auch in Luxemburg, Sudetendeutſchland, in der Oſtmark und in der Schweiz geſammelt worden und werden mit verarbeitet.

Jetzt erſt wußte man Ort für Ort genau, wie ſich die niederdeutſchen Mundarten von den mittel- und oberdeutſchen abſetzen (ſ. Karte 19), ſah die großen Mundartgebiete in ihrer Lage zueinander, konnte bisher unlösbare Aufgaben durch die Karte aufklären.

In Weſtfalen, um Dortmund herum, gibt es z. B. ein Gebiet, in dem das Fürwort *euch* durch *ink* wiedergegeben wird (ſ. Karte 8). Das iſt eine alte Form, die ſich auch noch im Bayriſchen findet. Um Köln herum ſagt man *öch* (aus *euch*). In einem ſchmalen Streifen um Mülheim/Ruhr und Elberfeld ſpricht man *önk*. Dieſe Form kann man rein grammatiſch nicht erklären. Die Karte 8 aber gibt die Erklärung. *Önk* iſt aus der nachbarlichen Berührung von *ink* und *öch* entſtanden, iſt alſo eine Miſchform.

Man erkannte aus den Karten, daß nicht alle Grenzen ſcharf ſind, daß es Übergänge gibt, daß ſich in Zonen und Staffeln die großen Sprachgebiete gegeneinander abſetzen. Das Beiſpiel des Kreiſes Hof-geismar möge das klarlegen. Der Kreis liegt an der großen Scheide, die die niederdeutſchen Mundarten von den mitteldeutſchen trennt, der *ik/ich*-Linie; ſie läuft auf der Karte 9 mit der ſüdlichſten Linie zu-ſammen. Auf der nördlichen Seite ſagt man alſo *ik*, ſüdlich *ich*. Dieſe Sprachgrenze iſt die ſchärfſte des ganzen deutſchen Sprachgebietes; ſie trennt zwei verſchiedene Welten voneinander. Trotzdem zeigt eine ge-nauere Unterſuchung, daß Erſcheinungen, die als mitteldeutſch an-geſehen werden müſſen, ſich über den hohen Damm der *ik/ich*-Linie hinaus vorgeschoben haben. Unsere Karte 9 bietet die drei Formen des Hilfzeitworts *haben* für die Mehrzahl der Gegenwartsform. Um Kassel gelten die Formen *wir haben* (hon), *ihr habt* (haad), *sie haben* (hon). Die erste und dritte Person haben also dieselbe Form, die zweite Person ist unterschieden wie im Schriftdeutschen. Das gesamte niederdeutsche Gebiet hat nur e i n e Form für alle drei Personen. Und das ist eine niederdeutsche Besonderheit. Bei den Lautformen aber zeigt sich der mitteldeutsche Einfluß. Die Formen mit -a-, -o-, *han*, *hat*, *hon* gehören geschichtlich zusammen; sie stammen alle von der einen Grundform *habēn* ab, bei der das a in der Stammsilbe erhalten bleiben muß. Diese aus dem Süden kommenden Formen mit a sind also bis nach Carlshafen vorgedrungen. Erst die hannoverschen und westfälischen Randgebiete zeigen die im übrigen niederdeutschen Gebiete herrschenden Formen *het*, *hewwet* mit e. Diese sind auf ein altniederdeutsches *habbian*, bei dem a zu e werden muß, zurückzuleiten. Das alte niederdeutsche Gebiet hat den kennzeichnenden niederdeutschen Grundsatz der e i n e n Form für alle drei Personen festgehalten, nur in den Lauten nachgegeben.

Das Beispiel zeigt deutlich, daß an den Grenzen gekämpft wird, daß das Leben der Mundarten sich auch in diesem Ringen um Vordringen und Zurückweichen von Wörtern auswirkt (s. auch die Karte 4). Aus einer Zusammenstellung aller solcher Beispiele in einer Landschaft kann man die Richtung ablesen, in der die Angriffsstöße (s. Karte 15) erfolgen. Man kann auf der anderen Seite die Dämme erkennen, die aufgerichtet sind und verteidigt werden (s. die einzelnen Linienstränge des rheinischen Fächers, Karte 7).

Wir haben schon darauf hingewiesen, daß die *ik/ich*-Linie im alten Stammland vom Rothaargebirge bis zum Harz besonders stark den Widerstand zeigt, den das Niederdeutsche dem durch die Schriftsprache unterstützten Mitteldeutschen leistet. Man fühlt sich in den modernen Krieg versetzt, wenn man auf den Karten sieht, wie sich Vorposten in der Landschaft festsetzen. Die Bilder der Karten 10/11 mögen das erläutern; sie geben die Stellung der Großstädte von 1880/90 wieder. Inzwischen sind die *Bruder*-Formen von Frankfurt, die *braune* von Berlin, die *Dienstag* von München, die *Pund* von Köln gegen die altheimischen Formen schon weit vorgedrungen. Wir sehen, wie sich Formen keilförmig oder an den Flüssen entlang in das feindliche Gebiet einfressen (s. Karte 12), wie sich im Verlauf jahrhundertelanger Kämpfe neue Dämme bilden, die von dem erbitterten Streite zeugen (s. Karte 7).

Man erkennt die Landschaften, die sich fremden Einflüssen erschließen oder verschließen, die sich ausdehnen wollen oder in Abwehrstellung stehen.

So ergibt die Betrachtung der Mundartkarten die Möglichkeit, das kämpferische Leben der Mundarten zu erfaſſen und die dahinterſtehenden Kräfte aufzuſpüren. Die Sprachkarten werden ein Mittel, um die deutſche Sprach- und Kulturgeſchichte miteinander zu verknüpfen, um zu anderen faßbaren Quellen der Volksgeſchichte vorzudringen. Während andere Teilgebiete der Volkskunde ſich in Kleinarbeit verloren, bildete ſich an den deutſchen Mundarten die neue „dialektgeographiſche" Arbeitsweiſe heraus, beſonders von Ferdinand Wrede und ſeinen Schülern erarbeitet, die zu einer wertvollen Hilfe für die geſamte Wiſſenſchaft vom deutſchen Volkstum werden ſollte.

Das Rheinland wurde zuerſt nach den neuen Erkenntniſſen erforſcht. Das eigenartige Fächerbild (Karte 7) ließ ſich erklären. Die verſchiedenen Stufen des Kampfes wurden erkannt. So iſt die ik/ich-Linie zur Nordgrenze des Kölner Raums gegen das Niederfränkiſche geworden; die Dorp/Dorf-Linie, die ungefähr auf der Eifel verläuft, zur Grenze des Kölner gegen den Trierer Raum und die dat/das-Linie die des Trierer gegen den Mainzer Raum. Das Gegenſpiel und Ineinanderſpiel der rheiniſchen Großſtaaten Köln, Trier, Mainz, Jülich, Kleve, Berg hat ſich in dem heutigen Bild niedergeſchlagen. Die älteren Zuſammenhänge aus der Stammeszeit ſind in dieſer deutſchen Grenzlandſchaft völlig zerriſſen worden. Der Rhein als die große Kulturader Weſtdeutſchlands hat Neues vom Süden her immer wieder vorgetrieben und die Sprachlandſchaft nie zur Ruhe kommen laſſen. So zeigt Karte 12 den Rhein als Durchbruchſtraße; die Feuer-, Feier-Formen ſetzen ſich, weil ſie auch von der Schriftſprache unterſtützt werden, gegen Fauer durch, andere Beiſpiele zeigen dasſelbe Bild. Die Moſel wirkt ganz ähnlich.

Aber dieſes Beiſpiel des Rheinlandes darf nicht verallgemeinert werden. Man hat zwar auch in anderen genau unterſuchten Gebieten immer wieder die Wirkungen des Schickſals aus der landesgeſchichtlichen Zeit beobachten können. Aber es gibt auch Landſchaften im alten Stammland weſtlich der Elbe, in denen ſich die ſtammheitlichen Grundlagen noch deutlich erkennen laſſen. So iſt die ik/ich-Linie vom Rothaargebirge bis zum Harz (ſ. Karte 7) nicht durch die Landesgeſchichte zu erklären; ſie muß in die Zeit der großen Kämpfe zwiſchen Sachſen und Franken zurückgeführt werden. Die Lechgrenze, die in einem dicken Linienbündel die Mundarten Bayerns von Schwaben trennt, iſt die alte Stammesgrenze. Allerdings ſind dieſe Stammesgrenzen dann beſonders klar erhalten, wenn ſie von den ſpäteren Landesherrſchaften weiter behauptet wurden.

Das starke Vorwiegen des raffischen und stammheitlichen Erbguts in den Mundarten läßt sich besonders gut im deutschen Osten feststellen. So kann man im Egerland, in den einzelnen sudetendeutschen Sprachinseln und sonst immer wieder beobachten, daß sich die Mundarten, die von raffisch und stammheitlich einheitlichen Siedlergruppen ausgegangen sind, gegen die späteren landesherrschaftlichen Einflüsse durchsetzen und erhalten.

Besonders klar ist folgendes Beispiel: Bei Thorn an der Weichsel liegt eine Schwabenkolonie (f. Karte 19). In ihr haben sich nach Ausweis der Ansiedlerlisten hauptsächlich 1265 Württemberger und 101 Durlacher zusammengefunden. Diese Schwaben und Badener haben sich gegen die sie rings umschließenden polnischen Dörfer völlig gehalten, sind nicht aufgesogen worden, wie das sonst wohl zu beobachten ist. Die raffische und kulturelle Überlegenheit hat ihnen dazu die Kraft gegeben.

Oft ist es natürlich auch so, daß beim Zusammenstoß zweier Siedlergruppen beide zäh ihr Eigengut behaupten.

In den Gebieten älterer und neuerer Siedlung besonders im Osten ist die Mundart oft die einzige Quelle um die Herkunftsfrage einigermaßen sicher zu lösen. Immer wieder kommen deshalb volksdeutsche Forscher aus Siebenbürgen, dem Banat, der Dobrutscha usw. zum Deutschen Sprachatlas, um sich dort die mundartlichen Vergleichsformen zu holen. Als Beispiel für die Arbeitsweise sei die Gemeinde Závod in der Tolnau (Ungarn) angeführt und kurz erläutert. Sie ist von Professor H. Schmidt, Szeged, in einer Arbeit behandelt. Da es keine Nachricht über die Herkunft der Siedler gibt, muß die Mundart allein Hinweise bringen. Ein Vergleich der Mundart von Závod mit den Karten des Deutschen Sprachatlas (f. Karte 13) ergibt nun, daß die Siedler aus dem Gebiet um Fulda-Hünfeld-Geisa gekommen sein müssen, weil sie mach (für machen) und Huis (für Haus) sagen. Beide Formen kommen zusammen nur in dieser Gegend des deutschen Sprachgebietes vor. Man hat dann später im Staatsarchiv Marburg die amtlichen Auswandererakten gefunden, die tatsächlich angeben, daß am Ende des 18. Jahrhunderts aus dem Stift Fulda viele Siedler nach Ungarn ausgewandert sind.

Wir sehen, daß hier die Mundart für die Erforschung und das politische Leben der Volksdeutschen besonders wertvoll ist.

Je weiter wir allerdings in ältere Zeiträume vorrücken wollen, um so schwieriger wird die Arbeit, weil die sprachlichen Quellen weiter zurück immer spärlicher fließen. So sind die Verbindungen zur Frühgeschichte noch wenig tragfähig hergestellt. Hier muß eine Gemeinschaftsarbeit der aufblühenden Frühgeschichte- und Rasseforschung mit der Mundartforschung einsetzen, die für unser Volkstum sehr wichtige Fragen zu lösen hat.

Auch dem Verkehr kommt schon in älterer Zeit, besonders natürlich heute, eine gestaltende Rolle in den Mundartlandschaften zu. Auf den Rhein als die große süd-nördliche Verkehrsader (Karte 12) wurde schon hingewiesen. Er ist nirgends Grenze. Alle Sprachscheiden überqueren ihn west-östlich, weil er das Sprachgut mitführt und nach Westen und Osten ausbreitet. Auch die Donaustraße hat weitgehend auf die bayrisch-österreichischen Mundarten umgestaltend gewirkt. Besonders klar zeigt das in Südhessen von Friedrich Maurer beobachtete Beispiel (Karte 14), wie der Verkehr die Mundarten umformt. In fünfzig Jahren ist die Form *geloffen*, die 1880 nur in zwei Orte vorgestoßen war, in einen breiten Streifen zu beiden Seiten des Rheines durchgedrungen.

Über alle Landschaften gehen von bestimmten Kulturmittelpunkten aus Ströme von Einflüssen, die sich auch sprachlich auswirken. Aus den bisherigen Forschungen im Nordwesten Deutschlands läßt sich die auf Karte 15 dargestellte Übersicht der Sprachbewegungen schematisch ermitteln. Es liegt auf der Hand, daß wir wertvolle Einsichten in die Kulturbewegung unseres Volkstums gewinnen werden, wenn wir für alle deutschen Gaue genaue sprachgeographische Arbeiten besitzen und sie in Verbindung setzen zu allen Stoffen des Volkstums, die sich auf Karten darstellen lassen. Die Mundartforschung hat sich hier in der Arbeitsweise eine Vorrangstellung gesichert. Dies ist auch darin begründet, daß die Mundarten Stoffe bergen, die in allen deutschen Landschaften gleichmäßig vorhanden sind, und daß mit Hilfe der Formulare und Karten des Deutschen Sprachatlas ein genauer Vergleich möglich ist.

Die geographische Arbeitsweise, deren Auswirkung eben dargelegt wurde, erwies sich auch auf anderen Gebieten der Volksforschung als wertvoll.

Die Namenforschung empfing besondere Anregungen.

Die Ortsnamen wurden bisher mehr für die engere Heimat-geschichte ausgewertet, wobei die geographische Lage selten berück-sichtigt wurde. Die Arbeit an den Mundarten hat aber darauf hingewiesen, daß nur eine lückenlose Aufnahme aller Namen die Forschung über den engen Rahmen hinausführen kann. So zeigt z. B. Karte 16, daß die Namen gruppenweise gelagert sind, meist sich gegenseitig ausschließen. Das geographische Bild wirft sofort die Frage auf, warum die Gruppen gerade so liegen, welche völkischen Gründe dahinter stehen.

Wenn man aus den Personennamen der Stadt Lübeck (Karte 17) die Namen herausließt, die als Herkunftsnamen erkennbar sind, so vermittelt die Karte wiederum sehr anschaulich, welche Gaue des deutschen Bodens Siedler für die alte Hansestadt gestellt haben.

Auch ohne Karte geben uns die Mundarten oft die Möglichkeit, Personennamen zu erklären, die sonst nicht zu deuten wären. Einige Beispiele: Die Namen *Pagenstecher, Pagenkopf, Pagendarm* u. a. gehören zu einem fast ausgestorbenen Wort Page = Pferd, das niederdeutsche Mundarten noch bewahren. Der Name *Euler* hat nichts mit Eule zu tun, sondern bedeutet Töpfer. Der Name *Biederbeck* bedeutet „der bei der (am) Bach wohnt"; die Schriftsprache kennt nur *der Bach* (männlich).

Die Flurnamen sind als wichtige Urkunde der Orts- und Heimatgeschichte anerkannt. Kein Name aber kann richtig und einwandfrei gedeutet werden, wenn nicht die mundartliche Form mit berücksichtigt wird. Da die Flurnamen bis ins 19. Jahrhundert hinein nur im Volksmunde lebten, und die ersten Aufzeichnungen in den Katastern des 19. Jahrhunderts meist von Beamten gemacht wurden, die keine Mundart sprachen, und deshalb die Namen nur selten richtig wiedergaben, ist die Bedeutung der mundartlichen Formen besonders groß. Einige Beispiele: In Soest ist auf den Flurkarten ein *Frauenholtkamp* verzeichnet; die mundartliche Form *Fräonholtkamp* weist eindeutig nach, daß die amtliche Form *Fronholzkamp* heißen müßte, d. h. Herrenwaldkamp, da *Frau* in Soest *Frao* ausgesprochen wird. In Bad Wildungen gibt es den amtlichen Flurnamen *In der Erzgrube*; er lautet in der Mundart *In der Herzgrube*. Der Name hat nichts mit Erz zu tun, wie der amtliche Name nahelegt; er ist von *Hirz* = Hirsch abzuleiten und hat den seltenen Fall festgehalten, daß Hirsche in Gruben gefangen wurden. In Weslarn bei Soest heißt eine Flur amtlich *In der Rosenbecke*. Das würde man hochdeutsch als *Rosenbach* wiedergeben, zumal sie in der Rosenau liegt. Aber die Mundart spricht *Im Riusenbäcker*. Ein Spottname für einen schlechten Bäcker ist maßgeblich gewesen, der die *Rusen* (Schwarzbrotkrusten) zu hart bäckt oder abbäckt. So ließen sich noch viele Beispiele anführen.

Wie wertvoll die Flurnamen für die Ortsgeschichte sind, möge Karte 18 veranschaulichen. Das alte seit dem 17. Jahrhundert in der Stadt Rhoden aufgegangene Dorf Niedernrhoden (heute Alt-Rhoden genannt) hatte eine sinnvolle Wehranlage. Diese ist aus den Flurnamen noch heute vollständig abzulesen. Die Landwehr schützt den offenen Norden; das Dorf lag nicht weit davon ab in einem flachen Tal. Die Wehr verläuft zu beiden Seiten eines durch sumpfige Wiese laufenden Baches; nach Norden steigt das Gelände an. Wie wichtig den Leuten die Wehr war, geht daraus hervor, daß fünf Flurstücke danach genannt

sind. Eine weitere Landwehr war dadurch unnötig, daß Niedernrhoden nach Osten und Süden durch Bruch und Teich gesichert war.
Die Wege nach Osten laufen alle *auf der Steinernen Föhrde* zusammen,
einem mit Steinen befestigten Übergang, der jederzeit leicht zu sperren
war. *Der alte Teich war* 1543 *noch vorhanden. Die fette Tränke* ist
heute noch sumpfig, *der faule Bruch* wird erst heute durch den Arbeits-
dienst entwässert.

Oft sind aber auch in den seit Jahrhunderten starr weitergegebenen
Flurnamen Reste älterer Sprachentwicklung als wertvolle Zeugen einer
vorausgegangenen Stufe vorhanden. Die heutige Grenze zwischen
Fuchs und *Foß* verläuft in Waldeck mit der *ik/ich*-Linie. Nun finden
sich aber südlich dieser Linie in Reitzenhagen der Name *Foßhöllern*,
in Armsfeld eine *Voßkoppe*, in Bergfreiheit ein *Foßgrund*, in Obers-
hausen *Voßäcker*, eine *Voßwiese*, in Böhne der Name *auf den Foß-
hildern*. All das sind Überbleibsel aus einer Zeit, die *Foß* sprach.

Die Mundarten bewahren treu auch wertvolle Stoffe der Kulturgeschichte, die oft allgemeine Bedeutung haben.

Alte deutsche Rechtsbräuche sind noch zu erkennen; sie sind öfter
unter die Schimpfwörter gegangen oder ins Kinderspiel abgedrängt.
In hessischen und waldeckischen Mundarten ist das Fluchwort „Hol
dich der Deiphenker" bekannt. Darin steckt ein alter Name für den
Henker. In Waldeck kennt man das Kinderspiel, in dem man ein Kind
an Kopf und Füßen packt, es hochhebt und mit dem Gesäß aufstoßen
läßt. Die Mundart nennt das *stutzäsen*. Bei Grenzbegängen wurden
nun früher in der gleichen Weise gesunde Kinder, neue Ratsherren
auf die Grenzsteine der Gemarkung gestutzt. Sie sollten sich die Steine
merken, wenn sie irgendeinmal als Zeugen in Rechtsstreiten herangezogen wurden. Das Kinderspiel und der mundartliche Ausdruck sind
ein Nachklang dieser für die schriftlose Zeit nötigen Auffrischung des
Gedächtnisses. In Rhoden (Waldeck) sagt man *Dat is de Schande
wert* oder *De möste an den Schandpäl* „der müßte an den Schandpfahl." Beide Ausdrücke sind die letzte Erinnerung an die Zeiten, wo
man am Pranger oder Schandpfahl öffentlich büßen mußte. An die
Henkersmahlzeit gemahnt die Redensart *He frett, ose wänn he hangen
wöll* „er frißt, als wenn er hängen wollte."

Die Bezeichnungen alter Maße, alter Steuerarten, Auflagen und
Einkünfte haben die Mundarten meist noch festgehalten. So reden die
Namen *Küsterland*, *Uhrwiese* (für das Aufziehen der Kirchenuhr),
Kastenäcker von der Besoldung der Pfarrer oder Küster. Die *Ochsen-
wiese* erhielt der Bullenhalter, das *Baierland* erhielt der Eberhalter
zugewiesen usw.

Geschichtliche Erinnerungen einziger Art werden in der Mundart bewahrt und zeigen, wie stark bestimmte Ereignisse gewirkt haben. Im Hannoverischen heißt *großbritannisch* so viel als „protzig, anmaßend". Heffen kennt die Redensart *Er sieht aus wie das Bild von Ypern*, die an die berühmte Darstellung des Todes, den Totentanz von Ypern, anknüpft. Wenn einer in Rhoden sich gegen den Vorwurf der Rohheit wehren will, sagt er *Ik si duoch kin Böhme* — „ich bin doch kein Böhme." Darin steckt eine Erinnerung an das Wüten der Huffiten oder an die Schrecknisse des Dreißigjährigen Krieges.

Eine reiche Quelle sind die Mundarten für die Volkskunde. Nur einige wenige Beispiele sollen das erhärten. In mitteldeutschen Mundarten hört man noch den Ausdruck *Hileich, Hilich, Hillich* o. ä. für Verlobung, Hochzeitszug. Er stammt aus dem altdeutschen *Hiwlich*, das Heiratstanz bedeutet. Eine altdeutsche Sitte, der hochzeitliche Reigentanz, ist hier noch zu erkennen. Man kann aus der Verbreitung des Ausdrucks noch die Gebiete herausfinden, in denen er einmal getanzt wurde.

In Heffen und sonst wird die Verlobung auch als *Weinkauf* bezeichnet. Dieser Ausdruck stammt aus der Zeit, wo der Verspruch gleichzeitig eine Rechtshandlung war. Bei dieser wurden die gegenseitigen Mitgiften festgelegt. Die Handlung wurde durch einen Trunk Wein bekräftigt. In Gegenden, wo kein Wein wächst, z. B. in Thüringen, trank man Obstwein oder Bier und sagte dann *Leitkauf* (*Leihkauf*), das zu mittelhochdeutsch *Lît* (Obstwein) gehört, oder *Bierkauf*.

· Das Erntefest heißt in niederdeutschen Gegenden *Arnehahn*. Das Wort ist noch eine Erinnerung daran, daß am letzten Tage der Ernte ein Fest stattfand, bei dem ein Hahn geschlachtet, auf dem letzten Fuder eingebracht und dann verspeist wurde.

In Westfalen und Holstein sagt man, wenn man auf die Brautschau geht, *opn Stärkenhannel gahn* (auf den Kuhhandel gehen), weil man erst den Besitz der Braut besichtigt, ehe man zum Freien schreitet.

Aber die Volkskundeforschung hat auch die Bedeutung der geographischen Arbeitsweise in den letzten Jahren voll erkannt. Wie es einen Deutschen Sprachatlas gibt, so besitzen wir jetzt einen Atlas der Deutschen Volkskunde. Unzählige deutsche Volksgenossen haben die umfangreichen Fragebogen zu diesem Volkswerk beantwortet und die Rohstoffe geliefert, die in den Karten des Atlas in schöner Übersicht jetzt dargeboten sind. Hier wie dort künden die Karten von den Tatbeständen im Raume.

Es ist nun nicht so, daß die geographische Arbeitsweise, die an den Mundarten erarbeitet wurde, alle Fragen lösen kann. Sie muß sich

mit den bisher von der Wissenschaft erprobten Arbeitsweisen zusammenfinden. Dann wird es möglich sein, auf neuen Wegen eine Gesamtdarstellung der deutschen Volkskunde im weitesten Sinne zu gewinnen,
zu den seelischen Kräften durchzudringen, die unser Volk durchpulsen.

III. Die Mundarten im deutschen Raum

Einteilung

Karte 19 soll nun die Verbreitung der deutschen Mundarten im
gesamtdeutschen Raume darbieten.

Nördlich der ik/ioh-Linie, die schon in Teilstücken erwähnt wurde,
herrschen die niederdeutschen Mundarten. Sie sind auf einer
älteren Stufe des Germanischen stehengeblieben. Sie haben so den
Zusammenhang gewahrt mit dem Holländischen, Englischen, Däni-
schen, Schwedischen und Norwegischen. Vier in das Großgebiet
eingesprengte Sprachinseln, bei Kleve, im Harz, bei Thorn, in Ostpreußen, sind durch Siedler aus mitteldeutschen Gebieten entstanden.
Die Mundarten westlich einer groben Linie Lübeck—Magdeburg sind
auf altem deutschen Stammland erwachsen. Die Mundarten östlich
verdanken ihr Sprachgut Siedlern aus den deutschen Altstämmen.
Siehe hierzu die Sprachproben I—II.

Südlich der ik/ioh-Linie liegen die hochdeutschen Mundarten.
In ihrem Gebiete trennt die Appel/Apfel-Linie die mitteldeutschen von den oberdeutschen Mundarten. Wenn man bei Kassel
etwa eine Linie von der ioh-Linie zur Apfel-Linie zieht, so hat man
die westmitteldeutschen Mundarten, die Pund sagen, von den
ostmitteldeutschen abgetrennt, die Fund (Pfund) sagen. Siehe hierzu
die Sprachproben 12—25 und 41, 42.

Die oberdeutschen Mundarten zerfallen in die bayrischen, fränkischen und alemannischen Mundarten. Die Unterschiede werden nachher
bei den Sprachproben kurz erläutert werden. Vorarlberg gehört noch
zum alemannischen, Tirol zum bayrischen Sprachgebiet. Siehe hierzu
die Sprachproben 26—40 und 43.

Die wichtigsten hochdeutschen Sprachinseln sind folgende. Im
tschechischen Sprachgebiet liegt das Land um Iglau. Bei Brünn ist die
Sprachinsel Wischau-Austerlitz. In der Slowakei wohnen seit
dem 13. Jahrhundert die Deutschen der Zips (1921: 45308) mit
den Hauptorten Käsmark (siehe Sprachprobe 41), Leutschau, Göllnitz,
Schmöllnitz. Im Neutra- und Grangebiet hausen die Deutschen
der Inseln Deutsch-Proben (1921: 11720 Deutsche) und Kremnitz

(1921: 27738 Deutſche). Um Preßburg gibt es 20 Siedlungen mit 40543 Deutſchen.

In Ungarn finden ſich größere deutſche Kolonien im Donauwinkel zwiſchen Komorn und Peſt, rechts und links der Donau, oberhalb der Mündung der Drau.

Die älteſte Kolonie iſt Siebenbürgen. Dieſe wurde im 12./13. Jahrhundert begründet und hält nun ſchon 700 Jahre zäh an ihrem Deutſchtum feſt (ſiehe Sprachprobe 42). Das Land um Hermannſtadt iſt das der eigentlichen Siebenbürger Sachſen; die zweite Gruppe ſitzt um Biſtritz im Nösner Land, die dritte um Kronſtadt im Burzenland. Seit dem Weltkrieg gehören ſie zu Rumänien.

Das geſchloſſene Siedlungsgebiet der Deutſchen im Banat mit dem Mittelpunkt Temesvar wurde durch den Friedensvertrag von Trianon in drei unnatürliche Teile zerriſſen. Der Hauptteil liegt in Rumänien. Dort gibt es auch in der Dobrutſcha und in Beſſarabien zahlreiche rein deutſche Dörfer.

Unter jugoſlawiſcher Herrſchaft ſtehen ein Teil des Banats und die Deutſchen der Batſchka.

Südlich von Laibach im ſloweniſchen Sprachgebiet wohnen ſeit dem 14. Jahrhundert die Leute des Gottſcheerlandes (ſiehe Sprachprobe 43).

IV. Sprachproben

Zur Umſchrift der Texte ſei folgendes geſagt:

1. Sie ſucht mit den Mitteln des Schriftdeutſchen auszukommen; das Schriftbild wird ſoweit wie möglich bewahrt. Nur der Selbſtlaut å iſt hinzugenommen. Er bezeichnet den zwiſchen a und o ſtehenden langen Laut, den z. B. das Franzöſiſche in *corps* — Körper hat.

2. Der hochdeutſche Text iſt möglichſt wortgetreu gehalten; er enthält ſo eine große Zahl von Erklärungen.

3. Ein Selbſtlaut in offener Silbe, die alſo auf einen Selbſtlaut ausgeht, iſt immer lang zu ſprechen; z. B. *schlapen* — ſchlafen, *trage* uſw.

4. In einer durch einen Mitlaut geſchloſſenen Silbe iſt der Selbſtlaut kurz zu ſprechen; z. B. *schaf-fe, komme.*

5. Iſt ein im Hochdeutſchen kurzer Selbſtlaut in geſchloſſener Silbe lang, ſo wird das durch Doppelſchreibung oder Dehnungs-h ausgedrückt.

6. Hochgeſtelltes ^{n} zeigt an, daß der Selbſtlaut oder Zwielaut durch die Naſe geſprochen wird; z. B. *sche^n* — ſchön.

Holt, Gemeinde Straelen

Kreis Geldern, Rheinprovinz

Sprecher: A. L., Bauer (62 J.)

„We Burelü künnen osen Herrgott nie genog danke, dat dän os ene Maan en Adolf Hitler gegiäven hät, dä vandaag den öpperste van os Vaderland jeworden is, on dann kreck in dän Tied, wu os Vaderland so diep in den Osel bis oonder op de Grond dur dä verlorne Kriech jekomme wor. Os Burelü hät hen en onse Stand ok wer huch gebürt. Vandaag würd ose Hanṭiere van jider geextimiert; kleen on gruet witt seker, dät dor den Bur sinen Ärbeit on die Fröchte, die hen in et Feld aanbout, alle Minsse van eäte mutt.

Dann is dor dat näi Erbhofgesetz den Bur wer op sinen Hoff gesekert, on nimes kann höm draafschmiete, wenn hä ' mär blueß gut een bitjen oppaßt. Dän Bur hät nu ok wer vöäl mehr Iefer en sinen Ärbeit äs fruhger.

In dät Darde Riek is ävel ok een schuen Saak int Läve gerupe geworde, on dat is: Dat het Fläs wer aangebout were mutt. Ik weet nach chanz chut ut mine Jongentied, dat Muder met hör vief Sösters, wat mien Tantes

„Wir Bauersleut können unserm Herrgott nicht genug danken, daß der uns einen Mann in Adolf Hitler gegeben hat, der heute der oberste von unserm Vaterland geworden ist, und dann gerade in der Zeit, da unser Vaterland so tief ins Elend bis unten auf den Grund durch den verlorenen Krieg gekommen war. Uns Bauersleute hat er in unserm Stand auch wieder hochgehoben. Heute wird unser Hantieren von jedem geachtet; klein und groß weiß sicher, daß durch des Bauern Arbeit und die Früchte, die er im Felde anbaut, alle Menschen von essen müssen.

Dann ist durch das neue Erbhofgesetz der Bauer wieder auf seinem Hof gesichert, und niemand kann ihn herunterschmeißen, wenn er nur bloß gut ein bißchen aufpaßt. Der Bauer hat nun auch wieder viel mehr Eifer in seiner Arbeit als früher.

In dem Dritten Reich ist aber auch eine schöne Sache ins Leben gerufen worden, und das ist: Daß der Flachs wieder angebaut werden muß. Ich weiß noch ganz gut aus meiner Jungenzeit, daß Mutter mit ihren fünf Schwestern, die

wore, met ses Spinnraijer in de
Stof ant Spinne wore. Van halve
September bis Kerstmes wâr mie
Muder Dag wider Dag en et
Swenghüüske stiefop met het
Flås in Ärwet.

Wi haie aan os Huus sebe bis
aacht Morge Flås, on då wor wat
in te besorje. We daijen alles
self, Spinne on Heäkel. Dat
Chare brochte wi dann nå de
Lienewäver. Dä miek dat Lienen-
duk dava. Dåduch haie wi later
och vöäl Lienen en de Kaast,
lienen Heemde, Handdük, wer-
degse Buxe, Bettike, dat haie we
all self. Vandag slåp ik nach op
een selfgesponne Beet.‟

meine Tanten waren, mit fechs
Spinnrädern in der Stube am
Spinnen waren. Don Mitte September bis Weihnachten war meine
Mutter Tag um Tag im Schwing-
häuschen vollauf mit dem Flachs
in Arbeit.

Wir hatten an unferem Haus
fieben bis acht Morgen Flachs,
und da war was drin zu beforgen.
Wir taten alles felbft, Spinnen
und Hecheln. Das Garn brachten
wir dann zum Leineweber. Der
machte das Leinentuch davon. Dadurch hatten wir fpäter auch viel
Leinen im Kaften, Leinenhemden,
Handtücher, Werktagshofen, Bett-
tücher, das hatten wir alles felber.
Heute fchlafe ich noch auf einem
felbftgefponnenen Bett.‟

Etteln

Kreis Büren, Weftfalen

Sprecher: F. K., Bauer (37 J.) — B. H., Maurer (45 J.)
Beachte das weftfälifche Kennzeichen uawen — oben (Zeile 23)

B. H.: „Na, Newer Fernand,
wie's dann, vertell mi doch äis
mal dat Niggeste vanne Muste-
runge.‟
F. K.: „Kärel, Bottel, dat will
ik di seggen, dou, dat was dei
schönste Dach, den ik in miim
Liewen memaket hawwe.‟
B. H.: „Dat glawek.‟
F. K.: „Wo wii allen Kärels
na må los mochten un mochten
tor Musterung. Verloteri up, dat
was en Spaß.‟
B. H.: „Ja, ja ...‟

B. H.: „Na, Nachbar Ferdinand, wie ift es denn, erzähle mir
doch erft mal das Neuefte von der
Mufterung.‟
F. K.: „Kerl, Barthel, das will
ich dir fagen, du, das war der
fchönfte Tag, den ich in meinem
Leben mitgemacht habe.‟
B. H.: „Das glaube ich.‟
F. K.: „Wo wir alten Kerls
noch mal los mußten und mußten
zur Mufterung. Verlaß dich drauf,
das war ein Spaß.‟
B. H.: „Ja, ja ...‟

F. K.: „Den grötsten Spaß harren we awwer äis, wo nahär de Stabsarzt secht: ‚Tauglich eins!'"

B. H.: „ Dat glawek."

F. K.: „Wo de Musterung vebii was, wii unnen na der Bude hen, då hawwe us oitschmücket van unnen bis uawen, näch, un då chinket in de Wirtschaft rin. Hawwe äist feste froistücket.

Bo we dat Froistücke mitm Mäse hadden, då chinget ant Soupen, nich, un twiskenduir de wunderbaren, schönen Soldatenlieder van froier, Kärel, dat ching der ane rout!"

B. H.: „Kärel, dou stickest einen je wol…"

F. K.: „Junge, dat Hierte was wal richtig jung woren, då verlåt dek up, nech, un sau chinget bit namidachs um Ouhr veire, nich, dänn kam use Heinrich mit den Miälkwåne an, mit den Vahwåne, nech, wii wön im ollen Diike bii Würmese iätwas Masschweine, då wonn we unne rinladen. Då chinget nå de Heimat, nech; in jeden Durpe, wo wie käimen, då wort äis tanket, un de Lüde fröggeren sik, bo se us feingeschmückten Soldaten was söüen."

B. H.: „Ja, dat glawek."

F. K.: „Ja, un dann immer düsse Soldatenlieder, chingt mit Sang un Klang bis nach Atteln. Um Ouhr fiiwe wören we in Atteln, nech."

H. K.: „Den größten Spaß hatten wir aber erst, wo nachher der Stabsarzt sagt: ‚Tauglich I!'"

B. H.: „Das glaube ich."

H. K.: „Wo die Musterung vorbei war, wir unten nach der Bude hin, da haben wir uns ausgeschmückt von unten bis oben, nicht, und da ging es in die Wirtschaft rein. Haben wir erst feste gefrühstückt.

Wo wir das Frühstück im Leibe hatten, da ging es ans Saufen, nicht, und zwischendurch die wunderbaren, schönen Soldatenlieder von früher, Kerl, das ging dir daran aus!"

B. H.: „Kerl, du steckst einen ja wohl…"

H. K.: „Junge, das Herze war wohl richtig jung geworden, da verlaß dich drauf, nicht, und so ging es bis nachmittags um Uhr 4, nicht, denn kam unser Heinrich mit dem Milchwagen an, mit dem Viehwagen, nicht, wir hatten im alten Teiche bei Würmese etwas Mastschweine, die wollten wir unten reinladen. Da ging es nach der Heimat, nicht; in jedem Dorfe, in das wir kamen, da wurde erst getankt, und die Leute freuten sich, wie sie uns feingeschmückte Soldaten sahen."

B. H.: „Ja, das glaube ich."

H. K.: „Ja, und dann immer diese Soldatenlieder, ging es mit Sang und Klang bis nach Etteln. Um Uhr 5 waren wir in Etteln, nicht."

Schnelten

Amt Cloppenburg, Oldenburg

Sprecher: J. W., Bauer (54 J.)

Beachte: hebbt — habt

„Wäpelraut" un „Tuunschere".

Tau Beginn van de hilligen twölf Nächte, van Wiehnachten bit Dräi Könige, würde in de Gäjend van Lastrup de „Wäpelraut" utbrocht. Dat hebbt se bi us noch nå den Weltkrieg daun. De „Wäpelraut" wör äin Zwieg van äiner Mistel, van'n Wachholder, o van Dannen, o van Immergröin.—De „Tuunschere" wörd am Awend vör Hillige Dräi Könige utbrocht un hall de Form van äinen Sünnenrad. An beide wören Kauken un Appels un Nöte anhangen. Beide mößten stillken vör de Dören settet weren, un dårbi mößte ropen weren: „Wääp, wääp!"

„Päiderbult."

Noch vör dartig, veertig Jåhr bleef bi de Roggenarnte de letzte Gårwe stauhn. Midden drin würd en Barkenstruuk sticket. De Roggenspiers würden in den Barkenstruuk flochen un dat Flechtwark mit schönen Blaumen, de man Arnteblaumen hette, verziert. Dårbi güng de Schnapsbuddel in de Runde, un Old un Jung röpde: „Päiderbult juchhe! Päiderbuld juchhe!"

„Wepelraut" und „Tuunschere".

Zu Beginn der heiligen zwölf Nächte, von Weihnachten bis Drei Könige, wurde in der Gegend von Lastrup die ‚Wepelraut' ausgebracht. Das hat man bei uns noch nach dem Weltkriege getan. Die „Wepelraut" war ein Zweig von einer Mistel, vom Wachholder, von Tannen, oder von Immergrün. — Die „Tuunschere" wurde am Abend vor Heilige Drei Könige ausgebracht und hatte die Form eines Sonnenrades. An beide wurden Kuchen und Äpfel und Nüsse angehängt. Beide mußten leise vor die Tür gesetzt werden, und dabei mußte gerufen werden: „Weep, weep!"

„Peterbult."

Noch vor 30, 40 Jahren blieb bei der Roggenernte die letzte Garbe stehn. Mitten hinein wurde ein Birkenstrauch gesteckt. Die Roggenhalme wurden in den Birkenstrauch geflochten und das Flechtwerk mit schönen Blumen, die man Ernteblumen nannte, verziert. Dabei ging die Schnapsflasche in der Runde, und alt und jung rief: „Peterbult juchhe! Peterbult juchhe!"

Use olle Pastor Wulf van Lastrup hörde van äiner ollen Maurd in Dwarjte äinen Päiderbultspruch, de hette sou: „Woude, Woude, Woude, malk seh to sinen Foude! In düssen Jåhr Distel un Dorn, in' annern Jåhr bäter, Korn."

Unfer alter Paftor Wulf von Laftrup hörte von einer alten Magd in Dwargte einen Peterbultfpruch, der hieß fo: „Wode, Wode, Wode, jeder feh zu feiner Nahrung! In diefem Jahr Diftel und Dorn, im nächften Jahr befferes Korn."

Candelin

Kreis Grimmen, Pommern

Sprecher: J. N., Schmied (28 J.) — W. S., Landarbeiter (14 J.)

I. N.: „In'n Sommer het'n vääl Arwet up'm Lann. Dor mütt'n arwedn von morgens tidich bet åbends låt. Denn het'n kein Tiet, sich wat ut to klugen. Öwer in'n Winter is dat anners. Wenn dat koolt is, un man an'n leiwsten hinner'n Åbm sitt, denn grübelt man up allerhand.

Wenn dat Wihnachten is, denn grübelt man nå, wecker woll ne Julklapp hebbm mööt. Denn dat is bi uns noch ümmer so Mou. Dat is so: Dor måken mihre sich 'n Paket, wickeln dat 'n Dutzend Mål in, gåhn dormit bi de Lüü vör'e Achterdöör un kiken tau, wo de Lü woll sün.

Sün däi Lü in de Stuuw, denn måken se lies de Döör up, schmiten dat Paket rin u raupen denn: Hu Julklapp! Denn schmiten se däi Döör tau. Mei-

J. N.: „Im Sommer hat man viel Arbeit auf dem Lande. Da muß man arbeiten von morgens zeitig bis abends spät. Dann hat man keine Zeit, sich was auszuklügeln. Aber im Winter ist das anders. Wenn das kalt ist und man am liebsten hinterm Ofen sitzt, dann grübelt man auf allerhand.

Wenn das Weihnachten ist, dann grübelt man nach, welcher wohl einen Julklapp haben muß. Denn das ist bei uns noch immer so Mode. Das ist so: Da machen mehrere sich ein Paket, wickeln das ein dutzendmal ein; gehen damit bei den Leuten vor die Hintertür und sehen zu, wo die Leute wohl sind.

Sind die Leute in der Stube, dann machen sie leise die Tür auf, schmeißen das Paket rein und rufen dann: Hu Julklapp! Dann schmeißen sie die Tür zu. Meiftenstendeels haugens' denn eis mit de Fuust gegen de Döör un riten ut.

Lütt Tiet dornå denn kåmens' werrer trööch un horken, wat de Lü woll seggen, obs' schillen, orre obs' sich freugn.

Nu geiht dat Geråd in'e Stuuv ja los! De ein, de seggt: Dat schmiet man gliek hinner'n Tuun, dor is ja doch nix los! Dor is wirer nix as Dummjungensstreich!

Doch dei anner, de seggt: Dat is jå mien Paket! Dor steiht jå mien Adreß up! Willn 't man utpacken!

Wenn't ne Diern is, dei is ümmer sihr nieglich. Nu packt se denn je ut. Säi wickelt den Baand af. Denn kümmt noch 'n Paket! Und so blifft dat bi, bet endlich dat lütte Paket kümmt. Wat is dor nu woll in? Jå, wat is dor in? Mierstendeels ist't 'n verfuulten Äppel orre ne utgebickerte Waalnöt orre süs son Streich.

De annern ståhn all nieglich rüm un gåpsen un driebm ährn Ulk dormit. Mitunner is öwer uck wat Gauds in, so as ne Halskäe, ne Tåfel Schokolår orre irgend wat anners.

Is dor öwer wat Schlichts in, denn freugen sich de annern, un Mudder seggt: Sühst du, ick heff di dat jo gliek seggt! Dat herrst man gliek rutschmäten, denn herrn wi däi Mööl nich in'e Stuuv hat!

Un dat is so de Julklapp."

teils hauen sie dann noch mit der Faust gegen die Tür und reißen aus.

Kleine Zeit danach, dann kommen sie wieder zurück und horchen, was die Leute wohl sagen, ob sie schelten oder ob sie sich freuen.

Nun geht das Gerate in der Stube ja los! Der eine, der sagt: Das schmeiß man gleich hintern Zaun, da ist ja doch nichts los! Das ist weiter nichts als Dummejungenstreiche!

Doch der andere, der sagt: Das ist ja mein Paket! Da steht ja meine Adresse auf! Wollen es man auspacken!

Wenn es ein Mädchen ist, die ist immer sehr neugierig. Nun packt sie denn ja aus. Sie wickelt das Band ab. Dann kommt noch ein Paket! Und so bleibt das bei, bis endlich das kleine Paket kommt. Was ist da nun wohl drin? Ja, was ist da drin? Meistenteils ist's ein verfaulter Apfel oder eine ausgehöhlte Walnuß oder sonst so'n Streich.

Die andern stehen alle neugierig herum und gaffen und treiben ihren Ulk damit. Mitunter ist aber auch was Gutes drin, so als eine Halskette, eine Tafel Schokolade oder irgendwas anderes.

Ist da aber was Schlechtes drin, dann freuen sich die anderen, und Mutter sagt: Siehst du, ich hab dir das ja gleich gesagt! Das hättest man gleich rausgeschmissen, dann hätten wir den unordentlichen Kram nicht in der Stube gehabt!

Und das ist so der Julklapp."

Zechendorf

Kreis Deutsch-Krone, Grenzmark

Sprecher: W. P., Hausmeister (30 J.) — J. G., Hausfrau (31 J.)

W. P.: „Na, dat is alles ni so schlimm, wi häwwe nu jo ganz goudä Awed wädde; wi wääre neulich i Plietnitz u häwwe dä jä schen Loä afmaukt, Fostmestä, dä hät us jä ganz gout Loä dot jääwt, wi häwwe jo fert Hultschlauä... kriej wä ja nä ganz anschtändijä Satzung. Wi kaumä jo gout to usäm Loä, da ka man ja ni owä klägä, jedenfalls is jä ganz annäs ast früer weä, dä abetä pår Mann, de würde abetslos, un dat Holt würde se ni los, dat verfuäd im Wauä, o huit, da welle se so vääl hugge, ass' vaköpe könne, un so vääl häst de Mauä to väschniede, schaff i gorni meh.‟

I. G.: „Na, dat es jo veiä weet. U dänn vo allä Dingä mußt bedinkä, Mänsch, kast du ni schtolz sin?‟

W. P.: „Ik bü ook.‟

I. G.: „Häst di up disä Rierung so fein Hius buugt, na hörä, wat is dat föj je fein Hius worä.‟

W. P.: „Dat is e woar fein.‟

I. G.: Wat weä dat für 'n ull Burch!‟

W. P.: „Na, da häb wi ok g'nuch bi abetä mößt.‟

I. G.: „Na, jägän Dach und Nacht.‟

W. P.: „Na, das ist alles nicht so schlimm, wir haben nun ja ganz gute Arbeit wieder; wir waren neulich in Plietnitz und haben dort schönen Lohn abgemacht, (der) Forstmeister, der hat uns ja ganz guten Lohn dort gegeben, wir haben ja für das Holzschlagen... kriegen wir ja eine ganz anständige Satzung. Wir kommen ja gut zu unserm Lohn, da kann man nicht drüber klagen, jedenfalls ist es ja ganz anders als es früher war, da arbeiteten ein paar Mann, die wurden arbeitslos, und das Holz wurden sie nicht los, das verfaulte im Walde, und heute, da wollen sie soviel hauen, als sie verkaufen können, und soviel hast du Mühe zu verschneiden, (das) schaffe ich gar nicht mehr.‟

J. G.: „Na, das ist ja viel wert. Und dann vor allen Dingen mußt du bedenken, Mensch, kannst du nicht stolz sein?‟

W. P.: „Ich bin es auch.‟

J. G.: „Hast dir auf dieser Rodung ein so feines Haus gebaut, na höre, was ist das nicht für ein feines Haus geworden.‟

W. P.: „Das ist auch wirklich fein.‟

J. G.: „Was war das früher für eine alte Burg!‟

W. P.: „Na, wir haben auch genug dabei arbeiten müssen.‟

J. G.: „Na, gegen Tag und Nacht.‟

Beisleiden

Kreis Preuß.-Eylau, Ostpreußen

Sprecher: F. B., Instmann (34 J.) — H. G. (Ehefrau) (50 J.)

H. G.: „Segge Se, Berszuk, wievele Kinderkes hebbe Säi on Enne Fru gehat?"

F. B.: „Ik si von twelf Geschwister on hebb silfst man elfe Kinderkes gehat, von dene is äin Marjelke dout. Mien jingstet Kind is man erscht neje Monat oult, on äver däi frei ik mi det meiste."

H. G.: „Dat es ok schwår gewese, all de Kinderkes to tertäihne?"

F. B.: „Jå, de Årmut weer grout, sehr grout. Det Broutke weer knapp, fär all de Mielerkes, on wenn de Kouh stund, denn hadst kein Melk nich.

On Jild, dat de käipe kunnst, weer ok nich då. Dat Soppke weer dinn. Arfte, Grupp, Gritt, aller weer knapp. Dat Afmåksel von dem Schwien, wat äiner sik schlachte kunn, räikd nehrnich hen. Då kunne all de vele Kinder nich veel kriege.

De Spirkelkes, wo in de groff Mous gebråde wurde, kunne man so grout sin wie Hofnägelkepp. On wäinig, wäinig gäif et af, denn e Schwien von twäi Zentner mußd't Jåhr äver räike. Då frågd keiner, ob äiner veel Kinderkes satt to måke had äver nicht. Då gäif et kein billjet Fett

H. G.: „Sagen Sie, Brszuck, wieviel Kinder haben Sie und Ihre Frau gehabt?"

F. B.: „Ich bin von 12 Geschwistern und habe selbst nur 11 Kinder gehabt, von denen ist ein Mädchen tot. Mein jüngstes Kind ist nur erst 9 Monate alt, und über die freue ich mich am meisten."

H. G.: „Das ist auch schwer gewesen, all die Kinder zu erziehen?"

F. B.: „Ja, die Armut war groß, sehr groß. Das Brot war knapp, für alle die Mäuler, und wenn die Kuh trocken stand, dann hattest du keine Milch.

Und Geld, daß du kaufen konntest, war auch nicht da. Die Suppe war dünn. Erbsen, Graupen, Grütze, alles war knapp. Das Fett vom Schwein, was einer sich schlachten konnte, reichte nirgends hin. Da konnten all die vielen Kinder nicht viel kriegen.

Die Speckstücke, die in dem groben Mehlmus gebraten wurden, konnten nur so groß sein wie Hufnägelköpfe. Und wenig, wenig gab es ab, denn ein Schwein von 2 Zentnern mußte das Jahr über reichen. Da fragte keiner, ob einer viel Kinder satt zu machen hatte oder nicht. Da gab es kein billiges

får ons kinderreiche, årme Mensche."

H. G.: „Ei, un de vele andre
Kinderhilfe, na nich?"

F. B.: „O ja, dat is, wat is dat
får e Segen får ons årme Mensche un ons Kinder. De Wiewer
hebbe doch nu kein Sorj' nich
mehr, wie se de Kinder satt
måke.

On wat freher får ons dat
Schlimmste weer, dat weer, de
vele Kinderkes to bekläide, jå,
dat is nu doch ok nich mehr.
Meine Zeit! De Hemdkes were
doch man Loßkes on Kodderkes,
on der Kläider were ouk nich
veel mehr.

On wenn de Winter käim,
denn gräin dat Wief Bloutstrone,
wielt se kein Jild nich hadd,
dene vele Kinder wat Warmet
op et Lewe to schaffe, on dat de
Wull to Socke- on Handschke-
stricke ouk nich får aller räikt.
On wenn de Kinder wiet in de
Schoul to gåhne, tom Gebet to
gåhne hadde, wat hebbe se denn
gefråre!

On äwerhaupt de Fäit! Schouh
kunne se kein nich krieje. Dat
Jild räikd nich. Då mußde se op
hiltre Korke gåhne."

H. G.: „On wenne Kind inge-
segnet wurd?"

F. B.: „Jå, dann hest di jäide
Bißke am Muûl on an e andre
Kinderkes afspåre mußt, dat es
denn so kunn sin, wie et em
årme Mensche tokimmt, äijent
on rintlich. On nie hebb wi ge-
docht, dat wi noch mål sulle ut
disser bittre Årmut rutkåme."

Fett für uns kinderreiche, arme
Menschen."

H. G.: „Ei, und die viele andre
Kinderhilfe, nicht?"

F. B.: „O ja, das ist, was ist
das für ein Segen für uns arme
Menschen und unsre Kinder. Die
Frauen haben doch nun keine
Sorge mehr, wie sie die Kinder
satt machen.

Und was früher für uns das
Schlimmste war, das war, die
vielen Kinder zu bekleiden, ja, das
ist nun doch auch nicht mehr.
Meine Zeit! Die Hemden waren
doch nur Lappen und Lumpen,
und die Kleider waren auch nicht
viel mehr.

Und wenn der Winter kam,
dann weinte die Frau Blutstränen,
weil sie kein Geld hatte, den vielen
Kindern was Warmes auf das
Leben (auf den Leib) zu schaffen,
und daß die Wolle zum Socken-
und Handschuhstricken auch nicht
für alle reichte. Und wenn die
Kinder weit in die Schule zu gehen
oder zum Gebet (Konfirmanden-
unterricht) zu gehen hatten, was
haben sie dann gefroren!

Und überhaupt die Füße!
Schuhe konnten sie keine kriegen.
Das Geld reichte nicht. Da mußten
sie auf Holzpantoffeln gehen."

H. G.: „Und wenn ein Kind
eingesegnet wurde?"

F. B.: „Ja, dann hast du jeden
Bissen am Maul und an den andern Kindern absparen müssen,
daß es denn so konnte sein, wie es
dem armen Menschen zukommt,
eigen und reinlich. Und nie haben
wir gedacht, daß wir nochmal
sollten aus dieser bitteren Armut
rauskommen."

Irrhausen

Kreis Prümm, Rheinprovinz

Sprecher: Th. Sch., Gastwirt und Kaufmann (66 J.)

Beachte: Läkde — Leute (Zeile 1?)

Ies aal Gerberei as doch op der richtige Platz. Mer sen emmer Gerber gewesst, mei Papp on mei Grusspapp. Et jet noch mih Gerbereien heieröm, die alles op der Haand schaffen wie mir. An dieser Gerberei schafft mei Broder on mei aalster Jong on ech zesaam. Mer schaffen emmer för Konnschaft hei aus der Gäjend. De Bauern lossen emmer jerbe för ihre Gebrouch. Wenn dat Ledder ferdich gejerft as, hollen de Bauern et dröm aaf. Da könnt der Schoster bei de Bauern ant Haus on mächt de Läkde Schohn dervan. Fröher hat er vom Paar Schohn der Luhn gezägen, hougt schafften öm Dåluhn.

Ech sen och net alleen Gerber, ech sen och noch Bouer. Aus mengen Land zillen ech och zum grußen Deel für mäi Verbrauch. Kåre kreien ech net genooch, då moß ich noch kofe. De andere Sachen wie Grompere, Gemöß, Weld, woraus Pannküch on Knöddele jemach jen, zillen ich för mich genooch. Für meng vier Köh on zwee bes drei Schwein han ich Foder genooch.

Unsere alte Gerberei ist da auf dem richtigen Platz. Wir sind immer Gerber gewesen, mein Vater und mein Großvater. Es gibt noch mehr Gerbereien hier herum, die alles auf der Hand schaffen wie wir. In dieser Gerberei schafft mein Bruder und mein ältester Junge und ich zusammen. Wir arbeiten immer für Kundschaft hier aus der Gegend. Die Bauern lassen immer gerben für ihren Bedarf. Wenn das Leder fertig gegerbt ist, holen die Bauern es daher ab. Dann kommt der Schuster zu den Bauern ins Haus und macht den Leuten Schuhe davon. Früher hat er vom Paar Schuhe seinen Lohn bezogen, heute schafft er im Tagelohn.

Ich bin auch nicht allein Gerber, ich bin auch noch Bauer. Aus meinem Land erziele ich zum großen Teil für meinen Verbrauch. Korn bekomme ich nicht genug, davon muß ich noch kaufen. Die anderen Sachen, wie Kartoffeln, Gemüse, Wildkorn (Buchweizen), woraus Pfannkuchen und Knödel gemacht werden, erziele ich für mich genug. Für meine 4 Kühe und 2 bis 3 Schweine habe ich Futter genug.

Dat erft sich nu so fort an deser Famillich: Gerber on Bauer zugleich. Mier mossen et all konnen. Von enem 'leen kann man net läeven."

Das erbt sich nun so fort in dieser Familie: Gerber und Bauer zugleich. Wir müssen beides können. Von einem allein kann man nicht leben."

Klum

Bezirk Dauba, Sudetenland

„Uf das Ritterstächn koan ich mich scho noch gaanz gutt bsinnen. Dä hon se gewehnlich en Ritter oagzogn, dän hon se uffn Faard rufsätzen lossen un hon en ums Durf gejoat, hon sen gehoscht, un e Schweinsblose hot er ohange mit Blutte gefillt; un dä mußte ein Madel mit ener Lanze mußten ostächen. Un noochhaar hon sen uff äine Trage geleet, uffn Sool nauf, un do hon se getanzt. Un de Ritter is wieda labendig worn un dich- tich mitgetanzt."

„Auf das Ritterstechen kann ich mich schon noch ganz gut besinnen. Da haben sie gewöhnlich einen Ritter angezogen, den haben sie auf ein Pferd heraufsetzen lassen und haben ihn ums Dorf gejagt, haben sie ihn gehascht, und eine Schweinsblase hat er anhängen mit Blut gefüllt; und da mußte ein Mädel mit einer Lanze ihn erstechen. Und nachher haben sie ihn auf eine Trage gelegt auf den Saal hinauf, und da haben sie getanzt. Und der Ritter ist wieder lebendig geworden und (hat) tüchtig mitgetanzt."

Schönfeld.

Kreis Grafschaft Glatz, Niederschlesien

Sprecher: F. L., Lehrer (42 J.)

F. L.: „Nu jo, und ei dar Zeit, wenn sich die·Leute halt gâr kenn Root mih wußta, und do nåhma se die Zuflucht zum Gebate. Ei Schinnfald drinne, die ale Roschken, die tåt a sugar bata, wenn die Sunne underging. Do stellte se sich mitm Gesichte ke die Sunne und verneicht sich dreimol viere, und dernoch fung se ån un batt:

F. L.: „Nun ja, und in der Zeit, wenn sich die Leute halt gar keinen Rat mehr wußten, und da nahmen sie die Zuflucht zum Gebet. In Schönfeld drin, die alte Raschken, die betete auch sogar, wenn die Sonne unterging. Da stellte sie sich mit dem Gesicht gegen die Sonne und verneigte sich dreimal vor ihr, und dann fing sie an und betete:

,Geh ei Gole, mei liebe Sonne.
Du bist mei Freude un mei Wonne.
Wenn de warscht zu Jesum gehn,
bis gebata un griß maan scheen!
Bista ganza Tåg geluffa un gerannt,
und 's hoter åber niemand gedankt!
War ich dr åwer danka!
Bezåhl dersch Good, bezåhl dersch Good,
bezåhl dersch Good viel tausendmål!"
Un drnooch machtse noch a paar Wertla dro: ,Bees a su gutt, gell, un schenn mer ne wieder asu, wie de heute geschannt host!'"

;Geh unter in Golde, meine liebe Sonne.
Du bist meine Freude und meine Wonne.
Wenn du wirst zu Jesum gehen, sei gebeten und grüß mir ihn schön!
Bist den ganzen Tag gelaufen und gerannt,
und es hat dir aber niemand gedankt!
Werde ich dir aber danken!
Bezahl dirs Gott, bezahl dirs Gott,
bezahl dirs Gott viel tausendmal!'
Und danach machte sie noch ein paar Wörtlein dazu: ,Sei doch so gut, gelt, und schein mir nur wieder so, wie du heute geschienen hast.'"

Ramsau

B. A. Berchtesgaden, Oberbayern

Sprecher: J. Gr., Bauer (58 J.) — J. Gr., Hausmeister (42 J.)

J. G.: „Und wia lang is dees hear, wias do dein Föi aso vasandt hot?"

J. Gr.: „Ah, wia do de Stoalawin oha is, dees is gwesn dreiadreißg in Juli, viarzehntn Juli. Do is a so a grimmiga Woicknbruh kema, hansch scho gsäng, swår do ...s Weda is da aua kema vo Beartesgoan und hot si in da Reidaoim ångsetzt, hat om an oijn Grom auskrissn und hot di gonz Maaße, dees is ebbas gwen wiara Lawin, hotsis ois oha in unsa Föit, dees is auf

J. Gr.: „Und wie lange ist das her, wie es dir da dein Feld so versandet hat?"

J. Gr.: „Ah, wie da die Steinlawine niederging, dies ist gewesen 33 im Juli, 14. Juli. Da ist so ein grimmiger Wolkenbruch gekommen, habe es schon gesehen, es war da ... das Wetter ist da heraufgekommen von Berchtesgaden und hat sich in der Reiteralm angesetzt, hat oben einen alten Graben ausgerissen und hat die ganze Masse, dies ist etwas gewesen ähnlich wie eine Lawine, hat

oamoi kema, des is net noch un noch kema, waar ganz unmeglich, wenn oana des ausraama mecht, des kostat seine zehn- bis fuchzehntausnd Mark, des kån a nie måchn."

es alles herunter in unſer Feld, das iſt auf einmal gekommen, das iſt nicht nach und nach gekommen, wäre ganz unmöglich, wenn einer dies ausräumen wollte, dies würde ſeine 10—15 000 Mark Koſten, das kann er nicht machen."

Ulrichsberg
Oberdonau

„I bi håamkämma nån Griag: wås soll i ånfånga, wås soll i dåan? A Haaisl ghåd mit zwo Kia, iatz hån i mi sa da Holz- åawet gricht; håbm gånz schä fodeand. s Holz is åft åwei¹ bülliga wådn und bülliga, und åft hån i mi san an ånan Gschäft richtn miassn. Und zwåa sa da Wewaraai, åes Spuala. Ü bü gånz fa da Båarischn Gränz dribm, fa Griagwåed. Håbm a glåas Haaisl, und wa(l) ma håld fa dem Haaisl alåan nid z Lebm kå, iatz hå i mid n Häan Laaidna gredt, ow i nid i da Wewaraai ånkämma kinnad; und dää håd ma s ghåassn. Nån und so is s soda megli, das ma mid an so an Haaisl sei Lebm duachi- bringa kå."

„Ich bin heimgekommen nach dem Krieg: was ſoll ich anfangen, was ſoll ich tun? Ein Häuſel ge- habt mit zwei Kühen, jetzt hab ich mich zu der Holzarbeit gerich- tet; haben ganz ſchön verdient. Das Holz iſt dann immer billiger geworden und billiger, und dann habe ich mich zu einem andern Geſchäft richten müſſen. Und zwar zu der Weberei, ans Spulen. Ich bin ganz von der bayeriſchen Grenze drüben, von Griegwald Haben wir ein kleines Häuſel, und weil man halt von dem Häuſel allein nicht leben kann, jetzt habe ich mit dem Herrn Leitner geredet, ob ich nicht in der Weberei ankom- men könnte; und der hat mir's geheißen. Na, und ſo iſt es ſodann möglich, das man mit ſo einem Häuſel ſein Leben durchbringen kann."

Eslarn
B. A. Vohenſtrauß, Oberpfalz
Sprecher: G. K., Wirt (59 J.)

G. K.: „Unsa Isling, des ligt in da beirischn Ostmark hart an

G. K.: „Unſer Eslarn, das liegt in der bayriſchen Oſtmark hart an

da behmischn Grenz, dreiviertl Stund saan zu gehn, wenn ma in da oltn Strouß geht, üban Kulbarch, då håtma a bißl g'nechda; sonst is ja olles gonz waachs, a weng bessa wäis frira gloffn is, owa d Gegnd is aa nix schlecht. Kolt is halt ba uns, koaⁿ Weiz wochst net, und tuama aa net naucha, weil ka bochas Gniel wölma niet, wia wen ner a Broud han, un a söllens homa, weil s Korn wåchst ba uns.

D Haauptsoch saan dEadepfl; denn da Obapföitza läbt ja meistns vo di Eadepfl, då gibts in da Fräi a Eadepflsupp, Mittag gibts Schoppala und Gnila, na auft Nåcht gibts Budasuppn miet Eadepfl, und n Fraida, no då is a weng bessa, då gibts Maidoschn vo Eadepfl, då toutma a weng Zwetschga reiⁿ, a weng Biirn, a weng Epfl, wos ma holt so hout, und n Sunta, no då is na Festoch, da gits Gnila und a Schweinas; so wird bei uns in da Obapfoitz meistens gläbt."

A. K.: „Jå, Vota, muaßt do aa eigntlich dem Måⁿ vazöin, wäi erzählst de Sach is mit unsara Konzession, dees is do scho zimli lang hear, daß de Konzession drauf is auf unsan Haus."

G. K.: „Ach, des häti bol vagessn. Da Lehra Schlema

der böhmiſchen Grenze, ³/₄ Stunden ſind zu gehen, wenn man in der alten Straße geht, übern Goldberg, da hat man ein bißchen näher; ſonſt iſt ja alles ganz gut, ein wenig beſſer wie es früher gelaufen iſt, aber die Gegend iſt auch nicht ſo ſchlecht. Kalt iſt es eben bei uns, kein Weizen wächſt, und da tun wir auch nicht nach, weil keine gebackenen Klöße wollen wir nicht, wenn wir nur Brot haben, und das haben wir, weil das Korn bei uns wächſt.

Die Hauptſache ſind die Erdäpfel; denn der Oberpfälzer lebt ja meiſtens von den Erdäpfeln, da gibt es in der Frühe Erdäpfelſuppe, mittags gibt es Schopfen (Kartoffelnudeln) und Knödel, dann auf die Nacht Butterſuppe mit Erdäpfeln, und am Freitag, nun da iſt es ein wenig beſſer, da gibt es Maultaſchen (Strudel) von Erdäpfeln, da tut man ein wenig Zwetſchen hinein, ein wenig Birnen, ein wenig Äpfel, was man eben ſo hat, und des Sonntags, da iſt Feſttag, da gibt es dann Knödel und ein Schweinernes; ſo wird bei uns in der Oberpfalz meiſtens gelebt."

A. K.: „Ja, Vater, du mußt doch auch eigentlich dem Manne erzählen, wie eigentlich dieſe Sache iſt mit unſerer Konzeſſion; dies iſt doch ſchon ziemlich lange her, daß die Konzeſſion darauf iſt auf unſerm Hauſe."

G. K.: „Ach, dies hätte ich bald vergeſſen. Der Lehrer Schlem-

seinázeit, der hots am Rothaus gfuna inda altn Papierdoukamentnkistn, do soll jetz noch dem Fintn des oitn Papiers, soi unsa Haus schon hundat und sechzeh Johr Gastwirtschaft säin.
Und do howi doch vourigs Joa, howi do den Roußbaum außagrissn, då bist ja du aa mit schuld, då is a di selw Jahrzoin eingschrim, wann a s gmacht hout und vo meinn Urgroßvotan — des Trum, howi gsocht, sollst aafhem und sollstas von Schreina machn lassn und sollstas ind Maua einmauan. Wo hostas denn hinbrocht?"

A. K.: „Ja, des howi scho afghom ghabt, und na hobis di vouri Wocha glei zun Schreina trång, und da Schreina, der machts etza, und na wiads inn Haus drin aufgmocht, dåma eigntlich amoi siat, wäi long daß då der Stamm aso drauf is und is Fäi dazou."

mer feinerzeit hat es im Rathaus gefunden in der alten Papierdokumentenkiste, da foll jetzt nach dem Finden des alten Papiers, foll unfer Haus schon 116 Jahre Gaftwirtschaft fein.
Und da habe ich doch voriges Jahr, habe ich doch den Rußbaum (Deckenbalken) herausgerisfen, da bift du ja auch mit schuld, da ift auch diefelbe Jahrzahl eingefchrieben, wann er es gemacht hat und von meinem Urgroßvater — diefes Stück, habe ich doch gefagt, follft du aufheben und follft es vom Schreiner machen laffen und follft es in die Mauer einmauern. Wo haft du es denn hingebracht?"
A. K.: „Ja, das habe ich schon aufgehoben gehabt, und dann habe ich es die vorige Woche gleich zum Schreiner getragen, und der Schreiner, der macht es jetzt, und dann wird es im Haufe drinnen aufgemacht, damit man eigentlich einmal fieht, wie lange daß da der Stamm so darauf ift und das Feld dazu."

Haufen

Kreis Gotha, Thüringen

Sprecher: G. H., Landwirt (83 J.) — K. H., Maurer u. Landwirt (74 J.)

K. H.: „No, Gustáf, du woorschdoch åchtznhunnertsächsnsächzch drizzen Johre alt. Då moßde dich doch kenn besenn, wie die Schlacht be Langnsalz woår. No, arzähl och emool wos drvonn!"

K. H.: „Na, Guftav, du warft doch 1866 dreizehn Jahre alt. Da mußt du dich doch befinnen können, wie die Schlacht bei Langenfalza war. Na, erzähle doch mal etwas davon!"

G. H.: „Ja, die Schlacht woar on än Meddwoche, on miä haddn gråde frei. Im Middåk simme metdn Schoulbäächrn nongrgelaufn bis noch Burkdonn u bis nach Graamdonn on wolln ons di Sochn ånsihe. Awer miä dorfdn nech hänn; miä moddn wädder zerick. No simme weddr zerickgelaufn. Un noochr glaaich n Noochmeddåk, då haddn si d Schlacht verloärn. Un di Hannoveråner kumen rinn gerockt bis noch Langnsaalze. Då stackdn de Kucheln noch, stäckdn di noch in Lechern.

N simme weddr reddur gelaufn. On die Hannoveråner kuemn rinn ins Daarf, stalldn de Gewähre hän. Do stuuen di Gewähre n vu Ballscht bis noch Huusn an enner Rih wägg. On de Hannoveråner wurn bekesdch, do wurdne Kouh geschlocht, ons Fleesch wurde verdeelt, on se verdeeldn de Kost. On d'annern Dåk koom nochn Mondeifl. Då wurdn se gefangen genomm on woor nochn abgereist; wo se hänkomm sin, je dos weß ich nu oo nich."

G. H.: „Ja, die Schlacht war an einem Mittwoch, und wir hatten gerade frei. Zu Mittag sind wir mit den Schulbüchern hinuntergelaufen bis nach Burgtonna und bis nach Gräfentonna und wollten uns die Sachen ansehen. Aber wir durften nicht hin; wir mußten wieder zurück. Nun sind wir wieder zurückgelaufen. Und nachher gleich den Nachmittag, da hatten sie die Schlacht verloren. Und die Hannoveraner kamen hereingerückt bis nach Langensalza. Da steckten die Kugeln noch, steckten die noch in den Löchern.

Nun sind wir wieder zurückgelaufen. Und die Hannoveraner kamen herein ins Dorf, stellten die Gewehre hin. Da standen die Gewehre nun von Ballstedt bis nach Hausen in einer Reihe weg. Und die Hannoveraner wurden beköstigt, da wurde eine Kuh geschlachtet, und das Fleisch wurde verteilt, und sie verteilten die Kost. Und den andern Tag kam dann Manteuffel. Da wurden sie gefangen genommen und wurde nachdem abgereist; wo sie hingekommen sind, ja das weiß ich nun auch nicht."

Oberefchenbach

B. A. Hammelburg, Unterfranken

Sprecher: Ph. R., Landwirt u. Gemeinderechner (55 J.)

„'s wår im Jåhr neinzehunnetundreiundzwannich, do wår ich Vårstand vo de Dahrlehskasse,

„Das war im Jahre 1923, da war ich Vorstand von der Darlehnskasse, und da haben wir eine

und do hemm'r a Offärte kregt
vo Würzburch, daß mer uns eine
Dreschgarnitur kaufn solln, und
zwâr sall di Garnítur kost fünfesiewezich Milljone. No, des wâr
ofangs Mee, mr' hemm noch so
ocht, verze Tooch gewart, un na
semmr zu firt, zu fift, semmr
nauf gforn. Wie mr nauf kumma
senn, hat de Gschäfsführe gsocht
,Fünfundzwanzich Prozent Auf-
schlooch, meine Herrn, nicht
fünfesiewezich Milljone, sonden
hunnetunsex Milljone.'
Auwau! Mr hamm enandr
ogeguckt und: ,Dä kenne mr nes
gemach' un senn har un senn in
,Schworza Adle' nei. 's wâr so
zirge Mittooch, un in ,Schworza
Adle' wollt mr Mittooch eß. Un
do litt de Speisekarte uffn Tisch
un da steat druff, es wengste
Mittoochesse viertausd .Mark.
Ei! Viertausd Mark, na dâfür
do essa mier ke Mittoochesse,
nix, un senn widr heem.

Dos wâr on siewezwannichstn
Mee; en ochtezwannichstn Mee
hon ich denn Verein zomm los
kumm und hobs ere gsocht:
hunnetunsex Milljone söll dä di
Dröschmaschina koust. Ei jei!
Hömm die geguckt un enannr
ogeglotzt. ,No', hon ich gsocht,
,gät widr heem.' En ochtezwannichstn Mee hon ich mein zwätte
Vârstand — hob i's denn gsogt:
,Fährscht de mit? De Dollaar
steicht noch, mir fâhrn uff
Würzburch nauf un käffe di
Maschine douch'. ,Ja', seet'r,
,ich fâhr mit.'

Offerte gekriegt von Würzburg,
daß wir uns eine Dreschgarnitur
kaufen sollen, und zwar soll die
Garnitur kosten 75 Millionen.
Nun, das war anfangs Mai, wir
haben noch so 8, 14 Tage gewartet, und da sind wir zu viert, zu
fünft sind wir hinaufgefahren.
Wie wir hinaufgekommen sind,
hat der Geschäftsführer gesagt:
,25% Aufschlag, meine Herren,
nicht 75 Millionen, sondern 106
Millionen.'

Auwau! Und da haben wir einander angeguckt und: ,Da können
wir nichts machen' und sind her
und sind in den ,Schwarzen Adler'
hinein. Es war so zirka Mittag,
und im ,Schwarzen Adler' wollten
wir Mittag essen. Und da liegt die
Speisekarte auf dem Tische und
da steht drauf, das wenigste Mittagessen 4000 Mark. Ei! 4000 Mark,
na dafür — da essen wir kein
Mittagessen, nichts, und sind wieder heim.

Das war am 27. Mai; am
28. Mai habe ich den Verein zu-
sammenkommen lassen und habe
es ihnen gesagt: 106 Millionen
soll da die Dreschmaschine kosten.
Ei jei! Haben die geguckt und einander angeglotzt. ,Na', habe ich
gesagt, ,geht wieder heim'. Am
28. Mai habe ich meinen zweiten
Vorstand — habe ich es dem
gesagt: ,Fährst du mit? Der Dollar
steigt noch, wir fahren auf Würzburg hinauf und kaufen die Maschine doch.' ,Ja', sagt er, ,ich
fahre mit'.

Do semm'r nåcher 'n neine-
zwannichstn Mee widr nauf
gforn. Nauf, wie mr hie kumma
senn, unteschriewe, hunnetsex
Milljone, ouf en langfristiche
Wegsel, zahlbår am sibtn
Oktobr neinzehunnetundreiun-
zwanzich. Und wie mesch unteschriewe hatte, fällt mr noch ei,
hon ich zu denn Geschäftsführe
gsocht: ‚Hearr C., vorbehaltlich
där Genähmichung dös Vereins.'
Socht där zur Antwort: ‚Ja, tut
mr leid, meine Herrn, dr Vetrach
ist untrzeichnet, dr Kauf ist
getäticht.'

No, na woarsch widr so Mittooch, semm'r widr in ‚Schwarze
Adle' nei, un då hat es Mittoochesse von vorhärgehende Tooch,
hat's nache achttause Mark
gekoust, viertausn Mark zuvår.
Un då hemm'r uns gsocht:
‚Heit werd Mittooch gesse, wu
di hunnetsex Milljone hie kumme
odr har, do söll ach di ocht-
tausend Mark hiekumm.'

Mir hemm vierze Tooch ge-
wart, un do krieng mr unner
Fahrgebührn. Und do hemm mr
noa noch fir diese ochttause Mark
und des Gäld, wo mr zweemoll
noch Würzburch vefahrn hemm,
hat mei Kolleech e Seidla Apfl-
mouscht defür kregt.

No, di Dröschmaschine hemm
mr krecht un — onfangs dr
Ärnte, wie mesch aufgestellt
hemm, hemm'r in erste Tôoch
vierze Zäntnr Garschte gedröscht
un hemm se — auf un nach

Da sind wir nachher am 29. Mai
wieder hinaufgefahren. Hinauf,
wie wir hingekommen sind, unterschrieben, 106 Millionen, auf einen
langfristigen Wechsel, zahlbar am
7. Oktober 1923. Und wie wir es
unterschrieben hatten, fällt mir
noch ein, habe ich zu dem Geschäftsführer gesagt: ‚Herr C., vorbehaltlich der Genehmigung des
Vereins.' Sagt der zur Antwort:
‚Ja, tut mir leid, meine Herren,
der Vertrag ist unterzeichnet, der
Kauf ist getätigt.'

Na, da war es wieder so Mittag, sind wir wieder in den
‚Schwarzen Adler' hinein, und da
hat das Mittagessen vom vorher-
gehenden Tag, hat es nachher
8000 Mark gekostet, 4000 Mark
zuvor. Und da haben wir uns
gesagt: ‚Heute wird Mittag ge-
gessen, wo die 106 Millionen hinkommen oder her, da sollen auch
die 8000 Mark hinkommen.'

Wir haben 14 Tage gewartet,
und da kriegen wir unsere Fahr-
gebühren. Und da haben wir nachher noch für diese 8000 Mark und
das Geld, das wir zweimal nach
Würzburg verfahren haben, hat
mein Kollege ein Seidel Apfel-
most dafür gekriegt.

Na, die Dreschmaschine haben
wir gekriegt und — anfangs der
Ernte, wie wir sie aufgestellt haben, haben wir den ersten Tag
14 Zentner Gerste gedroschen und
haben sie — auf und nach Ham-

Hammlburch. Un die veirze Zäntnr hemm owr scho mihr wie hunnetunsex Milljone gekoust. No, ocht, vierze Tooch drauf hob ich zum Rechnr gsocht: ‚Du, mir forn nauf un reegln unnr Sach, di mit dare hunnetsex Milljon, mr hemm da noch Geld üwr.'

Un dä hat dr Rechnr alli sei Papierscheili, Füneftausedmarkschei und Fünefmarkscheili — in ganze Rucksack voll zammgepackt un uff Würzburch.

Wie mr nauf kumme senn, secht de Derektr Schallr: ‚Ja, meine Härrn, gar nicht von Nötn, dr Wegsl leift bei dr Reichsbank, ist guet untegebracht, zahlbar am sibtn Oktobr neizehunnetundreiunzwanzich.' Wie mr dann nächet dann Wegsl eigelöast hemm en sibte Oktobr, hat es Schächtela Feiezeich mehr gekoust wie hunnetunsex Milljone. Gott sei Dank, die Zeitn, dasse vobei senn."

melburg. Und die 14 Zentner haben aber schon mehr wie 106 Millionen gekostet. Na, 8, 14 Tage darauf habe ich zum Rechner gesagt: ‚Du, wir fahren hinauf und regeln unsere Sache, die mit den 106 Millionen, wir haben da noch Geld über.'

Und da hat der Rechner alle seine Papierscheinlein, Fünftausendmarkscheine und Fünfmarkscheinlein — den ganzen Rucksack voll zusammengepackt und nach Würzburg.

Wie wir hinauf gekommen sind, sagt der Direktor Schaller: ‚Ja, meine Herren, gar nicht von Nöten, der Wechsel läuft bei der Reichsbank, ist gut untergebracht, zahlbar am 7. Oktober 1923.' Wie wir dann nachher den Wechsel eingelöst haben am 7. Oktober, hat die Schachtel Streichhölzer mehr gekostet wie 106 Millionen. Gott sei Dank, die Zeiten, daß sie vorbei sind."

Sprachinseln

Käsmark

Zips

ai ist mit langem a zu lesen

„Als Jong hobich en Wäibr gekennt, dr hat Gierkler gehäißn, und en Gierkler, wos se hoon Wäibr geruffn. Dr erschte hat gehat drai Siehn und äin Maidchn, met die ich mich vill geschpillt hob. Wennabr en Wentr bain

„Als Junge habe ich einen Weber gekannt, der hat Gürtler geheißen und einen Gürtler, den sie haben Weber gerufen. Der erste hat gehabt drei Söhne und ein Mädchen, mit denen ich mich viel gespielt habe. Wenn wir im Win-

Gierkler undrn Fenstr of der Ooplos warn und es hat schunt oongefangn tieserig zu weern, eser rausgekomm und hat gekreschn: Grege, Guste, Male, Pale! marsch ren! Mich hatr zwor nech geruffn, oobr ich sai met rengang; woor doch dr Guste main Schulkomerood. Dr Alte hat own Wäibschtuhl gesessen und hat flaißig die Schetz geschmessn, dr Greege und dr Guste hoon own Scheerrohm s Goorn ofgewecklt und die Oonscheer vorberäit; die Male hat of dr Terreferre geschpuult, und wenns en zwaitn Knetsch hat getäun, hob ich er e Gebendchen gemacht, doos woor äin Gangelchn. Dr Pale hat nischt geoorbt, dr hat s Katiesn gelehrt. Die Muttr oobr hat of dr Platt en grußn Kachläubn s Noochtmäuhl gekocht, gewäinlich Grulln oobr Demichkait, manchmal Suppe medn Tschusch, en Summr Aiergretz met Melich. Dr alte Gierkler hat hait schunt zwai Schmetz Laimt gewierkt, se hatr halt Fairäubnd gemacht, s Piepchen sich oongezong, woos met Lootschn gestoppt woor — off Tobak hats nech gelangt — und hat offs Noochtmäuhl gewoort. Säu eses bain Gierkler gegang Took bai Took."

ter beim Gürtler unterm Fenster auf der Ablaß (Flurname, sanfter Hügel) waren, und es hat schon angefangen düster zu werden, ist er herausgekommen und hat geschrien: Gregor, Gustav, Amalie, Paul! marsch herein! Mich hat er zwar nicht gerufen, aber ich bin mit hereingegangen; war doch der Gustav mein Schulkamerad. Der Alte hat auf seinem Webstuhl gesessen und hat fleißig das Webschiff geschmissen, der Gregor und der Gustav haben auf den Scherrahmen das Garn aufgewickelt und die Anschere vorbereitet; die Amalie hat auf dem Haspel gespult, und wenn es den zweiten Knatsch hat getan, hab ich ihr ein Gebindchen gemacht, das war ein Gangelchen ($^1/_6$, $^1/_4$ Stück Garn). Der Paul hat nichts gearbeitet, er hat den Katechismus gelernt. Die Mutter aber hat auf der Platte des großen Kachelofens das Nachtmahl gekocht, gewöhnlich Kartoffeln oder Demigkeit (Brotsuppe mit Schafkäse), manchmal Suppe mit einem Tschusch (Tonwort vom Eingießen des geschmolzenen Fettes in Wasser), im Sommer Eiergrütze mit Milch. Der alte Gürtler hat heute schon zwei Schmetz (Längenmaß) Leinwand gewebt, so hat er halt Feierabend gemacht, das Tabakpfeifchen angezündet, das mit Lattich (Huflattich) gestopft war — auf Tabak hat es nicht gelangt — und hat auf das Nachtmahl gewartet. So ist es beim Gürtler Tag für Tag gegangen."

Schäßburg

Siebenbürgen

„De Stodt Schäßprich es der Fueruert vum Grießkeakler Komitat e Siwwenbergen. Se loat um Eawer der grießn Keakl änd bestieht aus Uewerstodt, der esiegenanter Burg, uch Eangderstodt. .

Aus der Vergongenhiet der Stodt erzilt om sich noch verschidden Mären, de ien aus där Zeit, wä der Firscht Batori de Stodt belogert hot. Der Rootsherr Lukas Seiler wot ausgescheckt, em de Firschten zer Emkiehr ze bewiägen. Hi zug offem Iasel rejden aus der Stodt außn of de Stielä, wo sich det Loger vum Batori befånd. Wäa ower doer kåm äntten Firscht en ukrisch, hotta neta Meat, sejnien Offtråg auszerichtn, änd hi båtn uch nooch be Dageslecht en de Stodt ze kun, wel de Eangderbrojnjung vun de ville Lejden um Owent schwäar se wett. Drof zug e zereck en de Stodt, wo e met Vuarwirfen emfonga wott, wel e iegemaajchtig vuargegonge woor. Wä Batori båld .nohiär kään de Stodt zug, wot e mettem Kugelrään emfongen, änd wel em des Begressung net gefääl änd hi båld kä Kriene ku wuul, entschluß e sich en Emwiäg em de Stodt ze måchen.

„Die Stadt Schäßburg ist der Vorort (Hauptort) vom Großkofler Komitat in Siebenbürgen. Sie liegt am Ufer der großen Kokel und besteht aus Oberstadt, der sogenannten Burg, und Unterstadt.

Aus der Vergangenheit der Stadt erzählt man sich noch verschiedene Mären (Geschichten), die eine aus der Zeit, wie der Fürst Batori die Stadt belagert hat. Der Ratsherr Lukas Seiler wurde ausgeschickt, um den Fürsten zur Umkehr zu bewegen. Er zog auf einem Esel reitend aus der Stadt hinaus auf die Steilau, wo sich das Lager vom Batori befand. Wie er aber dorthin kam und der Fürst ihn anschrie, hatte er nicht den Mut, seinen Auftrag auszurichten, und er bat ihn auch noch bei Tageslicht in die Stadt zu kommen, weil die Unterbringung von den vielen Leuten am Abend schwer sein würde. Darauf zog er zurück in die Stadt, wo er mit Vorwürfen empfangen wurde, weil er eigenmächtig vorgegangen war. Wie Batori bald nachher gegen die Stadt zog, wurde er mit einem Kugelregen empfangen, und weil ihm diese Begrüßung nicht gefiel und er bald nach Kronstadt kommen wollte, entschloß er sich, einen Umweg um die Stadt zu machen.

Änd uch e späteren Zejden es öt nor met Lest geleangen, de Stodt enzeniähm; de Befäästigung wâr asie geat, dot se mänetlong e jedder Belogerung stånd hålde keankt."

Und auch in späteren Zeiten ist es nur mit List gelungen, die Stadt einzunehmen; die Befestigung war so gut, daß sie monatelang einer jeden Belagerung standhalten konnte."

Mitterdorf

Gottscheerland

„De Hoarnpargera hout a back a tiäfen Prünne belt gruubm. Bi ar nüä weertik gebaan ischt, hontscha in Prünngruba bieder an Tog belt pefeadan. Uwer biä unstell? A Leuter hontschei et uubm belt lussn, bei schei gewiächtet hont, schei zadrukchnt in Urbeita atiedn in der Winschter. Endlich hontschei a güetn Gedonkchn pekaam. Iebern Prünne hontsche a tikei Stonge gelait; nüe hotta steerkschte Hoarnparga schi mit päaden Häntn wescht an de Stonge ungehubet üjnt schein Keapa wrei uubm in Prünne lussn hongen. „Nüe kimm oinder har üjnt horschl an mir uubm, otter nöch an onderer üjnt aschö beiter, pißa ber uubm afn Grüjnt kamen. Ahödre kon otter de Prünngruba leichte äuarockln." Der Gedonke bar alschö gonz güet gebaan. Uwer kamer hot schi dar dritte Hoarnparga uubm gelussn, hont am öberschtn de Hänte schon beah getoon. „Mander", schuget ar, „Mander, burtn

„Die Hornberger haben einmal einen tiefen Brunnen wollen graben. Wie er nun fertig gewesen ist, haben sie den Brunnengräber wieder an den Tag wollen befördern. Aber wie (das) anstellen? Eine Leiter haben sie nicht hinunter wollen lassen, weil sie gefürchtet haben, sie zerdrückten den Arbeiter dort unten in der Finsternis. Endlich haben sie einen guten Gedanken bekommen. Über den Brunnen haben sie eine dicke Stange gelegt; nun hat der stärkste Hornberger sich mit beiden Händen fest an der Stange angehalten und seinen Körper frei hinunter in den Brunnen lassen hängen. „Nun komme einer her und klettere an mir hinunter, dann noch ein anderer und so weiter, bis wir hinunter auf den Grund kommen. So kann dann der Brunnengräber leicht herausklettern. Der Gedanke wäre also ganz gut gewesen. Aber kaum hat sich der dritte Hornberger hinunter gelassen, haben dem obersten die Hände schon weh getan.

tüet a pesele, i miß mer in de
Hänte schpeibm, asi weschter
un ken pockchn!" Uwer biä ar
de Hond wrei gelussn hot, üm
dräuf ze speibm, hot ar de
Stonge et mear ken dereuchn
üjnt olle drei Päuen hent uubm
in de Winschter gewoll üjnt hent
biä de Prünngruba atiedn ze-
grüjnt gegean.

„Männer", fagt er, „Männer,
warten tut ein bißchen, ich muß
mir in die Hände fpucken, daß ich
fester an kann packen!" Aber wie
er die Hand freigelaffen hat, um
drauf zu fpucken, hat er die Stange
nicht mehr können erreichen und
alle drei Bauern find hinunter in
die Finsternis gefallen und find
wie der Brunnengräber drunten
zugrunde gegangen.

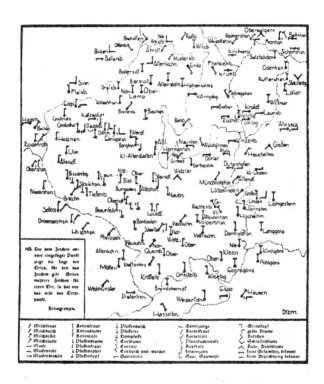

1 Die Namen des Löwenzahns (Leontodon taraxacum) im Kreise Wetzlar

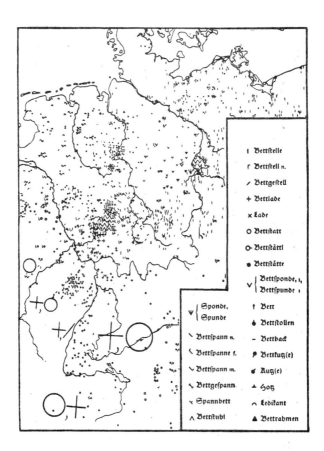

2 Die Bezeichnungen für „Die Bettstelle" in den
deutschen Mundarten

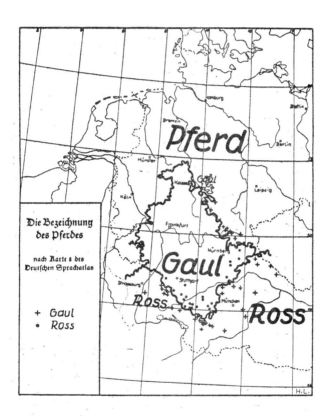

3 Die Bezeichnungen des Pferdes in den deutschen Mundarten

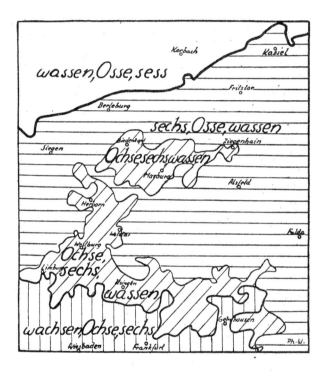

4 Die Abstufungen zwischen hochdeutsch Ochse, wachsen, sechs
und niederdeutsch Osse, wassen, sess in Hessen

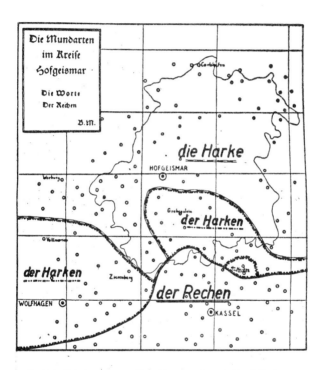

5 Die Bezeichnungen für „Rechen" im Kreise Hofgeismar

6 Die Arbeitsgebiete der Mundartwörterbücher

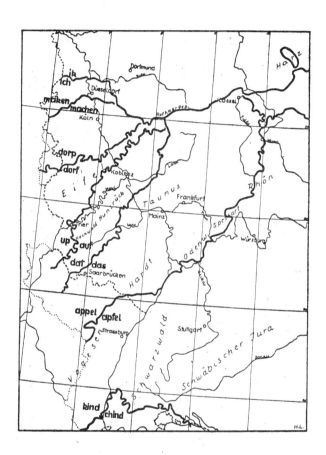

7 Der rheinische Fächer

514

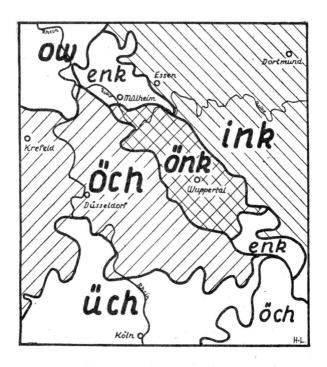

8 Die Mischform önk

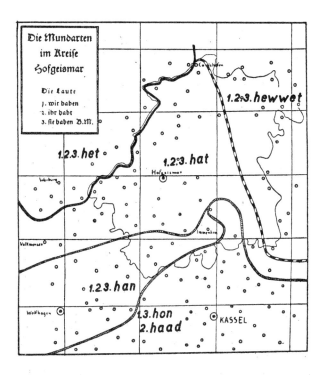

9 Die Mehrzahl der Gegenwartsform von „haben"
im Kreise Hofgeismar

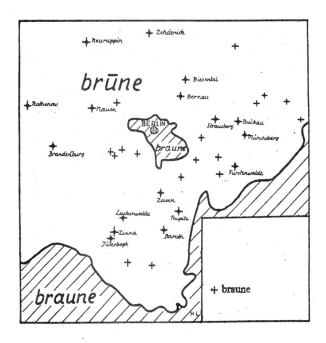

10 Das Vorrücken von mitteldeutschen (zugleich schriftdeutschen) Formen um Berlin

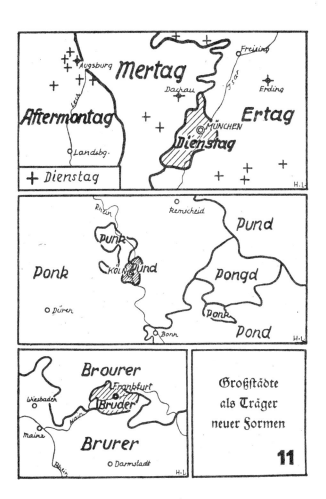

Großstädte als Träger neuer Formen

11

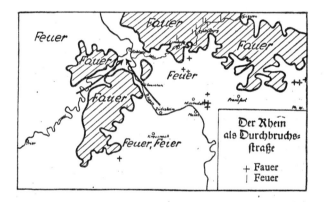

12 Der Rhein als Durchbruchstraße neuer Formen

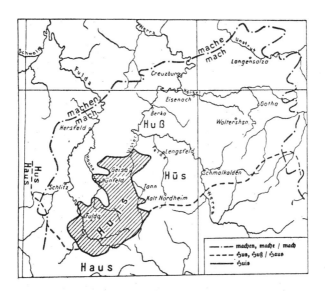

13 Sprachlich erschlossene Urheimat der Gemeinde Závod
(Tolnau) in Ungarn

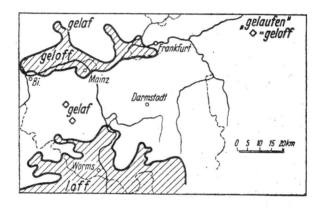

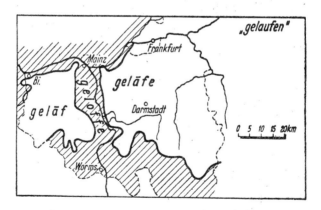

14 Durchbruch der Form *geloffe* im Zeitraum von 1880 (oben)
bis 1930 (unten)

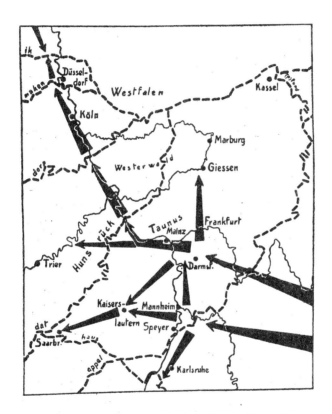

15 Sprachbewegungen in Westdeutschland, schematisch

16 Die Siedlungsnamen auf -büttel, -leben und -borstel
(Nach Seelmann, Siefel u. a.)

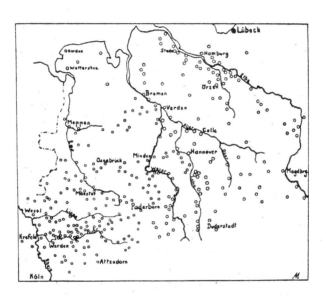

17 Einzugsgebiet der Bevölkerung von Lübeck bis 1350
nach den Herkunftsnamen

(Vgl. Bahlow, Teuthonista IX, 222)

524

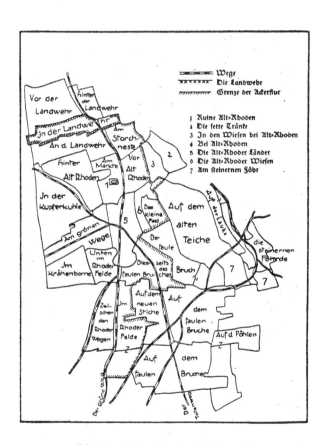

18 Die Landwehr von Alt-Rhoden

19 Die Großräume der deutschen Mundarten

Die hochdeutsche Mundartdichtung

A. Einleitung

Die aufblühende Mundartforschung der letzten Jahrzehnte hat
Sinn und Wert, Gehalt und Grenzen der Mundart im Bereich des
gesamtdeutschen Sprachwesens in neue Beleuchtung gerückt. Wir
sehen jetzt klarer als vergangene Zeiten, die von dem Vorurteil nicht loskamen, daß Mundart verderbtes Hochdeutsch sei,
daß sie ein ganz selbständiger Lebenskreis ist, der ein eigenes Recht auf volle Würdigung hat. Insbesondere hat man erkannt, daß der einfache Bauer und Arbeiter seit Jahrhunderten
sein Leben und Wirken, sein Herz und Gemüt in der Mundart ausgedrückt hat und noch ausdrückt, daß die Mundart für ihn auch
die engere Heimat bedeutet und ihm deren Segen verständlich
macht.

Das wird besonders deutlich in den Gebieten, wo die Bauern
sich gegen fremdes Volkstum wehren müssen: hier wird die Mundart Symbol der volklichen Zugehörigkeit und des bitteren Kampfes um die Behauptung der deutschen Art und der Heimat.

Die Mundart ist ja der Urgrund des deutschen Sprachlebens
überhaupt. Sie ist zugleich gewissermaßen der erstarrte Ausdruck vergangener Zeiten, die in ihren Grundlagen bäuerlich
und landgebunden waren, in denen bodenverwurzeltes Denken
und nachbarliches Gemeingefühl noch alle Volksteile erfüllte.
Sie ist andererseits aber auch sprudelndes Leben, das gegenüber der durch strenge Vorschriften gezügelten Hochsprache
unbekümmert dahinströmt. Während die Hochsprache zu scharfen
Begriffen, zu klar bestimmter Ausdrucksweise strebt, weil sie
allen verständlich sein will, sucht die Mundart die Vielgestaltigkeit des täglichen Kleinlebens besonders im ländlichen
Kreis einzufangen. Dazu bedient sie sich ihrer urgewaltigen
Schöpferkraft, die immer neue Worte und Wendungen schafft,
die aus bestimmten Lagen hervorwachsend vergehen, wenn sie
nicht von mehreren in den Wortschatz aufgenommen werden. Der
überreiche Teppich sprachlicher Fülle, der sich damit von selbst
webt, ist ein farbenprächtiges Abbild des überquellenden Reichtums sprachlichen Schöpfertums im deutschen Land.

Die Mundart ist aber auch, wie die neuere Forschung erwiesen
hat, ein wertvoller Niederschlag der geschichtlichen Schicksale in den verschiedenen deutschen Landschaften. Gegensätze
der natürlichen Räume, der Abstammung, der staatlichen und
kirchlichen Geschichte zeichnen sich in ihr ab. Daraus erwächst das eigenartige, die Begrenzung der einzelnen Mundarten
ergebende Mosaikbild, das die Karten des Deutschen Sprach-
und Wortatlasses in Marburg/L. darbieten.

Es ist so eine besondere, aber kleine Welt, in der die Mundarten wirken und leben, eingebettet in den Zauberkreis des Hei-

matlichen, im ganzen gesehen abgeschlossen gegen fremde Einflüsse, sich selbst genug.

Begriff und Grenzen der aus diesem Born der Mundarten hervor-
quellenden Mundartdichtung setzen sich damit von selbst.

Diese Urkraft der Mundart hat sich zu allen Zeiten in unbe-
wußter Dichtung Ausdruck gesucht und gefunden in den ungezähl-
ten Bildern der Redensarten und Sprichwörter, in den Volks-
reimen, Volksliedern, Erzählungen, Märchen, Schwänken, auch
vielleicht in dramatischen Szenen aus dem Stegreif. Weil das
alles ein Besitz war, den man sicher hatte, drängte niemand
zur Aufzeichnung. In den Zeiten der Herrschaft der drei heiligen Sprachen (Latein, Griechisch, Hebräisch), der besonders
die geistig führenden Schichten untertan waren, war zudem
dieser ganze Bereich der Volkssprache verachtet wie die Träger
selbst.

Luthers Bibelübersetzung ist die befreiende Tat für die Entwicklung eines neuen deutschen Sprachlebens überhaupt gewesen.
Weil er die Aufgabe, dem Volke verständlich zu sein, so ernst
nahm, den Geist der Muttersprache deshalb treu zu erfassen
suchte, um dem einfachen Volksmenschen die Heilige Schrift
zum Hausbuche zu machen, zerschlug er die Schranken, die Ge-
lehrtendünkel um die Volkssprache aufgerichtet hatte, öffnete
den Weg zu einer Einheit schaffenden Hochsprache wie zu einer
neuen Beurteilung der Mundart.

Aber der Kampf um die Durchsetzung der Hochsprache war
schwer. Es ist kein Wunder, daß er von den Vorkämpfern
der Hochsprache mit aller Schärfe und Einseitigkeit
geführt wurde. Das hatte zur Folge, daß man die Urkraft der Mundart zunächst falsch einschätzte (vgl. die
Urteile etwa SCHOTTELs, GOTTSCHEDs und ADELUNGs über
die Mundart bei SOCIN S. 339, 374, 408), sie nur als
Gegnerin der Einheit sah und deshalb beiseite schob.

Es ist aber wiederum bezeichnend, daß die Schweizer BODMER
und BREITINGER im Kampfe gegen GOTTSCHEDs sprachliche und literarische Grundsätze und Einseitigkeiten der Mundart ihr
Recht zurückgewinnen halfen. Sie hatten erkannt, daß die
Mundart das Quellwasser ist, aus dem die Hochsprache immer
wieder gespeist werden muß, um nicht zu erstarren, daß in dem
mundartlichen Bereich auch wertvolle sittliche Kräfte vorhanden sind, die aus stammheitlichen Quellen kommen und erhalten
werden müssen. Hier in der Schweiz wirkte sich die Mundart
als Kampfmittel gegen die Verwelschung aus, hier war sie auch
ein Schirm für die mühsam erkämpfte Schweizer Sonderart, und
ist es heute noch; hier hatte der zähe Kampf um die Selbstbehauptung den heimatverwurzelten Kantönligeist geweckt, der
von der Mundart nicht lassen konnte und wollte. Aus diesen
Kämpfen erwuchs in der Schweiz eine Achtung und Liebe zur
Mundart, die eine Blüte der Mundartdichtung heraufführte, und
die auch die Selbständigkeit der Mundartdichtung für immer,
auch für andere Landschaften, erstritt (HOLDER).

Solange die Mundartdichtung nicht gedruckt war, lief sie mit
in dem unterirdischen, von Mund zu Mund weitergegebenen Strom

der Volksdichtung überhaupt, der leider zum größten Teil verloren ist. Sobald aber einmal ein solches Werk gedruckt vorlag, gelesen werden konnte, rückte es in ein ganz neues Licht. Es wirkte nun auch als Vorbild und Form, die zur Nachahmung reizte. Wenn das Lesen zunächst nur die heimatverbundenen Gebildeten anging, so wirkte es doch auch durch Vortrag auf die Bauern zurück.

Von den Anfängen her hat es unbewußte und bewußte Dialektdichtung gegeben. Bei der letzteren ist wieder zu scheiden zwischen den Dichtern, die in ihren Werken nur ihr Verwurzeltsein im Mundartbereich ausdrücken wollen (etwa Hebel), und zwischen den Dichtern, die von politischen, pädagogischen oder unterhaltenden Zwecken aus eine bestimmte Wirkung bei den Mundartsprechern erzielen wollen. Etwas anders steht es noch um die Dichter, die in der Hochliteratur eine Rolle spielen und die Mundart nur als realistisches Kunstmittel verwenden (etwa Gehart HAUPTMANN).

Bei allen guten Dichtern ist die Beeinflussung durch hochsprachliche Vorbilder und Strömungen literarischer Art gering, weil die Verständlichkeit im Mundartbereich, der ganz andere Ansprüche stellt, bestimmend ist. VON GREYERZ hat mit Recht darauf hingewiesen, daß die Mundartdichtung ihre Selbständigkeit darin bekundet, daß sie eine ganz andere Reihenfolge der literarischen Gattungen im geschichtlichen Ablauf anwendet, daß sie eigene, der Hochsprache fremde Gattungen kennt, und daß sie im Inhalt stets real und gegenwartsnahe bleibt.

Obwohl die Mundartdichter meist aus den gebildeten Schichten der Städte stammen - Bauern als Dichter sind selten, weil ihnen die Übung im Schreiben abgeht -, sind sie doch, soweit sie aus innerer Nötigung heraus schaffen und nicht um Broterwerb, eben der Heimat verfallen, wollen ihr Liebe und Hingabe darbringen.

Nur wenige sind freilich hier wirklich berufen; denn zwei Dinge sind notwendig, um zu den echten Dichtern gezählt zu werden: dichterische Begabung und innigstes Vertrautsein mit der Mundart und ihrem heimatlich bestimmten Leben. In einer erlernten Mundart zu dichten, in die man nicht hineingeboren ist, ist von vorneherein abwegig. Echte Dichter bleiben aus ihrer Berufung heraus in den durch die Mundart und ihren Lebenskreis gesteckten Grenzen. In allen Landschaften benutzen viele Dichterlinge und Spaßmacher die Mundart, um sich wichtig zu machen oder Geld zu verdienen. Diese bleiben in den folgenden Kapiteln möglichst unberücksichtigt.

Sobald nun im Laufe der Entwicklung der deutschen Dialektdichtung die Dichter in die Weite zu wirken suchen, geben sie die unverfälschte Mundart auf, nehmen auf den weiteren Leserkreis Rücksicht in Lautform, Wortwahl und Satzverbindung und entwickeln so im kleinen verfeinerte, veränderte Formen der Mundart, die den Stufen der Umgangssprache nahe kommen.

Was für die Mundart überhaupt gilt, gilt auch für die Mundartdichtung: sie ist nicht ein bloßes Spiel, sie hat ihre tiefe innere Berechtigung (BEHAGHEL), sie erweitert den Kreis der

Poesie, ihrer Stoffe, ihrer Darstellungsmittel und ihres Stils
(A. HAUFFEN).
In allen Zeiten haben die Dialektdichter mit den Schwierigkeiten der Rechtschreibung zu ringen, weil die Schriftzeichen
der Hochsprache für die lautlichen Feinheiten der Mundarten
nicht ausreichen. In ihrem Heimatwirkungskreis bleiben sie
auch mit unzulänglicher Wiedergabe der Laute immer verständlich, die Fernwirkung ist allerdings erschwert. Die Kunstformen müssen mit Rücksicht auf die schlichten Leser und Hörer
einfach sein, aber auch deshalb, weil die Forderungen der
Metrik und Rhythmik in den vielgestaltigen mundartlichen Formen oft nur schwer oder gar nicht zu erfüllen sind. Prosa ist
deshalb meist im Bereich der Dialektdichtung der klarste Ausdruck des Gewollten.
Die hochdeutsche Mundartdichtung hat, wie die Durcharbeit ergeben hat, andere Lebensgrundlagen als die ndd. Bei dieser bewirkt die ältere lautliche Formgebung einen starken Gegensatz
zur entstehenden Schriftsprache. Der ndd. sprechenden Welt
war von vorneherein die Frage gestellt: Wollt Ihr an der angestammten Muttersprache festhalten oder wollt Ihr die neue,
hauptsächlich von dem tiefen Erlebnis der lutherischen Reformation nahegelegte Schriftsprache annehmen? Die Gewalt des geistigen Ideenkampfes führte zur Aufnahme der Sprache Luthers
und setzte die angestammte Sprache beiseite. Diese saß aber in
den Herzen so fest, bei Gebildeten und Bauern, daß es Jahrhunderte dauerte, bis eine volle Durchsetzung erreicht war.
Besonders die letzten 80 Jahre aber haben mit ihrer steigen-
den Industrialisierung dahin geführt, daß die ndd. Gebildeten
wankend geworden sind und die Mundart vernachlässigt haben.
Das Zeichen dafür ist die Entstehung von "Heimatbewegungen",
die den Zerfall aufhalten sollen. Die Gebildeten aber, die
der alten Art treu bleiben, suchen mit Trotz und Kampfeslust
die ndd. Mundart als selbständige Schriftsprache zu erhalten
und als Ausdruck aller Gefühle zu bewähren. Deshalb greifen
sie auch zu den Kunstmitteln der Hochliteratur, suchen Höchst-
leistungen zu erzielen, die eigentlich über den Rahmen, der den
Mundarten nun einmal gesetzt ist, hinausgehen.

Das ist im Süd- und Mitteldeutschen anders.. Da ist der Gegensatz zur Schriftsprache nicht so schroff, oft wenig oder gar
nicht empfunden. Hier ist daher kaum etwas zu spüren von den
Großbewegungen der hochsprachlichen Literatur. Der reale Boden
der Mundarten ist die Grundlage, aus dem die schlichte, oft
nur dem einfachen Unterhaltungsbedürfnis des Landvolks dienende
Dichtung fließt.

Deshalb empfiehlt sich für diese landschaftlich gebundene,
durch den Verständlichkeitsbereich der verschiedenen Mundarten
begrenzte Dichtung eine Darstellung nach ihren Kleinräumen.
Dafür wird, ohne kleinliche Übertreibung, die Einteilungskarte
der deutschen Mundarten, wie sie Ferd. WREDE aus den Karten
von G. WENKERs 'Deutschem Sprachatlas' entwickelt hat, zugrun-
degelegt; sie ist im 'Deutschen Sprachatlas' (hrsg. von WREDE,
MITZKA, MARTIN seit 1926) als Karte 56 gedruckt.

Die zünftige Literaturwissenschaft hat lange die Dialektdich-

tung überhaupt nicht beachtet, höchstens da, wo sie in die
hochsprachliche Welt hineinragte. Nur die landschaftliche Literaturgeschichte (etwa R. KRAUSS für Schwaben) hat sie berücksichtigt. In neuerer Zeit erst hat J. NADLER die bewußte Mundartdichtung in die große Übersicht des literarischen Schaffens
des Gesamtvolkes einbezogen und so der Forderung heimatverwur-
zelter Männer wie A. HOLDER, R. KRAUSS, O. v. GREYERZ, A.
HAUFFEN, W. NAGEL u. a., daß diese Lebensäußerung des Land-
volkes und des Kleinbürgertums ihr Recht haben müsse, Rechnung getragen.

Die Dialektdichtung ist in ihren Zusammenhängen vor den Zer-
störungen, die der unglückliche Ausgang des Krieges hinterlassen hat, behandelt. Die neue Dichtung der Vertriebenen ist
noch unübersehbar, teils schwer zugänglich.

B. Die hochdeutsche Mundartdichtung

I. Die oberdeutsche Mundartdichtung

a) Die alemannische

1. *Die Schweiz*

Otto v. GREYERZ hat 1924 die Mundartdichtung der deutschen
Schweiz geschichtlich dargestellt. Er weist nach, daß sie ein
getreues Abbild des Denkens und Fühlens des Schweizer Volkes
ist. Gerade in der Schweiz lassen sich die Grenzen der mundartlichen Dichtung scharf beobachten, weil dem Schweizer die
Mundart zugleich ein Symbol seiner nationalen Besonderheit
ist, die allen Ständen oben und unten bewußt ist. Deshalb
sind auch die Vertreter der Mundartdichtung aus allen Ständen
hervorgewachsen, vom Gelehrten bis zum Bauern. Einige von ihnen sind auch in der gesamtdeutschen Literatur anerkannt. Gerade dadurch ist eine innige Verflechtung der mundartlichen
Dichtung mit der schriftdeutschen und eine gegenseitige Befruchtung gewährleistet. In der Schweiz läßt sich auch die
selbständige Stellung der Mundartdichtung an den eigenen Gattungen, im Dramatischen an den Alp- und Sennenfahrten, Berg-
kilbenen, Stubeten, im Lyrischen an den Küherliedern, Kühreihen usw. sowie an dem Festhalten der altbewährten einfachen Kunstformen klar erkennen. Auch der Gang ihrer Entwicklung ist eigenartig; sie beginnt mit der Lyrik, geht dann
zur Erzählung und kommt erst am Ende des 19. Jhs. zum Drama.
Eine greifbare Beeinflussung von seiten der gemeindeutschen
Literatur zeigt sich eigentlich nur in Usteris Idyllen, die
von dem Niederdeutschen Voß angeregt worden sind.

Was an Volksdichtung der älteren Zeit aufgezeichnet worden
ist, Volkslieder und Volksschauspiele, gibt nur gelegentlich
der Mundart stärker nach; so z. B. das bekannte Simelibärg-
Lied und der älteste Schwyzer Kühreihen von 1750. Ein breiter
Strom von Liebesliedern, Küherliedern, Bergliedern, Neck- und
Spottliedern (Stomperli, Lumpeliedern) muß immer vorhanden
gewesen sein, der allerdings nur zufällig hier und da einmal
in einer Niederschrift aufleuchtet.

Der erste faßbare Dichter von mundartlichen Gedichten ist
Karl Stephan GLUTZ, Schultheiß von Solothurn, dessen Ballade
'Klaus von Wengi' (1763) und das 'Zuzügerlied' noch zu der
naiven Volksdichtung zu rechnen sind. Aus dieser Quelle der
Volksdichtung schöpften auch zwei Luzernische katholische
Geistliche, Josef INEICHEN (1745 - 1819) und Jost Bernhard
HÄFLIGER (1759-1837). Beide dichteten zu zufälligen Gelegen-
heiten, nicht von HEBEL, wie behauptet worden ist, abhängig,
ohne literarische Absichten. INEICHEN trug seine Texte mit
den von ihm erfundenen Weisen selbst vor. Er travestierte
auch die Schöfungsgeschichte ins Derbbäuerliche in seinem
'Paradies' (1809). Beide stehen offensichtlich unter dem
Einfluß ihres schwäbischen Amtsbruders Sebastian SAILER
(s. unten), der es auch nicht verschmähte, Gottes Wort unter
dem Volke in dessen Sprache und Sinnesart zu verkünden. HÄF-
LIGER war gebildeter als INEICHEN; er wollte volkserziehe-
risch wirken. Seine 'Lieder im helvetischen Volkston' (1801)
sollten das Bauernvolk bei der Arbeit begleiten, ins Volk gehen und Volkslieder werden. Auch er schuf die Melodien zu
seinen heute meist vergessenen Zeitgedichten unter Anlehnung
an volksläufige Lieder selbst. Gottlieb Jacob KUHN aus Bern
(1775-1849) und Alois GLUTZ aus Olten (1789-1827) waren wie
INEICHEN und HÄFLIGER Dichter und Sänger zugleich. KUHNs
'Volkslieder und Gedichte' (1806) wollten auch dem Volksge-
sang aufhelfen. Er ist gefühlsseliger als die andern, nimmt
auch zu politischen Ereignissen Stellung. Der blindgeborene
GLUTZ zog als fahrender Sänger mit seinen innigen, selbst ver-
tonten Liedlein durchs Land. In fast kindlichen Tönen preist
er die Heimatnatur, das Glück der Liebe, das Leben auf den
Bergen; keine Klage über sein schweres Los verstimmt seine
Leier. Viele davon sind zu Volksliedern geworden. Neben diesen
Volkssängern sind noch die Gedichte des Philologieprofessors
Johann Rudolf WYSS jr. (1781-1830), Bern, zu nennen, dessen
"Härz, mis Härz, warum so trurig? Und was soll das Ach und
Weh?" noch heute lebt. Er gab mit HÄFLIGER und KUHN den
Schweizer Almanach 'Die Alpenrosen' (1811 ff.) heraus.

Wirkten die Lieder mit ihren volksmäßigen Melodien weit ins
Volk hinein, so sind die Idyllen in der Schweiz von den berühmten Mustern VOSSens und HEBELs angeregt, werden aber kaum
volkstümlich, weil sie in Hexametern verfaßt sind.

Johann Martin USTERI (1763-1827) war mit WYSS befreundet und
Mitarbeiter der 'Alpenrosen'. Er ist der Begründer der Idyllen
in der Schweizer Mundartdichtung mit seinem 'De Herr Heiri'
(1807). Ein wohlhabender junger Mann bewirbt sich um ein ar-
mes Mädchen, das er allen Widerständen zum Trotz gewinnt. Die
ländliche Idylle 'Vikari' läßt aber gerade die schlichte Natürlichkeit des Landlebens vermissen; in beiden Werken ist
Usteri in realistischer Kleinmalerei stecken geblieben. Tiefer
in Natur und Volk verwurzelt ist August CORRODI (1826-1885).
Seine drei Idyllen 'De Herr Professor' (1857), 'De Herr Vikari'
(1858), 'De Herr Doktor' (1860) sind zwar nicht immer klar gegliedert, zeichnen sich aber durch saubere Charakterzeichnung
und gesunden Humor aus. Das Basel-Gebiet bringt der Pfarrer
Jonas BREITENSTEIN (1828-1877) in vertiefter künstlerischer

Auffassung mit seinen beiden Idyllen 'De Herr Ehrli' (1863)
und ''s Vreneli us der Bluematt' (1864) zu Ehren. Zu nennen
wären noch der St. Galler Josef Anton HENNE (1798-1870), der
besonders Sagen in Mundart schrieb, der Aargauer Arzt Dr. Rudolf MÜLLER, der Glarner Pfarrer Bernhard BECKER (1819-1879)
und die Basler Karl Rudolf HAGENBACH (1801-1874) und Wilhelm
SENN (1845-1895).

Die lyrische Dichtung beginnt mit G. J. KUHN, der sich schon
vor HEBEL der Dichtung zugewandt hatte. HEBELs Erfolg ermutig-
te ihn, seine Werke herauszugeben. Von HEBEL beeinflußt ist
offensichtlich der Lehrer Johann Jakob RÜTLINGER aus dem Ober-
toggenburg (1790-1856). Seine 'Ländlichen Gedichte' sind echt,
oft etwas überschwenglich. Er starb in Amerika, wohin ihn die
Not getrieben hatte. Es ist natürlich, daß HEBELs Meisterwerk
gerade in Basel eine tiefe Wirkung hervorrief. Vier Gelehrte,
Karl Rudolf HAGENBACH, Jakob MÄHLY (1828-1902), Theodor MEYER-
MERIAN (1818-1863) und der große Kulturforscher Jakob BURCK-
HARDT (1818-1897), zollten der Verbundenheit mit Volk und Heimat in Mundartdichtungen ihren Tribut.

Auf hoher Stufe steht in der Schweiz auch das Kinderlied.
USTERI, Johannes STAUB, Eduard SCHÖNENBERGER haben es gepflegt.
Auch das Kindertheater in Mundart ist durch August CORRODI,
Jakob KUONI, Ernst ESCHMANN und Josef REINHART gut gefördert
worden.

Die Anfänge dramatischer mundartlicher Dichtung lagen in den
alten Bauerngesprächen und in den besonders in den katholischen Gebieten gepflegten Volksschauspielen, von denen allerdings so gut wie nichts auf uns gekommen ist.

Ein geborener Dramatiker war der Züricher Jakob STUTZ (1801 bis
1877), dessen 'Gemälde aus dem Volksleben, nach der Natur aufgenommen und getreu dargestellt in gereimten Gesprächen Zürche-
richer Mundart' (1831, 1836-1856) leider nicht den rechten
Widerhall fanden, weil die städtischen Kreise und die Bauern
seiner Heimat ihn schroff ablehnten. Er hielt ihnen zu unbarmherzig den Spiegel der Wahrheit vor. Einige seiner Lustspiele
werden aber noch heute gespielt. STUTZ blieb mit seinen rea-
listischen Sittenstücken ohne Nachfolger. Von GREYERZ führt
als Grund dafür den Widerstand an, den die reformierte Geist-
lichkeit gegen das Theaterspiel überhaupt leistete.

Erst um 1870 kommt es zu einem neuen Anfang, der in dem Aufblühen des Vereinslebens der größeren Städte seine Wurzeln
hat. Die Vereine schufen und erhielten ein Liebhabertheater,
das ohne hohe künstlerische Ansprüche der Unterhaltung genügte
und die Freude an der Mundart wachhielt. In Zürich schrieb
Heinrich CRAMER, August CORRODI, W. F. NIEDERMANN (1841-1906),
Leonhard STEINER (1836-1920); in Bern Fritz EBERSOLD, in Basel
Rudolf KELTERBORN und Fritz AMSTEIN, in Schaffhausen Arnold
NEHER. Der Strom dieser Unterhaltungsstücke fließt bis in
unsere Tage ununterbrochen weiter. In den letzten Jahrzehnten
war Paul APPENZELLER besonders fruchtbar.

Höheren Zielen strebte Arnold OTT (1840-1910), Luzern, zu, der
in seinem Volksschauspiel 'Karl der Kühne und die Eidgenossen'

(1897) die Mundart in wirkungsvoller Weise zur Charakteristik
der Urschweizer heranzog und damit das Mundartdrama auf eine
höhere Stufe hob. Das gleiche versuchten der bernische Pfarrer
Ernst MÜLLER und Arnold HEIMANN (1856-1916) sowie Otto v.
GREYERZ (1863-1940). Um die Jahrhundertwende gewinnen Alfred
HUGGENBERGER (geb. 1867) und Karl GRUNDER den besonderen Bei-
fall der Schweizer. Karl GRUNDER läßt die urwüchsige Mundart
des Emmentals voll ausspielen. Einen wichtigen Anteil an dem
Aufschwung der mundartlichen Dramatik haben die heimatverbun-
denen Frauen, Frau OSCHWALD-RINGIER, Frau DIETZI-BION, Frau
Emilie LOCHER-WERLING, L. BOUTIBONNE, Interlaken, Frau Eva
NADIG, Chur, Frau Elise LEUTHOLD-WENGER.

Das gereimte Drama hat Dominik MÜLLER (geb. 1871; Deckname
für Dr. Paul SCHMITZ), Basel, zur Vollendung gebracht und den
eigenartigen Baseler Stadtgeist hineingezaubert. Ebenso wirkungsvoll ist C. A. BERNOULLI (1868-1937), Jakob BÜHLER (geb.
1882); Schaffhausen, greift mit scharfer Satire in den Kreis
der unteren Schichten hinein. Auf hoher Stufe steht auch das
Werk Adolf SCHÄRs (geb. 1889), Paul HALLERs, die beide sittliche Probleme zu meistern suchen.

Das Lustspiel fördern Andreas ZIMMERMANN (1869-1943), Maria
WINKLER-LEN (1875-1949), Luzern, Theodor BUCHER, Ernst ESCH-
MANN (1886-1953), Zürich, Fred STAUFFER, Bern. Eine eigene
Rolle spielen die gemütvollen, von Witz übersprudelnden Volks-
stücke von Simon GFELLER (1868-1943), Bern, der auch ernste
Töne kennt. Weitere Namen müssen übergangen werden.

In all diesem ernsten und heiteren mundartlichen Spiel, das
viele begeisterte Zuschauer findet, bekundet sich der eigenartige, in keiner Landschaft so lebendige Gemeingeist, der
alle Schweizer bindet.

In Bern erwachsen in der Zeit von 1860 bis 1880 aus den An-
fängen INEICHENs und HÄFLIGERs Verserzählungen, die in freier
Strophenform und in Anknüpfung an die alten historischen
Lieder Volkssagen dem Volke nahebringen. So wirken J. C. OTT,
Johann Jakob ROMANG, Sam. LIECHTI, Thun, David GEMPELLER,
Hans NYDEGGER (1848-1901) von Guggisberg, für den Thurgau
Jakob BUCHER, Jakob CHRISTINGER, in Schwyz C. A. BRUHIN. Für
Solothurn Franz Josef SCHILD (1821-1889); dieser erreichte
eine besondere Meisterschaft, weil er, hochgebildet, auch der
Selbstkritik fähig war. Hohe Forderungen erfüllen auch Mein-
rad LIENERT (1865-1933) und Paul HALLER (1882-1920), der rea-
listischer als LIENERT soziale Fragen anpackt.

Anders als in andern deutschen Gebieten spielt die Ausnutzung
der Mundart zu rein schwankhaften, schnurrigen Dichtungen in
der Schweiz keine große Rolle. Von GREYERZ führt das auf die
geringen Klassengegensätze in den alten Bauernrepubliken zurück. Im Appenzell ist die anekdotenhafte Kurzgeschichte zuerst entwickelt und zur Blüte gebracht. Sie findet sich schon
bei Johann MERZ (1776-1840), der in seinen 'Des poetischen
Appenzellers sämtliche Gedichte' (1836) der heimischen Spott-
lust die Zügel schießen läßt. In Schwyz schreibt der formge-
wandte Pfarrer Paul HENGELER (1773-1864), in Biel sein Amtsgenosse Friedrich MOLZ (1790-1871), in St. Gallen Arnold

HALDER (1812-1888), in Basel Philipp HINDERMANN (1796-1884),
der den Volkston besonders witzig traf. Der Bauer Konrad
FRICK verstand gereimte Tischreden meisterhaft zu formen. In
Solothurn tat sich Franz Josef SCHILD auf diesem Gebiet her-
vor, in Bern Ulrich DÜRRENMATT (1849-1908) und Johannes
HOWALD. Auch diese Gattung steht bis heute in großer Blüte.

Die mundartliche Prosa beginnt mit dem Werk des Glarners
Cosmus FREULER (gest. 1887), der 1835 'Das grüe, rot und gelb
Goggärtli' herausbrachte; in ihm erzählt der alte Patriot
FRIEDLI den Untergang der alten Schweiz. Eine erste Höhe erreichte der Züricher Oberländer Jakob SENN (1824-1879), in
seinen 'Chellälänerstückli' (1864). Als der Schöpfer der
mundartlichen Dorfnovelle wird von v. GREYERZ der Solothurner
Lehrer Bernhard WYSS (1833-1889) bezeichnet. Echtheit im Inhalt und in der Sprache führen zu hoher Kunst, die sich wohl
an Jeremias GOTTHELF geschult hat. Er wirkt weiter auf den
Arzt Jakob HOFSTÄTTER (1825-1871), auf Franz Josef SCHILD und
den Bauern Josef JOACHIM (1835-1904). Unter dem Decknamen
RÄMMERT VON MÖSLI vertrat der Professor Dr. Rennward BRAND-
STETTER sein Luzern, ebenso der gelähmte Josef ROOS (1851 bis
1909); den Aargau Jakob HUNZIKER und Fanny OSCHWALD-RINGIER
(1840-1918). Knorrige Emmentaler stellt C. Albert LOOSLI (geb.
1877) dar, für Bern ist Emil BALMER zu nennen. Graubünden
wird durch Michael KUONI und D. G. FLIENT aus dem Prättigau gut
vertreten. Das Walser Gebiet bringt J. JÖRGER in seinem Buche
'Urchige Lüt' (1918) nahe. In Form und Inhalt echt schildert
Kaspar STREIFF (1853-1913) die Glarner, schreibt Hans HASLER
die 'Bilder vom Zürisee' (1949).

Die ausgebildete, formvollendete geschichtliche Novelle in
Mundart schuf Rudolf von TAVEL (1866-1934) in Bern. Er versucht, den altbernischen Geist einzufangen und für die harte
Gegenwart neu zu erwecken. Seine zahlreichen Werke stehen auf
höchster Stufe, verlieren nie den Zusammenhang mit der Heimat-
zone. Genannt seien nur sein Erstling 'Jä gäll, so geit's'
(1901) und 'Unspunne' (1924). In diesen Bereich gehört noch
J. JÖRGER mit 'Der hellig Garta' (1920) und Meinrad LIENERT
mit dem 'Früehblüemli' (1891).

Die ländliche Novelle wird durch Josef REINHART und Simon
GFELLER, beide Bauernsöhne und Volksschullehrer, der Vollendung
zugeführt. Jener schildert in feinsinniger, verinnerlichter
Weise den Kampf der Solothurner Bauerngeschlechter gegen die
eindringende, Altes zerstörende Industrie; dieser weiß die
alten Bräuche der Emmentaler meisterhaft darzustellen. Beide
halten den Vergleich mit Jeremias GOTTHELF aus.

Um die Jahrhundertwende machte sich auch in der Lyrik das
Streben nach höherer Kunst und nach einem aus dem Bäuerlichen
heraus wachsenden Geschmack geltend. Adolf FREY (1855-1920)
gab 1891 seine kleine Gedichtsammlung 'Duß und underem Rafe'
heraus. Meinrad LIENERT, Sophie HÄMMERLI-MARTI (1868-1943)
und Josef REINHART (geb. 1875) erweisen sich als echte Lyriker.
LIENERTs Sammlung ''s Juzlienis Schwäbelphyffli' erlebte bis
1926 vier Auflagen. In einzigartiger Weise umfaßt LIENERT sein

Heimatland und bringt mit sprachschöpferischer Kraft alle Töne
seiner Natur, seiner Volkskunde und seines reichen Lebens zau-
berhaft zum Klingen. Sein Einfühlungsvermögen in alle seine
Gestalten ist nach dem Urteil v. GREYERZ unerreicht. Trotzdem
ist alle diese neuere Lyrik nicht naiv genug, um wirklich im
Volk zu leben und zu wirken.

So bietet die Schweiz im ganzen gesehen das treffende Beispiel
dafür, wie es in allen deutschen Landschaften mit der mundartlichen Volksdichtung aussehen könnte, wenn die gebildete
Schicht sich nicht hochmütig vom gemeinen Manne entfernt.

2. *Baden*

"Ohne Vorläufer, unangekündigt, unbegreiflich vollendet, wie
ein neuer Stern steigt dieses freundliche Himmelslicht über
dem Markgräfler Land auf. Die Berufung auf das Vorbild von
THEOKRIT und VOSS kann das Unerhörte nicht erklären, das hier
zum ersten Male in einer hochdeutschen Mundart der Geist einer
engbegrenzten Landschaft und ihrer Bewohner einen dichterisch
wahren und vollgültigen Ausdruck findet; dermaßen vollgültig,
daß das herkömmliche und eingefleischte Vorurteil der Bildung
gegen alle Mundartpoesie vor dem einzigen Namen HEBEL ver-
stummen muß." Mit diesen Worten umgreift O. v. GREYERZ die
einmalige Bedeutung des großen Alemannen Johann Peter HEBEL
(1760-1826). Keiner der Zeitgenossen hat diesem schlichten
Lyzealprofessor und Prälaten seine 'Alemannischen Gedichte'
(1802) zugetraut; auch ihnen wurden sie wie ein Wunder geschenkt. Nicht aus dem Nichts heraus sind diese Gedichte ent-
sprungen. In den von Elternliebe gesegneten Jahren der Jugend,
nicht verzärtelt, sondern auch rauh angepackt von der Armut,
die durch den frühen Tod des Vaters über die Mutter und ihn
kam, eingewachsen in einen kleinen, den Stürmen des großen
Lebens abgewandten Lebenskreis, sog HEBEL die einzige Schönheit des heimatlichen Wiesentales in sich ein, um sie nie zu
verlieren. Die stille Geborgenheit, die in der Natur dieses
friedlichen Dorfes, das vor den aus fernem Dunst sich erheben-
den Bergriesen der Schweiz lag, ist ihm durch das ganze Leben
hindurch das Höchste geblieben; hier suchte er Erquickung für
seine im "Unterland" vertrocknende Seele; hier saßen auch die
Freunde der Lörracher Vikarizeit (vor allem Fr. W. HITZIG),
die die Verbindung zu diesem Paradies aufrecht erhielten. Der
frühe Tod der Mutter stellte HEBEL als Dreizehnjährigen vor die
rauhe Welt. Das Erbe der Eltern schützte ihn zunächst vor Not.
Glatt geht sein Weg bis zum Staatsexamen, das aber aus unbe-
kannten Gründen nicht so ausfiel, wie es für seine große
Sehnsucht nach einer Pfarre im Wiesentale gut gewesen wäre.
Die Liebe zu Gustave FECHT ergriff ihn, aber er konnte sich
nicht entschließen, sie zu ehelichen, weil er die Geliebte
nicht an sein karges Leben binden wollte. So wurde auch das
Liebeserlebnis zu einer Traumwelt, die die verborgenen dichterischen Gaben und Anlagen befruchtete. Die Berufung nach
Karlsruhe löste ihn aus Bedrückung, die in einer Unentschlos-
senheit seines Wesens begründet lag. Sie führte ihn ins Unterland, fort von der Heimat. Sie schuf die Sehnsucht, das Heim-

weh nach der süßen, herben Zeit der Liebe, der die Erfüllung
versagt blieb, und nach dem damit verwobenen Bild der einzigen Heimat. Dieses im Verborgenen heranreifende Trächtigsein
mit Heimweh und Liebesnot wurde, wie W. ALTWEGG überzeugend
darlegt, durch die Bekanntschaft mit der Zeitschrift 'Bragur'
des längst vergessenen David GRÄTER entbunden. Hier rief man
dazu auf, "auf die Landleute zu wirken, ihre moralischen Gefühle anzuregen und ihren Sinn für die schöne Natur um sie
her teils zu nähren und zu veredeln, teils auch zu wecken."
Hier wurde der Pädagoge HEBEL angesprochen, ihm gesagt, daß
sein Heimweh berechtigt sei, daß er es ausnutzen müsse für
sein alemannisches Volk. Als 28jähriger hatte HEBEL schon einmal versucht, in der Mundart zu dichten, ohne rechten Erfolg.
Nun als 41jähriger war er dazu reif geworden. Er begann und
"nun ging's ein Jahr lang freilich vonstatten." Die zweite
Hälfte von 1800 und die erste Hälfte von 1801 war die begnadete
Zeit, in der er die Perlen seiner Gedichte wie auf einer Schnur
aufreihte. Der Besuch in der Heimat im Herbst 1801 gab neue
Anregung, schloß aber auch diesen merkwürdigen, einmaligen
Ausbruch aus HEBELs Gemüt ab. Anfangs 1803 war die Drucklegung
fertig. Während die engere Heimat die herrliche Gabe gar nicht
so liebreich aufnahm, erkannten die Großen im Reiche der Literatur, GOETHE, Jean PAUL, JACOBI, Jacob GRIMM, daß hier ein
Kleinod entstanden war, daß hier ein echter Dichter und
Künstler den einmaligen Ausdruck für sein Heimweh und für
sein kleines Heimatland gefunden hatte. Kein zweiter Anflug
des Genius war ihm weiterhin beschieden; er hat ihn auch nicht
zu erzwingen gesucht. Der erste Wurf der 32 Gedichte bildet
im Kranze der später hinzugekommenen den eigenartig gerunde-
ten Kern, den HEBEL auch später nie angetastet hat. Und wirklich sind diese 32 Gedichte der vollgültige Ausdruck dessen,
was ein Mensch überhaupt als Wert der Heimat erfühlen kann.
Einmalig ist HEBELs Art der Beseelung und Verkörperung des
Kleinen und Kleinsten, die alles in farbiges Leben verwandelt.
Er wiederholt sich auch nicht; jedes Gedicht bringt einen
neuen Zug in das Bild des Markgräflerlandes. Episches, Idylli-
sches, Balladenhaftes, Lyrisches wird zum Ausdruck der ding-
lichen Welt herangezogen. Die Mundart war das einzige gemäße
Kleid für dieses kleine Leben des Wiesentales; immer hat sich
HEBEL geweigert, diese Gedichte ins Hochdeutsche zu übertragen.
Er hat es selber einmal ausgesprochen, daß er "genau im Charak-
ter und Gesichtskreis des Völkleins zu bleiben", sich bemüht
habe. HEBEL und sein Werk sind so der gelungene Beweis dafür,
daß Volksverbundenheit und humane Bildung sich vereinen lassen, daß beide das Leben steigern, weil es den Gebildeten in
der Heimaterde festhält. Wilhelm DILTHEY hat es so ausgedrückt:
HEBEL, der "zuerst in der ganzen Geschichte der modernen
Dichtung das Herz des einfachen Menschen und die Schönheit,
Kraft und Tiefe des niederen Lebens entdeckte". Die Wirkung
HEBELs war einzigartig. Er löste nicht nur die Mundart aus
dem Bann, wurde der Prophet der Schönheit der Stammsprachen
Deutschlands, sondern er rührte auch die Herzen der Dichter
anderer Völker wegen der großen Künstlerschaft und wegen
der Reinheit seiner Welt.

In seiner engeren Heimat fand HEBEL zwar Nachahmer, sie erreichten seine Höhe aber nicht. 1803 schon gab Ignaz Andreas FELNER (geb. 1754) 'Neue alemannische Gedichte' heraus, die aber von HEBEL selbst, weil zu gemacht, abgelehnt wurden. 1817 erschienen 'Alemannische Lieder und Sagen' des Staatsrechtlers Alois SCHREIBER (1763-1841). 1826 überraschte HOFFMANN von FALLERSLEBEN die Welt mit 'Alemannischen Liedern', die ein rührender Ausdruck der unmittelbaren Wirkung HEBELs auf ihn sind, den Erlebensgehalt des Wiesentals aber nicht voll treffen konnten. 1843 fanden sich Ludwig DORN, der Pfarrer SCHNEIDER, Dr. HAGEBACH und EICHIN zusammen zu dem Buche 'Alemannia, Gedichte in alemannischer Mundart', von denen einige wohlgelungen sind. Die Hundertjahrfeier des Geburtstags von HEBEL brachte die gemütvolle Dichtung des Schopfheimers Karl RAUPP 'En Ustich alte reingehaltene Markgräfle'.

Der Pfarrer Hermann ALBRECHT (1835-1906; Deckname Hermann ANTON) gab 1878 ein Bändchen Gedichte, 'E Maie us em Oberland', heraus, das über andere hinausragte. Die 'Ländlichen Gedichte aus dem Hegau' stammen von dem Bauern Eduard PRESSER (1842 bis 1911). Die eigenartige konservative Bauernart des Hotzenwaldes bringt Hans Martin GRÜNINGER (geb. 1862) trefflich nahe. Das Renchtal hat seinen Dichter in dem fruchtbaren August GANTHER (1862-1938) gefunden, der sehr vielseitig das Dorfleben zu schildern weiß. Ein Weinbauer von St. Georgen ist Rudolf WINTERMANTEL (geb. 1877), der in zwei Gedichtbändchen seine Schwarzwaldheimat urwüchsig besingt und auch Bühnenstücke verfaßt hat.

Ins Wiesental gehört wieder der Pfarrer Otto RAUPP (geb. 1867), der eine reiche Produktion von 1902 bis 1938 vorlegte, die ernsthaft dem Vorbild HEBELs nachstrebt. Auch Hermann VORTISCH VAN VLOTEN (geb. 1874), Lörrach, sei noch genannt. Bedeutender ist das Schaffen von Hugo WINGLER (1869-1924; Deckname Hugo VON DER ELZ), der Gedichte, Erzählungen und auch Bühnestücke schrieb. Eine gleichbleibende Höhe erreichte Paul KÖRBER (geb. 1876), den das Heimweh zum Dichten trieb.

Alle Nachfolger HEBELs aber überragt der Maler und Dichter Hermann BURTE (Deckname für STRÜBE, geb. 1879), mit seiner Sammlung 'Madlee' (1923). Diese Gedichte führen aus der rein bäuerlichen Welt HEBELs hinaus in die anders gewordene moderne Zeit mit ihrer Hast, mit ihren menschlichen und sozialen Spannungen. Sie sind so viel subjektiver, nicht so der Gemeinsamkeit des Volkes verhaftet, aber sie sind trotzdem ein vollgültiger Ausdruck der durch einen unglücklichen Krieg gewandelten alemannischen Welt.

In den ostschweizerisch-schwäbisch-badischen Übergangsbereich gehört *Vorarlberg* und das südliche *Allgäu*. Diese Gebiete waren lange Zeit gegen hochsprachliche und andere Einflüsse abgeschlossen; erst spät machte sich daher hier die Wirkung HEBELs geltend. Der erste, der sich in die Öffentlichkeit hinauswagte, war der Bregenzer Pfarrer Chr. A. WALSER (1783-1855) mit seiner Sagenerzählung 'Ehrguta' (1827) und feinsinnigen Gedichten. Der Heimatdichter des Bregenzer Waldes ist Joh. FELDKIRCHER (1812-1851), den auch das Heimweh zum Dichter machte. Höher

stehen die drei Ärzte Caspar HAGEN (1820-1885), Fr. J. VONBUN
(1824-1870) und Ludwig SEEGER (1831-1891). HAGEN ist der beste
Dichter dieses Gebietes. VONBUN schenkte seiner Heimat eine
einzigartige in Mundart aufgezeichnete Sagensammlung. SEEGER
ist mehr Erzähler, der ausgereifte Naturbilder zu zeichnen
weiß. Zu nennen ist auch noch Gebhard WEISS (1800-1874). Ein
Bauerndichter ist Michael FELDER (1839-1869), dessen aus bäuerlichen Tiefen kommende Erzählung 'Nümmamüllers und das
Schwazokaspale' (1862) die Aufmerksamkeit der damals litera-
risch Führenden (AUERBACH, FREYTAG, SCHEFFEL, GRILLPARZER,
J. GRIMM, Rud. HILDEBRAND und W. H. RIEHL) auf sich zog.

3. *Elsaß*

Auch im Elsaß liegen die Anfänge der absichtsvollen Mundartdichtung im Volkstümlichen; 1687 geben Hochzeitsgedichte davon
Kunde. Um 1800 tauchen in Straßburg die 'Fraubaseg'schbräch'
auf, die aus diesen Quellen gespeist sind. Drei davon sollen
von Georg Daniel ARNOLD, drei von seiner Zeitgenossin Charlotte
ENGELHARDT stammen. Sie nehmen Zeitgeschehnisse humorvoll und
kritisch unter die Lupe.

Aus diesem bescheidenen Untergrund, dessen Tiefe man vielleicht
unterschätzt, erhob sich 1816 wie aus heiterem Himmel das Meisterwerk des Straßburger Rechtslehrers Georg Daniel ARNOLD
(1780-1829) 'Der Pfingstmontag', Lustspiel in Straßburger
Mundart. Ein zauberhaftes Zeitgemälde des Lebens vor der französischen Revolution im alten Straßburg wird hier entworfen.
Plastische Charakteristik, gewandte, echte Sprache erhebt dieses Werk weit über alles, was im Elsaß gedichtet ist. Es hat
bis heute seine frische und anregende Wirkung nicht eingebüßt.
Straßburg ist der Hauptort des geistigen Lebens im Elsaß überhaupt. Eine rege Geselligkeit führt zu dem Bedürfnis nach Unterhaltung, nach Austausch und Tätigkeit. In den 'Alsatischen
Saitenklängen' (1848) des Kaufmanns K. Friedr. HARTMANN
(1788-1864) ist der Nachhall davon zu spüren. Sie zeigen
starke, ursprüngliche Empfindung und glühende Heimatliebe.
Gut bekannt wurde im Elsaß der Drechslermeister Daniel HIRTZ
(Vater, 1804-1893), der in Meistersingerart zu fesseln wußte;
er gab von 1849 bis 1884 den 'Lahrer Hinkenden Boten' heraus.
Auch sein Sohn Daniel wirkte mehr lehrhaft mit; er setzte
die Fabeln des AUSONIUS in die Mundart um. Der Setzer Karl
BERNHARD (1815-1895), der die Zeitschrift 'Dr. Hans im
Schnokeloch' herausgab, brachte 1856 sein humorvolles Gedicht-
buch 'Stroßburjer Wibble' heraus. Trotz widriger materieller
Verhältnisse blieb BERNHARD ein Künder des Humors. Sehr beliebt wurde mit seinen Dichtungen auch Joh. Christian HACKEN-
SCHMIDT (1809-1906). Auch die Malerbrüder MATTHIS haben feine,
die geheimsten Schönheiten der Mundart aufspürende Gedichte
verfaßt. Eine gewisse Höhe erreichte Alphons PICK (1808-1896),
die er besonders in dem in ARNOLDs Bahnen wandelnden Lustspiel 'Der tolle Morgen' (1864) erreichte. Diese älteren Dichter sind mehr beschaulich, reflektierend, darin der Volksdichtung verhaftet. Die späteren geben mehr ihre persönlichen
Empfindungen preis, nehmen auch stärker an den sozialen und

politischen Nöten der Heimat teil. Der Sinn für gegenständliche
Anschaulichkeit und damit die Verbindung mit der älteren Weise
bleibt aber erhalten.

Die Abschnürung des Elsaß vom alemannischen Mutterlande durch
den zweiten Pariser Frieden brachte das Land in ein anderes
Verhältnis zur Hochsprache. Die Mundart mußte nun die alemannischen Zusammenhänge, die Eigenart wahren helfen. Zunächst wirkte sich das nur im Minderen aus; Zeitgedichte, politisch-sati-
rische Lyrik, Lustspiele für die Liebhaberbühne kommen zutage.
Zwar trat in Straßburg durch das Wirken der Familie STOEBER
ein gewisser Aufschwung ein, aber er kam nicht zu bleibender
Höhe. Daniel Ehrenfried STOEBER (1779 - 1838) ging voran; er
schuf Gedichte und Dramen. Seine Söhne August (1808 - 1864) und
Adolf (1810 - 1892) nahmen mit ihm in der Entscheidungsfrage
des Elsaß, ob eine zweiseitige Kultur zu pflegen sei, eindeutig für die angestammte Art Stellung; in den geistigen Kämpfen
zogen sie auch die Kräfte der Mundart heran. Adolf STOEBERs
kleine mundartliche Gedichte sind HEBELs würdig. Daniel ROSEN-
STIEHL legte 1877 in dem 'Elsässer Schatzkästel' die Werke dieser älteren Zeit übersichtlich vor.

Der Ausgang des Krieges 1870/71 brachte das Elsässer Volk wieder
ins Schnokeloch. Es wurde dabei weniger zum allgemeinen Bewußtsein seiner Deutschheit gedrängt als zu dem seiner Eigenart.
Die Mundart und ihre Dichtung wurden so als Ausdruck dieser
Gefühle Sondergüter; die bei HEBEL noch vorhandene enge Verbindung zum anliegenden Baden ging langsam verloren. Die Zei-
tungen von Straßburg, Colmar, Mühlhausen wurden Träger der
Zeitkritik in Mundart, in ihr hatte man sozusagen Narrenfrei-
heit.

Die dem Westen zugeneigten Kreise schufen sich in der 'Illu-
strierten elsässischen Rundschau' (ab 1899) und in dem von vorneherein mit starken politischen Akzenten aufgebauten Elsässischen Theater in Straßburg, Colmar, Mühlhausen, Thann und Zabern
wirksame Sprachrohre in Mundart.

In Straßburg schrieb J. GREBER (1868 bis 1919) heitere und ernste Stücke. Eine ursprüngliche große Begabung war Gustav STOKS-
KOPF (geb. 1869), dessen Stücke, meist lustiger Art, straffer
Aufbau, gute Charakteristik und saubere Sprache kennzeichnen.
Auch seine humorvollen Gedichte fanden weite Verbreitung. Besonders fruchtbar und vielseitig waren auch Ferdinand BASTIAN
(geb. 1868) und Franz Xaver NEUKIRCH (geb. 1874). In Kolmar
schrieb Georg CAHN (Deckname HANC, geb. 1866) Lustspiele. Die
Theater hatten guten Zulauf. Auch die Zeit nach 1919 unterbrach die Wirkung der Dialektbühne nicht; BASTIAN hatte weiterhin Erfolg, neben ihm wäre noch Chr. FUCHS zu nennen.

Auch die Lyrik und Prosa blühten weiter. Das abgelegene, sprachlich höchst eigenartige Münstertal vertrat Hans Karl ABEL
(1876 - 1951) in tief empfundenen Gedichten und klar aufgebauten Erzählungen; er ist auch im hd. Bereich bekannt geworden.
Der Bauer Karl ZUMSTEIN diente mehr der rein humoristischen
Seite. An Erzählern sind Marie KNURR (1856 - 1924), Deckname
Marie HART), Emma MÜLLER und Fritz BOUCHHOLTZ (geb. 1888) zu
nennen, deren Werke auf beachtlicher Höhe stehen.

4. *Schwaben*

Die Anfänge der Dialektdichtung in Schwaben liegen ziemlich
im Dunkeln. Daß der braunschweigische Herzog HEINRICH JULIUS
in seinen Bühnenstücken Schwaben auftreten ließ, ist in Schwaben nicht wirksam geworden.

Um politische und soziale Wirkung zu erzielen, wandte sich der
evangelische Pfarrer Joh. Rud. FISCHER (1598 - 1632) dem mundartlichen Drama zu. Er geißelte die jammervollen Zustände im
benachbarten Herzogtum Württemberg, die sich besonders in einer
heillosen Geldverschlechterung und in Wucher äußerten. Die beiden Stücke 'Letste Weltsucht und Teuffelsbruot' (1623) und
'Deß Teuffels Tochter, die h. Zahlwucherey genandt' (1624)
wurden von den Zünften aufgeführt und so im politischen Kampf
erfolgreich. Die Heraushebung der tölpelhaften, übervorteilten
Bauern führte zu der Hanswurst-Type hin, mit der der Schwabe
später lange Zeit gehänselt wurde.

Vereinzelt erhaltene Volkslieder und Bergreihen deuten darauf
hin, daß auch in Schwaben volksmäßiges Gut lebendig war.
FISCHERs Vorgang blieb ganz vereinzelt.

Aus seelsorgerischen Gründen hat der Prämonstratenser Sebastian
SAILER (1714 - 1777) sich der Mundartdichtung zugewandt. Als
hervorragender volkstümlicher Kanzelredner wurde er überall
hingeholt; um noch näher an das einfache Volk heranzukommen,
suchte er in dramatischen Formen das Göttliche in das Denken
und Fühlen der Bauern hineinzustellen. Ganz köstlich ist
'Die Schöpfung der ersten Menschen, der Sündenfall und dessen
Strafe, In drei Aufzügen'. Wie hier Gott-Vater als schwäbischer Bauer die Welt erschafft und in Arien seine Tat selbst
besingt, wie Adam die Tiere benennt, wie es zum Sündenfall
kommt und zur Austreibung aus dem Paradies, ist so einzigartig
witzig und doch echt bäuerlich empfunden, daß man nur staunen
kann, wie eng verbunden dieser Mann mit seinem Schwabenvolk
gewesen sein muß. Ebenso ergötzlich ist 'Der Fall Luzifers'.
Den berühmten Schwabenschwank goß SAILER zuerst in dramatische
Form: 'Die sieben Schwaben, oder: Die Hasenjagd'; es ist das
beste unter den weltlichen Stücken. In gleicher Weise verspottet er seine Landsleute und sich selbst in dem 'Schwäbischen
Sonn- und Mondfang'. Mit der 'Schultheißenwahl zu Limmelsdorf'
schuf er eine Komödie, die vielfach nachgeahmt wurde, ohne seine
urwüchsige Kraft zu erreichen. Originell sind 'Die schwäbischen
Heiligen Drei Könige'; volkskundlich wertvoll 'Die Bauernhochzeit'. Kraftvoll und derb ist die Sprache. Die 'Schöpfung'
pflegte SAILER mit der Geige in der Hand allein aufzuführen
und hatte damit selbst bei dem Kardinal von Konstanz Erfolg,
der ihn gegen übelwollende Kritik in Schutz nahm. Die Stücke
SAILERs sind aus den Wurzeln des mittelalterlichen Schwanks
hervorgewachsen. Seine ursprüngliche Art aber weiß die Lebensfreude des Spätbarock mit der bäuerlichen ungebrochenen Lebens-
kraft und Naivität zu verbinden, einen gesunden Realismus aus-
zuspinnen, der frei ist von dem rationalistischen Denken seiner Zeit. Man darf die biblischen Komödien SAILERs nur als Ausdruck katholisch-barocker Frömmigkeit nicht als Travestien

werten (Lieselotte LOHRER). SAILERs Persönlichkeit war so
eigenwüchsig, ursprünglich und einmalig, daß sein Werk nicht
in die Schablonen der Literaturgeschichte paßt; dieser Mann
und seine Dichtung ist zeitlos, seine Wirkung ist nicht sehr
weit gegangen.
Der Einfluß von Johann Heinrich VOSS ist in den 'Konzert-
Idyllen' des Magisters Viktor Matthäus BÜHRER (1760-1828) zu
spüren; sie führen die Gedanken eines jungen Bauern und seiner
Schwester im städtischen Konzertsaal vor.
Die Nöte im Gefolge der französischen Revolution lähmten zunächst die schwäbische Mundartdichtung. Die Weiterentwicklung
ist entscheidend aus dem alemannischen Raume selbst heraus
von HEBBEL und ARNOLD angeregt worden.
Der Oberschwabe Karl B. WEITZMANN (1767-1828) hatte wie SAILER
eine glückliche Improvisationsgabe und wirkte ebenso stark
durch seinen persönlichen Vortrag. Unter dem Einfluß von BLUM-
AUER wandte er sich zunächst der komischen Dichtung zu und
suchte SAILERs 'Heilige Drei Könige' in einer Neubearbeitung
zu überbieten. Sein 'Weltgericht' ist stark zeitbedingt';
komische poetische Erzählungen, Fabeln und Epigramme schließen
sich an. Unter HEBELs Einfluß griff er auch zu ernsten Stoffen;
seine Gedichte wirken oft beißend und ziehen die Derbheit bis
ins Gemeine. Ganz in der kleinen Sphäre des Volkslebens lebt
der Buchdrucker Dionnys KUEN (1773-1852), der in Stimmungslyrik,
Anekdoten, Schwänken und Bauerngesprächen über Zeitereignisse
stark in seiner Zeit wirkte. Er gab zuerst Sebastian SAILERs
Werke heraus (1819). Josef EPPLE (1789-1846) ist nur ein Dichter der niedrig-komischen Sphäre.

Auf altwürttembergischem protestantischem Boden erwuchs der
Lehrer und Schultheiß Gottl. Friedr. WAGNER (1774-1839). Um
die Mißstände der Zeiten von 1820-40, als Württemberg eine
freiere Verfassung bekam, zu geißeln und zu verspotten, nutzte
er besonders das dramatische Spiel in Prosa aus: 'Die Schul-
meisterwahl zu Blindheim', 'Die Repräsentantenwahl zu Dipplis-
burg', 'Die Schultheißenwahl zu Blindheim' sind scharf beobachtete Sittenbilder der Zeit, in echter, derber Mundart vorgebracht. Unerbittlich und wahrhaft sucht er der politischen Un-
reife der Bauern abzuhelfen. WAGNER gehört zu den bedeutendsten
schwäbischen Dialektdichtern. Genannt zu werden verdient noch
der Heilbronner Rechtsanwalt Heinrich HOSER (1778-1851) mit
seinen'Liedern in schwäbischer Volkssprache' (1823). Zur Verhöhnung seiner Gegner und zur politischen Belehrung griff
Johannes NEFFLEN (1789-1858) zur Mundart. Er begann als tüchtiger Landwirt, wurde dann aber wegen seiner Redegabe Landtagsabgeordneter; im Strudel der Kämpfe um 1848 aber verließ er
die Heimat, wanderte nach Amerika aus, um seine Freiheit zu
wahren. Seine reichen und drastischen Gespräche suchen das
schwäbische Volksleben getreu darzustellen, daneben dichtete
er auch bäuerliche Idyllen im Sinne HEBELs. 1836 erschien sein
'Vetter aus Schwaben oder Schwabenbräuche aus dem Leben gegrif-
fen', eine großartige Fundgrube für Sitten und Bräuche in
Schwaben.
Die mundartliche Lyrik war nach WEITZMANN stetig weiter in
Gelegenheitsreimerei abgesunken. Zu würdigerer Höhe führten

langsam wieder empor Wilh. Friedr. WÜST (1796-1863), und
Friedr. RICHTER (1811-1865); dieser bringt treuherzige Lieder,
von denen manche in SILCHERs Komposition Volksgut geworden
sind. Ohne Sittenrichterei und erzieherische Tendenz sucht
Eduard HILLER (1818-1902) in seinen Gedichtsammlungen eine
reine, kernige Schilderung des ländlichen Lebens zu erreichen.
Besonders bekannt wurde Adolf GRIMMINGER (1827-1909), der als
Sänger und Festdichter mit seinen Mundartbüchern die "besseren" Kreise für die Mundartdichtung gewann.

Oberschwaben brachte der durch sein oberdeutsches Flurnamenbuch noch heute bekannte Forscher Michael BUCK (1832-1888)
mit seinen 'Bagenga' ("Schlüsselblumen") zur Geltung; herbe
Sittenschilderung und unverfälschte Sprache zeichnen diese
Dichtung aus.

Die Mundarterzählung wurde, von REUTER angeregt, durch die
Brüder KARL (1847-1904) und RICHARD WEITBRECHT (1851-1911) neu
belebt. Beide kennen ihre Schwaben und wissen sie anschaulich
und lebensecht darzustellen.

In Ulm entstand damals ein Zentrum geistiger Anregung und
Sammlung. Den Anfang macht Tobias HAFNER (geb. 1833, Deckname Sebastian SPUNDLE), der HEBELs Gedichte in Ulmer Mundart brachte und manches launige Gelegenheitsgedicht schuf.
Weiter zu nennen sind Gustav Heinr. SEUFFER (1835-1902) und
Wilhelm UNSELD (geb. 1846), der Gedichte und Erzählungen verfaßte; Robert KIEN (geb. 1843) gibt meist kurze Szenen aus
dem kleinbürgerlichen Leben zum besten.

Eine besondere Stellung zur Mundart und ihrer dichterischen
Vollendung nimmt der Gelehrte Moritz RAPP (1803-1883) ein.
Er hat eine sehr hohe Meinung von der Dialektpoesie. 1827/28
schrieb er in Paris 'Wintordraim' (für Gustav SCHWAB). 1835
erschienen die 'Atellanten', in denen auch der ergötzliche
Schwank 'Der Student von Coimbra oder de ogleicho shwestre'
zu finden ist, den Franz PFEIFFER als das Beste bezeichnet,
was in der schwäbischen Mundart gedichtet ist. Er gewann eine
seltsame Vorliebe für das Portugiesische, daraus entsprangen
'Sechzig portugiesische Sonette in oberschwäbischer Übersetzung'.

Auch das schwäbische Allgäu hat seine Dichter gefunden. Aus
armen Verhältnissen kam der katholische Pfarrer Johann Georg
SCHEIFELE (1825-1880, Deckname Jört von SPITZISPUI). Die
Wirkung seiner herzlichen Gedichte im Freundeskreis veranlaßte ihn, sie drucken zu lassen. Es sind köstliche unge-
zwungene Augenblicksbilder des lechschwäbischen Volkslebens,
die auch die Zeitkritik und Satire zu Wort kommen lassen und
eine große Wirkung in seiner Zeit hatten. Sein Amtsgenosse
Franz Josef KELLER (1824-1897) dichtete aus einer natürlichen
Anlage heraus. Von 1872-91 erschienen sechs reiche Sammlungen,
die, immer wieder neu aufgelegt, weite Wirkung bis zu den
Schwaben in Amerika, ausübten. Ganz unpolitisch ist Max
LINGG (geb. 1842). Seine Gedichte 'Gemüetle' (1874) besingen
warmherzig die Jugendjahre in der Heimat und suchen das Land-
volk auf ein frommes Leben hinzuweisen.

In neuerer Zeit sind in Schwaben besonders August REIFF, Martin LANG (geb. 1883) und vor allem August LÄMMLE (geb. 1876) hervorgetreten. REIFF will in seinen Gedichten "das spiegeltreue Bild des echten Schwaben mit all seinen Ecken und Kanten, seiner Kraft und seiner Derbheit, aber auch mit dem freundlichen Auge" entwerfen. Auch seine dramatischen Arbeiten fanden gute Aufnahme; das Lustspiel 's' Preislied' wurde in- und außerhalb Württembergs gegen 400mal aufgeführt. Martin LANG schickte 1913 seine würzigen 'Kirbekucha' heraus. August LÄMMLE hat sich mit tiefgehenden volkskundlichen Forschungen die Grundlagen für eine ernste Dichtung gelegt, die auch einen feingliedrigen Humor nicht verschmäht. Heiterer Art sind die Dichtungen von Sebastian BLAU; er hat in seinem Buch 'Schwäbisch' (1936, in der Sammlung 'Was nicht im Wörterbuch steht') die Schwabenart geistreich, humorvoll und packend geschildert.

5. Schwäbisch-fränkisches Grenzgebiet

Im schwäbisch-fränkischen Grenzraum ist eigentlich allein um Karlsruhe und Pforzheim Mundartdichtung entstanden; diese blieb aber nur im Kreise der humorvollen Unterhaltung. Genannt seien für Karlsruhe der Volksdichter und Bäckermeister Christoph VORHOLZ (1801-1865). Etwas ernster sind Friedr. GUTSCH (1838-1897), Ludwig EICHRODT (1827-1892), Max BARACK (1832-1901), um 1910 Fritz DIEHM und Fritz RÖMHILDT (1857 bis 1908; Deckname ROMEO). In Pforzheim besang Franz HÖHN 'Mei Pforze' (1914). In Schwäbisch-Hall schrieb Wilhelm GERMAN Erzählungen und Gedichte. Für die Unterhaltungsbühne verfaßte Ambros NOOPF (Deckname für Leonhard FRANK) 1912-1914 viele wirksame Stücke.

Das heute noch durch seine Tracht zusammengehaltene Ries fand seine Künder in Johann KÄHN (1810-1874), in dem Pfarrer M. WILD, der mit seinem 'Rieser Gewächs' (1880) die Versöhnung der Stände zum Ziele hatte, und in G. JAKOB mit 'Allerloi' Gedichte in Rieser Mundart.

b) Die österreichisch-bairische Mundartdichtung

1. Österreich

In dieser mundartlichen Großlandschaft steht das Volk fest in seiner Mundart; es gibt hier kaum eine Kluft zwischen Gebildeten und Mundartsprechern. Die starke Macht der katholischen Kirche hat auch hier (vgl. SAILER) die Wirksamkeit der Mundart für die Pädagogik im Volke erkannt und früh in der Predigt verwandt. Besonders die Jesuiten und Piaristen fügten im 16./17. Jh. in ihre Dramen Dialektdichtungen ein. Sie fußten dabei klug auf der alten Überlieferung der Weihnachts- und Fastnachtsspiele. Künstlerische Lyrik ist bis etwa 1750 nicht aufgezeichnet worden. Der heutige große Reichtum aber an Schnadahüpfln und Volksliedern läßt vermuten, daß auch hier Volksdichtung immer im Schwange gewesen ist. Auf dem Boden dieser alten Überlieferung stand völlig Maurus LINDE-

MAYR (1759-1783). Er wollte als Seelsorger in Lambach mit seinen religiösen Gedichten und Bauernklagen erzieherisch wirken.
Sein Erfolg, auch der der Komödien, blieb im engen Kreis, weil
LINDEMAYR bauernfremd war; seine Werke sind erst lange nach
seinem Tode gedruckt worden (1822).

Erst das 19. Jh. bringt im Gesamtraum ein Aufblühen der Dialektdichtung. Die Formelemente und Stilgruppen sind überall
gleich, die einzelnen Teillandschaften heben sich aber doch
voneinander ab.

Absichtsvolle Dialektdichtung geht in Österreich auf den Anstoß HEBELs zurück; er wurde hier fruchtbar, weil er das lebendige Volkstümliche mit neuen Antrieben erfüllte.

In Tirol muß eine alte, aus mittelalterlichen Quellen kommende,
dramatische Überlieferung lebendig gewesen sein, die, nur selten aufgeschrieben und gedruckt, in Lustspiel und Schauspiel
auftrat. Von 1750-1800 sind z. T. unter dem Einfluß des Barock-
dramas, in 160 verschiedenen Orten gegen 800 Aufführungen,
nicht allein in Mundart, bezeugt. Erhalten ist 'Der Tiroler
Kirchtag'. Eine urwüchsige Freude am Schnadahüpfl ist hier
wie im anschließenden Bayern vorhanden; an sie knüpfen fast
alle Mundartdichter an. Die älteste Gedichtsammlung stammt
von Karl von LUTTEROTTI (1793-1872); sie ist volksliedhaft in
echter Mundart gestaltet. Ein Volksdichter ist Christian
BLATTL (1805-1865), der die Sturmzeit um 1809 nach den Berichten seines Vaters, eines Mitkämpfers von Andreas HOFER,
in Gedichten lebendig erhielt. Der bekannte Romanschriftstel-
ler Rudolf GREINZ (1866-1942) gab mit I. A. KAPFERER 1889 bis
1893 'Tiroler Schnaderhüpfln und Volkslieder' heraus. Auch
Karl SCHÖNHERR (1867-1943) schrieb 'Inntaler Schnalzer', Gedichte und Dramen, diese allerdings in einer stark hd. ge-
färbten Mundart. Sebastian RIEGER (1867-1953; Deckname REIM-
MICHEL) brachte 1898 lustige und ernste Erzählungen heraus.
Das Sarntal fand in Klara PÖLT-NORDHEIM (1862-1926) seine
Erzählerin. In Meraner Mundart ließ O. RUDL (geb. 1870) die
Gestalt des "Tiroler Hiesl" aufleben, dessen lustige Streiche
mit echtem Humor durch sein Leben hin verfolgt werden. Im ganzen ist die Tiroler Mundartdichtung nicht so reichhaltig wie
die der anderen österreichischen Landschaften.

Für Kärnten ist Karl Franz ZOLLER (1748-1829) als erster Mundartdichter bezeugt. Erst ein Jahrhundert später tritt R.
WAIZER (1842-1897) mit Gedichten hervor. Inhaltlich reich und
sprachlich echt sucht Hans TSCHEBULL (geb. 1849) die heiteren
Seiten des Lebens auszumünzen. Thomas KOSCHAT (1845-1914) hat
wohl mit seinen selbstvertonten Gedichten weite Wirkungen er-
zielt, ist aber im ganzen zu sentimental und süßlich. Höher
steht der Volksdichter Sägemeister Franz PODESSER (geb. 1895),
dessen Gedichte wurzelechte Empfindung in guter Rhythmik
bringen.

Auch Salzburg ist nicht so reich vertreten. Hier begegnet zuerst der Freund STELZHAMERs Sylvester WAGNER (1807-1865); in
echtem Volkston bringen seine 'Salzburger Gsanga' (1847)

prächtige Stimmungsbilder aus dem Flachgau. Der bekannteste
ist August RADNITZKY (1810-1897) geworden. Zu nennen ist weiter der schollentreue Schulinspektor Fr. Franz SCHEIRL
(1856-1910, Deckname E. SALZBURGER), der auch gute Volksstücke
schrieb, die auf moderne soziale Probleme eingehen.

In Oberösterreich ist im Innviertel der große Dialektdichter
geboren, der im ganzen bairischen Raum spürbare Wirkung hinterlassen hat, Franz STELZHAMER (1802-1874). Ein scharfer Beobachter des Bauernvolkes, selbst Bauer, schildert er kompromiß-
los und wahrhaft dessen Schwächen; urgewaltig und treu ist
seine Sprache. Er stand in engem Verkehr mit GRILLPARZER,
LENAU, BAUERNFELD, CASTELLI und A. GRÜN. Neben HEBEL und Klaus
GROTH ist er durch sein Werk ein großer Vorkämpfer echter und
vertiefter Mundartdichtung. 1837-1844 erschienen seine Gedichte in obderennsischer Mundart. Meisterhaft ist sein Epos
'Die Ahnl'; realistisch, ohne Beschönigung, aber wahrhaft treten seine Bauerngestalten vor uns. Zunächst als fahrender Sänger in Österreich und Bayern umherziehend fand er zuletzt die
ihm gebührende Anerkennung.

Neben ihm verblassen die anderen. Ein unruhiges Blut ist Anton
SCHOSSER (1807-1849), der mit dem Arzt Josef MOSER (1812-1893)
die Bauern des Traunviertels gut zu kennzeichnen weiß. Eduard
ZÖHRER (1810-1885) hebt die freundlichen Seiten des Lebens
von religiöser Warte aus hervor. Ein Freund STELZHAMERs war
auch der Pfarrer Norbert PURSCHKA (1813-1898). Er durchschrei-
tet mit warmem Herzen das ganze Bauernleben und versucht mit
hoher erzieherischer Weisheit das Volk zu bessern. Zarter
und weicher ist Karl Adam KALTENBRUNNER (1804-1867), der
HEBELs Einfluß offen ist; erst nach seinem Tode kamen seine
Gedichte ans Licht (1878). Das Innviertel hat den inhaltrei-
chen und herben Norbert HANRIEDER (1882-1913) mit Gedichten
und seinem großartigen Epos 'Der oberösterreichische Bauern-
krieg' (1895). Zu nennen sind noch Rudolf JUNGMAIR (1813-1875),
aus dem Mühlviertel der besinnliche Lyriker Ludwig HÖRMANN
(1857-1927), Vinzenz GROSSAUER (geb. 1886), Ed. SAMHABER
(1846-1927), der mit großer formaler Kunst 5 Bände füllte, der
schlichte und sinnige Karl ACHLEITNER und Karl MAYER (geb.
1875), der hohe Ansprüche an sich selbst stellt und erfüllt.
Das obere Inntal schildert Josef REISCHL (1842-1892). Genannt
seien außerdem noch Franz HÖNIG (geb. 1867), Otto PFLANZL
(geb. 1865) und der ernsthafte Hans BINDER (geb. 1873). Von
ROSEGGER ermutigt ist Hans MITTENDORFER (geb. 1875). Besonders
die idyllische Seite pflegte Anton MATOSCH (1851-1918); ein
guter Beobachter des Bauernlebens war auch Josef KREMPL
(1862-1914). Auf hoher Stufe stehen die Dichtungen von Georg
WAGNLEITHNER (Deckname G. STIBLER, 1861-1930). Sein 's' Linsad-
Liad' schildert die innige Verflechtung der Arbeit am Flachs
mit dem Leben eines Waldbauern. Ein ausgesprochener Volks-
erzieher ist Josef DEUTL (1839-1916), der das Leben fast
philosophisch nimmt und deutet; das gleiche gilt von Karl
ZEITLINGER (geb. 1864). Dramatische Dichtung, die nicht nur
der Unterhaltung dienen soll, gibt es in Oberösterreich wenig.
Hermann BAHR (1863-1934) verwandte in seinen Heimatkunstwerken
die Mundart, allerdings echt, nur als Kunstmittel. Im ganzen

herrscht in Oberösterreich, von STELZHAMER angeregt, ein reges
Leben auf unserm Gebiete, das zu schönen Hoffnungen berechtigt.
Die Steiermark ist weniger von der Hochsprache beeinflußt als
andere Landschaften; hier ist die Mundart stärker. Von dem
größten Dichter der Steiermark, Peter ROSEGGER (1843-1918),
ist nichts von Dialektdichtung überliefert. Von STIFTER zum
Naturgefühl geführt, schrieb er seine ersten Werke 'Zither
und Hackbrett' (1869), 'Tannenharz und Fichtennadeln' (1870),
'Stoanssteirisch' (1885) in echter Mundart, formte ganz aus
seinem bäuerlichen Wesen heraus. Auch sein reiches hd. Werk
ist so ausgerichtet, hatte deshalb so große Wirkung, weil man
hier den Wert und Segen des kleinen Lebens auf dem Lande in
aller Ursprünglichkeit und Reinheit zu spüren bekam. In RO-
SEGGERs Bahnen wandelte K. REITERER (geb. 1860) mit seinen
guten Erzählungen.
Die Lyrik fand in volksliedhafter Formung in den Gedichten
von Hans GRASBERGER (1836-1898) und in denen des sehr beliebten und fruchtbaren Hans FRAUNGRUBER (1863-1933) ihre Meister.
Der letztere gab mit Jos. POMMER und K. KRONFUSS die Zeitschrift 'Das deutsche Volkslied' heraus. Von ROSEGGER und
Klaus GROTH ist der Arzt H. KLÖPFER (1867-1944) beeinflußt,
der urwüchsig und kernhaft sich neben STELZHAMER stellen kann.
Für die Obersteiermark dichtete Gregor GOLDBACHER (1875-1950);
die Südsteiermark vertritt Karl RABITSCH. Das mundartliche
Volksstück pflegte Karl MORRE (1832-1897); 's' Nullerl' (1880)
erlebte bis 1920 8 Auflagen.

Auch die Dichter des Heinzenlandes, das durch seine Grenzlage
ein schweres Schicksal hatte, seien hier eingereiht. Josef
REICHL (1860-1924) suchte aus tiefer Heimatliebe seinen Landsleuten in ihrer schweren Not, die Zusammengehöriges ausein-
anderriß, Trost zu geben. J. R. BÜNKER sammelte 'Schwänke,
Sagen und Märchen in heanzischer Mundart' (1906). Auf ungari-
scher Seite dichtete Joh. EBENSPANGER (1845-1903) und Joh.
NEUBAUER seine 'Hienzische Bliamal' (1923).

Die Dichtung in Niederösterreich ist nicht so reich entwickelt
wie die in Oberösterreich. Von GRÜBEL stark beeinflußt ist der
Piarist Josef MISSON (1803-1875) aus dem Manhartsviertel.
1850 gab er 'Da Náz, á niederösterreichischer Bauernbui geht
in d'Fremd' heraus, ein ernstes Sittenbild, das großen Eindruck
machte und Koloman KAISER (1854-1915) zu einem gleichen Werk
'Da Franzl in da Fremd' (1898) anregte. Echt in Stil, Inhalt
und Sprache sind auch Georg FRIMBERGER (1851-1919) und Joh.
Georg HAUER (1853-1905), fruchtbar Moritz SCHADEK (1840-1928).
Der bekannte Mundartforscher Joh. Willibald NAGL (1856-1918)
übertrug den Reinhart Fuchs in die Mundart: 'Fuchs Roaner...'
(1899). Ein Grübler ist Karl PSCHORN (1885-1945); Lyriker und
Epiker Th. M. VOGL (geb. 1881), plastisch und echt Jos. WEI-
LAND (geb. 1882). Ein echter Volksdichter, Erforscher und
Kenner der österreichischen Seele ist Rich. PLATTENSTEINER
(Deckname Rob. PALTEN, geb. 1878). J. R. BÜNKER sammelte
'Niederösterreichische Märchen' und 'Schwänke, Sagen und Mär-
chen in heanzischer Mundart' (1906).

Auch die Weltstadt Wien nimmt an der Mundart und ihrer Dichtung Anteil. Ihre Dichter aber gehen, um in weiteren Kreisen
verständlich zu sein, stärker zu Angleichungen an die Schriftsprache über, die den Wert ihrer Dichtungen, da sie nicht
immer in den Gesetzen der Mundart bleiben, herabsetzen. So
ist der vielgenannte J. F. CASTELLI (1781-1862) zwar ein echter Wiener; er tut aber nur so, als sei er ein Bauer. Seine
Gedichte in niederösterreichischer Mundart sind glatt und
formschön, haben eine weite Wirkung auch im Volke hervorgerufen, aber sein Denken ist unbäuerlich, äußerlich, ohne Tiefe.
Ein ausgesprochener Salondichter ist der wirksame A. von
KLESHEIM (1812-1884). Er reiste an den deutschen Höfen herum
und brachte dort die Mundart zur Anerkennung. Bekannt ist sein
Lied 'Wan's Mailüfterl waht...'. Echter und tiefer von HEBEL
beeinflußt ist J. G. SEIDL (1804-1875), der auch als hoch-
deutscher Balladen- und Romanzendichter bekannt geworden ist;
er schrieb auch gute mundartliche Lokalstücke. Zu CASTELLIs
Nachfolgern gehört J. KARTSCH (1811-1854). Der Volkshumor
fand und findet in Wien in den beliebten Volkssängern, etwa
Joh. Bapt. MOSER (1790-1860), Wilh. WIESBERG (1850-1895),
Karl LORENS (1850-1910) einen Halt. Sie wirken wie etwa heute
Paul HÖRBIGER oder Hans MOSER durch ihre Wiener Lieder unmittelbar ins Volk. Auch in den Volksbühnen, die durch NESTROY und
RAIMUND ihre Höhe erreichen, ist das Volkselement wirksam;
aber hier wird mehr Umgangssprache gesprochen, keine reine
Mundart.

Der große Theaterdichter Ludwig ANZENGRUBER (1839-1889) hat
sich in seinen sozialen Dramen einer nicht ganz reinen Mundart nur als Kunstmittel bedient, er schrieb allerdings auch
wirksame Mundartgedichte. Trotzdem halten auch diese in der
Umgangssprache Wiens verfaßten Werke, weil sie das Volksleben
der unteren Schichten bewußt darstellen wollen, die Verbindung mit der Mundart aufrecht. Das tun auch die Werke von
Friedr. SCHLÖGL (1821-1892), Eduard PÖTZL (1881-1914), Vincenz
CHIAVACCI (1847-1916) und in ANZENGRUBERs Spuren die von Chr.
SPANNER-HANSEN (1859-1930). Echter ist die Sprache in den
Stücken des Wiener-Neustädter Ofensetzers Joh. LEITNER
(1849-1922).

2. *Bayern*

Es ist bezeichnend, daß das älteste größere Denkmal in bairischer Mundart ein Fastnachtspiel von Stephan EGL ist, das
1618 in Regensburg von der Schreinerinnung aufgeführt wurde.
Die Handwerker und ihre festgefügte Zucht machen an den
Zunftfeiertagen diese Aufführungen jahrhundertelang zu ein-
drucksvollen Bekenntnissen zur Mundart.

Die Jesuiten und Benediktiner brauchten, um ihre seelsorgerischen Ziele im Volke zu erreichen, nur an diese volksmäßigen
Bemühungen anzuknüpfen; 1751 ist das erste deutsche Stück
in Freising gespielt worden. Die breite Wirkung der barocken
Gesinnung auf das süddeutsche katholische Volk, besonders
im bairisch-österreichischen Raume beruht darauf, daß die

Sinnenfreude, die starke Farbigkeit dieser Kunstrichtung dem beharrsamen Bauernvolke angemessen war und dem natürlichen Temperament nahelag. So floß gerade hier das Volksmäßige mit dem von oben her herangetragenen Barock inniger zusammen als anderswo und schuf eine bis heute wirksame Haltung zur Ausdruckskunst, zur Volkssprache und zur Mundartdichtung. Die Freude am gesungenen Schnadahüpfl ist weiter lebendig, führt ganz von selbst die Dichter, die aufs Volk wirken wollen, zu dieser alten Gattung. Aber auch das Volk dichtet noch mit. 1932 noch wurde in Diessen am Ammersee ein Hutsingen in Meistersingerart abgehalten.

Der älteste Dichter in Mundart in Bayern ist Nikolaus STURM (Klostername MARCELLUS) (1760-1816) mit seinen zum Teil recht derben 'Liedern in bairischer Mundart'. Der bairische STELZHAMER ist Franz von KOBELL (1803-1882). Der gelehrte Professor der Mineralogie hatte enge Fühlung zum Volke, war ein leidenschaftlicher Gemsjäger und ein Freund zwangloser Geselligkeit. Seine natürliche Sprachbegabung war so groß, daß er sich die bairische und pfälzische Mundart voll aneignete und in beiden dichtete. Seine Gedichte, Erzählungen und Volksstücke sind glatt und fließen leicht dahin, lassen aber doch oft die echte Tiefe vermissen. Seine Wirkung war groß, weil er mit dem Könige Max II. und den Hofkreisen enge Beziehungen hatte. Jos. Anselm PANGKOFER (1804-1854) hatte schon vor KOBELL in Mundart gedichtet. Seine Kenntnis des Volkes ist gut, eine gesunde Phantasie zeichnet ihn aus. Schüler KOBELLs war der Jurist und Maler Karl STIELER (1842-1885). Seine zahlreichen Gedichtsammlungen (1865-1881) fanden wegen ihrer Frische und Natürlichkeit weite Verbreitung. Er lebte im Volke, kannte alle Regungen seiner Seele und wußte sie mit allen Kunstmitteln auszudrücken. Der Einfluß von SCHMELLER, W. H. RIEHL und REUTER ist bei ihm zu spüren. Der Freiherr Karl von GUMPPEN-BERG (1833-1893) brachte 1866 das feine Epos 'Der bsundere Ring' heraus; er schrieb auch wirkungsvolle Volksstücke und Gedichte. Erzählungen und Gedichte enthält das gesunde Buch 'Altboarisch' von Maximilian SCHMIDT (1832-1919). Ludwig THOMA (1867-1921) gestaltet seine Dialoge wirkungsvoll in Mda. Als Lyriker sind weiter zu nennen: Peter AUZINGER (1836-1914), Georg EBERL (1851-1913), Aloys DREYER (1861-1938); für Oberbayern Wilh. DUSCH (geb. 1871), Hermann FRANZ (geb. 1877), DORA STIELER (geb. 1875), die Tochter Karl STIELERs, Georg QUERI (1879-1919), dessen Gedichte und Volksstücke ins Drastische gehen. Für Niederbayern dichten Fritz DRUCKSEIS (geb. 1873), für das Inntal Wilh. RESCH, für das Berchtesgadener Gebiet Ad. MAYER. Neuerdings trat mit guten Werken Max DINGLER hervor (geb. 1883; 1941 'Das bairisch Herz').

Das Volkstheater erhielt neue Anregungen durch den Begründer der Schlierseer Bauernbühne Konrad DREHER (1859-1944); in guten Gedichten gab er auch seiner Freude an der Jagd Ausdruck. Für das Bauerntheater schrieben ferner Anny SCHÄFER, Jos. SCHLICHT (1832-1919), Georg EBERL, Georg STÖGER und J. RAUTER. Zur Unterhaltung wird die Mundart auch heute noch viel gebraucht; ernstzunehmende Werke aber sind dünn gesät.

Der Böhmerwald, den wir hier anschließen, ist der Inhalt der
Dichtung zweier tüchtiger Männer geworden: Zephyrin ZETTL
(1876-1935) und K. Franz LEPPA (geb. 1893). ZETTL ist weicher,
sentimentaler als LEPPA, sucht mehr die frohen Seiten des
Lebens hervor. LEPPA ist feinfühliger und tiefer; er weiß
auch tragische Stoffe innerlich wahr und echt zu gestalten.
In neuerer Zeit ist Otto ZERLIK (geb. 1907) stark hervorgetreten.

Im Egerland begann der Arzt J. J. LORENTZ (1807-1860) mit Erzählungen und Gedichten in Egerländer Mundart, die aber erst
1882 ans Licht kamen. In diesem Werk ist alles echt. Eine
drastische Sittenschilderung der Übergangszeit der 50er und 60er Jahre,
in der die alte konservative Welt des Egerlandes von der neuen
Zeit angegriffen wurde, gibt der Graf Clemens von ZEDTWITZ-
LIEBENSTEIN (1814-1896). G. N. DÜMML (1855-1928) dichtete ge-
fühlvolle Lieder, die gern gesungen wurden. Echt sind auch
die Erzählungen und Gedichte von H. Nik. KRAUSS (1861-1906).
In voller Hingabe an die Heimat und ihre Sorgen brachte Jos.
HOFMANN (geb. 1858) die reichen Seiten seines Innern als Volkskundler, Kunstforscher, Schulrat und Landtagsabgeordneter zur
Geltung. Er wollte seinen Egerländern auch in seiner vielsei-
tigen Mundartdichtung ernst und humorvoll die Heimat lieb und
wert machen und sie zum Lebenskampf stählen. Oberflächlicher,
oft zu stark auftragend ist der Arzt Michael URBAN (1847-1936),
gehaltvoller Anton WOLF (geb. 1873) in seinen 'Pfäffanißla'.
Liedhafte Gedichte, Geschichten und Volksstücke schrieb Rud.
SABATHIL (geb. 1875), der besonders für den Volkstanz Sinn
hatte. Das Drama wird mehr nach der heiteren Seite gepflegt.
So etwa Fr. REIF (geb. 1885), Louis WEINERT (1875-1945) und
Franz OTTO, der auch politisch-soziale Probleme behandelt.

Die Oberpfalz scheint keine Mundartdichtung hervorgebracht zu
haben, die höheren Ansprüchen genügt.

c) Die ostfränkische Mundartdichtung

Es ist ungewiß, ob in dem plötzlichen Hervortreten einer eigenartigen Mundartdichtung in dem Blechnermeister Joh. Konrad
GRÜBEL in Nürnberg (1736-1809) alte Überlieferungen aus der
großen Meistersingerzeit fortgewirkt haben, oder ob es sich
um ein eigenwüchsiges Talent bei ihm gehandelt hat. Ein viel-
seitiger Mann muß er gewesen sein. Seine Musikalität klingt in
den Gedichten durch. GOETHE vergleicht seine Leistung mit der
von HEBEL. Das gilt aber nur insofern, als GRÜBEL für seine
Heimatstadt die Mundart zu hohem Range erhebt. Er schildet zwar
die Nürnberger Bürger mit all ihren Sitten, Fehlern und Nöten.
In HEBEL aber ist doch in einer ganz anderen Weise die Heimat
und das Heimweh lebendig geworden als bei GRÜBEL, viel inner-
licher und tiefer. Die Wirkung der Gedichte GRÜBELs ging sehr
weit; er regte auch viele andere gerade in Nürnberg an. Zu
nennen sind der Stadtpfarrer Joh. Heinr. Wilh. WITSCHEL
(1769-1847), der Biograph GRÜBELs; Karl ZEIDLER (1771-1828),
der Gürtlermeister Friedr. STETTNER (1775-1829), Joh.
RIETSCH (1778-1814). In besonders enger Beziehung zu GRÜBEL

550

stand der Schneidermeister Joh. Wolfg. WEIKERT (1778-1856);
er kommt in seinen Gedichten der Meisterschaft GRÜBELs am nächsten. Der Neffe GRÜBELs Joh. Wilh. MARX (1788-1836) lernte unmittelbar von GRÜBEL. Valentin WEHEFRITZ (1790-1868) bevorzugte
mehr schwankhafte Dichtung, kennt aber auch ernste Töne, wie
Christoph WEISS (1813-1883) und Joh. PRIEM (1815-1890). Der
Dramatiker in Nürnberg ist Johann GOTTLIEB; er stellt volksmäßige Motive in gut gesehenen "Szenen" dar, die allerdings
nur für die Stadt Bedeutung hatten. Bis zur Jahrhundertwende
ist die Mundartdichtung ohne große Bewegung gewesen. Dann kommen zwei Dichter zu Wort, die der neueren Zeit Rechnung tragen:
J. SCHWARZ und August LINDNER, dieser mehr einer *laudatio
temporis acti* zugewandt, jener auf moderne Probleme eingehend.
Die stärkste Begabung in jüngerer Zeit ist Franz BAUER (geb.
1901).
Weitere Ansatzpunkte für die Mundartdichtung des östlichen
ostfränkischen Raums liegen in Bamberg, Bayreuth und im Vogtlande. In Bamberg begegnen nur die 'Bamberger Reimla' von A.
SCHUSTER. Samuel BACH schrieb lustige 'Bareither Klöß' (1906
und 1910), Friedr. EINSIEDEL (1918) witzige Erzählungen.

Das Vogtland mit seiner Sangesfreude ist durch den fruchtbaren, aber auch ungewöhnlich reichen Louis RIEDEL (1847-1919)
schon in den Anfängen zu einer Höhe geführt worden, die stark
weiter gewirkt hat. Er verfaßte 40 Bändchen Erzählungen, Lyrik
und Volksstücke, die alle Seiten des vogtländischen Volkslebens berühren; sie sind deshalb eine unerhört reiche Fundgrube
für die Volkskunde des Raumes. In seinen Bahnen wandelt
W. ENGELHARDT (geb. 1851). Die Prosa pflegt mehr E. LEINWEBER
(Deckname für Emil LEONHARDT, geb. 1862), der neben Wertvollen
auch manche Dutzendware bringt. Sehr beliebt ist bis heute
auch Willy RUDERT, der in gewandter Form Ernstes und Heiteres
zu mischen weiß (bis 1925 schon 25 Bändchen).

Im Westteil des Ostfränkischen ist zunächst Unterfranken zu
betrachten. Um Würzburg dichten zu reiner Unterhaltung etwa
Jos. KRAM (1852-1874), Elise DÖLLEIN, höhere Ansprüche erfüllt
Nikolaus FEY (1881-1956). Überragend und von echtem Heimatgeist erfüllt ist das Werk von Jos. DÜRR (1877-1917) aus Tauberbischofsheim, der sich HEBEL, GRÜBEL und KOBELL zum Vorbild
genommen hat.

Koburg ist durch Friedr. HOFMANN (1813-1888), der 1857 sein
'Koborgher Quáckbrünnlá' herausgab, ein kleiner Mittelpunkt
der Mundartdichtung geworden. Die Gedichte sind urwüchsig
und echt. Ein scharfer Beobachter ist der Buchhändler F.
RÖHRIG, der drei Hefte 'Schnoken und Hüpfermandla' (= 'Schnadahüpfeln', 1856/66) schrieb. Heute beherrscht dort G. ECKERLEIN
mit derben Schnurren das Feld.

In Hildburghausen begann Joh. SCHNEYER (1819-1874) 1850 mit
Gedichten in Mundart. In der Spielzeugstadt Sonneberg lebt
eine bescheidene Dichtung von Rich. BAUERSACHS und Gust.
ENGELHARDT. Das leichtlebige, musikalische und spottlustige
Völkchen von Lauscha schildert L. GREINER. Um 1850 erschienen
die Gedichte des Mechanikus H. MYLIUS in Themarer Mundart.

Die alte Waffenstadt Suhl hat zwei Dichter hervorgebracht, die sich zwar der lustigen Sparte widmen, aber doch über dem Durchschnitt stehen: Friedr. Wilh. KOBER (1863-1924), der von 1911 bis 1924 fünf Hefte herausgab, auch Volksstücke schrieb, und sein Sohn Julius KOBER (geb. 1894). In Meiningen, dem Mittelpunkt des Hennebergischen, wurde der urwüchsige, eigenartige Oberförster Paulus MOTZ (1817-1904) sehr beliebt. Schmalkalden, die Stadt des Stahls, erhielt 1913 von Arthur FUCKEL (1867-1923), der sich auch als Forscher große Verdienste in seiner Heimatstadt erworben hat, den 'Schmakaller Quieler-Born' geschenkt. Dort wirkte auch Ad. FRANK. Wasungen, das thüringische Schilda, fand seinen echten Volksdichter in dem Schuster J. Kasp. NEUMANN (1800-1850), der in ergreifend schlichten Liedern sich seine Heimatliebe vom Herzen sang.In Brotterode schrieb Max SCHMITT seine Gedichte. Salzungen wurde von dem früh erblindeten C. Ludw. WUCKE (1807-1883)besungen, der auch die Sagen sammelte. Ludwig BECHSTEIN schenkte diesem Gebiet um 1835 Sagen in Steinbacher Mundart.

In dem Raume Rudolstadt-Eisenach hebt sich zunächst Rudolstadt heraus. Dort begegnet gleich am Anfang die überragende Persönlichkeit des Pfarrers Anton SOMMER (1816-1888). Seine 'Bilder und Klänge aus Rudolstadt' geben in neun Bändchen ein weit ausgreifendes Bild des gesamten Volkslebens. Gute Naturbeobachtung weiß er mit idyllischen Klängen zu verbinden. Seine Wirkung ging weit über den engen Heimatbezirk hinaus. Würdige Nachfolger SOMMERs waren der Rechtsanwalt Waldemar KLINGHAMMER (1857 bis 1931) und der Pfarrer Hugo GREINER (1864-1911), die beide zwar ihren Meister nicht erreichen, aber doch Wertvolles zu geben wissen.

Ein eigenartiges Völkchen lebt in der Ruhl, wo eine vielseitige Industrie den Tag erfüllt. Hier begann Ludwig STORCH (1803 bis 1881) 1830 mit einer wertvollen Novelle 'Vörwärts Häns'; seine Gedichte sind erst 1882 herausgekommen. Zu nennen ist außerdem noch Otto BÖTTINGER mit seinen 'Schnorrpfüffen'. Der Dramatiker der Ruhl wurde Arno SCHLOTHAUER. Seine Komödie 'Der Luftikus' (1925) und sein Volksstück 'Dear Kirchenstriet' (1909) bieten gute Charakterisitik in saftiger Sprache und schöpfen überall echt aus dem Volke.

Das alte Eisenach schildert Fritz ROLLBERG. Das Oberland fand in den 'Rhönklängen' des Lehrers Aug. HERBART (geb. 1851) seinen Künder.

II. Die mitteldeutsche Mundartdichtung

a) Westmitteldeutsch

1. *Rheinfranken*

In *Lothringen* ist wohl aus einer anderen Einstellung gegen
die Franzosen die Mundartdichtung nicht so lebendig geworden
wie im Elsaß. Man fügte sich in den führenden Kreisen der französischen Herrschaft, empfand nicht so stark die Notwendigkeit, sich gegen die Überflutung der heimischen Sprache zu
wehren, wie dort. Es lebten wohl die kleinen Reime aller Art
im Volke, wie sie FOLLMANN z. T. im 'Lothringischen Wörterbuch'
abgedruckt hat, aber es fand sich kaum ein Sammler, der sie
vollständig ans Licht gebracht hätte. Das Volkslied lebte in
unerhörter Fülle weiter, wie die Sammlungen des Hambacher
Pfarrers PINCK ('Verklingende Weisen', 1926/28) zeigen. Um
1920 schickte Matthias TRESSEL (Deckname Ernst THRASOLT;
1878-1945) eine kleine Gedichtsammlung 'Behaal meech liew'
in die Welt.

Das Saargebiet ist um die Jahrhundertwende durch Friedrich
SCHÖN (geb. 1879) zur Mundartdichtung gekommen. Er hat auch
eine 'Geschichte der deutschen Mundartdichtung' geschrieben.
Als Erzähler findet Ludwig BLATTER, aus dem Sulzbachtal, eigene
Töne.

Die *Pfälzische* Mundartdichtung ist von Franz von KOBELL angeregt, der, obwohl in München geboren, mit der Pfalz eng verbunden war. 1843 erschienen seine 'Gedichte in hochdeutscher
und pfälzischer Mundart', denen 1844 neue folgten, 1863 kamen
die 'Pälzischen Geschichten'. Obwohl sie glatt in den Formen
sind, erreichen sie, wohl wegen der Zwiespältigkeit des Ver-
fassers nicht die echte Heimattiefe. Dagegen ist Karl Christ.
Gottfr. NADLER (1809-1849) ganz in der Pfalz zu Hause, und
zwar in der Vorderpfalz. Er will Charaktere seines Stammes
zeichnen, "bei denen die Subjektivität des Dichters möglichst
bescheiden im Hintergrunde bleiben muß". Inhaltlich sehr reichhaltig (auch die wandernden Musikanten werden z. B. berücksichtigt), fährt er nie auf ausgefahrenen Geleisen. Die Grü-
belschen Gedichte übertrug er zusammengerafft in Pfälzer Mundart. Beachtenswert sind auch seine Spottlieder gegen die Revolutionäre von 1848 HECKER und STRUVE. Aus dem Westrich
stammt der Archivrat Ludwig SCHANDEIN (1813-1894), der 1854
mit seinen Gedichten hervortrat; sie heben die Unterschiede
der Westricher gegen die Weinpfalz mit scharfer Beobachtung
heraus. Karl August WOLL (1834-1893) ist konservativer, er
wendet sich hauptsächlich gegen die Auswüchse der Zeit, insbesondere gegen die Sonderbarkeiten der Mode. Fruchtbarer ist
der Nordpfälzer Daniel KÜHN (1859-1920). Angeregt durch NADLER
und WOLL bringt er meist Schwänke und Komödien, es gelingen
ihm aber auch tiefempfundene Gedichte. Genannt sei noch
Lorenz ROHR (1856-1912), der nach Amerika auswanderte. Der
vielseitigste nordpfälzische Dichter war der Gerbereibesitzer
Richard MÜLLER (1861-1924). Seine zahlreichen Werke enthalten

heitere Gedichte, Idyllen und nach SAILERs Vorbild den Schwank
'Die Borjermeisterwahl'. Aus einer großen Zahl hervorgehoben
zu werden, verdienen Lina SOMMER (1862-1932), Paul GELBERT,
Ludwig HARTMANN, Emil HAAS, Ernst KIEFER, der Förster Karl
Eduard NEY, Emil WEBER, Fritz BRENTANO und Rudolf HILGERS. Im
Volke besonders wirksam wurde die schnurrige 'Pälzisch Welt-
geschicht' von Paul MÜNCH (bis jetzt 25 Auflagen). Unter den
Lebenden ragt durch Gehalt und Gemütstiefe Ernst CHRISTMANN
(geb. 1885) hervor. Volkskundlich echt und wertvoll ist das
Bühnenstück 'Die Palzer Kerwe' (1921) von Fr. HEEGER. Für den
Karneval schrieb Karl HASSEL den wirkungsvollen Schwank
'Kreiznach is Trump' (1892).

Hingewiesen sei auch auf die pennsylvanisch-deutsche Mdadich-
tung, die auf pfälzische Grundlagen zurückgeht, etwa auf Michael LOCHEMES (1860-1924).

HEBEL war das Vorbild für den Dichter des Odenwaldes Georg VOLK
(1861-1914). Die Dichterin Greta BICKELHAUPT (1865-1919) kam
um 1905/10 mit Gedichten, heiteren und ernsten Erzählungen
und einem Volksstück heraus.

In Mannheim sangen Herm. WALDECK, Aug. GÖLLER und Hanns
GLÜCKSTEIN heitere Lieder.

Die erste Kunde von einer unterirdisch lebenden Volksdichtung
in *Hessen* gibt ein 'Baßquill' aus dem Buseckertal von 1725;
es ist auf die Leute gemünzt, die in dem langwierigen Streit
der Leute im Buseckertal mit dem Landgrafen von Hessen den
kürzeren gezogen hatten. Dann tritt die Schwalm hervor. Eberhard Georg von LÜDER in Loßhausen (1685-1759) dichtete einige
liedhafte Stücke, von denen das Kirmeslied "Bann des Grommet off
dem Bore. Hätt ä Äng der Bouern Last ..." noch heute im Volksmunde lebt.

In Oberhessen schrieb der Salinenrat Karl Friedrich LANGSDORF
(1772-1852) in der Mundart der Umgegend von Nidda zwei gemütvolle Gedichte, die heute noch bekannt sind. Der berühmte Germanist Karl WEIGAND (1804-1878) hat die Wetterau in einem lebendigen Liedchen besungen; auch hat er die Sagen aus der Nid-
daer Gegend in Mundart aufgezeichnet. Der Vogelsberger Pfarrer
Ernst BINDEWALD (1829-1880), der Gießener Ingenieur Georg AS-
MUSS (1830-1896) und mit satirischen Tönen der volksverbundene
Tierarzt Peter GEIBEL (1841-1901) stehen unter WEIGANDs Einfluß. Besonders GEIBEL, dessen Gedichte über 20 Auflagen erlebten, aber nicht immer echter Ausdruck des Wetterauer Bauernvolkes sind, weiß der spröden, vokalisch eigenwilligen Mundart
manches abzugewinnen. Herzhafter noch ist der Amtsrichter
Friedr. Wilh. MÖBIUS (Deckname Friedrich von TRAIS, 1842-1906),
der scharf zu beobachten weiß und die sozialen Nöte der Zeit
zu kennzeichnen sucht. Für den Vogelsberg und seine Eigenart
findet Ernst EIMER (geb. 1881) vielfältige, reine Töne; ebenso
für das Dillgebiet L. RÜHLE (1934); für Gießen und Umgebung
Georg HESS (geb. 1889) und Heinr. BASTIAN (geb. 1875).

Im Übergangsgebiet um Wiesbaden, Mainz, Frankfurt, Darmstadt,
Aschaffenburg ist der Karneval der Antreiber der Dichter. In

Mainz liefert Friedr. LENNIG (1796-1838) mit großer Fruchtbar-
keit die lustigen Stoffe für die Volksfeste der Fastnachtszeit;
sie bieten in derber Übertreibung ein gutes Abbild der Wein-
bauern seiner Zeit. Ihn setzte fort Max Leopold LANGENSCHWARZ
(1801-1867), der um 1840 überall beliebte Fastnachtsdichter von
Mainz. Ähnlich wirkte Karl WEISER (1803-1865). Diese von der
Mundart im wesentlichen getragene Gelegenheitsdichtung lebt bis
heute derb und schlagkräftig, sinnig und satirisch fröhlich
weiter.

In Darmstadt treibt die Mundartdichtung gleich am Anfang eine
besondere Blüte. 1834 erscheint das Lustspiel 'Des Burschen
Heimkehr' von Ernst Elias NIEBERGALL (Deckname E. STREFF,
1815-1843), das aufhorchen ließ, weitere folgten. Um 1841 gelingt diesem Dichter der Wurf des 'Datterich', der überragenden Posse um einen Tunichtgut, der auf immer neue Art seine
Mitmenschen und die Spießbürger ausbeutet. Treffende Charakterzeichnung, derber, ursprünglicher Humor macht das Werk un-
sterblich. Die rhein-mainische Fastnachtslaune sprudelt auch
in diesem Meisterstück.

In *Frankfurt* überwiegt von Anfang an das Drama; schon 1794
kommt ein Lokalstück 'Der Prorekter' auf die Bühne, das den
Vetter GOETHEs Karl Ludw. TEXTOR (1755-1851) zum Verfasser
hat. Von größerem Wert ist das Lustspiel des Direktors des
Nationaltheaters der Freien Stadt Frankfurt Karl MALSS (1792
bis 1848) 'Die Entführung oder der alte Bürgercapitäin' (1828),
womit dieser zuerst ein Mundartstück im hochdeutschen Theater
einführte. Er verfaßte weiterhin dramatische 'Hampelmanniaden',
die interessante Streiflichter auf die Kleinbürger Frankfurts
um 1800 werfen. MALSS wirkte ein auf Georg PFEIFFER (1795 bis
1871), Joh. Wilh. SAUERWEIN (1803-1847), Georg L. BECK (1811
bis 1895) u. a. Mit dem Übergang der Freien Reichsstadt an
Preußen fand diese Zeit der Lokalstücke ihr Ende. In eigenartiger Weise erfühlte Friedr. STOLTZE (1816-1891) Wesen und Art
der Alt-Frankfurter Bürger. Politisch angerührt nahm er die
revolutionäre Zeit um 1848 in sich auf, er kannte die Wirkung
der Mundart auf seine Mitbürger und nutzte sie in seinen Gedichten weidlich aus. In den von ihm geleiteten humoristisch-
satirischen Zeitschriften, besonders in der 'Frankfurter Lo-
tern' geißelte er die Mängel der Zeit, brachte aber auch seine
tiefe Liebe zur Heimatstadt in prächtigen Schilderungen der
alten Sitten und Gebräuche zum Ausdruck, erkannte scharf die
inneren Nöte, die den Menschen aus dem Heraufkommen einer
neuen Zeit erwuchsen. Er schreibt die Frankfurter Umgangssprache; wie Karl NEURATH nachgewiesen hat, wird bei ihm oft
Grammatik und Syntax der Mundart nicht recht beachtet und dem
Vers geopfert. Er will aber mit dem Gebrauch der Mundart nur
an seine Frankfurter herankommen. Und das gelingt ihm; heute
noch ist er lebendig, wird viel gelesen und vorgetragen. Das
Werk des Vaters suchte der Sohn Adolf STOLTZE (1842-1933)
weiterzuführen. Besonders die Wiederbelebung der Lokalpresse
ist sein Verdienst. Nur Lustiges schaffend erreicht er den
Vater nicht. Eine große Reihe von Nachahmern in Frankfurt
folgen; genannt sei nur Karl Ed. SCHAFNIT (1849-1899). Die
Lyrik der noch Lebenden hat einen Höhepunkt gefunden in den

'Höchster Scherwe' von Frida REUTING-DÜSTERBEHN (1878-1954),
die über das nur Lustige hinausgeht und tiefernste Motive gut
zu gestalten weiß.
In der Schwalm versuchte Joh. Heinrich SCHWALM (1864-1946) aus
allseitiger Kenntnis seine Heimat zu charakterisieren. Neben
manchem guten volkskundlichen Beitrag und hochdeutschen Volksstück stehen prächtige lustige und ernste Gedichte in der
durchaus nicht leicht zu behandelnden Mundart; 1904 brachte er
mit Joh. H. KRANZ (geb. 1866) die Sammlung 'Kreizschwereneng,
Spaß muß seng!' heraus. In Kassel überwiegt die reine Döhnchen-
literatur; ernste Töne schlägt nur Paul HEIDELBACH (1870-1954)
an.

2. *Mittelfranken*

Ein besonders eigenartiges Bild bietet die Mundartdichtung in
Siebenbürgen; diese Landschaft mußte mitten in fremdem Volk
ihr Deutschtum behaupten. Hier ist die Mundart zum Kampfmittel
bestimmt. Es sind überwiegend die Pfarrer und Lehrer, die ihren Bauern mit der Sprache auch das Deutschsein lieb und wert
machen wollen. Begründer ist hier die Dichtung in der tiefen
Heimatliebe, die in Kämpfen von acht Jh. zu einem innerlichen,
nie verflachenden Deutschgefühl sich ausgebaut hat. Die Stoff-
gebiete sind von allen Tönen des Heimwehs erfüllt. Dazu kommen
geschichtliche Stoffe, die die Verbindung mit den Taten der
Altvordern in der Gegenwart aufrechterhalten. Das Bauernvolk,
sein Arbeits- und Festleben, seine althergebrachten Sitten
stehen im Mittelpunkt auch in der Liebeslyrik. Das Kleinbürger-
tum der Städte wird mehr in satirischer Weise vorgenommen.
Die Familie ist in Siebenbürgen von besonderer Innigkeit
durchwebt; so ist den Kindern ein besonderer Platz eingeräumt.
Bauerndichter selbst gibt es kaum, aber die führende Schicht
ist so eng mit dem Bauerntum verwachsen, daß dies Verhältnis
auf Bildung und Niveau der Volksschicht stark zurückwirkt.
Die humanistische Bildung beherrscht die Ausbildung der Pfarrer und Lehrer. Diese besuchten auch meist deutsche Universitäten. So ist es nicht erstaunlich, daß auch Einflüsse der
gesamtdeutschen Literatur sich in der Mundartdichtung niedergeschlagen haben (UHLAND, GOETHE, besonders REUTER). HEBEL
und STELZHAMER haben nur äußerlich anstoßend gewirkt.

Von den Gattungen der Dichtkunst sind Lyrik, Novellen, kurze
Prosaschnurren, Predigten und Dramen vertreten, seltsamerweise
keine Tragödien und Possen. Ein im ganzen dilettantischer Zug
im Formalen geht durch alle Dichtungen. Fast alle Dichter
gebrauchen selten die reine Bauernmundart, mehr die Halbmundart der Bürger, sie werden trotzdem aber überall verstanden.
Die Verbreitung geschieht selten durch Bücher, meist durch
Zeitschriften und Kalender, die hier besonders gediegen sind,
auch wohl von Mund zu Mund.

Der erste siebenbürgische Dichter war Simon Gottlieb BRANDSCH
(1773-1852), Pfarrer in Mediasch. Seine für die Familie entstandenen Gedichte lebten zunächst nur in dieser weiter, dran-

gen dann auch in weitere Kreise. Eine Bauernhochzeit schildert
in sehr anschaulicher Form Johanna LÖPRICH (gest. um 1830).
Die politischen Sorgen der Zeit um 1840 brachte einen Aufschwung des Heimatgefühls. An diesem Wendepunkt kamen die
Sammlungen der älteren Mundartdichtung von SCHULLER (1840)
dem jungen Daniel Viktor KÄSTNER (1826-1857) in die Hand; er
ließ sich dadurch zu eigenen Dichtungen anregen und schrieb
1847 seine ersten Gedichte. Nach seinem Tode kamen sie erst
heraus. Er ist der bedeutendste Dichter der Siebenbürger. In
eigenartiger Weise, von seiner eigenen Persönlichkeit aus entwirft er ein Bild des väterlichen Pfarrhofs, er schaut das
Kleinleben in der Natur, erfaßt so das Heimatliche in innigster
Form. Er will die Mundart zum Werkzeug der sächsischen Selbstbehauptung machen. Seine Sprache ist eine mit Idiotismen stark
durchsetzte Halbmundart. Seine Wirkung ging weniger ins Bauerntum, mehr in die Kreise der Gebildeten. 1889 trat ein weiterer
bedeutender Lyriker hervor, Joh. Karl RÖSLER (geb. 1861). "Er
ist der Meister des innigen Stimmungsliedes" (HÖRLER). Anfang
der 90er Jahre kommt es zu einer Blüte der Lyrik. Heinr. MELAS
(1829-1894) versucht in realistischer Weise, das Dorfleben zu
veranschaulichen. Friedr. ERNST (geb. 1860) wagt sich genial
daran, das Höchste in der Mundart auszudrücken, wird dadurch
aber für schlichte Menschen zu hoch. Ernst THULLNER (1862-1918)
ist ein Meister der Sprache und ein glänzender Schilderer der
Charaktere. Er findet den Weg zur Volksanekdote, die er als
Verserzählung in REUTERs Art formt. Sein Bestes aber liegt in
den 'Lîdcher' (1897-1900), die in der Vertonung von Herm.
KIRCHNER meist ins Volksliedgut der Siebenbürger übergegangen
sind. Zu nennen sind ferner in diesem fruchtbaren Jahren:
Adolf HÖHR (geb. 1869), Karl RÖMER (geb. 1860), der Dichter
des auch in Deutschland viel gesungenen Lieds vom Holderstrauch.

Die mundartliche Prosa wird 1881 eingeleitet von sieben mundartlichen Predigten von G. A. SCHULLERUS (gest. 1900), die
Kunstwerke eigener Art sind. In echt burzenländer Bauernmundart schrieb Franz HERFURTH (geb. 1853) seine 'Hippeltscher',
Geschichten und Schnurren. Die Novelle findet ihren Begründer
und Meister in Adolf SCHULLERUS (1864-1928), der auch als
Sprachforscher weit bekannt ist. Eine bleibende Höhe auf diesem Gebiet erreichte Anna SCHULLERUS (geb. 1869). Sie hat die
Gabe, Landschaft, Dörfer, Städte und Menschen so lebendig
werden zu lassen, daß leuchtende Bilder der Heimat daraus werden. Ihre Märchen und Erzählungen geben in einzigartiger Weise
das Gemütsleben der Sachsen wieder, das die Dichterin in Höhen
und Tiefen miterlebt hat (1904 'Hîmwîh').

Die Satire der städtischen bürgerlichen Welt setzt ebenfalls
in den 90er Jahren ein; sie spielt um zwei stehende Figuren den
'Fliescher Tumes' und den Ränkeschmied 'Herrn Schemmel', den
Pfahlbürger. Heinr. MÜLLER (geb. 1856) ist Meister dieser Gattung, die im Bürgersächsisch gehalten ist.

Das Drama wächst aus der Arbeit der Frauenvereine hervor, die
um 1890 gegründet wurden. Es spielt nur im Bereich der Bauern-
schicht. Pfarrer, Richter und Notare sind die Verfasser. Die

unterhaltende und belehrende Absicht herrscht vor. Joh. Wilh.
WITSCHEL (1856-1904) schrieb als erster vier Dramen in Nösner
Mundart. Anna SCHULLERUS dichtete das beste und erfolgreichste
mundartliche Stück: 'Äm zwîn Krezer' (2. Aufl. 1901). Sie
spricht in echter, schöner Sprache unmittelbar zum Volk. Weiter
sind mit dramatischen Werken hervorzuheben Georg MEYNDT (1852
bis 1903) und Michael SEMPS (1860-1916). Ernst THULLNER schrieb
das große Schauspiel 'Das Wort sie sollen lassen stahn', das
die Einwanderung der aus Salzburg Vertriebenen nach Großpold
zum Gegenstand hat. Mit leichteren Volksstücken hatte Joh.
PLATTNER (geb. 1854) Erfolg.

Auch in *Luxemburg* muß eine Unterströmung volksmäßiger, mundartlicher Gelegenheitsdichtung angenommen werden, die nicht
aufgezeichnet, nur von umherziehenden Sängern weitergegeben
oder gar gedichtet wurde. Einer davon, der blinde Matthias
SCHON (1747-1824), tritt etwas schärfer heraus. Bewußt, und
zwar aus nationalen Beweggründen, stellte sich in den Dienst
der Mundart der Prof. Anton MEYER (1801-1857). Er wollte die
luxemburgische Eigenart gegen das Französische wie das Deutsche
in mundartlichen Dichtungen hervorheben (1829 'E' Schrek ob de
Lezeburger Parnassus'; 1845 'Luxemburger Gedichte und Fabeln';
1853 'Oilzegt-Klänge'). Die Schwankliteratur führt Joh. Franz
GANGLER (1788-1856) an durch seine witzige Sammlung 'Koirblu-
men, um Lamperbiêreg geplekt'. Er findet viele Nachahmer, die
ihn aber nicht erreichen.

Aus diesen Anfängen entwickelt sich unter dem Druck der nationalen Not um 1850-1871 eine Blüte der Mundartdichtung, die
tief in das luxemburgische Volk hineinwirkt hat. Michel
LENTZ (1820-1893) gilt als der erste Nationaldichter. Seine
beiden Lieder 'Der Feierwön' und 'Ons Hémecht' wurden zum
Ausdruck des luxemburgischen Selbständigkeitswillens. Der
Richter Edmund DE LA FONTAINE (1823-1891 ; Deckname DICKS)
wurde durch sein politisch-satirisches Gedicht'D' Vulleparla-
ment am Grengewald' im Sturmjahr 1848 bekannt; es greift die
damalige Volksvertretung scharf an. Für die Lyrik bedeutet
DICKS einen Höhepunkt; viele seiner Lieder sind Volkslieder
geworden. Er begründete auch das mundartliche Drama. Nachfolger von ihm waren die Gebrüder Nikolaus STEFFEN. Von den
höchsten Vorbildern (GOETHE, UHLAND) begeistert, schuf der
Kantonalpiquer Michel RODANGE (1827-1876) an Hand von GOETHEs
Reineke Fuchs 1872 den 'Renert oder de Fuuß am Frack an a
Ma'nsgreßt op en Neis fotografäert vun Engem Letzeberger'.
Er schuf damit ein für Luxemburg einzigartiges Werk, das die
geistigen und politischen Kämpfe seiner Zeit satirisch vor-
trägt, zugleich aber ein meisterhaftes Bild der luxemburgischen Heimat entwirft. Erst als die zeitbedingten Dinge verblaßt waren, kam RODANGE zu voller Wirkung. Heute ist sein
Werk das Nationalbuch der freisinnigen Luxemburger.

Die weitere Entwicklung der Mundartdichtung hängt in Luxemburg von dem Bestreben der geistig Führenden ab, die Landes-
sprache für die Selbstbehauptung des kleinen Ländchens auszuwerten. Der Vorkämpfer ist der hochstehende Nikolaus WELTER
(1871-1951), der die Berücksichtigung der Mundart im Schul-
unterricht durchsetzte. Von ihm besitzen wir auch einige fein-

sinnige Lieder. Der erste Weltkrieg verschärfte die gut natio-
nale Richtung. Aus einer großen Zahl von Dichtern ragt Wilh.
GOERGEN (1867-1942) hervor. Er beherrscht alle Gebiete der Ly-
rik, hat auch epische Gedichte geschrieben und Volksstücke.
Weiter seien genannt Lucien KOENIG (Deckname Siggy vu LETZE-
BURG, geb. 1888) und Adolf BERENS (geb. 1880). Die Prosaerzäh-
lung begannen Nikolaus STEFFEN-PIERRET (1823-1899), Lucien
KOENIG und Matthias SPOO (1837-1914). Tiefer in das Volksleben
zu dringen sucht der vierbändige Roman 'D' Kerfegsblom' von
Adolf BERENS. Um die Jahrhundertwende führt Andreas DUCHSCHER
(1840-1911) das Drama weiter. Sehr vielseitig, vom ehrlichsten
Streben nach Höhe erfüllt ist Joh. Bapt. WEBER (1860-1940,
gnt. BATTY). Seine Bedeutung liegt im Drama. Neben den schon
genannten Wilh. GOERGEN und Lucien KOENIG treten auf diesem
Gebiet noch Max GOERGEN (geb. 1893) und Nikolaus WELTER hervor.
In den Zusammenhang mit Luxemburg gehört das Gebiet um Arel;
hier schrieb Nic. WARKER 'Eng Straiszchen Hêmechtsblumen'
(1912), dem 1913 ein zweites folgte.

So hat das kleine Luxemburg sich einen echten Anteil an der
Mundartdichtung gesichert, der sich auf der aus den geschichtlichen Schicksalen erwachsenen tiefen Heimatliebe aufbaut.

In der *Eifel* hat der aus Niederkail bei Wittlich stammende
Steinguthändler Peter ZIRBES (1825-1901) sich durch seine ur-
wüchsigen Lieder und Balladen, die er wandernd sang, viel
Freunde erworben.

Der *Westerwald* ist arm an Mundartdichtung. Aber das *Siegerland*
mit seiner altansässigen Bergbaubevölkerung hat im 19. Jh.
einen Dichter hervorgebracht J. H. SCHMICK (geb. 1827), der
1882 mit den 'Rümcher uß dm Seejerland van'm Seejerländer'
weite Beachtung fand und bis heute gelesen wird (1921). Ernsthaft und tief gibt Karl HARTMANN seiner Heimatliebe in wenigen,
aber sehr wertvollen Gedichten Ausdruck. Die Schwere des Bergmannslebens schildert Ed. SCHNEIDER-DAVIDS in dem 'Flennersch
Richard' (1913).

Vorort des Ripuarischen ist *Köln*; seine geistigen Kräfte haben
die Mundart in eigenartiger Weise geformt und in einem klar
abgrenzbaren Gebiet abgesetzt. Kennzeichen sind insbesondere
die Gutturalisierungen von -nd < ng (*Kind* : *King*), vor -t
(*zit* : *zikt*) und die eigenartige, auf dem Stoßton beruhende
"Schäfung", die der Mundart den weltbekannten Klang verleiht.
Köln hat in den Kämpfen um den Rhein nach der Französischen
Revolution eine entscheidende Rolle gespielt. Als der französische Einfluß übermächtig wurde, zogen die Kölner auch die
Mundart, die den Franzosen ja unverständlich bleiben mußte,
in den Kampf um ihre Selbstbehauptung hinein. Man tat es über
den Karneval, der in diesen Jahrzehnten aus altem Volksbrauch
zu neuem Leben geweckt wurde. Er gibt auch bis heute der
Kölner Mundartdichtung das Gepräge und die entscheidenden An-
triebe und Inhalte.

Matth. Jos. de NOEL (1782-1849) hat zuerst die kölnische
Mundart in Fastnachtsgedichten und -possen verwendet. Auch
Joh. Matthias FIRMENICH (1808-1885), der bekannte Sammler von
'Germaniens Völkerstimmen', dichtete zum Karneval. Man muß

annehmen, daß auch weiterhin zur Fastnacht viel unaufgezeich-
nete Gelegenheitsdichtung entstanden ist. Der Maler Maria Heinr.
HOSTER (1835-1890) führte den "Antun Meis" und das "Fussige
Hermännche" in die Karnevalsdichtung ein, die noch leben. Er
verfaßte auch 'Kölsche Krätzscher', die seitdem in Tausenden
von Abwandlungen neu geschaffen werden. Höher steht der Fabri-
kant Fritz HOENIG (1833-1903), dessen Humoresken viel gelesen
werden. für das Kölner Hännesche-Theater schrieb er acht Bändchen schöne Puppenspiele. Ernster zu nehmen ist auch Wilh.
KOCH (1845-1891), der die Prosadichtung nach REUTERs Art
pflegte. Seine 'Kölsche Scheldereie' (vier Bändchen, 1882-1885)
lassen das kölnische Pfahlbürgertum und die Kappesbauern der
Zeit plastisch werden und haben kulturgeschichtlichen Wert.
Wohl im Gefolge der Neubelebung des Kölner Karnevals wurde von
der Familie MILLOWITSCH das Kölner Hännesche-Theater begründet.
Wilh. MILLOWITSCH (1855-1909) schrieb dafür viele kurzlebige
Stücke. Daraus entwickelte sich ein wirkliches Theater mit
Schauspielern, das lange am Leben blieb. Es hielt sich aller-
dings hauptsächlich an den possenhaften Bereich.

In künstlerischem Sinne gab dem Mundartdrama Wilh. SCHNEIDER-
CLAUSS (1862-1949) neuen Auftrieb. Er hatte lange Jahre in
der Fremde wirken müssen; dort wurde ihm die Heimat Köln lebendig, das machte ihn zum stärksten Dichter des Heimwehs. Seine
drei Volksschauspiele 'Heimgefunge' (1911), 'de Eierkönegin'
(1912), 'Unger der Krützblom' (1913), fanden mit ihren lebenswahren Problemen und der klaren Zeichnung des Altkölner echte
Anerkennung. Er schrieb außerdem gefühlstiefe Gedichte, gehaltvolle Novellen und den Roman 'Alaaf Kölle'. Sein Gesamtwerk
hat künstlerischen und volkskundlichen Wert. Aus der großen
Zahl der übrigen kölnischen Mundartdichter seien nur Peter
BERCHEM (1866-1922), Hans JONEN (geb. 1892), Willi RÄDERSCHEIDT
(1865-1926; Deckname OHM WILM), der mit Max MEURER (geb. 1892)
das Puppenspiel erneuerte, hervorgehoben. Groß ist die Zahl
der übermütigen Karnevalsdichter, etwa Willi OSTERMANN (1876
bis 1936), der auch ernste Töne fand. Die von J. KLERSCH und
C. MÖMKES hg. Sammlung 'Kölnisches Glockenspiel' (1954) gibt
einen guten Einblick in ernstere kölnische Dichtung. Die
schwere Besatzungszeit um 1920 veranlaßte Karl NIESSEN (geb.
1890) das Kölnische Hännesche-Theater wieder zu beleben.

Ein zweiter Mittelpunkt der ripuarischen Mundartdichtung ist
Aachen, die alte Stadt Kaiser Karls. Hier beginnt die Mundartdichtung gleich mit einem echten Dichter, dem Maler Ferdinand
JANSEN (1785-1834). Er erhob die Aachener Mundart in den Stand
der Schriftsprache. Ein Naturdichter war der Schlosser Jos.
LAVEN (1792-1823). Seine Gedichte sind etwas unbeholfen, viele
wertlos, einige Perlen sind aber doch darunter. Die ernste
Linie führte der Gymnasiallehrer Jos. MÜLLER (1802-1872)
weiter. Er erfüllt hohe Ansprüche und erwarb sich auch um die
naturwissenschaftliche Forschung in Aachen Verdienste. Weniger
hoch steht Joh. Jos. MAASSEN (1805-1863). Albert BRANCHART
(1813-1892) suchte seinem Freunde Jos. MÜLLER nachzuahmen.
Religiöse Wirkungen suchte Joh. Wilh. DIERIKATS (1817-1893)
mit seinen Rosenkranzgedichten zu erzielen. In den Karnevals-

bereich gehört das erste Fastelowendstück 'Alaaf Oche, än wenn
er versönk', das 1829 aufgeführt wurde und von Clemens August
HECKER (Deckname Dr. TILL) verfaßt ist. Hier findet die alte
Fastnachtsfigur des "Flores" ihre dichterische Verklärung.
Über dem Durchschnitt stehen die Gedichte von Gust. VOSSEN
(1809-1878) und von Matthias SCHOLLEN (geb. 1846).

Der Wegbereiter in eine neue Zeit ist der Kupferschmied Hein
JANSSEN (1856-1938); ihn hat man den "Aachener Hans Sachs"
genannt. Auf einer tiefen Beobachtung des Volkslebens aufbau-
end, hat er ein umfangreiches Werk Gedichte, Schwänke, Puppenspiele und Lustspiele seinen Aachenern hinterlassen. Lange
Jahre gab er das 'Öcher Platt' heraus, die Monatsschrift des
1907 gegründeten Vereins gleichen Namens, die er auf beachtlicher Höhe zu halten wußte und so die Wirkung der heimatbewußten
Mundartdichtung in breite Kreise trug und mit der er auch die
Verbindung mit andern deutschen Landschaften pflegte. Unter
den vielen Freunden der Aachener Mundart, die in der Zeitschrift zu Wort kommen, ragen über den Durchschnitt hervor der
schwerblütige Jos. STARMANNS (geb. 1857), Albert BRANCHART
(gest. 1936), Christ. BEAUCAMP, Jos. CLASSEN (geb. 1857),
Heinz GOERGEN (geb. 1890), Dr. Will HERMANNS (geb. 1885). Der
letztere schrieb eine 'Geschichte der Aachener Mundartdichtung'
(1932).
Die "Aachener Puppenspiele", von W. HERMANNS neu belebt, fanden neben der Laienbühne in Aachen vorbildliche Pflege. Hein
JANSSEN und W. HERMANNS schrieben neben anderen dafür wirkungsvolle Stücke.

In das Ripuarische gehört auch der Jülicher Jos. SCHREGEL
(1865-1947), der seine Heimatstadt durch seine vielseitige und
warmherzige Dichtung ausgezeichnet hat. - In Jülich widmete
sich Wilh. TILGENKAMP um 1920 der heimischen Mundart. -
Dichter des Bergischen Landes ist Franz Peter KÜRTEN (geb.
1891). Sein Werk 'Rhingvolk' schildert auf echter volkstümlicher Grundlage das schwere Arbeitsleben, die religiöse Inner-
lichkeit und das herbe Festleben der bergischen Menschen.
KÜRTEN steht weit über dem Durchschnitt.

Düsseldorf ist der Vorort des Ripuarisch-Niederfränkischen
Grenzgebiets. Hier hat Hans MÜLLER-SCHLÖSSER (1884-1956) das
Tor zur heimischen Mundartdichtung aufgeschlossen. Seine Lyrik
hat neben der Komik auch ernsthafte Züge. Bekanntgemacht hat
ihn auch im weiteren Deutschland sein Meisterwerk, das immer
wieder aufgeführte Lustspiel 'Schneider Wibbel' (1913), das
ergötzlich die rheinischen Besatzungsnöte der Zeit um 1810
spiegelt. In Solingen hat Peter WILLE 1940 'Heimatruschen',
Poesi on Prosa en Solinger Monkart' herausgebracht, die wegen
ihrer lebendigen Frische starke Beachtung fanden.

Auch in *Krefeld* ist eine bescheidene Dichtung am Werke; zu
nennen ist W. HUBBEN: 'Jrömels, Moppe on gröttere Stöcker'
(1921).

b) Die ostmitteldeutsche Mundartdichtung

1. *Thüringen*

Bis etwa 1800 ist die Mundartdichtung in Thüringen selten.
Herzog HEINRICH JULIUS von Braunschweig gibt zwar in seinen
Volkskomödien 'Tragica comoedia von der Susanna' und in der
'Von einem Wirte' (1543) auch einem thüringischen Klas Gehör;
in Thüringen wird das aber nicht wirksam geworden sein.

FRISIUS überliefert (1707) in seiner "Historischen Nachricht",
daß in einem 1687 am Gregoriusfest aufgeführten Lustspiel die
Bauern Altenburger Mundart gesprochen hätten. Hochzeitsgedichte aus der Mitte des 18. Jhs. sind uns auch erhalten geblieben.

Bewußte Dichtung in Mundart beginnt um 1800, ohne daß man zunächst einen Anstoß von außen feststellen kann. Im Oberharz
druckt der Pfarrer Georg SCHULZE (1807-1866) seine tiefempfun-
denen 'Harzgedichte' (1833) ab; nach seinem Tode folgt die
'Ewerharzische Zither' (1885). - In Nordhausen scheint das
Interesse erst nach 1850 erwacht zu sein; 1851-1859 erscheinen
von verschiedenen Verfassern 'Nordhüsche Rime un Biller", die
heute noch gelesen werden. 'Nordhieser Schnurren' bietet der
Lehrer Karl MEYER (geb. 1845; bis 1918 5 Hefte, Deckname Johannes RYEMER). - In Abterode (Kreis Eschwege) lebte Helene
BREHM (geb. 1862), die viele gute Gedichte veröffentlicht
hat. Das Eichsfeld vertritt Jos. KAUFMANN (1925 'Minne Medizin-
flaschen').

Für das Erfurt vor 1870 sind die 'Erfurter Schnozeln' des
Kanzleirats Ad. Leberecht FISCHER (1814-1890), die in frischer
Schilderung volkstümliche Charaktere der damals noch kleinen
Stadt darstellen, eine kulturgeschichtliche Fundgrube. Er
ist der Begründer der späteren "Schnörzchen"-Dichtung. Es sind
das kurze, zugespitzte Geschichten, die bäuerliche Lebenser-
fahrung zu erhalten suchen. Seit etwa 1900 wirken mit breitem
Erfolg der Pfarrer Aug. LUDWIG (Deckname Aug. RABE, geb. 1867),
der Schulrat Otto KÜRSTEN (geb. 1877), die beide nach Ostthüringen gehören, der Lehrer Oskar IMHOF (geb. 1867, in der
Mundart um Weimar) und der Tischler Herm. KRUSPIG (1862-1928)
in dieser Richtung.

In Mühlhausen, das an der Grenze des Oberdeutschen liegt, findet sich zuerst Georg WOLFF (1828-1919), der 1924 mit seinem
'Müllhuschs Schingelaich' herauskam. Von ihm angeregt waren
Th. RÖBLING und Karl HAAGE (geb. 1869). E. GRIESBACH (1863
bis 1937) gründete 1928 die 'Spielstube' und schrieb dafür,
selbst Bauer, 1933 'Müllhisser Schpellschtobb'n', die die
bäuerliche Gesellschaft zu heben suchen.

Die humorvolle Dichtung pflegen in neuerer Zeit der Theologe
Walter TRÖGE (geb. 1888), der Herausgeber des 'Thüringer
Bauernspiegels', der Lehrer Ludw. HAAGE (geb. 1863) und sein
Kollege Herm. GÜNTHER (geb. 1865). Längere Erzählungen und
Romane finden sich in Thüringen kaum. Auch das Drama ist
wenig angebaut. Nur der Rektor Herm. TÖPPE (1853-1913), der

auch gehaltvolle Gedichte und Erzählungen schrieb, ist hier
vorgestoßen. 1908 erschien sein wirkungsvolles Volksstück
'Das große Los', 1910 das Festspiel 'Die Maikönigin'. Walter
TRÖGE hat hier weiter geführt und mehrere ernsthafte Bauern-
stücke verfaßt.

In Ostthüringen ist Altenburg ein Mittelpunkt, die Stadt, die
ja auch so lange an der alten Bauerntracht und -sitte festgehalten hat. Hier wirkte HEBELs Vorbild unmittelbar auf Friedr.
ULLRICH (1778-1854) ein. Seine idyllischen Bilder aus dem Volksleben, die z. T. lehrhaften Anstrich haben, sammelte er 1838
in den 'Volksklängen in altenburgischer Mundart'. Ihn suchten
der Kantor Karl GLEISSNER, Zacharias KRESSE und Albert OBER-
LEIN (geb. 1843) nachzuahmen. In neuerer Zeit hat in Altenburg Ernst DAUBE (geb. 1869, Deckname SPORGEL) ernsthaft die
Mundartdichtung zu erneuern gesucht. Wirkungsvolle Volksstücke
schrieb von 1920-1934 der Lehrer Paul QUENSEL (geb. 1865). -
Gut sind auch die heiteren Gedichte von Aug. BERLES (1838-1924)
in Gleichener Mundart.

2. *Obersachsen*

Die Dialektdichtung Obersachsens nimmt im Gesamtbereich eine
Sonderstellung ein: sie wird nicht ernst genommen. Sachsen
spielt heute die Rolle des Hanswurts unter den deutschen Stämmen, die jahrhundertelang Schwaben zugedacht war. Schuld
daran ist nicht allein die sog. "Bliemchen-Dichtung", als
deren Vater der Leipziger Gustav SCHUMANN (1851-1897) gilt,
es scheint darin auch eine Gegenströmung gegen die überragende
Stellung, die das meißnische Sachsen zu Gottscheds Zeiten für
sich beanspruchte, sich auszuwirken; eine Gegenströmung auch
gegen die Überheblichkeit, die von diesem Raume ausging und
zu scharfem Widerspruch reizte. Das Hineinziehen des hochge-
achteten Meißnerdeutschen in die Bereiche der Mundart, die
Umformung des an sich fleißigen, erfindungsreichen Sachsen zu
dem engherzigen Eigenbrödler und Preußenhasser, zu dem "gemütlichen Kaffeesachsen", hat sich ohne Zweifel im Bereich der
Mundartdichtung vollzogen. Sie hat zu dem Wahn geführt, daß man
einer Figur nur sächsische Mundart anzuhängen brauche, um
schallende Heiterkeitserfolge zu erzielen. Die verbreiteten
Anthologien der deutschen Mundartdichtung haben das dadurch
unterstützt, daß sie für Obersachsen nichts Ernsthaftes aus-
wählten, obwohl es vorhanden ist. So lächelte jeder, wenn er
von sächsischer Mundartdichtung hört und nimmt sie nicht ernst.
In Wirklichkeit ist natürlich die sächsische Mundart in allen
ihren Untergebieten genau so wertvoll wie jede andere, genau
so selbständig geworden und gesegnet mit all dem Erbgut, das
sich aus den landschaftlichen Schicksalen in der Mundart nie-
derschlägt. Auch hier gibt es echte Dichtung, auch hier lebt
dieselbe Heimatliebe, Naturfreude und einfach schlichte Lebensführung wie in andern deutschen Landen.

Spät erst kommt die Mundartdichtung zum Wirken, hervorgewachsen aus einer sehr reichen Volksdichtung (siehe etwa die
Sammlung von A. Zirkler, 1927). 1820 erscheinen Ferd. DÖRINGs

'Launige Gedichte in obersächsischer Bauernmundart', die unter
GRÜBELs und CASTELLIs Einfluß stehen. Seine 'Leipziger Lokal
Scherze' (1819-1829) führen das alte Thema vom Bauern im Theater und Konzert weiter. Um 1850 dichtete F. A. RICHTER den
'Dorfpoet', hier wird der Stoff der Landtagswahl und der der
ersten Eisenbahnfahrt aufgegriffen. In das Zschopautal gehört
Wilh. WERNER (1828-1898). In der Mundart zwar nicht immer gut,
führt er doch anschaulich in die 'Bauernstuben des Zschopautales'
ein (1892); HOLTEI und A. SOMMER sind seine Vorbilder. In Anhalt (um Köthen) schrieb Herm. WÄSCHKE (geb. 1850) seine launi-
gen 'Paschlewwer Jeschichten', die eine sehr weite Verbreitung
fanden. Die alte Bergmannstadt Mansfeld ist durch eine kernige
Dichtung gekennzeichnet. Der Arzt F. GIEBELHAUSEN (1800-1877)
begann 1847 mit Sagen und Erzählungen, dem 1859 'Der olle Mans-
fäller' folgte. 1924 kamen die 'Schäbbern und Wacken' von H.L.
KREIDNER (1841-1893) heraus, 1928 Franz KERN mit seinem 'Silwer
unger Wacken' und 1929 Franz KOLDITZ mit schönen Gedichten und
Erzählungen. Die städtische Umgangssprache von Leipzig legen
Georg ZIMMERMANN (1855 bis 1920) und Edwin BORMANN (1851-1912)
ihren Reimereien zugrunde, ZIMMERMANN verfolgte dabei zunächst
höhere Ziele; beide sind aber erst weit bekannt geworden durch
ihre humoristischen Gedichte. Ernster zu nehmen ist Gustav
SCHUMANN. Er gilt zwar als der Vater der "Bliemchen-Dichtung",
hat auch hierin das Seine geleistet (s. o.), aber er weiß auch
seine Leipziger Mundart echt und gut zu handhaben. Aus der großen Zahl späterer Reimer fällt H. REIMANN mit seinen Szenen-
folgen 'Sächsische Miniaturen' (zuerst 1921) heraus.

Dramatische Dichtung von Wert fehlt in Sachsen völlig. Eigenartig ist nun, daß das obersächsische *Erzgebirge* vor dieser
Herabziehung in das nur Komische und Alberne bewahrt geblieben
ist und eine eigene, wertvolle Mundartdichtung entwickelt hat.
Es hängt damit zusammen, daß dieses sangesfrohe Völkchen trotz
großer Armut sich eine enge Verbindung mit der Natur erhalten
hat, aber auch wohl damit, daß das Erzgebirge immer Grenzland
gewesen ist, in dem die Mundart im Kampf um die Heimat eine
große Rolle gespielt hat. Der erste Dichter ist der Kürschner-
meister J. G. GRUND (geb. 1742) gewesen. Er scheint aus eigenem Antrieb im Anschluß an das Volkslied seine Gedichte verfaßt
zu haben (1816). Von HEBEL angeregt wurde dagegen der Pfarrer
Chr. Gottlieb WILD (1785-1835), der 1815 seine 'Vermischten
Gedichte' drucken ließ. Feinsinnig wird in ihnen das Arbeitsleben (Klöppelstuben und Bergbau) und das Festleben der Erz-
gebirgler gezeichnet; sie sind auch volkskundlich wertvoll.
Einen großen Aufschwung nahm die Mundartdichtung im Erzgebirge
wiederum nach der Jahrhundertmitte. Der Schuldirektor Chr.
Friedr. RÖDER (1827-1894) schuf um 1860 von HEBEL beeindruckt
seine Gedichte. Auch die Erzählung hat er gepflegt und in dem
Buch 'Aus der verwörrten Zeit' die Revolution von 1848 humorvoll und doch ernst geschildert. Sein Gesamtwerk ist ein
echter Ausdruck des Gebirgslebens. Die derb-komische Seite
pflegten der Lehrer Emil MÜLLER (geb. 1863), Robert MÜLLER
(geb. 1861), A. M. MEYER und der fruchtbare Max WENZEL (geb.
1879), der besonders beliebt wurde, wie auch mit Gedichten,
Geschichten und Schwänken Fritz KÖRNER. Die Niederdeutschen

GROTH, STORM und REUTER nahm sich Hans SIEGERT (1868-1941) zum Vorbild. Er ist ein echter Lyriker, der zwar die komische Seite der vielen anderen nicht ganz verschmäht, dem es aber ein ernstes Anliegen ist, sein Empfinden wahrhaft in Mundart auszudrücken. In seinem Wirken für die Bühne erreichte er nicht die gleiche Höhe. Sein Vorbild wirkte auf viele andere ein.

Volksdichter reinen Schlages sind aus der Volksnot der Deutschen in Böhmen hervorgewachsen. Der Lithograph Anton GÜNTHER (1876-1937), aus einer alten kindergesegneten Bergmannsfamilie in Gottesgab an der sächsisch-böhmischen Grenze, ist Dichter und Sänger seiner Lieder zugleich. Sein Hauptwerk 'Vergaß dei Hamit net!' hat große Wirkung ausgeübt. Die engbegrenzte Welt seiner Heimat war die Grundlage seines Schaffens. Viele seiner schlichten Lieder greifen unmittelbar ans Herz; er preist die Einfachheit, Gradheit und Treue armer Menschen und kennt den inneren Frieden, den echte Arbeit verleiht. Ihm ähnlich ist der Obersteiger Hans SOPH (geb. 1869), der wie GÜNTHER als Dichter, Sänger und Zeichner auftrat. Beider Werk führt eine echte Blüte des Mundartliedes herauf und gab den deutschen Brüdern dort Halt gegen Überfremdung und Untergang. Der Dichter des Bergmannslebens in realistischer Form ist in seinen 'Kuhlbröckle' Gustav NÖTZOLD (geb. 1871). Reinhold ILLING (geb. 1884) strebte um Kupferberg dem Vorbild GÜNTHERs und SOPHs nach. Auch Max TANDLER (geb. 1895), stammt aus einer alten Bergmannsfamilie. 1933 kam er mit dem Gedichtband 'Aus dem Erzgebirge' zum erstenmal an die Öffentlichkeit. Feines künstlerisches Empfinden wird von einem gütigen Herzen geleitet; still und unaufdringlich stellt er seine lebenswahren Gestalten vor uns. Es gilt wie die vorgenannten heute seinen Landsleuten in der Verbannung als echter Tröster. Die dramatische Dichtung bewegt sich in Schwänken von SIEGERT, KÖRNER, Max WENZEL und GÜNTHER u. a. Größeren künstlerischen Wert hat sie nicht. Höher stehen die Darstellungen von der Weihnachtsfeier von Ad. DOST (1903) und der erzgebirgischen Hutznstube von Anna WECHSLER (1911). Ernste Stücke schrieben Herbert ULBRICH, Paul SIMON (geb. 1885) und Richard DEMMLER.

Auf der böhmischen Seite gehört das landschaftlich so reizvolle Gebiet des Elbgaues zum Obersächsischen. Der hervorragende Dichter ist hier Jos. STIBITZ (1872-1947), dessen Gemütstiefe und schwerblütige Mundartlyrik leider noch wenig bekannt ist. Die Mundart der Leitmeritzer Fischervorstadt verwendet wurzelecht und kernig Jos. KERN (geb. 1883), der sich auch als Volkskundler einen guten Namen gemacht hat. Einer der verdienstvollen Förderer der Mundartdichtung ist Hans KREIBICH (1863-1939). Mehr das Heitere und Derbe bringt Moritz KUNERT (geb. 1867). Gute Erzählungen in Biliner Mundart bieten die 'Ollerlee Geschicht'n' von Eduard HAWELKA (1862-1926). Gust. LAUBE (1839-1923) sammelte die volkskundlichen Überlieferungen aus Teplitz und Umgegend und schrieb auch gute Gedichte und Erzählungen.

In der Oberlausitz beginnt Joh. Freiherr von WAGNER (geb. 1833, Deckname Joh. RENATUS) die Mundartdichtung. Sein Buch 'Allerlee aus d'r Äberlausitz' erlebte von 1887-1894 5 Auflagen.

In neuerer Zeit hat hier R. GÄRTNER (geb. 1875) mit seinen von prächtigem Humor und ernster Lebensbejahung erfüllten Gedichten und Schauspielen große Beachtung gefunden. In dem nordböhmischen Gebiete zwischen Elbe und Lausitzer Gebirge setzt sich die Mundart mit oberlausitzischen Merkmalen fort. Auch hier blüht eine reiche Dichtung. Joachim LIEBISCH (1780-1844) schuf lange Streitgespräche zwischen den verschiedenen Ständen. Heute noch bekannt ist 'Die Bauernhölle' von Joh. HILLE (1816-1870). In Reimen schildert Franz SCHINKEL (1877-1929) nach NITTELs 'Geschichten vom Hockewanzel' (1881) den 'Hockewanzel, wie er leibte und labte'; es ist die Geschichte der Streiche des urkomischen Landgeistlichen Wenzel HOCKE; dies Buch erlebte bis 1924 24 Auflagen. Ernsthafter ist Wenzel Karl ERNST (1830-1910). Heraus ragt auch Anna WALDHAUSER (geb. 1860, Schönlinder Mundart). Ihre 5 Bändchen Gedichte, Geschichten und kleine Spiele, die an Arbeit und Volksbrauch anknüpfen, sind sehr beliebt geworden. Das Verschrobene und Eigenwillige mancher Dorfgestalten nimmt sich Jos. SCHWAAB (1856-1932) in seinen 'Humoresken' vor; auch Schildbürgergeschichten aus Nordböhmen hat er aufgeschrieben. Franz TIEZE sammelte in drei Bänden 'Unse liebe Heimt' humoristische Vorträge, Gedichte und Erzählungen in allen nordböhmischen Mundarten; er selbst steuerte manches Wertvolle bei. Ebenfalls ein hervorragender Kenner alten Volksgutes ist Anton Hieronymus JARISCH (1818-1890). Der schon genannte Hans KREIBICH ist in Algersdorf bei Bensen geboren und hat auch Gedichte und Erzählungen in seiner Heimatmundart verfaßt neben solchen in Aussiger Mundart. Er gibt sich große Mühe,in Verbindung mit Gleichstrebenden die Mundartdichtung mit ernstem Gehalt zu füllen und seine geliebte Heimat wahrhaft zu kennzeichnen. In neuerer Zeit hat Jos. R. GRUNERT (gest. 1928) gute lustige Schnurren in mehreren Sammlungen veröffentlicht.

3. *Schlesien*

Die Anfänge der schlesischen Dialektdichtung liegen im Schoße der Volksdichtung; ein Hochzeitsgedicht in Warmbrunner Mundart ist aus dem Jahre 1654 überliefert. Diese Volksdichtung wirkte auf GRYPHIUS ein, als er seine 'Geliebte Dornrose' in schlesischer Mundart dichtete; sie sollte das Gegenspiel sein zu dem 'Verliebten Gespenst'; beide sollten die Wunder der Liebe unter Bauern und Gebildeten widerspiegeln. Fein und leicht ist das GRYPHIUS gelungen, die Grobheit ndd. Bauernkomödien hielt er fern. Es ist zu spüren, daß der Dichter seiner Heimatsprache nahesteht. Auch Anna Luisa KARSCHIN dichtete 1772 ein 'Schlesisches Bauerngespräch'; allerdings ist die Mundart nicht ganz rein. Dann und wann taucht auch weiterhin ein Gesicht aus der Zahl der Volksdichter auf. So in der Grafschaft Glatz der arme Volksdichter Franz SCHÖNING (1760 bis 1828); er schildert das kleine Leben der Bauern und Kleinbürger, ihre Freuden und Leiden witzig und echt.

Die absichtsvolle Mundartdichtung aber empfängt auch in Schlesien ihren Impuls durch HEBEL. Dieser wirkte unmittelbar auf

Karl v. HOLTEI (1798-1880); er ist als der eigentliche Begründer der heute noch blühenden schlesischen Mundartdichtung anzusehen. Durch sein Leben als Theaterdichter und freier Schriftsteller zu einem unruhigen Wanderleben verurteilt, ist bei ihm wie bei HEBEL das Heimweh die Triebfeder zu seinen 'Schlesischen Gedichten' gewesen ("Heem will ihch, suste weiter nischt, ack heem!"). Er wollte seine Heimat den Landsleuten und den übrigen Deutschen bekanntmachen; die ersten Anfänge fanden gute Aufnahme, sogar bei GOETHE; das gab den Ausschlag für die Veröffentlichung (1830). Die Wirkung im eigenen Lande war zunächst nicht günstig; man fand sogar, er habe Schlesien lächerlich gemacht. Erst 1850 war die zweite Auflage nötig. Dann aber kam der sichtbare Erfolg, der bis zur Aufnahme in Reclams Univ.-Bibliothek gegangen ist. HOLTEIs Gedichte sind persönliche Bekenntnisse; sie haben deshalb auf die Gebildeten stärker gewirkt als auf das einfache Volk, weil sie deren Hang zum Unpersönlichen und Formelhaften nicht teilen. HOLTEI schreibt auch keine "echte" Mundart. Sein Gemeinschlesisch putzt er mit gelegentlich gefundenen landschaftlichen Ausdrücken auf, bleibt aber glücklich allen Schlesiern verständlich. Sein reiches Gemüt ließ ihn auch alle Formen und Stoffe, alle Tonarten bringen, die in der Mundartdichtung nötig sind: sein Herz sprach überall mit. Keine weitere Sammlung folgte, obwohl er bis an sein Lebensende zu besonderen Gelegenheiten die Mundart verwandte. So besteht das Urteil Kurt WAGNERs zu Recht: "Holteis Buch hat der Mundartliteratur unserer Heimat den Keim der Weiterentwicklung geschenkt".

Zunächst zeigen sich die Wirkungen nur in der Lyrik. Nur unvollkommen erreichten zunächst ihr Vorbild Karl Otto HOFFMANN (1812-1860) und der Arzt Wilh. VIOL (1817-1874) in ihren gemeinsamen 'Schlesischen Liedern' (1840); sie sind volkskundlich vom hohem Wert, weil sie viele ausgestorbene Sitten bringen. 1843 brachte der Lehrer Heinr. TSCHAMPEL (1799-1840) seine 'Gedichte in schlesischer Gebirgsmundart' heraus; Hoffmann von FALLERSLEBEN stand dabei Pate (1903). Philo vom WALDE hat diese Gedichte als unschlesisch abgelehnt; K. WAGNER weist aber mit Recht darauf hin, daß sie gerade bei Bauern und Webern auf dem Lande vollen Beifall gefunden haben, ihre Absicht, das tägliche Leben des schlichten Volkes zu schildern, ganz erreicht haben und noch heute wirken. Friedr. ZEH (1819 bis 1889) hat als Lehrer in den Weberdörfern des Eulengebirges die Not und Armut in diesen Gegenden am eigenen Leibe gespürt; er sucht deshalb, sein schmales Einkommen durch Schriftstellerei aufzubessern. HOLTEI und TSCHAMPEL sind seine Vorbilder. 1856 kamen die 'Rute Rieslan' heraus, mit denen er ausdrücklich den Zweck verfolgte, "die schlüpfrig-schmutzigen Anekdoten, Erzählungen und Gedichte zu verdrängen". In seinen kleinen Prosaerzählungen steckten die Anfänge der Prosa. In die Reihe der reinen Volksdichter ist Karl Ehrenfried BERTERMANN (1819-1860) zu stellen, ein Schneider aus dem Riesengebirge, mit seinen 'Gedichten'. Sie gehören zum Besten, was die ältere schlesische Mundartdichtung aufzuweisen hat. Zufriedenheit, volle Lebensfreude, Vergoldung der Not, das sind die Stichworte seiner Gedichte und Scherzerzählungen. Oberschlesien kommt zuerst

mit dem Priester Wendelin JÜTTNER (1813-1879) zu Worte, dessen
'Humoristische Pillen' (1862) heute vergessen sind.

Unter HOLTEIs Einfluß stand Robert RÖSSLER (1838-1883), der ihn
auch bestimmte, seine Gedichte herauszugeben. Eine besondere
Bedeutung erlangte dieser Mann durch die Ausbildung der komischen Dialekterzählung. 1877 erschienen die 'Schnoken', die wie
alle seine späteren Werke viele Auflagen erlebten. K. WAGNER
führt das übermäßige Anwachsen der derben Anekdotenreimerei
auf RÖSSLER zurück. Ganz selbständig steht neben RÖSSLER Max
HEINZEL (1833-1898); er widmete sein erstes Büchlein 'Vägerle
flieg aus!' HOLTEI, der ihn dazu ermuntert hatte. Sein bestes
Buch ist 'Maiglöckel'. Seine Stärke liegt in der Lyrik; mit
ihr hat er auch auf Philo vom WALDE und KLINGS eingewirkt. Johannes REINELT (1858-1906, Deckname Philo vom WALDE) ist auch
von HEINZEL abhängig, dem er sein erstes Gedichtbändchen 'Aus
der Heemte' zudachte. Neben weiterer Mundartdichtung steht ein
weitgespanntes hd. Werk. Im ganzen hat er wie kein anderer
sich für die Anerkennung der Dichtung in Mundart eingesetzt
und sie aus den Niederungen der Possenreißerei herauszuführen
gesucht. Von RÖSSLER stark beeinflußt ist der Lehrer Hermann
BAUCH (1856-1924). Seine von 1886-1909 erschienenen Sammlungen mit drastischen Humoresken sind sehr beliebt geworden. Als
guter Erzähler ist noch der Lehrer Oskar VOGT zu nennen.

Um 1890 ist eine gewisse Blüte zu beobachten. Hugo KRETSCHMER
(1861-1915) schildert in seinen witzigen Erzählungen meist
Bauern der Breslauer Gegend, die er allerdings vergröbert und
dümmer darstellt, als sie sind. Auch an das Drama hat er sich
herangewagt. Der sehr bekannt gewordene Lehrer Aug. LICHTER
(1860-1925) will Schlesienart möglichst getreu schildern; da
er tiefer im Volke wurzelt als KRETSCHMER, gelingt ihm das.
Der Juwelier Max PESCHMANN (1852-1911), Deckname Max WALDEN-
BURG) gehört in die RÖSSLERsche Entwicklung hinein, die einer
vergröberten Unterhaltung dient. Neue Wege sucht Herm.
THIELSCHER (1859-1921, Deckname Herm. ODERWALD). Seine Gedichte zeigen, wie sich in der schlesischen Mundartdichtung
allmählich die Charakterzeichnung verfeinert, wie der Stim-
mungsgehalt besser getroffen wird, wie Rührseligkeit schwin-
det und das Sprachliche sorgfältig gefaßt wird. Seine Lustspiele hatten wenig Wirkung.

Die große Anregung für das Drama in schlesischer Mundart kam
von Gerhart HAUPTMANN (1862-1946) und seinem Bruder Karl.
Zwar ist die Mundart beiden nur Kunstmittel, um ganz im Sinne
des sozialen Naturalismus packende Stimmung zu erzeugen, aber
die Wirkung, die besonders den sozialen Dramen Gerharts beschieden war, hob auch die Mundart in ein ganz neues Licht
und reizte zur Nachahmung. Schon in dem Drama 'Vor Sonnen-
aufgang' sprechen KRAUSE, seine Frau und einige Nebenpersonen
in Mundart. Ganz in Mundart dichtete HAUPTMANN auf Grund ein-
dringlicher Vorstudien 'De Waber' (1892). Später schrieb er
diese und auch andere Stücke in ein Gemeinschlesisch um. Karl
HAUPTMANN (1858-1921) schrieb zwei Schauspiele in Mundart:
'Waldleute' (1896) und 'Ephraims Breite' (1906), und verwandte
die Mundart sonst nur im Dialog seiner Erzählungen. Den Dramen

wird nachgerühmt, daß sie im Stoff, in den Charakteren, in
Sprache und Stimmung echt schlesisch sind. Beide Brüder haben
das große Verdienst, der mundartlichen Dichtung die große
Bühne und Literatur geöffnet zu haben.

Um die Jahrhundertwende ist die Lage der schlesischen Mundartdichtung so, daß hervorragende Leistungen in der Lyrik, gute,
sich allmählich verfeinernde in der kurzen Erzählung und mei-
sterhafte Dramen vorliegen. Es fehlt nur der große Roman und
die Novelle. Die 90er Jahre hatten ins Volk gewirkt und hatten
den Sinn für den Wert der Mundartdichtung geweckt. Bezeichnend
für die neue Anteilnahme ist die Gründung der "Schlesischen
Gesellschaft für Volkskunde" (1894) und des "Vereins zur Pflege schlesischer Mundart und Dichtung" (1901), die beide sich
in vorbildlicher Weise einer allseitigen Förderung der Mundart
widmeten. Auch die Universität trat in diesen Kreisen ein;
Th. SIEBS nahm in seine Sammlung gelehrte Arbeiten 'Wort und
Brauch' auch Mundartforschung auf. Durch dieses Aufblühen des
Interesses klärt sich in der Mundartdichtung vieles, die Anforderungen an Form, Inhalt und Stimmung werden höher. Die
ernsthafte Erzählung allerdings geht ihr fast ganz verloren;
sie geht in die hd. Literatur über (Paul KELLER, Karl KLINGS,
Herm. HOPPE, Ew. Gerh. SEELIGER). Auch Lyrik und Drama lassen
nach, die platte Unterhaltungsdichtung überwiegt, echte Kunst
bleibt ferne.

Nur zwei Dichter verdienen, aus der Masse hervorgehoben zu wer-
den: Karl KLINGS (geb. 1867) und Hermann HOPPE (geb. 1865).
Von KLINGS, der wie HOPPE auch in die hochdeutsche Literatur
gehört, sind mehrere mundartliche Gedichtsammlungen erschienen, die echt gewirkt haben, besonders seine gehaltvollen
Balladen sind aus dem Volksleben genommen. Er verliert nie
die Verbindung zum Bauerntum, der Grundlage seines Schaffens.
Hermann HOPPE ist Goldschmied; auf seiner Wanderung durch
Deutschland weitete er seinen Horizont, lernte aber auch die
Heimat schätzen. Seine Bauernkomödie 'Der Dorftyrann' (1906)
wurde, wenn auch wohl zunächst nur für die Dorfbühne bestimmt,
auch in Breslau und Berlin aufgeführt, weil sie über dem
Durchschnitt steht und eine wahrhafte Darstellung des schlesischen Bauernlebens gibt. Das Werk von Robert SABEL (1860
bis 1911) ist im wesentlichen der lustigen und beschaulichen
Unterhaltung gewidmet. Mehr die kleinbürgerliche Welt gibt
in guter Beobachtung und Charakteristik Marie OBERDIECK (geb.
1867) wieder. Der Nachdruck liegt bei ihr auf den Erzählungen;
auch dem Drama hat sie sich zugewandt. In der schlesischen
Oberlausitz taucht 1913 aus der Menge der Gelegenheitsdich-
ter und Possenreißer eine echte Dichterin auf: Lisbeth LIEBIG
('Anne Hamfl Feldblieml'). Hier sind ernste und heitere Gedichte in Nieskyer Mundart zu einem schönen Strauß zusammen-
gebunden. Auch Emil BARBER (Deckname E. von ZILLIGSTEIN) hat
es mit seinen beiden Gedichtsammlungen 'Aus der Heemte'
(1922) und 'Hausbacken Bruut' (1923) zu großer Beliebtheit
gebracht; er steht HEINZEL nahe. In der Grafschaft Glatz
schlief seit SCHÖNIG die Mundartdichtung. 1908 trat Herm.
SCHMIDT (geb. 1869) mit guter Unterhaltung dienenden Werken

hervor. Höher steht der Lehrer Rob. KARGER (geb. 1874, Deckname REGRAK). Mehrere Sammlungen von Gedichten in der Mundart
von Mittelwalde haben weite Verbreitung gefunden; er ist auch
Herausgeber des verdienstvollen Volkskalenders 'Gouda Obend!'
gewesen.
Die dramatische Dichtung will nur der reinen Unterhaltung dienen. Die ältesten Spinnabende stammen von Oskar SCHOLZ; in ihnen wird der Verlauf eines Spinnabends geschildert, bei dem
die Besucher wechseln; dadurch ist die Gelegenheit gegeben,
allerhand Volksgut vorzubringen. Karl KASPER baut in einen
solchen Spinnabend ein recht ansprechendes Lustspiel ein ('Em
Winde', 1901). Der Gemeindevorsteher Moritz WIERSCHER fügt
den 'Huxttanz ei'm Kratsch'm' (1907) hinzu. Auch Adolf KNAPPE
arbeitet in dieser Richtung. Das Lustspiel pflegte Ludwig
SITTENFELD (1852-1910). Auch der Lehrer Fritz BERTRAM (geb.
1871) und Klara Maria POHL (Deckname Ernst JUSTRAU) verfaßten
echte Volksstücke. Viktor HEEGER (1858-1935) begründet das
Bauerntheater. Weiteres kann man übergehen.

Schlesisch ist auch die Mundart in den sudetendeutschen Gebieten des Jäschken-Isergebiets um Reichenberg, Gablonz a. d.
Neiße und Friedland. Die alte Tuchmacherstadt Reichenberg ist
von jeher Mittelpunkt deutscher Arbeit und Dichtung gewesen.
1865 erscheint das erste gedruckte Büchlein 'Gedichte in
Reichenberger Mundart' von Ferd. SIEGMUND (1829-1902), das
drei Auflagen erlebte. Ein echter und tiefer Lyriker ist vor
allem der gemütvolle Julius VATTER (1846-1920), Sohn eines
Tuchmachers. 1896 erschien sein erstes Bändchen 'Underm Jasch-
ken', dem ein zweites folgte. Gute aus dem Volksleben geschöpfte Gedichte haben auch Benjamin und Karl BAIER verfaßt.
Auch Gablonz ist ein Mittelpunkt der Mundartdichtung. Ein
geschickter, heiterer Plauderer ist der Kaufmann Ferd. SCHMIDT
(1851-1913), dessen vier Bändchen 'Wölde Hejde' (seit 1893)
weite Verbreitung fanden. Kernig und gemütstief gestaltet
Adolf WILDNER (geb. 1882) seine Erzählungen, Gedichte und ein
wirkungsvolles Bühnenstück. Genannt seien ferner Marie HÜBNER
(geb. 1867), Ludwig KOTBAR (1851-1901), Franz GRUNDMANN
(1863-1921, Decknamen Friedbert WALTHER und F. DESSENDÖRFER),
der "Dichter des Glasarbeiterlebens", Begründer des humoristischen Volksblattes 'Rübezahl' (1899); er schrieb auch, von
den 'Webern' beeinflußt, ein vieraktiges gutes Schauspiel. Im
Friedländer Bezirk wirkten Julius KRAUS (1870-1917), Jos.
BENNESCH (geb. 1873), Erich WEBER (geb. 1898), der besonders
zu beachten ist, ferner Josef SCHMIDT und Adolf SCHOLZ (geb.
1903).
Das Adler-Gebirge kommt durch Hieronymus BRINKE (gest. 1880),
Josef TSCHAUDER, Anton POHL und E. F. KASTNER (1859-1929) zu
seinem Recht. Im Braunauer Ländchen ist Anton KAHLER mit an-
spruchslosen Gedichten und Erzählungen hervorgetreten. In der
Mundart von Grulich dichtete nach HOLTEIs Vorbilde Wilh. OEHL
(1860-1936); seine Gedichte und Spiele wurden von Karl WEIN-
HOLD und Max HEINZEL günstig beurteilt.

In Mähren haben schlesische Vorbilder die Dichtung angeregt.
Der erste Erzähler ist J. SCHMIDT-BRAUNFELS (1871-1911). Es
folgt A. F. LOWAG (1849-1911) mit seinen 'Gobler Geschichtln'.

Heute ist der bedeutendste Karl BACHER (geb. 1884), der seine
Heimatmundart auch wissenschaftlich bearbeitet hat. Der Verlust der Heimat machte ihn zum Dichter. 1911 trat er zuerst
hervor mit dem Trauerspiel 'Der Gmoanschmied'. Gedichte und
Balladen folgten, auch Erzählungen. Das Gesamtwerk ist wegen
des guten Aufbaus, der scharfen Charakterzeichnung und der
echten Sprache sehr hoch einzuschätzen.

In der Slowakei liegen die alten recht eigenartigen Zipser
Sprachinseln. Die Oberzips, die das Flußgebiet des Poppertals
umfaßt, hat in der Mundart schlesische Grundelemente, zu denen
Einflüsse aus dem obersächsischen Raum getreten sind. Die
Zipser Gründe mit Dobschau zeigen eine Mundart mit bairischen
und oberzipser Merkmalen. Von älteren Gelegenheitsdichtungen
minderen Gehaltes abgesehen, beginnt die ernsthafte Dichtung
zuerst mit Friedr. SCHOLTZ (1831-1911). Der bedeutendste Dichter der älteren Zeit in dieser sehr schwierigen Sprache ist
der Arzt Ernst LINDNER (1826-1902). 1864 erschien sein Hauptwerk 'Zēpserscher Liederposchen', das 1879 fortgesetzt wurde.
Es sind Erzählungen, Idyllen, Lieder und Balladen von unglei-
chem Wert, alle aber in echter Sprache. Der beste und wirksam-
ste Zipser Dichter ist Rudolf WEBER (1843-1915). Er hat am
meisten für die Festigung des Deutschgefühls der Zipser getan.
Zartes Liebesempfinden, echte Naturbeseelung und tiefe Heimatliebe bringt sein 'Zēpserscher Liederborn' ernst und humorvoll zum Ausdruck. Er wirkte auf viele Nachahmer ein. Herausgehoben seien Emmerich KÖVE (1839-1917), Aurel HENSCH (geb.
1858) und in neuerer Zeit Julius HAUG. In den Gründen hat
1846 der Lehrer Samuel FUCHS sein satirisches Gedicht 'Di
Zündruthe' geschrieben, das gegen das Branntweinsaufen ge-
richtet ist. Am weitesten bekannt ist der Pfarrer Franz
RATZENBERGER (geb. 1863) geworden, der witzige Anekdoten zu
verfassen wußte. Theodor KLIEGL (1847-1899) setzte in 'Die
Gründler' (1894) seinen Landsleuten ein hervorragendes Denkmal; Lustspiele, die er für das Schmöllnitzer Theater schrieb,
fanden großen Beifall. In neuerer Zeit sind hervorgetreten:
Emilie FEST, der Pfarrer Peter GALLUS (gest. 1927), Fritz
LÂM, der Epiker Victor MOHR und der Dobschauer Samuel KLEIN.

Das *Banat* hat in Leonhard BOEHM (1833-1924) und Josef GABRIEL
(1853-1927) aus Mercydorf bei Temesvar Dichter gefunden. Die
Pfälzer dort hat der Pfarrer Jörg VON DER SCHWALM (1848-1921)
ansprechend geschildert.

SCHRIFTTUM

SCHÖN, F., Geschichte der deutschen Mundartdichtung. 1920-1931.

SCHÖN, F., Geschichte der fränkischen Mundartdichtung. 1918.

GREYERZ, O. v., Die Mundartdichtung der Deutschen Schweiz. 1924.

TRÄNKLE, Die alemannische Mundartdichtung seit Hebel. 1881.

ALTWEGG, W., Johann Peter Hebel. 1935.

MÜNTZER, D., Elsässisches Schatzkästel. 1913.

HOLDER, A., Geschichte der schwäbischen Mundartdichtung. 1896.

LOHRER, Liselotte, Sebastian Sailers Komödien. Diss. Gießen 1943.

KRAUSS, R., Schwäbische Literaturgeschichte. 1897.

NAGL, W., J. ZEIDLER, E. CASTLE, Deutsch-österreichische Literaturgeschichte. Wien 1914.

DINGLER, Max, Die oberbayrische Mundartdichtung. 1953.

HÖRLER, R., Die mundartliche Kunstdichtung der Siebenbürger Sachsen: Archiv d. V. f. Siebenb. Landeskde. N.F. 39. 1915.

WELTER, N., Mundartliche und hochdeutsche Dichtung in Luxemburg. 1929.

HERMANNS, W., Geschichte der Aachener Mundartdichtung. 1932.

HAUFFEN, A., Die deutsche mundartliche Dichtung in Böhmen. 1903.

WAGNER, K., Schlesiens Mundartdichtung von Holtei bis zur Gegenwart 1917.

SCHMIDT, K., Lit.-Gesch. Abriß d. Pfälz. Mundartdichtung. Diss. Münster 1939.

Neuere Literatur bis 1965:

Artikel Mundartdichtung. In: Reallexikon der deutschen Literaturgeschichte, begr. von P. MERKER und W. STAMMLER, 2. Aufl. Berlin 1965, Bd. 2, S. 442-538.

Ebd. Bernhard MARTIN: Hessische Mundartdichtung S. 495 bis 498.

DAS

WALDECKER LAND

1978

(geschrieben von Martin neunzig Jahre alt)

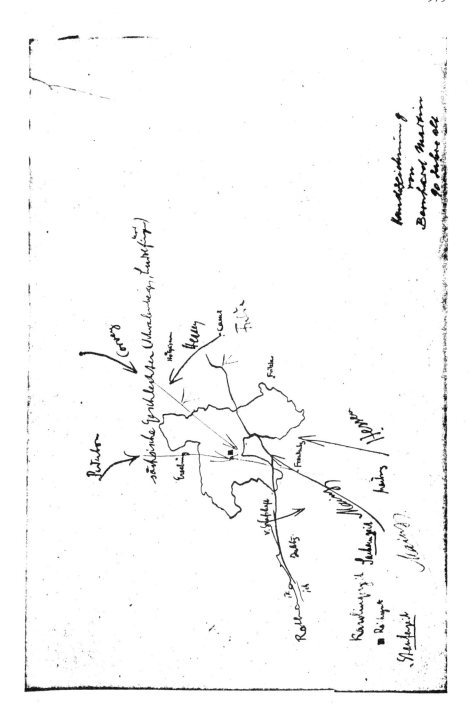

Es ist fast als ein Wunder anzusehen, daß unser Land Waldeck
bis zum heutigen Tage als eine geschlossene Einheit bestehen
geblieben ist. Das wird klar, wenn man sich die wechselvolle,
spannende Geschichte dieses Raumes vor Augen führt.

Die eigenartige Lage und Oberflächengestaltung des Waldecker
Landes ist durch vier Punkte auf der Karte, und zwar den
höchsten Berg, den Hegekopf (843 m) im Westen, durch die
Nordostecke bei Wrexen an der Diemel (nur 200 m hoch), durch
den östlichsten Punkt bei Züschen im Elbetale und durch den
südlichsten bei Bergfreiheit im Urfetal gekennzeichnet. Das
damit umschlossene Gebiet umfaßt rund 1120 qkm. Das gesamte
Flußsystem gehört zur Weser. Die Wasserscheide zwischen den
beiden Hauptflüssen Diemel und Eder verläuft etwa auf der
Linie Hegekopf-Freienhagen, durchzieht also das Herzstück des
Gebietes der Korbacher Hochfläche.

Rein geologisch ist das Land durch den Ostrand des Rheinischen
Schiefergebi rges, das unregelmäßig staffelförmig zur hessischen Senke hin abgebrochen ist, in zwei Teile zerlegt.
Von frühgeschichtlicher Zeit an hat gerade diese leicht zu
durchschreitende Hochfläche um die Wasserscheide mit den Sei-
tentälern der Diemel und Eder eine wichtige Rolle bei den
älteren Wanderungen der Völker gespielt, sie bot die einzig
mögliche Nord-Südverbindung. Sie wurde dadurch zum Straßen-
knotenpunkt und gelangte ganz von selbst immer wieder in den
Brennpunkt der Kämpfe von Mächten, die nach Westen, Süden,
Osten, Norden ihre Macht sichern oder ausdehnen wollten. Sie
zeichnet sich auch heute noch im Verkehrsnetz ab. Von der
ältesten Besiedelung unseres Raumes geben erst in neuester
Zeit vorgenommene Grabungen der Vorgeschichtler etwas mehr
Auskunft. Es ist aber anzunehmen, daß die Korbacher Hochfläche
und das Edergebiet als älteste vorgeschichtliche Siedlungs-
räume angesehen sind.

In ältester geschichtlicher Zeit stritten Sachsen und Che-
rusker um unser Land, seit dem 8. Jh. die Chatten und die
Sachsen. In der Karolingerzeit gewinnen die Franken, denen
sich die Chatten angeschlossen hatten, die Oberhand. Sie formen die Korbacher Hochfläche zum fränkisch verwalteten Ittergau.
Unter den Sachsenkaisern im 10. Jh. wurden die Franken zurückgedrängt. Sächsische Edelinge und Bauern werden angesiedelt.
Auf kirchlichem Gebiete drangen das Bistum Paderborn und die
Abtei Corvey, die zwar von den Franken begründet worden waren,
aber mit englischem Gepräge, in unser Gebiet vor. In diesen
Zeiten wird die starke Sprachscheide, die das Niederdeutsche
vom Mittel- und Hochdeutschen trennt, ihre Gestalt erhalten
haben, die bis heute noch fortdauert. Sie verläuft nördlich
Neukirchen, Sachsenberg, Nd.-, Ob. Orke, Ederbringhausen,
Schmittlotheim, Neubringhausen, Nd.-Werbe, Waldeck, Netze.
Es ist bemerkenswert, daß sich derselbe Kampf um die geistige
Vorherrschaft in unserm Raum heute noch auch in der Grenze

zwischen dem niederdt.Vierständerhaus und dem mitteldt. Ern-
haus, das von der Frontseite her aufgeschlossen ist, abzeichnet,
das vom Giebel her zugänglich ist.

Das gelang in schwierigen Auseinandersetzungen, als das sächsische Kaisergeschlecht erlosch und die territorialen Mächte
sich zu entwickeln begannen. Von Süden drangen Mainz und Hessen
gegen die Schwalenberger an, von Norden strebten Paderborn-
Corvey-Köln nach Ausdehnung. Die Schwalenberger nutzten geschickt die Gegensätze der Gegner aus, wußten sich bald auch
unter geschickter Ausnutzung der Gerichtsverhältnisse, bei
denen die Freigerichte eine wichtige Rolle spielten, eine
entscheidende Stellung zu erobern und das Gewonnene zu behaupten.

Um 1160 stößt Volkwin II. von Schwalenberg sogar auf altchat-
tisches Gebiet vor; er erwirbt die Burg Waldeck mit der umliegenden Grafschaft: dadurch beherrscht er das ganze Edergebiet. Sein Sohn Widukind III. nennt sich zuerst Graf von Waldeck. Damit beginnt Waldecks Entwicklung zu einem eigenen
Territorium. 1189 lösen die Grafen die Verbindung mit Paderborn und Corvey: sie sind es nun, die die große Fernverbindung
nach Westen und Osten fest in den Händen halten. 1290 gewinnen
die Grafen in kluger Ausnutzung der Kämpfe zwischen Hessen und
Mainz den altchattischen Wildunger Raum und behaupten ihn gegen die zahlreichen hessischen Versuche,ihn zurückzuerlangen.

Vor 1297 gelang dem Grafen Otto I. die Ausdehnung im Westen
in den Astinghäuser Grund. Hier aber war Köln der mächtigere
Gegner. In jahrhundertelangen Kämpfen nagte das Erzbistum an
der Westgrenze Waldecks. Geschickt und lange wehrten sich die
Grafen, konnten aber den Verlust des Astinghäuser Grundes
nicht vermeiden; 1663 endlich wurde die heutige Grenze ver-
traglich festgesetzt.

Um diese Zeit war der Gesamtumfang der Grafschaft Waldeck einigermaßen festgelegt, wenn auch in ihr viele adelige Herrschaften Sonderbesitz innehatten. In den langen Kampfzeiten gegen
so viele Gegner hatten die Grafen durch ihre wendige Politik
ihr Land retten können, besonders auch deshalb, weil keine
der Großmächte dieses strategisch wichtige Gebiet dem anderen
gönnte. Im dreißigjährigen Krieg konnten die Grafen 1625 die
Grafschaft Pyrmont, 1639 die Grafschaft Cuylenburg in Holland
und 1640 die Herrschaft Tana erwerben. Nur Pyrmont gewann
einen engeren Zusammenhang mit Waldeck. 1921 schlug es sich
zu Preußen. - Unter den waldeckischen Regenten ist als großer
Mensch, Politiker und Feldherr der Graf Georg Friedrich
(1664-1692) hervorzuheben. Er stand einige Jahre im Dienste
des Kurfürsten Friedrich Wilhelm von Brandenburg, vertrat die
Idee einer deutschen Union unter Preußens Führung.
Er wurde 1682 in den Reichsfürstenstand erhoben. Für das
Land sorgte er dadurch, daß er 1685 die Primogenitur einführte, da vorher die fortwährenden Teilungen der einzelnen
Linien eine Zusammenfassung der politischen Kräfte des Landes
vereitelt hatten. Er sorgte zudem für eine straffe Neuordnung

der Verwaltung, die bis in das 19. Jh. fortwirkte.
Immer hatte das kleine Land unter schwerer Finanznot zu leiden, immer wieder mußten Teile des Landes verpfändet werden.
Als im 19. Jh. die Bevölkerung sich verdichtete und die finanziellen Lasten immer drückender wurden, entschlossen sich im
Jahre 1868 Fürst Georg Viktor und die Stände, mit Preußen,
dem man sich 1866 angeschlossen hatte, einen Hilfsvertrag ab-
zuschließen, der dem Fürsten nur noch Kirche und Schule zur
Verwaltung überließ. 1926 kündigte Preußen dem Freistaat Waldeck diesen Vertrag. Am 1. 4. 1929 verlor Waldeck ganz seine
Selbständigkeit. 1934 fügte man die seit 1849 bestehenden
Kreise der Twiste,des Eisenbergs, der Eder zum Kreis Waldeck
zusammen.

BIBLIOGRAPHIE ZUR SPRACHE, HEIMAT-, LANDESKUNDE VON WALDECK

1. Bockshammer, Ulrich:

Ältere Territorialgeschichte der Grafschaft Waldeck.
Diss. Marburg 1958
(= Schriften des Landesamtes für gesch. Landeskunde von
Hessen und Nassau, in Verbindung mit H. Büttner, F. Uhl-
horn von E.E. Stengel, 24. Stück)

2. Bauer, Karl:

Waldeckisches Wörterbuch nebst Dialektproben
gesammelt von K.B., hrsg. von Hermann Collitz.
Norden u. Leipzig 1902 (= Wörterbücher, hrsg. vom
Ver. f. niederdeutsche Sprachforschung, Bd. IV)

Dazu die Kritik von F. Wrede, Deutsche Literaturzeitung
1904, Sp. 2671 ff. und B. Martin, Diss. 1914, S. 1-9.

3. Martin, Bernhard:

Studien zur Dialektgeographie des Fürstentums Waldeck
und des nördlichen Teils des Kreises Frankenberg.
Marburg 1925 (= DDG XV)
(Diss. von 1914, Druck 1917-1924)
Mit Grammatik der Mundart von Rhoden S. 15-96,
Proben in Rhoder Mundart und Wörterbuch der Mundart von
Rhoden, S. 185-287.

B. Martins Untersuchung schliesst im Süden an:
1. an Ernst Bromm: Studien zur Dialektgeographie der
Kreise Marburg, Kirchhain, Frankenberg. Diss. (bei Wrede)
Marburg 1913 (= DDG VII) und Walter Leineweber: Wortgeographie der Kreise Frankenberg, Kirchhain, Marburg. Diss.
1936 (bei L. Berthold, Mithilfe Martins) (= DDG. X)

4. Curtze, L. (Korbach):

Geschichte und Beschreibung des Fürstentums Waldeck.
(Darin die Mundarten der Zeit 1840-1870)

5. Schultze, Victor (Hrsg.):

Waldeckische Landeskunde. Mengeringhausen 1909 (darin
die Sprache von Ernst Löwe)

6. Hessen-Nassauisches Wörterbuch,

begr. von Ferdinand Wrede, bearb. von Luise Berthold
und Hans Friebertshäuser
Lief. 1-37,   27-19
bisher L bis V in 3 Bden (II. III. IV.). Marburg,
Verlag Elwert

7. "Mein Waldeck".

Heimatbeilage zur "Waldeckischen Landeszeitung" Korbach
Jhg. 1-51 (1924-1974) ff.

8. Geschichtsblätter

für Waldeck (bis 1988: "und Pyrmont"), hrsg. vom
Waldeckischen Geschichtsverein 1901 ff. (84 Bände bis
1984)

9. Martin, Bernhard und R. Wetekam (Hrsg.):

Waldeckische Landeskunde 1971

10. Engelhard, K.:

Die Entwicklung der Kulturlandschaft des nördlichen Waldeck seit dem späten Mittelalter. In: Giessener Geographische Schriften 40 (1967)

11. Zur Bibliographie im Allgemeinen,

s. Schrifttum zur Geschichte und geschichtlichen Landeskunde von Hessen, bearbeitet von K. Demandt u.a.
Bd. 1 1965, S. 18. 316-321 ("Fürstentum Waldeck");
u. Fortführung

12. Curtze, Louis (1807-1870):

Volksüberlieferungen aus dem Fürstentum Waldeck.
Arolsen 1860

13. Nord, Rudolf:

Aufsätze zur Volks- und Heimatkunde von Waldeck.
In:"Mein Waldeck", Beilage der Waldeckischen Landeszeitung, besonders 1929-1939 (Neudruck dringend nötig als
Vorarbeit zu Gesamtdarstellung der "Volks- und Heimatkunde von Waldeck"). Hierher auch Beiträge zum "Waldeckischen Landeskalender"

14. ders.:

Grundsätzliches zur waldeckischen Volkskundeforschung.
In: Geschichtsblätter für Waldeck und Pyrmont. Bd. 31/32.
34.

15. ders.:

Volksmedizin in Waldeck. 1934

16. ders.:

Volksmärchen aus Waldeck. Korbach 1932 (Verlag W. Bing)
(Mit den Erzählungen des wohl bedeutendsten Märchener-
zählers aus Waldeck: Meister Lütteke in Landau)

17. Grüner, Gustav:

Waldeckische Volkserzählungen. Marburg 1964 (= Beiträge
zur Volkskunde Hessens, hrsg. von Bernhard Martin Bd. 3)

18. Oberfeld, Charlotte:

Märchen des Waldecker Landes. 2. Aufl. Marburg 1982

- , - (Hrsg.):

Hessenland. Märchenland der Brüder Grimm. Kassel 1984
(darin Waldeck S. 21 ff.)

19. Anhalt, E.:

Der Kreis Frankenberg. Geschichte seiner Gerichte, Herrschaften und Ämter ... Berlin 1928

20. Jäger, H. und Scharlau, K.:

Die Struktur des Kreises Frankenberg. Frankenberg 1947

20. Nicolai, H.:

Arolsen, Lebensbild einer deutschen Residenzstadt. 1954

21. Medding, W.:

Korbach, die Geschichte einer deutschen Stadt. 1955

22. Lehrke, Horst:

Das niedersächsische Bauernhaus in Waldeck. Untersuchungen zur Entwicklung des Vierständerhauses im niederdeutsch-mitteldeutschen Grenzraum. (Diss. Marburg 1937-
1940).
Marburg 1940 (= Buchreihe der Hessischen Blätter f. Volkskunde, Bd. 2)

HESSEN

23. Rumpf, Karl:

Eine deutsche Bauernkunst.
Marburg 1943 (Verlag N.G. Elwert)

- , -: Deutsche Volkskunst Hessen. Text- und Bildersammlung von Karl Rumpf. Mit 375 Bildern. Marburg/Lahn 1951

24. Klöckner, Karl:
Der Fachwerkbau in Hessen. München 1980 (Verlag Callwey)

25. Helm, Rudolf:
Das Bürgerhaus in Nordhessen (= Das deutsche Bürgerhaus
Bd. IX). Tübingen 1967, Verlag Wachsmuth

- , -: Hessische Bauern- und Bürgerhäuser. In: Hessenland
1942

26. Walbe, Heinrich:
Das hessisch-fränkische Fachwerk. Giessen 2. Aufl. 1954;
unveränderter Neudruck ebd. 1979 (Niedersächsisches in
Hessen S. 157-167; 182; 228; 223 ff.; Karten S. 2 (Hessen)
nach S. 464 Deutsche Hof- und Hausformen)

27. Hoyer, A.:
Rathaus und Bürgerhaus zu Frankenberg. In: Zs. d. Ver. f.
hess. Gesch. u. Landeskunde 69, 1958

NIEDERDEUTSCH,
WESTFALEN

28. Pessler, Wilhelm (1880-1962):
Das altsächsische Bauernhaus in seiner geographischen
Verbreitung. Braunschweig 1906 (Verlag Vieweg)

- , -: Bauernhaus und Bauernleben. In: Das Land Nieder-
sachsen, Gegenwart und Tradition, hrsg. von der Niedersächs. Landeszentrale für Heimatdienst. Hannover 1955,
S. 100-110

29. Schepers, Josef:

Das Bauernhaus in Nordwestdeutschland. Münster in Westfalen 1943

- , -: Haus und Hof westfälischer Bauern. 4. Aufl. des
Werkes "Haus und Hof deutscher Bauern" 2. Band. Westf.-
Lippe. Münster 1977

30. Walter, Friedrich:

Das westfälische Bauernhaus. Dortmund 1936 (= Westfälische Kunsthefte, Heft V)

31. Schmoeckel, Hermann:

Das Siegerländer Bauernhaus, ein Beitrag zur Haus- und
Dialektforschung. Dissertation Bonn 1912

32. Dilich, Wilhelm:

Landtafeln hessischer Ämter zwischen Rhein und Weser,
hrsg. von E.E. Stengel. Marburg 1927

33. Gerstenberg, Wigand,

von Frankenberg, hrsg. von H. Diemer. Marburg 1909
(= Veröff. d. Hist. Kom. f. Hessen und Waldeck VII, 1)

34. Waldecker Chroniken

von P. Jürges, A. Leiss, W. Dersch. Marburg 1914 (Veröff.
d. Hist. Kom. f. Hessen und Waldeck VII, 2)

35. Sante, Georg Wilh. (Hrsg.):

Hessen. Stuttgart 1960 (= Hdb. d. Historischen Städten
Deutschlands Bd. 4), darin behandelt die Orte - alphabe-
tisch aufgeführt: Allendorf (Eder), Arolsen, Battenberg,
Battenfeld, Bromskirchen, Burg-Hasungen, Dalwigksthal,
Ehrenburg, Ehringen, Eisenberg (bei Korbach), Eisenberg
(nw. Battenberg, Kr. Frankenberg), Elben, Flechtdorf,

583

Frankenberg, Freienhagen, Frohnhausen, Fürstenberg, Goddelsheim, Goldhausen, Gudenberg, Haina, Hatzfeld, Helfen-
berg, Herbelhausen, Hessenstein, Höhnscheid, Hünselburg,
(Thal-)Itter, Korbach, Keseberg, Laarwand, Landau, Lands-
berg, Lengefeld, Louisendorf, Malsburg, Mengeringhausen,
Merxhausen, Naumburg, Netze, Nordenbeck, Rhoden, Rosenthal, Sachsenberg, Sachsenhausen, Schaaken, Schanze, Schar-
tenberg, Schützenberg, Schwalenburg, Usseln, Volkhardinghausen, Volkmarsen, Waldeck, Weidelburg, Ober-Werbe, Wie-
senfeld, Bad Wildungen, Willingen, Wolfhagen, Wolkersdorf,
Zierenberg.

36. Handbuch der Historischen Stätten Deutschlands.

    Bd. 3. Nordrhein-Westfalen. Stuttgart 1963

37. Hömberg, Albert Karl:

    Zwischen Rhein und Weser. Münster 1967

38. Aubin, Hermann (Hrsg.) u.a.:

    Der Raum Westfalen. Bd. I Grundlagen und Zusammenhänge.
    1931; Bd. II. Untersuchungen zu seiner Geschichte und
    Kultur 1, 1955; 2, 1934; Bd. III Untersuchungen über
    Wirtschaft, Verkehr und Arbeitsmarkt 1932; IV, 1
    Wesenszüge seiner Kultur, 1958.

39. Hömberg, A.K.:

    Westfalen und das sächs. Herzogtum. 1963

40. Jellinghaus, Hermann:

    Die westfälischen Ortsnamen nach ihren Grundwörtern.
    3. Aufl. 1923

41. Alvensleben, Udo von:

    Schlösser und Schicksale. 1. Aufl. 1934, 2. Aufl. 1958

42. Möhn, Dieter:

Die Struktur der niederdeutsch-mitteldeutschen Sprachgrenze zwischen Siegerland und Eichsfeld. Diss. Marburg
1961. Marburg 1962 (Deutsche Dialektgeographie 47 a.b)

43. Wolf, Gustav:

Das norddeutsche Dorf. Bilder ländlicher Bau- und Sied-
lungsweise im Gebiet nördl. von Mosel und Lahn, Thüringer
Wald und Sudeten. München 1923 (Piper-Verlag)

44. Lauffer, Otto:

Niederdeutsche Volkskunde. Leipzig 1917, 2. Aufl. 1923
(mit Karte "Abweichung der altsächs. Hausgrenze von der
niederdeutschen und niedersächs. Sprachgrenze")

45. Südwestfalen.

Gestern - Heute, Regierungsbezirk Arnsberg 1816-1966;
hrsg. vom Regierungsbezirk Arnsberg. 2 Bde. Berlin-West
1967

46. Grimme, Friedrich Wilhelm:

Das Sauerland und seine Bewohner, hrsg. von Magdalena
Padberg. Fredeburg 1980

47. Kathol, Wilhelm:

Bassmes Hof. Sauerländisches Dorfleben im 19. Jh., hrsg.
von Magdalena Padberg. Fredeburg 1979 (= Serie Sauerländi-
sche Heimat)

48. Wiegel, Hosef (Hrsg.):

Grafschaft. Beiträge zur Geschichte von Kloster und Dorf.
Selbstverlag der Gemeinde Grafschaft 1972.

49. Grafschaft, Kloster:

   I. Wiethoff, Frenn:
   Kloster Grafschaft und Wilzenberg. Neuauflage Schmallenberg 1975.

   II. Monumenta Monasterii Grafschaftensis. Denkwürdigkeiten
   aus der Geschichte des Klosters Grafschaft, Übersetzung
   von Manfred Wolf. Schmallenberg 1975

WITTGENSTEIN

50. Vitt, H.:

   Wittgensteiner Heimatbuch. Laasphe 1938

51. Wittgenstein. 2 Bde.,

   hrsg. von Limpert und Fritz Krämer. Balve i. Westf. 1965
   (mit Literaturangaben)

52. Sayn-Wittgenstein,

   Franz Prinz zu:
   Die Wittgenstein. Geschichten aus einer alten Familie.
   München 1979 (Prestel Verlag)

53. Wrede, Günter:

   Territorialgeschichte der Grafschaft Wittgenstein.
   Marburg 1927

   - , -: Die westfälischen Länder im Jahre 1801. Politische
   Gliederung. Übersichtskarte 1 : 500 000. 1953

54. Kanstein, P. in:

   Wittgenstein II. Balve 1965

SIEGERLAND

55. Fürstentum Nassau-Siegen

Zeitschrift: Siegerland 1911 ff.

56. Siegerländer Beiträge zur Geschichte und Landeskunde,

hrsg. im Auftrage des Siegerländer Heimatvereins von
Wilhelm Güthling. Siegen 1958 ff. (bis 1965: 14 Hefte)

57. Heinzerling, Jacob - Reuter, Hermann:

Siegerländer Wörterbuch. Siegen 1932-1938

58. Heinzerling, Jakob:

Über den Vocalismus und Consonantismus der Siegerländer
Mundart. Eine sprachgeschichtliche Untersuchung. Marburg
1871

59. Reichmann, Oskar:

Der Wortschatz der Siegerländer Landwirtschaft und Hau-
bergswirtschaft. Diss. Marburg 1966, 2 Bde.

60. Böttger, H.:

Siedlungsgeschichte des Siegerlandes. Siegen 1951

61. Bald, Ludwig:

Das Fürstentum Nassau-Siegen. Territorialgeschichte des
Siegerlandes. Marburg 1939

62. Güthling, W.:

Geschichte der Stadt Siegen im Abriss 1955

63. Irle, Trutzhart:

Die Wirtschaft der Stadt Siegen in der Vergangenheit.
Siegen 1972 (mit ausführlicher Literatur zu Wirtschaft,

Bergbau usw. im Siegerland, Nassau-Oranien, Rothaargebirge)

64. Häring, Friedhelm und H.-J. Klein:

Hessen vom Edersee zur Bergstrasse. Die Vielfalt von
Kunst und Landschaft zwischen Kassel und Darmstadt.
Köln 1979

65. Übersichts- und Wanderkarte:

Naturpark Rothaargebirge

Maßstab 1 : 50 000, 2 Tle.
Nordblatt, Südblatt, hrsg. vom Landesvermessungsamt
Nordrhein-Westfalen 1968, 2. Aufl. 1972 (mit Texten auf
der Rückseite der Teilblätter zur 1. Erdgeschichte,
2. Vor- und Frühgeschichte, 3. Geschichte, 4. Kunst-
geschichte, 5. Bürger- und Bauernhaus, 6. Wald und Wild,
7. Gewässer und Fischerei, 8. Pflanzenwelt.)

66. Bermich, Walther:

Das Sauerland, mit dem Wittgensteiner und dem Siegerland.
Fahrten, Wanderungen und Betrachtungen. Köln 1975